Leila Lauar Sarmento

Licenciada em Letras pela Universidade Federal de Minas Gerais.
Professora na rede pública e em escolas particulares de Belo Horizonte por 35 anos.
Coordenadora em escolas do Ensino Fundamental e do Ensino Médio por 13 anos.

Oficina de Redação

VOLUME ÚNICO

DE ACORDO COM A BNCC

5ª edição

MODERNA

Coordenação editorial: Mônica Franco Jacintho
Edição de texto: Garagem Editorial, Daisy Pereira Daniel
Assistência editorial: Renato da Rocha
Assistência para Unidade Especial II – Gêneros digitais: Yuri Ortin Bileski
Gerência de *design* e produção gráfica: Everson de Paula
Coordenação de produção: Patricia Costa
Suporte administrativo editorial: Maria de Lourdes Rodrigues
Coordenação de *design* e projetos visuais: Marta Cerqueira Leite
Projeto gráfico: Luis Vassallo, Otávio dos Santos
Capa: Everson de Paula, Marta Cerqueira Leite
Foto: Parinya/Shutterstock
Coordenação de arte: Wilson Gazzoni Agostinho
Edição de arte: Paula de Sá Belluomini, Rodolpho de Souza
Editoração eletrônica: APIS Design
Coordenação de revisão: Elaine C. del Nero
Revisão: Adriana C. Bairrada, Márcia Leme, Nancy H. Dias, Palavra Certa
Coordenação de pesquisa iconográfica: Luciano Baneza Gabarron
Pesquisa iconográfica: Cristina Mota, Mariana Zanato, Maria Marques, Márcia Sato, Lourdes Guimarães
Coordenação de *bureau*: Rubens M. Rodrigues
Tratamento de imagens: Fernando Bertolo, Joel Aparecido, Luiz Carlos Costa, Marina M. Buzzinaro
Pré-impressão: Alexandre Petreca, Everton L. de Oliveira, Marcio H. Kamoto, Vitória Sousa
Coordenação de produção industrial: Wendell Monteiro
Impressão e acabamento: Gráfica Cipola
Lote: 285680 / 285681

Dados Internacionais de Catalogação na Publicação (CIP)
(Câmara Brasileira do Livro, SP, Brasil)

Sarmento, Leila Lauar
Oficina de redação : volume único / Leila Lauar Sarmento. — 5. ed. — São Paulo : Moderna, 2019.

Bibliografia.

1. Arte de escrever (Ensino médio) 2. Português – Redação (Ensino médio) I. Título.

19-24927 CDD-808.0469

Índices para catálogo sistemático:
1. Arte de escrever : Português : Técnica de redação : Ensino médio 808.0469
2. Português : Redação : Ensino médio 808.0469
3. Redação : Português : Literatura : Ensino médio 808.0469

Iolanda Rodrigues Biode – Bibliotecária – CRB-8/10014

ISBN 978-85-16-11925-6 (LA)
ISBN 978-85-16-11926-3 (LP)

EDITORA MODERNA LTDA.
Rua Padre Adelino, 758 – Belenzinho
São Paulo – SP – Brasil – CEP 03303-904
Vendas e Atendimento: Tel. (0_ _11) 2602-5510
Fax (0_ _11) 2790-1501
www.moderna.com.br
2019
Impresso no Brasil

1 3 5 7 9 10 8 6 4 2

Apresentação

Esta 5ª edição da obra *Oficina de redação* vai ajudar você a se preparar para os desafios da vida no mundo do trabalho e no mundo acadêmico. Competência em leitura e produção de textos, sejam eles orais ou escritos, é fundamental para que você possa se expressar de forma adequada a cada contexto.

Propostas de análise e produção de textos vão permitir que você exercite um grande número de habilidades previstas na *Base Nacional Comum Curricular*.

Desejamos que esta obra possa realmente contribuir para o amadurecimento das habilidades vistas nas outras etapas da educação básica e para que possa levar você a um novo patamar em leitura e produção de textos, contribuindo para o exercício pleno da cidadania e do seu direito de manifestar ideias e sentimentos de forma clara, criativa e significativa.

Conheça o seu livro

Parte 1

Unidade I
Conceitos básicos
Capítulo 1
Discurso e contexto. Texto
Capítulo 2
Variações linguísticas
Capítulo 3
Gêneros e tipologias textuais

Unidade II
Gêneros narrativos e relatos I
Capítulo 4
Gêneros que narram
Capítulo 5
Gêneros que relatam

Unidade III
Gêneros expositivos I
Capítulo 6
O resumo
Capítulo 7
A entrevista e a reportagem

Unidade IV
Gêneros argumentativos I
Capítulo 8
Gêneros que argumentam com imagens I
Capítulo 9
Artigo de opinião e editorial

Unidade Especial I
Poesia e poema

Oficina de Leitura I
Declaração universal dos Direitos Humanos

Programe-se I

10

Este livro está dividido em três partes, uma para cada ano do Ensino Médio.

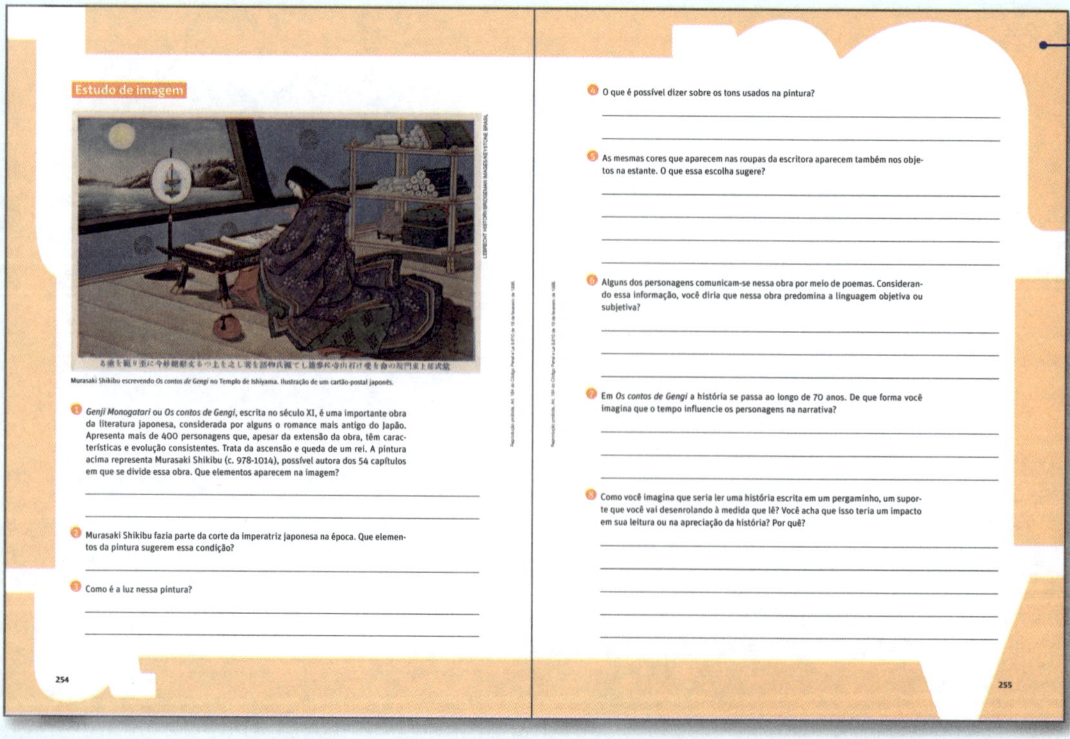
Estudo de imagem

Murasaki Shikibu escrevendo *Os contos de Gengi* no Templo de Ishiyama. Ilustração de um cartão-postal japonês.

1. *Genji Monogatari* ou *Os contos de Gengi*, escrita no século XI, é uma importante obra da literatura japonesa, considerada por alguns o romance mais antigo do Japão. Apresenta mais de 400 personagens que, apesar da extensão da obra, têm características e evolução consistentes. Trata da ascensão e queda de um rei. A pintura acima representa Murasaki Shikibu (c. 978-1014), possível autora dos 54 capítulos em que se divide essa obra. Que elementos aparecem na imagem?

2. Murasaki Shikibu fazia parte da corte da imperatriz japonesa na época. Que elementos da pintura sugerem essa condição?

3. Como é a luz nessa pintura?

254

4. O que é possível dizer sobre os tons usados na pintura?

5. As mesmas cores que aparecem nas roupas da escritora aparecem também nos objetos na estante. O que essa escolha sugere?

6. Alguns dos personagens comunicam-se nessa obra por meio de poemas. Considerando essa informação, você diria que nessa obra predomina a linguagem objetiva ou subjetiva?

7. Em *Os contos de Gengi* a história se passa ao longo de 70 anos. De que forma você imagina que o tempo influencie os personagens na narrativa?

8. Como você imagina que seria ler uma história escrita em um pergaminho, um suporte que você vai desenrolando à medida que lê? Você acha que isso teria um impacto em sua leitura ou na apreciação da história? Por quê?

255

Após cada abertura de parte, é feita a leitura de uma imagem, que pode ser uma obra de arte ou um cartum.

A obra está dividida em 10 unidades e em 24 capítulos. A primeira unidade aborda os conceitos básicos necessários ao estudo dos gêneros textuais; as unidades II e V tratam de gêneros narrativos e relatos; as unidades III e VI exploram os gêneros expositivos; as unidades IV, VII e VIII tratam dos gêneros argumentativos; e as unidades IX e X tratam dos gêneros argumentativos e dos dissertativo-argumentativos.

A cada abertura de unidade, você terá a oportunidade de analisar um novo texto.

Unidade II

Gêneros narrativos e relatos I

Leitura

Destacam-se, na obra do escritor alagoano Graciliano Ramos (1892-1953), lembranças dos primeiros tempos de sua infância, quando presenciou a passagem de grupos de migrantes famintos que fugiam da seca. Muitos críticos o consideram o maior representante do regionalismo nordestino brasileiro, por unir as questões regionais a uma análise psicológica dos personagens. O autor faz parte da geração de 1930, também chamada pós-modernista, na prosa.

O romance *Vidas secas* é sua obra-prima. Narra a história de uma família de retirantes fugindo da seca: Fabiano, Sinhá Vitória, o Menino Mais Velho, o Menino Mais Novo e a cadelinha Baleia. O trecho a seguir foi retirado do capítulo intitulado "O soldado amarelo". Nele, ocorre o encontro de Fabiano com o soldado amarelo que, um ano antes, o havia colocado na prisão injustamente e lhe aplicado fortes maus-tratos. Ao vê-lo, Fabiano revive esses momentos e se sente indeciso, por um instante, ao pensar se devia ou não cobrar pela mágoa ainda bem presente. Leia um trecho dessa narrativa.

O SOLDADO AMARELO

Fabiano meteu-se na vereda que ia desembocar na lagoa seca, torrada, coberta de catingueiras e capões de mato. Ia pesado, o aió cheio a tiracolo, muitos látegos e chocalhos pendurados num braço. O facão batia nos tocos.

[...]

Tinha feito um estrago feio, a terra se cobria de palmas espinhosas. Deteve-se percebendo rumor de garranchos, voltou-se e deu de cara com o soldado amarelo que, um ano antes, o levara à cadeia, onde ele aguentara uma surra e passara a noite. Baixou a arma. Aquilo durou um segundo. Menos: durou uma fração de segundo. Se houvesse durado mais tempo, o amarelo teria caído esperneando na poeira, com o quengo rachado. Como o impulso que moveu o braço de Fabiano foi muito forte, o gesto que ele fez teria sido bastante para um homicídio se outro impulso não lhe dirigisse o braço em sentido contrário. A lâmina parou de chofre, junto à cabeça do intruso, bem em cima do boné vermelho. A princípio o vaqueiro não compreendeu nada. Viu apenas que estava ali um inimigo. De repente notou que aquilo era um homem e, coisa mais grave, uma autoridade. Sentiu um choque violento, deteve-se, o braço ficou irresoluto, bambo, inclinando-se para um lado e para outro.

Catingueiras: arbustos ou árvores pequenas.
Capões de mato: bosque.
Aió: bolsa de caça trançada com fibras de caroá.
Látegos: chicotes.
Garranchos: galhos finos de árvore ou de arbusto.
Quengo: cabeça.

108

Os capítulos são iniciados por um texto que estimula a reflexão por meio de questões. Em seguida, as características do gênero exploradas nas questões são sistematizadas.

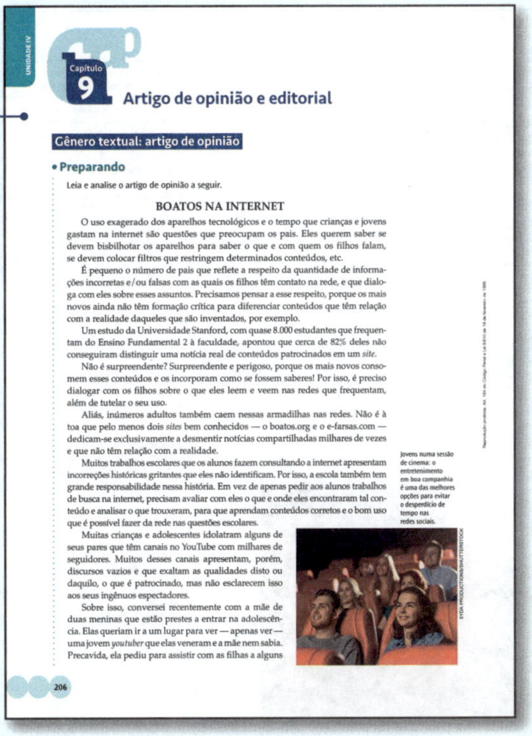
UNIDADE IV

Capítulo 9

Artigo de opinião e editorial

Gênero textual: artigo de opinião

• Preparando

Leia e analise o artigo de opinião a seguir.

BOATOS NA INTERNET

O uso exagerado dos aparelhos tecnológicos e o tempo que crianças e jovens gastam na internet são questões que preocupam os pais. Eles querem saber se devem bisbilhotar os aparelhos para saber o que e com quem os filhos falam, se devem colocar filtros que restringem determinados conteúdos, etc.

É pequeno o número de pais que reflete a respeito da quantidade de informações incorretas e/ou falsas com as quais os filhos têm contato na rede, e que dialoga com eles sobre esses assuntos. Precisamos pensar a esse respeito, porque os mais novos ainda não têm formação crítica para diferenciar conteúdos que têm relação com a realidade daqueles que são inventados, por exemplo.

Um estudo da Universidade Stanford, com quase 8.000 estudantes que frequentam do Ensino Fundamental 2 à faculdade, apontou que cerca de 82% deles não conseguiram distinguir uma notícia real de conteúdos patrocinados em um *site*.

Não é surpreendente? Surpreendente e perigoso, porque os mais novos consomem esses conteúdos e os incorporam como se fossem saberes! Por isso, é preciso dialogar com os filhos sobre o que eles leem e veem nas redes que frequentam, além de tutelar o seu uso.

Aliás, inúmeros adultos também caem nessas armadilhas nas redes. Não é à toa que pelo menos dois *sites* bem conhecidos — o boatos.org e o e-farsas.com — dedicam-se exclusivamente a desmentir notícias compartilhadas milhares de vezes e que não têm relação com a realidade.

Muitos trabalhos escolares que os alunos fazem consultando a internet apresentam incorreções históricas gritantes que eles não identificam. Por isso, a escola também tem grande responsabilidade nessa história. Em vez de apenas pedir aos alunos trabalhos de busca na internet, precisam avaliar com eles o que e onde eles encontraram tal conteúdo e analisar o que trouxeram, para que aprendam conteúdos corretos e o bom uso que é possível fazer da rede nas questões escolares.

Muitas crianças e adolescentes idolatram alguns de seus pares que têm canais no YouTube com milhares de seguidores. Muitos desses canais apresentam, porém, discursos vazios e que exaltam as qualidades disto ou daquilo, o que é patrocinado, mas não esclarecem isso aos seus ingênuos espectadores.

Sobre isso, conversei recentemente com a mãe de duas meninas que estão prestes a entrar na adolescência. Elas queriam ir a um lugar para ver — apenas ver — uma jovem *youtuber* que elas veneram e a mãe nem sabia. Precavida, ela pediu para assistir com as filhas a alguns

Jovens numa sessão de cinema: o entretenimento em boa companhia é uma das melhores opções para evitar o desperdício de tempo nas redes sociais.

SYDA PRODUCTIONS/SHUTTERSTOCK

206

Conheça o seu livro

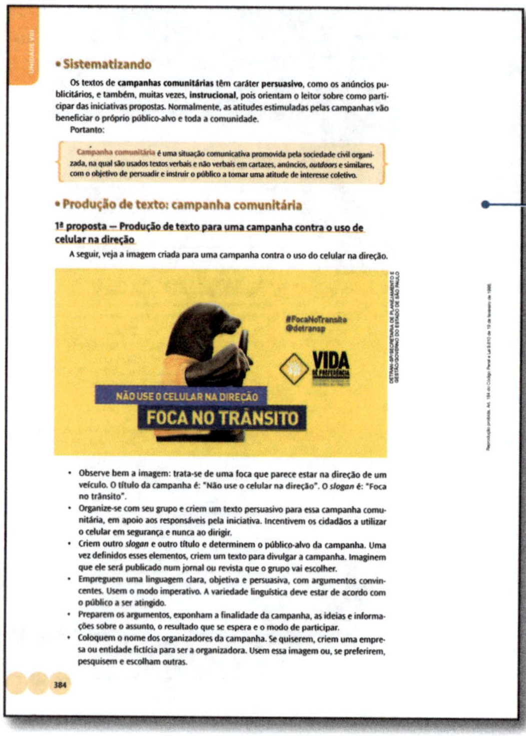
UNIDADE VIII

• Sistematizando

Os textos de **campanhas comunitárias** têm caráter **persuasivo**, como os anúncios publicitários, e também, muitas vezes, **instrucional**, pois orientam o leitor sobre como participar das iniciativas propostas. Normalmente, as atitudes estimuladas pelas campanhas vão beneficiar o próprio público-alvo e toda a comunidade.

Portanto:

Campanha comunitária é uma situação comunicativa promovida pela sociedade civil organizada, na qual são usados textos verbais e não verbais em cartazes, anúncios, *outdoors* e similares, com o objetivo de persuadir e instruir o público a tomar uma atitude de interesse coletivo.

• Produção de texto: campanha comunitária

1ª proposta – Produção de texto para uma campanha contra o uso de celular na direção

A seguir, veja a imagem criada para uma campanha contra o uso do celular na direção.

- Observe bem a imagem: trata-se de uma foca que parece estar na direção de um veículo. O título da campanha é: "Não use o celular na direção". O *slogan* é: "Foca no trânsito".
- Organize-se com seu grupo e criem um texto persuasivo para essa campanha comunitária, em apoio aos responsáveis pela iniciativa. Incentivem os cidadãos a utilizar o celular em segurança e nunca ao dirigir.
- Criem outro *slogan* e outro título e determinem o público-alvo da campanha. Uma vez definidos esses elementos, criem um texto para divulgar a campanha. Imaginem que ele será publicado num jornal ou revista que o grupo vai escolher.
- Empreguem uma linguagem clara, objetiva e persuasiva, com argumentos convincentes. Usem o modo imperativo. A variedade linguística deve estar de acordo com o público a ser atingido.
- Preparem os argumentos, exponham a finalidade da campanha, as ideias e informações sobre o assunto, o resultado que se espera e o modo de participar.
- Coloquem o nome dos organizadores da campanha. Se quiserem, criem uma empresa ou entidade fictícia para ser a organizadora. Usem essa imagem ou, se preferirem, pesquisem e escolham outras.

384

Cada capítulo apresenta ao menos duas propostas de produção.

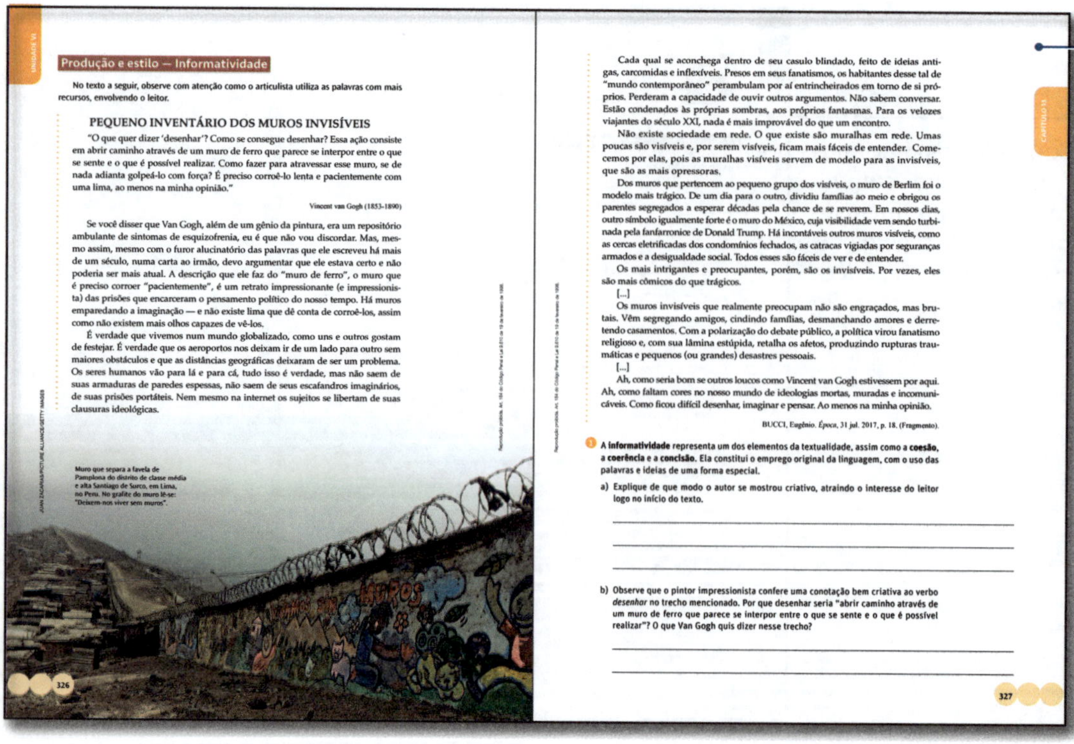
UNIDADE VI

Produção e estilo – Informatividade

No texto a seguir, observe com atenção como o articulista utiliza as palavras com mais recursos, envolvendo o leitor.

PEQUENO INVENTÁRIO DOS MUROS INVISÍVEIS

"O que quer dizer 'desenhar'? Como se consegue desenhar? Essa ação consiste em abrir caminho através de um muro de ferro que parece se interpor entre o que se sente e o que é possível realizar. Como fazer para atravessar esse muro, se de nada adianta golpeá-lo com força? É preciso corroê-lo lenta e pacientemente com uma lima, ao menos na minha opinião."

Vincent van Gogh (1853-1890)

Se você disser que Van Gogh, além de um gênio da pintura, era um repositório ambulante de sintomas de esquizofrenia, eu é que não vou discordar. Mas, mesmo assim, mesmo com o furor alucinatório das palavras que ele escreveu há mais de um século, numa carta ao irmão, devo argumentar que ele estava certo e não poderia ser mais atual. A descrição que ele faz do "muro de ferro", o muro que é preciso corroer "pacientemente", é um retrato impressionante (e impressionista) das prisões que encarceram o pensamento político do nosso tempo. Há muros emparedando a imaginação — e não existe lima que dê conta de corroê-los, assim como não existem mais olhos capazes de vê-los.

É verdade que vivemos num mundo globalizado, como uns e outros gostam de festejar. É verdade que os aeroportos nos deixam ir de um lado para outro sem maiores obstáculos e que as distâncias geográficas deixaram de ser um problema. Os seres humanos vão para lá e para cá, tudo isso é verdade, mas não saem de suas armaduras de paredes espessas, não saem de seus escafandros imaginários, de suas prisões portáteis. Nem mesmo na internet os sujeitos se libertam de suas clausuras ideológicas.

Muro que separa a favela de Pamplona do distrito de classe média e alta Santiago de Surco, em Lima, no Peru. No grafite do muro lê-se: "Deixem-nos viver sem muros".

326

Cada qual se aconchega dentro de seu casulo blindado, feito de ideias antigas, carcomidas e inflexíveis. Presos em seus fanatismos, os habitantes desse tal de "mundo contemporâneo" perambulam por aí entrincheirados em torno de si próprios. Perderam a capacidade de ouvir outros argumentos. Não sabem conversar. Estão condenados às próprias sombras, aos próprios fantasmas. Para os velozes viajantes do século XXI, nada é mais improvável do que um encontro.

Não existe sociedade em rede. O que existe são muralhas em rede. Umas poucas são visíveis e, por serem visíveis, ficam mais fáceis de entender. Comecemos por elas, pois as muralhas visíveis servem de modelo para as invisíveis, que são as mais opressoras.

Dos muros que pertencem ao pequeno grupo dos visíveis, o muro de Berlim foi o modelo mais trágico. De um dia para o outro, dividiu famílias ao meio e obrigou os parentes segregados a esperar décadas pela chance de se reverem. Em nossos dias, outro símbolo igualmente forte é o muro do México, cuja visibilidade vem sendo turbinada pela fanfarronice de Donald Trump. Há incontáveis outros muros visíveis, como as cercas eletrificadas dos condomínios fechados, as catracas vigiadas por seguranças armados e a desigualdade social. Todos esses são fáceis de ver e de entender.

Os mais intrigantes e preocupantes, porém, são os invisíveis. Por vezes, eles são mais cômicos do que trágicos.

[...]

Os muros invisíveis que realmente preocupam não são engraçados, mas brutais. Vêm segregando amigos, cindindo famílias, desmanchando amores e derretendo casamentos. Com a polarização do debate público, a política virou fanatismo religioso e, com sua lâmina estúpida, retalha os afetos, produzindo rupturas traumáticas e pequenos (ou grandes) desastres pessoais.

[...]

Ah, como seria bom se outros loucos como Vincent van Gogh estivessem por aqui. Ah, como faltam cores no nosso mundo de ideologias mortas, muradas e incomunicáveis. Como ficou difícil desenhar, imaginar e pensar. Ao menos na minha opinião.

BUCCI, Eugênio. *Época*, 31 jul. 2017, p. 18. (Fragmento).

1. A **informatividade** representa um dos elementos da textualidade, assim como a **coesão**, a **coerência** e a **concisão**. Ela constitui o emprego original da linguagem, com o uso das palavras e ideias de uma forma especial.

a) Explique de que modo o autor se mostrou criativo, atraindo o interesse do leitor logo no início do texto.

b) Observe que o pintor impressionista confere uma conotação bem criativa ao verbo *desenhar* no trecho mencionado. Por que desenhar seria "abrir caminho através de um muro de ferro que parece se interpor entre o que se sente e o que é possível realizar"? O que Van Gogh quis dizer nesse trecho?

327

A seção **Produção e estilo** explora temas ligados à textualidade, à interdisciplinaridade e à informação.

Unidade Especial II: Gêneros digitais

Introdução

O Ensino Médio é um período importante de transformação e de consolidação da nossa identidade. É nele que iniciamos um processo de amadurecimento físico e psicológico que nos acompanhará durante o fim da adolescência e os primeiros anos da idade adulta. Boa parte dessas mudanças é decorrente de processos biológicos naturais do nosso próprio corpo. No entanto, outra parte considerável desse crescimento se dá pelas informações e conhecimentos que recebemos, geramos e compartilhamos sobre nós mesmos e sobre o mundo a nossa volta.

Tais informações e conhecimentos são elaborados e transmitidos como gêneros discursivos. Nesta seção, vamos refletir sobre a nossa identidade e sobre a nossa realidade usando alguns gêneros de texto escrito, de áudio e também de vídeo. Por meio desses gêneros, vamos levantar e tentar responder a algumas perguntas simples (ou nem tanto) como: "Quem sou?", "Onde estou?", "De onde vim?" e "Para onde estou indo?".

Eu e o mundo: videominutos

Vamos começar com duas propostas diferentes relacionadas ao mesmo gênero discursivo: o **videominuto**.

Como o próprio nome indica, o videominuto é uma produção audiovisual com a duração exata de 60 segundos geralmente focada em um tema específico. Ele pode expressar inúmeras intenções dependendo das escolhas de seu(s) autor(es): pode informar ou entreter; ser sério ou divertido; ter um tom leve ou pesado; criticar ou homenagear etc. Seu formato é muito próximo ao de anúncios publicitários e, embora sejam gêneros diferentes, não é raro nos depararmos com anúncios que sejam videominutos e vice-versa. No Brasil, esse gênero se tornou bastante conhecido graças ao Festival do Minuto, criado em 1991 pelo cineasta paulistano Marcelo Masagão.

Aparelho celular preso a um suporte especial executa a gravação de um vídeo.

• Proposta de produção digital 1 — Videominuto: eu em um minuto

Na primeira proposta, seu objetivo será fazer uma apresentação de si mesmo em um videominuto. Simples, né? Até demais. Então, vamos tornar o desafio mais divertido: seu vídeo deve apresentar você ao público sem usar nenhuma palavra — falada ou escrita. E isso vale também para Libras.

É importante considerar que estamos falando de um gênero discursivo audiovisual. Por isso, pense bem nos elementos que você quer apresentar na tela. Em que espaço(s) você vai gravar? Em que momento(s) do dia? Você vai filmar alguém? Algum objeto? Haverá alguma ação? Pensar nessas questões será bem útil para a construção de sentidos do seu vídeo.

Como um exercício preparatório, pense nessas questões.

Para gravar seu videominuto, você não precisa de profundos conhecimentos sobre cinema e audiovisual nem equipamentos caros e complexos. Um simples celular com câmera deve ser o bastante para ajudá-lo na captação de sons e imagens. No entanto, a elaboração de um roteiro antes de começar a gravação é uma tarefa da qual você não pode abrir mão!

403

Unidades Especiais e **Oficinas de Leitura** ampliam as propostas apresentadas nas unidades.

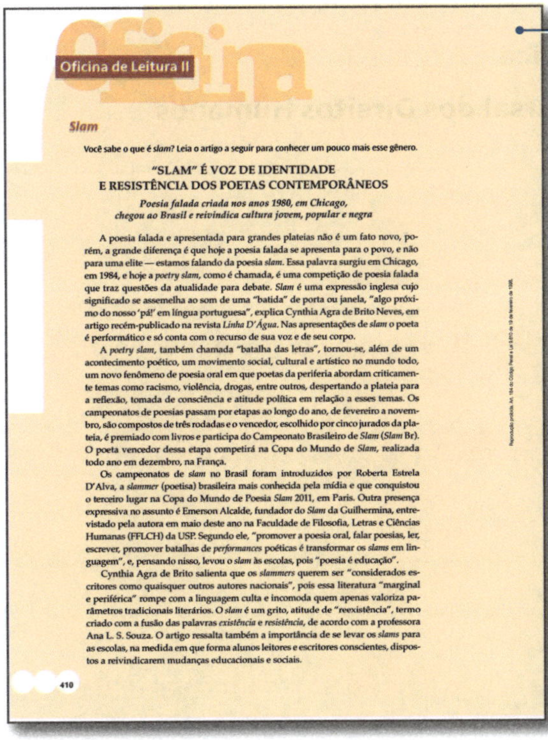

Oficina de Leitura II

Slam

Você sabe o que é *slam*? Leia o artigo a seguir para conhecer um pouco mais esse gênero.

"SLAM" É VOZ DE IDENTIDADE E RESISTÊNCIA DOS POETAS CONTEMPORÂNEOS

Poesia falada criada nos anos 1980, em Chicago, chegou ao Brasil e reivindica cultura jovem, popular e negra

A poesia falada e apresentada para grandes plateias não é um fato novo, porém, a grande diferença é que hoje a poesia falada se apresenta para o povo, e não para uma elite — estamos falando da poesia *slam*. Essa palavra surgiu em Chicago, em 1984, e hoje a *poetry slam*, como é chamada, é uma competição de poesia falada que traz questões da atualidade para debate. *Slam* é uma expressão inglesa cujo significado se assemelha ao som de uma "batida" de porta ou janela, "algo próximo do nosso 'pá!' em língua portuguesa", explica Cynthia Agra de Brito Neves, em artigo recém-publicado na revista *Linha D'Água*. Nas apresentações de *slam* o poeta é performático e só conta com o recurso de sua voz e de seu corpo.

A *poetry slam*, também chamada "batalha das letras", tornou-se, além de um acontecimento poético, um movimento social, cultural e artístico no mundo todo, um novo fenômeno de poesia oral em que poetas da periferia abordam criticamente temas como racismo, violência, drogas, entre outros, despertando a plateia para a reflexão, tomada de consciência e atitude política em relação a esses temas. Os campeonatos de poesias passam por etapas ao longo do ano, de fevereiro a novembro, são compostos de três rodadas e o vencedor, escolhido por cinco jurados da plateia, é premiado com livros e participa do Campeonato Brasileiro de *Slam* (*Slam* Br). O poeta vencedor dessa etapa competirá na Copa do Mundo de *Slam*, realizada todo ano em dezembro, na França.

Os campeonatos de *slam* no Brasil foram introduzidos por Roberta Estrela D'Alva, a *slammer* (poetisa) brasileira mais conhecida pela mídia e que conquistou o terceiro lugar na Copa do Mundo de Poesia *Slam* 2011, em Paris. Outra presença expressiva no assunto é Emerson Alcalde, fundador do *Slam* da Guilhermina, entrevistado pela autora em maio deste ano na Faculdade de Filosofia, Letras e Ciências Humanas (FFLCH) da USP. Segundo ele, "promover a poesia oral, falar poesias, ler, escrever, promover batalhas de *performances* poéticas é transformar os *slams* em linguagem", e, pensando nisso, levou o *slam* às escolas, pois "poesia é educação".

Cynthia Agra de Brito salienta que os *slammers* querem ser "considerados escritores como quaisquer outros autores nacionais", pois essa literatura "marginal e periférica" rompe com a linguagem culta e incomoda quem apenas valoriza parâmetros tradicionais literários. O *slam* é um grito, atitude de "reexistência", termo criado com a fusão das palavras *existência* e *resistência*, de acordo com a professora Ana L. S. Souza. O artigo ressalta também a importância de se levar os *slams* para as escolas, na medida em que forma alunos leitores e escritores conscientes, dispostos a reivindicarem mudanças educacionais e sociais.

410

Sumário

Parte 1

Estudo de imagem

Os quadrinhos a seguir constituem uma charge, texto que se caracteriza pelo humor e apresenta tanto a linguagem verbal como a linguagem não verbal. Leia-a com atenção e observe como os personagens são desenhados.

BATENTE GALHARDO

GALHARDO. Batente. *Folha de S.Paulo*, 4 jan. 2017, p. 23.

1 Na charge em estudo, há dois personagens que buscam uma interação verbal. Explique por que o chargista exagerou na composição dos traços desses personagens.

____

____

a) Em geral, a charge tem como conteúdo uma sátira social ou política. Defina o tipo de sátira criado pelo autor e justifique sua resposta.

____

____

____

b) Logo no início do texto, o personagem masculino começa a se gabar de sua aparelhagem tecnológica. Qual pode ser o objetivo dele ao descrever os recursos de cada um dos aparelhos?

c) Pode-se dizer que há uma valorização exagerada do uso da tecnologia na sociedade atual? Troque ideias com os colegas e exponha suas opiniões.

d) O que a repetição do pronome possessivo *meu*, na maioria dos quadrinhos, sugere sobre a personalidade do personagem?

2 O que a aplicação de negrito em algumas palavras do texto destaca nos quatro primeiros quadrinhos?

a) Nos dois últimos quadrinhos, o que o negrito destaca?

b) O emprego do destaque gráfico estabelece uma comparação entre a capacidade de armazenamento de informações dos dispositivos e a capacidade de memória do personagem. De que forma essa comparação contribui para o humor no texto?

c) Observe que a jovem se limita a ouvir seu interlocutor, durante a maior parte do tempo. Somente no penúltimo quadrinho ela o questiona, quando coloca um dedo sobre a cabeça dele. Releia o quadrinho e interprete as linguagens verbal e não verbal, explicando o sentido da pergunta da jovem.

3 Ao criar um texto, o autor é movido por uma intenção. Às vezes, ele quer apenas divertir o leitor ou, ainda, fazê-lo refletir sobre o conteúdo do texto. Pode, também, querer expressar suas próprias opiniões, além de transmitir informações ao leitor.

a) Nesse caso, com qual propósito o autor produziu a charge, abordando um tema atual e polêmico?

b) Você concorda com o chargista, quando ele questiona o armazenamento de grandes quantidades de informação que vão muito além da capacidade da memória humana? Explique sua resposta.

O autor e a obra

Antônio Carlos Galhardo, também conhecido como **Caco Galhardo** ou somente **Galhardo**, é um chargista e cartunista brasileiro. Formado em Comunicação pela Fundação Armando Álvares Penteado (Faap), iniciou sua carreira na década de 1980. Autor de inúmeras tirinhas, como "Os Pescoçudos" e "Batente", também atua em diversos veículos de comunicação (jornais, revistas, rádio e TV).

ACERVO PESSOAL

O cartunista Galhardo.

Unidade I

Conceitos básicos

Leitura

O texto a seguir foi publicado em um jornal de grande circulação. Assim como a charge estudada, ele aborda o uso de múltiplas tecnologias, neste caso, relacionadas aos jovens. Leia-o com atenção e responda às questões.

MÚLTIPLAS JANELAS, PIOR DESEMPENHO?

Estudo divulgado na semana passada sugere que adolescentes que se ocupam de múltiplas tarefas tecnológicas ao mesmo tempo podem ter um pior desempenho escolar, maior dificuldade de memória e mais impulsividade. O trabalho, feito com um grupo de 73 jovens da região de Boston, nos Estados Unidos, avaliou as horas que eles gastam vendo TV ou vídeos, ouvindo música, jogando *games*, lendo em mídias eletrônicas, falando ao telefone e trocando mensagens. Em cerca de 25% do tempo, eles combinam diferentes tarefas, como mandar mensagens enquanto assistem a um vídeo.

Os jovens que mais tempo permaneceram conectados em múltiplas tarefas tiveram piores notas em Matemática e Inglês. Eles também apresentaram desempenho mais precário ao usar sua "memória de trabalho" — um tipo de memória de curto prazo em que a pessoa armazena informações para solucionar problemas imediatos.

Além disso, tiveram reações mais impulsivas do que aqueles que passam menos tempo em múltiplas tarefas. O estudo, realizado pela Universidade de Toronto, no Canadá, e pelo Massachusetts Institute of Technology (MIT), foi publicado na versão *on-line* do periódico *Psychonomie Bulletin & Review* e divulgado pelo jornal inglês *Daily Mail* e pelo *site Live Science*.

Segundo especialistas, o trabalho reforça estudos anteriores com adultos, que mostram que quem executa tarefas múltiplas nas mídias eletrônicas tem pior capacidade de memória de curto prazo e prejuízo na concentração. A tendência, segundo a pesquisa, poderia se originar na adolescência.

Adolescentes se comunicam nas redes sociais por meio de diversos tipos de aparelhos.

ANTONIO_DIAZ/ISTOCK PHOTOS/GETTY IMAGES

Causa ou consequência? Será que a possível piora do desempenho e a impulsividade nas respostas dos jovens são mesmo consequência de eles estarem envolvidos em múltiplas atividades digitais ao mesmo tempo? Ou será que eles já eram naturalmente mais desatentos e acabam usando as diversas mídias simultaneamente, pulando de uma tarefa para outra, como forma de tentar focar sua concentração? Seria, então, uma maneira de lidar com um jeito diferente de ser dos jovens, em que há uma facilidade em se perder o foco e se distrair?

Essas dúvidas são levantadas pelos pesquisadores ao constatar que as alterações acontecem em cérebros jovens, ainda em fase de desenvolvimento.

Algumas críticas podem ser feitas ao trabalho. A primeira delas é que ele foi feito em um universo relativamente pequeno de jovens e, como toda boa ciência, precisaria ser replicado em outros grupos e em maior escala. A segunda crítica, e talvez a mais importante, é que essa geração tem uma maneira muito peculiar de lidar com as novas tecnologias e com a construção da informação. Assim, se os jovens têm maior dificuldade em focar em um único objeto, como uma aula ou uma prova de Matemática ou Inglês, eles ganham em agilidade e capacidade de integração ao executar múltiplas tarefas ao mesmo tempo.

Ao contrário dos mais velhos, esses jovens navegariam pelas diferentes "janelas" com mais facilidade, tendo uma espécie de "atenção flutuante". Daí a pergunta que surge é: será que a prova objetiva é a melhor maneira de avaliar esse novo jeito de lidar com o conhecimento? Será que não são a sala de aula e a avaliação que deveriam se adaptar a essa geração?

Um trabalho recente da Academia Militar de West Point, nos Estados Unidos, mostra que, quando se permite livre acesso dos alunos a *laptops*, *tablets* e celulares durante as aulas, há uma queda de cerca de 20% do nível de atenção. Eles rapidamente tendem a interagir com outros conteúdos, resolver tarefas de disciplinas distintas e até entrar nas mídias sociais para falar com seus contatos.

Se essa "atenção flutuante" pode piorar um tipo específico de aprendizado, será que ela não poderia ser revertida em outro tipo de ganho? Esses são alguns dos desafios para os educadores em um mundo tecnológico que muda rapidamente e que interage com um jovem que age e pensa de forma muito peculiar.

BOUER, Jairo. *O Estado de S. Paulo*, 22 maio 2016, p. A25. Metrópole.

Análise do texto

1 O texto em estudo é um **artigo de opinião**, pois o autor analisa criticamente os dados fornecidos por uma pesquisa e dá uma opinião sobre o assunto.

a) Qual é a ideia principal do texto, que se destaca no primeiro parágrafo?

______

______

______

b) O **título** da matéria introduz um questionamento do jornalista ao público leitor. Com que objetivo ele formula essa pergunta?

______

______

c) Ainda sobre o título, explique a que "janelas" o autor se refere no texto.

______

______

2 A pesquisa citada foi feita com jovens, em Boston, nos Estados Unidos. O que os pesquisadores verificaram inicialmente?

- Com que intenção os estudiosos teriam organizado esse trabalho? E a que conclusão eles chegaram?

3 No terceiro e no quarto parágrafos, o jornalista se aprofunda na análise do resultado da pesquisa.

a) O que ela tem em comum com estudos anteriores feitos com adultos?

b) Explique por que o estudo mais atual, realizado com adolescentes, foi de grande importância.

4 No início do terceiro parágrafo, há uma expressão que serve como **elemento de coesão** e indica a relação entre os parágrafos. Releia a frase a seguir, observe a expressão destacada e explique a relação que ela estabelece.

"Além disso, tiveram reações mais impulsivas do que aqueles que passam menos tempo em múltiplas tarefas."

5 O quinto parágrafo começa com um subtítulo: "**Causa ou consequência?**", e ele é todo formado por perguntas. Elas representam as dúvidas levantadas pelos pesquisadores, após os resultados dos estudos.

a) Segundo o texto, o que os especialistas consideram uma possível causa e não consequência dos fatos apresentados?

b) Por que os pesquisadores tiveram dúvidas quanto ao que motivou as tarefas digitais simultâneas?

c) Que outra explicação e proposta os estudiosos apresentam para o comportamento dos jovens conectados a múltiplas tarefas?

6 Tendo em vista o conteúdo do texto, identifique a afirmação *incorreta* em relação às ideias expostas.

a) Assim como os adultos, os jovens que exercem várias tarefas digitais, ao mesmo tempo, ficam com a memória de uso imediato comprometida.

b) Os pesquisadores sugerem que aqueles jovens com uma "atenção flutuante" deveriam ter outro tipo de orientação na aprendizagem.

c) Como certos jovens não conseguem se concentrar, os especialistas consideram que esse problema pode se agravar na fase adulta.

d) Estudos mencionados comprovam que há adolescentes que têm uma grande habilidade de diversificar suas atividades, de forma simultânea.

7 A partir do sétimo parágrafo, o jornalista expõe argumentações feitas sobre os estudos realizados. Em sua opinião, a primeira crítica (sobre o universo relativamente pequeno da pesquisa) tem fundamento? Exponha seus argumentos, trocando ideias com os colegas.

- Na segunda crítica apresentada, que problemas são levantados como falhas do trabalho?

8 Dando continuidade à ideia anterior de que os jovens da geração atual demonstram ser mais ágeis e interativos, o que os pesquisadores estariam sugerindo?

a) No oitavo parágrafo, que questionamento reforça a ideia de que os jovens precisam de uma avaliação de desempenho diferente?

b) De acordo com o texto, o que significa "atenção flutuante"?

9 No penúltimo parágrafo, o autor menciona outro estudo realizado nos Estados Unidos. Com que objetivo ele incluiu o resultado desse trabalho no texto?

10 Na conclusão, o autor faz uma pergunta que já traz dentro de si uma sugestão de resposta.

a) Que proposta ou solução se observa, para resolver o problema da desatenção dos alunos?

b) Qual é sua opinião sobre as alterações sugeridas no aprendizado, tendo em vista a influência da tecnologia sobre os adolescentes?

11 Na construção de um texto, muitas vezes o autor emprega certas palavras para se referir a outras já expressas antes. Desse modo, evita-se a repetição de ideias e mantém-se a coesão no texto. Explique a que palavras, orações ou parágrafos as palavras destacadas a seguir se referem no texto.

a) "Além disso, tiveram reações mais impulsivas do que **aqueles** que passam menos tempo em múltiplas tarefas."

b) "**Eles** rapidamente tendem a interagir com outros conteúdos [...]."

c) "**Esses** são alguns dos desafios para os educadores em um mundo tecnológico que muda rapidamente [...]."

12 Observe a posição das palavras em destaque e identifique a diferença de sentido expresso por elas.

a) Os jovens têm mais dificuldade em se concentrar em um **único** objeto.
Os jovens têm mais dificuldade em se concentrar em um objeto **único**.

b) Assim, **toda** pesquisa precisa ser replicada em grande escala.
Assim, a pesquisa **toda** precisa ser replicada em grande escala.

13 Explique os sentidos expressos pela palavra *mesmo* nesta frase do texto:

"Será que a possível piora de desempenho e a impulsividade nas respostas dos jovens são mesmo consequência de eles estarem envolvidos em múltiplas atividades digitais ao mesmo tempo?".

14 Os dois textos que iniciam esta obra são, respectivamente, uma **charge** e um **artigo de opinião**. Eles constituem gêneros textuais diferentes que trabalham o mesmo tema: os efeitos do uso de múltiplas tecnologias sobre as pessoas. O que se pode concluir quanto às ideias expostas em relação ao tema abordado? Converse com os colegas sobre o assunto e responda.

Capítulo 1 Discurso e contexto. Texto

Discurso e contexto

• Preparando

Os dois textos a seguir tratam de um fato que teve bastante repercussão na imprensa. Apesar de abordarem o mesmo assunto, os textos apresentam enfoques diferentes entre si. Leia-os e verifique.

Texto 1

MAXYM/SHUTTERSTOCK

Trecho da Ciclovia Tim Maia desaba pela terceira vez no Rio de Janeiro

Inaugurada em 2016 para os Jogos Olímpicos e orçada em R$ 45 milhões, obra tem histórico de problemas estruturais

Por Da Redação
Publicado em 7 fev. 2019, 08h33

Um trecho da **Ciclovia Tim Maia** desabou durante as fortes chuvas que atingiram a capital fluminense na noite de quarta-feira 6. É a terceira vez que isso acontece com a estrutura, inaugurada em 2016 como um dos projetos da Prefeitura do Rio de Janeiro para os Jogos Olímpicos daquele ano. O trecho que caiu fica na avenida Niemeyer, na Zona Sul, que foi fechada nesta quinta-feira, 7, após os impactos do temporal.

A Ciclovia Tim Maia é uma obra de 3,9 quilômetros, com 2,5 metros de largura e realizada pelo consórcio Contemat-Concrejato. Os custos da obra, realizada durante a gestão do ex-prefeito Eduardo Paes (DEM), são estimados em 45 milhões de reais.

O primeiro rompimento da pista aconteceu apenas três meses após a inauguração, em abril de 2016, não resistindo à pressão da ressaca do mar de São Conrado e matando duas pessoas. Na ocasião, o Ministério Público do Estado do Rio de Janeiro concluiu que a ciclovia desabou porque a pista estava apenas encaixada nos pilares — e não presa a eles. Este trecho é na mesma região do atingido na noite de ontem.

O segundo caso foi há menos de um ano, em fevereiro de 2018, em outra parte da obra, na ligação entre São Conrado e a Barra da Tijuca. Nesse caso, o rompimento também ocorreu após fortes chuvas atingirem a cidade, assim como nesta quarta. Nas duas situações mais recentes não houve mortes.

Ao todo, três pessoas morreram após o temporal que atingiu o Rio de Janeiro. Duas estavam em uma casa que desabou na Barra de Guaratiba, na Zona Oeste, e outra faleceu após um deslizamento na Rocinha, na Zona Sul. Segundo a Prefeitura, duas pessoas que estavam em um ônibus que tombou na avenida Niemeyer são consideradas desaparecidas.

ROMMEL PINTO/FUTURA PRESS

Vista do trecho da Ciclovia Tim Maia que desabou durante o temporal, na Avenida Niemeyer, no sentido Vidigal, em São Conrado, no Rio de Janeiro.

Disponível em: <https://veja.abril.com.br/brasil/trecho-da-ciclovia-tim-maia-desaba-pela-terceira-vez-no-rio-de-janeiro/>. Acesso em: 25 fev. 2019.

Texto 2

TRECHO DA CICLOVIA TIM MAIA DESABA COM TEMPORAL NO RIO; VIA É INTERDITADA

Local estava interditado desde que outro trecho desabou, em 2016, deixando 2 mortos. Chuva forte deixou o Rio em estágio de crise e causou ao menos cinco mortes.

Por Nathalia Castro, TV Globo
07/02/2019 04h50

Um trecho da Ciclovia Tim Maia desabou durante o temporal que começou na quarta-feira (6) e entrou pela madrugada de quinta (7). A parte que caiu fica na Avenida Niemeyer, bem perto de onde outro trecho desabou em 2016, logo após a inauguração, causando duas mortes.

MÁRCIA FOLETTO/AGÊNCIA O GLOBO

Trecho da Ciclovia Tim Maia que caiu com a chuva, fotografado por outro ângulo.

Segundo o prefeito do Rio, Marcelo Crivella, o novo desabamento foi causado por uma árvore que caiu do morro, arrastando terra, e atingiu a ciclovia. A queda anterior havia sido causada por uma onda que atingiu a estrutura.

"Em duas horas, choveu o que deveria chover o mês inteiro. Os ventos, de 116 km/h, são os ventos mais baixos de um tufão. É sempre muito lixo, na época da chuva cai muita terra. Há, talvez, subdimensionamento das redes pluviais. O Jardim Botânico precisa ter um reservatório como o da Praça da Bandeira, para que isso não ocorra mais", afirmou Crivella.

A Avenida Niemeyer foi interditada nos dois sentidos, segundo o Centro de Operações da Prefeitura. A previsão é de que a via só seja reaberta na sexta-feira (8). Há pelo menos quatro pontos de deslizamento de terra que bloquearam a avenida.

Pelo menos dois ônibus foram atingidos pelos deslizamentos. Em um deles, o motorista, que conseguiu escapar, disse que duas pessoas estavam entre os passageiros e teriam ficado presas dentro do coletivo.

Bombeiros tentavam, por volta das 8h, fazer o resgate das supostas vítimas. O ônibus ficou pendurado fora da pista com o impacto do deslizamento e teve que ser fixado a cabos para evitar que caia na encosta. As condições dificultam o resgate, de acordo com os bombeiros.

A região, perto das comunidades da Rocinha e do Vidigal, foi uma das mais atingidas pelo temporal que deixou ao menos cinco mortos.

Acidente logo após inauguração

O trecho da ciclovia, que liga o Leblon a São Conrado, foi inaugurado em janeiro de 2016, cinco meses antes da Olimpíada do Rio — foi uma das promessas da prefeitura para os Jogos.

Em 21 de abril daquele ano, durante uma ressaca forte na orla carioca, uma onda bateu nas pedras do costão da Avenida Niemeyer e derrubou cerca de 20 metros da via. Duas pessoas que passavam pelo local durante um feriadão de sol morreram no acidente.

Desde então, a ciclovia está interditada neste trecho, apesar das reformas.

Disponível em: <https://g1.globo.com/rj/rio-de-janeiro/noticia/2019/02/07/trecho-da-ciclovia-tim-maia-desaba-com-temporal-no-rio.ghtml>. Acesso em: 26 fev. 2019.

1 Como se pode notar, os textos em estudo relatam, de forma clara e objetiva, fatos verídicos, que são de interesse público. Esses textos circularam em dois jornais *online* e foram escritos para o público em geral. Essas características fazem deles um gênero textual do campo jornalístico midiático, a **notícia**.

a) Sabendo-se que o **assunto** de um texto apresenta sempre um caráter genérico, e o **tema** trata de um aspecto particular de um assunto, quais são o **assunto** e os **temas** nos textos lidos?

______

______

______

b) Apesar de as notícias desenvolverem o mesmo assunto, há diferença no que é destacado em cada caso. O que se destaca no título e na linha fina (texto em itálico abaixo do título) de cada notícia?

______

______

______

______

2 As duas notícias foram publicadas em diferentes veículos de circulação, na mesma data, pois o acidente alcançou grande repercussão no Brasil e no exterior, na época. Qual delas parece ter um tom mais crítico?

______

______

______

______

______

3 A notícia é um gênero normalmente não assinado por um jornalista. Em geral, é atribuída à "Redação" ou ao jornal. Isso não significa, porém, que seja totalmente imparcial em relação aos fatos relatados. Quais parecem ser as preocupações dos profissionais que elaboraram cada uma das notícias?

______

______

______

______

4 A leitura das duas notícias nos mostra que todo autor precisa considerar o **contexto** e reunir conhecimentos prévios a respeito do tema que vai desenvolver, pois, do contrário, podem lhe faltar informações importantes para relatar adequadamente a notícia. Em cada um dos textos em estudo, qual é o contexto considerado pelos autores para o desenvolvimento do respectivo tema, já que o assunto é o mesmo?

• Sistematizando

Você leu duas notícias que tratam de um mesmo assunto: o desabamento de um trecho de uma ciclovia e suas consequências. Na primeira notícia, é possível identificar a sugestão de que a causa do desabamento podem ter sido os problemas estruturais e, na segunda notícia, a chuva parece ser responsabilizada pelo desabamento. A escolha do enfoque dado a uma notícia é determinada pelo ponto de vista daqueles que a produzem. Essa escolha está relacionada aos valores, às ideias e às crenças particulares de quem produziu a notícia e do grupo a que esse profissional pertence.

Se identificamos em enunciados que provêm de uma mesma fonte um conjunto de temas e de termos similares, que caracterizam uma visão de mundo de forma específica, podemos dizer que esses textos revelam uma mesma **formação discursiva**. Assim, um enunciado produzido por uma pessoa ou grupo de pessoas que pertence a um determinado grupo social e que se expressa em um mesmo momento histórico é o que chamamos de discurso.

Por essa razão, definimos determinados discursos como: discurso da classe política, discurso da classe estudantil, discurso da classe operária, discurso da classe médica, etc.

Quanto ao **contexto**, podemos dizer que dele dependem os sentidos de um texto. Mas os sentidos não se encontram somente nas palavras, e sim na interação entre locutor-texto-interlocutor. Desse modo, o sentido de um texto está nas diversas informações dispostas em conjunto. A produção de sentidos se dá tanto a partir do conhecimento de mundo e das intenções de quem produz o texto quanto do conhecimento de mundo daquele que faz a leitura do texto. É muito importante considerar o contexto em que o texto está inserido, pois uma mesma frase pode ter significados distintos em diferentes contextos. Considera-se contexto o ambiente social ou a esfera de atuação humana em que nos comunicamos por meio de textos verbais e não verbais especialmente produzidos para esses ambientes: o lar, a escola, o trabalho, a internet e tantos outros.

Portanto, podemos dizer que:

> **Discurso** é o espaço de materialização das ideias de um determinado grupo social, é a voz desse grupo. Em outras palavras, é o conjunto de enunciados significativos que expressam a maneira de pensar e de agir de um grupo.
>
> **Contexto** é o ambiente (social, político, histórico, cultural) ou a esfera de atuação humana em que os indivíduos interagem por meio de textos.

Oficina — Trabalhando o discurso e o contexto

Nos textos a seguir, os autores focalizam um mesmo assunto: a importância da internet. O texto 1 foi publicado em uma revista de divulgação científica, em uma seção de perguntas e respostas. O título do texto é uma pergunta enviada à redação da revista por um leitor. Já o texto 2 é uma **entrevista**, publicada em uma revista de negócios, na seção de tecnologia.

Texto 1

O QUE ACONTECERIA SE A INTERNET DEIXASSE DE EXISTIR?

Não seria tarefa fácil derrubar todas as redes conectadas que compõem a internet, mas, se isso acontecesse, as consequências seriam radicalmente mais graves que o fim dos *emojis* trocados com seus amigos. "Se a internet deixasse de existir, seria como dizimar um continente com mais de 2 bilhões de pessoas", afirma Humberto de Sousa Delgado, coordenador de tecnologia em redes de computadores e sistemas para internet da Fiap. Basicamente, toda a produção econômica do mundo seria comprometida — na indústria, no setor de serviços, nas transações comerciais ou nas operações financeiras nas bolsas de valores —, com consequências imprevisíveis no âmbito político e social.

"Segundo dados de pesquisa realizada pela Federação Brasileira de Bancos, as transações via *internet banking* superaram qualquer outro meio de operação e já são em número quatro vezes maior quando comparadas às transações nas agências físicas", diz Delgado.

Deixando o colapso econômico global de lado, também viveríamos uma regressão cultural: o fim dos mais de 870 mil artigos da Wikipédia em português, dos 30 bilhões de fotos hospedadas no Instagram ou das 300 horas de vídeos adicionadas a cada minuto no YouTube representaria a destruição de parte do patrimônio guardado pelos usuários na rede, uma espécie de destruição da Biblioteca de Alexandria em escala exponencial. Não seria o apocalipse zumbi, mas estaríamos bem próximos disso...

Galileu, maio 2015, p. 18.

FELIPE EUGÊNIO/EDITORA GLOBO

Imagem simbólica do fim da internet.

Texto 2

www.galileu.com.br/eseainternet...

"A internet é como um grande amigo que sabe tudo"

Estudioso do chamado "efeito Google", o psicólogo Adrian F. Ward não acha ruim que a internet seja usada para "guardar" informações importantes. Mas o pesquisador da Universidade de Austin crê que há problemas em como aprendemos com a rede. "As pessoas acham que sabem tudo o que está na internet", diz.

O que é o "efeito Google"?

A ideia básica do "efeito Google" é de que nós acreditamos que sabemos não só o que está no nosso cérebro, mas também o que nossos amigos sabem. Não sou um especialista em carros, mas meus amigos são, de forma que só preciso ligar para eles e saber o que quero. A internet é como um grande amigo que sabe tudo e está acessível a todo momento. Assim, nós a utilizamos como um espaço de armazenamento e não nos importamos mais em guardar dados.

Qual é a diferença entre consultar um livro ou a internet?

Para achar um dado em um livro, preciso saber onde ele está e ler tudo até achar o que preciso. É muito trabalhoso, de forma que retemos a informação que precisamos para não repetir esse processo. Na internet, basta um clique para vasculhar todos os livros do mundo, em um esforço muito menor. Com um *smartphone* no bolso, esse esforço é ainda menor.

Estamos perdendo nossa capacidade de aprender?

Aprender pode ser uma habilidade: assim, é bom saber tanto o que se sabe como ter compreensão do que não se sabe. Com a internet sempre acessível, essa fronteira se torna borrada: quantas vezes você já disse que ia "checar" uma informação na internet, mesmo sendo algo que você nunca soube antes?

Há quem diga que podemos ser mais criativos ao usar a internet como acessório. Como assim?

Ao deixar de guardar todos os detalhes de uma questão, nosso cérebro pode liberar suas capacidades cognitivas para resolver um problema. Para mim, porém, tanto faz se você usar a internet ou tiver um papel com as mesmas anotações. No entanto, faço uma ressalva: esse benefício é mais presente em questões superficiais. Para problemas complexos, como tentar entender a economia do Brasil, é preciso saber pelo menos parte das informações, do contrário não se chega a lugar algum.

ANTONIO_DIAZ/ISTOCK PHOTOS/GETTY IMAGES

Jovens se comunicam por meio de *smartphones*, em uma cafeteria.

A educação deve mudar para se conectar com essa tendência?

O melhor aluno da escola costumava ser aquele que sabia mais coisas. Hoje, não é preciso saber tantas coisas, mas relacionar os fatos. A nova inteligência se baseia em encorajar pessoas para resolver um problema — e aí se engajar com os dados. É o que faço nas minhas aulas.

CATHERINE ABUD SCOTTON

CAPELAS, Bruno. *O Estado de S. Paulo*, 6 jun. 2016. Metrópole.

1 Podemos observar que os textos em estudo são escritos em **prosa**. O primeiro está expresso em parágrafos, que se desenvolvem com opiniões do autor e de um especialista em tecnologia. Já na entrevista apresentada no segundo texto, veem-se perguntas e respostas dispostas em blocos.

- Com base no título desses textos, explique qual é o **tema** ou a ideia principal desenvolvida em cada um deles.

2 No texto 1, foi reproduzido um comentário de Humberto de Sousa Delgado, coordenador de tecnologia em redes de computadores e sistemas para internet. Por que teria sido escolhida uma pessoa com esse perfil para ajudar a responder à pergunta do leitor?

a) Por que a Federação Brasileira de Bancos também é mencionada no texto?

b) No texto 1, é mencionada ainda a destruição da Biblioteca de Alexandria. Fundada por um rei egípcio em 3 a.C., era formada por cerca de 400 a 700 mil pergaminhos raros. A destruição desses pergaminhos em um incêndio entre os anos de 47 e 48 a.C. representou a perda definitiva de grande quantidade de informações. O que sugere a comparação entre a destruição dessa biblioteca e o desaparecimento da internet?

c) Na última frase, é feita uma comparação entre o desaparecimento da internet e um apocalipse zumbi. Essa ideia de final do mundo provocado por zumbis aparece em muitos livros, filmes e seriados de televisão, alguns bastante famosos. O que essa comparação sugere sobre o público para o qual o texto foi escrito?

3. No texto 2, um psicólogo foi convidado para falar sobre a internet e a educação.

a) Por que teria sido escolhido um psicólogo para falar sobre esse tema?

b) Por que era importante que uma pessoa com esse tipo de formação respondesse às perguntas?

c) O texto foi publicado em um jornal de grande circulação, voltado para o público em geral. Você diria que a linguagem e as referências presentes no texto estão adequadas para esse público?

4. Os textos em estudo foram publicados, respectivamente, numa revista e num jornal de grande circulação. Assinale a frase que **não** corresponde aos conteúdos expostos nos dois.

a) As transações em agências físicas representam atualmente um modo cada vez menos utilizado pelos clientes dos bancos, ao contrário das operações financeiras na rede.

b) Em assuntos mais complexos, é preciso ter algum conhecimento prévio sobre o que se vai pesquisar na internet, para que o aprendizado se efetue de forma eficaz.

c) O ensino atual deve se pautar pela valorização da reflexão e pela busca de soluções dos problemas, cobrando menos a simples memorização de informações por parte dos alunos.

d) O fim da internet não acarretaria nenhum prejuízo na economia ou nas bolsas de valores.

e) Além da destruição econômica, ficar sem a internet significaria a destruição do patrimônio cultural em escala global.

5. Exponha suas opiniões sobre as ideias apresentadas nos textos. Antes, reúna-se em grupo com os colegas, e, sob a orientação do professor, comparem as semelhanças e diferenças entre as argumentações dos autores.

Texto

• Preparando

Leia o texto a seguir.

Foxconn troca 60 mil pessoas por robôs

Companhia quer usar robótica em "tarefas repetitivas"

A fabricante taiwanesa Foxconn [...] substituiu 60 mil trabalhadores de sua planta na província de Kunshan, na China, por robôs. A informação, que foi revelada pelo jornal *South China Morning Post*, foi divulgada por um representante do governo local.

Com a mudança, a fábrica da empresa na província reduziu seu efetivo de 110 mil para 50 mil empregados na linha de produção. "O projeto teve sucesso na redução de custos", disse o chefe do departamento de publicidade de Kunshan, Xu Yulian.

Em 2015, o presidente executivo da Foxconn estimava que a empresa adotaria robôs para automatizar 70% do trabalho na linha de produção em todas as fábricas. Além de reduzir os custos, os investimentos fazem parte da estratégia da empresa para bater as metas de produtividade da [...] sua maior cliente. Em nota, a Foxconn confirmou a substituição de pessoas por robôs.

Valor agregado. "Estamos usando engenharia robótica e outras tecnologias inovadoras para substituir tarefas repetitivas anteriormente realizadas por funcionários. Estamos treinando nossos empregados capazes de focar em elementos de maior valor agregado de nosso processo, como pesquisa e desenvolvimento, controle de processos e de qualidade", afirmou a companhia.

Segundo levantamento do jornal chinês, 505 empresas na China investiram, em conjunto, cerca de US$ 630 milhões em tecnologias de automação industrial, o que levou à substituição de milhares de empregos no país desde setembro de 2014.

De acordo com um estudo da consultoria britânica Deloitte, em parceria com a Universidade de Oxford, no Reino Unido, 35% das vagas de emprego poderão desaparecer nos próximos 20 anos em consequência da adoção de tecnologias de automação industrial em todo o mundo.

Empregadas de uma fábrica da Foxconn, na China.

O Estado de S. Paulo, 27 maio 2016. Economia. (Adaptado).

1 Com o crescimento da economia mundial, também vem ocorrendo uma evolução tecnológica cada vez maior.

a) Qual é o fato relatado pela **notícia**?

b) Explique por que esse fato revela grande impacto social e econômico, apesar de ser algo já previsto.

2 Depois do primeiro parágrafo, no qual é apresentada a informação básica, observa-se a construção do desenvolvimento do texto.

a) No segundo parágrafo, de que modo se dá continuidade à ideia inicial?

b) Segundo as informações, pode-se dizer que os dirigentes da empresa Foxconn agiram como visionários? Por quê?

3 Observe que houve um planejamento na direção da companhia taiwanesa, visando mudanças que poderiam alavancar os negócios da empresa.

a) Como se percebe que já existiam ações que levariam à concretização desse objetivo?

b) Por causa da renovação robótica na produção industrial, qual foi a solução adotada pela empresa para reintegrar os funcionários substituídos pelos robôs?

4 A China é o país mais populoso do mundo; ainda assim, suas indústrias, em grande número, são automatizadas.

a) Em sua opinião, o que os governantes chineses poderiam fazer para amenizar as consequências do desemprego?

b) Tendo em vista a conclusão, explique como a educação e a tecnologia poderiam reverter a situação de desemprego no mundo.

5 Em geral, as notícias são publicadas em veículos de comunicação como jornais, revistas, rádio, televisão.

a) Qual pode ter sido o objetivo do jornalista ao focalizar um tema tão polêmico?

b) Como se pôde notar, o trabalho de automação industrial tende a se ampliar no mundo. Em sua opinião, que consequências essa nova estrutura econômica pode acarretar? Converse com os colegas e responda.

6 Nos parágrafos iniciais, consta a informação de que a troca de trabalhadores por robôs ocorreu numa fábrica de uma província da China. Levante hipóteses que expliquem por que a mudança significativa se deu justamente nesse país.

7 Na construção de um **texto**, quando palavras, frases e parágrafos são organizados com coesão e coerência, as ideias se entrelaçam para compor um todo de sentido completo. Releia o texto e resuma as ideias principais de cada parágrafo, observando como se constroem as partes que o compõem.

8 É comum que um texto apresente certas **retomadas** ou **repetições** de elementos, para que haja **coesão** e **coerência** em sua estrutura. No texto em estudo, além desses aspectos, pode-se notar também que há uma **progressão** ou continuidade na apresentação de novas ideias e informações sobre o tema abordado, que se dispõem de forma coerente e objetiva. Responda às questões a seguir, observando o emprego da **coesão** no texto.

a) O substantivo *mudança*, no segundo parágrafo, retoma que trecho do primeiro parágrafo, evitando a repetição e mantendo a coesão do texto?

b) No terceiro parágrafo, que palavra retoma o nome *Foxconn*, mencionado anteriormente?

c) Que palavras substituem os substantivos *trabalhadores* e *fabricante*, retomando-os ao longo do texto?

9 A **progressão textual**, isto é, o acréscimo de informações ou argumentos em um texto, dando sequência às ideias expostas nele, está presente na notícia em estudo. Explique de que forma esse recurso foi empregado.

• Sistematizando

A leitura e o estudo do texto jornalístico sobre a troca de trabalhadores por robôs nos ajudam a compreender, concretamente, por que um texto não é um "aglomerado de frases". Para que produza sentido, o texto deve ser composto de frases que expressem ideias inter-relacionadas dentro de um contexto.

No cotidiano, podemos observar a utilização de diferentes tipos de textos para diversas situações. Por exemplo, os textos jornalísticos normalmente visam informar o leitor sobre certos fatos, como a notícia que acabamos de analisar. Em textos como esse, o significado de uma parte ou de um fragmento não é autônomo, pois depende da relação com as outras partes. A apreensão do sentido global do texto resulta, em certa medida, da interação entre os sentidos das frases e dos parágrafos que o compõem.

Também não podemos nos esquecer do contexto em que o texto foi produzido. Em geral, quando lemos um texto, nos guiamos pelas palavras, que representam o **contexto explícito**. Porém, precisamos utilizar vários conhecimentos guardados em nossa memória para construir o sentido integral do texto. Além do contexto explícito, que se encontra na superfície do texto, existem outros conhecimentos implícitos, que precisam ser identificados pelo interlocutor, para completar a unidade de sentido do texto. São essas informações que, em sua totalidade, compõem o **contexto implícito**. Portanto, o **contexto** é tudo aquilo que contribui para a construção de sentido de um texto, ou seja, as informações explícitas e implícitas que o compõem.

Por fim, retomando o que foi estudado na seção "Discurso e contexto", pode-se afirmar que texto e discurso se relacionam. O **discurso** reflete as diferentes **vozes** (temas e termos) de um grupo social. O **texto**, por sua vez, é a manifestação individual de um determinado tipo de **discurso**.

Concluímos, portanto, que:

Texto é uma estrutura composta de frases e/ou imagens que se relacionam, formando um sentido completo, de acordo com o contexto em que foram produzidas.

Oficina Trabalhando o texto

1 A seguir, leia uma charge em que o autor trabalha uma questão social presente no cotidiano dos brasileiros.

CRISE JEAN GALVÃO

JEAN GALVÃO/FOLHAPRESS

GALVÃO, Jean. Crise. *Folha de S.Paulo*, 9 maio 2016. Opinião.

a) Observe, com atenção, o emprego da linguagem verbal e da não verbal, relacionando-as. Em que ideias o chargista se baseou para desenvolver o texto?

____

____

____

b) De que modo ele conseguiu mostrar os efeitos da crise na vida dos cidadãos?

____

____

____

____

c) Explique os recursos visuais ou não verbais utilizados pelo chargista para representar o crescimento da crise.

____

____

____

____

____

d) Observe, na charge, o desenho das placas colocadas na parte de cima das portas. O que elas parecem sugerir ao leitor?

e) Como o autor deu conotação humorística ao texto, trabalhando uma questão séria e polêmica?

f) De acordo com as caraterísticas presentes na charge, explique por que ela constitui um texto.

g) Qual pode ter sido a intenção do chargista ao produzir essa charge?

2 O texto a seguir apresenta dados importantes sobre um assunto de interesse público. Leia-o com atenção.

UMA PROIBIÇÃO QUE DEVE PEGAR

A responsabilidade penal de quem vende álcool a menores de idade é uma providência importante para combater o hábito da bebida entre os jovens

O Congresso Nacional deu um passo importante para que a sociedade brasileira enfrente uma realidade que muitas famílias, estabelecimentos comerciais e autoridades tratam de esquecer — por negligência, ganância, impunidade ou mera conveniência. A venda de álcool a menores de 18 anos passou a ser considerada crime — e quem infringe essa proibição passará a sofrer sanções pesadas. O impedimento já existia, mas foi, aos poucos, sendo relegado ao território das leis que não pegam no Brasil. Esse desleixo foi facilitado por uma jurisprudência do Superior Tribunal de Justiça (STJ) que tratava a venda de bebidas a menores de 18 anos como contravenção penal, e não como crime.

Agora, a vida de quem vende bebidas a jovens e adolescentes vai ficar mais dura — graças à aprovação pela Câmara dos Deputados, na semana passada, de um projeto de lei de iniciativa do senador Humberto Costa (PT-PE). Na prática, a nova lei que foi à sanção da presidente Dilma Roussef, significará a revogação da jurisprudência do STJ. Ela inclui nas disposições do Estatuto da Criança e do Adolescente (ECA) que os responsáveis por estabelecimentos comerciais que vendem bebida alcoólica a menores estarão sujeitos à pena de detenção de dois a quatro anos e a pagamento de multa de R$ 3 mil a R$ 10 mil.

A nova lei faz parte do arsenal de providências necessárias para combater um fenômeno preocupante no Brasil: o crescimento de consumo de álcool por adolescentes e jovens, que adquirem o hábito da bebida cada vez mais cedo. Segundo o último Levantamento Nacional de Álcool e Drogas, com dados de 2006 a 2012, o percentual de garotos de 14 a 17 anos que consomem álcool pelo menos uma vez por semana é de 69%, altíssimo. O problema [...] dissemina-se com mais rapidez entre as meninas de 14 a 17 anos. Em seis anos, o percentual de garotas nessa faixa etária que bebem pelo menos uma vez por semana subiu de 69% para 74%.

A Pesquisa Nacional de Saúde do Escolar, feita pelo IBGE em 2009, constatou que 36,6% dos estudantes tiveram contato com o álcool em festas — e 19,3% em mercado, loja, supermercado ou bar. É consenso, portanto, que responsabilizar penalmente quem vende álcool a menores de 18 anos pode ser uma medida de alta efetividade. Sua eficácia dependerá, é claro, de providências para aumentar a fiscalização de bares e outros estabelecimentos. Campanhas de conscientização também são importantes. Principalmente entre as famílias, que tendem a considerar o consumo de álcool pelos jovens um problema menor que as drogas, o sexo e a violência.

Época, 2 mar. 2015, p. 20.

a) Logo abaixo do título, há uma síntese das principais ideias desenvolvidas no texto. Com que objetivo esse texto, que aparece em itálico, pode ter sido produzido?

b) Você concorda que, como é dito nesse trecho em itálico, atribuir responsabilidade penal a quem vende álcool para menores de idade é uma medida importante? Justifique sua resposta.

c) Observe que as ideias são apresentadas em linguagem verbal e dispostas em parágrafos. Qual o conteúdo do primeiro parágrafo?

d) Qual o conteúdo do segundo e do terceiro parágrafos?

e) No quarto parágrafo, em que ocorre a **conclusão**, pode-se dizer que o texto considera o projeto de lei aprovado uma solução para combater o consumo de álcool entre jovens? Desenvolva suas ideias.

f) Esse texto foi publicado na coluna “Nossa Opinião”, de uma revista de grande circulação. Tendo em vista que não apresenta assinatura, o que se pode concluir quanto à sua autoria?

g) Observe o título do texto. Considere o que é dito nos quatro parágrafos do texto e explique: a forma verbal **deve**, nesse caso, pode ser substituída por **pode** ou por **precisa**? Por quê?

h) De acordo com o segundo parágrafo, a aprovação da lei trará consequências sérias para os responsáveis por estabelecimentos comerciais que venderem bebidas alcoólicas a menores. Em sua opinião, essa seria a melhor medida para evitar que os jovens bebessem álcool tão cedo? Troque ideias com os colegas e apresente seus argumentos.

i) O terceiro parágrafo do texto deixa claro que a nova lei faz parte de um conjunto de providências necessárias para combater o consumo de álcool por adolescentes e jovens. Em sua opinião, por que esse problema tem se agravado, nos últimos anos?

j) Um dado surpreendente no terceiro parágrafo se refere ao elevado consumo de álcool entre meninas adolescentes, ainda que uma vez por semana. Por que esse fato é preocupante?

k) Na frase final, o texto apresenta uma tendência de opinião das famílias, que, em geral, consideram o consumo de álcool entre os jovens um problema menor do que o consumo de drogas, o sexo e a violência. Como essa questão é discutida em sua família? Converse com o professor e com seus colegas sobre o assunto.

l) Observe o tipo de variedade linguística empregada na construção do texto. Por que ele apresenta uma linguagem formal?

m) Além de apresentar uma linguagem mais bem cuidada, o texto é escrito na 3ª pessoa verbal. Que efeito produz esse emprego na comunicação das ideias?

Capítulo 2

Variações linguísticas

As variações linguísticas representam as diversas formas de utilização da língua, que deve se adequar a cada situação de comunicação social. Por isso, a língua é heterogênea, múltipla, versátil. Neste capítulo, vamos estudar algumas variações no uso da língua, como também os conceitos de variedade padrão e variedade não padrão. Antes, vejamos noções sobre língua e linguagem.

Língua e linguagem

• Preparando

Leia a crônica a seguir, que apresenta considerações pessoais do autor sobre o desaparecimento de certas palavras da língua portuguesa.

CACARECOS DA LÍNGUA

Há uma multidão de palavras pelas quais nada mais se pode fazer: já habitam o subterrâneo dos vocábulos

Todo dia uma palavra morre e a gente não se dá conta. Ao contrário das pessoas, que por vezes morrem de desastre, as palavras só morrem aos poucos, devagarinho, cada dia um pouco — à medida que as pessoas que as usavam vão morrendo também. Minha avó, por exemplo. Tenho certeza de que levou junto com ela a palavra *lorota*.

Há uma multidão de palavras pelas quais nada mais se pode fazer: já habitam o subterrâneo das palavras findas. O coração parou, o cérebro também, o médico declarou o óbito e o padre fez a extrema-unção. Provecto. Linfa. Ergástulo. Patego. Algumas, claro, são natimortas. Lorpa. Trenguice. Lordaço. Não adianta bisturi ou eletrochoque — nada no mundo vai resgatá-las.

Algumas, para não morrer, reinventaram-se. Trocaram de sexo, de nome e de profissão. A palavra *zoeira* já significou "barulho": hoje significa "troça". Não é o caso da palavra *troça*, tadinha, que tá nas últimas — apesar de tão gozada.

O verbo *gozar*, no entanto, se reinventou. Trabalhava no ramo do humor, hoje tá no ramo do prazer — taí um cara que sabe aproveitar a vida. A palavra *impagável* não teve a mesma sabedoria. Perdeu a graça: antes, designava o hilariante, hoje designa a dívida do Estado do Rio, tadinha, tão desenxabida — outra palavra moribunda.

Há palavras, no entanto, pelas quais ainda vale lutar. A palavra *cacareco*, por exemplo, tá na UTI. Pros jovens que não chegaram a conhecê-la, cacareco é uma coisa velha, já sem utilidade. Sim, a própria palavra *cacareco* virou um cacareco.

Está longe de ser o único cacareco da linguagem. Pense quando foi a última vez que ouviu que a situação está um despautério, que fulano tá borocoxô, que tal roupa é uma coqueluche, que fulana é uma songamonga.

O hospital das palavras está cheio — e ninguém nem sequer vai visitar as enfermas (*enfermas*: taí outra palavra dodói). Elas não têm orgulho. Pra reavivá-las, basta chamar em voz alta que elas voltam serelepes, faceiras — acabou de acontecer com as palavras *serelepe* e *faceira*.

Provecto: adiantado; experiente, versado; avançado em anos, velho.
Linfa: água límpida.
Ergástulo: prisão, cárcere.
Patego: simplório, rústico.
Natimortas: que nasceram mortas.
Lorpa: imbecil, idiota.
Trenguice: acanhamento, embaraço.
Lordaço: endinheirado, rico.

Precisamos fazer uma força-tarefa pra salvar a palavra *força-tarefa*. Junto com as palavras, morrem também as coisas — e às vezes é impossível saber quem morreu primeiro, se a palavra ou a coisa.

Paramos de falar alpendre porque as casas deixaram de ter alpendre ou as casas pararam de ter alpendre porque já ninguém sabia o que era um alpendre?

DUVIVIER, Gregório. *Folha de S.Paulo*, 11 jul. 2016, p. C5. Ilustrada.

1 No título do texto, observa-se o emprego da palavra *cacarecos*, que aparece também mais adiante, no desenvolvimento dos parágrafos.

a) Explique por que o autor utilizou no título uma palavra atualmente pouco empregada.

____

____

____

____

b) Segundo o cronista, as palavras "só morrem aos poucos, devagarinho" quando as pessoas não mais as utilizam. Por que há essa renovação da linguagem?

____

____

____

____

2 Em geral, a **crônica** é um gênero textual que apresenta ou comenta fatos do cotidiano, como ocorre no texto.

a) Quanto à linguagem, pode-se dizer que o autor se expressou de forma objetiva ou subjetiva na crônica? Esclareça sua resposta.

____

____

____

____

b) Observe que o cronista desenvolveu o texto explorando certo humor na linguagem. Identifique algum trecho em que se percebe esse recurso.

____

____

____

c) Além do humor, que efeito produziu na crônica o emprego da linguagem informal ou coloquial, mais próxima da oralidade?

3 De acordo com o texto, muitas palavras desapareceram, depois de utilizadas por um tempo. No segundo parágrafo, releia as palavras que ninguém mais usa e comente por que você acha que elas podem ter deixado de ser usadas.

4 Certas palavras se mantêm na língua com outros significados. Empregue as palavras *zoeira*, *gozar* e *impagável* em frases, no sentido atual.

- De acordo com o texto, além do termo *cacarecos*, outras palavras caíram em desuso em nossa língua, dando lugar a termos novos. De que modo o uso de palavras pouco usadas no momento presente pode expor uma pessoa?

5 No sexto parágrafo, o cronista parece indagar ao leitor se ele ainda se lembra das palavras *despautério*, *borocoxô*, *coqueluche* e *songamonga*. Você conhece essas palavras e o significado de cada uma delas?

- Que expressões ou palavras surgiram ou passaram a ser usadas em substituição a essas? Dê exemplos.

6 Segundo o cronista, as pessoas, em geral, estão preocupadas em resgatar palavras antigas, já em desuso? Justifique sua resposta com base no texto.

a) O autor se preocupa com o possível desaparecimento da palavra *força-tarefa*. Por que ele pede o apoio do leitor para mantê-la?

b) No último parágrafo, o cronista faz uma pergunta, na busca de uma explicação consistente a respeito do uso cada vez menos frequente da palavra *alpendre*. O que você responderia?

7 As palavras surgem de acordo com a necessidade de interação entre as pessoas e, quando se tornam menos expressivas ou vazias de significado, são substituídas por novos termos. Escreva palavras utilizadas atualmente no lugar das que seguem.

a) lorota
b) troça
c) desenxabida
d) dodói
e) faceira
f) serelepe

• Sistematizando

A **língua** constitui a parte social da linguagem; ela é a representação de um sistema de signos vocais e, muitas vezes, gráficos que se relacionam de forma organizada dentro de um todo.

Esses sinais são comuns a todos os indivídu os de uma comunidade e não só a um único indivíduo. Além disso, a língua é necessária para a produção da escrita e da fala. Pode-se dizer que a fala ocorre com o uso das palavras, isto é, com o uso do léxico da língua. Ela é um fator de identidade cultural, que agrega as sociedades, garantindo a interação social. Trata-se de uma atividade de comunicação que apresenta como componentes a **gramática** e o **léxico**.

A função da **gramática** é especificar as regras de construção de palavras e frases da língua, enquanto o **léxico** constitui o conjunto de palavras utilizadas pelos falantes. Como unidades de sentido, essas palavras, que representam o vocabulário da língua, podem expressar diferentes significados e ter várias funções. Portanto, a língua compreende duas perspectivas: a **gramatical**, que enfatiza a forma linguística; e a **lexical**, que explora as inúmeras conotações semânticas das palavras.

Em análises de textos, evidencia-se a importância do léxico como unidade de sentido, na composição de sequências linguísticas. A aquisição de um vocabulário mais rico permite ao leitor uma compreensão mais profunda dos significados das palavras. A utilização do léxico de forma adequada torna a expressão das ideias mais objetiva e clara.

Não se deve confundir **língua** e **linguagem**. A **linguagem** representa a expressão material do pensamento. Em nossa comunicação diária, utilizamos a linguagem de forma espontânea e natural. Mas é importante destacar o papel desempenhado pela **fala** — que é um ato individual — no surgimento de outras formas de comunicação, como a linguagem escrita.

Cada falante da língua apresenta um modo próprio de expressão. No entanto, ao falar ou escrever, todos têm de adaptar sua linguagem à **situação comunicativa** do momento. Existem situações em que o mais adequado é usar a **linguagem informal** (ou **registro informal**), rica em termos coloquiais, gírias e recursos específicos da oralidade. Essas situações ocorrem quando existe — ou quando se quer estabelecer — intimidade entre os interlocutores. Existem, porém, situações em que o mais adequado é usar a **linguagem formal** (ou **registro formal**), em que há maior objetividade e obediência à gramática normativa, sendo evitadas expressões coloquiais e gírias. A linguagem formal é empregada, basicamente, para dar ao texto (falado ou escrito) um caráter de seriedade e credibilidade, sendo a mais adequada para entrevistas de emprego, apresentações escolares ou profissionais, textos opinativos, requerimentos, cartas comerciais, documentos públicos, etc. Além de seguir as regras gramaticais, a linguagem formal tem como características marcantes a polidez e a seleção cuidadosa de palavras.

Sem a linguagem, a aprendizagem humana seria limitada, não seria possível a comunicação nem a expressão de nossos pensamentos e emoções.

É evidente que não haveria meios para o ser humano empreender e desenvolver de forma contínua suas experiências, o debate e a troca de informações. Por meio da linguagem, pode-se adquirir a aprendizagem necessária à produção da cultura e registrar os fatos de nossa história. Desse modo, torna-se possível que cada geração passe a herdar, pela palavra falada e pela tradição, os conhecimentos acumulados dos antecessores, promovendo o avanço das sociedades.

Portanto, pode-se dizer que:

Língua é a parte social da linguagem; constitui sistema de representação que apresenta a gramática e o léxico como componentes.

Gramática é a parte da língua que tem a função de especificar as regras de construção de palavras e frases.

Léxico é a parte da língua que representa o conjunto de palavras utilizado pelos falantes.

Linguagem é a propriedade que o ser humano tem de representar seu pensamento por meio de sinais codificados, para comunicar-se com as outras pessoas.

Linguagem formal (ou **registro formal**) é aquela utilizada em situações formais, quando se quer conferir um caráter de seriedade e credibilidade à comunicação; sua estrutura obedece à gramática normativa.

Linguagem informal (ou **registro informal**) é aquela utilizada em situações informais, quando existe ou se quer estabelecer intimidade entre os interlocutores; sua estrutura permite o uso de gírias e expressões que não obedecem necessariamente às regras gramaticais.

Oficina Trabalhando língua e linguagem

1 Leia um texto jornalístico do escritor gaúcho Luis Fernando Verissimo, que aborda uma questão relacionada ao emprego da língua.

E/I

— Iminência...

— Você quer dizer "eminência".

— O quê?

— Você disse "iminência". O certo é "eminência".

— Perdão, senhor. Sou um servo, um réptil asqueroso, um nada. Uma sujeira no seu sapato de cetim. Mas sei o que digo. E eu quis dizer "iminência".

— Mas está errado! Nossa vontade não altera a correção gramatical. O tratamento certo de um rei é "eminência".

— Não duvido da sua eminência, senhor, mas o senhor também é iminente. Uma iminência eminente. Ou uma eminência iminente.

— Em que sentido?

— No sentido filosófico.

— Você tem dois minutos para se explicar, antes que eu o mande para o calabouço, onde vão os bobos insolentes.

— Somos todos iminentes, senhor. Vivemos num eterno devir, sempre às vésperas de alguma coisa, nem que seja só o próximo segundo. Na iminência do que virá: o almoço ou a morte. À beira do nosso futuro como de um precipício, no qual despencaremos ou alçaremos voo. A iminência é o nosso estado natural. Pois o que somos nós, todos nós, se não expectativas?

— Você, então, se acha igual a mim?

— Nesse sentido, sim. Somos coiminentes.

— Com uma diferença. Eu estou na iminência de mandar açoitá-lo por insolência, e você está na iminência de apanhar.

— O senhor tem esse direito hierárquico. Faz parte da sua eminência.

— Admita que você queria dizer "eminência" e disse "iminência". E recorreu à filosofia para esconder o erro.

— Só a iminência do açoite me leva a admitir que errei. Se bem que...

— Se bem quê?

— Perdão. Sou um verme, uma meleca, menos que nada. Um cisco no seu santo olho, senhor. Mas é tão pequena a diferença entre um "e" e um "i" que o protesto de vossa eminência soa como prepotência, o que não fica bem num rei. Eminência, iminência, que diferença faz uma letra?

— Ah, é? Ah, é? Uma letra pode mudar tudo. Um emigrante não é um imigrante.

— É um emigrante quando sai de um país e um imigrante quando chega a outro, mas é a mesma pessoa.

— Pois então? Muitas vezes, a distância entre um "e" e um "i" pode ser um oceano. E garanto que você terá muitos problemas na vida se não souber diferenciar ônus de ânus.

— Isso são conjunturas.

— Você quer dizer "conjeturas".

— Não, conjunturas.

— Não é "conjeturas" no sentido de especulações, suposições, hipóteses?

— Não. "Conjunturas" no sentido de situações, momentos históricos.

Devir: transformação, mudança.
Ônus: dever, encargo, carga.
Conjunturas: circunstâncias, situações.
Conjeturas: hipóteses, suposições.

— Você quer dizer "conjeturas" mas se enganou. Admita.
— Eu disse exatamente o que queria dizer, senhor.
— Você errou!
— Não errei, iminência.
— Eminência! Eminência!
— Está bem, o senhor ganhou..., majestade.

VERISSIMO, Luis Fernando. *O Estado de S. Paulo*, 21 ago. 2016, p. C12. Caderno 2.

a) O texto é uma crônica que se organiza em torno de um diálogo. O que predomina nessa interação verbal?

______

______

b) A comunicação no texto se faz em discurso direto, como se fosse um debate de ideias. Com base na crônica, explique quem seriam os interlocutores do diálogo. Justifique sua resposta com exemplos.

______

______

______

c) Observe que o autor utiliza a linguagem humorística na crônica, uma das características da obra de Verissimo. Que efeito produz no texto o uso dessa linguagem?

______

______

d) Apesar de parecer receptivo, o primeiro interlocutor se mostra convicto de que usou a palavra *iminência* de forma adequada. O que significam os termos *eminência* e *iminência*?

______

______

e) O segundo interlocutor discorda do primeiro, afirmando que "Nossa vontade não altera a correção gramatical". Você concorda com ele? Explique por quê.

______

______

f) O diálogo prossegue, e o primeiro interlocutor cria um jogo de palavras, buscando justificar o emprego da palavra *iminência*. O prefixo *co-*, na palavra ***co****iminentes*, traduz a ideia de:

( ) aproximação ( ) afastamento ( ) oposição

( ) repetição ( ) companhia ( ) mudança

g) Portanto, o que o primeiro interlocutor quis dizer ao segundo, ao empregar essa palavra?

____

____

h) No texto, o primeiro interlocutor afirma que a troca de uma só letra em uma palavra não produz alteração significativa. Como o segundo interlocutor rejeita esse conceito?

____

____

i) De fato, o primeiro interlocutor conhece o significado das palavras que emprega, como no caso da palavra *conjunturas*. Em sua opinião, o uso desse termo foi adequado? Por quê?

____

____

j) Como é possível interpretar a resposta final do primeiro interlocutor, na conclusão da crônica?

____

____

k) Os objetivos do cronista, ao produzir esse texto, podem ter sido:

( ) criticar o uso inadequado de certas palavras.

( ) argumentar sobre o pouco conhecimento do léxico.

( ) divertir o leitor, relatando um fato curioso da língua.

( ) fazer o leitor refletir sobre o emprego da língua.

2 No trecho a seguir, Mia Couto, famoso escritor moçambicano, fala do uso das palavras (léxico) e das normas gramaticais. Leia o texto e observe o emprego da língua.

ESCREVÊNCIAS DESINVENTOSAS

Estava já eu predisposto a escrever mais uma crônica quando recebo a ordem: não se pode inventar palavra. Não sou homem de argumento e, por isso, me deixei. Siga-se o código e calendário das palavras, a gramatical e dicionárica língua. Mas, ainda, a ordem era perguntosa: "Já não há respeito pela língua-materna?".

Não é que eu tivesse intenção de inventar palavras. Até porque acho que palavra descobre-se, não se inventa. Mas a ordem me deixou desesfeliz. Primeiro: por que meter a mãe no assunto? Por acaso sou filho da língua, eu? Se nasci, mesmo inicialmente, foi de duplo serviço genético, obra inteira. Segundo: sou um homem obeditoso aos mandos. Resumo-me: sou um obeditado. Quando escrevo, olho a frase como se ela estivesse de balalaica, respeitosa. É uma escrita disciplinada: levanta-se para tomar a palavra, no início das orações. Maiusculiza-se deferente. E, em cada pausa, se ajoelha nas vírgulas. Nunca ponho três pontos que é para não pecar de insinuência. Escrita assim, penteada e engomada, nem sexo tem. Agora acusar-me de inventeiro, isso é que não. Porque sei muito bem o perigo da imaginâutica. Às duas por triz basta uma simples letra para alterar tudo.

Um pequeno "d" muda esperto em desperto. Um simples "f" vira o útil em fútil. E outros tantíssimos, infindáveis exemplos.

Afinal das contas, quem imagina é porque não se conforma com o real estado da realidade. E nós devemos estar para a realidade como o tijolo está para a parede: a linha certa, a aresta medida. Entijole-se o homem com tendência a imaginescências [...].

COUTO, Mia. *Cronicando*. Lisboa: Caminho, 1993. p. 163-164. (Fragmento).

a) Mia Couto recebeu a ordem de não inventar palavras. Ao escrever a crônica, você diria que ele obedeceu a essa ordem? Esclareça sua resposta.

b) No primeiro parágrafo, o escritor faz uma crítica sobre o uso do vocabulário e das normas gramaticais. De que maneira ele faz isso?

c) Explique como Mia Couto se posiciona em relação à ordem estabelecida.

d) Interprete o sentido desta frase: "Até porque acho que palavra descobre-se, não se inventa".

e) Identifique no texto as palavras e expressões que podem ser consideradas invenções em nosso português, escrevendo os registros equivalentes admitidos pela gramática.

f) O escritor utiliza a ironia como recurso para contestar o efeito que certas regras podem causar ao texto. Interprete esta frase, em que ele emprega a personificação: "Escrita assim, penteada e engomada, nem sexo tem".

g) Mia Couto se diz obediente às regras e não um “inventeiro”. Mas, ao mostrar a troca de letras nas palavras, o que ele sugere?

h) No último parágrafo do texto, como o escritor usa a ironia em defesa da criação literária?

3 Leia o anúncio publicitário a seguir e relacione a linguagem verbal à não verbal.

ACERVO DA AGÊNCIA ESTADUAL DE TURISMO/GOVERNO DE GOIÁS

IstoÉ, 29 jul. 2015, p. 61.

a) A elaboração de um anúncio visa sempre a um determinado público-alvo. Qual é o público-alvo do anúncio em questão?

b) Que tipo de linguagem é empregado no texto? Por quê?

c) O anúncio em estudo apresenta imagens bem expressivas, que estão em sintonia com as frases do texto. As duas frases em destaque no anúncio constituem o *slogan*, que é elaborado para ser lido em primeiro lugar. Qual é o argumento que o *slogan* procura transmitir, em conjunto com as imagens?

d) O anúncio apresenta linguagem persuasiva, com o objetivo de convencer o leitor a conhecer as praias do rio Araguaia. De que forma as imagens contribuem para esse trabalho de persuasão?

e) No texto abaixo das imagens, escrito em letras menores, a linguagem é concisa e objetiva, além de persuasiva. Identifique trechos que comprovem essa afirmação.

f) Quem são os responsáveis pela publicação do anúncio? Onde eles são mencionados?

g) A mesma modalidade de linguagem foi usada por Luis Fernando Verissimo, no texto anterior, e no anúncio em estudo?

Variação padrão e variação não padrão

• Preparando

Como se pôde observar, há várias formas de linguagem utilizadas na interação comunicativa. Vamos ver agora as mais empregadas.

Toda língua passa por modificações, que surgem naturalmente com o tempo. E as diferenças são ainda mais marcantes quando se comparam períodos e épocas mais distantes. Em meio à diversidade linguística, destacam-se a **variedade padrão** e determinadas **variedades não padrão**. A primeira obedece às regras da **gramática normativa** e é mais valorizada socialmente. As variedades não padrão, por sua vez, englobam as **variedades populares** e as **variedades regionais**. Todas são variedades linguísticas legítimas, dependendo do modo como os interlocutores as utilizam na interação verbal.

Para compreender melhor essa questão, leia a crônica de Walcyr Carrasco, jornalista, escritor e também produtor de novelas de televisão e peças teatrais. Nela, o autor relata várias situações que comprovam o uso nem sempre adequado do celular.

MÁ EDUCAÇÃO E CELULAR

Uma conhecida convidou os quatro netos pré-adolescentes para lanchar. Queria passar um tempo com eles, como fazem as avós. Sentaram-se numa lanchonete. Pediram sanduíches e refrigerantes. Daí, os quatro sacaram os celulares. Ficaram todo o tempo trocando mensagens com amigos, rindo e se divertindo. Com cara de mamão murcho, a avó esperou alguma oportunidade de bater papo. Não houve. Agora, ela já prometeu:

— Desisti. Não saio mais com meus netos.

Cada vez mais as pessoas "abandonam" os outros para viver num mundo de relações via celular. Às vezes de maneira assustadora. Vou muito para o Rio de Janeiro, sem carro. No meu trajeto, costumo escolher a Avenida Niemeyer, cuja vista é linda. Mas é cheia de curvas. Durante o trajeto, preciso me acalmar e recitar o mantra "om... ommmm" quando os motoristas atendem seus celulares. Dá medo, com o abismo pela frente! A falta de educação é dos dois lados. Quem liga, se não é atendido, continua tocando sem parar. O motorista muitas vezes atende e diz que não dá para falar. A pessoa do outro lado nem liga e continua o assunto. Alguns atores que eu conheço estão detonando suas carreiras.

Ficam no WhatsApp até o momento de gravar. Atuar exige concentração, "entrar" no personagem. Se a pessoa "conversa" por mensagens até o momento exato de interpretar, fará pior. Está com a cabeça em outro lugar.

A praga atingiu até o setor de serviços. Dia destes estava no caixa de uma livraria. A mocinha passava meus livros e revistas com displicência enquanto falava ao celular. De repente, se confundiu. Teve de passar tudo de novo. Desligou. Voltou ao trabalho, mas aí o celular tocou e... a fila atrás de mim só aumentava. O máximo que ouvi da parte dela foi:

— Desculpa.

Tocou de novo, atendeu, tentando colocar meus livros numa sacolinha com uma única mão.

Em certos almoços, mesmo de negócios, é impossível tratar do assunto que importa. O interlocutor escolhe o prato com a orelha no celular. Quando desliga, abre para verificar e-mails. Responde. Pacientemente espero. Iniciamos o papo que motivou o almoço. O celular toca novamente. Dá vontade de levantar da mesa e ir embora. Não posso, seria falta de educação. Mas não é pior ficar como espectador enquanto a pessoa resolve suas coisas pelo celular, sem dar continuidade na conversa?

Também adoro um celular. Tenho amigos no exterior e trocamos mensagens diariamente. Mas faço isso quando estou sozinho. Há também soluções rápidas, pessoais e profissionais onde ele ajuda e muito! Mas hummm... do ponto de vista profissional, nem sei se é tão bom assim. Celular não tem hora. Invade sem pedir permissão. É uma decisão difícil não atender o telefonema de um chefe ou de alguém importante no trabalho. Ou seja, a gente trabalha 24 horas direto! Há também quem chame durante uma reunião de trabalho importante. E, como contei no caso do carro, continuam chamando mesmo sem ser atendidas, até tornar o papo profissional impossível. Finalmente, ouço.

— Dá licença, vou atender e encerrar logo esse assunto.

Faço cara de paisagem enquanto a pessoa discute algo que nada tem a ver comigo. Penso: seria melhor, muito melhor, não ter marcado reunião nenhuma. Mais fácil seria, sim, me impor através do celular, porque através dele entro na sala de alguém quando quero, sem marcar hora. [...]

Ainda sou daquele tempo de ter conversas francas e profundas, de olhar nos olhos. Hoje é quase impossível aprofundar-se nos olhos de alguém. Estão fixados na tela de seu modelo de última geração. Conheço algumas raras pessoas que se recusam (ainda!) a ter celular. Cada vez mais, se rendem. A vida ficou impossível sem ele. Eu descobri uma estratégia que sempre funciona, se quero realmente falar com alguém. Convido para jantar, por exemplo. Ela saca o celular. Pego o meu e envio uma mensagem para ela mesma, em frente a mim. Não falha. Seja quem for, acha divertidíssimo. E assim continuamos até o cafezinho. Sem palavras, mas trocando incríveis mensagens pelo celular. Todo mundo acha divertidíssimo.

CARRASCO, Walcyr. *Época*, 26 jan. 2015, p. 91. (Fragmento).

WEBERSON SANTIAGO

1 No início do texto, o cronista narra um fato que hoje se tornou frequente. Jovens adolescentes sentados à mesa, falando ao celular e esquecidos das pessoas que estão com eles. Explique por que situações como essa estão ocorrendo.

2 Releia esta frase: "Cada vez mais as pessoas 'abandonam' os outros para viver num mundo de relações via celular". Explique por que o autor empregou as aspas na conjugação do verbo *abandonar*.

3 No texto, o cronista critica a má educação dos usuários de celular, quer dirigindo no trânsito, quer enviando mensagens no trabalho.

a) Em que momentos você considera o uso do celular mais inconveniente? Explique por quê.

b) No texto predomina a linguagem formal, objetiva, impessoal, ou a linguagem informal, subjetiva, pessoal? Esclareça sua resposta.

4 Apesar do emprego da variedade não padrão em alguns trechos da crônica, pode-se dizer que há, no texto, o predomínio da variedade padrão. Explique por quê.

5 Diferencie as variedades linguísticas presentes nas frases a seguir. Justifique sua opção.

a) "Com cara de mamão murcho, a avó esperou alguma oportunidade de bater papo."

b) "No meu trajeto, costumo escolher a Avenida Niemeyer, cuja vista é linda."

c) "Alguns atores que eu conheço estão detonando suas carreiras."

d) "Faço cara de paisagem enquanto a pessoa discute algo que nada tem a ver comigo."

6 Em três frases da questão anterior, o cronista empregou a linguagem informal. Interprete as expressões destacadas.

a) "Com **cara de mamão murcho**, a avó esperou alguma oportunidade de **bater papo**."

b) "Alguns atores que eu conheço estão **detonando** suas carreiras."

c) "Faço **cara de paisagem** enquanto a pessoa discute algo que **nada tem a ver** comigo."

7 O autor apresenta diversos casos que comprovam a dependência das pessoas em relação ao celular. Mesmo assim, defende o uso desse aparelho em certas situações. Em sua opinião, de que modo o celular traz benefícios, tornando a vida mais prática? Converse com os colegas e exponha suas ideias.

8 No último parágrafo, o cronista reflete a respeito da importância do celular na atualidade, considerando impossível viver sem ele.

a) Interprete as ideias contidas nas três primeiras frases do parágrafo. Situe-as no contexto.

____

____

____

____

____

____

b) Na sequência do parágrafo, o autor revela uma divertida estratégia para tentar se adaptar à dependência do celular sobre a qual falou no texto. Explique essa estratégia.

____

____

____

____

____

• Sistematizando

Como a língua é um fato social e a sociedade apresenta características e tendências diversas, é natural que haja variações no uso da língua.

Além da influência da região, outros fatores, como faixa etária, sexo, grupo social, etc., contribuem para que surjam inúmeras **variedades linguísticas** dentro de um mesmo idioma. A **variedade padrão** é a que conta com maior prestígio social e que, em seu registro formal, segue as regras prescritas pelas **norma culta**. As variedades diferentes da variedade padrão são chamadas de **variedades não padrão** ou **variedades populares**, como as gírias e expressões coloquiais observadas na crônica "Má educação e celular" ("cara de mamão murcho", "sacaram", "detonando", etc.). Do ponto de vista da Linguística (ciência que estuda a linguagem), todas as variedades são legítimas e funcionais, permitindo que as pessoas não só interajam e se comuniquem, mas também produzam cultura e arte.

O emprego das variações linguísticas também está relacionado ao tipo de registro usado nos textos. Por exemplo, mesmo não conhecendo todos os seus leitores, o escritor Walcyr Carrasco às vezes faz uso do **registro informal**, para que a linguagem de sua crônica seja adequada à situação comunicativa apresentada e crie maior proximidade com o público. Para relatar os fatos de forma objetiva, no entanto, o autor emprega o **registro formal**.

A **variedade regional** constitui um tipo importante de variedade não padrão. Ela resulta das características da região em que ocorre, e dela se originam os **regionalismos**. Geralmente os regionalismos se manifestam na **pronúncia** (sotaque) e no **léxico** (vocabulário). Por exemplo: a letra **r**, em *amor*, pode ter pronúncias diferentes, dependendo da região do Brasil onde a palavra é falada. E um mesmo tipo de alimento pode ter nomes regionais variados, como uma raiz comestível conhecida como *aipim*, *mandioca* ou *macaxeira*. Além disso, as variedades regionais também se manifestam no próprio modo de organizar as palavras nas frases.

Portanto, a língua apresenta variedades linguísticas associadas a diversos aspectos, entre os quais se destacam: as **características regionais**; a **faixa etária** dos interlocutores; o **sexo** dos falantes e o **grupo social**. As **gírias**, por exemplo, são expressões típicas do registro informal, que servem para marcar a identidade de um grupo social, como os surfistas, os roqueiros, os frequentadores de rodeios, etc. Também existem gírias regionais, usadas apenas em determinadas localidades. Algumas gírias transpõem as fronteiras do grupo em que surgiram e passam a ser empregadas por uma grande parcela da população. Grupos de profissionais com interesses comuns também costumam desenvolver uma linguagem própria, conhecida por **jargão**. Assim, temos o jargão dos publicitários, dos médicos, dos *motoboys*, dos economistas, etc.

Observe a seguir alguns traços característicos de pronúncia do **português brasileiro contemporâneo**, registrados em determinadas regiões do Brasil.

- Queda do **–r** final dos infinitivos verbais e de certos substantivos, como: pensar (*pensá*), deixar (*deixá*), vencer (*vencê*), poder (*podê*), flor (*flô*), cantor (*cantô*), mulher (*mulhé*). Pronúncia encontrada em Minas Gerais, São Paulo e Espírito Santo.
- Pronúncia do fonema / ʎ / como /**j**/: filho /fijo/ (*fio*), milho /mijo/ (*mio*), palha / paja/ (*paia*). Pronúncia comum em regiões onde predomina o dialeto caipira.
- Abertura das vogais pré-tônicas: d**e**cente (*décente*), r**e**visão (*révisão*), v**e**leiro (*véleiro*), g**o**leiro (*góleiro*). Pronúncia encontrada no Nordeste.
- Pronúncia de /**o**/ e /**e**/ em final de palavra, como em: tomate (*tomat**e***), leite quente (*leit**e** quent**e***), ovo (*ov**o***), entulho (*entulh**o***). Pronúncia encontrada na região Sul e no interior de São Paulo. Nas demais regiões, ocorre a oposição entre /**e**/ - /**i**/ e /**o**/ - /**u**/, que se neutralizam em posição pós-tônica: *tomat**i**, leit**i** quent**i**, ov**u**, entulh**u***.
- Palatalização de /**s**/ e /**z**/ em finais de sílaba e de palavra: é o caso de *mais*, pronunciado /majʃ/. Pronúncia característica do Rio de Janeiro, mas registrada também no Espírito Santo e em certas regiões de Minas Gerais, Pará, Amazonas e Pernambuco. [...].

ILARI, Rodolfo; BASSO, Renato. *O português da gente*: a língua que estudamos, a língua que falamos. São Paulo: Contexto, 2007. p. 167-168, 175. (Fragmento adaptado).

Em resumo:

Variações linguísticas são as diferentes variações regionais e sociais dentro de uma mesma língua.

Variedade padrão é a variedade linguística de maior prestígio, a mais valorizada socialmente e a mais utilizada na esfera pública (imprensa, comércio, indústria, universidade, governo, etc. Em seu registro formal, é a que está de acordo com as regras da **norma culta** e com o registro dos dicionários.

Variedades não padrão ou **variedades populares** são aquelas que apresentam diferenças marcantes em relação à variedade padrão, entre as quais se destacam as variedades regionais.

Gírias são palavras ou expressões do registro informal que se caracterizam pela alteração do sentido ou da forma em relação à variedade padrão e servem para marcar a identidade de um determinado grupo social.

Oficina Trabalhando as variações linguísticas

1 O texto a seguir é uma notícia que relata um acidente ocorrido em um zoológico. Leia-o e observe a linguagem.

MAXYM/SHUTTERSTOCK

PERIGO NOS ZOOS

Acidente que provocou a morte de um gorila nos EUA reacende debate sobre a extinção desses parques no mundo

O gorila Harambe, espécie em extinção com as costas prateadas, foi morto na semana passada em Cincinnati, nos Estados Unidos, depois que uma criança ultrapassou o bloqueio de segurança e caiu em um fosso. O triste episódio mostra como zoológicos são ambientes de risco para o público e nocivos para os animais, a ponto de muitos grupos ambientalistas pedirem sua extinção. Leões, tigres e elefantes normalmente percorrem longas distâncias em busca de comida ou quando desejam entrar em contato com diferentes espécies. Em ambientes controlados, porém, passam os dias entediados, estressados e com todas as atividades reguladas. A ONG espanhola Vidas Enjauladas coordenou um estudo que classifica esses locais como "centros onde os animais adoecem vítimas de todo o tipo de privação".

Além do permanente estado de angústia que ameaça as espécies, as condições de segurança para o público também deixam a desejar. No caso de Harambe, funcionários do zoológico atiraram no primata de 181 quilos para socorrer a criança. A polícia investiga se a ação foi adequada e se não houve negligência. No Brasil, um estudo da ONG Proteste averiguou condições dos zoológicos de cinco estados e encontrou locais despreparados, escassez de informações e animais confinados vivendo em ambientes que em nada lembram seus hábitats naturais. Nenhum parque tinha sinalização e o acesso à área restrita era falho. "Isso leva muitas pessoas a colocarem suas crianças em risco", diz Maria Inês Dolci, da Proteste.

PEREZ, Fabíola. *IstoÉ*, n. 2426, 8 jun. 2016, p. 63.

a) Após o título principal (ou manchete), a notícia apresenta um **título auxiliar**. Qual é o objetivo desse título secundário?

____

____

____

b) No primeiro parágrafo, o autor relata o fato que ocorreu no zoológico. Explique o que aconteceu.

____

____

____

c) De acordo com o texto, os zoológicos não são locais adequados nem seguros para animais ou pessoas. Tendo em vista as informações do primeiro parágrafo, qual é sua opinião sobre essa polêmica? Exponha seu ponto de vista.

____

____

d) Qual é o tipo de variação linguística empregado no texto? Explique por que a autora fez essa opção no emprego da linguagem.

e) No segundo parágrafo do texto, a autora informa que funcionários do zoológico atiraram no gorila para salvar a criança. Você considera a atitude deles correta? Exponha suas opiniões.

f) São evidentes a situação difícil dos animais que vivem em zoológicos e os riscos que o público muitas vezes enfrenta nesses parques, por descaso ou negligência dos administradores. Em sua opinião, por que esses centros continuam a existir, apesar da crítica de ambientalistas e ONGs?

2 Leia o trecho de um diário de uma menina que cresceu nas ruas da cidade de São Paulo.

O DIÁRIO DA RUA

Por mais triste que fosse morar na rua, nós também inventávamos o nosso lazer, é claro. E o que mais gostávamos de fazer era reunir todo mundo numa rodinha e deixar o samba rolar solto. A letra ficava por minha conta, pois eu adorava escrever poesias, pagodes e expor meus sentimentos numa folha de papel. Assim eu desabafava, e disso nascia uma melodia ao som do cavaco, do pandeiro, da timba e do tamborim.

Na hora de escrever, eu gostava do silêncio da folha de papel. Eu podia escrever de tudo, que ela não reclamava. Mas depois, quando a letra virava melodia, eu me apaixonava pela música.

Quando a galera se reunia, era pra valer. O Centrão pegava fogo. Juntávamos: eu no vocal, o Chupeta no banjo, o Rogério no cavaco, o Diógenes no tantã, o Miquimba no pandeiro, o Carequinha no repinique, o Rato no surdão e o Perácio na timba... O bicho pegava.

Era muito legal ser chamada de compositora e receber aplausos das pessoas. Isso me causava uma sensação de poder, de reconhecimento, aumentando minha autoestima. Naquele momento, eu não era mais uma trombadinha, e sim uma pessoa criativa.

Escrevi minha primeira letra de samba com nove anos, juntamente com o tio Áureo, o professor de música do Clube da Mooca. Além desse samba, escrevi várias outras canções. Mas também escrevia poesias e textos relatando a minha realidade. Anotava em cima dos emaranhados, do meu jeito, sempre com muitos erros de português. Naqueles dias, o mais importante para mim era relatar o momento e desabafar. Escrevendo eu me aliviava, começava a entender melhor o mundo. E depois, quando a letra virava canção, eu ficava muito feliz.

ORTIZ, Esmeralda. *O diário da rua*. São Paulo: Salamandra, 2003. p. 34-35. (Fragmento).

a) Observe que a narração é desenvolvida em 1ª pessoa, pois é a protagonista quem conta os fatos. Explique por que se empregou o verbo nessa pessoa.

b) Apesar da pobreza, a narradora tinha grandes sonhos e não se esquecia de lutar por eles. Interprete o que ela diz nesta frase: "Na hora de escrever, eu gostava **do silêncio da folha de papel**".

c) Ao relatar fatos de sua adolescência no diário, a narradora demonstra o gosto pela escrita. Identifique, no texto, o tipo de variação linguística empregada e suas características. Dê exemplos de palavras e expressões da narrativa que comprovem sua resposta.

d) Segundo o diário, a menina recebera o apoio de um professor de música, que teria estimulado seu talento. De que modo os amigos da roda de samba foram importantes na vida dela?

e) Identifique a figura de linguagem destacada nesta frase do texto: "Eu podia escrever de tudo, que **ela não reclamava**". Justifique sua resposta.

f) No quarto parágrafo, há uma passagem em que se nota certo ressentimento por parte da protagonista, devido ao preconceito. Identifique o trecho e exponha seu ponto de vista sobre a situação.

g) Interprete esta frase do último parágrafo: "Anotava em cima dos **emaranhados**, do meu jeito, sempre com muitos erros de português".

h) Compare o tipo de linguagem utilizado na notícia anterior com a linguagem desse trecho de diário. Que diferenças há entre as duas variações linguísticas?

3 O trecho a seguir foi tirado do romance *Um certo capitão Rodrigo*, de Erico Verissimo. Observe o emprego de termos próprios da linguagem do sul do Brasil, onde nasceu e viveu o autor.

O NOIVO

[...]

O noivo viera só. Era um moço baixo, quieto, de grossos bigodes negros e olhos mansos. Os pais tinham nascido na Ilha dos Açores e possuíam nos arredores de Porto Alegre uma quinta onde cultivavam parreiras e hortaliças, faziam vinho, queijo e linguiça e criavam porcos e galinhas. A chegada do rapaz a Santa Fé causara alguma sensação. Qualquer forasteiro que chegasse, sempre era uma novidade que ocupava a atenção dos habitantes do povoado, onde a vida de ordinário se arrastava calma e igual. Mas aquele homem do litoral, que vestia e falava dum modo diferente das gentes do interior, de certo modo representava uma parte da Província cujos habitantes não tinham ainda cortado completamente o cordão umbilical que os prendia a Portugal. Algumas famílias açorianas cujos antepassados tinham chegado ao Continente de São Pedro havia quase oitenta anos, mantinham ainda mais ou menos intatos os costumes das ilhas.

O noivo da filha de Joca Rodrigues não sabia montar a cavalo com o garbo e o desembaraço dos homens do interior e da fronteira. E quando entrou no povoado, meio encurvado em cima dum petiço manco e cansado, seguido de dois escravos, um santa-fezense que estava parado à frente da venda do Nicolau gritou, jovial:

— Cuidado, baiano!

E outro, mais adiante, vendo como o forasteiro se agarrava à cabeça do lombilho, não se conteve e exclamou:

— Largue o Santo Antônio, moço!

O recém-chegado sorriu. Tinha consciência de estar fazendo figura triste. Achava-se agora em meio de gente habituada a uma vida e a um tipo de trabalho que ele desconhecia quase por completo. Jamais manejara o laço ou as boleadeiras; não sabia domar potros nem parar rodeio. Meio encalistrado, distribuía cumprimentos amáveis para a direita e para a esquerda, como se quisesse comprar com essa afabilidade a tolerância daqueles gaúchos.

WEBERSON SANTIAGO

Não levou, porém, muito tempo para se fazer estimado. Como a maioria dos ilhéus, era simples e alegre, duma alegria natural, sem fanfarronada nem barulho. Gostava de dançar, cantar, era econômico, firme nas suas opiniões, e não se expunha a riscos em seus negócios. [...]

O padre Lara travou logo conhecimento com aquele moço de Porto Alegre, pediu-lhe notícias da capital e do mundo, e recebeu com satisfação os jornais da Corte que o recém-chegado trouxera consigo. E, convivendo com aquele filho de açorianos, o vigário, que gostava de estudar e observar as pessoas e as coisas, sorria e achava que o noivo da filha de Joca Rodrigues era bem a antítese de Rodrigo Cambará. Sua linguagem — na pronúncia, na entonação e no emprego de certos vocábulos que o interior da província usava pouco ou desconhecia de todo — lembrava a das ilhas, aproximava-se muito na construção das sentenças, do português castiço que o padre lia em Manuel Bernardes e Bernardim Ribeiro. [...] Para o moço de Porto Alegre, uma moça era uma "rapariga"; para seus avós, uma "cachopa". Mas para Rodrigo, mulher moça era às vezes "muchacha" [...]. Quando o noivo deseja exprimir agradecimento, dizia respeitosa e quase solenemente: "Obrigada a vossa Mercê"; mas Rodrigo soltava um "Gracias!" rápido, casual e quase insolente.

Castiço: de linguagem correta.

VERISSIMO, Erico. *Um certo capitão Rodrigo*. São Paulo: Globo, 1987. p. 77-78. (Fragmento adaptado).

a) Nessa passagem do romance, o autor relata a chegada do noivo da filha de Joca Rodrigues a Santa Fé, no Rio Grande do Sul. Que trecho do primeiro parágrafo do texto indica que os pais do noivo tinham alguma relação com costumes rurais?

b) Apesar da caracterização dos pais, o noivo é identificado como "aquele homem do litoral". Por que o forasteiro teria despertado tanta curiosidade nos moradores de Santa Fé?

c) Que detalhe mais chamou a atenção dos habitantes de Santa Fé, logo na chegada do noivo? Justifique sua resposta com exemplos do texto.

d) No texto são exploradas ainda algumas diferenças entre a linguagem empregada pelo noivo que vinha de Porto Alegre e a linguagem das pessoas da região, como Rodrigo Cambará. Que diferenças seriam essas?

e) Como a história se passa no Rio Grande do Sul, a narrativa às vezes utiliza termos regionalistas, típicos da linguagem gaúcha. Explique o sentido dos termos destacados a seguir.

- "em cima dum **petiço** manco e cansado".

- "vendo como o forasteiro se agarrava à **cabeça do lombilho**".

- "Jamais manejara o laço ou as **boleadeiras**".

f) Pesquise no dicionário as palavras cujo significado você desconhece e explique o sentido geral das frases a seguir.

- "Meio encalistrado, distribuía cumprimentos amáveis".

- "era simples e alegre, duma alegria natural, sem fanfarronada nem barulho".

Produção e estilo — Linguagem digital

A utilização de **emojis** em nossa comunicação cotidiana é o tema de uma reportagem da qual você vai ler uma parte. Observe as opiniões de alguns especialistas sobre a evolução da linguagem digital.

EMOJIS INVADEM AS CONVERSAS E GERAM DISCUSSÃO SOBRE EVOLUÇÃO DA LINGUAGEM

Com a disseminação dos emojis *nos celulares, linguistas discutem o papel desses pequenos símbolos na evolução da linguagem digital e na* ***comunicação humana***

No começo, parecia coisa de adolescente. Terminar uma frase com uma carinha sorridente 😊? Um coração palpitando 💓? Duas mocinhas dançando 👯? Que infantil, não?

Pois a intenção daqueles que levaram essas pequenas figurinhas — hoje conhecidas como **emojis** (da junção das duas palavras em japonês que significam "imagem + personagem") — para os telefones celulares, nos anos 1990, não ia além disso mesmo: seduzir a atenção dos jovens, que se comunicavam com tanta intensidade por meio de mensagens de texto.

A popularização dos emojis, porém, vem extrapolando expectativas e faixas etárias — além de obrigar os produtores dos aparelhos a incorporar novos pacotes de figuras a seu teclado a cada ano. Eles incluem rostos com diferentes expressões, profissões, esportes, comidas, animais, instrumentos musicais, bandeiras, meios de transporte, entre outras coisas. Inclusive um montinho de cocô 💩.

Os emojis já são usados por adultos em *e-mails* para falar de negócios [...], nas artes visuais e até mesmo na literatura. Uma versão de *Moby Dick*, o clássico de Herman Melville, foi "traduzida" para a linguagem emoji e pode ser comprada *on-line*.

Em 2015, o *Oxford English Dictionary* escolheu o emoji do rosto soltando lágrimas de alegria 😂 como a palavra do ano.

Paralinguagem

Com tudo isso, dos papos juvenis, os emojis foram parar nas universidades, onde linguistas debatem seu papel na evolução das comunicações e dentro de cada língua.

"Obviamente que os emojis não são um idioma, mas vêm se transformando num importante elemento da 'paralinguagem'. Ou seja, tudo aquilo que usamos junto com as palavras para dar-lhes o significado que queremos: a entonação, a expressão facial, o modo de olhar ou a linguagem corporal", diz [...] o britânico Vyvyan Evans, professor de linguística da Universidade de Bangor.

"Num mundo em que as comunicações têm sido cada vez mais eletrônicas e menos ao vivo, o emoji exerce uma função 'paralinguística' importante", diz Evans.

John McWhorter, da Universidade de Columbia, diz que, depois dos adolescentes, foi a vez das mulheres mais velhas incorporarem os emojis ao seu dia a dia. "Mulheres tendem a ser mais expressivas e abertas na linguagem", explica. Mas, para Evans, hoje os símbolos já são usados igualmente entre os sexos.

"Tudo depende do contexto cultural. Sociedades menos rígidas tendem a ver os emojis como um modo divertido e espontâneo de se comunicar. Depende menos do sexo e mais do contexto cultural", explica.

Para Evans, para entender os emojis deve-se aplicar a mesma lógica da compreensão das palavras. "Sabemos que palavras têm um significado relativamente estável num conjunto linguístico, ainda que possam ser usadas para significar outras coisas, dependendo do contexto da frase ou da situação. O mesmo ocorre com os emojis, que são, nesse caso, 'palavras', mas que viajam entre países e idiomas diferentes."

ILUSTRAÇÕES: YAYAYOYO/SHUTTERSTOCK/ DENIS GORELKIN/ SHUTTERSTOCK/ COSMIC_DESIGN/SHUTTERSTOCK/ PREMIUMVECTOR/ SHUTTERSTOCK/ JOSEP PERIANES JORBA/SHUTTERSTOCK

[...]

Mas a viagem dos emojis entre as diferentes culturas também trouxe outros dilemas. O primeiro a ser notado foi a falta de diversidade étnica. No começo, eles representavam apenas "pessoas" brancas. Vieram, então, os emojis com várias tonalidades de cor de pele.

Depois, foi a vez do grito das feministas, revoltadas ao ver mulheres aparecendo apenas como noivas, bailarinas, pintando as unhas e quase sempre usando cor-de-rosa. Logo surgiram emojis com mulheres exercendo profissões antes reservadas apenas aos emojis masculinos.

Em *The Story of Emoji*, Gavin Lucas conta a trajetória do fenômeno desde sua incorporação aos celulares, pelo engenheiro japonês Shigetaka Kurita, até os dias de hoje, quando um consórcio baseado na Califórnia, o Unicode, transformou-se numa espécie de "órgão regulador" do lançamento de novos emojis. Existem, hoje, mais de 800 nas novas versões dos *smartphones*.

[...]

No livro de Lucas, a história do emoji é contada também por meio de obras de arte inspiradas em emojis. "Eles são tão variados e tão expressivos que viram um instrumento poderoso para a expressão artística", diz Lucas.

[...]

Para definir de maneira simples um emoji, Evans usa uma imagem poética. "Quantas vezes não topamos com emoções ou atos que não sabemos denominar? A palavra *cafuné*, por exemplo, do português brasileiro, não tem tradução para o inglês, eu teria de usar uma frase inteira para explicá-la. Um emoji poderia dizer isso para mim", explica.

Entre intelectuais, porém, também há os que se recusam a discutir os emojis a sério, vendo nas mensagens de texto um empobrecimento da linguagem.

"Só posso dizer a esses que têm preconceito com emojis que eles não estão entendendo bem como a comunicação está evoluindo", resume Evans.

COLOMBO, Sylvia. *Folha de S.Paulo*, 21 maio 2016, p. C1. Ilustrada. Disponível em: <http://www1.folha.uol.com.br/ilustrada/2016/05/1773410-emojis-invadem-as-conversas-e-geram-discussao-sobre-evolucao-da-linguagem.shtml>. Acesso em: 18 jan. 2019. (Fragmento adaptado).

ILUSTRAÇÕES: WEBERJAKE/SHUTTERSTOCK/ COSMIC_DESIGN/SHUTTERSTOCK/ COSMIC_DESIGN/SHUTTERSTOCK

1 O título e o subtítulo da reportagem contêm um resumo das principais informações do texto. Por que os linguistas se interessam hoje pelo uso dos emojis?

2 Descreva resumidamente a expansão do uso dos emojis desde seu surgimento até hoje.

3 De acordo com o texto, o emprego crescente e diversificado da linguagem digital motivou um trabalho investigativo por parte de linguistas. De que forma os emojis funcionam como parte da linguagem?

4 Como afirma um dos linguistas consultados, os emojis não são um idioma, isto é, uma língua, mas se unem às palavras para dar uma conotação mais completa à linguagem. Segundo ele, qual é a grande importância no uso dos emojis como elementos paralinguísticos?

5 Assim como as palavras de uma língua, os emojis têm um determinado sentido, mas podem apresentar outro significado, dependendo do contexto. Em que aspectos os emojis diferem das palavras quanto à utilização?

6 Segundo o linguista Vyvyan Evans, há certos casos em que os emojis expressam, de forma resumida, o que somente "uma frase inteira" poderia explicar. Você concorda com essa afirmação? Justifique sua resposta.

7 Ao contrário de Evans, certos estudiosos da língua não consideram os emojis elementos importantes na comunicação humana. Nesse debate, qual seria seu posicionamento? Os emojis empobrecem a linguagem ou representam um avanço na comunicação digital? Troque ideias com os colegas e o professor e exponha suas opiniões.

Capítulo 3

Gêneros e tipologias textuais

Neste capítulo, vamos estudar o conceito de gênero textual e a classificação dos tipos textuais utilizados na comunicação escrita e falada.

Gêneros textuais ou discursivos

• Preparando

É comum percebermos em nossa comunicação diária a utilização de diferentes textos escritos ou orais. Muitas vezes esses textos revelam várias diferenças entre si, pois cada um é produzido com um determinado objetivo, apresentando um conjunto de características que identificam sua função.

Leia com atenção os textos a seguir e observe as diferenças entre eles.

Texto 1

PRIMEIRO TÁXI SEM MOTORISTA COMEÇA A CIRCULAR EM CINGAPURA

Fabricante pretende colocar cerca de 100 veículos autônomos nas ruas da capital do país até 2018

KYODO NEWS/GETTY IMAGES

O primeiro táxi sem motorista do mundo começou a operar ontem em um teste público pelas ruas de Cingapura, capital do país de mesmo nome. Desenvolvido por uma empresa chamada nuTonomy, o veículo vai oferecer o serviço de transporte apenas para um público selecionado pela companhia.

Por enquanto, as corridas no táxi "robô" serão gratuitas, mas o plano da empresa é de conseguir lançar o serviço comercial oficialmente a partir de 2018. "Esse é o momento da história em que vamos mudar como as cidades serão construídas e como olhamos para os nossos arredores", disse Doug Parker, executivo da fabricante nuTonomy.

O Estado de S. Paulo, 26 ago. 2016. Economia. (Fragmento).

Texto 2

APOCALIPSE DIGITAL

Aprenda a proteger suas redes e fazer sucesso como escritor com as dicas do autor do bestseller Cyberstorm

O escritor canadense Matthew Mather soube converter os anos de trabalho como empregado de uma das maiores empresas de segurança digital do mundo em um *bestseller* de sucesso, o recém-lançado *Cyberstorm* [...]. O autor criou um mundo apocalíptico no qual um ataque cibernético e uma tempestade de neve isolaram os Estados Unidos. A obra, que começou sendo publicada em seu próprio *blog*, chamou a atenção de Hollywood e está prestes a chegar aos cinemas, ainda sem data definida. *Galileu* conversou com Matthew para saber dos riscos cibernéticos que corremos e da facilidade de publicar um livro nos dias de hoje.

Quão perto de um cibercolapso você acha que nós estamos?

Bem longe. [*risos*] Mas acho que é importante entendermos a fragilidade dos nossos sistemas. Hoje, tudo está conectado à internet, com conexões padrão, vulneráveis a ataques.

Poderia nos dar dicas de como sobreviver a um apocalipse digital?

A coisa mais crítica em um desastre de qualquer escala é a água — podemos viver semanas sem comida, mas apenas alguns dias sem água. Então, precisamos estocá-la. Depois, é preciso pensar em guardar comida.

Que tipo de pesquisa fez para o livro?

Como trabalhei profissionalmente na área, tenho muitos contatos, incluindo o chefe do grupo de cibersegurança do Departamento de Segurança Interna dos Estados Unidos e da Otan. Na verdade, foi bem divertido fazer a pesquisa.

Qual é o principal erro que cometemos com a cibersegurança?

A maioria não atualiza seus *softwares*. Isso é importante porque existem publicações constantes das fraquezas dos programas, que as companhias tentam consertar rapidamente. Logo, se você não atualiza, tem um programa com uma falha que é de conhecimento geral. E existem inúmeras ferramentas capazes de *hackear* isso. Além disso, o que as pessoas podem fazer é usar boas senhas e mudá-las constantemente. É simples, mas quase ninguém faz, o que torna a vida dos *hackers* bem fácil.

ANIKEI/SHUTTERSTOCK

Galileu, out. 2015, p. 77. (Fragmento).

Texto 3

HOSPEDE-SE COM SEGURANÇA

Apesar de tornar a vida dos turistas mais fácil, sites *de reserva de hotéis também podem dar dor de cabeça*

Com interfaces simples e ferramentas de busca práticas, os *sites* de reservas de hotéis são a melhor pedida para aqueles que estão montando o seu próprio roteiro de viagem. Mas, por estarem no mundo virtual, eles dão a sensação de insegurança, já que não há contato direto com o hotel. Muitas vezes, a percepção se torna realidade e as pessoas não sabem a quem recorrer. "Essas empresas são agências virtuais de turismo e têm toda a responsabilidade em responder ao cliente caso ele tenha algum problema", diz Claudia Almeida, advogada do Instituto Brasileiro de Defesa do Consumidor.

O QUE FAZER SE VOCÊ FOR LESADO

- Mesmo antes de fazer sua reserva, comece a guardar tudo o que comprove a transação. Capture as imagens das páginas da internet que mostram valores, fotos e termos de compra.
- Quando surgir um problema, prepare uma documentação completa. Mande sua dúvida por *e-mail* e guarde as mensagens. Se for o caso de se deparar com um quarto diferente do que foi ofertado, tire fotos do lugar.

- Se chegar ao hotel e sua vaga não existir, a empresa digital pela qual você fez a reserva deve se incumbir de encontrar outra hospedagem. Caso não consiga contato, você pode procurar outro lugar. A empresa será responsável por ressarcir todos os gastos.
- Caso a companhia não resolva o problema, acione o Procon ou faça uma reclamação no *site* Reclame Aqui, que costuma agilizar a mediação com o cliente.

BRANDA, Camila. *IstoÉ*, n. 2416, 30 mar. 2016, p. 69. (Fragmento).

Texto 4

Oblivion

Eis uma ficção científica original, sem ser *remake* ou sequência. Tom Cruise vive um soldado enviado para um planeta distante, com a missão de destruir o que resta da raça alienígena que habita o local. Mas, quando chega lá, começa a questionar as ordens que recebeu.

ROBYN MACKENZIE/SHUTTERSTOCK

SuperInteressante, dez. 2012, p. 88.

1 De acordo com as características observadas nos textos lidos e as alternativas apresentadas a seguir, identifique a que gênero textual cada texto pertence.

a) Texto com instruções	( ) Texto 1
b) Notícia	( ) Texto 2
c) Sinopse de filme	( ) Texto 3
d) Entrevista	( ) Texto 4

2 Justifique suas respostas à questão anterior, identificando as características de cada texto lido.

Texto 1

____

____

____

Texto 2

____

____

____

Texto 3

____

____

____

Texto 4

____

____

____

• Sistematizando

Como se pode observar, os textos apresentam características bem diversas, tendo em vista o objetivo da comunicação. Por exemplo, se adquirimos um aparelho eletrônico via internet e ele apresenta algum defeito, podemos enviar uma **carta de reclamação**, devolvendo-o à empresa responsável. Com o aparelho, por certo, há um **manual de instruções**, que traz orientações para o usuário. Cada um desses textos pertence a um determinado **gênero textual** e foi produzido de acordo com sua finalidade.

Quando desejamos orientar alguém por escrito sobre como preparar um determinado prato, por exemplo, já conhecemos mais ou menos as características do texto que precisamos produzir, isto é, uma **receita**. Sabemos que será necessário primeiro listar os ingredientes e depois indicar o modo de preparo.

Pode-se dizer, portanto, que as receitas têm uma **estrutura** relativamente fixa. A **temática** da receita (preparo de alimentos) e o **estilo** (frases curtas e objetivas, com predomínio do imperativo: *misture*, *amasse*, *ferva*, etc.) também são quase sempre os mesmos. Categorias de textos que apresentam estrutura, temática e estilo relativamente estáveis são chamadas de **gêneros textuais**.

O telefonema que damos no dia a dia constitui um gênero textual oral, assim como a aula, a conversa, a reunião de trabalho. Já a notícia, a tira, o conto são gêneros textuais escritos.

Na verdade, muitos dos gêneros classificados como escritos também podem ser orais: os contos de fadas circularam oralmente durante muito tempo antes de ganharem uma versão escrita. Uma reportagem e uma receita podem ser apresentadas oralmente em um programa de TV, e assim por diante. Do mesmo modo, os gêneros classificados como orais podem ser convertidos à forma escrita, com maior ou menor grau de adaptação. Portanto, a divisão proposta neste capítulo é apenas uma **exemplificação** e não uma tentativa de estabelecer limites rígidos entre gêneros orais e escritos.

Além de estrutura, temática e estilo semelhantes, os textos de determinado gênero são produzidos com uma mesma finalidade ou objetivo. Quem faz uma receita tem sempre a intenção de ensinar o preparo de um alimento; quem dá uma aula tem o propósito de transmitir certos conteúdos a alunos.

Como os gêneros são relativamente estáveis, podem permanecer, modificar-se, desaparecer ou dar origem a novos gêneros, dependendo do momento histórico. Há gêneros bem atuais, cuja esfera de circulação é a internet, como o bate-papo virtual (*chat*), as conversas diretas (particulares ou em grupo), os *blogs* e os *e-mails*, que tiveram origem em gêneros correspondentes utilizados na esfera não virtual de circulação, como a conversa, o telefonema, o diário pessoal, a agenda e a carta.

Portanto:

> **Gêneros textuais** ou **discursivos** são categorias de textos que circulam em determinada esfera da atividade humana (escola, trabalho, internet, jornalismo, literatura, etc.), apresentam **estrutura**, **temática** e **estilo** relativamente fixos e têm a mesma **finalidade** comunicativa.

Tipos textuais

• Preparando

Além da classificação por **gêneros** (notícia, receita, anúncio, etc.), os textos se identificam quanto ao **tipo textual** (narrativo, expositivo, etc.).

Leia com atenção os textos a seguir e observe as diferentes finalidades de cada um deles.

Texto 1

AGORA SORVETE DE FRUTA TAMBÉM NASCE NO PÉ.

Entre no *site* **classicosdoverao.com.br**, cadastre o código da sua embalagem de Fruttare e concorra na hora a uma Havaianas de Verão!

ALMAPBBDO/FRUTTARE/HAVAIANAS

Texto 2

[...]

Alguns Estados brasileiros aproveitam uma brecha criada pela Lei Geral da Copa que autoriza, em caráter excepcional, a venda de bebida durante os jogos da Copa do Mundo (medida bastante questionável), para garantir o comércio permanente de álcool após o torneio. Bahia e Rio Grande do Norte saíram na frente. A informação foi publicada no jornal *Folha de S.Paulo*. As leis estaduais vão contra a proibição federal, válida desde a implementação do Estatuto do Torcedor, em 2003.

Tirar o álcool dos estádios reduziu em até 75% a violência em estádios, diz o Ministério Público. Voltar a autorizar a venda de bebidas é um retrocesso tremendo. A questão está no Superior Tribunal Federal (STF). Agora, é torcer para que o STF não deixe que interesses comerciais se aproveitem de brechas em nossas leis.

BOUER, Jairo. *Época*, 9 jun. 2014, p. 94. (Fragmento).

Texto 3

COMO VENCER A PROCRASTINAÇÃO

A verdade é dura: para não deixar tudo para depois, o jeito é impor limites a si mesmo, ou seja, aceitar que a liberdade, às vezes, é nossa grande inimiga.

- **Se você não teve vontade** de realizar uma tarefa agora, não se engane achando que vai ter vontade de fazê-la amanhã. Tenha consciência de que seu sentimento em relação a ela provavelmente não mudará.
- **Comece.** Nossa percepção sobre as tarefas geralmente muda quando começamos e percebemos que não eram tão chatas ou tão impossíveis quanto pareciam.
- **Ajude-se.** Se você sabe que precisa fazer uma tarefa mais complicada, livre-se de tudo aquilo que pode te distrair. [...]

SuperInteressante, n. 301-A, fev. 2012, p. 65. (Fragmento).

Texto 4

RANGIZZZ/SHUTTERSTOCK

Ibirapuera, o orgulho paulistano

Trata-se da principal área verde de São Paulo. Inaugurado durante as comemorações do IV Centenário da cidade, em 1954, o Parque do Ibirapuera (Avenida Pedro Álvares Cabral, s/nº, tel. 11-5573-4180) tem 1,5 milhão de metros quadrados de área, uma ciclovia de 2,7 quilômetros de extensão, pista de corrida, quadras, *playgrounds* e um belo lago. Um lugar perfeito para passar a tarde ou até mesmo o dia. Ali funcionam importantes instituições culturais, como o Museu de Arte Moderna e o Museu de Arte Contemporânea, o Auditório Ibirapuera, a Bienal e a Oca — todas elas construções projetadas pelo arquiteto Oscar Niemeyer. É a praia de quem vive na cidade. Num fim de semana movimentado, chega a receber milhares de pessoas.

PHAELNOGUEIRA/ISTOCKPHOTO/GETTY IMAGES

O Parque do Ibirapuera é considerado um dos primeiros parques urbanos do Brasil e o principal da cidade de São Paulo.

Veja, ano 47, n. 22, 28 maio 2014, p. 14.

1 De acordo com as características observadas nos textos lidos e as alternativas apresentadas a seguir, identifique a que gênero textual cada texto pertence.

a) Texto instrucional

b) Anúncio publicitário

c) Nota informativa

d) Artigo de opinião

( ) Texto 1

( ) Texto 2

( ) Texto 3

( ) Texto 4

2 Identifique agora a intenção comunicativa de cada texto lido.

Texto 1

___

___

___

Texto 2

___

___

___

Texto 3

___

___

___

Texto 4

___

___

___

• Sistematizando

Ao interagir nos diferentes ambientes sociais que frequentamos, construímos textos pertencentes a diversos gêneros textuais. Em geral, os textos de um determinado gênero textual apresentam estruturas, linguagem e conteúdo com poucas variações. A cada gênero textual corresponde uma forma específica de organização do texto.

Por exemplo, quando queremos contar uma história, narramos as ações em uma sequência cronológica: "O rei *costumava andar* pela alameda e *viu* um movimento estranho".

Se queremos descrever um objeto, pessoa ou lugar, apresentamos suas características, usando adjetivos e verbos que indicam estado: "A casa é branca, os quartos *são amplos*. Ela *fica* na esquina. *Há* árvores no quintal".

Já se estamos em um debate na sala de aula e queremos defender nosso ponto de vista, temos de organizar o texto de outro modo. Em vez de narrar ações ou descrever seres, apresentamos argumentos.

Esses diferentes modos de organizar os textos constituem os chamados **tipos textuais**. Diferentemente dos gêneros textuais, cuja lista é quase infinita, os tipos textuais são poucos. Existem basicamente cinco: **narrativo**, **descritivo**, **expositivo**, **argumentativo** e **injuntivo** (persuasivo ou instrucional).

Injuntivo vem de *injungir*, que significa "ordenar". Esse é o tipo textual em que o locutor dá uma ordem ao interlocutor. A ordem pode ser dada com a intenção de instruí-lo a fazer algo que ele já está decidido a fazer. Por exemplo, o manual de instruções de montagem de uma mesa diz: "*Encaixe* os quatro pés na parte inferior do tampo". Nesse caso, o texto é **instrucional**. Contudo, a ordem pode ser dada com a intenção de persuadir o interlocutor a fazer algo que ele não necessariamente pretende fazer. É o caso dos anúncios publicitários, que tentam nos convencer a consumir (produtos ou ideias) com frases como "*Beba* Suco X", "*Troque* o ônibus pelo carro", etc. Nesse caso, o texto é **persuasivo**.

Raramente encontramos um texto que seja, por exemplo, totalmente narrativo ou totalmente descritivo. Em geral, os textos são formados por **sequências** de um determinado tipo.

Contudo, se observarmos os diferentes gêneros textuais, perceberemos que muitos deles apresentam uma sequência tipológica **predominante**: nos contos, predominam sequências narrativas; nos artigos de opinião, sequências argumentativas, e assim por diante.

Veja, no quadro a seguir, os cinco tipos textuais básicos, suas principais características e exemplos de gêneros nos quais cada um deles predomina.

Tipo textual	Objetivos	Características	Exemplos de gêneros nos quais predomina
Narrativo	Narrar ou relatar fatos, reais ou fictícios.	• Verbos de ação: "Eu *vinha andando* e *vi* a mulher". • Verbos no passado: *pareceu*, *refugiou-se*, *buscavam*, *vendiam*, *enriqueciam*. • Marcadores temporais: *logo*, *depois*, *antes*, *em seguida*, *certo dia*, *ontem*. • Presença de um **conflito**, isto é, um acontecimento que complica a situação inicial da história ou do relato.	Conto maravilhoso, fábula, lenda, crônica, anedota, diário, notícia, relato pessoal, relato histórico, biografia, autobiografia, conto, novela, romance, narrativa de aventura, narrativa de ficção científica, narrativa de enigma, narrativa mítica, narrativa fantástica, adivinha, piada.
Descritivo	Descrever seres, paisagens e conceitos.	• Verbos de estado: *ser*, *estar*, *parecer*. • Verbos no presente do indicativo: "*está* lá no alto", "não *há* árvores". • Formas nominais do verbo: "*posto* à janela" (particípio), "*espiando* o mundo" (gerúndio). • Adjetivações ("cabeça *branca*, braços *pálidos*") e comparações ("Uma mulher *como* as de antigamente").	Anúncio classificado, cardápio, laudo técnico, memorial descritivo. (Sequências descritivas são muito comuns em todos os gêneros narrativos.)
Expositivo	Expor informações, transmitir conhecimentos.	• Linguagem objetiva. • Verbos no presente. • Predomínio da 3ª pessoa.	Seminário, palestra, conferência, verbete de enciclopédia, resumo, resenha, reportagem, relatório, exposição oral, entrevista.
Argumentativo	Defender um ponto de vista; opinar empregando argumentos para convencer o interlocutor.	• Apresentação de argumentos segundo uma organização lógica. • Estabelecimento de relações de causa e efeito. • Estrutura formada por introdução, desenvolvimento e conclusão. • Verbos no presente.	Debate, editorial, artigo de opinião, abaixo-assinado, manifesto, carta aberta, carta de solicitação, carta de reclamação, carta de leitor, assembleia, diálogo argumentativo, resenha crítica, ensaio.
Injuntivo (persuasivo ou instrucional)	Fazer com que o interlocutor tome alguma atitude; ordenar, instruir, orientar comportamentos.	• Verbos no imperativo: *faça*, *beba*, *coma*.	Anúncio publicitário, regras de jogo, receita, texto prescritivo, manual de instruções, regulamento, livro de autoajuda, cartaz, texto de campanha comunitária.

Portanto:

Tipos textuais são modos de organizar o texto. Basicamente são cinco: **narrativo**, **descritivo**, **expositivo**, **argumentativo** e **injuntivo** (persuasivo ou instrucional). A maioria dos textos é formada por **sequências** de vários tipos, mas, em geral, um ou dois deles são predominantes em cada texto.

Oficina Trabalhando gêneros e tipos textuais

1 Observe o anúncio a seguir, que utiliza tanto a linguagem verbal como a não verbal.

REPRODUÇÃO

a) Com que finalidade o autor escolheu como gênero textual um anúncio publicitário, ao produzir o texto em questão?

____

____

____

b) Quais são os tipos textuais ou sequências predominantes na construção do anúncio em estudo? Justifique sua resposta.

c) A frase que aparece na parte superior do anúncio constitui o título. Que jogo de ideias ou de palavras o anunciante empregou, visando chamar a atenção do leitor?

d) Observe a construção de cada parte do anúncio publicitário e identifique as principais características desse gênero textual.

2 Leia trecho de uma entrevista em que o assunto abordado é o consumismo.

"CONSUMO É UM ATO DE OTIMISMO"

Um dos publicitários mais populares do Brasil, **Washington Olivetto** só se nega a fazer uma coisa pelo país: campanha política. "Costumo dizer que, para mim, o dinheiro das campanhas políticas foi um dinheiro muito bom de não ganhar", diz ele. Recentemente, Washington conquistou a maior honraria da publicidade mundial ao entrar para o Hall da Fama do The One Club de Nova York. É o primeiro não anglo-saxão a fazer parte do restrito time.

Época — Por que nunca fez campanha política?

Washington Olivetto — É uma opção individual. Tenho amigos que fazem, alguns até bem famosos, como o francês Jacques Séguéla, que ajudou a eleger François Mitterrand na França, aconselhando o político a serrar um pouco seus dentes caninos que eram muito pontiagudos e lhe davam uma aparência demoníaca. Séguéla disse a ele que ninguém queria votar no diabo. Prefiro anunciar produtos que o consumidor possa devolver se não gostar ao invés de ter de aguentar quatro anos.

Época — Como a publicidade sobrevive à censura do "politicamente correto"?

Washington Olivetto — Sou contra qualquer radicalismo. É triste viver momentos como esse. A propaganda não combina com isso, pois tem de ser simpática e amiga. Acho o politicamente incorreto mal-educado, e o politicamente correto chato. Acredito que o caminho é o senso de humor e a irreverência, e não se pode nunca tratar o consumidor como um ser sem inteligência. Ele pode ser simples, sem nível intelectual, sem poder aquisitivo, mas é sempre inteligente.

Época — O brasileiro vai consumir menos na crise?

Washington Olivetto — O ato de consumir é, basicamente, um gesto otimista. Uma moça só compra uma maquiagem na intenção de ficar bonita; uma pessoa compra um tênis para ficar saudável; até remédio, que é algo menos agradável de consumir, você compra para ficar bom. Consumo é um ato de esperança, e o Brasil, hoje, vive um momento de "desotimismo" e desesperança. Isso atrapalha nosso trabalho, porque fica mais difícil vender. Acho bonito quando dizem que a crise é ótima porque apresenta oportunidades. Eu preferia viver sem crise. Mas é minha obrigação apresentar soluções novas a meus clientes.

ASTUTO, Bruno. *Época*, 30 mar. 2015, p. 82.

a) Em geral, o texto da entrevista apresenta como **título** uma frase significativa do entrevistado, como nesse caso. Explique a opinião de Washington Olivetto expressa na frase: "Consumo é um ato de otimismo".

____

____

____

b) Nessa entrevista predominam que sequências ou tipologias textuais? Justifique sua resposta.

( ) argumentativa ( ) expositiva

( ) narrativa ( ) persuasiva

____

____

c) Cite exemplos de frases que ilustrem a tipologia textual predominante no texto.

____

____

d) Segundo Washington Olivetto, a propaganda deve ser "simpática e amiga", e "não se pode nunca tratar o consumidor como um ser sem inteligência". Troque ideias com os colegas e exponha suas opiniões sobre o assunto.

____

____

3 Leia o texto a seguir, produzido por uma brasileira, para registrar sua experiência pessoal durante uma nevasca nos Estados Unidos.

"RUAS FORAM COBERTAS. NÃO VIA MEU CARRO"

Tenho 39 anos e moro na área de Washington DC há 10. Eu estava fora da cidade na nevasca de 2010. Desta vez, fiquei aqui sozinha — meu marido está no Brasil esperando um voo para poder voltar desde sexta-feira. Nossa casa fica em um subúrbio e não tem conexão com a rede de gás. Se faltasse energia elétrica, eu perderia aquecimento, fogão e água quente.

Nunca vi isso aqui, uma loucura. Prateleiras vazias na sexta-feira, muita correria para chegar em casa. A nevasca aqui — três milhas a oeste de DC — chegou duas horas antes do esperado. Rapidamente, as ruas ficaram cobertas.

No dia seguinte, sábado, uma cena surreal. Eu não via meu carro, nem os degraus da entrada da porta da frente.

Me enchi de coragem (e alongamentos), peguei a pá e intuitivamente cavei um caminho entre a porta de minha casa e a rua. Uma hora depois, vi outros vizinhos fazendo o mesmo e conectando os caminhos uns aos outros. Assim, poderíamos todos chegar à rua principal por essa "viela de gelo comunitária". Vizinhos disseram que fizeram o mesmo em 2010.

Como tenho 1,5 de altura, meus vizinhos — alguns que eu nunca tinha conhecido — me ajudaram a construir o meu caminho. Um deles, o Tyler, até me ajudou com a limpeza do nosso deck — dizem que é um perigo por conta do peso da neve. Era neve até a metade do corpo!

FIORI, Anita. *O Estado de S. Paulo*, 25 jan. 2016. (Fragmento).

LEONUX/SHUTTERSTOCK

Panorama de Washington DC após a nevasca de 2010.

a) Quais são os fatos mais relevantes registrados pela autora ao enfrentar a nevasca?

____

____

____

b) A qual gênero e tipologia textuais pertence o texto em estudo? Esclareça sua resposta.

____

____

____

c) Apesar dessa situação, o que ocorreu de positivo em meio ao perigo?

____

____

d) No texto, há também uma sequência ou tipologia textual secundária, desenvolvida em alguns parágrafos. Identifique-a e justifique sua resposta com base no texto.

____

____

____

4 O Ministério Público Estadual, em dado momento, exigiu que a prefeitura da cidade de São Paulo parasse as obras de ciclovias e apresentasse um projeto. Alguns cicloativistas não gostaram da decisão, e outras pessoas foram favoráveis. Leia esse confronto de ideias.

A JUSTIÇA ACERTOU EM FAZER ESSA PARALISAÇÃO?

NÃO. Quem vê as ciclovias como um perigo geralmente não passou pela experiência de pedalar ao lado de motoristas que acreditam estar em um autódromo. Para quem pedala nas ruas, as ciclovias imperfeitas são uma proteção muito bem-vinda. A ação do Ministério Público Estadual, que alega "resguardar a segurança, a locomoção e a qualidade de vida" dos ciclistas, comete o mesmo equívoco. Desconhecendo a realidade, coloca em dúvida o uso das vias em dias de chuva, sendo que há países onde elas são utilizadas até com neve. O texto é cínico e penoso ao usuário de bicicleta, ao ignorar que buracos e sarjetas já eram enfrentados antes, com carros atrás, prontos para colher quem caísse. Na prática, o que o MPE diz na ação é que não deveria haver o ciclista, que a bicicleta não deve ser utilizada e que o carro é o modal mais importante para a cidade.

William Cruz, criador do *site* Vá de *Bike*.

MARCELO ALEX/SHUTTERSTOCK

Vista aérea de um trecho de ciclovia.

SIM. A maneira como esse assunto tem sido tratado pela Prefeitura está equivocada. Observando inúmeros locais onde foram instaladas as ciclovias, há evidências do improviso do tratamento desse importante assunto. Verificam-se desde interrupções incompreensíveis de trechos a inúmeras irregularidades: buracos e obstáculos de toda ordem, desníveis na pista, acúmulo de concreto, ondulação do asfalto e bocas de lobo rompidas são só alguns exemplos. Entendemos que tal situação é injustificável e a cidade e seus moradores necessitam de ciclovias pensadas de forma responsável, executadas com todo o rigor técnico e articuladas pelo poder público em conjunto com a população. No Jardim das Bandeiras, onde moro, posso afirmar que nunca houve nenhuma consulta aos moradores.

Caio Machado, urbanista e presidente da Associação do Jardim das Bandeiras.

O Estado de S. Paulo, 20 mar. 2016.

a) No primeiro texto, o autor se opõe à iniciativa do MPE de suspender as obras de ciclovias e aguardar um projeto da prefeitura paulistana. Quais são as contestações dele?

b) Ao analisar o trabalho da prefeitura, o autor do segundo texto concordou com a paralisação das obras de ciclovias. Explique quais foram as opiniões dele em defesa de seu ponto de vista.

c) O assunto despertou grande polêmica na época. Com que objetivo os autores decidiram produzir seus textos? De acordo com o conteúdo e a linguagem, a que gênero textual eles pertencem?

d) Nesse caso, qual é a sequência ou a tipologia textual predominante nos textos em estudo? Justifique sua resposta, com base neles.

e) Há também, nos textos, tipologias ou sequências secundárias. Identifique-as e esclareça sua resposta.

5 Leia os textos a seguir, procurando ficar atento às suas características.

Texto 1

KAK2S/SHUTTERSTOCK

Creme de amêndoa e ovos com queijo do reino

15 minutos

8 porções

* 1 xícara de açúcar
* 5 fatias de pão de forma sem casca
* 3 ovos batidos ligeiramente
* $1/2$ colher (chá) de açafrão-da-terra
* $2\,1/2$ xícaras de farinha de amêndoa (ou amêndoa moída)
* 2 colheres (sopa) de manteiga
* 1 colher (chá) de essência de baunilha (ou de amêndoa)
* Fatias de queijo do reino a gosto

Em uma panela, em fogo alto, junte $1/2$ xícara de água e o açúcar até levantar fervura. Reserve. Em uma vasilha, desmanche o pão em $1/2$ de xícara de água. Adicione os ovos, o açafrão e a farinha de amêndoa e misture até formar um creme uniforme. Junte a mistura à panela e cozinhe em fogo médio até engrossar bem. Retire do fogo, adicione a manteiga e a essência de baunilha. Mexa bem e sirva o creme com o queijo.

Incremente a sobremesa ousando na maneira de servi-la. Taças altas de bebida podem substituir as tradicionais próprias para doce. E vale misturar modelos diferentes. Mas lembre-se de testar o tamanho da colher. Se a de sobremesa for grande demais, troque pela de chá.

Cláudia Receitas, 2015, p. 142-143.

Texto 2

DE OLHO NO PRATO

O fator que mais interfere na prisão de ventre é a alimentação — por isso mesmo, está nela um dos principais caminhos para a solução. Não se trata, apenas, de incluir este ou aquele ingrediente no cardápio diário. "O primeiro passo é desintoxicar o organismo, eliminando o excesso de pratos gordurosos (como frituras) e de processados e refinados (como pão e arroz branco)", orienta a nutricionista Rachel Faria, do Rio de Janeiro. Planeje as refeições de forma que consiga incluir o maior número de itens benéficos ao abdômen: frutas frescas, vegetais escuros e legumes estão no topo dessa lista. Recomenda-se a ingestão de cerca de 25 gramas de fibras por dia — uma concha de feijão tem quase 10 gramas. Boas fontes delas são vegetais folhosos (como alface, brócolis e couve), mamão, ameixa seca, laranja (com bagaço) e grãos (como linhaça, gergelim, farelo de trigo e granola). Para que esses alimentos não causem efeito rebote, congestionando o trânsito intestinal, beber uma quantidade mínima de água por dia (a Organização Mundial da Saúde recomenda uma média de 2,5 litros) é imprescindível. Para um cálculo individualizado, considera-se 0,04 litro de água por quilo de peso.

Cláudia, maio 2017, p. 63.

Texto 3

ROBYN MACKENZIE/SHUTTERSTOCK

INCÊNDIO ATINGE FAVELA NA ZONA OESTE DE SP E DEIXA FAMÍLIAS DESABRIGADAS

De São Paulo — Um incêndio de grandes proporções atingiu a favela de Paraisópolis, na zona oeste de São Paulo, no final da tarde deste sábado. Segundo o Corpo de Bombeiros, o fogo começou por volta das 17h.

Cerca de cem barracos foram atingidos e, até a conclusão desta edição, não havia informações de feridos, ainda de acordo com a corporação. Às 20h30, aproximadamente, o incêndio já estava controlado.

A área afetada, de mil metros quadrados, tinha majoritariamente barracos de madeira, diferentemente de boa parte da favela, onde existem casas de alvenaria. Assustados e chorando, moradores andavam pelo local tentando achar familiares e amigos. As ruas no entorno ficaram no escuro.

Gilson Rodrigues, presidente da associação de moradores, suspeita que a causa do fogo tenha sido a explosão de um botijão de gás.

A moradora Beatriz Rocha, que perdeu tudo no incêndio, afirma que a prefeitura já deveria ter retirado as pessoas da área para participar de programas de moradia. "Fomos cadastrados em 2014", disse.

Folha de S.Paulo, 15 maio 2016.

Texto 4

AMANHÃ EU FAÇO

Sabemos que é preciso poupar para o futuro, mas, não raras vezes, gastamos o dinheiro com compras supérfluas. A vontade de ter tudo agora vence e nos impede de pensar no futuro como deveríamos. "Ah, depois eu penso nisso..."

Juramos que faremos dieta, mas nos rendemos ao fascínio do balcão de sobremesas. Sabemos que é preciso cuidar da saúde e constantemente adiamos os exames e as consultas médicas. Exercício físico? Na segunda eu começo na academia.

Que preguiça é essa que nos vence cotidianamente?

Antigamente éramos capazes de poupar. Cartões de crédito não existiam e conseguíamos viver muito bem sem eles. Por que não reaprendemos a poupar como nos velhos tempos, desviando parte do salário para o cofrinho, adiando compras até que possamos pagar por elas?

Essa preguiça, deixar para depois, procrastinar, pode complicar muito as coisas quando o assunto é acumular dinheiro para bancar nossa aposentadoria. São duas as alavancas que nos ajudam a potencializar nosso esforço de poupar: o tempo e os juros.

DESSEN, Márcia. *Folha de S.Paulo*, 18 jul. 2016, p. A19. Mercado. (Fragmento).

Como se pode observar, os textos transcritos apresentam linguagem, conteúdo e estrutura diferentes entre si, de acordo com a situação comunicacional. Vejamos como isso ocorre.

a) O texto 1 é uma receita. Esse tipo de texto apresenta, em geral, as seguintes partes: tempo de preparo, número de porções, ingredientes, instruções de preparo e recomendações finais. Que outro texto lido também apresenta instruções? Compare-os.

b) Qual foi o objetivo de cada autor na produção dos textos 1 e 2?

c) O que se observa quanto à linguagem empregada nos textos 1 e 2?

d) Com que finalidade a autora produziu o texto 3?

e) Que recursos ela utilizou para defender seu ponto de vista sobre o assunto?

f) Quais são as opiniões expostas por ela que explicam esse comportamento social?

g) Com que tipo de interlocutor, em especial, a autora pretende criar um canal de comunicação?

h) No texto 4, é noticiado, de forma objetiva, como aconteceu um incêndio em Paraisópolis. Explique que características identificam esse texto como uma narrativa.

i) Pode-se dizer que esse texto jornalístico narra uma situação ficcional? Esclareça sua resposta.

j) Que tipo textual predomina em cada um dos textos?

Produção e estilo — Elementos da textualidade

• Coesão textual

A **textualidade** é o que caracteriza uma sequência linguística como um texto e não apenas um conjunto de palavras ou de frases soltas. Os elementos de textualização compreendem todas as propriedades do texto: **coesão**, **coerência**, **informatividade** (relevância do que se diz) e **intertextualidade** (diálogo entre textos). Também se incluem todos os recursos usados na construção sequencial do texto. Um conjunto de palavras representa um texto somente quando está articulado, ligado de forma coesiva e com coerência.

Conforme vimos no texto estudado, certas palavras estabelecem relações de sentido entre termos, orações, períodos e parágrafos, enquanto outras remetem o leitor para determinados termos ou enunciados do texto.

O primeiro caso é o da **coesão sequencial**, na qual as relações entre os termos, orações ou enunciados são estabelecidas por meio de **conectores** lógicos (conjunções, preposições, advérbios e outras palavras de ligação). São relações semânticas de causa, condição, oposição, tempo, conformidade, finalidade, etc., encadeadoras do discurso.

No segundo caso, temos a **coesão referencial** ou **remissiva**, na qual uma determinada palavra remete a outro elemento do texto. Por exemplo, no segundo parágrafo do texto estudado, o pronome relativo *que* remete à expressão anterior, substituindo-a. Esse tipo de coesão também acontece no sexto parágrafo, quando se emprega o pronome pessoal *ele* (contraído com a preposição *de*), que remete ao termo anterior "o mundo".

O elemento remissivo pode ser um nome, uma oração ou parte dela, ou mesmo um enunciado completo. A remissão pode ocorrer **para trás** ou **para a frente** do texto, referindo-se a termos que vêm antes ou depois do elemento remissivo. Constituem formas gramaticais remissivas os pronomes pessoais de 3ª pessoa (*ele, ela, eles, elas*), os pronomes demonstrativos (*este, esta, esse, essa, isto, isso; aquele, aquela, aquilo*), os pronomes possessivos (*seu[s], sua[s]* e outros com função pronominal) e certos advérbios (*ali, lá, aí, assim*, etc.).

Dessa forma, a **coesão sequencial** e a **coesão referencial** contribuem para a progressão do texto. A primeira constrói o encadeamento, ao passo que a segunda estabelece as remissões. Portanto, um texto não é somente uma soma ou sequência de frases isoladas.

Há textos, porém, que não fazem uso de recursos coesivos, mas apresentam coerência, pois a continuidade ocorre no nível do sentido. Por outro lado, também existem enunciados com coesão, mas sem coerência ou sentido, que, na verdade, não configuram textos.

Observe os dois exemplos a seguir.

Janelas abertas, faixas de luz. Manhã no campo. Pés no chão, longos caminhos, doces lembranças. Cercadas de montanhas, vida e paz.

Nesse texto, não há elementos coesivos, mas se percebe uma relação de sentido entre as palavras selecionadas, que dão coerência e unidade a ele.

A vizinha reclamou do síndico, por isso o tratava com simpatia, embora o prédio fosse grande e eles jamais se vissem.

Esse exemplo apresenta elementos coesivos (*por isso, embora*), porém não se nota coerência entre os enunciados, que não têm continuidade de sentido e, por conseguinte, não constituem propriamente um texto.

Existem, portanto, recursos linguísticos que podem ser empregados para unir termos, orações e parágrafos, criando uma unidade textual. Entre eles, destacam-se os chamados **conectivos** da coesão sequencial: conjunções, preposições, advérbios e locuções prepositivas, conjuntivas e adverbiais. Os elementos de coesão mais comuns são os que expressam as seguintes relações de sentido:

Relações de sentido	Elementos de coesão
Causa e consequência, explicação	por conseguinte, por isso, de fato, pois, já que, de tal forma que, então
Contraste, oposição, restrição, ressalva	exceto, salvo, todavia, menos, pelo contrário, mas, contudo, no entanto, embora
Adição	por outro lado, também, e, nem, não apenas/como também, não só/bem como, além disso, outrossim, ainda mais
Conformidade, semelhança, comparação	segundo, conforme, de acordo com, tal qual, igualmente, assim também, da mesma forma, semelhantemente, por analogia, como, do mesmo modo, bem como, de maneira idêntica
Prioridade, relevância	principalmente, sobretudo, antes de mais nada, acima de tudo, em primeiro lugar, primeiramente
Condição, hipótese	se, caso, eventualmente, então
Alternativa	ou/ou, ora/ora, quer/quer, seja/seja, já/já, nem/nem
Surpresa, imprevisto	de repente, inesperadamente, de súbito
Esclarecimento, ilustração	quer dizer, isto é, ou seja, por exemplo
Resumo, recapitulação, conclusão	em síntese, em resumo, enfim, em suma, portanto, assim, dessa forma, logo, pois, dessa maneira
Lugar, proximidade, distância	próximo a, perto de, longe de, além, acolá, aqui, onde, aonde, em que
Dúvida	quem sabe, é provável, talvez, quiçá, possivelmente
Tempo (frequência, duração, ordem, sucessão, anterioridade, posterioridade, simultaneidade)	enfim, logo que, então, logo depois, imediatamente, logo após, a princípio, agora, atualmente, sempre, raramente, desde que, já, enquanto, assim que, quando, não raro, mal, apenas, por enquanto, por ora
Certeza, ênfase	certamente, sem dúvida, inegavelmente, com toda a certeza
Propósito, intenção, finalidade	a fim de que, com o fim de, para que, com o propósito de

Concluindo:

> **Textualidade** ou **textura** é o conjunto de características que tornam uma sequência linguística um texto e não um conjunto de palavras ou frases soltas.
> **Coesão textual** é a conexão estabelecida entre as partes de um texto (palavras, períodos e parágrafos) por meio de conectivos — conjunções, pronomes, preposições, advérbios — e outros recursos linguísticos.

Oficina Trabalhando a coesão textual

1 Leia o texto a seguir.

EXERCÍCIO DE OTIMISMO

Sei que às vezes pareço pessimista falando de nossas graves carências, muita coisa preocupante. Mas não é só isso a vida, não é só isso o Brasil, nós não somos só isso.

Então vai aqui um exercício de otimismo. Sou naturalmente mais inclinada à alegria, às coisas boas que não custam nada e ninguém nos vai tirar: a natureza, por exemplo. No pior barraco de favela, na mais remota cabana de pescador, no mais estreito edifício, na mais atravancada hora de trânsito, quase sempre se consegue uma faixa estreita de céu, de mar. Uma árvore na calçada. Uma flor num vaso. Um gato sinuoso, um cachorro de olhar fiel, uma nuvem de formato singular, o luar entrando pela janela inesperado.

A natureza pode ser cruel: grandes devorando pequenos, raios matando gente, ondas virando *tsunamis*, terremotos, tornados. "A natureza é cruel!", diz uma amiga em vago tom jocoso. "Sublime só Mozart." Pode ser, mas, de outro lado, nada mais *antiestresse* do que ver planejamentos de nevoeiro nos morros, um passarinho colorido no muro, cores diferentes no céu ou um estranho ar de tempestade.

Também não precisamos pagar pelos bons afetos: temos de sustentar os filhos pequenos e jovens, trabalhar duro para manter uma casa com dignidade, mas nada disso compraria o amor e a amizade. O abraço espontâneo, o bilhete, o beijo, as flores, o encontro em que nada é interesseiro: ninguém quer poder, dinheiro, voto — apenas estar junto, ou telefonar, ou escrever *e-mail*, para dizer coisas como "estou do seu lado".

Um gesto de honradez pode valer muito e nos enche de otimismo, seja de um homem público, seja de um funcionário simples, ou de alguém na rua que encontra nossa carteira e vem correndo nos entregar algo que poderia custar muito mais do que dinheiro perdido, mas documentos, cartões, aborrecimentos e perda de tempo. Alguém que oferece lugar no ônibus. Alguém que nos cumprimenta sem nos conhecer, passando na caminhada no parque. Alguém que elogia nossas crianças, ou de longe faz sinal de positivo referindo-se a um trabalho nosso, um livro, um artigo. Um elogio de desconhecidos já nos ilumina. Tudo o que for gratuito e espontâneo, o contato sem interesse a não ser o bem.

GEORGE RUDY/SHUTTERSTOCK

Flores e afeto dos filhos sempre são presentes especiais para as mães.

Um belo artigo de jornal, um bom livro, um bom filme, um documentário emocionante na televisão. De minha parte, protegendo minha alma dos noticiários cheios de escândalos, crimes, violência e indignidades públicas, muito aprecio documentários sobre a natureza. Paisagens com nuvens no Japão. A vida secreta dos elefantes — mais cuidadosos e carinhosos com a família do que muitos humanos —, oceanos, montanhas, matas. A natureza me faz bem, me tranquiliza, me dá a ideia de quanto o mundo é vasto e de que posso fazer parte dele sem sair de casa.

Boas memórias: minha mãe, com quem tive os normais conflitos das adolescentes que se julgam criticadas ou controladas ao menor e mais natural gesto de carinho materno, eu que desde pequena detestei ser controlada e obedecer a limites — embora em geral tenha me enquadrado bastante bem — lembro dela hoje com seu passo enérgico, seu eterno otimismo, sua bela voz cantando pela casa quando mais moça, ou trazendo do jardim as mais singulares rosas com nomes solenes e perfumes incríveis. Ou — sob protesto porque não gostava de cozinhar — preparando as mais refinadas tortas em datas especiais, porque a gente pedia esse presente antes de qualquer outro. Boas memórias não têm preço, porque nada custam ao nosso bolso, ninguém as pode roubar, e nada no mundo poderia pagar por elas.

Então, que este seja um artigo leve, amoroso, de reconhecimento por tantas coisas boas que a vida me deu, em troca das outras que me tirou: não porque ela seja perversa, mas porque viver é isso. E porque, se olharmos bem, quase sempre o peso na balança da vida é maior naquele pratinho em que a gente coloca as realidades positivas, que podem ser um *e-mail*, um telefonema, uma nuvem, a voz do vento ou o barulho da chuva, um abraço inesperado, aquela mão pegando a nossa só pelo carinho.

LUFT, Lya. *Veja*, 22 maio 2013, p. 30.

a) No início do artigo, a autora diz que parece pessimista ao abordar certos temas da realidade cotidiana. Segundo ela, de que assuntos costuma tratar?

____

____

____

b) Na introdução, o que Lya Luft se propõe fazer em relação a esse fato, para mostrar seu lado otimista?

____

____

c) O artigo, quase sempre, apresenta uma **tese** no primeiro parágrafo. Nos parágrafos seguintes, o autor passa a desenvolver argumentos, para defender seu ponto de vista. Explique por que, no segundo parágrafo, a autora expõe para o leitor um "exercício de otimismo".

____

____

d) Assim como a natureza, que pode nos proporcionar momentos felizes, sem nenhum custo, a autora afirma que a vida nos dá afetos sem cobranças. Qual é o objetivo da autora ao desenvolver essas argumentações no quarto parágrafo?

e) Dando progressão a essas ideias, no quinto parágrafo, Lya Luft expõe exemplificações que reforçam seu ponto de vista. Em síntese, o que mais desperta a inspiração da autora, ao abordar temas otimistas?

f) Você concorda com a ideia da autora, quando afirma que "um gesto de honradez pode valer muito e nos enche de otimismo"? Esclareça sua opinião, dialogando com os colegas.

g) Observe que, na introdução de alguns parágrafos, a autora emprega certos elementos de **coesão** ou de conexão, para unir um parágrafo a outro. Que sentido apresenta a palavra *então* como elemento de conexão entre o primeiro e o segundo parágrafos? Marque o sentido correto e justifique sua resposta.

( ) conclusão
( ) causa e consequência
( ) ressalva
( ) continuidade

h) A palavra *também*, no início do quarto parágrafo, é um elemento de coesão entre esse parágrafo e o anterior. Situe-a no contexto e explique seu sentido.

i) A **coesão textual** pode ocorrer entre termos, orações, períodos e parágrafos, estabelecendo uma articulação entre eles por meio de **conectores**, como as conjunções. Esse tipo de conexão chama-se **coesão sequencial**. Identifique, no texto, as orações ou os períodos em que se encontram as conjunções a seguir e explique de que forma elas mantêm a coesão dos parágrafos.

- **seja / seja / ou** (quinto parágrafo)

- **mais do que** (quinto parágrafo)

- **embora** (sétimo parágrafo)

- **quando** (sétimo parágrafo)

- **ou / ou** (sétimo parágrafo)

- **porque** (sétimo parágrafo)

- **se** (oitavo parágrafo)

j) Há outros tipos de conectores que **retomam** termos, frases, períodos e até mesmo parágrafos inteiros, interligando-os e estabelecendo entre eles a chamada **coesão referencial**. Explique com que termos, períodos ou parágrafos os conectores a seguir se relacionam, estabelecendo coesão.

- **que** (segundo parágrafo)

- **disso** (quarto parágrafo)

- **dele** (sexto parágrafo)

- **as** (sétimo parágrafo)

- **elas** (sétimo parágrafo)

- **ela** (oitavo parágrafo)

k) O emprego de **marcadores de conexão**, que expressam relações de sentido entre orações, se encontra também logo no primeiro parágrafo. Observe: "**Mas** não é só **isso** a vida, não é só **isso** o Brasil, nós não somos só **isso**".

- Que sentido expressa o primeiro marcador destacado, em relação à oração anterior? Situe-o no contexto.

- Observe a repetição do pronome demonstrativo *isso* no período. De que forma ele mantém a coesão no parágrafo?

l) Em geral, o artigo de opinião é um texto que apresenta linguagem objetiva e impessoal, pois se caracteriza pela exposição de argumentos. No artigo em estudo, pode-se dizer que estão presentes essas características? Justifique sua resposta.

m) No sétimo parágrafo, a articulista ainda se mostra mais próxima do leitor, após expor opiniões pessoais sobre o que aumenta nosso otimismo. Por que nesse parágrafo há maior subjetividade no desenvolvimento das ideias?

n) Na conclusão, a autora se mostra esperançosa de ter realizado o que se dispôs a fazer: um artigo otimista, mais leve e com ideias positivas. Com que objetivo ela retorna às ideias iniciais, estimulando o leitor a valorizar as coisas boas que a vida nos oferece?

2 O trecho a seguir faz parte do capítulo 19 do romance *São Bernardo*, do escritor alagoano Graciliano Ramos, o principal romancista do regionalismo nordestino da geração de 1930. Nessa obra, o protagonista, Paulo Honório, se propõe narrar sua vida de luta e de dificuldades, até conseguir tornar-se dono da Fazenda São Bernardo. Aos 45 anos, ele decide se casar com Madalena, uma professora sensível e humana, que começa a participar dos problemas dos empregados. A partir daí, os desacertos entre o casal se agravam cada vez mais, apesar do nascimento de um filho. Madalena se cansa dos ciúmes, da avareza e do autoritarismo do marido e suicida-se. Leia o trecho.

Conheci que Madalena era boa em demasia, mas não conheci tudo de uma vez. Ela se revelou pouco a pouco, e nunca se revelou inteiramente. A culpa foi minha, ou antes, a culpa foi desta vida agreste, que me deu uma alma agreste.

E, falando assim, compreendo que perco o tempo. Com efeito, se me escapa o retrato moral de minha mulher, para que serve esta narrativa? Para nada, mas sou forçado a escrever.

Quando os grilos cantam, sento-me à mesa da sala de jantar, bebo café, acendo o cachimbo. Às vezes as ideias não vêm, ou vêm muito numerosas — e a folha permanece meio escrita, como estava na véspera. Releio algumas linhas, que me desagradam. Não vale a pena tentar corrigi-las. Afasto o papel.

Emoções indefiníveis me agitam — inquietação terrível, desejo doido de voltar, tagarelar novamente com Madalena, como fazíamos todos os dias, a esta hora. Saudade? Não, não é isto: é desespero, raiva, um peso enorme no coração.

Procuro recordar o que dizíamos. Impossível. As minhas palavras eram apenas palavras, reprodução imperfeita de fatos exteriores, e as dela tinham alguma coisa que não consigo exprimir. Para senti-las melhor, eu apagava as luzes, deixava que a sombra nos envolvesse até ficarmos dois vultos indistintos na escuridão.

Lá fora os sapos arengavam, o vento gemia, as árvores do pomar tornavam-se massas negras.

— Casimiro!

Casimiro Lopes estava no jardim, acocorado ao pé da janela, vigiando.

— Casimiro!

A figura de Casimiro Lopes aparece à janela, os sapos gritam, o vento sacode as árvores, apenas visíveis na treva. Maria das Dores entra e vai abrir o comutador. Detenho-a: não quero luz.

O tique-taque do relógio diminui, os grilos começam a cantar. E Madalena surge no lado de lá da mesa. Digo baixinho:

— Madalena!

RAMOS, Graciliano. *São Bernardo*. Rio de Janeiro: Record, 1999. p. 100-101. (Fragmento).

a) Dois anos após a morte de Madalena, Paulo Honório resolve escrever um livro, contando sua história. Explique o que ele quis dizer no primeiro parágrafo.

b) Observe o emprego da palavra *que* nestas frases do primeiro parágrafo.

- "Conheci **que** Madalena era boa em demasia".
- "a culpa foi desta vida agreste, **que** me deu uma alma agreste".

I) Em qual delas a palavra *que* é um pronome relativo que estabelece uma coesão referencial ou remissiva, substituindo o termo antecedente? Justifique sua resposta.

II) Na outra frase, que tipo de coesão textual estabelece a conjunção integrante *que*? Por quê?

c) Às vezes, a coesão pode ocorrer por meio do uso de **pronomes pessoais**, evitando-se a repetição de uma mesma palavra. Que pronomes pessoais estabelecem uma coesão referencial ou remissiva no primeiro, terceiro, quinto e décimo parágrafos?

d) Paulo Honório revela seu real objetivo, ao escrever sobre sua vida. De acordo com o texto, o que ele parecia visar com esse trabalho, já que se diz "forçado a escrever"?

e) No quarto parágrafo, o pronome demonstrativo *isto* estabelece uma coesão referencial ou remissiva. Explique por quê.

f) É comum o emprego da **coesão sequencial** no encadeamento de termos, orações, períodos e parágrafos. No texto em estudo, que relação de sentido apresentam os **conectivos** *e* e *quando*, que ligam os três parágrafos iniciais?

g) No quinto parágrafo do texto, observa-se o emprego da **elipse** ou supressão de um termo, que representa também um recurso de coesão. Que termo está subentendido no contexto?

h) Ainda no quinto parágrafo, explique a comparação feita por Paulo Honório entre a forma como ele se expressava e a fala de Madalena.

i) Releia este período: "Lá fora **os sapos arengavam, o vento gemia**". Que figura de linguagem está presente nesse trecho? Por quê?

3 Leia parte de uma reportagem que aborda uma questão relacionada ao meio ambiente: a extinção da ararinha-azul.

ARARINHA-AZUL DEVE VOLTAR À NATUREZA EM 2019

Só há 128 exemplares no mundo, todos em cativeiro; aves serão soltas no norte da Bahia

O Ministério do Meio Ambiente (MMA) anunciou ontem um plano de cinco anos para reintroduzir a ararinha-azul no seu hábitat original: a caatinga do norte da Bahia. Considerada extinta na natureza há mais de 15 anos, a espécie (*Cyanopsitta spixii*) que inspirou a história do filme *Rio* só existe hoje em cativeiro, e a maioria dos exemplares está em criadouros particulares fora do Brasil.

O plano prevê a criação de uma área protegida e a construção de um Centro de Reintrodução e Reprodução da Ararinha-Azul em Curaçá, município baiano, na divisa com Pernambuco, onde a espécie costumava ocorrer. Segundo o ministério, os esforços para criação de uma unidade de conservação na região "já estão em fase avançada" e deverão ser levados para consulta pública em breve.

[...]

Segundo o cronograma, o centro deverá ficar pronto em 2018, para dar suporte à primeira soltura de ararinhas-azuis na natureza em 2019. Os animais serão monitorados por dois anos, e a experiência adquirida nesse período será usada para uma segunda soltura, em 2021. Antes disso, será realizada uma soltura de teste com maracanãs, uma espécie de arara que não está ameaçada e pode conviver com as ararinhas-azuis na natureza.

Atualmente há 128 ararinhas-azuis em cativeiro no mundo — a maioria delas nos criadouros do Catar e da Alemanha, que nos últimos anos vêm trabalhando em parceria com o governo brasileiro no sentido de reproduzir a espécie e reintroduzi-la na natureza. Pelo acordo assinado ontem, os parceiros internacionais se comprometem a enviar 70% dos filhotes nascidos sob sua guarda nos próximos anos para o projeto de reintrodução.

CLAUS MEYER/MINDEN PICTURES/FOTOARENA

Casal de ararinhas-azuis (*Cyanopsitta spixii*).

Por enquanto, a instituição responsável por guardar e reproduzir ararinhas-azuis no Brasil é o Criadouro Fazenda Cachoeira, em Minas Gerais.

Ave misteriosa. No final de junho foi anunciado que uma ararinha-azul foi avistada na natureza em Curaçá, por várias pessoas. Uma moradora chegou até a fazer um vídeo dela voando, mas o paradeiro da ave desde então é desconhecido. O Ministério do Meio Ambiente informou ontem que uma equipe do ICMBio rodou a região, com apoio da comunidade, e que a ave foi ouvida, mas não foi avistada.

A identificação da espécie com base nas imagens e no áudio do vídeo é polêmica. Há quem diga que o grito dela se parece mais com o de uma arara-azul-de-lear (*Anodorhynchus leari*) do que o de uma ararinha-azul. Mas, sem encontrar a ave, não há como ter certeza. Se for mesmo uma ararinha-azul, é possível que ela tenha sido solta por algum criador não autorizado.

Alguns conservacionistas criticaram a divulgação do vídeo, acreditando que isso coloca a ararinha em risco.

ESCOBAR, Herton. *O Estado de S. Paulo*, 14 jul. 2016. Metrópole. (Fragmento).

a) Após o título principal ou a **manchete**, há um **título auxiliar** que visa despertar o interesse do leitor pelo assunto abordado. De que forma o repórter resume os principais elementos do texto no primeiro parágrafo?

b) Tendo em vista o desenvolvimento do texto, explique por que os ambientalistas parecem ter urgência em reverter a situação de cativeiro das ararinhas.

c) Grande parte dos criadouros dessa espécie está no Catar e na Alemanha, como informa o texto. E esses países decidiram participar do projeto brasileiro, em colaboração com um criadouro em Minas Gerais. Que outro fato, desvinculado do projeto, pôs em dúvida a inexistência da ararinha-azul na natureza?

d) As **preposições** representam também elementos de coesão no texto e expressam um determinado sentido. Identifique o sentido expresso pelas preposições nas frases a seguir.

- "O Ministério do Meio Ambiente (MMA) anunciou ontem um plano de cinco anos **para** reintroduzir a ararinha-azul no seu hábitat original".
- "a maioria dos exemplares está **em** criadouros particulares fora do Brasil".

e) Observe como o autor introduz os parágrafos, interligando-os muitas vezes com elementos de coesão, como conectivos ou marcadores. Explique como ocorre a coesão entre os dois primeiros parágrafos.

____

____

____

f) Releia o período a seguir e identifique o sentido da conjunção destacada. "**Segundo** o cronograma, o centro deverá ficar pronto em 2018".

( ) comparação ( ) conformidade ( ) finalidade

( ) explicação ( ) condição

g) No começo de quais parágrafos se observa o emprego de **marcadores temporais** como elementos de coesão textual? Identifique-os.

____

____

____

h) No último parágrafo, o pronome demonstrativo *isso* estabelece uma coesão referencial ou remissiva. Explique por quê.

____

____

4 A notícia a seguir aborda um problema preocupante que afeta principalmente os jovens. Leia-a com atenção.

BEBIDA QUE MATA

Estudo americano comprova que o consumo de refrigerantes e de outros produtos açucarados é responsável por mais de 184 mil mortes todos os anos no mundo

O consumo de refrigerantes, energéticos, chás gelados e bebidas à base de frutas é responsável por 184,4 mil mortes por ano no mundo. A conclusão é de um levantamento realizado na Tufts University, dos Estados Unidos, com base na análise de dados referentes à ingestão deste gênero de bebida entre os anos 1980 e 2010 em 51 países. Realizado pela pesquisadora Gitanjali Singh, o trabalho foi publicado na última edição da revista *Circulation*, da Associação Americana de Cardiologia.

Cerca de 75% das mortes acontecem em países pobres e em desenvolvimento. A maior parte ocorre por diabetes. O tipo 2 da doença é associado ao estilo de vida (obesidade e sedentarismo). Segundo o relatório, o consumo de bebidas açucaradas é responsável por cerca de 133 mil mortes entre os diabéticos. Outros 45 mil óbitos são decorrência de doenças cardiovasculares (infarto e acidente vascular cerebral), também relacionadas à obesidade. Outras 6,4 mil mortes são resultado de câncer.

Os pesquisadores constataram que os jovens são mais propensos do que os adultos mais velhos a desenvolver doenças crônicas como resultado da ingestão de bebidas açucaradas. No México, por exemplo, uma em cada três mortes vinculadas à obesidade e a diabetes ocorre em homens com menos de 44 anos. Nos Estados Unidos, um em cada dez óbitos associados às duas doenças acontece em homens na mesma faixa etária. "Este fato é muito preocupante", disse Gintajali [...]. "Se estes jovens continuarem consumindo estas bebidas no mesmo nível em que as ingerem agora, isso levará a taxas muito mais altas do que as que registramos hoje de mortes e de pessoas incapacitadas por causa de enfermidades cardíacas e da diabetes", completou.

IstoÉ, n. 2379, 8 jul. 2015, p. 61.

a) A notícia trata de pesquisas que consideram o consumo de refrigerantes e de outros produtos açucarados prejudicial à saúde. Explique por que a notícia é um gênero que apresenta uma linguagem objetiva, concisa e direta.

b) Em que pessoa verbal está a notícia? Justifique sua resposta.

c) No texto em estudo, há elementos de coesão que estabelecem uma relação de sentido entre diferentes termos. Identifique o sentido expresso pelos elementos destacados nas frases a seguir.

I) "são decorrência de doenças cardiovasculares (infarto e acidente vascular cerebral), **também** relacionadas à obesidade".

II) "No México, **por exemplo**, uma em cada três mortes vinculadas à obesidade e a diabetes ocorre em homens".

III) "o consumo de bebidas açucaradas é responsável **por cerca de** 133 mil mortes entre os diabéticos".

d) Explique por que a frase inicial do desenvolvimento da notícia está destacada em negrito.

e) A ingestão de bebidas açucaradas é mais comum entre os jovens, o que vem provocando mudanças em certos hábitos familiares. Pesquise o assunto na internet, converse com o professor de Biologia, troque ideias com os colegas e depois faça um comentário por escrito sobre esse assunto.

f) Observe a coesão estabelecida entre palavras pelo emprego de **preposições** e identifique o sentido expresso por elas.

I) "gênero de bebida **entre** os anos 1980 e 2010 em 51 países."

II) "A maior parte ocorre **por** diabetes".

III) "acontece **em** homens na mesma faixa etária".

g) Releia o último período do terceiro parágrafo e responda:

I) Que sentido expressa a conjunção *se*, que se relaciona com o período anterior?

II) Explique o emprego dos pronomes demonstrativos destacados neste trecho: "Se **estes** jovens continuarem consumindo **estas** bebidas".

III) Identifique o tipo de coesão estabelecida pelos elementos destacados no trecho a seguir: "no mesmo nível em que **as** ingerem agora, **isso** levará a taxas muito mais altas do que as que registramos hoje".

• Coerência textual

A **coerência** se refere às relações de sentido existentes entre as unidades linguísticas presentes no texto. Por isso, ela se caracteriza pela não contradição de sentidos entre os elementos do texto e pela continuidade semântica. Como, por causa da coerência, é possível manter o sentido unitário do texto, pode-se dizer que ela favorece a compreensão dos conteúdos.

Assim como cada palavra apresenta um sentido individual e se modifica quando se relaciona com as demais, também frases, parágrafos e textos mudam de sentido ao serem colocados em novas estruturas. Se essas relações de sentido forem estabelecidas de forma adequada, o resultado é uma mensagem, um conteúdo semântico compreensível.

É, portanto, a **coerência** que pode estabelecer um sentido para o texto. Caso uma das partes que compõem o texto impeça a construção de uma unidade de sentido entre todos os seus elementos, ele se torna **incoerente**. Assim, um dos fatores básicos da coerência é a **continuidade de sentidos** entre os componentes do texto.

O texto estudado comprovou que a coesão é importante para a construção da coerência, mas apenas ela não produz um texto totalmente coerente. Como vimos na seção "Coesão textual", existem sequências linguísticas que não apresentam elementos coesivos, mas são coerentes. E, como nos mostra o texto "A polêmica dos transgênicos", é possível haver sequências com elementos coesivos, porém sem coerência. Tais sequências não podem ser consideradas textos, pois, ainda que apresentem coesão, a falta de coerência as deixa sem sentido.

Assim, pode-se afirmar que não é a coesão que produz textualidade ou textura, mas a coerência. Ela, sim, é o fator responsável por transformar uma sequência linguística em texto, uma vez que estabelece relações de sentido entre seus elementos, que, desse modo, passam a constituir um todo significativo.

Os tipos de coerência mais importantes são os seguintes:

- **Coerência sintática** – refere-se à estrutura linguística, à ordem dos termos, à seleção lexical e à coesão dos elementos. Nesse caso, não há o emprego, por exemplo, de construções ambíguas ou de conectivos inadequados.
- **Coerência semântica** – refere-se às relações de sentido entre os elementos de um enunciado. Nesse caso, não pode haver contradição dentro dele, visto que as relações de sentido entre as estruturas devem ser claras e objetivas.
- **Coerência temática** – refere-se às repetições de termos. Nesse caso, é necessário eliminar elementos irrelevantes no texto, evitando extrapolações e redundâncias, para que haja coerência temática.
- **Coerência estilística** – refere-se ao uso de uma mesma variedade linguística, que deve ser mantida em todo o texto, adequado ao contexto. Se o texto for literário, pode-se empregar a linguagem formal e também a linguagem coloquial.
- **Coerência genérica** – refere-se ao tratamento adequado atribuído ao gênero literário a ser trabalhado, tendo em vista a proposta apresentada.

Pode-se concluir que:

> **Coerência textual** é a estruturação lógica das ideias, que estabelece continuidade entre as sequências ou frases de um texto, conferindo um sentido unitário para o todo.

Oficina Trabalhando a coerência textual

Leia o texto a seguir, que aborda um assunto bem atual, e observe a construção das ideias.

A POLÊMICA DOS TRANSGÊNICOS

Na área de alimentos transgênicos, várias associações de pesquisadores apresentam argumentações diferentes com relação à segurança no uso desses alimentos. De fato, é comum haver convergência de opiniões sobre esse assunto entre especialistas, inclusive norte-americanos. Atualmente, existe um grupo expressivo de cientistas que considera os alimentos modificados seguros e saudáveis. Mas certos estudiosos condenam a crescente indústria de manipulação genética de alimentos transgênicos.

Embora existam mais de 1.700 estudos que comprovam a eficiência e o sucesso dos transgênicos, os poucos consumidores que são antitransgênicos causam preocupação naquelas pessoas aparentemente convictas. Segundo alertam os cientistas, a indústria de transgênicos planeja modificar geneticamente todas as sementes bem comercializadas, ou seja, que deem lucro, o que pode ser perigoso.

É preciso lembrar que não é fácil cultivar alimentos transgênicos. Por exemplo, quando esse sistema foi introduzido em 2003, o milho transgênico ocupou várias plantações no Brasil e em áreas nos Estados Unidos. Tempos depois, ocorreu o que se temia: pragas mais resistentes que o milho geneticamente modificado voltaram a destruir plantações. Nessa época, os fazendeiros foram responsabilizados pelo uso de técnicas agrícolas inadequadas. Já em 2013, os cientistas conseguiram exterminar cinco tipos de insetos que sobreviviam às toxinas das plantas geneticamente modificadas.

Portanto, a comunidade científica, como um todo, deve se envolver em novas pesquisas e experiências, para que possa trazer respostas confiáveis e definitivas para os consumidores sobre a utilização dos alimentos transgênicos.

Texto da autora.

WEBERSON SANTIAGO

1 Como se pode observar, o texto apresenta uma questão ainda em debate entre cientistas. Apesar de construído com frases e parágrafos, é possível afirmar que o texto expõe as ideias de forma clara e coesa em sua totalidade? Esclareça sua resposta com exemplos.

2 A **coerência das ideias** é uma qualidade indispensável para qualquer tipo de texto. **Coerência** é a unidade do texto. Chama-se **coerência sintática** aquela que se relaciona ou que se refere a uma estrutura da linguagem, isto é, à ordem dos elementos no contexto.

a) Reescreva o primeiro período do texto, ordenando os elementos de forma coerente e eliminando os termos repetidos ou ambíguos.

b) Nesse parágrafo, em que frase se observa uma incoerência, ou seja, uma contradição entre ideias formuladas sobre o assunto?

c) Pode-se concluir que ocorrem **coesão** e **coerência** entre as orações e os períodos do primeiro parágrafo?

3 No início do desenvolvimento do segundo parágrafo, o que a conjunção *embora* expressa?

- Que ideias expostas nesse parágrafo mostram que há nele o emprego de uma linguagem coesa e coerente? E que ideias mostram aparentemente o contrário?

4 Releia o terceiro parágrafo e responda às questões a seguir.

a) Que relação de sentido o elemento de coesão "por exemplo" estabelece entre os segmentos do parágrafo? Situe-o no contexto.

____

____

b) Ainda nesse período, a que "sistema" o texto se refere, ao retomar um termo anterior, mantendo a coesão do texto?

____

____

c) O marcador ou a expressão temporal "nessa época" representa um elo de coesão remissivo em relação a que termo do parágrafo?

____

____

____

5 Na conclusão do texto, observe a ordem dos termos na estruturação dos períodos. Reescreva o parágrafo de forma mais coerente.

____

____

____

6 Leia a seguir o trecho de um capítulo do romance *Quincas Borba*, do escritor realista Machado de Assis. Antes, porém, veja algumas informações sobre essa história.

> Quincas Borba é o nome de um personagem e também o nome do cão que ele muito amava. Depois de viver em extrema pobreza, Quincas Borba conquistou grande fortuna. Ele um dia então viaja e deixa seu cachorro com Rubião, irmão de sua noiva, que morrera antes do casamento.
>
> Durante a viagem, Quincas Borba falece e Rubião decide dar o cão a uma vizinha. Mas, ao saber que Quincas Borba o havia declarado seu herdeiro, se cuidasse do cão, ele sai desorientado em busca do cachorro. No trecho a seguir, Rubião e o cão já estão juntos e retornam à casa onde Quincas Borba havia morado.

Rubião e o cachorro, entrando em casa, sentiram, ouviram a pessoa e as vozes do finado amigo. Enquanto o cachorro farejava por toda a parte, Rubião foi sentar-se na cadeira, onde estivera quando Quincas Borba referiu a morte da avó com explicações científicas. A memória dele recompôs, ainda que de embrulho e esgarçadamente, os argumentos do filósofo. Pela primeira vez, atentou bem na alegoria das tribos famintas e compreendeu a conclusão: "Ao vencedor, as batatas!". Ouviu distintamente a voz roufenha do finado expor a situação das tribos, a luta e a razão da luta, o extermínio de uma e a vitória da outra, e murmurou baixinho:

Esgarçadamente: fragmentadamente, espaçadamente.

Alegoria: texto em linguagem figurada, metafórica.

Roufenha: fanhosa, rouca.

— Ao vencedor, as batatas!

Tão simples! tão claro! Olhou para as calças de brim surrado e o rodaque cerzido, e notou que até há pouco fora, por assim dizer, um exterminado, uma bolha; mas que ora não, era um vencedor. Não havia dúvida; as batatas fizeram-se para a tribo que elimina a outra a fim de transpor a montanha e ir às batatas do outro lado. Justamente o seu caso. Ia descer de Barbacena para arrancar e comer as batatas da capital. Cumpria-lhe ser duro e implacável, era poderoso e forte. E levantando-se de golpe, alvoroçado, ergueu os braços exclamando:

— Ao vencedor, as batatas!

Gostava da fórmula, achava-a engenhosa, compendiosa e eloquente, além de verdadeira e profunda. Ideou as batatas em suas várias formas, classificou-as pelo sabor, pelo aspecto, pelo poder nutritivo, fartou-se antemão do banquete da vida. Era tempo de acabar com as raízes pobres e secas, que apenas enganavam o estômago, triste comida de longos anos; agora o farto, o sólido, o perpétuo, comer até morrer, e morrer em colchas de seda, que é melhor que trapos. E voltava à afirmação de ser duro e implacável, e à fórmula da alegoria. Chegou a compor de cabeça um sinete para seu uso, com este lema: AO VENCEDOR AS BATATAS.

ASSIS, Machado de. *Quincas Borba*. São Paulo: Scipione, 1994. p. 19. (Fragmento).

Rodaque: casaco masculino.
Compendiosa: resumida, vantajosa.
Sinete: carimbo, marca, sinal.

a) Na narrativa em 3ª pessoa, percebe-se a reação de Rubião e do cão, ao chegarem à casa do amigo, após a morte de Quincas Borba. Interprete o sentido deste período no contexto: "A memória dele recompôs, ainda que de embrulho e esgarçadamente, os argumentos do filósofo".

____

____

b) O cachorro Quincas Borba sentia falta do dono; por isso, farejava por toda a casa, à procura dele. Observe os **marcadores temporais** localizados no primeiro parágrafo e explique o emprego de cada um, como elementos de coesão.

____

____

____

c) Para evitar repetições e manter o texto coeso e coerente, no primeiro parágrafo, ao referir-se a Quincas Borba, o dono do cão, o narrador utilizou sinônimos ou termos similares. Que termos foram empregados?

____

d) No primeiro parágrafo, Rubião se recorda de uma alegoria ou história contada por Quincas Borba sobre duas tribos famintas. Segundo o filósofo, no final da luta entre os guerreiros, o vencedor fica com o prêmio. Explique por que Rubião passou a entender a alegoria só depois que Quincas Borba morreu.

____

____

____

e) Tendo em vista que Rubião morava em Barbacena e iria morar no Rio de Janeiro, explique o que o narrador quis dizer nesta frase: "Ia descer de Barbacena para arrancar e comer as batatas da capital.".

f) Observe a organização dos termos e orações nos períodos, em geral, dispostos em ordem direta. Essa disposição mantém a **coerência** e a **clareza** das ideias no texto. Reescreva, na ordem direta, este período: "A memória dele recompôs, ainda que de embrulho e esgarçadamente, os argumentos do filósofo".

- Identifique o sentido expresso pelo elemento de **coesão** textual que liga as orações desse período.

g) No último parágrafo, os pronomes oblíquos *a* e *as* funcionam como elementos de coesão referencial ou remissiva nas orações: "achava-**a** engenhosa" e "classificou-**as** pelo sabor". Explique por quê.

7 A seguir, são apresentadas duas histórias em quadrinhos que trabalham o humor. Leia-as.

Texto 1

FRANK & ERNEST — BOB THAVES

THAVES, Bob. Frank & Ernest. *O Estado de S. Paulo*, 18 jun. 2016.

Texto 2

HAGAR — CHRIS BROWNE

BROWNE, Chris. Hagar. *Folha de S.Paulo*, 10 jul. 2016.

a) Na primeira tira, o que se pode dizer sobre a reação dos interlocutores que dialogam em um escritório de advocacia?

b) A resposta do advogado não parece ser **coerente**. Qual é o efeito dessa incoerência no texto?

c) Que elemento de coesão sequencial foi empregado para estabelecer uma coerência sintática nesse texto?

d) No texto 2, a mãe dialoga com a filha, enquanto parece temperar uma verdura. Explique como o quadrinista manteve a coesão entre as falas de mãe e filha.

e) De acordo com esse texto, pode-se dizer que o diálogo entre as interlocutoras não foi totalmente coerente. Por quê?

f) Qual é o efeito produzido por essa incoerência?

8 O uso de adoçantes tem sido uma questão polêmica. Leia o que diz sobre o assunto a nota jornalística a seguir.

UNKAS PHOTO/SHUTTERSTOCK

ADOÇANTE PODE AUMENTAR A FOME

Os adoçantes podem fazer os usuários terem mais fome e comer mais, de acordo com um estudo publicado ontem na revista científica *Cell Metabolism*. A pesquisa foi feita com o adoçante artificial sucralose.

Os cientistas da Universidade de Sydney e do Instituto de Pesquisa Médica Garvan — ambos na Austrália — revelaram no cérebro um sistema até agora desconhecido que é responsável por integrar as sensações de doçura e de conteúdo energético do alimento. De acordo com Greg Neely, professor da Faculdade de Ciências, o adoçante desequilibra a integração entre a sensação do sabor doce e o conteúdo de energia da comida, fazendo com que o cérebro estimule um maior consumo de calorias. "Depois de uma exposição prolongada a uma dieta que continha sucralose, observamos que os animais começaram a comer muito mais" [...].

Os pesquisadores também descobriram que os adoçantes artificiais provocam hiperatividade, insônia e queda da qualidade do sono — comportamentos coerentes com um estado de jejum. Os efeitos no sono são semelhantes aos que já foram relatados em humanos.

Já Herbert Herzog, do Instituto Garvan, replicou os resultados do estudo utilizando camundongos. "Essa descoberta reforça a ideia de que variedades com zero açúcar podem não ser tão inertes como se pensava."

CASTRO, Fábio de. *O Estado de S. Paulo*, 13 jul. 2016.

a) Explique por que os fatos relatados sobre a utilização de adoçantes mostram que o uso dessas substâncias pode não ser a melhor opção para quem quer emagrecer.

____

____

b) No primeiro parágrafo, observe que a **coerência** é obtida não só pelo emprego da ordem direta, mas também pelo uso de palavras sinônimas ou de sentidos similares. Que substantivos funcionam como sinônimos, dando unidade de sentido ou coerência a esse parágrafo?

____

____

c) A pesquisa em questão interessa a muitos leitores adeptos do uso de adoçantes. Que sentido expressa, no segundo parágrafo, o **marcador temporal** "até agora"? Releia o trecho antes de responder.

____

____

- Ainda nesse parágrafo, o pronome relativo *que* ("**que** é responsável") retoma qual palavra, substituindo-a e mantendo uma coesão remissiva?

____

____

d) Identifique, nas frases a seguir, o sentido dos elementos de coesão utilizados como conectivos.

- "**De acordo com** Greg Neely, professor da Faculdade de Ciências, o adoçante desequilibra a integração".

- "variedades com zero açúcar podem não ser tão inertes **como** se pensava".

9 Leia os trechos a seguir e identifique as incoerências que ocorrem neles.

a) Eu nunca conseguira atravessar as ruas de qualquer cidade com tal segurança e paz. Era como se caminhasse nas nuvens. Estava emocionado, aberto a qualquer diálogo e decidido a me tornar alguém melhor, mais solidário. Queria defender minhas ideias, impedir injustiças, ajudar os menos favorecidos.

De repente, olhei as ruas apinhadas e vi um grupo de crianças se dirigindo para uma praça onde havia um parque de diversões. Diante do portão do parque, um homem teimava em retardar o que seria a alegria daquelas crianças — uma volta na roda-gigante. Irritado, ordenei ao homem que abrisse o portão e, respeitoso, ele me obedeceu. Senti-me um herói.

b) Uma pesquisa recente realizada no Canadá informa que o adolescente apresenta, hoje, um comportamento bastante dependente da tecnologia e vive estressado. Isso ocorre também, com os jovens, no Brasil. Dois terços passam, em geral, no mínimo três horas em frente a algum tipo de tela — computador, *tablet*, celular ou TV —, 86% utilizam redes sociais diariamente e 16% extrapolam, pois permanecem conectados cerca de 5 horas ou mais, por dia.

A situação se torna mais grave, quando ocorrem as pressões naturais da adolescência. Portanto, é necessário que os pais não interfiram nesse processo, mas que construam um modo de vida mais saudável, com a utilização controlada das tecnologias e das redes sociais, para que os jovens mantenham um desenvolvimento equilibrado.

Unidade II

Gêneros narrativos e relatos I

Leitura

Destacam-se, na obra do escritor alagoano Graciliano Ramos (1892-1953), lembranças dos primeiros tempos de sua infância, quando presenciou a passagem de grupos de migrantes famintos que fugiam da seca. Muitos críticos o consideram o maior representante do regionalismo nordestino brasileiro, por unir as questões regionais a uma análise psicológica dos personagens. O autor faz parte da geração de 1930, também chamada pós-modernista, na prosa.

O romance *Vidas secas* é sua obra-prima. Narra a história de uma família de retirantes fugindo da seca: Fabiano, Sinhá Vitória, o Menino Mais Velho, o Menino Mais Novo e a cadelinha Baleia. O trecho a seguir foi retirado do capítulo intitulado "O soldado amarelo". Nele, ocorre o encontro de Fabiano com o soldado amarelo que, um ano antes, o havia colocado na prisão injustamente e lhe aplicado fortes maus-tratos. Ao vê-lo, Fabiano revive esses momentos e se sente indeciso, por um instante, ao pensar se devia ou não cobrar pela mágoa ainda bem presente. Leia um trecho dessa narrativa.

O SOLDADO AMARELO

Fabiano meteu-se na vereda que ia desembocar na lagoa seca, torrada, coberta de catingueiras e capões de mato. Ia pesado, o aió cheio a tiracolo, muitos látegos e chocalhos pendurados num braço. O facão batia nos tocos.

[...]

Tinha feito um estrago feio, a terra se cobria de palmas espinhosas. Deteve-se percebendo rumor de garranchos, voltou-se e deu de cara com o soldado amarelo que, um ano antes, o levara à cadeia, onde ele aguentara uma surra e passara a noite. Baixou a arma. Aquilo durou um segundo. Menos: durou uma fração de segundo. Se houvesse durado mais tempo, o amarelo teria caído esperneando na poeira, com o quengo rachado. Como o impulso que moveu o braço de Fabiano foi muito forte, o gesto que ele fez teria sido bastante para um homicídio se outro impulso não lhe dirigisse o braço em sentido contrário. A lâmina parou de chofre, junto à cabeça do intruso, bem em cima do boné vermelho. A princípio o vaqueiro não compreendeu nada. Viu apenas que estava ali um inimigo. De repente notou que aquilo era um homem e, coisa mais grave, uma autoridade. Sentiu um choque violento, deteve-se, o braço ficou irresoluto, bambo, inclinando-se para um lado e para outro.

Catingueiras: arbustos ou árvores pequenas.

Capões de mato: bosque.

Aió: bolsa de caça trançada com fibras de caroá.

Látegos: chicotes.

Garranchos: galhos finos de árvore ou de arbusto.

Quengo: cabeça.

ROGÉRIO BORGES

O soldado, magrinho, enfezadinho, tremia. E Fabiano tinha vontade de levantar o facão de novo. Tinha vontade, mas os músculos afrouxavam. Realmente não quisera matar um cristão: procedera como quando, a montar brabo, evitava galhos e espinhos. Ignorava os movimentos que fazia na sela. Alguma coisa o empurrava para a direita ou para a esquerda. Era essa coisa que ia partindo a cabeça do amarelo. Se ela tivesse demorado um minuto, Fabiano seria um cabra valente. Não demorara. A certeza do perigo surgira — e ele estava indeciso, de olho arregalado, respirando com dificuldade, um espanto verdadeiro no rosto barbudo coberto de suor, o cabo do facão mal seguro entre os dois dedos úmidos.

Tinha medo e repetia que estava em perigo, mas isto lhe pareceu tão absurdo que se pôs a rir. Medo daquilo? Nunca vira uma pessoa tremer assim. Cachorro. Ele não era dunga na cidade? Não pisava os pés dos matutos, na feira? Não botava gente na cadeia? Sem-vergonha, mofino.

Irritou-se. Por que seria que aquele safado batia os dentes como um caititu? Não via que ele era incapaz de vingar-se? Não via? Fechou a cara. A ideia do perigo ia-se sumindo. Que perigo? Contra aquilo nem precisava facão, bastavam as unhas. Agitando os chocalhos e os látegos, chegou a mão esquerda, grossa e cabeluda, à cara do polícia, que recuou e se encostou a uma catingueira. Se não fosse a catingueira, o infeliz teria caído.

Fabiano pregou nele os olhos ensanguentados, meteu o facão na bainha. Podia matá-lo com as unhas. Lembrou-se da surra que levara e da noite passada na cadeia. Sim senhor. Aquilo ganhava dinheiro para maltratar as criaturas inofensivas. Estava certo? O rosto de Fabiano contraía-se, medonho, mais feio que um focinho. Hem? Estava certo? Bulir com as pessoas que não fazem mal a ninguém. Por quê? Sufocava-se, as rugas da testa aprofundavam-se, os pequenos olhos azuis abriam-se demais, numa interrogação dolorosa.

RAMOS, Graciliano. *Vidas secas*. Rio de Janeiro: Record, 2002. p. 99-101. (Fragmento).

Dunga: indivíduo corajoso; homem de influência local.
Mofino: covarde.
Caititu: porco-do-mato.
Bulir: mexer.

Análise do texto

1 Em *Vidas secas*, a narrativa se desenvolve a partir da mudança da família de Fabiano, que sai de sua terra em busca de melhores condições de vida.

a) Nessa passagem, Fabiano se embrenha pela caatinga, mais uma vez lutando contra a adversidade. De que forma o vaqueiro reagiu, ao se deparar com o soldado amarelo?

b) Por que o soldado amarelo quase foi morto por Fabiano, mesmo involuntariamente?

2 Apesar do recuo, ao perceber a presença do soldado amarelo, o vaqueiro ainda guardava mágoa dele, pois o considerava um inimigo. Releia o trecho a seguir e interprete-o, situando-o no contexto: "De repente notou que aquilo era um homem e, coisa mais grave, uma autoridade."

3 No terceiro parágrafo, a fragilidade demonstrada pelo soldado amarelo parece estimular a revolta de Fabiano. Que comparação o narrador emprega para explicar o comportamento ambíguo do vaqueiro, em conflito consigo mesmo? Relacione essa comparação à reação de Fabiano, ao ver o soldado amarelo.

4 Observe que, nos três primeiros parágrafos, há apenas uma voz que conta os fatos ocorridos com os personagens. No entanto, no quarto parágrafo, verifica-se a presença de mais uma voz no texto. Nesse caso, quem são as duas vozes presentes na narrativa? Justifique sua resposta, com base no texto.

5 No caso que você identificou no quarto parágrafo, a técnica empregada pelo narrador para mostrar ao leitor os pensamentos do personagem é chamada de discurso indireto livre. Como se pode observar, há nele duas vozes (narrador e personagem) que se misturam. Identifique, no texto, outro exemplo desse tipo de discurso e defina a quem pertence cada voz.

6 O emprego do discurso indireto livre permite que o leitor tenha acesso à vida interior do personagem, ou seja, a seus sentimentos, desejos e reações.

a) Com relação ao personagem Fabiano, que sentimentos passaram a dominá-lo, ao encontrar o soldado amarelo?

b) Apesar da profunda mágoa contra seu agressor, Fabiano se continha, sem coragem de acertar as contas com o soldado. Explique por quê.

7. Em determinados textos, há frases em que as vozes do personagem e do narrador parecem se confundir, podendo ser atribuídas aos dois. No trecho em estudo, porém, pode-se distinguir claramente a fala do narrador e os pensamentos do personagem. No sexto parágrafo, identifique as vozes de Fabiano, no discurso indireto livre.

8. Os romances da geração de 1930, como *Vidas secas*, apresentam como características o emprego de novas técnicas narrativas e o trabalho com a análise psicológica dos personagens. Por isso, o discurso indireto livre, que une a fala do narrador ao pensamento do personagem, está tão presente nas obras desse período literário.

a) Observe que o narrador vai delineando a personalidade de Fabiano por meio de uma visão intimista. De que modo o personagem é caracterizado psicologicamente?

b) Pode-se dizer que a natureza descrita no trecho em estudo assemelha-se ao protagonista? Justifique sua resposta com base no texto.

9. A narrativa em questão se desenvolve em 3ª pessoa e aborda temas ligados à realidade nacional.

a) Ao focalizar o contexto regional, em especial o nordestino, os escritores desse período produziram uma literatura engajada. Que problemas sociais são denunciados nesse trecho de *Vidas secas*?

b) A preocupação com a nacionalidade, nessa época, gerou um sentimento de resgate da língua brasileira. Como se percebe esse fato na linguagem empregada no texto?

Capítulo 4

Gêneros que narram

Tipos de discurso

• Preparando

Na narrativa estudada na abertura desta Unidade, você pôde conhecer um dos tipos de discurso: o discurso indireto livre. Nele se misturam duas vozes. Não há sinais de pontuação, como os dois-pontos e o travessão, por exemplo.

Já nos diálogos em **discurso direto**, o narrador reproduz literalmente a fala dos personagens, que, quase sempre, é introduzida por um travessão e indicada por um verbo de elocução ou verbo *dicendi* (do latim, "de dizer"): dizer, falar, contar, responder, declarar, etc. Veja os exemplos:

Discurso direto

— Não tenho intenção de machucá-lo! — afirmou Fabiano ao soldado amarelo.

— Se não fosse a catingueira, você teria caído, pois está muito assustado e trêmulo! — declarou o vaqueiro, ao ver o soldado recuar.

Ao ver o facão de Fabiano, o soldado amarelo implorou:

— Não me mate!

No **discurso indireto**, o narrador reproduz com suas palavras o que os personagens disseram. Nesse tipo de discurso, as falas normalmente são introduzidas por verbos ***dicendi*** seguidos das conjunções **que** e **se**. Observe:

Discurso indireto

Naquele momento, Fabiano respondeu que não sentia mais medo.

O soldado amarelo lembrou-se de Fabiano, que lhe perguntou se ele ainda colocava inocentes na cadeia.

Fabiano olhou para aquele homem e pediu que ele tratasse bem as pessoas e não fizesse mal a ninguém.

ROGÉRIO BORGES

1 Passe os exemplos das frases da página anterior de discurso direto para o discurso indireto, conforme o modelo a seguir.

> **Discurso direto**
> Fabiano se sentia indeciso e dizia para si mesmo:
> — Estou em perigo e não consigo me controlar.
> **Discurso indireto**
> Fabiano se sentia indeciso e dizia para si mesmo que estava em perigo e não conseguia se controlar.

2 Passe os exemplos das frases da página anterior de discurso indireto para o discurso direto, conforme o modelo a seguir.

> **Discurso indireto**
> Fabiano perguntou se estava certo que o soldado desrespeitasse as pessoas de bem.
> **Discurso direto**
> Fabiano perguntou ao soldado:
> — Está certo você desrespeitar as pessoas de bem?

• Sistematizando

Discurso direto

O discurso direto é introduzido, normalmente, por um verbo de elocução — ou, em latim, *dicendi* (dizer, responder, falar, perguntar, pedir, etc.) —, que anuncia a fala do personagem. O verbo pode vir também no meio ou depois da fala.

Em geral, há dois-pontos e travessão antes da fala do personagem. Em lugar do travessão, também podem ser utilizadas as aspas, que devem ser colocadas no início (“) e no final (”) da fala.

O personagem que fala usa a 1ª pessoa, e os tempos verbais são flexionados de acordo com o momento da fala.

Leia a seguir um trecho do romance *Dom Casmurro*, de Machado de Assis, e observe o emprego do discurso direto.

CAPÍTULO III — A DENÚNCIA

Ia entrar na sala de visitas, quando ouvi proferir o meu nome e escondi-me atrás da porta. A casa era a da rua de Matacavalos, o mês novembro, o ano é que é um tanto remoto, mas eu não hei de trocar as datas à minha vida só para agradar às pessoas que não amam histórias velhas; o ano era de 1857.

— Dona Glória, a senhora persiste na ideia de meter o nosso Bentinho no seminário? É mais que tempo, e já agora pode haver uma dificuldade.

— Que dificuldade?

— Uma grande dificuldade.

Minha mãe quis saber o que era. José Dias, depois de alguns instantes de concentração, veio ver se havia alguém no corredor; não deu por mim, voltou e, abafando a voz, disse que a dificuldade estava na casa ao pé, a gente do Pádua.

— A gente do Pádua?

— Há algum tempo estou para lhe dizer isto, mas não me atrevia. Não me parece bonito que o nosso Bentinho ande metido nos cantos com a filha do ***Tartaruga*****, e esta é a dificuldade, porque, se eles pegam de namoro, a senhora terá muito que lutar para separá-los.**

— Não acho. Metidos nos cantos?

— É um modo de falar. Em segredinhos, sempre juntos. Bentinho quase que não sai de lá. A pequena é uma desmiolada; o pai faz que não vê; tomara ele que as coisas corressem de maneira que... Compreendo o seu gesto; a senhora não crê em tais cálculos, parece-lhe que todos têm a alma cândida...

ASSIS, Machado de. *Dom Casmurro*. Porto Alegre: L&PM, 2016. p. 52. (Fragmento).

Discurso indireto

- No discurso indireto, o narrador reproduz indiretamente, com suas palavras, a fala do personagem, ou seja, conta o que ele disse.
- O discurso indireto também é introduzido por um verbo *dicendi*, ao qual se segue, em geral, a conjunção **que** ou **se**.
- Os pronomes, os advérbios e os tempos verbais são determinados pelo contexto e pelo tempo em que se situa o narrador e não o personagem. Os verbos vêm na 3ª pessoa.

Observe o emprego do discurso indireto neste trecho de um conto de Luiz Vilela.

TARDE DA NOITE

A criança não dormiu logo. Ao ser posta na cama, **pediu água**. Depois disse que **queria voltar para a sala**, mas a mãe **convenceu-a de que era hora de dormir e que aquelas pessoas já estavam indo embora para dormir também; que era muito tarde e era hora de todo mundo estar na cama.**

VILELA, Luiz. *Tarde da noite*. São Paulo: Ática, 1988. p. 108. (Fragmento).

Discurso indireto livre

No discurso indireto livre, associam-se características dos discursos direto e indireto.

Nesse tipo de discurso, o narrador conta a fala dos personagens sem usar verbos *dicendi*, travessão ou aspas.

Observe o emprego do discurso indireto livre na continuação do texto anterior, de Luiz Vilela.

TARDE DA NOITE

[...] Depois, quando já tinha fechado os olhos e a mãe ia apagar a luz, a menina chamou e perguntou se não tinha bicho mesmo: a mãe explicou de novo que não, era só um rachado, **já não tinha visto muitos daqueles rachadinhos na casa da Vovó? Pois é, era só um rachadinho, a parede tinha estragado, amanhã o paizinho ia consertar, e ia ficar de novo uma parede branquinha, do jeito que ela queria**. A menina pareceu concordar, e quando a mãe achou que ela ia dar-lhe o beijinho de dormir, ela perguntou se nos rachadinhos da Vovó também não tinha bicho. Depois que a mãe a convenceu, ela pediu para contar uma historinha, **mas era uma historinha de gente, não era de bicho não.**

VILELA, Luiz. *Tarde da noite*. São Paulo: Ática, 1988. p. 108. (Fragmento).

Nesse trecho, o discurso indireto se confunde com o discurso indireto livre. Observe que há frases em que se identifica a fala do narrador, em geral com o verbo no pretérito perfeito do indicativo ("a menina **chamou** e **perguntou** se não tinha bicho mesmo"), e outras em que se destaca a fala ou a voz do personagem, que mistura seus pensamentos à voz do narrador ("já não tinha visto muitos daqueles rachadinhos na casa da Vovó?"; "amanhã o paizinho ia consertar"; "não era de bicho não"). Nesses casos, ocorre o **discurso indireto livre**: duas vozes que se fundem e nem sempre se identificam claramente — a do narrador (discurso indireto) e a de um personagem (discurso direto).

Podemos concluir que:

Discurso direto é aquele em que o personagem se expressa diretamente, com as próprias palavras. Sua fala é introduzida pelo narrador por meio de verbos de elocução e travessão (ou aspas).

Discurso indireto é aquele em que o narrador reproduz indiretamente, com suas palavras, o que o personagem disse.

Discurso indireto livre é aquele em que o discurso direto e o indireto se associam de tal forma que a fala do personagem se funde à voz do narrador.

Oficina Trabalhando os discursos

1 Leia um trecho da obra *Memórias de um sargento de milícias*, de Manuel Antônio de Almeida, e observe o emprego dos três tipos de discurso.

CALDO ENTORNADO

Entretanto o zelo da comadre pôs-se em atividade, e poucos dias depois entrou ela muito contente, e veio participar ao Leonardo que lhe tinha achado um excelente arranjo que o habilitava, segundo pensava, a um grande futuro, e o punha perfeitamente a coberto das iras do Vidigal; era o arranjo de servidor na ucharia real. Deixando de parte o substantivo *ucharia*, e atendendo só ao adjetivo *real*, todos os interessados e o próprio Leonardo regalaram os olhos com o achado da comadre. Empregado da casa real?! oh! isso não era cousa que se recusasse; e então empregado na ucharia! essa mina inesgotável, tão farta e tão rica!... A proposta da comadre foi aceita sem uma só reflexão contra, da parte de quem quer que fosse.

Ucharia: despensa.

Como a comadre pudera arranjar semelhante cousa para o afilhado, é isso cousa que pouco nos deve importar.

Dentro de poucos dias achou-se o Leonardo instalado no seu posto, muito cheio e contente de si.

O major, que o não perdia de vista, soube-lhe dos passos, e mordeu os beiços de raiva quando o viu tão bem aquartelado; só deixando a vida que levava podia o Leonardo cortar ao major pretextos para pôr-lhe a unha mais dia menos dia.

— Se ele se emenda?! dizia pesaroso o major; se ele se emenda perco eu a minha vingança... Mas... (e esta esperança o alentava) ele não tem cara de quem nasceu para emendas.

ALMEIDA, Manuel Antônio de. *Memórias de um sargento de milícias*. São Paulo: Saraiva, 2006. p. 174. (Fragmento).

ROGÉRIO BORGES

a) No primeiro trecho destacado, ocorre o emprego do **discurso indireto**, pois o narrador reproduz a fala do personagem indiretamente, ou seja, com suas palavras. Transforme o trecho em **discurso direto**.

____

____

____

____

____

b) No segundo trecho destacado, ocorre o **discurso indireto livre**. Nesse caso, as vozes do narrador e do personagem se misturam. Converta o trecho para o **discurso direto**.

____

____

____

____

____

c) No terceiro trecho destacado, está presente o **discurso direto**, pois o personagem expressa suas palavras diretamente, sem interferência do narrador. Converta esse trecho para o **discurso indireto**.

____

____

____

____

____

2 Leia agora o trecho do escritor manauense Milton Hatoum, extraído da obra *Relato de um certo Oriente*, no qual ocorre também o emprego de dois tipos de discurso.

EMILIE

— Anastácia estava de saída e não quis me dizer por que a casa estava uma balbúrdia — disse Hindié. — Me confidenciou que em plena madrugada a patroa andava meio atarantada pela casa, às vezes parava diante da porta do quarto das crianças e depois de passar um tempo provocando no banheiro, pediu cola, palito e tesoura à empregada. Estava com as mãos bambas e com o rosto inchado, e antes de se trancar no quarto soprou uma palavrinha no ouvido de Anastácia. Insisti e até implorei para ela me contar o recado de Emilie, mas sabes o que me respondeu? "Nem morta, comadre. A patroa disse que era segredo". Depois me olhou com um ar de abnegação e responsabilidade e concluiu: "Já vou indo porque as horas voam. A senhora pode entrar no quarto, dona Emilie já está de pé". Na verdade, tua mãe não tinha dormido: estava sentada no chão, e logo que me viu deu uma palmadinha no tapete e disse com uma voz rouca: "Levei as crianças para a casa de Esmeralda, onde vão passar o dia. Agora senta e trata de me ajudar, pois trabalho não falta". O quarto estava um pandemônio... — lamentou Hindié.

HATOUM, Milton. *Relato de um certo Oriente*. São Paulo: Companhia de Bolso, 2009. p. 38. (Fragmento).

a) Observe o emprego do discurso direto na primeira frase destacada. Coloque esse trecho em **discurso indireto**.

____

b) Em sequência, ocorre o **discurso indireto.** Passe esse trecho para o **discurso direto.**

____

____

c) Também se observa o emprego do **discurso indireto** no terceiro trecho em destaque. Converta-o para o **discurso direto**.

____

d) Agora releia o quarto trecho destacado, que está em **discurso direto**, e o passe para o **discurso indireto**.

____

e) O quinto trecho destacado também está em **discurso direto**. Converta-o para o **discurso indireto**.

____

____

f) No sexto trecho em destaque também ocorre o **discurso direto**. Transforme-o em **discurso indireto**.

____

____

• Produção de texto: tipos de discurso

1ª proposta — Desenvolvimento de narrativa com uso do discurso direto e discurso indireto

Leia o texto a seguir, em que ocorre o emprego do discurso direto. Desenvolva a narrativa de acordo com a sugestão de trabalho.

EM BUSCA DE *STATUS*

Ao entrar na sala de um amigo, observo uma luminária idêntica a um chifre. Ele a exibe, orgulhoso.

— Phillipe Starck. Só existem três no Brasil.

Atarraxo um sorriso de admiração. Como dizer que parece o despojo de uma fantasia da Vai-Vai? Entusiasmado, ele aconselha:

— Na loja havia uma cadeira de couro de vaca incrível, assinada. Você precisa comprar.

— Mas não preciso de mais uma cadeira.

— É uma oportunidade única, e você vai jogar fora?

Suspiro. Devia jogar a cadeira na cabeça dele. É impressionante como as pessoas dão valor a grifes. Há bastante tempo vi uma carteira Louis Vuitton com desenho quadriculado. Linda. Fui verificar. Meus documentos não cabiam. O vendedor explicou:

— É que os documentos europeus são de tamanho menor. Os nossos ficam sobrando.

Agradeci. Um amigo que me acompanhava se escandalizou.

— Não vai levar?

— Onde vou botar minha identidade?

— Mas quando você abrir a carteira todo mundo vai notar. É chique.

Sou do tipo que só compra quando gosta. Espanto-me quando vejo as pessoas se digladiando para ser elegantes. [...] A busca por *status* faz com que modas sejam inventadas. Sempre odiei *tiramisu*. Há algum tempo, ninguém podia dizer que não gostava.

— Prefiro creme de papaia — arrisquei, certa vez, à mesa.

Olharam-me como se fosse um ET. Descobri que o creme fora a moda de um ano atrás. Querem botar grife até dentro do meu estômago! Agora que o *tiramisu* se tornou mais popular, é até fino desdenhar. Escritores também podem entrar em moda.

CARRASCO, Walcyr. *Pequenos delitos e outras crônicas*. São Paulo: Best Seller, 2004. p. 81-82. (Fragmento).

ROGÉRIO BORGES

Esse trecho faz parte de uma crônica de Walcyr Carrasco, escritor e jornalista contemporâneo. Nele se observa o emprego de uma linguagem informal, em que predominam o humor e a ironia. Há também o uso do discurso direto — que torna a narrativa mais dinâmica, com a produção de diálogos entre os personagens — e a presença de um narrador.

- Faça o desenvolvimento e o desfecho do texto. Crie outros diálogos em discurso direto e também em discurso indireto, produzindo uma narrativa divertida. Relate outras situações engraçadas que revelem a mania ou obsessão de certas pessoas pela aquisição de produtos de marcas consagradas, que supostamente simbolizam "*status*". Se quiser, dê outro título a seu texto.

2ª proposta — Continuação de uma narrativa com o emprego do discurso direto e do discurso indireto livre

O trecho a seguir faz parte da obra *O velho e o mar*, do escritor estadunidense Ernest Hemingway (1899-1961). Trata-se da história de Santiago, um pescador que, sozinho em pleno mar, trava uma luta vibrante com um enorme peixe.

Leia a passagem e observe o emprego do discurso direto, nas falas e nos pensamentos do velho.

O VELHO E O MAR

Era uma grande tentação ficar ali descansando e deixar o peixe descrever outro círculo sem ganhar linha. Mas quando a pressão na linha indicou que o peixe estava se aproximando do barco, o velho levantou-se e começou a bracejar e a puxar com força para recuperar o máximo de linha.

"Nunca estive assim tão cansado em toda a minha vida", pensou o velho. "Agora estão se levantando os ventos alísios. Mas isso até será bom para me ajudar a puxá-lo. Este ventinho convém-me mesmo muito."

— Descansarei um pouco no próximo círculo, quando ele se afastar — falou o velho, em voz alta. — Já me sinto muito melhor. Com mais dois ou três círculos, apanho-o.

O chapéu de palha tinha-lhe caído para trás e o velho chocou-se contra a proa com a pressão causada na linha pelo peixe ao voltar-se.

"Trabalhe você agora, meu peixe. Eu trabalho depois."

O mar estava agora muito mais agitado. Mas era por causa de uma ligeira brisa, da qual mais tarde iria precisar para voltar para a costa.

— Bastará que eu aponte o barco para o sul e poente — disse o pescador. — Um homem nunca se perde no mar e a minha ilha é grande.

O peixe ia no seu terceiro círculo quando o velho o viu aparecer à tona d'água.

Viu primeiro uma sombra escura que levou uma infinidade de tempo a passar por debaixo do barco. Quase não poderia acreditar no seu comprimento.

— Não! — exclamou o velho. — Não é possível que tenha aquele tamanho todo.

Mas era de fato gigantesco e, quando acabou de descrever o círculo, veio à superfície apenas a uns trinta metros do barco, e o velho Santiago viu a enorme cauda completamente fora d'água. Era mais comprida do que a lâmina de uma grande foice e adquirira um tom violeta sobre o mar azul-escuro. Agitava-se violentamente, e quando o peixe começou a nadar quase à tona, o velho examinou-lhe o volumoso corpo e as manchas purpúreas na pele. Trazia a barbatana dorsal fechada, mas as peitorais estavam completamente abertas, agitando a água convulsivamente em movimentos desordenados.

[...]

HEMINGWAY, Ernest. *O velho e o mar*. Rio de Janeiro: Civilização Brasileira, Rio de Janeiro, 1998. p. 78-79. (Fragmento).

- Dê continuidade à narrativa, empregando diálogos entre o pescador e algum elemento da natureza, como o vento ou o mar, por exemplo, com o uso do discurso direto. E mantenha também a sequência de pensamentos, em discurso direto ou em discurso indireto livre. Nesse caso, construa conversas do pescador com o peixe que revelem sentimentos de respeito e de admiração, e também pensamentos de alegria e de tristeza diante de uma luta tão difícil. Imagine como ocorreu a batalha entre ambos e conte-a, empregando os dois tipos de discurso indicados. Crie um desfecho emocionante para essa história. Empregue uma linguagem formal, objetiva e coesa.

Elementos da narrativa

• Preparando

Leia a seguir, com atenção, a crônica de Fernando Sabino.

O HOMEM NU

Ao acordar, disse para a mulher:

— Escuta, minha filha: hoje é dia de pagar a prestação da televisão, vem aí o sujeito com a conta, na certa. Mas acontece que ontem eu não trouxe dinheiro da cidade, estou a nenhum.

— Explique isso ao homem — ponderou a mulher.

— Não gosto dessas coisas. Dá um ar de vigarice, gosto de cumprir rigorosamente as minhas obrigações. Escuta: quando ele vier a gente fica quieto aqui dentro, não faz barulho, para ele pensar que não tem ninguém. Deixa ele bater até cansar — amanhã eu pago.

Pouco depois, tendo despido o pijama, dirigiu-se ao banheiro para tomar um banho, mas a mulher já se trancara lá dentro. Enquanto esperava, resolveu fazer um café. Pôs a água a ferver e abriu a porta de serviço para apanhar o pão. Como estivesse completamente nu, olhou com cautela para um lado e para outro antes de arriscar-se a dar dois passos até o embrulhinho deixado pelo padeiro sobre o mármore do parapeito. Ainda era muito cedo, não poderia aparecer ninguém. Mal seus dedos, porém, tocavam o pão, a porta atrás de si fechou-se com estrondo, impulsionada pelo vento.

Aterrorizado, precipitou-se até a campainha e, depois de tocá-la, ficou à espera, olhando ansiosamente ao redor. Ouviu lá dentro o ruído da água do chuveiro interromper-se de súbito, mas ninguém veio abrir. Na certa a mulher pensava que já era o sujeito da televisão. Bateu com o nó dos dedos:

— Maria! Abre aí, Maria. Sou eu — chamou, em voz baixa.

Quanto mais batia, mais silêncio fazia lá dentro.

Enquanto isso, ouvia lá embaixo a porta do elevador fechar-se, viu o ponteiro subir lentamente os andares... Desta vez, era o homem da televisão!

Não era. Refugiado no lanço da escada entre os andares, esperou que o elevador passasse, e voltou para a porta de seu apartamento, sempre a segurar nas mãos nervosas o embrulho de pão:

— Maria, por favor! Sou eu!

Desta vez não teve tempo de insistir: ouviu passos na escada, lentos, regulares, vindos lá de baixo... Tomado de pânico, olhou ao redor, fazendo uma pirueta, e assim despido, embrulho na mão, parecia executar um *ballet* grotesco e mal ensaiado. Os passos na escada se aproximavam, e ele sem onde se esconder. Correu para o elevador, apertou o botão. Foi o tempo de abrir a porta e entrar, e a empregada passava, vagarosa, encetando a subida de mais um lanço de escada. Ele respirou aliviado, enxugando o suor da testa com o embrulho do pão.

Mas eis que a porta interna do elevador se fecha e ele começa a descer.

— Ah, isso é que não! — fez o homem nu, sobressaltado.

E agora? Alguém lá embaixo abriria a porta do elevador e daria com ele ali, em pelo, podia mesmo ser algum vizinho conhecido... Percebeu, desorientado, que estava sendo levado cada vez para mais longe de seu apartamento, começava a viver um verdadeiro pesadelo de Kafka, instaurava-se naquele momento o mais autêntico e desvairado Regime do Terror!

— Isso é que não — repetiu, furioso.

Agarrou-se à porta do elevador e abriu-a com força entre os andares, obrigando-o a parar. Respirou fundo, fechando os olhos, para ter a momentânea ilusão de que sonhava. Depois experimentou apertar o botão do seu andar. Lá embaixo continuavam a chamar o elevador. Antes de mais nada: "Emergência: parar". Muito bem. E agora? Iria subir ou descer? Com cautela desligou a parada de emergência, largou a porta, enquanto insistia em fazer o elevador subir. O elevador subiu.

— Maria! Abre esta porta! — gritava, desta vez esmurrando a porta, já sem nenhuma cautela. Ouviu que outra porta se abria atrás de si.

Voltou-se, acuado, apoiando o traseiro no batente e tentando inutilmente cobrir-se com o embrulho de pão. Era a velha do apartamento vizinho:

— Bom dia, minha senhora — disse ele, confuso. — Imagine que eu...

A velha, estarrecida, atirou os braços para cima, soltou um grito:

— Valha-me Deus! O padeiro está nu!

E correu ao telefone para chamar a radiopatrulha:

— Tem um homem pelado aqui na porta!

Outros vizinhos, ouvindo a gritaria, vieram ver o que se passava:

— É um tarado!

— Olha, que horror!

— Não olha não! Já pra dentro, minha filha!

Maria, a esposa do infeliz, abriu finalmente a porta para ver o que era. Ele entrou como um foguete e vestiu-se precipitadamente, sem nem se lembrar do banho. Poucos minutos depois, restabelecida a calma lá fora, bateram na porta.

— Deve ser a polícia — disse ele, ainda ofegante, indo abrir.

Não era: era o cobrador da televisão.

Fernando Sabino. *O homem nu*. Rio de Janeiro: Editora do Autor, 1960. p. 65.

Kafka: Franz Kafka (1883-1924, escritor alemão em cujas obras predomina um clima de pesadelo, confusão e absurdo.

Regime do Terror: período entre setembro de 1793 e julho de 1794 em que houve, na França, cerca de 35 mil execuções ordenadas pelo governo dos jacobinos contra aqueles que, segundo eles, eram opositores aos princípios da Revolução Francesa.

ROGÉRIO BORGES

1 A narrativa é composta de diversos elementos. O conjunto de fatos apresentados constitui o enredo. Qual é o enredo dessa narrativa?

2 Identifique, no texto, as partes da narrativa que constituem o enredo.

a) **Situação inicial** (abertura da narrativa, com a apresentação dos personagens, tempo, espaço e fatos iniciais).

b) **Conflito** (componente organizador da história — pode ser um fato, personagem, espaço, tempo ou sentimento, que se opõe a outro, provocando um desequilíbrio da situação inicial e desencadeando a ação da narrativa).

c) **Desenvolvimento** (parte maior da narrativa, em que o conflito se desenvolve).

d) **Clímax** (momento em que a narrativa e o conflito chegam a seu ponto de maior tensão).

e) **Desfecho** ou conclusão (solução do conflito — para o bem ou para o mal).

3 O narrador é aquele que conta os fatos. Uma narrativa pode ser feita em 1ª pessoa, quando o narrador participa dos fatos, ou em 3ª pessoa, quando o narrador não participa da história, ou seja, não é personagem. A crônica em estudo se desenvolve como uma narrativa em 1ª ou em 3ª pessoa? Justifique sua resposta com exemplos do texto.

4 O narrador em 3ª pessoa pode ser chamado onisciente, quando sabe de tudo o que acontece — do que pode ser visto (aspectos físicos dos personagens e do lugar etc.) ao que não é visível (aspectos psicológicos dos personagens e o conhecimento de espaços não citados diretamente). Também pode ser neutro, quando conta apenas o que pode ser observado exteriormente. Na crônica, o narrador é onisciente ou neutro? Justifique sua resposta.

5 Outro elemento da narrativa são os personagens, por meio dos quais se desenvolve o enredo ou a ação. A participação deles nos acontecimentos pode ocorrer diretamente ou indiretamente. Identifique os personagens que participam diretamente dos fatos, na crônica, e aqueles que participam indiretamente.

6 O tempo pode se apresentar de formas diferentes na narrativa. Quando os fatos são contados numa sequência do passado para o futuro, temos o chamado tempo cronológico. Às vezes, a passagem do tempo é apenas percebida pelo narrador ou pelos personagens. Trata-se, nesse caso, do tempo psicológico, que não tem nenhuma ligação com o tempo do relógio.

a) Na crônica, quais são os marcadores temporais que determinam a sequência dos fatos, ou o tempo cronológico?

b) No trecho "Foi o tempo de abrir a porta e entrar, e a empregada passava, **vagarosa**, encetando a subida de mais um lanço de escada", por que o homem vê como vagarosa a subida da moça?

7 A ação da narrativa se desenvolve em determinado espaço ou lugar. Nessa crônica, em que lugar ocorrem os fatos que compõem a história?

- Explique por que se emprega, de preferência, o tempo verbal no presente, nos diálogos, e o tempo verbal no passado, quando a história é contada pelo narrador.

• Sistematizando

Uma narrativa apresenta, quase sempre, os seguintes elementos em sua organização: *enredo*, *narrador*, *personagens*, *tempo* e *espaço*. Vejamos cada um desses elementos.

Enredo

O **enredo** é o conjunto de fatos que constituem a ação de uma narrativa e no qual interagem narrador, personagens, tempo e espaço. Em geral, é composto das seguintes partes:

- **Situação inicial** ou **introdução**. Constitui o começo da narrativa e nela são apresentados os personagens, o tempo, o espaço e os fatos iniciais. Essa parte é fundamental, pois geralmente apresenta o componente que vai produzir o conflito.
- **Conflito**. É o componente organizador da história. Pode ser um fato, personagem, espaço, tempo ou sentimento, que se opõe a um elemento da situação inicial, desencadeando a ação da narrativa. A partir do conflito, estruturam-se as demais partes do enredo.
- **Desenvolvimento** ou **complicação**. É a parte da narrativa em que o conflito se desenvolve. Ela exclui as demais partes: a situação inicial, o clímax e o desfecho.
- **Clímax**. É o momento em que a tensão atinge o ponto máximo. Representa o momento culminante, mais dramático do conflito e da narrativa.
- **Desfecho** ou **conclusão**. É a parte em que se apresenta a solução do conflito, que pode ser boa, má, inesperada, trágica, previsível, engraçada, etc.

{ **Enredo** é o conjunto de fatos interligados que fundamentam a ação de um texto narrativo. }

Narrador (ponto de vista ou foco narrativo)

O **ponto de vista** ou **foco narrativo** é a forma que o narrador utiliza para contar a história. De acordo com a forma de narrar, temos diferentes tipos de narrador, em 1ª ou em 3ª pessoa.

Quando o narrador é um dos personagens da história, temos o **narrador-personagem**. Nesse caso, a narração é em 1ª pessoa, e o narrador tem um ponto de vista parcial dos acontecimentos, como o de qualquer personagem da história. Ele pode interagir com os outros personagens, mas nada sabe sobre eles, a não ser aquilo que é capaz de observar diretamente.

O narrador-personagem pode ser **narrador-protagonista**, quando é o personagem principal da história. É o caso do menino protagonista do romance *Infância*, de Graciliano Ramos, que narra sua história em 1ª pessoa, mas não sabe o que se passa com os outros personagens. Leia o trecho de um capítulo do livro, no qual estão destacados os verbos e os pronomes referentes ao narrador-protagonista.

LEITURA

Achava-me empoleirado no balcão, abrindo caixas e pacotes, examinando as miudezas da prateleira. **Meu** pai, de bom humor, apontava-**me** objetos singulares e explicava o préstimo deles.

Demorei a atenção nuns cadernos de capa enfeitada por três faixas verticais, borrões, nódoas cobertas de riscos semelhantes aos dos jornais e dos livros. **Tive** a ideia infeliz de abrir um desses folhetos, **percorri** as páginas amarelas, de papel ordinário. **Meu** pai tentou avivar-**me** a curiosidade valorizando com energia as linhas mal impressas, falhadas, antipáticas. Afirmou que as pessoas familiarizadas com elas dispunham de armas terríveis. Isto **me** pareceu absurdo: os traços insignificantes não tinham feição perigosa de armas. **Ouvi** os louvores, incrédulo.

Aí **meu** pai **me** perguntou se **eu** não **desejava** inteirar-**me** daquelas maravilhas, **tornar-me** um sujeito sabido como Padre João Inácio e o advogado Bento Américo. [...]

RAMOS, Graciliano. *Infância*. Rio de Janeiro: Record, 1993. p. 95. (Fragmento).

O narrador-personagem pode ser ainda **narrador-testemunha**, quando não é personagem principal da história. Nesse caso, ele narra a história do personagem principal em 1ª pessoa, também conforme aquilo que vê. Observe este trecho inicial do conto "Missa do Galo", de Machado de Assis, com os verbos e os pronomes referentes ao narrador em destaque.

MISSA DO GALO

Conceição entrou na sala, arrastando as chinelinhas da alcova. Vestia um roupão branco, mal-apanhado na cintura. Sendo magra, tinha um ar de visão romântica, não disparatada com o **meu** livro de aventuras. **Fechei** o livro; ela foi sentar-se na cadeira que ficava defronte de **mim**, perto do canapé. Como **eu** lhe **perguntasse** se a **havia acordado**, sem querer, fazendo barulho, respondeu com presteza:

— Não! qual! Acordei por acordar.

Fitei-a um pouco e **duvidei** da afirmativa. Os olhos não eram de pessoa que acabasse de dormir; pareciam não ter ainda pegado no sono. Essa observação, porém, que valeria alguma coisa em outro espírito, depressa a **botei** fora, sem advertir que talvez não dormisse justamente por **minha** causa, e mentisse para **me** não afligir ou aborrecer. Já **disse** que ela era boa, muito boa.

ESB PROFESSIONAL/SHUTTERSTOCK

ASSIS, Machado de. *Contos consagrados*. Rio de Janeiro: Ediouro, 2001. p. 73. (Fragmento).

Mal-apanhado: feio, de aspecto ruim.

Canapé: espécie de sofá com encosto e braços, geralmente de madeira.

Há também o **narrador-onisciente**, de 3ª pessoa, que tem um ponto de vista mais amplo, geral, pois está fora dos acontecimentos que narra e conhece tudo sobre a história. É o caso do narrador do romance *Madame Bovary*, de Gustave Flaubert, escritor do realismo francês. Observe o trecho a seguir, com os destaques para os verbos e os pronomes em 3ª pessoa, que se referem ao personagem focalizado pelo narrador.

CARLOS BOVARY

Carlos **andava triste**. A clientela não chegava. Os problemas de dinheiro **o** preocupavam. **Gastara** exageradamente com as reformas da casa de Tostes, com as *toilettes* da mulher e com a mudança. O dote que **recebera**, mais de três mil escudos, consumira-se em dois anos. A gravidez de Ema era a única distração com que **podia** encher o tempo. Quando **via** de longe o andar preguiçoso da mulher e seu talhe que se arredondava, não **se continha** de felicidade. **Levantava-se**, **beijava**-a, **mimava**-lhe o rosto, **chamava**-lhe mãezinha, **queria** obrigá-la a dançar e prodigalizava-lhe, rindo e chorando ao mesmo tempo, toda sorte de brincadeiras carinhosas que **lhe** atravessavam o espírito. A ideia de **ter gerado** um filho **o deliciava**. Nada agora **lhe** faltava.

FLAUBERT, Gustave. *Madame Bovary*. Rio de Janeiro: Ediouro, 1973. p. 40. (Fragmento).

Toilettes: conjuntos de roupas e acessórios de uma mulher.

Talhe: configuração física.

Prodigalizava: dava em grande quantidade.

Uma variante do narrador-onisciente é o **narrador-intruso**, que, além de tudo conhecer e narrar, em 3ª pessoa, tece comentários sobre personagens e fala com o leitor. Machado de Assis utilizou esse tipo de narrador no romance *Esaú e Jacó*. Observe o trecho a seguir, com destaque para o período em que o narrador conversa com o leitor.

ESAÚ E JACÓ

[...] Algum espírito podia dizer-lhe a verdade em vez de uma adivinha de farsa... Natividade defendeu a cabocla. Pessoas da sociedade falavam dela a sério. Não queria confessar ainda que tinha fé, mas tinha. Recusando ir outrora, foi naturalmente a insuficiência do motivo que lhe deu a força negativa.

Que importava saber o sexo do filho? Conhecer o destino dos dois era mais imperioso e útil. Velhas ideias que lhe incutiram em criança vinham agora emergindo do cérebro e descendo ao coração. Imaginava ir com os pequenos ao Morro do Castelo, a título de passeio... Para quê? Para confirmá-la na esperança de que seriam grandes homens. Não lhe passara pela cabeça a predição contrária. **Talvez a leitora, no mesmo caso, ficasse aguardando o destino; mas a leitora, além de não crer (nem todos creem), pode ser que não conte mais de vinte a vinte e dois anos de idade, e tem a paciência de esperar.** Natividade, de si para si, confessava os trinta e um, e temia não ver a grandeza dos filhos. Podia ser que a visse, pois também se morre velha, e alguma vez de velhice, mas acaso teria o mesmo gosto?

ASSIS, Machado de. *Obra completa em quatro volumes.*
Rio de Janeiro: Nova Aguilar, 2008. p. 1.088. v. 1. (Fragmento).

Existe ainda o narrador em 3ª pessoa, que não é onisciente: trata-se do **narrador-observador**. Ele narra o que vê e descreve as **ações** dos personagens, mas não sabe o que se passa com eles. É o que ocorre no romance *O cortiço*, do escritor naturalista brasileiro Aluísio Azevedo. Leia um trecho desse romance.

O CORTIÇO

O padeiro entrou na estalagem, com a sua grande cesta à cabeça e o seu banco de pau fechado debaixo do braço, e foi estacionar em meio do pátio, à espera dos fregueses, pousando a canastra sobre o cavalete que ele armou prontamente. Em breve estava cercado por uma nuvem de gente. As crianças adulavam-no, e, à proporção que cada mulher ou cada homem recebia o pão, disparava para casa com este abraçado contra o peito. Uma vaca, seguida por um bezerro amordaçado, ia, tilintando tristemente o seu chocalho, de porta em porta, guiada por um homem carregado de vasilhame de folha.

O zunzum chegava ao seu apogeu. A fábrica de massas italianas, ali mesmo da vizinhança, começou a trabalhar, engrossando o barulho com o seu arfar monótono de máquina a vapor. As corridas até à venda reproduziam-se, transformando-se num verminar constante de formigueiro assanhado. Agora, no lugar das bicas apinhavam-se latas de todos os feitios, sobressaindo as de querosene com um braço de madeira em cima; sentia-se o trapejar da água caindo na folha. Algumas lavadeiras enchiam já as suas tinas; outras estendiam nos coradouros a roupa que ficara de molho. Principiava o trabalho. Rompiam das gargantas os fados portugueses e as modinhas brasileiras. Um carroção de lixo entrou com grande barulho de rodas na pedra, seguido de uma algazarra medonha algaraviada pelo carroceiro contra o burro.

AZEVEDO, Aluísio. *O cortiço.*
São Paulo: Scipione, 1995. p. 20. (Fragmento).

Canastra: variedade de cesta quadrangular entretecida com ripas flexíveis de madeira.
Coradouros: locais ao ar livre, batidos pelo sol, onde se cora a roupa.
Algaraviada: mistura confusa de vozes.

O **ponto de vista narrativo** pode se constituir por meio de um narrador em 1ª pessoa, o narrador-personagem (narrador-protagonista ou narrador-testemunha), ou em 3ª pessoa, o narrador-onisciente, que também pode ser um narrador-intruso. O narrador em 3ª pessoa não onisciente é conhecido como narrador-observador.

Personagens

Numa narrativa ficcional, o personagem principal é o **protagonista** (que ocupa o lugar de destaque no enredo, como Fabiano no trecho de "O soldado amarelo"). Podem existir, ainda, um ou mais personagens **antagonistas** (adversários do protagonista, como o soldado amarelo) e também personagens **secundários**.

No trecho da obra *Vidas secas*, alguns personagens são descritos e caracterizados pelo narrador. Fabiano, por exemplo: "ele estava indeciso, de olho arregalado, respirando com dificuldade, um espanto verdadeiro no rosto barbudo coberto de suor". Ou o soldado amarelo: "O soldado, magrinho, enfezadinho, tremia.".

A criação de personagens implica o desenvolvimento de características físicas e psicológicas. É preciso mostrar ao leitor não só como os personagens se parecem ou se vestem, mas também como andam, falam, pensam, sentem. Isso pode ser feito por meio de descrições diretas ou pode ser depreendido no decorrer da narrativa por meio das ações, falas e comportamentos dos personagens. Por exemplo, Fabiano desabafa: "Tinha medo e repetia que estava em perigo, mas isto lhe pareceu tão absurdo que se pôs a rir. Medo daquilo? Nunca vira uma pessoa tremer assim. Cachorro. [...] Não botava gente na cadeia? Sem-vergonha, mofino".

Personagem é um ser ficcional, inventado para um texto narrativo. Pode ser pessoa, animal, sentimento ou objeto personificado.

Tempo

No trecho de "O soldado amarelo", de *Vidas secas*, o **tempo** é **cronológico**, ou seja, marcado por horas e datas em sequência linear.

Além do tempo cronológico, pode aparecer na narrativa uma escala temporal diferente, chamada **tempo psicológico**, que é a maneira como o narrador ou os personagens **percebem** a passagem do tempo, sem nenhuma relação com o "tempo do relógio". Veja um exemplo de emprego do tempo psicológico neste trecho de um conto de Ignácio de Loyola Brandão:

CLÁUDIA E O TEMPO PARALISADO

[...] Percebeu o tempo interior diferente do exterior, e não era o mesmo dos relógios que, entre si, divergiam. *É isso, tudo relativo. Não importa quando, apenas o quê*. Aconteceu. Houve um telefonema, não foi em sonho. [...] *Fiquei obcecado, descontrolado, tudo parou*. Não estava muito certo do que pensava, porém havia uma lógica, um caminho a ser refletido. Cláudia não estava perdida. [...]

BRANDÃO, Ignácio de Loyola. In: MESERANI, Samir (Coord.). *Quem conta um conto*: tempo. 6. ed. São Paulo: Atual, 1990. p. 51. (Fragmento).

E veja agora o emprego do tempo psicológico no início deste conto:

AS FORMIGAS

Foi a coisa mais bacana a primeira vez que as formigas conversaram com ele. Foi a que escapuliu da procissão que conversou: ele estava olhando para ver aonde que ela ia, e aí ela falou para ele não contar pro padre que ela tinha escapulido — o padre ele já tinha visto que era o formigão da frente, o maior de todos, andando posudo.

Isso aconteceu numa manhã de muita chuva em que ele ficara no quentinho das cobertas com preguiça de se levantar, virado para o outro canto, observando as formigas descendo em fila na parede. Tinha um rachado ali perto por causa da chuva, era de lá que elas saíam, a casa delas.

Toda manhã aquela chuva sem parar, pingando na lata velha lá fora no jardim, barulhinho gostoso que ele ficava ouvindo, enrolado no cobertor, olhando as formigas e conversando com elas, o quarto meio escuro, tudo escuro de chuva.

VILELA, Luiz. *Contos da infância e da adolescência*. São Paulo: Ática, 1996. p. 21. (Fragmento).

O **tempo**, na narrativa, corresponde à época em que a história se passa, bem como à duração da ação. Pode ser cronológico ou psicológico.

Espaço (ou lugar)

O **espaço** é o lugar onde se passa o enredo, ou seja, onde se desenvolvem as ações dos personagens da história. Por exemplo, no romance *Casa de pensão*, de Aluísio Azevedo, parte da narrativa se desenvolve no lugar em que vive um dos personagens, Mme. Brizard.

Leia o parágrafo que mostra isso.

CASA DE PENSÃO

A casa tinha dois andares e uma boa chácara no fundo. O salão de visitas era no primeiro. — Mobília antiga, um tanto mesclada; ao centro, grande lustre de cristal, coberto de filó amarelo; três largas janelas de sacada, guarnecidas de cortinas brancas, davam para a rua; do lado oposto, um enorme espelho de moldura dourada e gasta inclinava-se pomposamente sobre um sofá de molas; em uma das paredes laterais, um detestável retrato a óleo de Mme. Brizard, vinte anos mais moça, olhava sorrindo para um velho piano, que lhe ficava fronteiro; por cima dos consolos vasos bonitos de louça da Índia, cheios de areia até à boca.

AZEVEDO, Aluísio. *Casa de pensão*. São Paulo: Scipione, 1995. p. 47. (Fragmento).

Como outros elementos da narrativa, o espaço pode dar pistas sobre o comportamento dos personagens. Se um narrador descreve um apartamento amplo e organizado, situado numa cidade grande, o leitor pode imaginar certas características do personagem que lá vive. No trecho de *Casa de pensão*, por exemplo, o fato de Mme. Brizard morar em um ambiente tão grande e requintado mostra que ela apreciava lugares bem mobiliados e confortáveis.

> **Espaço** é o lugar ou os lugares físicos em que a narrativa ocorre. O "lugar" moral, psicológico ou socioeconômico de uma narrativa, que aproxima tempo e espaço e geralmente é construído pelo narrador ou pelos personagens, chama-se **ambiente**.

• Produção de texto: elementos da narrativa

1ª proposta — Produção de narrativa com inclusão de trecho

Redija uma **narração**, contando uma história na qual você vai encaixar o trecho a seguir. Leia-o com atenção.

FRIO

O menino tinha só dez anos.

Quase meia hora andando. No começo pensou num bonde. Mas lembrou-se do embrulhinho branco e bem feito que trazia, afastou a ideia como se estivesse fazendo uma coisa errada. (Nos bondes, àquela hora da noite, poderiam roubá-lo, sem que percebesse; e depois?... Que é que diria a Paraná?)

Andando. Paraná mandara-lhe não ficar observando as vitrinas, os prédios, as coisas. Como fazia nos dias comuns. Ia firme e esforçando-se para não pensar em nada, nem olhar muito para nada.

— Olho vivo — como dizia Paraná.

Devagar, muita atenção nos autos, na travessia das ruas. Ele ia pelas beiradas. Quando em quando, assomava um guarda nas esquinas. O seu coraçãozinho se apertava.

Na estação da Sorocabana perguntou as horas a uma mulher. Sempre ficam mulheres vagabundeando por ali, à noite. Pelo jardim, pelos escuros da Alameda Cleveland. Ela lhe deu, ele seguiu. Ignorava a exatidão de seus cálculos, mas provavelmente faltava mais ou menos uma hora para chegar. Os bondes passavam.

ANTÔNIO, João. *Meninão do Caixote*. São Paulo: Atual, 1991. p. 3-4. (Fragmento).

Agora acompanhe estas observações, antes de iniciar a produção de seu texto.

- Nesse trecho, há um narrador que conta a história, relatando os fatos e reproduzindo os diálogos. As falas são empregadas em discurso indireto pelo narrador: "Paraná mandara-lhe não ficar observando as vitrinas, os prédios, as coisas". Identifica-se apenas este discurso direto: "— Olho vivo". O texto é narrado em 3ª pessoa. Veja: "O menino **tinha** só dez anos."; "como **dizia** Paraná"; "**Ele ia** pelas beiradas.".
- Além do discurso indireto, você pode empregar também o discurso indireto livre, união do discurso direto com o indireto. Lembre-se de que, nesse caso, o narrador não dá a palavra diretamente a uma personagem, ele entremeia o relato com parte da fala, o que dificulta determinar onde se situa o narrador e onde surge a personagem. Veja um exemplo tirado do mesmo trecho: "No começo pensou num bonde. [...] (Nos bondes, àquela hora da noite, poderiam roubá-lo, sem que percebesse; **e depois?... Que é que diria a Paraná?**)". Observe que há a fala do narrador e depois, nos parênteses, os pensamentos do menino apresentados por meio da voz do próprio narrador.
- Desenvolva sua narração em 3ª pessoa, como **narrador-onisciente**, ou seja, que sabe tudo sobre os personagens, tanto o estado físico como o psicológico. Relate a vida dessa criança que, como outras, morava nas ruas de uma cidade grande e vivia no abandono, explorada por um adulto que se dizia seu amigo. Se quiser, conte como teria sido a infância desse menino. Narre seu cotidiano, tentando ganhar o próprio sustento, e pense quais seriam seus sonhos. Você pode incluir outros personagens na história e considerar os tempos cronológico e psicológico em sua narrativa. Escolha um título criativo para o texto.

2ª proposta — Continuação de uma narrativa fantástica

O trecho a seguir faz parte de uma narrativa fantástica de Moacyr Scliar. Trata-se de um encontro entre amigos, em um local pouco comum, onde um dos personagens vai revelar uma grande notícia. Leia o trecho dessa história.

NO RESTAURANTE SUBMARINO

Jerônimo me liga. Tenho uma grande notícia, diz, a voz estranhamente excitada para quem é, habitualmente, um homem reservado. Uma grande notícia, repete, acrescentando que pelo telefone não dá para dizer. Propõe um almoço conjunto: nós dois, mais Hélio e Sadi. Onde, pergunto, um tanto inquieto. No restaurante submarino, ele responde. Pondero que é meio longe; além disso a época não é muito apropriada para ir ao restaurante submarino; chove e faz frio. Por isso mesmo vamos lá, diz Jerônimo, não quero que nos vejam. Aliás, já telefonei e reservei o restaurante só para nós.

Acabo concordando. Que remédio? Jerônimo é conhecido por sua tenacidade, por sua férrea determinação. Não há o que não consiga, dizem todos.

De carro, dirijo-me para o local onde fica o restaurante submarino. Na estrada, passo por Hélio, que me olha com uma expressão de interrogação. Pelo visto, também ele não sabe do que se trata.

Chego à praia, deixo meu carro no estacionamento. Ali já estão os carros dos outros. Sou o último, como sempre.

Caminho ao longo do antigo cais, na extremidade do qual foi construído o restaurante. Entro no *hall*, cumprimento o discreto gerente, desço uma escada em caracol. O restaurante propriamente dito fica abaixo do nível do mar. Por suas janelas, escotilhas, melhor dizendo, pode-se apreciar a fauna marítima da região.

SCLIAR, Moacyr. *No restaurante submarino*: contos fantásticos. São Paulo: Boa Companhia, 2012. p. 37-38. (Fragmento).

Siga estas orientações.

- Observe que o ponto de vista ou o foco narrativo se desenvolve em 1ª pessoa, ou seja, o narrador assume a voz para contar a história, mas o protagonista ou personagem principal é outro, Jerônimo, que se destaca nas ações que envolvem os fatos. Nesse caso, o narrador participa também como personagem e relata a história como **narrador-testemunha** em 1ª pessoa.
- Observe que os diálogos ocorrem sem o uso dos dois pontos e do travessão, no discurso direto. As frases se apresentam em sequência, assim como no discurso indireto. Há também o emprego do discurso indireto livre: "Acabo concordando. **Que remédio**?". Portanto, utilize esses tipos de discurso em sua narrativa.
- Desenvolva o texto com base nessas sugestões. Pense no que teria ocorrido de tão estranho nesse restaurante submarino. Você pode caracterizar os personagens e descrever o espaço, criando um certo mistério na história. Faça o desfecho explorando o suspense na ação final, ou crie um fato inesperado que leve ao desenlace da história.

3ª proposta — Produção de narrativa em 1ª pessoa

O parágrafo que introduz a crônica a seguir narra um passeio de três amigos à praia. Leia-o.

OS AMIGOS NA PRAIA

Éramos três velhos amigos na praia quase deserta. O sol estava bom; e o mar, violento. Impossível nadar: as ondas rebentavam lá fora, enormes, depois avançavam sua frente de espumas e vinham se empinando outra vez, inflando, oscilantes, túmidas, azuis, para poucar de súbito na praia. Mal a gente entrava no mar a areia descaía de chofre; quase a pique, para uma bacia em que não dava pé; alguns metros além havia certamente uma plataforma de areia onde o mar estourava primeiro. Demos alguns mergulhos, apanhamos fortes lambadas de onda e nos deixamos ficar conversando na praia; o sol estava bom.

Túmidas: intumescidas, dilatadas, engrossadas.
Poucar: estourar.

BRAGA, Rubem. *Ai de ti, Copacabana*. Rio de Janeiro: Record, 1993. p. 29. (Fragmento).

ROGÉRIO BORGES

Ao produzir sua narrativa, faça o seguinte.

- Com base nesse primeiro parágrafo, redija um texto criando seu próprio **enredo**. Escreva os principais fatos da história e a **ação** dos **personagens**. Decida se o **tempo** vai ser cronológico e/ou psicológico, e se o **espaço** da narrativa vai ser somente a praia. Primeiro, reescreva ou amplie a **introdução**, apresentando os personagens e as ações iniciais. Inclua, nesse parágrafo, algum fato que possa desencadear um **conflito**.
- A partir desse conflito, que pode ser um fato imprevisível, um sentimento diferente ou qualquer mudança que tenha causado estranheza, desenvolva as demais partes da narrativa.
- Crie o **clímax** desse conflito, relatando os fatos relacionados ao momento de maior tensão entre os personagens. No **desfecho** ou **conclusão**, escreva a solução do conflito, que deve ser imprevisível.
- Quanto ao **foco narrativo**, redija o texto como **narrador-personagem**, portanto em 1ª pessoa. Nesse caso, o narrador apresenta um ponto de vista parcial dos fatos. Relate as características físicas e psicológicas dos personagens.
- Escreva **diálogos** entre os personagens. Empregue os **discursos direto**, **indireto** e **indireto livre**. Se quiser, coloque outro **título** em seu texto e leia-o para os colegas.

Gênero textual: crônica humorística

• Preparando

A **crônica** é uma narrativa leve que apresenta fatos do cotidiano. Além da crônica literária, temos também a crônica reflexiva, a argumentativa e a humorística.

Leia a seguir uma **crônica humorística** de Luis Fernando Verissimo, escritor contemporâneo famoso pelo estilo fluente e divertido.

ATITUDE SUSPEITA

Sempre me intriga a notícia de que alguém foi preso "em atitude suspeita". É uma frase cheia de significados. Existiriam atitudes inocentes e atitudes duvidosas diante da vida e das coisas e qualquer um de nós estaria sujeito a, distraidamente, assumir uma atitude que dá cadeia!

— Delegado, prendemos este cidadão em atitude suspeita.

— Ah, um daqueles, é? Como era a sua atitude?

— Suspeita.

— Compreendo. Bom trabalho, rapazes. E o que é que ele alega?

— Diz que não estava fazendo nada e protestou contra a prisão.

— Hmm. Suspeitíssimo. Se fosse inocente não teria medo de vir dar explicações.

— Mas eu não tenho o que explicar! Sou inocente!

— É o que todos dizem, meu caro. A sua situação é preta. Temos ordem de limpar a cidade de pessoas em atitudes suspeitas.

— Mas eu só estava esperando o ônibus!

— Ele fingia que estava esperando um ônibus, delegado. Foi o que despertou a nossa suspeita.

— Ah! Aposto que não havia nem uma parada de ônibus por perto. Como é que ele explicou isso?

— Havia uma parada sim, delegado. O que confirmou a nossa suspeita. Ele obviamente escolheu uma parada de ônibus para fingir que esperava o ônibus sem despertar suspeita.

— E o cara de pau ainda se declara inocente! Quer dizer que passava ônibus, passava ônibus e ele ali fingindo que o próximo é que era o dele? A gente vê cada uma...

ROGÉRIO BORGES

— Não senhor, delegado. No primeiro ônibus que apareceu ele ia subir, mas nós agarramos ele primeiro.

— Era o meu ônibus, o ônibus que eu pego todos os dias para ir pra casa! Sou inocente!

— É a segunda vez que o senhor se declara inocente, o que é muito suspeito. Se é mesmo inocente, por que insistir tanto que é?

— E se eu me declarar culpado, o senhor vai me considerar inocente?

— Claro que não. Nenhum inocente se declara culpado, mas todo culpado se declara inocente. Se o senhor é tão inocente assim, por que estava tentando fugir?

— Fugir, como?

— Fugir no ônibus. Quando foi preso.

— Mas eu não tentava fugir. Era o meu ônibus, o que eu tomo sempre!

— Ora, meu amigo. O senhor pensa que alguém aqui é criança? O senhor estava fingindo que esperava um ônibus, em atitude suspeita, quando suspeitou destes dois agentes da lei ao seu lado. Tentou fugir e...

— Foi isso mesmo. Isso mesmo! Tentei fugir deles.

— Ah, uma confissão!

— Porque eles estavam em atitude suspeita, como o delegado acaba de dizer.

— O quê? Pense bem no que o senhor está dizendo. O senhor acusa estes dois agentes da lei de estarem em atitude suspeita?

— Acuso. Estavam fingindo que esperavam um ônibus e na verdade estavam me vigiando. Suspeitei da atitude deles e tentei fugir!

— Delegado...

— Calem-se! A conversa agora é outra. Como é que vocês querem que o público nos respeite se nós também andamos por aí em atitude suspeita? Temos que dar o exemplo. O cidadão pode ir embora. Está solto. Quanto a vocês...

— Delegado, com todo o respeito, achamos que esta atitude, mandando soltar um suspeito que confessou estar em atitude suspeita, é um pouco...

— Um pouco? Um pouco?

— Suspeita.

VERISSIMO, Luis Fernando. *Histórias divertidas*. São Paulo: Ática, 1993. p. 85-87. (Col. Para gostar de ler, 13).

ROGÉRIO BORGES

1. A crônica é uma narrativa que focaliza um flagrante da vida, pitoresco e atual. Esse flagrante pode ser real ou imaginário, com ampla variedade temática.

   a) Em que fato do cotidiano o narrador se baseou?

   ____

   ____

   b) O fato narrado pode ser considerado real ou imaginário?

   ____

2. O cronista relata de forma artística um fato apresentado no noticiário jornalístico ou observado no cotidiano.

   a) Quem conta a história é um narrador-personagem ou um narrador-observador? Esclareça sua resposta.

   ____

   ____

   b) Nas crônicas, o narrador às vezes fica ausente e a ação se desenvolve pelo diálogo entre os personagens. Nessa crônica, o narrador está sempre presente? Esclareça sua resposta.

   ____

   ____

   c) No texto, foi empregada a variedade padrão da língua, mas há alguns momentos de informalidade. Dê exemplos de linguagem informal no texto e explique seu emprego.

   ____

   ____

   ____

3. No discurso direto, é apresentada a fala do personagem; no discurso indireto, o narrador conta o que o personagem disse.

   a) Em "Atitude suspeita" ocorre que tipo de discurso? Dê um exemplo.

   ____

   ____

   b) Qual é o efeito produzido na narrativa com o emprego desse tipo de discurso?

   ____

   ____

4 No primeiro parágrafo, o narrador apresenta uma opinião e, em seguida, conta a história como se fosse uma comprovação dessa opinião.

a) Explique por que ele diz que a frase "em atitude suspeita" é "uma frase cheia de significados".

b) Quem são os personagens envolvidos na história?

c) Quem é o protagonista, isto é, o personagem principal? Ele é bem caracterizado no texto ou não tem grande destaque? Quais são os personagens secundários?

5 A crônica pode estar mais próxima da literatura — e, nesse caso, a linguagem é subjetiva e pessoal — ou do jornalismo — quando a linguagem é objetiva e impessoal.

a) Na crônica em estudo, os fatos são narrados de maneira mais literária ou jornalística? Esclareça sua resposta.

b) Em que lugar se passa a ação?

c) Quanto tempo dura a ação?

6 Como foi produzido o humor na crônica "Atitude suspeita"?

7 O cronista tem um ou mais objetivos ao criar seu texto. Assinale o(s) objetivo(s) dessa crônica.

a) Fazer o leitor refletir criticamente sobre a vida.
b) Divertir ou entreter o leitor.
c) Explicar o comportamento humano.
d) Alertar o leitor sobre situações perigosas.

8 Ao registrar uma situação do cotidiano de forma simples, coloquial e breve, o narrador não só produziu humor, mas também fez uma crítica social. Explique como acontece essa crítica no texto.

9 Ao contrário de outros tipos de narrativa, em que a ação se desenvolve aos poucos, na crônica os fatos mais importantes já acontecem logo no início. Como se pode confirmar essa característica na crônica em estudo?

10 O desfecho da crônica é, quase sempre, surpreendente. Na crônica em estudo, o final é inesperado para o leitor? Por quê?

• Sistematizando

A **crônica** é uma narrativa curta que focaliza, em geral, fatos do cotidiano, sobretudo o das cidades. Há diversos tipos de crônica, entre as quais a literária, a reflexiva ou argumentativa e a humorística, como a analisada neste capítulo. Seja de que tipo for a crônica, porém, o cronista não se preocupa necessariamente em contar os fatos, mas em compartilhar com o leitor seus pensamentos, suas ponderações, suas análises, suas críticas e reflexões com base na observação dos fatos.

A linguagem empregada na **crônica reflexiva** ou **argumentativa** é mais formal, em razão das sequências argumentativas que predominam no texto. Na **crônica literária**, muitas vezes são empregadas a linguagem figurada e uma alta dose de subjetividade, geralmente impregnada de certo lirismo. Já na **crônica humorística**, a linguagem é quase sempre informal, caracterizada pelo uso de expressões coloquiais e gírias. É importante destacar, porém, que o fato de uma crônica ser humorística não significa que ela não apresente algum tipo de argumentação.

Portanto:

Crônica é um gênero textual que apresenta fatos do cotidiano por meio do ponto de vista particular do cronista. Nos textos desse gênero, há poucos personagens e linguagem quase sempre informal, simples, direta e, às vezes, poética. A crônica pode ser elaborada com a intenção de divertir (crônica humorística), emocionar (crônica literária) ou fazer o leitor refletir (crônica reflexiva).

• Produção de texto: crônica humorística

Proposta — Produção de crônica humorística baseada em outra

Leia um trecho da crônica humorística de Zuenir Ventura.

MODERNOS OU APENAS MUDERNOS?

Outro dia, a secretária de um médico marcou a consulta exatamente para as 15h45min. Estranhei a precisão e ela respondeu: "Aqui os horários são britânicos". Resolvi ser besta também: "Às 16 menos um quarto, é isso?". Ela não entendeu a brincadeira: "Se o senhor quiser ser atendido, esteja na hora".

Cheguei antes da hora e, claro, fui atendido com um atraso de quase trinta minutos. Reclamei e ela se justificou dizendo que os outros pacientes chegaram tarde. Ah, bom.

Nada mais ridículo do que brasileiro querendo ser moderno na forma ou na aparência, quando o conteúdo é velho. Quase todos os bancos têm caixa eletrônico, mas no domingo de manhã, quando fui fazer uma retirada, não havia dinheiro. No dia seguinte, a gerente explicou: "É porque no fim de semana as pessoas sacam muito". Ah, bom.

Fiquei sabendo que o serviço funciona melhor quando há pouca gente. Quando não há nenhuma, então, deve ser perfeito. É como a internet. Pode-se comunicar com qualquer parte do mundo — se a gente conseguisse linha.

O Detran resolveu também ser moderno e informatizar o serviço para marcar a revisão de carros. Uma coisa de Primeiro Mundo: você telefona, marca uma hora, vai lá e pronto. O resultado está na seção de cartas. Todo o dia há uma história de desespero.

As pessoas estão passando os dias no telefone e simplesmente não conseguem falar. "Deixo o computador ligado horas a fio", diz um leitor. "A resposta é uma só: linha ocupada." Outro, quando conseguiu ligar, recebeu a informação de que o sistema estava fora do ar. Perguntou se não havia outro jeito de marcar a revisão, estava na iminência de ser multado: o funcionário disse que não podia.

Os nossos serviços são de Primeiro Mundo e as desculpas, de Terceiro. [...]

Drummond, o poeta, dizia que estava cansado de ser moderno, queria ser eterno. Nós gostamos de mostrar que somos modernos e esconder que somos *mudernos*.

MAXYM/SHUTTERSTOCK

VENTURA, Zuenir. *Crônicas de um fim de século*. Rio de Janeiro: Objetiva, 1999. p. 71-73. (Fragmento).

Siga estas orientações.

- Após a leitura da parte inicial da crônica, dê sequência ao texto, contando outros fatos interessantes, como o cronista. Observe que o texto apresenta situações que transmitem humor. Ele mostra que muitos de nossos serviços aparentemente funcionam, mas a realidade é outra, pois nem sempre as coisas acontecem como se espera.
- Redija outros parágrafos, relatando de forma humorística o mau funcionamento dos serviços tecnológicos que mostram nossa ineficiência nesse setor.
- Veja que os diálogos acontecem com o emprego do discurso direto inserido no meio dos parágrafos e entre aspas. Faça o mesmo.
- Empregue a linguagem informal ou coloquial, simples e direta. Utilize também a ironia como recurso para a criação do humor. Narre os fatos em 1ª pessoa, como narrador-personagem.
- Construa um texto coeso, empregando os elementos de conexão de forma adequada, para unir frases e parágrafos com coerência.
- Avalie sua crônica, relendo-a; depois, altere o que for necessário. Dê um título sugestivo a seu texto. Se quiser, troque-o com um colega e passe-o a limpo. Em seguida, afixe o texto no mural da sala, junto aos de seus colegas. Dessa forma, todos vão ter acesso às crônicas produzidas.

Produção e estilo — Por que identificar o ponto de vista do texto?

A definição do **ponto de vista** sobre um assunto é fundamental, quando se escreve, assim como identificá-lo quando se lê, de forma que se revele a intenção do que é escrito.

Assim, um objeto é descrito, uma história é contada e uma tese é apresentada a partir de uma determinada perspectiva. Uma guerra não é contada por vencedores e vencidos da mesma maneira; as teses para explicá-la mudam de acordo com o olhar de quem escreve. Um deficiente visual que percebesse as formas de um vaso através do tato provavelmente faria uma descrição desse objeto muito diferente da de alguém que tivesse visão.

As partes de uma história que você escolhe destacar, as cenas de uma peça que decide escrever, os ângulos de câmera que escolhe para filmar uma cena, as características de um objeto, ser ou processo que decide descrever revelam uma perspectiva, um ponto de vista e, em consequência, o desenvolvimento da produção textual.

O escritor português José Saramago (1922-2010), ao longo de sua obra, revelou um ponto de vista bastante particular a respeito de alguns fatos históricos e também a respeito das religiões. A controvérsia com instituições como a Igreja acompanhou o seu trabalho e está presente no trecho do prefácio que escreveu para o livro *Terra*, de Sebastião Salgado. Em uma entrevista a respeito da polêmica causada por seu texto, o autor afirma: "Tenho ainda umas contas a ajustar com este senhor (Deus). Não porque ele exista, porque creio que não existe, mas, como anda dentro da cabeça das pessoas, é como se existisse".

Leia a seguir o texto do escritor português José Saramago e responda às questões propostas.

A TERRA PROMETIDA

"Envergonhar-se e arrepender-se dos erros cometidos é o que se espera de qualquer pessoa bem-nascida e de sólida formação moral, e Deus, tendo indiscutivelmente nascido de si mesmo, está claro que nasceu do melhor que havia no seu tempo. Por estas razões, as de origem e as adquiridas, após ter visto e percebido o que aqui se passa, não teve mais remédio que clamar *mea culpa, mea maxima culpa*, e reconhecer a excessiva dimensão dos enganos em que tinha caído. É certo que, a seu crédito, e para que isto não seja só um contínuo dizer mal do Criador, subsiste o facto irrespondível de que, quando Deus se decidiu a expulsar do paraíso terreal, por desobediência, o nosso primeiro pai e a nossa primeira mãe, eles, apesar da imprudente falta, iriam ter ao seu dispor a terra toda, para nela suarem e trabalharem à vontade. Contudo, e por desgraça, um outro erro nas previsões divinas não demoraria a manifestar-se, e esse muito mais grave do que tudo quanto havia aí acontecido.

Foi o caso que estando já a terra assaz povoada de filhos, filhos de filhos e filhos de netos da nossa primeira mãe e do nosso primeiro pai, uns quantos desses, esquecidos de que sendo a morte de todos, a vida também o deveria ser, puseram-se a traçar uns riscos no chão, a espetar umas estacas, a levantar uns muros de pedra, depois do que anunciaram que, a partir desse momento, estava proibida (palavra nova) a entrada nos terrenos que assim ficavam delimitados, sob pena de um castigo, que segundo os tempos e os costumes, poderia vir a ser de morte, ou de prisão, ou de multa, ou novamente de morte. Sem que até hoje se tivesse sabido por quê, e não falta quem afirme que disto não poderão ser atiradas as responsabilidades para as costas de Deus [...].

Posto diante de todos estes homens reunidos, de todas estas mulheres, de todas estas crianças (sede fecundos, multiplicai-vos e enchei a terra, assim lhes fora mandado), cujo suor não nascia do trabalho que não tinham, mas da agonia insuportável de não o ter, Deus arrependeu-se dos males que havia feito e permitido, a um ponto tal que, num arrebato de contrição, quis mudar o seu nome para um outro mais humano. Falando à multidão, anunciou: 'A partir de hoje chamar-me-eis Justiça'. E a multidão respondeu-lhe: 'Justiça, já nós a temos, e não nos atende'. Disse Deus: 'Sendo assim, tomarei o nome de Direito'.

ROGÉRIO BORGES

E a multidão tornou a responder-lhe: 'Direito, já nós o temos, e não nos conhece'. E Deus: 'Nesse caso, ficarei com o nome de Caridade, que é um nome bonito'. Disse a multidão: 'Não necessitamos a caridade, o que queremos é uma Justiça que se cumpra e um Direito que nos respeite'. Então, Deus compreendeu que nunca tivera, verdadeiramente, no mundo que julgara ser seu, o lugar de majestade que havia imaginado, que tudo fora, afinal, uma ilusão, que também ele tinha sido vítima de enganos, como aqueles de que se estavam queixando as mulheres, os homens e as crianças, e, humilhado, retirou-se para a eternidade. A penúltima imagem que ainda viu foi a de espingardas apontadas à multidão, o penúltimo som que ainda ouviu foi o dos disparos, mas na última imagem já havia corpos caídos sangrando, e o último som estava cheio de gritos e lágrimas."

SARAMAGO, José. In: SALGADO, Sebastião. *Terra*.
Londres: Phaidon Press, 1998. (Fragmento).

1 No texto de Saramago, observe que o narrador tem uma visão bastante particular de algumas passagens bíblicas e também de Deus. Identifique a passagem em que o narrador afirma que se poderia esperar de Deus o mesmo que de uma pessoa considerada bem-nascida.

___

___

___

___

2 Quem seriam "o nosso primeiro pai e a nossa primeira mãe"?

3 O que Deus não teria previsto quando decidiu expulsá-los do paraíso?

4 Leia este trecho referente aos seres humanos que povoavam a terra: "[...] depois do que anunciaram que, a partir desse momento, estava proibida (palavra nova) a entrada nos terrenos que assim ficavam delimitados [...]". Qual seria a "palavra nova"? O que se pode concluir ao saber que essa era uma palavra nova?

5 Por que Deus teria desejado mudar seu nome?

6 Qual é a opinião do narrador a respeito de Deus?

7 Escolha com alguns colegas uma história de que vocês gostem e que tenha três personagens importantes. Descrevam-nos. Escrevam, no caderno, essa história do ponto de vista de cada um desses personagens. Depois releiam as histórias e observem as diferenças entre as narrativas.

Capítulo 5

Gêneros que relatam

Neste capítulo, vamos estudar dois importantes gêneros textuais que relatam fatos: o diário e a notícia.

Gênero textual: diário

• Preparando

O trecho do diário que você vai ler faz parte de uma coletânea de quatorze diários de jovens que viveram em períodos de conflitos mundiais. Um deles é o diário de Ed Blanco, filho de imigrantes porto-riquenhos, nascido em 1948, em Nova York, onde a família se estabeleceu após a Segunda Guerra Mundial. O rapaz se alistou como voluntário no exército americano, em 1967, para defender os aliados na guerra do Vietnã (1964-1973). Leia algumas passagens desse diário.

Diário de guerra — Ed Blanco

4 de novembro de 1967 (baía de Cam Ranh)

Perto das oito horas esta noite, depois de dezoito horas de viagem, passando por Anchorage e Tóquio, chegamos à baía de Cam Ranh. Fazia calor, como já esperávamos, e era ainda mais quente dentro dos ônibus que nos levaram ao edifício de processamento, onde preenchemos muchos papéis. Depois nos deixaram sair e chegamos a este alojamento, que fica cercado de sacos de areia. Ouvimos um tiroteio do outro lado da baía. Foram metralhadoras, sinalizadores, tudo a que se tem direito. É a primeira vez que ouço disparos feitos contra homens e não contra alvos de papel.

Disseram que ficaremos na baía de Cam Ranh por dois dias. Todos consideram este o lugar mais seguro de todo o Vietnã. Pena que temos de ir embora logo.

8 de novembro de 1967 (Phan Rang)

Estou em Phan Rang desde o dia 6. Fiquei um pouco nervoso quando nos disseram que viríamos até aqui de caminhão porque se ouvem muitas histórias a respeito de emboscadas. Havia no caminhão um rifle M-16, mas não foi necessário usá-lo. A estrada estava cheia e segura. Ao longo do caminho, crianças acenavam para nós [...] ou simplesmente nos estendiam a mão. Ficavam nos olhando até desaparecermos ao dobrar uma esquina.

Phan Rang é o lar da 101ª Divisão Aérea, mas a maior parte do grupo está mais ao norte. O pessoal do 506º (o mais novo batalhão na divisão, acaba de chegar dos Estados Unidos) está fazendo uma festa na praia hoje, antes de serem mandados pra mata.

9 de novembro de 1967

Ontem ouvi o general Westmoreland falar ao 506º Batalhão em forma. Disse que caso fosse necessária uma operação de combate aerotransportada, ele cogitaria designá-la ao 506º para que fizesse o trabalho — suas palavras foram muito festejadas. O 506º foi para a mata esta manhã.

10 de novembro de 1967

São 7 horas da manhã e chove lá fora. Esta semana estamos recebendo cursos de orientação e exercícios. Hoje foi a primeira vez que vesti o uniforme camuflado com os decalques da Divisão Aérea - foi uma sensação gostosa.

SPECTRAL-DESIGN/SHUTTERSTOCK

[**Muchos:** muitos, em espanhol.]

WALLY MCNAMEE/CORBIS DOCUMENTARY/GETTY IMAGES

Combatente ferido é socorrido por companheiros durante batalha em Binh Dinh, no Vietnã.

[Mais tarde] São 10 da noite e eu acabo de voltar do tanque d'água, onde tentei me lavar. Como sempre, os tanques do banho ficaram sem água. Hoje recebemos a maioria do equipamento. Depois de guardá-lo, fui até o bar, onde tomei algumas cervejas e tirei uma foto que vou mandar para casa junto com a carta que escreverei a seguir.

Hoje regularizei todos os meus registros financeiros e de seguro, e disseram-me que irei para o 506º. Isso é péssimo. Eles são inexperientes, como eu, cara. Estava torcendo para ir para o 17º da Cavalaria ou o 502º. Pouquíssima gente queria ir para o 506º. Para conseguir transferência para outra unidade, um sujeito até mesmo se realistou por mais quatro anos quando soube que iria parar no 506º.

[...]

26 de novembro de 1967

Estou sentado sobre sacos de areia atrás da barraca, enquanto escrevo. Os outros companheiros estão do outro lado da barraca, jogando beisebol. Ouvi-os chamando meu nome há alguns minutos, mas não respondi porque naquela hora eu estava lendo. Gosto de beisebol, mas também gosto de ler. Especialmente este livro de Hemingway que consegui. E então subitamente senti vontade de escrever.

Quando olho ao meu redor, parece uma cena de filme. Uma cena de acampamento de guerra. E eu ainda estou em Phan Rang, imagine só como será no campo de batalha. Mal posso esperar.

Se alguém me visse neste exato momento, veria um jovem sentado sobre sacos de areia escrevendo num caderno. Não veste camisa e sobre seu rosto, peito e braços pode-se ver uma fina camada de poeira, e suas calças largas estão sujas.

Hoje recebi minha primeira carta. Era de Betsy, dizendo que mamãe está muito preocupada.

Hoje Rodney e eu fomos designados pelo "Touro" para o segundo pelotão. O "Touro" é o nosso primeiro-sargento. Ele prometeu que amanhã iremos para o combate e o que veremos.

SPECTRAL-DESIGN/SHUTTERSTOCK

BLANCO, Ed. In: FILIPOVIC, Zlata; CHALLENGER, Melanie (Orgs.). *Diários de guerra*: vozes roubadas. São Paulo: Companhia das Letras, 2008. p. 227-232. (Fragmento).

1 O diário em estudo apresenta, no início de cada bloco de texto, a data e a localização dos fatos relatados. Observe, no relato do primeiro dia, que, após uma longa viagem, o narrador e os demais soldados aguardam uma eventual participação na guerra contra os vietnamitas.

a) Como eles reagiram na chegada à baía Cam Ranh?

b) Explique por que o autor registra, no diário, o grande tiroteio ocorrido, logo à chegada à baía.

c) Ainda nas anotações do primeiro dia, como o relator demonstra preocupação com o desenrolar dos fatos?

2 No segundo dia, apesar do medo da mudança para um lugar mais arriscado, a viagem foi tranquila. Que fatos foram importantes para os soldados nesse momento?

3 De acordo com as anotações do soldado Ed Blanco, em geral os batalhões americanos não eram enviados ao campo de combate de imediato. Por que parece haver, nesse caso, uma intenção de resguardar o desgaste dos soldados em relação aos fatos reais ocorridos no Vietnã?

4 No relato dos fatos do dia 26 de novembro de 1967, que características podem definir Ed Blanco?

____

____

____

____

5 No trecho final do relato, o narrador menciona, pela primeira vez, pessoas da família e um colega de seu relacionamento. Nessa passagem, qual foi o comportamento do autor em relação ao desenvolvimento dos fatos?

____

____

____

6 Como se pode observar, o diário é um gênero textual escrito em 1ª pessoa: "**Estou** em Phan Rang desde o dia 6". Quanto à linguagem, que tipo de registro linguístico aparece nesse diário? Justifique sua resposta.

____

____

____

• Sistematizando

A produção de um diário pode nos levar à reflexão a respeito de lembranças ou momentos pessoais marcantes em etapas de nossas vidas. Por meio das anotações, podemos fazer uma avaliação das experiências que nos permitiram ampliar conhecimentos e vivências. Nem sempre os fatos registrados são recordações felizes ou divertidas; também podem fazer parte de nosso cotidiano situações preocupantes ou momentos de ansiedade e de tristeza. Portanto, quase sempre, um diário guarda segredos, sejam eles agradáveis ou não.

No início de cada trecho, depois da data, é comum o diário apresentar **vocativo** (por exemplo, "Querido diário") e, no final, a **assinatura** do autor. Contudo, em sua grande maioria, os diários típicos não chegam ao conhecimento do público, pois são escritos exclusivamente para os próprios autores, que neles registram suas experiências, como num desabafo íntimo. Às vezes, alguns diários são adaptados para publicação, por terem valor histórico mais relevante (como no caso do diário de Ed Blanco). Existem também algumas publicações em forma de diário que são fictícias.

Apesar de apresentar uma estrutura livre, o diário em geral se caracteriza pela indicação regular da data e, às vezes, do local dos fatos relatados. Portanto, pode-se dizer que:

> **Diário** é um gênero textual que tem a finalidade de registrar, por escrito e em 1ª pessoa, fatos do cotidiano, ideias, emoções, desejos, desabafos e segredos do próprio autor.

• Produção de texto: diário

1ª proposta — Produção de um diário de adolescente

Peter Payne é um adolescente inglês de 14 anos, personagem da obra *Diário de um adolescente hipocondríaco*. Mesmo apaixonado por uma garota, Peter prefere não revelar seus sentimentos por ela e acaba percebendo que é hipocondríaco, ou seja, uma pessoa obcecada por doenças. Esse fato lhe dá a ideia de produzir um diário, registrando anotações sobre histórias divertidas do cotidiano e temas relacionados à adolescência.

Leia alguns trechos desse diário.

DORES, CONTUSÕES E FALTA DE AR

Terça-feira, 16 de julho

Só faltam três dias para as férias. Mal posso esperar. Abriu um MacDonald's novo no *shopping*. Passei por lá hoje para comer umas batatas fritas quando estava voltando do colégio. Dei de cara com a Cilla bem na hora em que ia entrar. Fiquei super sem graça. Metade da escola estava lá e ficou parecendo que a gente estava junto. Há séculos que eu estou a fim da Cilla, mas acho que ela não percebeu. A gente se dá super bem, mas ainda não sei se algum dia vou ter coragem de pedir a ela para sair comigo. É capaz dela dizer não. Então acho melhor continuar a fim dela à distância. Deve ser mais fácil convidar uma menina para sair depois de conversar bastante com ela numa festa, ou qualquer coisa assim. Tomara que isso aconteça comigo algum dia. Por enquanto, eu ainda não levo o menor jeito para a coisa.

Quarta-feira, 17 de julho

Faltam dois dias para as férias. É o último período da Sally na escola, e todo mundo foi ver a atuação dela como Julieta no teatro do colégio. Eu não fui. Já que tive que aturar Romeu e Julieta inteira uma vez. Já vi muita briga de família. Chega uma hora em que elas ficam meio cansativas. Vai ver, eu podia descobrir alguma coisa legal na peça para dizer para a Cilla. Só de pensar em dizer alguma coisa bonita para ela, já fico morrendo de vergonha.

Então preferi ficar em casa, e acabei me arrependendo. Quando percebi, estava no quarto da Susie. Ela tinha se esquecido de trancar o diário. Não consegui resistir à tentação de dar uma olhada. Tenho a maior dificuldade para ler a letra dela. Deviam dar um jeito nisso na escola.

WEBERSON SANTIAGO

MACFARLANE, Aidan; MCPHERSON, Aun. *Diário de um adolescente hipocondríaco*. Tradução de: André Cardoso. São Paulo: Editora 34, 2000. p. 88-89. (Fragmento).

Agora siga estas orientações.

- Redija uma página de diário contando alguns fatos de seu cotidiano, em especial os mais engraçados. Você pode se basear no estilo ou no conteúdo de um dos trechos do diário de Peter Payne, apresentados acima.
- Observe alguns elementos que podem compor a estrutura do diário (título, data, local, vocativo) e desenvolva o texto. Escreva na 1ª pessoa e empregue a linguagem informal ou coloquial. Não se esqueça da assinatura.

- Conte os fatos revelando suas opiniões e emoções, as causas e as consequências do ocorrido. Depois, releia o texto e escreva-o de novo, se for preciso.
- Avalie a estrutura e a linguagem, observando se as ideias foram bem expressas e se estão interessantes.
- Como o conteúdo do diário em geral é pessoal, você deve decidir se vai entregá-lo a algum colega para ler. Se quiser, mostre depois seu texto para o professor e troque ideias com ele.

2ª proposta — Produção de um diário de viagem

Na obra *Cem dias entre céu e mar*, Amyr Klink relata sua travessia do oceano Atlântico num barco a remo. Leia um trecho dessa viagem cheia de aventuras.

O CAMINHO CERTO

Vinte e oito de junho. Deliciosa sensação ouvir o Ayres com sua voz segura e seu sotaque baiano.

De fato, não era tão terrível minha posição. Estava finalmente a mais de duzentas milhas da costa mais próxima e já começava a pensar no futuro, numa distante ilha chamada Santa Helena, pelo menos um mês à minha frente.

À medida que ganhava distância da África, aumentava a minha confiança no barco e a certeza de que um dia deixaria para trás a ilha onde Napoleão perdeu sua última batalha. Que grande dia seria esse! Que significativa vitória! Eu teria, então, provado que meus planos estavam certos e que a mais importante chave para o êxito da travessia estava há muito em minhas mãos: a rota.

Numa faixa larga, traçada dois anos antes e pintada de vermelho, estava a minha segurança — a certeza de que o projeto era viável. Passando em suave curva entre as ilhas oceânicas de Ascensão e Santa Helena, e ligando a costa da Namíbia ao litoral baiano, essa faixa indicava os limites de navegação em que deveria me manter. Apesar da predominância de ventos de sul e da forte tendência de deriva para o norte, o esforço que eu fazia para me manter dentro da rota prevista era menor do que o trabalho que tive, ainda em terra, para definir a trajetória ideal.

Dois anos de estudo foram consumidos nessa operação, em que não faltaram discussões apimentadas e dúvidas perturbadoras.

KLINK, Amyr. *Cem dias entre céu e mar*. São Paulo: Companhia das Letras, 1995. p. 67-68. (Fragmento).

GILLIAN MOORE/ALAMY/FOTOARENA

Vista da ilha britânica de Ascensão, no Atlântico Sul, em 2016.

- Observe como o navegador estava confiante, diante da longa rota já percorrida, sem que nenhum imprevisto grave houvesse ocorrido. Por isso, ele tinha a intenção de manter seu plano de viagem, mas se mantinha atento à mudança dos ventos, que podia surpreendê-lo a qualquer momento.
- Se você quiser, crie um diário próprio e conte uma viagem já feita ou que você pretende realizar. Nesse caso, imagine cada etapa relatada em seu diário. Empregue a 1ª pessoa.

3ª proposta — Produção de um diário pessoal

Redija uma página de diário contando alguns fatos importantes que aconteceram recentemente e lhe causaram grande felicidade ou tristeza. Se quiser, invente esses fatos ou relate acontecimentos mais antigos. Você pode contar, por exemplo, uma experiência marcante em sua vida, um relacionamento difícil ou prazeroso, um período de grandes mudanças na família ou em sua vida pessoal.

- Avalie seu texto de acordo com as orientações da 1ª proposta.

Gênero textual: notícia

• Preparando

Leia o texto a seguir.

UNKAS PHOTO/SHUTTERSTOCK

Cão é resgatado no mar a 220 km da costa da Tailândia

Resgate foi feito por tripulantes de plataforma de petróleo. Ele ganhou o nome de Sobrevivente.

Por G1

16/04/2019 08h05 Atualizado há 3 horas

Um cão foi resgatado nadando a mais de 220 quilômetros da costa da Tailândia. O resgate foi feito por uma equipe de uma plataforma de petróleo no Golfo da Tailândia na última sexta-feira (12).

Um dos trabalhadores, Vitisak Payalaw, disse que o cachorrinho foi visto nadando em direção à plataforma, que é da Chevron.

A tripulação conseguiu resgatá-lo amarrando uma corda no seu pescoço e puxando-o para cima.

Os trabalhadores acreditam que o cão deve ter caído de um barco pesqueiro. Ele ganhou o nome de Sobrevivente.

O cão desembarcou na segunda-feira no porto de Songkhla e passou por uma avaliação veterinária, que mostrou que ele está bem.

Ele foi encaminhado a uma entidade de proteção de animais e deve ser adotado.

VITISAK PAYALAW/AP PHOTO/GLOW IMAGES

O cãozinho batizado com o nome de Sobrevivente, depois de ser resgatado do mar, na Tailândia.

Disponível em: <https://g1.globo.com/mundo/noticia/2019/04/16/cao-e-resgatado-no-mar-a-220-km-da-costa-da-tailandia.ghtml>. Publicado em: 16 abr. 2019. Acesso em: 16 abr. 2019.

1 O texto em estudo é uma **notícia**. O principal objetivo desse gênero é transmitir informações atuais a um público específico. Qual é o fato relatado por ela?

a) O que há de excepcional nesse acontecimento?

b) Esse fato parece ser rotina nas vidas das pessoas que participaram dele?

2 A circulação de notícias geralmente ocorre em jornais, revistas, programas de rádio ou televisão e na internet. Qual foi o veículo de informação da notícia em estudo?

a) Localize no texto uma informação que só aparece em notícias publicadas pela internet.

b) Considerando essa informação, responda: as notícias podem ser atualizadas mais rapidamente em jornais impressos ou digitais?

3 O jornalista utilizou linguagem formal ou informal? Por quê? Justifique sua resposta com base no texto.

a) Pode-se dizer que o jornalista interfere nas informações, transmitindo impressões pessoais sobre os fatos, ou a linguagem é objetiva e impessoal? Por quê?

b) A elaboração de uma notícia implica a escolha de um acontecimento para noticiar e de um ângulo para apresentar o fato (ele pode ser apresentado como algo bom, como algo ruim ou de forma mais "neutra"). Considerando essas informações, pode-se considerar a notícia um texto totalmente imparcial?

4 A notícia é elaborada em 1ª pessoa, como o diário?

____

____

- Qual o efeito dessa escolha?
  ( ) Tornar o texto mais subjetivo.
  ( ) Fazer com que o texto pareça mais imparcial.
  ( ) Apresentar os fatos de forma divertida.

5 Além da voz do jornalista, muitas vezes a notícia apresenta outras vozes, como a de pessoas entrevistadas. Nessa notícia, quais são as vozes que aparecem?

____

____

6 É comum a notícia apresentar quatro partes principais: **manchete** ou **título principal**, **título auxiliar**, **lide** e **corpo**. Releia a notícia em estudo e identifique o conteúdo das partes a seguir.

a) Manchete ou **título principal**:

____

b) **Título auxiliar**:

____

c) **Lide** (em geral, corresponde ao primeiro parágrafo e informa o que ocorreu, com quem se deu o fato, onde, quando, como e por que aconteceu):

____

____

7 Que outras informações são apresentadas no **corpo** da notícia, ou seja, nos parágrafos 2, 3, 4 e 5?

____

____

____

8 O último parágrafo é a **conclusão**. Na notícia, a conclusão muitas vezes indica possíveis consequências do fato apresentado. O que aparece na conclusão da notícia em estudo?

____

____

____

• Sistematizando

A notícia jornalística caracteriza-se como um relato técnico, não literário. Trata-se de um texto em que se busca a imparcialidade por excelência, que visa relatar fatos de interesse do público e, para isso, deve usar linguagem clara, concisa e direta.

Publicada em jornais ou revistas, ou apresentada em programas de rádio ou televisão, a notícia precisa ser verídica, atual, com dados objetivos, evitando extrapolações. Os fatos devem ser apresentados sempre em 3ª pessoa. De todo modo, é bom lembrar que, por mais objetivo que pretenda ser, qualquer texto sempre expressa uma opinião, um posicionamento.

A notícia, em geral, apresenta cinco partes principais: a **manchete** ou **título principal**, o **título auxiliar**, o **lide** (do inglês *lead*), que corresponde, quase sempre, a todo o primeiro parágrafo, e o **corpo** ou texto da notícia, que vai do segundo parágrafo até penúltimo e a **conclusão**. Essas partes podem ser encontradas na maioria dos textos noticiosos, e cada uma cumpre uma função específica.

Para começar, o **título principal** busca atrair a atenção do leitor e anunciar, em poucas palavras, o conteúdo do texto. Os verbos normalmente aparecem no presente e os artigos são dispensados. O **título auxiliar** deve complementar o principal, acrescentando-lhe informações.

O primeiro parágrafo, ou o **lide**, deve responder às perguntas básicas da informação jornalística: o que, quem, quando, onde, como e por quê. O item *quem* não se refere necessariamente a um ser humano. Na notícia analisada, por exemplo, é representado por um animal, mas também pode ser representado por um fato, como a camada de ozônio. O **corpo** ou texto da notícia procede ao desenvolvimento mais amplo e detalhado dos fatos. As informações devem ser verídicas, atuais e relevantes.

> **Notícia** é um gênero textual do cotidiano, que circula na esfera jornalística, cujo objetivo é informar ao leitor fatos atuais de interesse público, com simplicidade, concisão e precisão.

• Produção de texto: notícia

1ª proposta — Produção de notícia sobre uma questão humanitária

A imigração de refugiados no mundo cresceu de forma preocupante e, muitas vezes, vem produzindo problemas sociais e políticos. Leia a notícia a seguir, que aborda um dos momentos em que esse fato veio a público.

EUROPA RESGATA MAIS DE 2 MIL NO MEDITERRÂNEO

Melhora das condições meteorológicas causa nova onda de travessia de refugiados por mar

Cerca de 1,8 mil imigrantes foram resgatados ontem no Canal da Sicília enquanto viajavam para a Itália. No dia anterior, a Guarda Costeira italiana informou ter resgatado 6.297 imigrantes do mar quando também tentavam chegar ao território italiano a bordo de cerca de 40 barcos, em um dos maiores números registrados em um dia.

No total, a central operacional da Guarda Costeira conduzia ontem 31 operações de salvamento em alto-mar. Segundo autoridades locais, o número de salvamentos deve aumentar, uma vez que apenas algumas dessas operações haviam sido concluídas até a noite de ontem.

UNKAS PHOTO/SHUTTERSTOCK

Além disso, a Guarda Costeira italiana coordenou a retirada e a internação imediata de quatro imigrantes em razão das péssimas condições físicas que apresentavam — entre eles, uma mulher grávida. Na segunda-feira, uma outra grávida foi resgatada, mas não sobreviveu.

Participaram também da operação de salvamento de ontem embarcações da Marinha italiana, do dispositivo comunitário EUNavforMed e de várias organizações humanitárias como Médicos Sem Fronteiras (MSF) e a MOAS, de Malta, entre outros. Após serem resgatados, os imigrantes foram transferidos para portos do sul da Itália, como o de Catânia.

Uma fonte afirmou que as condições meteorológicas no Mediterrâneo Central "estão bastante favoráveis", o que tem provocado esse novo aumento do fluxo migratório.

A onda recente de travessias migratórias ocorre três anos depois da "tragédia de Lampedusa", um naufrágio ocorrido em 3 de outubro de 2013, no qual morreram 366 imigrantes, que representou um ponto de inflexão no tratamento do fenômeno por parte da Itália e da União Europeia.

UNKAS PHOTO/SHUTTERSTOCK

LAURIN SCHMID/SOS MEDITERRANEE/ PICTURE-ALLIANCE/DPA/AP PHOTO/GLOW IMAGES

Cerca de 130 refugiados são resgatados no mar Mediterrâneo, em 11 de dezembro de 2016.

O Estado de S. Paulo, 5 out. 2016, p. A11. Internacional.

A notícia em pauta apresenta informações sobre um fato bem atual e polêmico. Não só a Europa vive essa tragédia. Por ser um problema humano de grandes dimensões, o drama dos refugiados envolve a todos nós.

Você vai escrever agora uma notícia sobre uma questão humanitária. Pode ser a experiência dos refugiados ou outra questão humanitária que esteja em evidência quando você realizar esta produção.

- Leia e pesquise sobre os fatos que quer noticiar. Faça um rascunho, montando a estrutura de seu texto. Redija o lide da notícia, relatando **quem** são os envolvidos, **o que** ocorreu, **onde** aconteceu, **quando** e **por quê**.
- Defina o conteúdo de cada parte do texto, de acordo com a notícia que você vai produzir. Acrescente outras informações que julgar importantes.
- Escolha um título ou manchete que desperte o interesse do leitor pelas informações contidas na notícia. Não se esqueça de colocar logo abaixo do título o texto que resume as principais informações da notícia.
- Dê a coesão necessária aos parágrafos, orações e frases. Se faltar algum dado, complete-o de maneira coerente com as informações disponíveis.
- Escreva o corpo da notícia desenvolvendo o conteúdo do lide, do segundo parágrafo até o penúltimo. Inclua outras informações relevantes sobre o assunto. Empregue uma linguagem clara, direta. Seja imparcial ao relatar os fatos, isto é, não coloque opiniões pessoais. A notícia deve ser escrita na 3ª pessoa, com os verbos no pretérito. Empregue linguagem formal.
- Escreva a conclusão, um último parágrafo que apresente mais consequências ou desdobramentos dos fatos.
- Avalie a notícia, observando se as orientações foram seguidas, e reformule o que não ficou adequado. Troque o texto com um colega. Discutam as ideias e a construção da notícia. Reescreva-a, se necessário. Guarde seu texto em uma pasta ou portfólio.

2ª proposta — Produção de notícia sobre uma inovação tecnológica

A notícia a seguir informa um fato inovador e já esperado por muitos: a criação de carros autoguiados. Leia-a e confira.

ROBÔ É MOTORISTA, DECIDE ÓRGÃO REGULADOR DOS EUA

Uma barreira significativa ao plano do Google de colocar nas ruas carros autoguiados foi removida, após a autoridade de transporte nos Estados Unidos determinar que um robô pode atender à definição legal de "motorista".

Em carta a Chris Urmson, diretor do projeto do carro autoguiado no Google, a Administração Nacional da Segurança no Tráfego Rodoviário (NHTSA) americana anunciou que concordava com a interpretação proposta pela empresa para o código federal de segurança de veículos motorizados, exigido para o uso nas vias públicas dos EUA.

O Google alega que os carros serão mais seguros quando os seres humanos não tiverem capacidade de intervir em sua condução de maneira alguma, e os veículos dependerem exclusivamente de um sistema de inteligência artificial que tomará decisões com base num conjunto de sensores, mapas e câmeras.

Essa abordagem é mais extrema que a de muitas montadoras, que defendem uma mudança mais gradual para a condução autônoma, o que por muitos anos ainda requeria controle dos veículos por um motorista humano.

"A NHTSA interpretará 'motorista' no contexto do projeto de veículo motorizado descrito pelo Google, como referência ao sistema de autocondução, e não a qualquer dos ocupantes do veículo", diz a agência. O órgão concorda que o carro autoguiado do Google "não contará com um 'motorista' tradicional", como tem ocorrido nos últimos cem anos.

Folha de S.Paulo, 11 fev. 2016. Tradução de: Paulo Migliacci.

Protótipo do carro autoguiado do Google, em Mountain View, Califórnia, EUA.

TONY AVELAR/AP PHOTO/GLOW IMAGES

Siga estas instruções:

- Com base nos dados e informações do texto, escreva uma notícia relatando fatos referentes aos carros autoguiados ou a outra inovação tecnológica relevante. Conte sobre os avanços tecnológicos que permitiram o desenvolvimento e a criação dessa inovação.
- Redija o **lide** procurando apresentar os fatos de forma bem objetiva. No corpo da notícia, forneça mais informações sobre o que ocorreu. Identifique **quem** é o protagonista da notícia. Observe que, assim como na notícia "Cão é resgatado no mar a 220 km da costa da Tailândia", o protagonista não é uma pessoa. Conte **por que** o robô não pôde trafegar inicialmente, **o que** mudou essa situação, **como** isso ocorreu, **quando** e **onde** a questão foi solucionada.
- Escreva um último parágrafo mencionando outros desdobramentos da inovação tecnológica apresentada.
- Se quiser, escolha outro título e, logo em seguida, redija um breve resumo do conteúdo da notícia. Empregue a linguagem formal e a 3ª pessoa; seja objetivo, claro e conciso ao relatar os fatos.
- Avalie o texto verificando se apresenta as características de uma notícia e depois troque-o com um colega. No final, se for necessário, modifique seu texto de acordo com as sugestões recebidas.
- Exponha seu texto em um "Painel de notícias" organizado pelos alunos, sob a orientação do professor. Todos vão ler os textos produzidos e escolher um deles para publicar no jornal da escola. Ao final do trabalho, guarde sua produção em uma pasta ou portfólio.

Unidade

III Gêneros expositivos I

Leitura

Nos últimos anos, as gerações X, Y e Z se destacaram pelas diferentes características que definem o comportamento dos jovens em cada época. Leia o trecho de uma reportagem que aborda esse assunto.

GERAÇÃO Y

Eles já foram acusados de tudo: distraídos, superficiais e até egoístas. Mas se preocupam com o ambiente, têm fortes valores morais e estão prontos para mudar o mundo

Priscila só faz o que gosta. Francis não consegue passar mais de três meses no mesmo trabalho. E Felipe leva a sério esse papo de cuidar do meio ambiente. Eles são impacientes, preocupados com si próprios, interessados em construir um mundo melhor e, em pouco tempo, vão tomar conta do planeta.

Com 20 e poucos anos, esses jovens são os representantes da chamada Geração Y, um grupo que está, aos poucos, provocando uma revolução silenciosa. Sem as bandeiras e o estardalhaço das gerações dos anos 60 e 70, mas com a mesma força poderosa de mudança, eles sabem que as normas do passado não funcionam — e as novas estão inventando sozinhos. "Tudo é possível para esses jovens", diz Anderson Sant'Anna, professor de comportamento humano da Fundação Dom Cabral. "Eles querem dar sentido à vida, e rápido, enquanto fazem outras dez coisas ao mesmo tempo."

Folgados, distraídos, superficiais e insubordinados são outros adjetivos menos simpáticos para classificar os nascidos entre 1978 e 1990. Concebidos na era digital, democrática e da ruptura da família tradicional, essa garotada está acostumada a pedir e ter o que quer. "Minha prioridade é ter liberdade nas minhas escolhas, fazer o que gosto e buscar o melhor para mim", diz a estudante Priscila de Paula, de 23 anos. "Fico muito insatisfeita se vejo que fui parar em um lugar onde faço coisas sem sentido, que não me acrescentam nada."

A novidade é que esse "umbiguismo" não é, necessariamente, negativo. "Esses jovens estão aptos a desenvolver a autorrealização, algo que, até hoje, foi apenas um conceito", afirma Anderson Sant'Anna. "Questionando o que é a realização pessoal e profissional e buscando agir de acordo com seus próprios interesses, os jovens estão levando a sociedade a um novo estágio, que será muito diferente do que conhecemos."

Nessa etapa, "busca de significado" é a expressão que dá sentido às coisas. Uma pesquisa da Fundação Instituto de Administração (FIA/USP) realizada com cerca de 200 jovens de São Paulo revelou que 99% dos nascidos entre 1980 e 1993 só se mantêm envolvidos em atividades de que gostam, e 96% acreditam que o objetivo do trabalho é a realização pessoal. Na questão "qual pessoa gostariam de ser?", a resposta "equilibrado entre vida profissional e pessoal" alcançou o topo, seguida de perto por "fazer o que gosta e dá prazer". O estudo, desenvolvido por Ana Costa, Miriam Korn e Carlos Honorato e apresentado em julho, tentou traçar um perfil dessa geração que está dando problema para pais, professores e ao departamento de RH das empresas.

No trabalho, é comum os recém-contratados pularem de um emprego para o outro, tratarem os superiores como colegas de turma ou baterem a porta quando não são reconhecidos. "Descobrimos que eles não são revoltados e têm valores éticos muito fortes, priorizam o aprendizado e as relações humanas", diz Miriam. "Mas é preciso, antes de tudo, aprender a conversar com eles para que essas características sejam reveladas."

Berço digital.

E essa conversa pode ser ao vivo, pelo celular, *e-mail*, MSN, Twitter ou qualquer outra ferramenta de comunicação que venha a surgir no mundo. Essa é a primeira geração que não precisou aprender a dominar as máquinas, mas nasceu com TV, computador e comunicação rápida dentro de casa. Parece um dado sem importância, mas estudos americanos comprovam que quem convive com ferramentas virtuais desenvolve um sistema cognitivo diferente.

Uma pesquisa do Departamento de Educação dos Estados Unidos revelou que crianças que usam programas *on-line* para aprender ficam nove pontos acima da média geral e são mais motivadas. "É a era dos indivíduos multitarefas", afirma Carlos Honorato, professor da FIA. Ao mesmo tempo em que estudam, são capazes de ler notícias na internet, checar a página do Facebook, escutar música e ainda prestar atenção na conversa ao lado. Para eles, a velocidade é outra. Os resultados precisam ser mais rápidos, e os desafios, constantes.

MORSA IMAGES/E+/GETTY IMAGES

Representantes da Geração Y trocam ideias no ambiente de trabalho. Nascidos entre 1978 e 1990, os profissionais dessa faixa etária se caracterizam pelos fortes valores éticos.

É mais ou menos como se os nascidos nas duas últimas décadas fossem um celular de última geração. "Eles já vieram equipados com a tecnologia *wireless*, conceito de mobilidade e capacidade de convergência", diz a psicóloga Tânia Casado, coordenadora do Programa de Orientação de Carreiras (Procar) da Universidade de São Paulo. "Usam uma linguagem veloz, fazem tudo ao mesmo tempo e vivem mudando de lugar." O analista Francis Kinder, de 22 anos, não permanece muito tempo fazendo a mesma coisa. "Quando as coisas começam a estabilizar fico infeliz", diz. "Meu prazo é três meses, depois disso preciso mudar, aprender mais."

Um estudo da consultoria americana Rainmaker Thinking revelou que 56% dos profissionais da Geração Y querem ser promovidos em um ano. A pressa mostra que eles estão ávidos para testar seus limites e continuar crescendo na vida profissional e pessoal. Essa vontade de se desenvolver foi apontada como fundamental para 94% dos jovens entrevistados pelos pesquisadores da FIA. Os dados refletem a intenção de estar aprendendo o tempo todo. Mas, dessa vez, o professor precisa ser alguém ético e competente.

"Esse ambiente onde qualquer um pode ser desmascarado com uma simples busca no Google ensinou aos mais novos que a clareza e a honestidade nas relações é essencial", afirma Ana Costa, pesquisadora da FIA. "Não consigo conviver com gente pouco ética ou que não cuida do ambiente onde vive", diz Felipe Rodrigues, 22 anos, estudante de administração. O sentimento do rapaz é compartilhado por 97% dos nascidos na mesma época, que afirmam não gostar de encontrar atitudes antiéticas ao seu redor, de acordo com os dados da FIA. "Chegou a hora dos chefes transparentes, alguém que deve ensinar. A geração passada enxergava os superiores como seres para respeitar e obedecer. Não é mais assim."

Mas, além de aprender com os superiores, eles sabem que também podem ensiná-los, em uma relação horizontal. Os jovens modernos funcionam por meio de redes interpessoais, nas quais todas as peças têm a mesma importância. "A Geração Y mudou a forma como nós interagimos", diz Ana Costa. "O respeito em relação aos superiores ou iguais existe, mas é uma via de duas mãos. Eles só respeitam aqueles que os respeitam, e veem todos em uma situação de igualdade", afirma.

Vida pessoal em primeiro lugar.

Os sinais mais claros da importância que os jovens dão aos próprios valores começam a piscar no mundo do trabalho. Como seus funcionários, as empresas estão flexibilizando as hierarquias, agindo em rede, priorizando a ética e a responsabilidade. E, se no passado a questão era saber equilibrar a vida íntima com uma carreira, hoje isso não é nem sequer questionado: a vida fora do escritório é a mais importante e ponto final.

Uma oficina sobre carreiras com estudantes da Faculdade de Administração da USP mostrou que a prioridade da maioria deles é ter "estilo de vida", ou seja, integrar o emprego às necessidades familiares e pessoais — e não o contrário. "A grande diferença em relação às juventudes de outras décadas é que, hoje, eles não abrem mão das rédeas da própria vida", diz Tânia Casado. "Eles estão customizando a própria existência, impondo seus valores e criando uma sociedade mais voltada para o ser humano, que é o que realmente importa no mundo."

LOYOLA, Rita. *Galileu*, 31 maio 2015. Disponível em: <http://revistagalileu.globo.com/Revista/Galileu/0,,EDG87165-7943-219,00-GERACAO+Y.html>. Acesso em: 3 abr. 2019.

Análise do texto

1 O texto em questão é uma **reportagem**. É importante observar que os textos desse gênero textual normalmente apresentam uma **manchete** ou **título principal** e, em seguida, um **título auxiliar**.

a) Explique com que objetivo a repórter empregou o **título auxiliar** nesse texto.

b) No primeiro parágrafo da reportagem, há o **lide,** um resumo das ideias principais desenvolvidas no texto. Que ideias são expostas nesse parágrafo?

2. A partir do segundo parágrafo, ocorre o **desenvolvimento** ou o **corpo** da reportagem.

a) Segundo o texto, os jovens da Geração Y (1978-1990) são diferentes dos jovens das gerações dos anos 1960 e 1970 e se propõem construir uma nova forma de viver. De que modo eles pretendem fazer essa mudança?

b) De acordo com o terceiro parágrafo, que fatos teriam contribuído para a caracterização dos jovens da Geração Y como “folgados, distraídos, superficiais e insubordinados”?

3. No quarto parágrafo, explique o que a repórter quis dizer ao criar a palavra *umbiguismo* e usá-la entre aspas.

4. Segundo a opinião de um dos entrevistados, o questionamento dos jovens da Geração Y sobre autorrealização vem produzindo mudanças sociais.

a) Como esse debate tem influenciado as pessoas em geral em suas escolhas?

b) Em que consiste a “busca de significado”, para os jovens da Geração Y?

c) A que conclusão os pesquisadores chegaram quanto ao que representa o trabalho na vida dos jovens dessa geração?

5 O perfil dos jovens dessa geração tem causado preocupação aos pais, professores e empresas.

a) Com base nas informações contidas no sexto parágrafo, pode-se dizer que a Geração Y apresenta um comportamento próprio da época? Explique por quê.

b) De acordo com o texto, é fundamental saber ouvir os jovens dessa geração. Por que os responsáveis pela pesquisa mencionada no quinto parágrafo defendem essa ideia?

6 Pesquisadores dos EUA revelaram que crianças habituadas a utilizar programas *on-line* para estudar têm maior desenvolvimento cognitivo e interesse na aprendizagem. Como se define a "era dos indivíduos multitarefas"?

- Observe que, na introdução do nono parágrafo, os jovens da Geração Y são comparados a "um celular de última geração". Por quê?

7 Relendo o décimo parágrafo, observa-se que a Geração Y se caracteriza, em especial, pela urgência com que os jovens fazem e decidem tudo. Em sua opinião, essa característica é um diferencial positivo e importante, no atual mercado de trabalho? Troque ideias com os colegas e responda.

- Explique por que os jovens da Geração Y querem ampliar logo seu aprendizado e buscam se superar com frequência.

8 Uma das diferenças mais significativas entre a geração passada e a Geração Y se refere ao relacionamento profissional dos jovens com os superiores.

a) Compare o relacionamento dos jovens dessas duas gerações com os chefes.

____

____

____

____

b) Exponha sua opinião sobre esta afirmação, citada no antepenúltimo parágrafo do texto: "O respeito em relação aos superiores ou iguais existe, mas é uma via de duas mãos".

____

____

9 A seguir, assinale as características que estão de acordo com a maneira de pensar e de agir dos jovens da Geração Y.

a) Os jovens da Geração Y querem oportunidade de aprendizado, relação profissional baseada na hierarquia e chances de melhorar o que fazem.

b) Apesar de serem bastante individualistas e interessados nas próprias recompensas, os jovens dessa geração têm forte consciência ética e social.

c) A maioria deles se preocupa com a preservação do meio ambiente e exige transparência e honestidade nos relacionamentos humanos.

d) Eles anseiam pela afirmação pessoal, ficam à vontade com os mais velhos, respeitam seus superiores e se sujeitam a atividades de longo prazo.

10 Os dois últimos parágrafos da reportagem expõem a realidade do mercado de trabalho, que vem se adaptando às mudanças sociais.

a) Na geração anterior, atribuía-se maior relevância à profissão, e a realização pessoal ficava em segundo plano. Por que essa situação se inverteu com os jovens da Geração Y?

____

____

____

b) A seu ver, qual das duas gerações defende um conceito de autorrealização mais coerente? Exponha seus argumentos sobre realização pessoal e profissional, trocando ideias com os colegas.

____

____

____

Capítulo 6

O resumo

Gênero textual: resumo

• Preparando

Leia o texto a seguir.

Por que comemos doces mesmo sem fome? Novo estudo indica motivo

Característica é evolucionária e, apesar de termos comida disponível a qualquer momento, ainda possuímos a habilidade de comer mais do que devemos

São Paulo – Se você já fez uma **dieta**, sabe como pode ser mais fácil rejeitar um prato de salada do que uma sobremesa, ou mesmo um mero pedaço de **chocolate**. Pesquisadores da Universidade da Carolina do Norte, nos Estados Unidos, avaliaram o motivo de termos tal dificuldade e descobriram que isso acontece porque a regulação da satisfação alimentar normal é diferente da que nos faz comer mais um pedacinho de doce.

G-STOCKSTUDIO/SHUTTERSTOCK

Por uma característica evolucionária, o ser humano ainda conserva a capacidade de comer quando não sente fome.

Em um experimento realizado com ratos, os pesquisadores monitoraram células dos circuitos de nociceptina, ao deixá-los fluorescentes. Quando eles comeram alimentos gordurosos apesar de estarem satisfeitos, os pesquisadores observaram que um circuito em particular do cérebro contava com mais sinais de nociceptina. Esse circuito é ligado às amígdalas, associadas ao processamento de emoções em mamíferos. Ao desligar a produção da nociceptina, o apetite normal dos animais não foi afetado, mas eles pararam de comer comidas gordurosas em excesso.

O motivo de mamíferos terem tal característica é evolucionário. O ser humano, assim como cães e gatos, precisaram enfrentar longos períodos de tempo sem comida disponível. Por isso, era necessário comer mesmo sem ter fome para possuir reservas de energia. Apesar de isso ter mudado, nossos organismos ainda são feitos para isso.

"Agora, há tantos alimentos cheios de calorias disponíveis a qualquer momento e ainda não perdemos essa conexão que nos influencia a comer tanta comida quanto possível", disse, em comunicado, Thomas Kash, um dos autores do estudo, que foi publicado no periódico científico *Neuron*.

A pesquisa foi financiada pelo Instituto Nacional de Abuso do Álcool e Alcoolismo dos EUA, pela Instituto Nacional de Diabetes e Doenças Digestivas e Renais, pelo Centro de Biomedicina da Carolina do Norte e pelo Conselho de Pesquisa da Suíça.

Agora, os pesquisadores buscam formas de alterar a nociceptina, além de entender melhor o funcionamento dela na regulação do apetite por alimentos altamente calóricos.

CATHERINE ABUD SCOTTON

AGRELA, Lucas. *Exame*, 28 abr. 2019. Disponível em: <https://exame.abril.com.br/ciencia/por-que-comemos-doces-mesmo-sem-fome-novo-estudo-indica-motivo/>. Acesso em: 30 abr. 2019.

Agora leia novamente o mesmo texto e observe os trechos que destacamos. Eles contêm as principais informações.

POR QUE COMEMOS DOCES MESMO SEM FOME? NOVO ESTUDO INDICA MOTIVO

Característica é evolucionária e, apesar de termos comida disponível a qualquer momento, ainda possuímos a habilidade de comer mais do que devemos

São Paulo – Se você já fez uma **dieta**, sabe como pode ser mais fácil rejeitar um prato de salada do que uma sobremesa, ou mesmo um mero pedaço de **chocolate**. Pesquisadores da Universidade da Carolina do Norte, nos Estados Unidos, avaliaram o motivo de termos tal dificuldade e descobriram que isso acontece porque a regulação da satisfação alimentar normal é diferente da que nos faz comer mais um pedacinho de doce.

Em um experimento realizado com ratos, os pesquisadores monitoraram células dos circuitos de nociceptina, ao deixá-los fluorescentes. Quando eles comeram alimentos gordurosos apesar de estarem satisfeitos, os pesquisadores observaram que um circuito em particular do cérebro contava com mais sinais de nociceptina. Esse circuito é ligado às amígdalas, associadas ao processamento de emoções em mamíferos. Ao desligar a produção da nociceptina, o apetite normal dos animais não foi afetado, mas eles pararam de comer comidas gordurosas em excesso.

O motivo de mamíferos terem tal característica é evolucionário. O ser humano, assim como cães e gatos, precisaram enfrentar longos períodos de tempo sem comida disponível. Por isso, era necessário comer mesmo sem ter fome para possuir reservas de energia. Apesar de isso ter mudado, nossos organismos ainda são feitos para isso.

"Agora, há tantos alimentos cheios de calorias disponíveis a qualquer momento e ainda não perdemos essa conexão que nos influencia a comer tanta comida quanto possível", disse, em comunicado, Thomas Kash, um dos autores do estudo, que foi publicado no periódico científico *Neuron*.

A pesquisa foi financiada pelo Instituto Nacional de Abuso do Álcool e Alcoolismo dos EUA, pela Instituto Nacional de Diabetes e Doenças Digestivas e Renais, pelo Centro de Biomedicina da Carolina do Norte e pelo Conselho de Pesquisa da Suíça.

Agora, os pesquisadores buscam formas de alterar a nociceptina, além de entender melhor o funcionamento dela na regulação do apetite por alimentos altamente calóricos.

Agora veja como ficaria esse texto resumido.

Comemos doce mesmo sem fome, porque a regulação da satisfação alimentar normal é diferente da que nos faz comer mais um pedacinho de doce. Pesquisadores monitoraram células dos circuitos de nociceptina em ratos e observaram que, quando eles comeram alimentos gordurosos, um circuito em particular do cérebro contava com mais sinais de nociceptina. Ao desligar a produção dessa substância, os pesquisadores notaram que o apetite normal dos animais não foi afetado, mas que eles pararam de comer comidas gordurosas em excesso.

O motivo de mamíferos como cães, gatos e seres humanos terem tal característica é evolucionário, pois precisaram enfrentar longos períodos de tempo sem comida disponível. Por isso, era necessário comer mesmo sem ter fome para possuir reservas de energia.

• Sistematizando

Você observou que, no resumo, eliminam-se palavras, expressões e frases inteiras, caso não sejam necessárias à compreensão do texto. É ainda possível substituí-las ou reduzi-las, usando termos mais curtos.

O **resumo** é um gênero textual expositivo, que tem como objetivo a redução de um texto, conservando suas ideias fundamentais. É útil em várias situações, sobretudo para compreender e fixar o conteúdo de uma leitura, pois nos permite destacar a linha de raciocínio empregada pelo autor. Por isso, constitui excelente exercício tanto de redação como de compreensão de textos.

As principais etapas de elaboração de um resumo são as seguintes:

1. **Leitura** atenta do texto quantas vezes forem necessárias, a fim de identificar os itens essenciais, que podem ser sublinhados ou anotados à parte.
2. **Redação** do resumo com base nas ideias selecionadas.
3. **Revisão** do trabalho para que se faça alguma alteração ou correção.

Não existe um tamanho definido para o resumo, mas é fundamental que ele tenha as informações necessárias à compreensão do tema. Algumas técnicas de resumo são:

- usar a ordem direta e a voz ativa;
- eliminar detalhes que não sejam fundamentais para a compreensão, como exemplos e juízos de valor;
- evitar o excesso de adjetivos;
- preferir formas mais curtas e simples;
- encadear os períodos e parágrafos por meio de conectores, para que haja uma articulação lógica entre as partes.

Portanto:

> **Resumo** é um gênero textual que seleciona e apresenta, de forma organizada, os pontos fundamentais de um texto.

• Produção de texto: resumo

Proposta — Produção de um resumo

Leia este texto.

NOVE PAÍSES COM PODER NUCLEAR TÊM UM ARSENAL DE 14.934 ARMAS

Países que possuem armas reduziram reservas nucleares nos últimos anos, mas multiplicaram investimento

As armas nucleares estão em poder de nove países. Estados Unidos, Rússia, França, Reino Unido, Índia, Paquistão, China, Israel e Coreia do Norte armazenavam, no começo de 2017, quase 15.000 dispositivos desse tipo, de acordo com dados do Instituto de Pesquisas para a Paz de Estocolmo (SIPRI).

Esses Estados reduziram suas reservas atômicas nos últimos anos, mas multiplicaram o orçamento e estão em um ambicioso processo de renovação. O Escritório de Orçamentos do Congresso norte-americano anunciou um investimento de 400 bilhões de dólares (1,26 trilhão de reais) durante o próximo decênio e o Parlamento britânico aprovou há um ano, com respaldo de 80% dos deputados, a renovação de seu envelhecido arsenal com um custo inicial de 40 bilhões de libras (165 bilhões de reais).

Os norte-americanos e os russos são, de longe, os que acumulam mais armas desse tipo (6.800 e 7.000 respectivamente). Depois vêm os arsenais da França, com 300, China, com 270, e o Reino Unido, com 215. Mas nem todas essas armas estão ativadas (ou seja, colocadas em mísseis e localizadas em bases com forças operativas). De fato, somente quatro países (Estados Unidos, Rússia, Reino Unido e França) contam, segundo dados do SIPRI, com alguma mobilização nuclear. Esse é o cenário no qual na sexta-feira o Comitê Nobel Norueguês premiou com o Nobel da Paz de 2017 a ICAN, a campanha para se proibir esses dispositivos.

O arsenal nuclear ativo se reduziu a 9.425 ogivas nucleares no começo do ano, o número mais baixo desde 1959, mas as armas modernas são muito mais precisas e letais. A tendência iniciada em meados dos anos oitenta — o máximo histórico foi de 64.500 em 1986 — e diminuída nos últimos anos contrasta com o maior investimento dos Estados com armamento nuclear para renovar seu material atômico. A Rússia e os Estados Unidos têm 93% de todas as ogivas nucleares.

STR/KCNA VIA KNS/AFP

O líder norte-coreano Kim Jong-un observa o lançamento de um míssil, durante um teste.

Apesar de nenhum dos nove Estados com capacidade nuclear ter dado indícios de querer desmantelar seu arsenal, a Comissão de Desarmamento da ONU apresentou em maio um projeto inicial de um tratado global para se proibir todas as armas nucleares.

A redução constante do total de armas nucleares se deve principalmente a três acordos pactuados entre Moscou e Washington desde 1991. Apesar de o número ter caído a níveis dos anos cinquenta, a capacidade de destruição das armas atômicas cresceu exponencialmente e elas têm uma balística muito mais refinada. Há sete anos os EUA e a Rússia não mantêm conversas de desarmamento, apesar dos esforços de especialistas dos dois países.

A ameaça nuclear mais importante vem atualmente do último país a entrar na corrida bélica nuclear, a Coreia do Norte, que começou a acumular armas em 2006 e que em 2017 aumentou a quantidade de testes e ameaças aos EUA e seus aliados.

TORRALBA, Carlos. *El País*, 6 out. 2017. Internacional.
Disponível em: <https://brasil.elpais.com/brasil/2017/10/06/internacional/1507284753_073640.html>. Acesso em: 29 abr. 2019.

Em dupla, sigam estas orientações.

- Releiam o texto com bastante atenção.
- Anotem ou sublinhem as ideias essenciais, observando o tema e o desenvolvimento.
- Escrevam o resumo desse texto, usando as dicas estudadas.
- Leiam o resumo para eliminar algum termo ou expressão desnecessária. Avaliem se o texto ficou claro, coeso e coerente.
- Troquem o resumo com o de outra dupla e, depois, observem a avaliação feita pelos colegas. Se necessário, reescrevam o texto.

Produção e estilo — Coesão e concisão textuais

Assim como os elementos textuais **coerência** e **coesão**, já estudados, também a **concisão** representa um importante elemento na composição de um texto bem estruturado. Considera-se que, quando um texto diz muito com poucas palavras, apresenta a qualidade da concisão.

O emprego da concisão depende, em grande parte, da escolha adequada das palavras. Portanto, é necessário evitar repetições inúteis, que podem comprometer o sentido do texto. Leia o texto argumentativo a seguir e observe a síntese ou a concisão das ideias.

UNKAS PHOTO/SHUTTERSTOCK

EQUIPAMENTO DEVE SER INSTALADO ONDE TEM ALGUÉM DE OLHO

A depredação de lixeiras, orelhões, placas e outros itens do mobiliário urbano é um problema recorrente nos centros urbanos. Isso faz parte do cotidiano de qualquer cidade do mundo, inclusive daquelas com melhor planejamento e boa gestão. Em São Paulo, a situação se agrava porque muitas vezes esse mobiliário é desvalorizado e visto como algo que não pertence a ninguém, quando na verdade pertence a todos. Nos últimos anos, se tentou instalar vários tipos de lixeira na cidade: de plástico, metal, concreto ou argamassa armada. Todas foram vítimas de vandalismo.

É necessário insistir na instalação e fazer campanha para evitar a depredação. Ao mesmo tempo, é importante pensar na distribuição mais adequada como, por exemplo, junto às bancas de jornais, pontos de ônibus e estabelecimentos comerciais. As lixeiras devem estar em locais com pedestres, mas sem atrapalhar a passagem. Não adianta simplesmente instalar lixeira no poste. É preciso instalá-la em áreas que recebem cuidado constante e onde sempre haverá alguém de olho.

ANTONIO MILENA/ESTADÃO CONTEÚDO

Lixeira de concreto localizada na Avenida Paulista, região central de São Paulo.

NAKANO, Kazuo. *O Estado de S. Paulo*, 13 set. 2012.

1 O texto em estudo é, quanto ao gênero textual, uma análise. O autor analisa as condições de instalação de lixeiras e outros equipamentos em grandes cidades. Em sua opinião, por que certas pessoas destroem equipamentos públicos?

____

____

2 A solução sugerida pelo analista lhe parece, realmente, a mais lógica e sensata? Justifique sua resposta.

____

____

3 Dentre as opiniões expostas pelo analista, quais revelam uma argumentação mais convincente?

____

____

____

____

4 Observe o emprego da coesão no início do texto, quando o pronome demonstrativo *isso* retoma um termo da oração anterior, substituindo-o. Pode-se dizer que o emprego da coesão tornou o texto mais conciso? Explique por quê.

____

____

5 Ainda na segunda oração do texto, outro pronome demonstrativo (*daquelas*) também produz coesão e concisão, ao substituir que termo ou expressão anterior? Com que objetivo ele foi empregado?

____

____

6 Identifique outro pronome, no primeiro parágrafo, que substitui um termo ou expressão anterior, estabelecendo coesão, reduzindo informações repetidas e dando concisão ao texto.

____

____

7 Releia esta frase final do texto: "É preciso instalá-la em áreas que recebem cuidado constante e onde sempre haverá alguém de olho". Os pronomes destacados exercem a coesão referencial no texto. Que termos eles substituem, produzindo assim uma linguagem concisa?

____

____

Vamos reler este trecho do texto: "Não adianta simplesmente instalar lixeira no poste. É preciso instalá-la em áreas **que** recebem cuidado constante e **onde** sempre haverá alguém de olho.".

Observe que as ideias expressas em cada frase se completam, numa sequência lógica. Há uma unidade de sentido. Por exemplo: a palavra *lixeira* é repetida pelo pronome *-la*; o substantivo *áreas* é substituído na sequência da frase pelos pronomes relativos *que* e *onde*.

Essa repetição de elementos por retomada ou antecipação de uma palavra gramatical (pronomes, verbos, numerais, advérbios) produz a **coesão** textual e também a **concisão** das ideias. E ainda: as frases que sucedem a primeira apresentam elementos novos; portanto, também dão **progressão** ao texto.

No entanto, a **repetição** pode representar um problema na construção de um texto, quando o torna monótono ou inadequado e, em especial, quando compromete a coesão e a concisão textuais. Veja estes dois casos.

- Repetição de termos idênticos e próximos: A censura à **exposição artística** causou polêmica, e a **exposição artística** foi cancelada.
- Repetição exagerada de um termo ou expressão: Vamos ao **jogo** à noite. O **jogo** marca a final da Copa do Brasil. Por isso, o **jogo** vai ser bem disputado e muita gente vai assistir ao **jogo**.

Para evitar esses problemas, há certos recursos no emprego da repetição, visando à construção adequada do texto. Vejamos os recursos de **substituição**.

- Uso de substantivos: A **depredação** de lixeiras e orelhões provocou a reação do urbanista, que criticou o **vandalismo** e propôs formas de evitar a destruição do patrimônio público.

- Uso de pronomes pessoais: Encontrei o **Mauro** no cinema e chamei-**o** para um café, pois precisava falar com **ele**.
- Uso de pronomes demonstrativos: A proposta de venda do terreno feita pelo **corretor** agradou ao **empresário**, mas **este** fez uma contraproposta **àquele**.
- Uso de pronomes relativos: O *show* aconteceu em meio a um grande **tumulto que** terminou com a chegada da **polícia**, **cuja** ação foi determinante.
- Uso de pronomes indefinidos: As **lixeiras** foram instaladas, mas **todas** sofreram a ação de vândalos e **nenhuma** pôde ser recuperada.

Observe que o emprego de determinados termos em lugar de outros pode contribuir para a **coesão** e a **concisão** do texto, evitando repetições problemáticas.

Portanto:

> **Coesão** é a ligação, a relação e a conexão lógica entre as palavras, expressões ou frases do texto.
> **Concisão** é a síntese das ideias, a capacidade de economizar palavras e dizer o essencial.

Oficina Trabalhando coesão e concisão textuais

1 Em 2012, o governo brasileiro recebeu projetos de empresários para a criação de aeroportos executivos. Alguns deles foram aprovados, mas nem todos foram concluídos. Agora, há quem pense em recuperá-los. Leia a nota jornalística a seguir e depois responda às questões.

AEROPORTOS ANTIGOS TENTAM RENASCER

Empresas privadas **e** aeroclubes aproveitaram a mudança regulatória **para** tentar lucrar com aeroportos **que** já existiam. O Aeroporto Umberto Modiano, em Búzios, ganhou nova vida depois que obteve a outorga, **que** dá o direito de cobrar tarifas aeroportuárias. O aeródromo foi construído nos anos 80 pelo Grupo Modiano para dar acesso aos clientes de um loteamento da empresa. "Sempre foi um custo para a empresa. Era uma obrigação oferecer um aeroporto porque tínhamos um condomínio de luxo", lembra Fabrício Monaco, diretor do grupo. "Hoje podemos transformar o aeroporto em negócio."

O grupo contratou um operador aeroportuário e fez reformas. O espaço estava fechado desde 2012 e reabriu em maio. Hoje, a empresa fatura com limpeza de aviões, mas aguarda o aval da Agência Nacional de Aviação Civil para cobrar tarifas.

GRUPO FLYIN BRASIL

Vista aérea do Aeródromo Umberto Modiano, localizado na cidade de Búzios, Rio de Janeiro.

O Estado de S. Paulo, 24 jun. 2016.

UNKAS PHOTO/SHUTTERSTOCK

a) No primeiro período do texto, observa-se o emprego de elementos de coesão entre os termos. Que sentido expressam os conectores *e* e *para*, destacados?

b) O pronome relativo *que* também representa um elemento coesivo em duas frases no início do texto. Que palavras ele substitui, mantendo a coesão entre orações?

c) Nas frases a seguir, elimine o **pronome relativo** e construa uma única frase, mais concisa.

- A mudança regulatória permite a empresas e aeroclubes lucrar com aeroportos que já existiam.

- O aeroporto ganhou nova vida com a outorga que se obteve.

d) Identifique, no texto, a frase em que há um **marcador temporal** que estabelece coesão entre orações.

e) Que elemento de coesão une orações em que as ideias se opõem? Explique essa oposição.

2 Evite a repetição de palavras, nas frases a seguir, empregando o recurso da substituição do termo ou da expressão em destaque.

a) As **depredações** causadas aos bens públicos prejudicam a todos, e as **depredações** nem sempre são só materiais.

b) A diretora recebeu os cumprimentos dos professores e agradeceu aos professores, emocionada.

c) O porteiro entregou **a chave do salão ao morador**, mas não pediu **ao morador** que devolvesse **a chave** logo.

d) **Começou o trabalho** mais cedo e resolveu terminar **o trabalho** assim que o jogo **começou**.

3 Reescreva as frases a seguir, colocando os substantivos correspondentes aos verbos destacados.

a) Seria difícil conseguir, ao mesmo tempo, **conhecer** a realidade e **demonstrar** calma.

b) É urgente **proteger** nossas fronteiras e **combater** o tráfico.

c) **Silenciar** agora seria **solucionar** o impasse?

d) **Publicar** notícias falsas significa **desrespeitar** a todos.

4 A repetição da palavra *que* pode tornar a linguagem pesada. Modifique as frases a seguir, reduzindo esse emprego. Veja o modelo.

A solução **que o advogado apresentou** convenceu o cliente, que mudou de decisão.

A solução **apresentada pelo advogado** convenceu o cliente, que mudou de decisão.

a) A Amazônia **que** o Brasil defende e **que** interessa a muitos deve ser protegida.

b) A alimentação **que** os jovens preferem, que nem sempre é saudável, agrada a muitas pessoas.

c) As novas tecnologias dominam o mercado, **que** movimenta um grande volume de vendas, devido às ofertas **que** atraem os consumidores.

d) O debate sobre economia e política, na televisão, dividiu o público, **que** conhece os nossos problemas e **que** deseja melhor qualidade de vida.

Capítulo 7 A entrevista e a reportagem

Gênero textual: entrevista

• Preparando

Leia a entrevista a seguir, em que um economista britânico expõe suas ideias sobre a felicidade.

A EQUAÇÃO DA FELICIDADE

Para o economista inglês Paul Dolan, que passou os últimos dez anos pesquisando o que leva alguém a ser feliz, é fundamental unir prazer e propósito e cultivar as relações sociais

No Reino Unido, o economista londrino Paul Dolan, de 47 anos, é conhecido como guru da felicidade. Professor de ciências comportamentais na prestigiosa London School of Economics, ele passou a última década estudando o que faz com que as pessoas se sintam felizes — a convite do Nobel Daniel Kahneman, foi trabalhar na Universidade Princeton (EUA). Lá desenvolveu métodos de pesquisa para avaliar o bem-estar dos cidadãos que são usados hoje pelo governo britânico para embasar políticas públicas.

Descolado, Dolan diz, sem constrangimento, que odeia férias de mais de duas semanas, foge de festas de casamento e que seus dois filhos aplacaram um pouco o prazer que tinha na vida — mas acrescentaram um enorme senso de propósito à sua existência. Fã de exercícios físicos, o economista não deixa de ir à academia mesmo nos períodos de maior acúmulo de tarefas universitárias. Autor de *Felicidade Construída*, livro que resume seus estudos sobre o tema, ele assegura que a satisfação humana não se escreve no singular: só é feliz quem tem, principalmente, relações sociais bem estabelecidas. De Brighton, na Inglaterra, Dolan falou [...].

O senhor define felicidade como a combinação de experiências de prazer com propósito ao longo do tempo. Como é possível controlar esse processo?
Eu não diria controlar, porque se trata de algo muito influenciado pelas circunstâncias. Mas, sem dúvida, é possível criar felicidade. Minha orientação para quem quer ser mais feliz é centralizar o tempo e a energia naquilo que realmente lhe faz bem. Uma vez que, por definição, a atenção que damos a uma coisa é necessariamente a que não damos a outra, é preciso racioná-la e distribuí-la da melhor maneira possível.

E onde entra o propósito?
É importante considerar a dimensão temporal da felicidade. Aceitar que, em alguns momentos, precisamos abrir mão da satisfação no presente em troca de mais felicidade futura. Eis um exemplo: um casamento que não está dando certo pode ser o ponto de partida para o divórcio. Haverá dor de cabeça e tristeza a curto prazo; no entanto, ao menos no Reino Unido, as pesquisas mostram que o divórcio aumenta a felicidade dos cônjuges e dos filhos adultos. Reformar a casa ou largar o cigarro são outros bons exemplos. Os economistas têm um termo para isso: gratificação postergada. As atividades menos prazerosas do dia deveriam, pelo menos, oferecer algum propósito.

Podemos mesmo construir a própria felicidade?
Boa parte de nossas ações é feita de forma automática. O *insight* psicológico que sugiro é parar para lembrar aquilo que lhe dá prazer no dia a dia e organizar a agenda de maneira que esses períodos se repitam com mais frequência. Essa organização precisa ser feita de forma que as coisas das quais você gosta apareçam na rotina sem que seja preciso ficar planejando constantemente. [...]

Dinheiro, então, ao contrário do que diz o ditado popular, traz felicidade?
Sabe-se hoje que a riqueza aumenta bastante a felicidade quando tira pessoas da pobreza para alçá-las à classe média. Uma vez satisfeitas as necessidades básicas, o impacto de cada dólar adicional na conta bancária diminui, porém ele nunca é nulo. Acredito que o efeito da renda sobre o bem-estar seja maior do que o descrito na literatura, porque é preciso, também, levar em conta seus efeitos indiretos. Indivíduos com mais dinheiro tendem a ter mais amigos, casam-se, são mais saudáveis. Todos esses fatores aumentam a satisfação com a vida. Por outro lado, é fácil entender por que aqueles que saem da pobreza têm o seu bem-estar dramaticamente alterado. A pobreza ocupa muito o pensamento. As pessoas ficam o tempo todo preocupadas com a forma com que vão pagar as contas, com o emprego, com a educação precária dos filhos e até em como farão a próxima refeição.
[...]

Quais grupos de pessoas são consideradas mais felizes, de acordo com as pesquisas?
Os melhores dados sobre satisfação com a vida são provenientes da Alemanha e do Reino Unido. Nesses dois países, existem estudos longitudinais que, há mais de vinte anos, questionam cerca de 10.000 pessoas sobre como se sentem em relação à vida delas. Há alguns anos, fiz uma releitura de todos esses dados com dois colegas. A satisfação era mais alta para aqueles com mais dinheiro, especialmente quando comparados a pessoas de um estrato similar; para os mais saudáveis; para os que tinham mais relações sociais de qualidade; para os casados; para aqueles que tinham um emprego; e para os religiosos.

O que as pessoas que relatam uma satisfação maior para com a vida têm em comum?
Principalmente relações sociais bem estabelecidas. Todo estudo, seja ele de economia, psicologia ou medicina, chega a esse mesmo resultado. Estar perto de quem gostamos, amigos ou familiares, é especialmente prazeroso durante o lazer, mas, no ambiente de trabalho, pode significar até uma redução expressiva do risco de infarto (um estudo sueco que acompanhou mais de 3.000 trabalhadores por uma década concluiu que aqueles que tinham chefes bons, que mostravam consideração, empatia e promoviam mudanças de maneira humana, apresentavam uma probabilidade até 39% menor de sofrer infarto). Os benefícios da religião para o bem-estar provêm, em grande parte, da vida em comunidade e da rede de apoio que ela proporciona. Esta é uma boa maneira de aumentar rapidamente a felicidade: passar mais tempo com alguém de quem se gosta.

A idade influencia de alguma forma o bem-estar?
Os mais jovens e os mais velhos costumam relatar maior felicidade, enquanto a faixa entre 45 e 49 anos tende a ser a pior. Pessoas desse último grupo descrevem não só um grau mais baixo de satisfação com a vida, mas também um nível mais baixo de propósito naquilo que fazem e de felicidade no dia anterior. A percepção que tenho é que esse mau humor de meia-idade está relacionado ao aumento do estresse.
[...]

Os governos devem considerar a felicidade na hora de definir políticas públicas?
Se os governos querem aumentar o bem-estar da população, precisam melhorar de alguma forma as experiências pessoais dos cidadãos. A felicidade é a consequência final de tudo o que fazemos. Quando falo sobre políticas públicas ou trabalho nesse setor, costumo substituir as palavras bem-estar ou felicidade por miséria e sofrimento. Isso porque a melhor maneira de tentar superar a experiência da população é reduzir essas duas coisas.

Quais são os benefícios da felicidade?
Muitos. As pessoas felizes são mais produtivas, mais saudáveis, ficam menos doentes, são mais sociáveis, ajudam mais os outros e vivem mais. Há pesquisas que mostram que esse estado de espírito pode resultar em um aumento de até seis anos de vida. Por essa razão, os políticos também estão cada vez mais interessados no assunto.

O que o senhor destacaria como o maior obstáculo à felicidade?
Há uma diferença entre o que realmente nos faz felizes no dia a dia e o discurso que construímos sobre o que deveria nos fazer felizes. As pessoas nos contam histórias de uma carreira bem-sucedida ou de como nosso parceiro ideal deveria ser, por exemplo, e nós as reproduzimos. Às vezes, vivemos pensando nessas narrativas e não prestamos atenção às experiências. É relativamente comum encontrar quem fique em um trabalho que não traz satisfação simplesmente porque os outros o acham legal e glamouroso. Passamos tempo demais preocupados com o que achamos que nos faria felizes. Precisamos nos livrar disso. Esse é o maior obstáculo.

Nos últimos anos, cada vez mais economistas têm estudado a felicidade, um tema presente nos primórdios dessa ciência, mas afastado numa certa fase de sua história. Como o senhor vê essa redescoberta do assunto pela economia?
De fato, o bem-estar da população já era tema de pesquisa de grandes pensadores, como Adam Smith e Thomas Malthus. Foi no século XX que ocorreu uma mudança importante na nossa área: passou-se a dar mais credibilidade ao que as pessoas faziam do que ao que falavam. A economia virou uma disciplina quase que exclusivamente preocupada com ações, e não com o discurso. Acredito que os psicólogos tenham ajudado a impulsionar esse retorno, pois, quando passaram a estudar a felicidade, boa parte de suas descobertas se baseou em relatos colhidos nos consultórios. Foi só nas últimas duas décadas que os economistas voltaram a perceber que, sim, é possível captar algo quando perguntamos às pessoas como elas se sentem. E eu diria que estamos mais confiantes nos seres humanos agora.
[...]

ALLEGRETTI, Fernanda. *Veja*, 15 jul. 2015, p. 17-19. (Fragmentos).

STEVE MEDDLE/ITV/SHUTTERSTOCK

Paul Dolan, professor da London School of Economics, Reino Unido, em 2018.

CAPÍTULO 7

1 Após o título da entrevista, há uma frase, chamada olho ou título auxiliar, que resume as ideias principais de Paul Dolan, o economista entrevistado.

a) Com que finalidade foi incluída essa frase, antes de informações detalhadas sobre o professor londrino?

______

b) Quais são as opiniões de Paul Dolan, o entrevistado, que estão sintetizadas nesse título auxiliar?

______

______

2 A **entrevista** é realizada, em geral, com uma pessoa que se destaca em determinada área ou apresenta conhecimento sobre um assunto de interesse público.

a) Na **introdução**, são expostas as informações mais relevantes sobre o entrevistado e as questões essenciais da entrevista. Quais são essas informações?

______

______

b) Explique quem é o entrevistador e como ele organizou o conteúdo do texto.

______

______

______

3 Como se trata de um texto informativo, a entrevista expõe o ponto de vista do entrevistado sobre a forma de se conquistar a felicidade.

a) Na primeira pergunta, o entrevistador apresenta a definição de felicidade, de acordo com o pensamento de Paul Dolan. Que definição é essa?

______

______

b) Qual é o conselho do economista para se conseguir criar felicidade?

______

______

4 Ao responder sobre o **propósito** ou objetivo da busca da felicidade, o economista se refere a uma "gratificação postergada". O que isso significa?

______

______

5. Como Paul Dolan tenta explicar, com maior clareza, a forma adequada de construir a felicidade?

6. Na quarta pergunta, o economista apresenta suas argumentações sobre a importância do dinheiro em relação à felicidade.

a) De acordo com Paul Dolan, o papel que o dinheiro exerce na vida das pessoas é relevante. Explique por quê.

b) O que representam os "efeitos indiretos" mencionados pelo entrevistado?

7. O economista reforça seu ponto de vista sobre a importância do dinheiro para a satisfação na vida, ao citar a Alemanha e o Reino Unido. Após analisar estudos realizados nesses países sobre o modo de vida de um número considerável de pessoas, o que ele concluiu?

8. Na sexta pergunta, Dolan volta a destacar a necessidade da convivência social harmoniosa, para vivermos mais satisfeitos. Por que o entrevistado valoriza tanto as relações sociais como o caminho para uma vida feliz?

9. Na relação entre idade e felicidade, Paul Dolan apresenta opiniões bem particulares quanto ao comportamento das pessoas.

a) Como ele explica o fato de pessoas de meia-idade sentirem menos prazer ou felicidade que jovens e velhos?

b) Ao responder à oitava pergunta, Dolan afirma: "A felicidade é a consequência final de tudo o que fazemos". O que ele quis dizer?

c) Ainda nessa resposta, o entrevistado desenvolve argumentações sobre o trabalho dos governos, quando se refere à felicidade da população. O que ele propõe?

____

____

____

10 Na décima pergunta, o entrevistador indaga qual seria o maior obstáculo à felicidade. Interprete as palavras de Paul Dolan na primeira frase da resposta.

____

____

- Por que o comportamento de estar sempre em busca da felicidade pode ser o maior obstáculo para encontrá-la?

____

____

11 De acordo com a última pergunta do entrevistador, a felicidade foi um assunto abordado em épocas passadas de nossa história. Depois foi esquecido, para voltar às pesquisas a partir do século XX.

a) Nos dias de hoje, o assunto ganhou o interesse de economistas e de psicólogos. Por que as pesquisas sobre felicidade prosperaram a partir de um determinado momento?

____

____

b) A entrevista é feita, quase sempre, oralmente. Depois é transcrita para a publicação, com a eliminação das marcas de oralidade (*né*, *então*, *aí*, etc.). Que tipo de variação linguística, tempo e modo verbais foram empregados no texto dessa entrevista? Justifique sua resposta.

____

____

• Sistematizando

A **entrevista** é um texto informativo cujo objetivo é fazer com que o leitor conheça melhor as opiniões e ideias do entrevistado, que deve ser uma personalidade relevante para o público-alvo. As perguntas do entrevistador devem ser equilibradas; ele pode levantar questões polêmicas, mas sempre com tato, para que o entrevistado se sinta à vontade, e as respostas saiam espontâneas.

Para obter uma boa entrevista, o entrevistador deve pesquisar antes a respeito do entrevistado e do tema a ser abordado. Em seguida, deve preparar o roteiro, com base nessa pesquisa, elaborando perguntas específicas.

O texto da entrevista apresenta, em geral, estes elementos:

- **Título principal**: frase de abertura, que deve provocar o interesse do leitor; pode ser uma fala marcante do entrevistado, por exemplo.
- **Olho** ou **título auxiliar**: frase que resume o conteúdo essencial da entrevista e complementa o título principal.
- **Apresentação**: texto inicial que fala do entrevistado e de sua autoridade ou relevância no assunto em questão (por exemplo, sua experiência profissional, sua vivência em determinada situação), além de apresentar os pontos principais da entrevista.
- **Perguntas** e **respostas**: textos da entrevista propriamente dita, em que o nome do entrevistador (ou do órgão para o qual trabalha) e o do entrevistado normalmente aparecem antes da fala de cada um.

Entretanto, há entrevistas que não seguem inteiramente esse roteiro. Algumas apresentam apenas perguntas e respostas breves, num estilo pingue-pongue. Outras podem trazer um texto introdutório mais detalhado, com informações como local, data e duração da entrevista. Outras, ainda, em vez de apresentar perguntas e respostas, trazem as falas do entrevistado entre aspas, entremeadas ao texto do entrevistador, ou transcritas como discurso indireto. A entrevista estudada, por exemplo, não apresenta os nomes do entrevistador e do entrevistado antes da fala de cada um; para diferenciar as perguntas das respostas, as primeiras têm destaque em negrito.

Antes da transcrição final da entrevista, costuma-se fazer uma seleção dos melhores trechos e adaptar o discurso à linguagem formal. Não se deve, porém, alterar o estilo da fala do entrevistado; deve-se proceder apenas àquelas pequenas mudanças necessárias à harmonia e correção do trabalho.

> [...] A entrevista é um gênero primordialmente oral. Nas várias listas de gêneros de entrevista, a maioria refere a interações orais (entrevista com médico, entrevista para conseguir emprego, entrevista coletiva, etc.), e mesmo com respeito à entrevista jornalística, pensamos primeiro nas entrevistas ao vivo dos programas de televisão e rádio. Quando publicada em jornais e revistas, na maioria das vezes, a entrevista foi feita oralmente e depois transcrita para publicação. A escrita, porém, é apresentada na forma de um diálogo, ou seja, é marcada a troca de turnos entre os participantes. [...]
>
> HOFFNAGEL, Judith Chambliss. In: BEZERRA, Maria Auxiliadora Bezerra e outros. *Gêneros textuais e ensino*. Rio de Janeiro: Lucerna, 2002. (Fragmento).

Entrevista é um gênero textual do tipo expositivo — que circula, em geral, na esfera jornalística —, cuja finalidade é obter e apresentar opiniões e experiências de um especialista ou de uma pessoa de destaque a respeito de certo assunto, assim como divulgar informações sobre sua vida pessoal ou profissional.

• Produção de texto: entrevista

1ª proposta — Produção de uma entrevista sobre o Brasil

Entreviste um estudante do Ensino Médio sobre o que ele pensa a respeito do futuro do Brasil. Seu objetivo é saber as opiniões dele sobre: o crescimento econômico, a educação, a saúde, a segurança pública, o mercado de trabalho, a desigualdade social e a posição do Brasil no cenário mundial. Peça sugestões para a solução dos problemas apresentados. Imagine que a entrevista será publicada em um caderno especial para jovens, como parte de um jornal de grande circulação.

- Prepare um roteiro de perguntas objetivas sobre os assuntos que deverão ser abordados. Converse com o entrevistado, mostre o roteiro da entrevista a ele e ajuste as perguntas de acordo com o que ele tenha condições de responder.
- Você pode gravar a entrevista e transcrevê-la, ou anotar as respostas, à medida que for fazendo as perguntas. Não interfira nas respostas, mantendo-se atento à fala do entrevistado, para não registrar informações diferentes.
- Se quiser, escolha uma frase significativa do entrevistado e coloque-a como título. Acrescente um olho ou título auxiliar, sintetizando o que vai ser exposto durante a entrevista.
- Redija o parágrafo inicial com os dados pessoais do entrevistado e exponha sinteticamente algumas de suas ideias e opiniões principais.
- Organize a redação da entrevista colocando, alternadamente, o nome do entrevistador (você), seguido de uma pergunta, e depois o nome do entrevistado (o estudante), com a resposta dele; respeite essa disposição até o final. Lembre-se de adequar a linguagem. A entrevista toda deverá estar de acordo com a variedade padrão, já que será publicada em um jornal de grande circulação. Elimine marcas de oralidade como *então*, *aí*, *né*, *hum*, *é*... Empregue os verbos no presente do indicativo. Releia a entrevista e passe-a a limpo, seguindo as orientações sugeridas.
- Troque seu texto com o de um colega. Observe se a entrevista dele apresenta todos os dados necessários em sua estrutura. Verifique se foi empregada a variedade padrão e se o tempo verbal está adequado. Se necessário, dê sugestões para que o colega faça um texto de acordo com as características do gênero.
- Releia seu texto, veja as sugestões propostas e, se necessário, reescreva a entrevista. Entregue-a para o professor, que deverá fazer um mural com as entrevistas, junto com a classe. Todos poderão ler os textos e escolher aqueles que poderão ser enviados ao jornal da escola.

2ª Proposta — Produção de uma entrevista com um professor

Convide seu professor de História ou Geografia para uma entrevista sobre um assunto de interesse, por exemplo as grandes transformações em curso no mundo atual.

- Prepare perguntas curtas, que deverão ser apresentadas de forma clara e objetiva. Antes, comunique ao entrevistado quais serão o assunto e a abordagem da entrevista.
- Marque o dia e o horário da entrevista e, se possível, grave o encontro.
- Releia as anotações feitas durante a entrevista e coteje-as com a gravação; se necessário, faça algumas adaptações no texto, sem modificações expressivas no estilo do entrevistado.
- Troque o seu texto com um colega e peça sugestões. Avalie o texto do colega, observando se há título principal e apresentação. Verifique se as perguntas e respostas estão de acordo com o assunto e se foram formuladas com clareza e objetividade. Releia as orientações de correção da proposta anterior.
- Após receber seu texto, reescreva o que for necessário. Organize com os colegas, sob a orientação do professor, um "Painel de entrevistas", para que todos leiam os textos.

Gênero textual: reportagem

• Preparando

O texto a seguir é uma **reportagem**, pois apresenta um conjunto de informações detalhadas e abrangentes sobre determinado assunto pesquisado e investigado pelos autores da matéria. Leia-o com atenção.

PSICÓLOGOS JÁ TRATAM "VICIADOS" EM WHATSAPP

Jovens com idade entre 18 e 30 anos estão entre os mais afetados por dependência

Já faz tempo que o WhatsApp é mais do que apenas um ícone verde perdido em meio aos *apps* na tela do *smartphone*. Com mais de 100 milhões de usuários no Brasil, o serviço se tornou indispensável para quem quer se manter em contato com a família, amigos e até mesmo fazer negócios. Quando o aplicativo foi bloqueado pela segunda vez no País, no início deste mês, muita gente entrou em pânico por não poder enviar e receber mensagens. Para algumas pessoas, porém, a aparente irritação escondia um problema ainda maior: o vício no WhatsApp.

"As pessoas não estão conscientes de que estão se tornando viciadas no WhatsApp", afirma a psicóloga do programa de dependências tecnológicas do Hospital das Clínicas, Dora Góes. "O serviço é algo muito novo na vida delas e na sociedade, então é difícil ter noção disso tão rapidamente."

Até o momento, ainda não há um grande número de "viciados" em WhatsApp diagnosticados no Brasil. Apesar disso, segundo apurou o *Estado*, três dos principais centros de pesquisa em dependência tecnológica do país já atenderam pelo menos algum caso relacionado diretamente ao aplicativo de mensagens instantâneas.

O perfil das pessoas dependentes do *app* de conversas, segundo os psicólogos, é de jovens de 18 a 30 anos. Eles estão em época de estudos ou no ápice de suas carreiras profissionais e o vício no aplicativo pode comprometer seu desempenho. "As pessoas substituem e perdem coisas da rotina para ficar usando o *app*", afirma a psicóloga do Núcleo de Pesquisas da Psicologia em Informática (NPPI) da Pontifícia Universidade Católica de São Paulo (PUC-SP), Ana Luiza Mano. "Eles deixam de dormir, faltam na escola e no trabalho."

Vazio. O WhatsApp é o mais novo serviço a entrar para o rol dos que podem gerar dependência. O vício em *games* é um dos mais estudados e antigos e faz com que os usuários joguem sem parar, deixando de lado atividades sociais. Há casos de pessoas que morreram por não conseguir sair da frente da TV. O vício nas redes sociais Instagram e Facebook também tem sido amplamente estudado.

"O Facebook te pega no enredo do voyeurismo e da exibição porque cada um mostra a imagem de si projetada na rede que não necessariamente corresponde ao sentimento verdadeiro dela", afirma a fundadora da agência de pesquisa em tendências Über Trends, Suzana Cohen. "O Instagram é ainda mais egocêntrico."

Os estudos têm revelado que, por trás do vício em tecnologia estão fobias e transtornos psicológicos. É o caso do "fomo" (medo de estar perdendo algo, em inglês) e da nomofobia (junção da expressão "*no mobile*" e fobia, ou seja, medo de ficar sem celular). A dependência da tecnologia quase sempre também está ligada a outros distúrbios psicológicos, como depressão, ansiedade e compulsão. "Esses problemas acabam gerando um 'vazio' e as pessoas tentam preencher esse 'buraco' de maneira exagerada", diz Ana Luiza.

Não são poucas as pessoas afetadas pelo vício em tecnologias. De acordo com estudo realizado em 2015 pela Flurry, consultoria da empresa de tecnologia Yahoo, 280 milhões de pessoas no mundo são viciadas em aplicativos para celular. A situação é mais grave entre jovens: estudo da Universidade Federal de São Paulo, realizado em 2014 com 274 estudantes entre 13 e 17 anos, mostrou que 68% deles eram dependentes moderados de tecnologia, sendo que 20% eram dependentes graves.

Tratamento. Como muita gente ainda não está ciente de que usa de maneira exagerada o WhatsApp, o número de pessoas que procuram tratamento ainda é mínimo, de acordo com os especialistas. Entre os principais sintomas do vício no *app* está a necessidade de checar continuamente as notificações e de responder imediatamente as mensagens.

Há diversos tratamentos para a dependência digital: desde um simples "detox" digital ou até mesmo terapia em grupo e com aconselhamento médico. No Hospital das Clínicas, por exemplo, o usuário passa por uma triagem para diagnóstico da dependência em tecnologia. Em caso afirmativo, ele inicia um programa de 18 semanas, no qual psicólogos avaliam a origem e o nível do vício.

De acordo com a avaliação, a pessoa pode ser encaminhada para um psiquiatra para tratamento ou, simplesmente, continua no grupo para receber uma educação digital.

"Grande parte da população brasileira usa a tecnologia de forma abusiva", afirma a psicóloga e fundadora do Instituto Delete, Anna King.

"DETOX" DIGITAL LEVA USUÁRIOS PARA RETIRO SEM INTERNET

Quando o serviço do WhatsApp foi bloqueado no Brasil, não faltaram pessoas que buscaram outros aplicativos de mensagens, como o Telegram e o Messenger do Facebook. Mas, enquanto algumas pessoas não conseguem ficar um dia inteiro sem trocar mensagens, outras buscam certo "isolamento digital" para resistir à tentação de pegar o *smartphone* sempre que uma notificação aparece. Para isso, nada melhor do que se instalar em um local distante, com belas colinas, muita vegetação e, o mais importante, sem sinal de internet.

Esta é a ideia do programa de desintoxicação digital oferecido pela agência de pesquisa em tendências Über Trends. De acordo com a coordenadora da iniciativa, Suzana Cohen, a ideia é fazer as pessoas desapegarem de seus dispositivos e renovarem as energias para uma vida *off-line*.

Além de atividades como andar de caiaque, fazer caminhadas e observar as estrelas, o programa oferece cursos teóricos de conscientização sobre o uso adequado de novas tecnologias e avalia a "presença da pessoa no mundo virtual". "Às vezes a pessoa só publica fotos com o copo na mão e não percebe que muitos podem achar que ela se tornou uma alcoólatra", diz Suzana.

Embora conte com a participação de profissionais da área de psicologia, o programa não tem a intenção de servir como um tratamento médico. O "detox" digital é voltado para pessoas que começam a perceber que o uso excessivo de tecnologia pode ser a causa de problemas na vida familiar, afetiva e no trabalho.

MANS, Matheus; SAWADA, Thiago. *O Estado de S. Paulo*, 3 maio 2016.

Jovens trocam mensagens pelo celular. A dependência digital tem substituído a conversa direta entre as pessoas.

FIZKES/SHUTTERSTOCK

1. Assim como a **entrevista**, a **reportagem** é um gênero textual expositivo. Observe que as reportagens apresentam, em geral, os mesmos elementos que as notícias. Esses gêneros textuais normalmente apresentam um **título principal** (ou manchete) e um **título auxiliar** (ou **olho**). Qual é a relação entre o título principal e o título auxiliar no texto em estudo?

2. Os demais elementos da reportagem são o lide, que corresponde, em geral, ao primeiro parágrafo e resume os elementos principais do texto. Em seguida, há o corpo da reportagem. Qual é o conteúdo do lide da reportagem em estudo?

3. Várias ideias são desenvolvidas no corpo da reportagem, em que se apresentam a causa e o efeito das questões abordadas. Em busca de informações, os repórteres entrevistaram pessoas com pontos de vista relevantes sobre o assunto. Identifique essas pessoas e exponha as conclusões a que elas chegaram.

4. Como é possível observar, os jornalistas consultaram várias fontes de informação antes de produzir a reportagem. Por quê?

5. Apesar de ser uma questão social que começa a ser encarada com certa preocupação, a dependência tecnológica vem crescendo. Com base no segundo e terceiro parágrafos do texto, explique por que o aumento desse vício merece uma atenção especial.

6 Segundo o texto, o índice de pessoas consideradas viciadas ainda não é tão expressivo diante da ampla utilização da tecnologia, principalmente pelos jovens.

a) No quarto parágrafo, os psicólogos afirmam que os jovens entre 18 e 30 anos são os que mais usam aplicativos de mensagens. Explique por quê.

b) Uma das psicólogas mencionadas na reportagem expõe o fato de que os jovens viciados "substituem e perdem coisas da rotina para ficar usando o *app*" e acrescenta: "Eles deixam de dormir, faltam na escola e no trabalho". Qual é o ponto de vista da psicóloga sobre esses jovens?

7 Observe que, no quinto e sexto parágrafos, os repórteres citam os aplicativos, *games* e redes sociais mais utilizados, em especial entre os jovens.

a) Dentre esses serviços, quais deles podem agravar a dependência tecnológica nas pessoas? Por quê? Exponha suas ideias.

b) Na reportagem, o Facebook é visto, por uma das pessoas entrevistadas, como um serviço de voyeurismo e de exibicionismo. Mas, segundo o texto: "O Instagram é ainda mais egocêntrico". Que sentido apresentam essas argumentações no texto?

8 No sétimo e oitavo parágrafos, os autores expõem as consequências produzidas pelo exagero no uso da tecnologia.

a) Além dos distúrbios psicológicos e fobias mencionadas, o que representa o "vazio" que as pessoas viciadas parecem sentir?

b) De acordo com pesquisas realizadas, grande número de pessoas no mundo, dentre elas os mais jovens, são dependentes de aplicativos para celular. Em sua opinião, de que modo o celular tem comprometido os relacionamentos familiares e sociais?

9 Na reportagem em estudo, psicólogos afirmam que os dependentes do WhatsApp não entendem ainda que precisam de tratamento e, por isso, o problema parece não existir.

a) Você concorda com essa argumentação feita por especialistas no assunto? Justifique sua resposta, expondo seus argumentos.

b) Em sua opinião, por que certas pessoas parecem não aceitar que são dependentes digitais, embora utilizem em excesso a tecnologia? Converse com os colegas e responda.

10 No final da reportagem, os autores mencionam os recursos usados pelos dependentes em tecnologia para suplantar o vício.

a) De acordo com o texto, o que representa a "vida *off-line*" ou o "detox digital", que certos usuários de aplicativos começam a buscar?

b) O texto esclarece que o programa de desintoxicação digital não visa ser um tratamento médico. Explique por que o objetivo não é esse.

11 Nas reportagens, a linguagem costuma ser formal e objetiva, adequada à variedade padrão. Essas características podem ser encontradas no texto em estudo? Por quê?

12 O assunto da reportagem pode ser mostrado de forma expositiva (relato simples e objetivo dos fatos), interpretativa (estabelecimento de conexões com acontecimentos passados ou com fatos relacionados) ou opinativa (tentativa de convencimento do leitor a uma opinião). Explique de que modo a reportagem em questão foi desenvolvida. Esclareça sua resposta.

• Sistematizando

A **reportagem** é um texto jornalístico e, assim como a notícia, pode ser veiculada em jornais ou revistas, impressos ou *on-line*. Como foi possível observar, os textos desse gênero enfocam assuntos ou fatos (não necessariamente atuais) de forma abrangente. Por isso, apresentam mais detalhes que as notícias e são, geralmente, mais longos.

O assunto da reportagem pode ser desenvolvido de forma **expositiva** (com a apresentação simples e objetiva do fato), **interpretativa** (pelo estabelecimento de conexões com acontecimentos passados ou com fatos relacionados) ou **opinativa** (pela tentativa de convencer o leitor a respeito de uma opinião).

É comum ver na reportagem os mesmos elementos da notícia: após a **manchete** ou **título principal**, há um **título auxiliar**, para atrair o interesse do leitor; em seguida, o primeiro parágrafo — **lide** — resume os elementos principais do texto e depois vem o **corpo** da reportagem.

Observe que na reportagem analisada, a **manchete** é concisa e chamativa ("Psicólogos já tratam 'viciados' em WhatsApp"), e o **título auxiliar** a explana: "Jovens com idade entre 18 e 30 anos estão entre os mais afetados por dependência".

Os repórteres redigiram o **lide** de forma **expositiva**, referindo-se à importância do servidor, com informações resumidas das principais ideias contidas na reportagem. A partir do segundo parágrafo, começam a ser apresentadas as opiniões das pessoas entrevistadas sobre a dependência digital. Ao longo da reportagem, ocorre a exposição de informações seguidas de opiniões e vice-versa.

Observa-se também o criterioso trabalho de pesquisa sobre o assunto, não só pelas informações precisas e detalhadas e a interpretação de dados, como também pela conclusão sobre o comportamento de muitos brasileiros, que utilizam a tecnologia digital de forma exagerada.

Portanto:

Reportagem é um gênero textual da esfera jornalística que apresenta, de modo abrangente e detalhado, informações sobre determinado assunto, não necessariamente um fato novo, para publicação por órgãos de imprensa. A linguagem é formal, objetiva e direta.

• Produção de texto: reportagem

1ª Proposta — Produção de reportagem com base em outra

Leia a seguir trecho de uma reportagem que surpreendeu muitas pessoas, pela divulgação de uma incrível descoberta relacionada à preocupação com a escassez de água em nosso planeta, em um futuro não muito distante.

DESCOBERTO SISTEMA COM SETE PLANETAS "IRMÃOS" DA TERRA. E TRÊS PODEM TER ÁGUA

Cientistas anunciaram [...] a descoberta de um sistema com sete planetas de tamanho comparável ao da Terra, na órbita de uma estrela "vizinha" do Sistema Solar. De acordo com o estudo publicado na revista *Nature*, os seis planetas mais próximos da estrela têm temperaturas entre 0 e 100 °C – uma característica considerada indispensável para a eventual existência de vida.

"É a primeira vez que tantos planetas desse tipo são encontrados em um só sistema planetário. Eles estão em órbita muito estreita entre si e muito próximos de sua estrela, mas ela é tão pequena e fria que os planetas são temperados. Por isso, poderiam ter água líquida e, por extensão, teriam condições de abrigar vida", disse o autor principal do estudo, o astrofísico Michaël Gillon, da Universidade de Liège, na Bélgica.

Segundo Gillon, os novos planetas são agora "o melhor alvo" para o estudo de atmosferas de planetas potencialmente habitáveis semelhantes à Terra. "Essa descoberta pode ser uma importante peça no quebra-cabeças da busca de ambientes habitáveis que possam abrigar vida", disse o diretor da área de missões científicas da Nasa, Thomas Zurbuchen. "Responder se estamos sozinhos no Universo é uma prioridade máxima da ciência e descobrir tantos planetas como esses pela primeira vez na zona habitável é um notável passo adiante em direção a esse objetivo."

De acordo com o estudo, o novo sistema planetário fica a 39 anos-luz da Terra – uma distância pequena para os padrões astronômicos. Ainda assim, o instrumento mais veloz já construído pelo homem – a nave Juno, que viaja a 265 mil quilômetros por hora – levaria nada menos que 105 anos para chegar lá.

Os novos exoplanetas têm massa semelhante à da Terra e, segundo os cientistas, também devem ser rochosos como ela. A estrela anã no centro do sistema – chamada Trappist-1 – é tão pequena que não chega a ser muito maior do que Júpiter. Sua massa equivale a 8% da massa solar e seu brilho é cerca de mil vezes mais fraco que o do Sol. [...]

CASTRO, Fábio de. *O Estado de S. Paulo*, 23 fev. 2017, p. A13. Metrópole. (Fragmento).

JPL-CALTECH/NASA

Agora siga estas orientações:

- Reúna-se em dupla e redijam uma reportagem sobre o assunto apresentado. Primeiro, façam uma pesquisa em jornais e revistas ou na internet para definir qual será a consequência da descoberta desse sistema planetário. Veja alguns exemplos: o debate entre as grandes potências para ocupar esses planetas, a disputa pela água, a luta pela liderança nesse campo de exploração, etc.
- Definido o tema da reportagem, comecem a levantar mais informações sobre ele. Peçam sugestões de fontes de consulta ao professor de Geografia. Se possível, entrevistem alguém que possa contribuir para o entendimento do assunto, pesquisador ou professor de uma universidade da região, por exemplo. Se não for possível, interpretem trechos importantes dos textos lidos para depois expor na reportagem. Não se esqueçam de anotar todos os dados bibliográficos das fontes.
- Organizem todas as informações coletadas e façam um esquema do conteúdo de cada parte da reportagem. Escrevam o título principal e o título auxiliar (ou olho). Depois, façam a introdução (ou lide), seguindo um dos modelos lidos.
- No corpo do texto, apresentem e expliquem, com suas palavras, as informações coletadas. Incluam trechos das entrevistas feitas ou dos textos lidos (sempre entre aspas), bem como tabelas, gráficos, mapas ou imagens sobre o assunto. Façam uma conclusão coerente, que pode revelar o ponto de vista de vocês a respeito, se quiserem.
- Empreguem a variedade padrão da língua, a 3ª pessoa e uma linguagem impessoal, objetiva e clara. Releiam o texto, observando se a estrutura está adequada e os fatos bem expostos.
- Você e seus colegas podem montar uma edição especial com todas as reportagens, como se fosse uma edição especial de uma revista de divulgação científica. Reúnam as últimas versões revisadas de todos os textos, determinem em que ordem devem entrar, façam um sumário e uma capa e deixem essa revista na biblioteca da escola para que possa ser vista por alunos de outras turmas.

2ª Proposta — Produção de reportagem sobre o tema "A nova estrutura familiar"

Em dupla, você vai criar uma reportagem sobre o tema "A nova estrutura familiar". Imagine que essa reportagem fará parte de um suplemento de um jornal de grande circulação ou que será publicada como caderno especial no jornal de sua escola.

- Antes de começar a escrever, façam uma pesquisa referente ao assunto na internet e em jornais, revistas e livros. Peçam sugestões de fontes de consulta aos professores (de Português, História, Geografia, etc.) ou ao bibliotecário da escola.
- Colham depoimentos de pessoas cuja opinião possa contribuir para o debate do tema. Vocês podem entrevistar, por exemplo, seus avós e seus pais, que decerto se lembrarão de transformações importantes do papel da família testemunhadas ao longo da vida.
- Para a redação da reportagem, sigam as instruções da 1ª proposta. Não se esqueçam de nenhum elemento: título principal, título auxiliar, introdução, desenvolvimento e conclusão, além de imagens, gráficos ou outros recursos visuais.
- Revejam o texto quantas vezes forem necessárias, visando eliminar trechos repetidos, confusos ou com falhas gramaticais. Lembrem que a variedade padrão deve ser seguida.
- Troquem o texto com outra dupla e verifiquem se as instruções da proposta escolhida foram seguidas. Façam sugestões quanto a: estrutura, sequência das informações, apresentação gráfica, obediência à variedade padrão ou outro aspecto que julguem importante.
- Observem as sugestões e passem o texto a limpo, alterando o que acharem necessário. Organizem, sob a orientação do professor e com os colegas, um "Painel de reportagens", para que todos possam ler os textos.

Unidade

IV Gêneros argumentativos I

Leitura

O texto a seguir é um editorial que aborda a importância da mídia impressa como veículo de informação e de credibilidade. Leia as opiniões do autor sobre o assunto.

PAPEL DEMOCRÁTICO DO JORNALISMO

No ano que ficou marcado pela veiculação recorde de notícias falsas na internet, a confiança dos brasileiros nos jornais cresceu. De acordo com a Pesquisa Brasileira de Mídia 2016, feita pelo Ibope, 60% dos entrevistados afirmaram confiar sempre ou muitas vezes nos jornais. Em 2015, o porcentual foi de 58% e em 2014, de 53%.

A pesquisa revelou também um aumento no índice de leitura dos jornais. Em 2016, 32% dos entrevistados responderam que, ao menos uma vez por semana, leram algum jornal. No ano anterior, o índice foi de 21%. "Há claros sinais de revitalização do meio jornal, e a alta credibilidade conferida pelo público é a maior demonstração disso", afirmou o presidente da Associação Nacional de Jornais (ANJ), Marcelo Rech, ao comentar a pesquisa do Ibope.

Outro dado captado pela enquete foi o aumento da leitura do jornal na versão digital. Entre os leitores habituais de jornal, o porcentual de pessoas que afirmaram ler mais na versão digital subiu de 10% para 30%, entre 2015 e 2016.

Além dos jornais, outros meios de comunicação que fazem jornalismo profissional também têm boas taxas de confiança. Por exemplo, 57% dos entrevistados afirmaram confiar no rádio; 54%, na TV; e 40%, nas revistas.

Em contrapartida, cresceu a desconfiança nas redes sociais. Segundo a pesquisa do Ibope, 84% dos brasileiros confiam poucas vezes ou nunca confiam nas informações obtidas por meio das redes sociais. No estudo anterior, o índice de desconfiança era de 71%. Também se observou um aumento da desconfiança em relação aos *blogs* — de 69% para 83% — e aos *sites* — de 67% para 78%.

Os dados mostram que o público consegue distinguir, na mesma plataforma digital, as diferentes fontes de informação e perceber que cada uma merece um específico grau de confiança. Tal discernimento é de grande importância para a vida social e política.

De fato, o novo relatório *Digital News Project 2017*, do Reuters Institute, alerta para os efeitos das novas tecnologias sobre a qualidade da informação e da democracia. Ainda que sempre tenham existido notícias falsas, o fenômeno ganhou com as redes sociais uma nova proporção, com novos efeitos. Como lembra o relatório, citando Mark Thompson, "nossos ecossistemas digitais desenvolveram um ambiente quase perfeito para que notícias falsas ou distorcidas prosperem".

ILUSTRAÇÕES: GOODSTUDIO/SHUTTERSTOCK

A fragilidade do sistema informativo das redes sociais ficou evidente nas semanas prévias às eleições norte-americanas, quando houve um *boom* de compartilhamento de notícias falsas, dizendo, por exemplo, que o papa Francisco apoiava o então candidato Donald Trump ou que Hilary Clinton teria vendido armas ao Estado Islâmico. Nesse contexto, a vitória de Trump só fez crescer os temores em relação aos algoritmos utilizados pelas redes sociais para definir quais informações terão maior visibilidade.

É simplesmente impossível que a informação qualificada, com sólido suporte em fontes confiáveis, seja produto tão somente de uma fórmula matemática, necessariamente limitada ao aspecto quantitativo da realidade. Na apuração da notícia, continua sendo necessário o elemento humano, com seu olhar a captar aspectos imperceptíveis ao computador.

ILUSTRAÇÕES: GOODSTUDIO/SHUTTERSTOCK

O funcionamento da democracia depende da qualidade da informação. Opiniões políticas baseadas em mentiras nada mais são do que uma perversa manipulação das vontades. Por isso, é tão importante que a população seja capaz de discernir entre o que é jornalismo e o que não é. Só assim ela não estará vulnerável aos aproveitadores de plantão, que manobram com destreza as fragilidades do mundo digital em benefício próprio.

Notícia não é mero conjunto de caracteres, nem tampouco uma *commodity*. Ela tem muitas e graves consequências sociais e políticas. É por isso que a internet só fez aumentar a responsabilidade democrática do jornalismo. Mais do que nunca, cabe a ele prover à sociedade uma informação que vá além dos interesses dos poderosos.

O Estado de S. Paulo, 15 jan. 2017, p. A3.

• Análise do texto

1 No primeiro parágrafo, o autor apresenta uma pesquisa sobre a confiança dos brasileiros nos jornais, realizada em 2016. O que essa pesquisa comprova?

2 De acordo com o texto, a pesquisa também confirmou outro fato importante em relação aos jornais. Que fato é esse?

3 Outros veículos de comunicação, como o rádio, a televisão e as revistas, ganharam maior notoriedade e passaram a se destacar na mídia.

a) Em sua opinião, como se explica a perda de confiança do público nas redes sociais, inclusive com relação aos *blogs* e *sites*, mencionada no quinto parágrafo?

b) Releia o sexto parágrafo e responda por que, segundo o texto, é benéfica a habilidade do público de identificar a seriedade ou não de cada fonte de informação em plataformas digitais. Justifique sua resposta.

4 No sétimo e no oitavo parágrafos, é mencionado que o relatório *Digital News Project 2017* faz um alerta. Sobre que aspecto ele chama a atenção dos leitores?

a) Qual é a relação estabelecida entre esse aspecto e a democracia?

b) Em que eleição o uso de algoritmos para gerar notícias falsas pode ter prejudicado o processo democrático, de acordo com o texto?

c) Que outro elemento, além das fórmulas matemáticas, deveria ser usado para tornar confiável uma informação? Que elementos encontrados no texto justificam essa argumentação?

5 O articulista expõe o seu ponto de vista, ao afirmar que a democracia depende da divulgação de notícias confiáveis e verdadeiras para sobreviver.

a) De acordo com ele, como é possível manter o noticiário isento de mentiras?

b) Tendo em vista o texto, o que seria de fato jornalismo e o que não seria possível nomear como tal?

c) A seu ver, quem são os “aproveitadores de plantão” que deturpam as notícias, visando usurpar a vontade alheia?

6 Na conclusão, no último parágrafo, o que significa a frase “Notícia não é mero conjunto de caracteres, nem tampouco uma *commodity*.”?

- O editorial é um gênero textual argumentativo por meio do qual os jornalistas responsáveis por uma publicação apresentam a opinião oficial da publicação sobre um determinado assunto. Com que intenção esse editorial teria sido apresentado?

7 Explique o sentido desta frase, no contexto: “É por isso que a internet só fez aumentar a responsabilidade democrática do jornalismo”.

- Ao afirmar que a notícia pode gerar consequências desastrosas, tanto sociais como políticas, o que se pretende destacar?

8 Releia a última frase do texto e explique a argumentação final do articulista.

9 Identifique o sentido expresso pelos elementos de **coesão sequencial** destacados nas frases a seguir.

a) "**Além** dos jornais, outros meios de comunicação que fazem jornalismo profissional **também** têm boas taxas de confiança."

____

____

b) "**De fato**, o novo relatório *Digital News Project 2017*, do Reuters Institute, alerta [...]."

____

____

c) "**Ainda que** sempre tenham existido notícias falsas, o fenômeno ganhou com as redes sociais uma nova proporção [...]."

____

____

d) "**Por isso**, é tão importante que a população seja capaz de discernir entre o que é jornalismo e o que não é."

____

____

10 No texto, há termos e expressões que exercem a **coesão referencial**, substituindo outros termos colocados antes e assim evitando a repetição. A seguir, identifique que termo ou expressão a palavra destacada substitui, estabelecendo coesão. Situe as frases no contexto.

a) "Só assim **ela** não estará vulnerável aos aproveitadores de plantão, **que** manobram com destreza as fragilidades do mundo digital em benefício próprio."

____

____

b) "Na apuração da notícia, continua sendo necessário o elemento humano, com **seu** olhar [...]."

____

____

c) "Mais do que nunca, cabe a **ele** prover à sociedade uma informação [...]."

____

____

UNIDADE IV

Capítulo 8

Gêneros que argumentam com imagens

Gênero textual: anúncio publicitário

• Preparando

Leia o anúncio publicitário a seguir.

ALMAPBBDO

Deixam o pé coberto, mas o espírito continua soltinho, soltinho.
Havaianas Origine. Com solado original Havaianas.

1 Como todo texto persuasivo, o **anúncio publicitário** utiliza mecanismos de persuasão para interferir na vontade e na ação do destinatário da mensagem.

- Em geral, o anúncio publicitário promove um produto, que pode ser um bem material, um serviço, uma causa social e até mesmo uma ideia ou comportamento. Neste caso, com que objetivo o anunciante divulga o seu produto?

2 Nesse anúncio, há muitos elementos e identificá-los nos ajuda a entender a que público ele é dirigido. Faça uma brincadeira com seus colegas. Vocês têm 30 segundos para ver quem identifica o maior número de elementos no anúncio. Considerando os elementos que você e seu colega identificaram, que público-alvo ou consumidor o anunciante deseja atingir, em especial?

3 Observe que o anunciante faz parecer que todos os elementos de fundo "saem" do produto.

a) Quem é o anunciante ou os que atuaram como responsáveis pela publicação desse anúncio?

b) O que essa forma de apresentar o produto sugere?

c) Você acha que a associação feita pelo anunciante é significativa? Pode ajudar a vender o produto? Justifique sua resposta.

4 No anúncio publicitário, estão presentes, quase sempre, os seguintes elementos: **título, imagem, corpo do texto, identificação** ou **marca do produto, logotipo** e ***slogan***. No anúncio em estudo não há um título.

- Como aparece a marca do produto?

5 No anúncio, a **imagem** e o **corpo do texto** estão em sintonia e desenvolvem a ideia sugerida pelo título. O texto principal é:

"Deixam o pé coberto, mas o espírito continua soltinho, soltinho".

- O que o texto destaca nesse anúncio?

6 Após o texto principal, lemos: "Havaianas Origine. Com solado original Havaianas". Qual a importância dessa informação?

7 O ***slogan*** representa uma frase curta, que se memoriza com facilidade e visa firmar na lembrança do consumidor o produto oferecido. Qual é o *slogan* desse anúncio?

8 De modo geral, usa-se na publicidade uma linguagem objetiva e clara, com verbos no modo imperativo ou no presente do indicativo.

a) No anúncio em questão, houve o emprego desses modos verbais? Explique o emprego do modo imperativo em anúncios.

____

____

____

____

____

b) Às vezes, ocorre o emprego simultâneo da linguagem formal e da linguagem informal nos anúncios publicitários. Que tipo de linguagem aparece no anúncio em estudo?

____

____

____

c) Se tivesse que criar um anúncio para um produto como esse para um público jovem, que ideias você procuraria associar? De que forma? Explique como seria o seu anúncio.

____

____

____

____

____

• Sistematizando

O anúncio publicitário visa persuadir o leitor a consumir um **produto**, um **serviço** ou uma **marca**, a aderir a uma ideia, a realizar um patrocínio, etc. Nesse gênero textual, o recurso da persuasão é empregado com a finalidade de estimular o interesse das pessoas e a incentivá-las a fazer uma compra ou tomar uma atitude. O consumidor pode ser qualquer indivíduo ou um grupo específico, e o anunciante representa uma pessoa ou empresa com o objetivo de vender, comprar, trocar algo ou adotar uma postura ou atitude.

O leitor presumido pelo anunciante é sempre alguém que pertence a um grupo que possa ter interesse naquilo que está sendo oferecido. Todo o texto do anúncio é pensado considerando as características desse leitor.

No anúncio, é possível observar, em geral, os seguintes elementos: **título**, **imagem**, **texto verbal**, **identificação do produto**, **serviço** ou **marca**, **logotipo** e ***slogan***. A imagem pode ser um desenho, uma montagem, uma fotografia, etc. Ela é selecionada com a intenção de atrair e envolver o consumidor, por isso costuma ser sugestiva e original.

Além da imagem, costuma ter destaque no anúncio o *slogan* — uma frase, com ou sem verbo, fácil de memorizar, elaborada com a intenção de chamar a atenção do leitor para aquilo que está sendo oferecido no anúncio. No texto em letras menores, as frases costumam ser concisas e objetivas, com vocabulário adequado ao público que se quer influenciar. Muitas vezes, faz-se um jogo de palavras ou ideias com as características do produto, sempre visando chamar a atenção do leitor. A identificação do produto, serviço ou marca funciona como a "assinatura" do anunciante, e, quase sempre, é apresentado o logotipo do produto ou da empresa responsável pelo produto ou serviço anunciado.

Em resumo:

Anúncio publicitário é um gênero textual do tipo persuasivo, composto de imagem e texto verbal, que visa convencer o leitor a consumir um produto ou a aderir a uma iniciativa.

• Produção de texto: anúncio publicitário

1ª proposta — Produção de um anúncio de passeio em um ponto turístico

- Faça um anúncio promovendo as belezas e os privilégios de conhecer lugares fantásticos, não só pelos encantos naturais, mas também pelas características locais e culturais.
- Defina a estratégia que você vai adotar para persuadir os leitores do anúncio a conhecer esses locais turísticos. Redija o *slogan* na parte superior da folha; crie uma frase bem convincente. Em seguida, escreva a(s) frase(s) de destaque na parte central.
- Redija o texto principal, com um ou mais parágrafos curtos, exaltando a importância de uma vida saudável. Enfatize o fato de que viajar pode nos trazer alegrias e também contribuir para harmonizar corpo e mente. Use argumentações que despertem o interesse do público-leitor pelo turismo em nosso país ou no exterior.
- Empregue verbos no imperativo e a variedade padrão da língua. Invente nomes de empresas patrocinadoras do anúncio e coloque-os na parte inferior, com os respectivos logotipos.
- Releia sua produção e avalie se as orientações foram seguidas. Modifique o que for necessário e troque seu texto com um colega. Depois, passe o anúncio a limpo, usando as imagens apresentadas ou outras semelhantes pesquisadas na internet. Organize com a turma, sob a orientação do professor, um "Painel de anúncios" e apresente seu trabalho para os colegas.

2ª Proposta — Produção de anúncio sobre Educação

- Planeje a criação de um anúncio para divulgar a Educação em nosso país. Com uma ou duas frases sugestivas, crie o *slogan* do anúncio. O anúncio deve incentivar pessoas de escolaridade incompleta a retornar à escola para concluir os estudos.
- Seja persuasivo e reforce a ideia de que a Educação é um direito de todo cidadão e que, sem ela, o ser humano não é totalmente livre.
- Redija um parágrafo com frases convincentes, capazes de persuadir o leitor. Faça-o entender os argumentos, levando-o a buscar novos caminhos. Fortaleça a argumentação, lembrando ao leitor que tanto ele como a família e a sociedade só terão a ganhar com mais um cidadão escolarizado.
- A linguagem deve ser objetiva e clara. Por isso, empregue argumentos bem fundamentados e, se necessário, pesquise sobre o assunto, antes de escrever o corpo do texto. Faça um rascunho e depois passe o trabalho a limpo no papel, com uma imagem pesquisada na internet.
- Empregue a variedade padrão da língua, mas use um tom informal para se aproximar do leitor, tratando-o por "você". Utilize o imperativo para dar ênfase à argumentação.

- Avalie seu anúncio, lendo-o antes de trocá-lo com um colega. Observe se todas as orientações foram seguidas.
- Na parte final do texto, coloque alguns nomes fictícios de empresas com seus logotipos, como patrocinadoras do anúncio. Não se esqueça de passar o anúncio a limpo numa folha de cartolina. Exponha-o em um dos murais da sala ou da escola para que todos possam lê-lo.

Gênero textual: cartaz

• Preparando

O **cartaz** é um gênero textual utilizado, em geral, para informar as pessoas sobre determinado assunto ou incentivá-las a tomar determinada atitude.

Leia o cartaz a seguir e observe a imagem.

ACERVO DO MINISTÉRIO DA SAÚDE/GOVERNO FEDERAL

Cartaz da Campanha Nacional de Divulgação da Lei Antifumo: Ambientes Livres do Tabaco, 2014.

1 O cartaz em questão apresenta informações importantes para as pessoas. Identifique o assunto do cartaz.

2 Pode-se dizer que esse cartaz apresenta recursos visuais e textuais eficazes? Explique por quê.

3 A principal característica dos cartazes é que são afixados em paredes ou outro suporte em locais de grande circulação de pessoas. Não têm, portanto, um leitor específico. Todos os que passam perto do cartaz devem ser capazes de entendê-lo. Tendo em vista essas características, classifique a linguagem do cartaz e explique por que foi usado esse tipo de linguagem.

4 O cartaz normalmente é afixado em lugares pelos quais as pessoas estão só de passagem. Por isso, ele precisa atrair a atenção de quem passa. Nesse caso, como o cartaz atrai a atenção do leitor?

5 Os cartazes normalmente combinam texto verbal e não verbal, ou seja, palavras e imagens. Qual é sua opinião sobre as imagens do cartaz em estudo?

6 Os cartazes geralmente apresentam um **título**, escrito com destaque, e um ou mais **textos**, em letra menor, mais longos e detalhados. Considere apenas o título do cartaz. Sem ler o texto em letras menores, seria possível entendê-lo? Justifique sua resposta.

7 Nos cartazes, a empresa ou entidade responsável pela mensagem pode ser identificada pelo nome, pelo logotipo ou por ambos. Identifique o nome e o logotipo dos órgãos que criaram o cartaz.

____

____

____

____

____

• Sistematizando

Os cartazes são produzidos para exibição em locais de grande circulação de público, sendo normalmente afixados em paredes ou outros suportes. Apresentam, em geral, imagem, título e texto verbal, com linguagem simples, direta e atraente.

O cartaz não é propriamente um gênero textual do tipo persuasivo, embora esteja bem próximo da estrutura do anúncio. Seu conteúdo é mais expositivo do que persuasivo; ele mais apresenta o assunto do que tenta convencer o leitor. A intenção persuasiva está, muitas vezes, implícita na mensagem do cartaz.

Assim,

> **Cartaz** é um gênero textual que serve para informar ou convencer as pessoas sobre determinado assunto. Os cartazes são produzidos para exibição em locais de grande circulação de público, sendo normalmente afixados em paredes ou em outros suportes. Apresentam, em geral, imagem, título e texto verbal, com linguagem simples, direta e atraente.
>
> O cartaz não é propriamente um gênero textual do tipo persuasivo, embora esteja bem próximo da estrutura do anúncio. Seu conteúdo é mais expositivo do que persuasivo; ele mais apresenta o assunto do que tenta convencer o leitor. A intenção persuasiva está, muitas vezes, implícita na mensagem do cartaz.

• Produção de texto: cartaz

1ª proposta — Produção de cartaz sobre economia de água

Há muitas maneiras de economizar água e de preservar a qualidade dessa substância em mares, rios e lagos. Você e seus colegas produzirão cartazes que incentivem a economia e a preservação da água.

Sigam as instruções.

1ª etapa: discussão em grupo

- Sob a orientação do professor, reúna-se em grupo com alguns colegas.
- Conversem a respeito da preservação e da economia de água, definindo que medidas são importantes para garantir esses dois objetivos. Anotem os resultados da troca de ideias.

2ª etapa: produção do cartaz

- Metade dos grupos ficará encarregada de fazer cartazes para incentivar a economia de água. A outra metade criará cartazes para estimular o cuidado com a água de mares, rios e lagos. O professor ajudará a definir quais grupos cumprirão cada tarefa.

- Como os cartazes serão afixados nas paredes da escola, devem ser grandes o suficiente para que possam ser vistos por quem estiver de passagem. Uma cartolina tem o tamanho ideal.
- A linguagem do cartaz deve ser clara, com frases curtas e simples, já que o público será bem diversificado, incluindo colegas mais novos que vocês. Para conquistar a simpatia do leitor, vocês podem usar linguagem informal e gírias.
- Pensem no título do cartaz, que deve ser uma palavra ou frase significativa, capaz de chamar a atenção e transmitir a ideia principal.
- Escolham uma imagem relacionada ao título, que pode ser um desenho feito por vocês mesmos ou uma foto recortada de jornais e revistas. Depois, elaborem um texto curto que complemente ou explique melhor a ideia do título.
- Inicialmente, deverá ser feito apenas um esboço do cartaz. O professor determinará uma data para a apresentação dos esboços entre os grupos.
- A avaliação dos esboços será feita por meio de uma discussão coletiva, organizada pelo professor.
- Observe o trabalho dos outros grupos e verifique se o objetivo do cartaz de seu grupo está claro, se o título chama a atenção do leitor, se a imagem e o texto estão coerentes e se a linguagem empregada é adequada ao público. Faça sugestões, se achar necessário.
- Cada grupo terá um prazo determinado pelo professor para corrigir e finalizar o cartaz. Em data e local combinados com o professor, os cartazes serão afixados na escola.

2ª proposta — Produção de cartaz para uma campanha de combate à dengue, ao zika vírus, à chikungunya ou à febre amarela

- Pesquise em jornais, revistas ou na internet cartazes de prevenção contra os mosquitos que causam a dengue, o zika vírus, a chikungunya ou a febre amarela.
- Pesquise também outras informações sobre esse assunto.
- Em grupo, criem um cartaz, aproveitando ideias dos exemplos pesquisados, com um alerta às pessoas sobre os riscos de contrair uma dessas doenças e como evitar contrair os vírus.
- Depois de definir o conteúdo dos textos, discutam a composição do cartaz. Verifiquem se vão usar imagens já apresentadas ou diferentes; neste caso, vocês podem desenhar novas imagens. Pensem no título e nos assuntos que serão abordados. Decidam também se vão fazer o trabalho à mão ou no computador.
- Lembrem-se de que a imagem deve chamar a atenção, assim como o título do cartaz. Quanto mais criativo for o cartaz, maior interesse ele vai despertar.
- Os textos podem dar orientações e sugestões ao leitor, por exemplo: “Evite a dengue, essa doença mata em pouco tempo!”; “Cuidado com a água parada: é aí que o mosquito da dengue prolifera!”; “Caso identifique algum sintoma da dengue, vá logo a um médico e se cuide!”. Incluam informações e argumentos importantes, que convençam o público-leitor a agir de forma consciente para se precaver contra a doença.
- Lembrem-se de que a linguagem deve ser adequada aos interlocutores. Nesse caso, para atingir todo o público, utilizem uma linguagem simples e direta. Empreguem verbos no imperativo e criem um *slogan* para o cartaz.
- Inventem um logotipo e um nome para representar seu grupo (“Guardiães da saúde contra a dengue”, por exemplo). Definam como os elementos serão dispostos no cartaz e elaborem um rascunho dele.
- Avaliem o rascunho. Primeiro, releiam o texto verbal e o título, modificando o que não ficou de acordo. Observem se a linguagem ficou atraente e persuasiva e, ainda, se as imagens selecionadas ou os desenhos produzidos estão adequados ao texto.
- Só então passem o trabalho a limpo numa folha de cartolina (ou o imprimam, caso tenham feito o cartaz no computador). Com a orientação do professor, exponham os cartazes na biblioteca da escola e na sala de aula.

Produção e estilo — A intertextualidade: o diálogo entre textos

Dá-se o nome de **intertextualidade** ao diálogo ou relação entre dois ou mais textos (verbais ou não verbais). Essa inserção de um texto em outro se faz, em geral, apenas com o uso de um pequeno fragmento, mas é possível explorar um texto mais extenso, como no exemplo estudado.

A produção de um texto requer também a mobilização de conhecimentos adquiridos pela leitura de outros textos. Por isso, nenhum texto está inteiramente isolado de qualquer outro; as relações intertextuais estão sempre presentes. Em alguns textos, essas relações se estabelecem de forma clara; em outros, ocorrem de forma mais implícita. Não só na literatura se observa a produção de obras intertextuais, mas nas artes de um modo geral. Na pintura, existem vários exemplos.

A persistência da memória (1931), texto-fonte do pintor surrealista catalão Salvador Dalí (1904-1989), foi recriado como paródia, servindo de inspiração para um quadro do pintor brasileiro Rodrigues Lima. Observe e compare as duas obras.

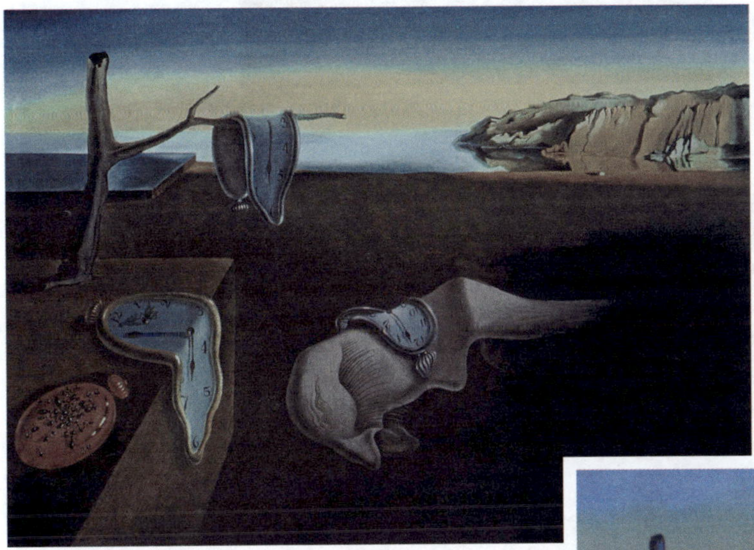

BRIDGEMAN IMAGES/KEYSTONE BRASIL - MUSEU DE ARTE MODERNA, NOVA IORQUE - © SALVADOR DALÍ, FUNDACIÓN GALA-SALVADOR DALÍ/AUTVIS, BRASIL, 2019.

A persistência da memória, de Salvador Dalí, 1931. Óleo sobre tela, 24 cm × 33 cm.

RODRIGUES LIMA - GALERIA GAMELA DE ARTES, JOÃO PESSOA

Quem será o Salvador Dalí I, de Rodrigues Lima, 2018. Óleo sobre tela, 80 cm × 100 cm.

Observe também o quadro *Caipira picando fumo* (1893), do pintor brasileiro Almeida Júnior (1850-1899), que inspirou outra obra intertextual. Em *Chico tirando palha de milho* (2000), o quadrinista brasileiro Mauricio de Sousa (1935) retomou elementos do quadro original. Ele recriou a figura do trabalhador rural, pintada por Almeida Júnior, estabelecendo um diálogo intertextual não verbal com seu conhecido personagem dos quadrinhos, o Chico Bento, que representa um estereótipo do caipira brasileiro.

Chico tirando palha de milho, de Mauricio de Sousa, 2000. Acrílica sobre tela, 164 cm × 125 cm.

Caipira picando fumo, de Almeida Júnior, 1893. Óleo sobre tela, 202 cm × 141 cm.

Na relação de um texto com outro, apresentada de forma explícita como nessas imagens, novos significados podem emergir. Para apreendê-los, é importante reconhecer as referências usadas. Afinal, a criação é, em grande medida, influenciada pela bagagem cultural do artista, e o bom leitor sabe perceber nas entrelinhas as referências a outras obras.

As produções intertextuais podem ter diferentes propósitos (recriação, releitura, reflexão, crítica, humor, etc.) e aparecem na literatura, na música, no cinema, na publicidade — enfim, em muitas formas de expressão e comunicação. A intertextualidade nos mostra que os temas são universais, mas que a maneira de abordá-los pode variar de acordo com o indivíduo, a época, o gênero e a intenção.

Em determinados casos de intertextualidade, é comum a explicitação da fonte dos textos utilizados, com o objetivo de fundamentar as ideias expostas. Quase sempre, o produtor emprega a intertextualidade explícita para despertar o interesse do leitor pela sua produção, a partir do "chamariz" representado pelo texto original. A intertextualidade implícita ocorre na comunicação em geral, na produção de anúncios, textos literários, tiras, filmes, provérbios, canções populares, etc.

Na literatura brasileira, são muitos os exemplos de textos que remetem a outros, por tratarem do mesmo personagem ou da mesma temática. Assim, quanto mais leituras você fizer, mais referências será capaz de perceber e mais recursos terá para apreender os significados e elaborar produções verbais e não verbais.

Todo texto, literário ou não, origina-se de outro, direta ou indiretamente. Portanto, qualquer texto que se refira a assuntos abordados em outros é exemplo de intertextualidade. Há casos em que a atividade intertextual resulta na produção de um novo texto com sentido diferente do original. Essa mudança de sentido ocorre quando o produtor apresenta um novo ponto de vista ou passa a analisar o texto-fonte. Nesse caso, ao empregar a intertextualidade, o produtor tem uma intenção argumentativa, apoiando-se nos mesmos argumentos contidos no texto original ou opondo-se a eles.

Concluindo:

Intertextualidade é o diálogo entre textos. Em outras palavras, é a criação de um novo texto a partir de outros já existentes.

• Paródia e paráfrase

A **paródia** é uma forma de intertextualidade e caracteriza-se pelo humor e pela ironia, ao apresentar uma releitura crítica e jocosa de outras obras. Neste capítulo, mostramos alguns exemplos de paródia. Os quadros de Rodrigues Lima e Mauricio de Sousa são paródias (não verbais) de pinturas famosas.

Paródia é a releitura ou imitação jocosa de uma obra, que usa o humor para reinterpretar, distorcer ou criticar as ideias originais.

O diálogo com um texto existente também pode ocorrer por meio da **paráfrase**, que recria o texto original com outras palavras, mas conserva suas ideias. Leia a seguir os versos de um poema-fonte (texto 1) e de sua paráfrase (texto 2).

Texto 1

SAUDADES

Deserta a casa está. Entrei chorando,
De quarto em quarto, em busca de ilusões!
Por toda a parte as pálidas visões!
Por toda a parte as lágrimas falando!

Vejo meu pai, na sala caminhando,
Da luz da tarde aos tépidos clarões;
De minha mãe escuto as orações
Da alcova aonde ajoelhei, rezando.

Brincam minhas irmãs (doce lembrança!...)
Na sala de jantar... Ai! mocidade,
És tão veloz, e o tempo não descansa!

Ó sonhos, sonhos meus de claridade!
Como é tardia a última esperança!...
Meu Deus, como é tamanha esta saudade!...

BONIFÁCIO, José. O moço. *Rosas e goivos*. São Paulo: Tip. Liberal, 1848.

Texto 2

VISITA À CASA PATERNA

Como a ave que volta ao ninho antigo,
Depois de um longo e tenebroso inverno,
Eu quis também rever o lar paterno,
O meu primeiro e virginal abrigo.

Entrei. Um gênio carinhoso e amigo,
O fantasma, talvez, do amor materno,
Tomou-me as mãos, olhou-me, grave e terno,
E passo a passo, caminhou comigo.

Era esta a sala... (oh! se me lembro, e quanto!)
Em que, da luz noturna à claridade,
Minhas irmãs e minha mãe... O pranto

Jorrou-me em ondas... Resistir quem há-de?
Uma ilusão gemia em cada canto,
Chorava em cada canto uma saudade.

GUIMARÃES JR., Luís. In: TAVARES, Hênio. *Teoria literária*. Belo Horizonte/Rio de Janeiro: Villa Rica, 1991.

Observe que os dois sonetos desenvolvem o mesmo tema: o saudoso regresso à casa paterna. Na primeira estrofe, ambos falam da chegada ao antigo e amado ninho. Já na segunda, vê-se a presença dos pais caminhando, em terna lembrança. Na terceira estrofe, aparecem as irmãs numa sala. E, na quarta, predomina o sentimento de ilusão e de saudade do aconchego familiar, que foi destruído pelo tempo.

Percebe-se então que um autor se inspirou no trabalho do outro, criando uma imitação ou paráfrase, isto é, um texto com outras palavras, porém com as mesmas ideias.

Paráfrase é a recriação de um texto com outras palavras, sem que se alterem as ideias originais.

Oficina Trabalhando a intertextualidade

- Leia a seguir trechos dos poemas de Manuel Bandeira (1886-1968), escritor da primeira fase do Modernismo brasileiro, e de Millôr Fernandes, autor contemporâneo (1923-2012).

Texto 1

VOU-ME EMBORA PRA PASÁRGADA

Vou-me embora pra Pasárgada
Lá sou amigo do rei
Lá tenho a mulher que eu quero
Na cama que escolherei
Vou-me embora pra Pasárgada

[...]

Em Pasárgada tem tudo
É outra civilização
Tem um processo seguro
De impedir a concepção
Tem telefone automático
Tem alcaloide à vontade
Tem prostitutas bonitas
Para a gente namorar

[...]

BANDEIRA, Manuel. *Poesia completa e prosa.* Rio de Janeiro: José Aguilar, 1974. p. 222. (Fragmento).

Texto 2

VOU-ME EMBORA DE PASÁRGADA

Que Manoel Bandeira me perdoe, mas
Vou-me embora de Pasárgada
Sou inimigo do Rei
Não tenho nada que eu quero
Não tenho e nunca terei

[...]

Pasárgada já não tem nada
Nem mesmo recordação
E nem fome nem doença
Impedem a concepção
Telefone não telefona
Drogas são falsificadas
E prostitutas aidéticas
São as nossas namoradas

[...]

FERNANDES, Millôr. *Folha de S.Paulo*, 18 mar. 2001. +mais!

1 No primeiro fragmento, o eu lírico exalta, em versos, seu desejo de partir para Pasárgada. Com base no texto, explique o que representaria esse lugar para ele.

____

____

2 De acordo com o poema, o que parece deixar o eu lírico mais insatisfeito e disposto a buscar outra vida, mais feliz? Justifique a resposta com exemplos do texto.

____

____

ILUSTRAÇÕES: WEBERSON SANTIAGO

3 No segundo fragmento, Millôr Fernandes criou um poema humorístico com base no texto de Manuel Bandeira. Trata-se de uma **paródia**, pois Millôr fez uma releitura divertida e irônica do trabalho anterior. No poema paródico, há versos que se contrapõem às ideias do poema original. Identifique, na primeira estrofe, os termos opostos.

4 Na segunda estrofe dos dois poemas, há também outras oposições de ideias. Compare-as em relação à Pasárgada imaginada pelos autores.

5 Nos dois poemas, os autores mencionam a concepção de formas diferentes. Releia estes versos: "Tem um processo seguro / De impedir a concepção" (Bandeira); "E nem fome nem doença / Impedem a concepção" (Millôr). Explique por que esse fato parece relevante para os dois.

6 Observe que os dois textos apresentam versos que lhes são comuns. Há construções bem semelhantes que, no entanto, expressam ideias diferentes.

a) Identifique os versos do texto 2 que retomam versos do texto 1, por meio de construções semelhantes.

b) Nos poemas em estudo, ocorre uma correspondência entre os textos, isto é, um diálogo entre eles, que recebe o nome de **intertextualidade**. O que os dois apresentam em comum quanto às ideias?

c) Que ideias divergentes os poemas em estudo apresentam em relação ao conteúdo?

- O poema "Muitas vozes", de Ferreira Gullar, aborda, de forma implícita, o tema da intertextualidade. A obra do escritor maranhense é marcada pelo lirismo, pela contestação e pelo engajamento político. Leia o poema com atenção.

MUITAS VOZES

Meu poema
é um tumulto:
a fala
que nele fala
outras vozes
arrasta em alarido.

estamos todos nós
cheios de vozes
que o mais das vezes
mal cabem em nossa voz

se dizes pera
acende-se um clarão
um rastilho
de tardes e açúcares
ou
se azul disseres
pode ser que se agite
o Egeu
em tuas glândulas

A água que ouviste
num soneto de Rilke
os ínfimos
rumores no capim
o sabor
do hortelã
essa alegria

A boca fria
da moça
o maruim na poça
a hemorragia da manhã

Tudo isso em ti
se deposita
e cala.
Até que de repente
um susto
ou uma ventania
(que o poema dispara)
chama
esses fósseis à fala.

Meu poema
é um tumulto, um alarido:
basta apurar o ouvido.

GULLAR, Ferreira. *Muitas vozes*. Rio de Janeiro: José Olympio/Bertrand, 2002.

Pera: tipo de interruptor de corrente elétrica que tem a forma da fruta de mesmo nome.
Rastilho: fio coberto de pólvora; carga explosiva; rasto, pegada.
Egeu: mar interior da bacia do Mediterrâneo situado entre a Europa e a Ásia.
Rilke: Rainer Maria Rilke (1875-1926), escritor austríaco de língua alemã.
Maruim: tipo de mosquito.

WEBERSON SANTIAGO

1 Na primeira estrofe, o eu lírico cria uma metáfora ao comparar seu poema a "um tumulto".

a) Que sentido apresenta essa figura no contexto?

____

____

b) Ainda na primeira estrofe, por que o eu lírico parece dizer que a fala no poema não é dele?

____

____

c) A palavra *alarido*, na primeira estrofe, tem a mesma conotação que o substantivo *tumulto*. Explique o significado do último verso da estrofe: "arrasta em alarido".

2 No poema, o eu lírico dá a entender que todo texto se origina de outros textos, leituras ou vozes. Portanto, todos os textos são, em última análise, *intertextos*. Nesse caso, ao afirmar que "estamos todos nós/cheios de vozes", o que o eu lírico pretende sugerir?

3 Quando os textos se originam de outros textos com os quais o autor dialoga em sua escrita, temos a **intertextualidade**. No poema, o eu lírico afirma que as vozes muitas vezes "mal cabem em nossa voz". Isso ocorre porque:

( ) elas são tantas que não conseguimos escutá-las.

( ) as vozes se confundem e deixamos de entendê-las.

( ) como são muitas as vozes, é difícil lembrar-se de todas.

( ) nem sempre nossa voz consegue expressar todas as vozes.

4 Observe que, da terceira à penúltima estrofe, o eu lírico deixa de usar a 1ª pessoa e passa a empregar a 2ª pessoa do singular. Explique por que isso ocorre.

5 Na terceira, quarta e quinta estrofes, o eu lírico se dirige ao leitor.

a) Com que intenção ele faz isso?

b) De acordo com essas estrofes, que ideias ou imagens podem surgir com a expressão de uma simples palavra?

6. A intertextualidade se caracteriza pelas relações estabelecidas entre textos com base em leituras e interpretações.

a) Releia a sexta estrofe e interprete os três primeiros versos, tendo em vista o contexto.

____

____

b) Segundo essa estrofe, como surgem as vozes que se mantinham caladas?

____

____

7. Na estrofe final, o eu lírico volta a usar a 1ª pessoa e a caracterizar seu poema como "um tumulto, um alarido". O que ele quis dizer no último verso?

____

____

• Produção de texto: a intertextualidade

Proposta — Produção de um poema de amor com uso da intertextualidade

Leia a seguir um trecho do texto bíblico "Coríntios 13", que fala do amor. Em seguida, leia algumas estrofes que compõem a letra de "Monte Castelo", uma famosa canção interpretada por Renato Russo. Observe que ela contém versos de um conhecidíssimo soneto de Camões e certos fragmentos que dialogam com o texto bíblico. Portanto, a intertextualidade está presente na letra da canção.

Texto 1

Coríntios 13

Ainda que eu falasse as línguas dos homens e dos anjos, e não tivesse amor, seria como o metal que soa ou como o sino que retine.

E ainda que tivesse o dom de profecia, e conhecesse todos os mistérios e toda a ciência, e ainda que tivesse toda a fé, de maneira tal que transportasse os montes, e não tivesse amor, nada seria.

E ainda que distribuísse toda a minha fortuna para sustento dos pobres, e ainda que entregasse o meu corpo para ser queimado, e não tivesse amor, nada disso me aproveitaria.

O amor é sofredor, é benigno; o amor não é invejoso; o amor não se vangloria, não se ensoberbece.

Não se porta inconvenientemente, não busca os seus próprios interesses, não se irrita, não suspeita mal.

Não se regozija com a injustiça, mas se regozija com a verdade.

Tudo sofre, tudo crê, tudo espera, tudo suporta.

ESB PROFESSIONAL/SHUTTERSTOCK

Disponível em: <https://www.bibliaonline.com.br/acf/1co/13>. Acesso em: 18 jun. 2019.

Texto 2

MONTE CASTELO

Ainda que eu falasse a língua dos homens
E falasse a língua dos anjos
Sem amor eu nada seria

É só o amor, é só o amor
Que conhece o que é verdade
O amor é bom, não quer o mal
Não sente inveja ou se envaidece

O amor é fogo que arde sem se ver
É ferida que dói e não se sente
É um contentamento descontente
É dor que desatina sem doer

Ainda que eu falasse a língua dos homens
E falasse a língua dos anjos
Sem amor eu nada seria

É um não querer mais que bem querer
É solitário andar por entre a gente
É um não contentar-se de contente
É cuidar que se ganha em se perder

RUSSO, Renato. Monte Castelo. In: *As quatro estações*, 1989. (Fragmento).

WEBERSON SANTIAGO

- Você vai produzir um poema ou texto em prosa que dialogue com os textos lidos, tendo como tema também o amor.
- Se quiser, utilize apenas alguns trechos ou versos dos textos-fonte. Ou, ainda, coloque um trecho mais extenso.
- Procure ser criativo, desenvolvendo um texto literário ou lírico, para expor suas ideias sobre o amor. Observe que, nos dois textos-fonte, os autores buscam definir as características desse sentimento e falam de sua importância em nossas vidas, sempre valorizando as suas virtudes.
- Na letra da música "Monte Castelo", o autor também dialoga com um soneto de Luís Vaz de Camões, na terceira e quinta estrofes. Observe o emprego das figuras de linguagem, em especial a criação de metáforas, paradoxos e antíteses.
- No poema, você pode alternar versos longos com versos mais curtos, sem rima. Como nos versos do poema de Camões, você pode também criar rimas, redigindo um soneto.
- Troque seu poema ou texto em prosa com o de um colega. Comente o conteúdo e o uso da intertextualidade. Verifique se o texto revela semelhanças ou correspondências com os textos-fonte, que serviram de inspiração.
- Passe o texto a limpo, alterando antes o que for necessário. Organize um mural com os colegas, na sala, sob a orientação do professor, e afixem os textos. Se quiserem, ilustrem os trabalhos, depois leiam e deem opiniões sobre eles.

Capítulo 9 Artigo de opinião e editorial

Gênero textual: artigo de opinião

• Preparando

Leia e analise o artigo de opinião a seguir.

BOATOS NA INTERNET

O uso exagerado dos aparelhos tecnológicos e o tempo que crianças e jovens gastam na internet são questões que preocupam os pais. Eles querem saber se devem bisbilhotar os aparelhos para saber o que e com quem os filhos falam, se devem colocar filtros que restringem determinados conteúdos, etc.

É pequeno o número de pais que reflete a respeito da quantidade de informações incorretas e/ou falsas com as quais os filhos têm contato na rede, e que dialoga com eles sobre esses assuntos. Precisamos pensar a esse respeito, porque os mais novos ainda não têm formação crítica para diferenciar conteúdos que têm relação com a realidade daqueles que são inventados, por exemplo.

Um estudo da Universidade Stanford, com quase 8.000 estudantes que frequentam do Ensino Fundamental 2 à faculdade, apontou que cerca de 82% deles não conseguiram distinguir uma notícia real de conteúdos patrocinados em um *site*.

Não é surpreendente? Surpreendente e perigoso, porque os mais novos consomem esses conteúdos e os incorporam como se fossem saberes! Por isso, é preciso dialogar com os filhos sobre o que eles leem e veem nas redes que frequentam, além de tutelar o seu uso.

Aliás, inúmeros adultos também caem nessas armadilhas nas redes. Não é à toa que pelo menos dois *sites* bem conhecidos — o boatos.org e o e-farsas.com — dedicam-se exclusivamente a desmentir notícias compartilhadas milhares de vezes e que não têm relação com a realidade.

Muitos trabalhos escolares que os alunos fazem consultando a internet apresentam incorreções históricas gritantes que eles não identificam. Por isso, a escola também tem grande responsabilidade nessa história. Em vez de apenas pedir aos alunos trabalhos de busca na internet, precisam avaliar com eles o que e onde eles encontraram tal conteúdo e analisar o que trouxeram, para que aprendam conteúdos corretos e o bom uso que é possível fazer da rede nas questões escolares.

Jovens numa sessão de cinema: o entretenimento em boa companhia é uma das melhores opções para evitar o desperdício de tempo nas redes sociais.

SYDA PRODUCTIONS/SHUTTERSTOCK

Muitas crianças e adolescentes idolatram alguns de seus pares que têm canais no YouTube com milhares de seguidores. Muitos desses canais apresentam, porém, discursos vazios e que exaltam as qualidades disto ou daquilo, o que é patrocinado, mas não esclarecem isso aos seus ingênuos espectadores.

Sobre isso, conversei recentemente com a mãe de duas meninas que estão prestes a entrar na adolescência. Elas queriam ir a um lugar para ver — apenas ver — uma jovem *youtuber* que elas veneram e a mãe nem sabia. Precavida, ela pediu para assistir com as filhas a alguns vídeos dos quais elas gostavam e logo percebeu que a *youtuber* não falava nada, mas usava muitas palavras. Você sabia que alguns desses *youtubers* e blogueiros têm livros publicados que são sucessos editoriais entre adolescentes e crianças?

Essa mãe explicou às filhas a inutilidade do que elas viam e ouviam e trocou o passeio por um espetáculo teatral, que as filhas curtiram muito, por sinal, e vai dedicar-se a procurar na internet canais que acrescentem algo na formação das filhas.

Oferecer o uso da internet a crianças pequenas é bobagem: elas têm muito o que aprender no mundo real, na natureza, no contexto em que vivem. Os maiores podem, além do entretenimento, usar muito bem a rede, desde que tenham boa companhia para comentar o que absorvem dela. Pais e escola devem ser essas boas companhias.

SAYÃO, Rosely. *Folha de S.Paulo*, 6 dez. 2016, p. B2. Cotidiano.

1 O **artigo de opinião** é um texto argumentativo que se caracteriza pela defesa de um ponto de vista. Trata-se de um gênero textual bastante solicitado em exames.

a) O artigo de opinião constitui-se de três partes principais: a **introdução**, o **desenvolvimento** e a **conclusão**. Qual é o ponto de vista defendido pelo artigo em estudo? Em que parágrafo do texto se pode encontrar essa informação?

____

____

____

b) É normal que os pais fiquem inseguros, quando veem os filhos, ainda crianças ou adolescentes, atraídos pela internet durante horas. Em sua opinião, o que os pais devem fazer? Troque ideias com os colegas e responda.

____

____

2 No **desenvolvimento** do artigo, que se inicia no segundo parágrafo, ocorre a discussão do tema, com base em argumentos bem fundamentados.

a) Logo no início, a articulista apresenta opiniões pessoais sobre o comportamento da maioria dos pais em relação ao uso da internet pelos filhos. Qual é a crítica feita aos pais?

____

____

____

b) Diante desse quadro, a articulista propõe aos pais e adultos que estejam atentos, participando com os filhos das escolhas e avaliações dos conteúdos na rede. Explique por que a divulgação de notícias falsas na internet se tornou um problema grave, principalmente entre os mais novos.

____

____

3 O artigo de opinião em estudo apresenta o resultado de uma pesquisa que reforça o ponto de vista da autora.

a) O que a pesquisa citada no texto comprovou?

______

______

______

b) Ainda no desenvolvimento, uma pergunta inicia o quarto parágrafo, como forma de dar continuidade às ideias. Qual é o ponto de vista da articulista sobre o tema abordado?

______

______

______

c) A propagação de boatos ou de notícias falsas na internet gerou a criação de *sites* para diferenciar uma notícia de um boato. Em sua opinião, qual é o objetivo de quem produz informações enganosas?

______

______

______

4 No sexto parágrafo, a autora expõe argumentos sobre a função e a responsabilidade da escola quanto à utilização da internet nos estudos. Qual é a opinião dela sobre essa questão?

______

______

______

5 Que crítica argumentativa a articulista desenvolve, no sétimo parágrafo, ao mencionar a paixão de crianças e adolescentes por programas de sucesso no YouTube?

______

______

6 Dando sequência às ideias expostas no parágrafo anterior, a articulista acrescenta uma **exemplificação**, recurso comum em artigos de opinião.

a) Qual foi o objetivo da autora ao apresentar um exemplo no oitavo parágrafo?

______

______

b) A mãe das duas adolescentes mencionadas no texto mostrou-se não só prudente, mas também inteligente, ao dialogar com as filhas e assistir aos vídeos dos quais elas gostavam. Em geral, qual é o comportamento dos pais em relação a esse assunto? Exponha suas opiniões.

c) No último período do oitavo parágrafo, a autora se dirige aos leitores com uma pergunta. Por que o que ela expõe é preocupante?

7 Na **conclusão** do artigo de opinião, quase sempre há um retorno à tese inicial, para reforçá-la. Nesse caso, ocorre esse retorno?

8 Observe que a autora utiliza certos recursos que unem os parágrafos, para manter a **coesão referencial** e **sequencial** dos termos, orações e períodos.

a) No quarto parágrafo, que palavras a autora empregou para substituir outras, evitar repetição e produzir coesão referencial?

b) Identifique o sentido dos **marcadores sequenciais** destacados que unem orações, mantendo a coesão dos parágrafos. Se necessário, situe o trecho no texto.

I) "Surpreendente e perigoso, **porque** os mais novos consomem esses conteúdos [...]."

II) "[...] analisar o que trouxeram, **para que** aprendam conteúdos corretos."

III) "[...] logo percebeu que a *youtuber* não falava nada, **mas** usava muitas palavras."

IV) "Os maiores podem, além do entretenimento, usar muito bem a rede, **desde que** tenham boa companhia [...]."

9 Em geral, a variedade padrão é empregada nos artigos de opinião.

a) No artigo em questão, qual foi a variedade linguística utilizada? Por quê? Justifique sua resposta, com base no texto.

b) Que tempo e pessoa verbal predominam no texto? Justifique sua resposta.

• Sistematizando

O **artigo de opinião** é um texto argumentativo que defende um ponto de vista sobre uma questão polêmica, muitas vezes debatida em sociedade. Ele é elaborado com a intenção de convencer o leitor a concordar com a tese apresentada pelo autor do texto.

Essa tese pode ser apresentada no início do artigo, ou pode ser construída ao longo do texto, como fez Rosely Sayão. Não basta, porém, apresentar um ponto de vista qualquer a respeito do assunto. É preciso fundamentá-lo. Para isso, vários recursos podem ser empregados. No texto analisado, a autora apresentou um argumento, expôs o resultado de um estudo, destacou fatos e opiniões para justificá-lo e, com base nesses elementos, desenvolveu outras argumentações, fundamentando a tese. Há, contudo, diversas possibilidades na fundamentação de uma tese. É possível empregar contra-argumentos, analogias, comparações, dados estatísticos e opiniões de especialistas, entre outros recursos.

O **contexto de circulação** do artigo de opinião é, via de regra, o meio jornalístico. Os articulistas, em geral, mantêm colunas em jornais ou revistas, impressos ou digitais, nos quais publicam seus artigos a respeito de temas relevantes e polêmicos.

O artigo de opinião sempre é assinado. Diferentemente do editorial, que será estudado em seguida, as opiniões expressas nos artigos de opinião nem sempre coincidem com o ponto de vista defendido pela direção do jornal ou da revista. Como no caso do artigo de Rosely Sayão que você analisou, muitas vezes o articulista emprega em alguns momentos a 1ª pessoa, pois o artigo de opinião tem uma marca muito pessoal de seu autor. Aliás, são justamente a linha de raciocínio e o estilo do artigo que fazem o sucesso de seu autor e conquistam leitores para o jornal ou revista.

A linguagem empregada no artigo de opinião segue a norma culta da língua, em razão do contexto de circulação e do público-alvo.

Resumindo:

Artigo de opinião é um gênero textual argumentativo que pertence à esfera jornalística e visa expressar o ponto de vista do autor sobre determinado assunto. Em geral, apresenta uma tese e argumentos que fundamentam a posição do articulista, com o objetivo de convencer o leitor da pertinência das opiniões expostas.

• Produção de texto: artigo de opinião

1ª proposta — Produção de artigo de opinião baseado em reportagem

Leia a reportagem a seguir, em que a autora expõe uma questão polêmica: a distribuição do sistema de cotas para ingresso em universidades brasileiras.

RANGIZZZ/SHUTTERSTOCK

A ética das cotas

Pelo menos oito universidades federais são alvos de fraudes em que candidatos brancos se declaram negros para garantir matrícula em cursos disputados. Como garantir que as vagas sejam preenchidas por quem tem direito?

Branco, loiro e de olhos claros, Vinicius Loures, 23 anos, obteve uma vaga no curso de Medicina da Universidade Federal de Minas Gerais (UFMG) ao se declarar negro. Depois que seu caso veio à tona, junto com os de outros estudantes que se beneficiaram do sistema de cotas para entrar na faculdade, Loures afirmou que vai sair do curso e estudar para entrar de novo — da próxima vez, de maneira legítima. Enquanto isso, ele prefere não se pronunciar: "Agora é bola pra frente que eu tenho muito trabalho até resolver essa situação", afirmou. Em Minas Gerais, além da UFMG, são conhecidos casos de fraudes na Universidade Federal de Viçosa (UFV) e na Federal de Uberlândia (UFU). Pelo menos outras cinco instituições, em diferentes estados brasileiros, estão envolvidas com processos parecidos. Instituído por lei em 2012, o sistema de cotas obriga as universidades federais a destinarem uma porcentagem de vagas para pretos, pardos e indígenas proporcional à representação demográfica em cada estado. Em 2016, o número de vagas para cotas sociais e raciais já era maior do que para concorrência direta, afunilando chances dos candidatos. Com a medida já cristalizada social e juridicamente, o desafio é assegurar o benefício a quem a lei se destina. Mas como garantir a legitimidade do sistema?

Quem se inscreve por meio de cotas para um curso de Ensino Superior faz uma autodeclaração de raça. É o próprio candidato quem vai dizer se é branco, preto ou pardo. "Confiar nas pessoas sempre foi o melhor caminho", afirma Marcelo Paixão, coordenador do Laboratório de Análises Econômicas, Históricas, Sociais e Estatísticas das Relações Raciais (Laeser) da Universidade Federal do Rio de Janeiro (UFRJ) e professor da Universidade do Texas em Austin (EUA). "Mas diante do momento que vivemos, em que o mero estatuto da autodeclaração pode abrir margem para subversão do que está na lei, considero que deveria haver uma entrevista." Após as denúncias na UFMG, a instituição afirmou que adotará medidas mais rigorosas para 2018, inclusive com uma comissão para acompanhar as políticas de ações afirmativas. O comitê seguirá o exemplo de outras instituições que coíbem irregularidades. Em janeiro, a Universidade Federal do Paraná (UFPR) montou uma banca para verificar a autodeclaração dos candidatos de serem pretos ou pardos. Das 571 pessoas convocadas, cerca de 50 não compareceram e 81 tiveram a matrícula indeferida pela comissão.

Alunos expulsos

A criação de bancas para verificação da autodeclaração é obrigatória em concurso públicos desde 2016. O Ministério do Planejamento, Desenvolvimento e Gestão orienta que quem optar por concorrer a uma vaga pelo sistema de cotas raciais terá de passar pela análise de uma comissão que vai avaliar os aspectos fenotípicos — ou seja, a aparência do candidato. Para Paixão, a definição de raça está longe de ser simples e direta, mas acreditar no mito da miscigenação brasileira e no discurso da impossibilidade de se definir quem é negro ou branco dá margem a oportunismos. "Raça é algo captado no interior da sociedade, que a hierarquiza, dá mais oportunidades a um do que a outro", afirma. "A política de cotas não é fundamentada no nada, mas sim em uma prática social." Na Universidade Federal de Pelotas (UFPel), 26 alunos foram expulsos em dezembro de 2016 após uma comissão investigar a veracidade de autodeclarações. "Criamos uma comissão que concluiu que essas pessoas se declararam negros mas não teriam o fenótipo", afirma Alexandre Gastal, assessor da reitoria da UFPel. "Metade delas conseguiu judicialmente voltar para a universidade, e os processos ainda estão correndo. E outras dez pessoas foram convocadas para ocupar as vagas ociosas", diz Gastal. A comissão agora é permanente.

Há instituições que ainda estão engatinhando nessa questão e, nesses lugares, alunos e professores tomam as rédeas da investigação. Na Universidade Federal da Bahia (UFBA), o Comitê Contra Fraudes nas Cotas Raciais foi criado em maio deste ano e já entregou cerca de 30 denúncias à reitoria, que até agora não se posicionou sobre os casos. Sem resposta institucional, o grupo recorreu ao Ministério Público. Para a estudante Samira Soares, 22 anos, membro do comitê, as fraudes são visíveis no cotidiano da universidade. "Enquanto ativista, costumo falar sobre racismo. Há pessoas brancas que sabemos que se declararam negras na inscrição e que, na hora do debate em sala de aula, negam a luta das pessoas negras. É oportunismo", diz. Alex Vasques, 28 anos, também do comitê, que pretende construir uma rede nacional que garanta a efetividade das cotas. "Sou negro e não posso me passar por branco em nenhum ambiente. Por que é permitido que ocorra o contrário?"

MONKEY BUSINESS IMAGES/SHUTTERSTOCK

Grupo multiétnico de estudantes universitários trabalha em projeto na biblioteca da faculdade.

RANGIZZZ/SHUTTERSTOCK

BRANDALISE, Camila. *IstoÉ*, n. 2494, 4 out. 2017, p. 58-59.

Agora siga estas orientações.

- Faça uma pesquisa e leia sobre o assunto para obter mais conhecimento a respeito da situação atual do sistema de cotas e apresentar argumentações bem fundamentadas. Anote as ideias mais importantes e seu ponto de vista em relação ao tema.
- Lembre-se da organização e da estrutura do artigo de opinião. No início do texto, contextualize a questão e apresente claramente sua tese sobre o assunto.
- Decida que recursos argumentativos vai utilizar para fundamentar sua tese: exemplos, comparações, explicações, enumerações, dados estatísticos, citações de especialistas no assunto, contra-argumentos.
- Não se esqueça de empregar os elementos de coesão ou conectores de forma adequada, para que suas ideias fiquem coesas e coerentes.
- Procure defender suas opiniões com argumentos consistentes, que possam convencer o leitor de que sua tese sobre o sistema de cotas nas universidades apresenta um raciocínio analítico e coerente.
- Redija a conclusão, voltando à defesa da tese apresentada no início do artigo. Reforce a argumentação em torno de sua tese.

- Empregue a variedade culta da língua e a 3ª pessoa verbal. Se quiser, em alguns momentos poderá relatar uma experiência pessoal empregando a 1ª pessoa, como fez Rosely Sayão, desde que a experiência relatada sirva para fortalecer a sua tese.
- Feita a primeira versão, avalie seu artigo de opinião e veja se a estrutura está completa e bem organizada. Verifique se os recursos argumentativos empregados tornaram suas opiniões bem articuladas e convincentes. Releia o artigo e passe-o a limpo, fazendo as alterações necessárias.
- Troque seu texto com o de um colega e observe, no texto dele, a construção das ideias e a estrutura. Oriente-o, se necessário, na reformulação do artigo; em especial, no emprego dos recursos argumentativos e no uso da linguagem. Em grupo e com o apoio do professor, você e seus colegas vão ler os artigos e escolher dois que apresentem teses ou pontos de vista diferentes, para que sejam publicados no jornal da escola.

2ª Proposta — Produção de artigo baseado numa crônica argumentativa

O texto a seguir focaliza uma questão social que desafia as autoridades de nosso país: a violência urbana. O cronista, porém, apresenta fatos e soluções bem reais, que nos deixam otimistas. Leia a crônica e construa suas opiniões sobre o tema.

AS LIÇÕES DE CIDADES QUE SUPERARAM A CRIMINALIDADE

Como o Rio de Janeiro, Medellín e Miami pareciam reféns da criminalidade. Romperam o domínio da violência com planos de longo prazo

Numa edição de novembro de 1981, a capa da revista americana *Time* estampava a pergunta "*Paradise lost?*", que embutia o trocadilho com "paraíso perdido". A reportagem trazia um relato devastador sobre Miami, no sul da Flórida, tida como edênica por suas praias e clima ameno. A violência varria suas ruas com a disputa pela hegemonia na distribuição de cocaína entre o invasor Cartel de Medellín e criminosos locais. Eram comuns execuções à luz do dia. Em 1981, foram registrados 621 homicídios. O então presidente, Ronald Reagan, criou uma força-tarefa para a região. Em meados daquela década, a situação começou a melhorar. No ano passado, Miami anotou 231 homicídios. Recuperou o *status* de paraíso.

KAVEH KAZEMI/GETTY IMAGES

Medellín, Colômbia, 2019: Pessoas passam ao lado de um mural nas cercanias da Comuna 13, comunidade localizada na colina ao fundo.

A metamorfose ensina ao Rio de Janeiro que, sim, a violência é um processo reversível. É preciso, no entanto, ter um plano de longo prazo que envolva outras instâncias do governo. Além de policiamento, é necessário um trabalho de inteligência que envolva todas as esferas policiais, o Ministério Público e, se preciso, as Forças Armadas. É essencial atacar braços do crime organizado que, eventualmente, atuam na política e até no Judiciário. O Estado tem de entrar em áreas antes sob domínio da bandidagem, com ações sociais efetivas para inviabilizar, ou, pelo menos, tornar a bandidagem menos convidativa.

Não é preciso estar em um país rico para fazer isso. Com características similares ao Rio de Janeiro, a colombiana Medellín virou símbolo de cidade que conseguiu se regenerar. Em 1991, Medellín foi considerada a cidade mais violenta do mundo, com 6.809 homicídios, o triplo do Rio de Janeiro no ano passado. Sua iniciativa de ocupação policial permanente das áreas onde as quadrilhas se concentravam inspirou o modelo das Unidades de Polícia Pacificadora, as UPPs. Uma medida fundamental foi mudar a polícia: 17 mil homens, 20% do efetivo, foram afastados.

A violência só se mantém devido à proteção de braços do crime organizado em outras instâncias. Na virada dos anos 1990 para os 2000, uma força-tarefa do Ministério Público Federal interveio no Espírito Santo, onde o crime organizado estava infiltrado nos Poderes Executivo, Legislativo e Judiciário. Até o presidente da Assembleia Legislativa, José Carlos Gratz, foi preso. O número de homicídios cai desde 2010 e o Espírito Santo saiu da lista dos cinco estados mais violentos do país pela primeira vez desde 1980, segundo o *Atlas da Violência*.

GARCIA, Sérgio. *Época*, 2 out. 2017, p. 50. Crônicas do Rio de Janeiro.

Oriente-se a partir destas sugestões.

- Tome uma posição diante do assunto. Antes, reflita: Você acha que "a violência é um processo reversível"? Assim como Miami e Medellín, o Rio de Janeiro e outras grandes cidades brasileiras também têm condições de recuperar a tranquilidade? Discuta com os colegas essas e outras ideias relacionadas ao assunto. Exponha medidas e argumentações que possam culminar em sucesso.
- Reúna as ideias mais importantes e escreva um artigo de opinião. No início, escreva o título, o olho, seu ponto de vista ou sua tese sobre o assunto; em seguida, desenvolva argumentos bem fundamentados e elabore uma conclusão defendendo suas opiniões com firmeza.
- Empregue linguagem mais formal e a 1ª pessoa, expondo as opiniões com coesão e clareza. Para isso, utilize elementos de coesão entre os parágrafos, períodos, orações ou palavras, construindo o artigo de opinião em uma sequência lógica e progressiva.
- Troque seu texto com o de um colega. Depois de avaliar o artigo, de acordo com as orientações do professor, verifique se o texto do colega é mesmo um artigo de opinião, se é possível identificar a opinião do autor e se essa opinião foi apresentada e defendida de maneira consistente.
- Observe se o texto apresenta título, olho (ou subtítulo), introdução, desenvolvimento e conclusão. Verifique se, na conclusão, foi proposto um questionamento ao leitor. Confira ainda se a variedade padrão foi empregada, com o uso adequado da coesão e da pontuação. Veja também se a maioria dos verbos está na 3ª pessoa.
- Faça, por escrito, comentários que possam enriquecer o texto do colega. Aponte também as partes que ficaram confusas, difíceis de entender, se houver. Devolva o texto para o colega. Ao receber seu texto de volta, altere o que julgar conveniente.
- Passe o texto a limpo, aproveitando as sugestões do colega. Depois, organize um "Mural de artigos de opinião" com a turma, sob a orientação do professor. Assim, todos poderão ler os textos para debater o assunto.
- Se houver jornal na escola, também se pode propor aos editores que façam uma matéria com os artigos dos alunos.

Gênero textual: editorial

• Preparando

Leia o texto a seguir, que apresenta o **editorial** de um jornal com a opinião sobre um assunto bem polêmico e atual.

OS IMIGRANTES

Nova lei migratória passa a contemplar questão do fluxo por razão humanitária; norma, entretanto, ainda precisa de aperfeiçoamentos

A entrada em vigor da Lei de Migração, na última terça-feira, representa inconteste avanço rumo a uma abordagem mais condizente com a realidade brasileira.

Afinal, revoga-se o Estatuto do Estrangeiro, de 1980, gestado em pleno regime militar. Com foco na segurança nacional, o texto vedava aos não brasileiros, por exemplo, qualquer atividade política, até mesmo organizar reuniões.

Quando o atual diploma foi proposto, em 2013, já se lidava com um expressivo fluxo de haitianos que fugiam da destruição provocada pelo terremoto de três anos antes. Também se iniciava, em escala bem mais modesta, um ingresso de sírios, forçados a deixar uma nação assolada pela guerra civil.

Um dos acertos da lei, fruto de detido debate entre órgãos públicos e entidades civis, reside justamente na concessão de visto temporário para imigração por razões humanitárias, antes ignorada em nosso arcabouço jurídico.

O dispositivo, contudo, tornou-se objeto de contestação, em especial de grupos mais conservadores, sob o argumento de que haveria demasiada permissividade nas regras de entrada.

Segundo essa ótica, o país passaria a ser convidativo a criminosos ou suspeitos de terrorismo. Entretanto a norma prevê, naturalmente, o impedimento a estrangeiros enquadrados nessas categorias, e não há indício de que tal ameaça venha a se concretizar.

Na outra ponta, organizações de defesa dos direitos dos migrantes criticam o decreto que regulamenta vários aspectos da lei. Entendem que o governo, entre outras coisas, dificultou a emissão dos vistos humanitários ao atribuir aos ministérios da Justiça, das Relações Exteriores e do Trabalho a fixação de prazos e requisitos.

Na prática, adia-se com isso uma definição para nossa principal questão migratória na atualidade: os milhares de venezuelanos que cruzam a fronteira para escapar das privações impostas pelo regime de Nicolás Maduro.

Só no ano passado, 3.375 deles solicitaram refúgio ao Brasil — um terço do total de pedidos. Embora não haja uma contagem oficial, sabe-se que esse número compõe apenas uma pequena parcela dos que saem da Venezuela para cá.

Membros da base do presidente Michel Temer (PMDB), entre eles o senador Romero Jucá (PMDB-RR), defendem abertamente a recusa da acolhida a esse contingente, visto por eles um ônus a ser arcado apenas por Maduro.

Sem desconsiderar os méritos da nova lei, faz-se necessário, como se vê, buscar aperfeiçoamentos. Trata-se de estágio natural para uma matéria complexa e que envolve múltiplos atores e interesses.

Folha de S.Paulo, 24 nov. 2017. Opinião.

1 O **editorial** é um texto argumentativo que expressa a opinião de um jornal ou de uma revista sobre um fato nacional ou internacional da atualidade, quase sempre de caráter polêmico. Não apresenta assinatura, porque seu conteúdo é de responsabilidade da equipe que edita a publicação.

a) Observe que, antes do primeiro parágrafo, o texto apresenta um subtítulo que resume a ideia básica do editorial. Que ideia é essa?

____

____

b) Explique qual foi o objetivo ao se criar um subtítulo antes da introdução do editorial.

____

____

2 Observe que o editorial foi produzido com vários parágrafos curtos e apresenta três partes fundamentais: **introdução**, **desenvolvimento** e **conclusão**. A **introdução** corresponde, em geral, ao primeiro parágrafo e expõe o assunto do texto. Qual é o ponto de vista defendido sobre o assunto?

____

____

3 A partir da **tese** ou ideia central exposta no primeiro parágrafo, ocorre o **desenvolvimento** do editorial, que apresenta argumentações para fundamentar a tese.

a) Que opinião o editorial apresenta no segundo parágrafo, com argumentos bem coerentes?

____

____

____

b) Que elemento de coesão une o terceiro parágrafo ao anterior, dando sequência às ideias expostas?

____

____

4 De acordo com o texto, já havia a necessidade de alterar as leis migratórias para atender melhor ao estrangeiro que quisesse residir em nosso país.

a) Que mudança significativa houve com a Lei de Migração, proposta em 2013?

____

____

b) Que fatos novos motivaram a criação da Lei de Migração?

5. Ainda no **desenvolvimento**, o editorial dá continuidade às ideias, ao expor a reação de certas entidades contrárias à entrada de imigrantes no Brasil, como preveem as novas regras. Quais eram as opiniões divergentes em relação à nova lei e a que conclusão se chegou quanto à sua adoção?

6. Segundo o texto, a demora na concessão do visto temporário por questão humanitária vem prejudicando a entrada de imigrantes no país.

a) Qual é o principal problema migratório da atualidade no Brasil, segundo o editorial?

b) A seu ver, que medidas poderiam ser tomadas para regularizar a situação de estrangeiros que desejam permanecer como cidadãos no Brasil?

7. A **conclusão** apresenta, em geral, uma síntese das ideias expostas, para reforçar a tese ou lançar outros questionamentos. Releia o último parágrafo do editorial e aponte qual desses recursos foi empregado. Justifique com um exemplo retirado do texto.

8 Observe que o editorial é publicado em uma seção específica de jornal ou revista.

a) No texto, foi empregada a variedade padrão da língua ou alguma variedade popular? Esclareça sua resposta.

b) Identifique o tempo e a pessoa verbal predominantes no texto. Explique por que se usou essa pessoa verbal.

• Sistematizando

O **editorial** é um texto argumentativo cujo objetivo consiste na exposição de opiniões sobre fatos polêmicos e atuais, noticiados em jornal ou revista. Por apresentar o ponto de vista do órgão de imprensa no qual é publicado, em geral não traz assinatura e tem um espaço já definido no corpo da publicação.

O editorial apresenta uma tese e argumentos para fundamentá-la. Normalmente, a tese do editorialista é a proposta de uma solução para um problema apontado por ele. Apresentar um problema e sugerir a solução é uma maneira de desenvolver a argumentação a respeito de um determinado tema.

O autor de um editorial emprega dados fornecidos por fontes confiáveis para apresentar a questão. Às vezes, faz perguntas ao leitor, induzindo-o a raciocinar em uma direção que confirme a tese proposta. Nenhuma das perguntas feitas pelo autor permite uma resposta que contrarie os argumentos apresentados no texto. O editorialista sabe que as perguntas ou as questões levantadas funcionarão como argumentos, porque é capaz de prever as respostas para elas. No texto analisado, por exemplo, ninguém diria que a questão da imigração pode ficar sem solução indefinidamente, ou que um país grande e rico como o Brasil deve permanecer entre as nações que não têm leis específicas para a imigração.

Como já se observou, o **contexto de circulação** do editorial são os jornais e as revistas. Há casos em que o editorialista expõe ideias divergentes para debatê-las.

O editorial usa, quase sempre, uma linguagem impessoal, o que explica o emprego da 3ª pessoa verbal. Os verbos permanecem, em geral, no presente do indicativo, e se utiliza a variedade padrão da língua.

São características próprias do editorial apresentar uma linguagem mais genérica e objetiva e não conter um viés subjetivo, que pode ocorrer no artigo de opinião. Por se tratar de um texto essencialmente analítico, que expressa a perspectiva de um órgão da imprensa, formador de opiniões, o editorial, em geral, não identifica o nome de quem o escreveu.

Resumindo:

Editorial é um gênero textual argumentativo da esfera jornalística, que tem como objetivo expressar a opinião de um jornal ou de uma revista sobre um assunto de interesse atual, muitas vezes polêmico. Em geral, não apresenta assinatura, é escrito em 3ª pessoa e sua linguagem é formal.

• Produção de texto: editorial

1ª proposta — Produção de editorial baseado em outro

Leia um editorial que aborda o problema dos planos de saúde e da aposentadoria no Brasil. Observe, com atenção, as informações e os argumentos sobre o assunto.

A CONTA DA SAÚDE

Envelhecimento do brasileiro e fórmula de remuneração de hospitais trazem desafios aos planos privados que precisam ser debatidos com presteza

Muito se fala, e com propriedade, do imperativo de promover a reforma da Previdência Social, mas nem sempre se lembra que as mudanças demográficas que exigem alterações no sistema de aposentadorias e pensões também cobram ajustes em outros setores.

Um deles é o dos planos de saúde privados, como apontou o oftalmologista Cláudio Lottenberg em entrevista a esta *Folha*.

Ele, que esteve à frente do hospital Albert Einstein e hoje preside a operação brasileira do grupo UnitedHealth, que controla a Amil, foi sucinto: "Vivíamos 40 anos e agora passamos para 80. Alguém precisa pagar essa conta".

Com efeito, planos de saúde operam sob lógica análoga à dos seguros, que procuram diluir os custos das indenizações entre os clientes que contratam a apólice.

Quando se lida com fenômenos mais aleatórios, como num seguro contra incêndios, o mecanismo funciona de forma satisfatória. Quando se trata de saúde, entretanto, os riscos têm distribuição previsível: quanto mais avançada a idade, mais o contratante tenderá a utilizar o serviço — e em tratamentos, provavelmente, mais caros.

A agravar o problema, não apenas a população idosa aumenta em ritmo acelerado como também, devido à acentuada queda de fecundidade que o país experimentou, há cada vez menos jovens para dividir os custos dos contratos.

Hoje, o mercado de saúde privada opera com a proporção de dois jovens (até 18 anos) para cada idoso. De acordo com as estimativas do setor, essa razão deverá ser de um para um em dez anos.

DANIEL GUIMARÃES/FOLHAPRESS

São Paulo, 2014: Pacientes aguardam atendimento na sala de espera de um dos ambulatórios da Santa Casa de Misericórdia de São Paulo.

Existe, ademais, um limite para o subsídio cruzado entre as faixas etárias. Se as mensalidades se tornarem elevadas em excesso, os consumidores de menor idade podem preferir contar com o SUS — dado que o risco de ficarem doentes é menor — a arcar com a certeza do rombo em seu orçamento.

Quanto seria razoável que os idosos pagassem a mais que os jovens? O debate tem graves implicações sociais, mas precisa ser travado com maturidade.

Outros temas relativos à saúde privada, aliás, demandam atenção. Como também mencionou Lottenberg, serão necessárias mudanças na forma de remuneração dos hospitais. O sistema em vigor, no qual se recebe por procedimentos realizados e dias de internação, não convida à otimização dos serviços.

Pelo contrário: o hospital aufere mais receita justamente com os pacientes que sofrem com maiores complicações — o que representa um desestímulo a evitá-las.

Sem enfrentar problemas como esses, planos de saúde, assim como aposentadorias, podem se tornar um artigo escasso no futuro.

Folha de S.Paulo, 12 out. 2017. Opinião.

Agora, reúna-se em dupla e siga estas orientações.

- Primeiro, pesquisem sobre o tema, na internet, em livros, revistas e jornais. O editorial deverá abordar a questão dos planos de saúde e da aposentadoria no Brasil nas próximas décadas. Peçam sugestões de fontes de consulta aos professores de Biologia, Geografia e História. Depois, leiam as anotações feitas durante a pesquisa e troquem ideias, para definir o ponto de vista da dupla.
- Lembrem-se de que o editorial não é um texto muito longo. Se quiserem, leiam outros editoriais em jornais e revistas. Escolham um título que sugira o ponto de vista desenvolvido no editorial. Abaixo do título, coloquem um olho ou uma frase que resuma a ideia principal do texto.
- Planejem as partes do editorial. Na introdução, apresentem o assunto e, se quiserem, adiantem a posição da dupla, que será defendida ao longo do texto.
- Nos demais parágrafos, elaborem o desenvolvimento ou corpo do editorial, expondo seus argumentos, a fim de esclarecer ou alertar os leitores quanto ao problema. Deem exemplos e ofereçam comparações, ou mesmo dados estatísticos, citações e depoimentos que reforcem o ponto de vista defendido.
- Releiam o texto e façam a conclusão, apresentando uma solução para o problema ou sugerindo ao leitor uma reflexão sobre o tema.
- Empreguem uma linguagem impessoal, clara e objetiva, a variedade padrão, a 3ª pessoa verbal e, de preferência, o presente do indicativo.
- Façam um rascunho, tornem a ler o texto e modifiquem o que for necessário. Verifiquem se o ponto de vista está expresso com clareza.
- Troquem o texto com outra dupla e avaliem as opiniões e os argumentos empregados pelos colegas. Verifiquem se a linguagem e a pessoa verbal utilizadas estão adequadas ao gênero produzido.
- Passem o texto a limpo e alterem o que ainda não esteja adequado. Conversem com o professor sobre a possibilidade de enviar o editorial para o *site* de um jornal ou de uma revista.

2ª proposta — Produção de editorial baseado em parte de uma reportagem

Com a leitura do texto a seguir, pode-se ter uma noção do nível da desigualdade em nosso país. Leia, com atenção, as informações e os dados apresentados pela repórter.

1% MAIS RICO RECEBE 36 VEZES O QUE OS 50% MAIS POBRES GANHAM

Nordeste é a região de maior desigualdade de renda. Sudeste concentra massa salarial

Os brasileiros que formam o grupo do 1% da população que tem os rendimentos mais elevados receberam em 2016, em média, 36,3 vezes o equivalente ao que foi recebido pelos que estão na metade da população que tem os menores rendimentos. A comparação faz parte das conclusões da Pnad Contínua, divulgada pelo IBGE.

Na fatia do 1% mais privilegiado, o rendimento médio mensal real fruto dos trabalhos foi de R$ 27.085, enquanto o grupo menos favorecido ficou com R$ 747 ao mês, já descontada a inflação.

Na separação por regiões, o Nordeste teve a maior disparidade entre essas duas pontas da população, com uma proporção de 39,8. No Sul, essa discrepância apresentou a menor razão (24,6 vezes).

Nesse contexto, o índice de Gini do rendimento médio mensal ficou em 0,525 para a pesquisa relativa a 2016. Quanto mais próximo de 1, maior é a desigualdade.

Não é possível fazer comparações com anos anteriores porque houve mudança na forma de captação das informações pela Pnad Contínua. As pesquisas realizadas anteriormente com base em metodologia diversa vinham apontando uma tendência de queda na desigualdade.

Os menores valores apontados pelo indicador foram observados no Sul (0,465) e no Centro-Oeste (0,493), enquanto a maior desigualdade apareceu no Nordeste (0,545).

Quando a análise da concentração é feita pelo rendimento domiciliar *per capita*, observa-se que o grupo dos 10% com maiores rendimentos possuía uma parcela da massa de rendimentos superior à dos 80% da população na outra ponta.

EDSON GRANDISOLI/PULSAR IMAGENS

Palafitas à margem de córrego em São Paulo.

A massa de rendimento mensal real domiciliar *per capita* atingiu R$ 255,1 bilhões em 2016 em todo o país. Ao Sudeste coube a maior parte dessa massa (R$ 132,7 bilhões).

A pesquisa mostra que, em 2016, o rendimento dos trabalhos compunha cerca de 75% do rendimento médio mensal real domiciliar *per capita* efetivamente recebido.

O restante, 25% originários de outras fontes, se dividem em rendimentos de aposentadoria ou pensão, aluguel e arrendamento, pensão alimentícia, doação, e outros rendimentos.

CUNHA, Joana. *Folha de S.Paulo*, 30 nov. 17. Mercado. (Fragmento).

MAURICIO SIMONETTI/PULSAR IMAGENS

Habitações populares no bairro de Pernambués, Salvador, Bahia, 2011.

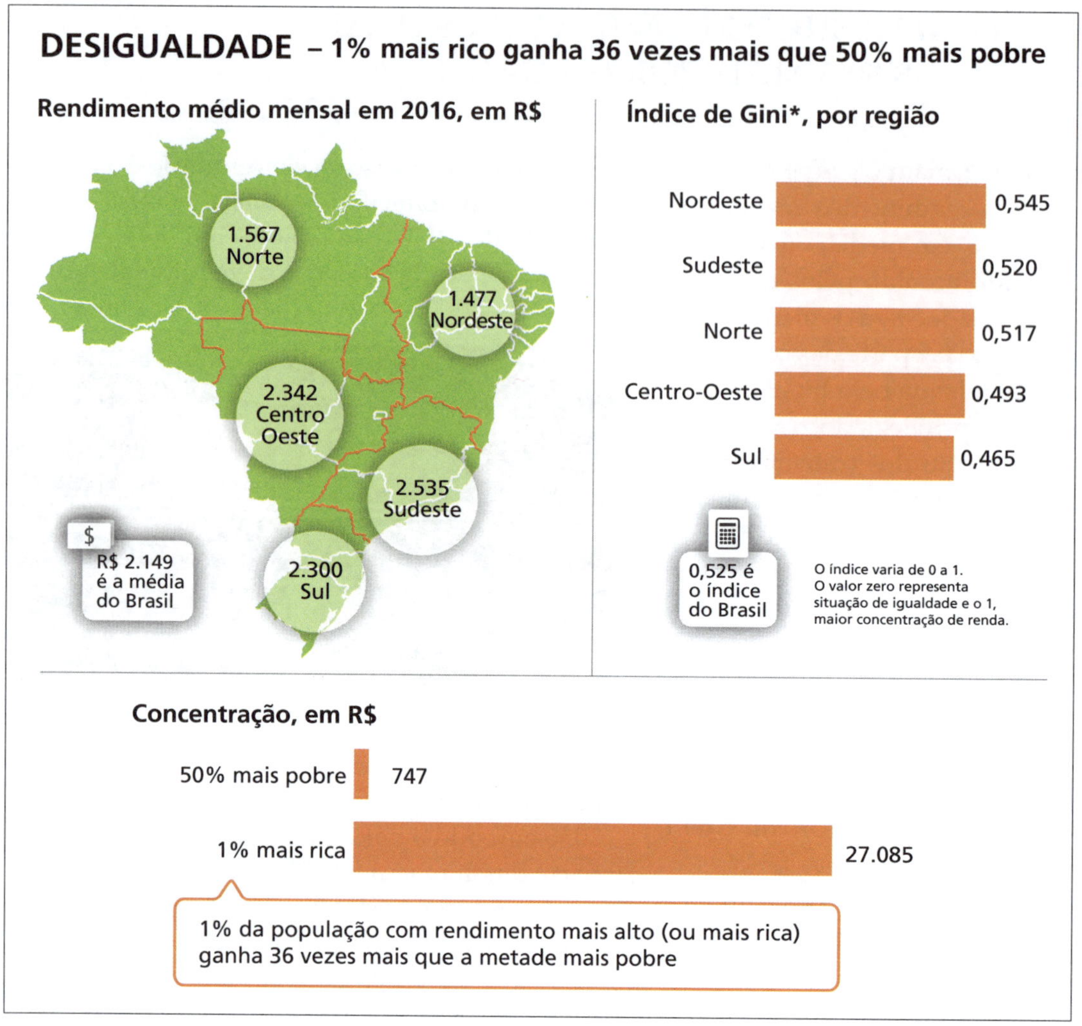

CATHERINE ABUD SCOTTON

Reúna-se em dupla e siga estas instruções.

- Suponham que vocês trabalham como editores em um grande jornal ou revista e lhes foi solicitado um editorial sobre o problema da desigualdade brasileira.
- Façam uma pesquisa sobre o assunto em jornais, revistas e na internet. Conversem também com os professores de Geografia e História, pedindo orientações para a pesquisa.
- Depois, selecionem os principais dados e informações e definam o ponto de vista sobre a desigualdade social no Brasil.
- Organizem o conteúdo de cada parte do editorial, discutindo as ideias mais importantes que vão ser desenvolvidas no texto. Como o editorial é um texto argumentativo, vocês devem assumir e defender uma posição em relação ao tema.
- Se houver necessidade, releiam as orientações da 1ª proposta. Em seguida, redijam os parágrafos e escolham um título original e interessante para o texto.
- Terminada a 1ª versão, verifiquem se o editorial elaborado por vocês está de acordo com a estrutura estudada; depois, troquem o texto com outra dupla.
- Avaliem se os elementos do editorial (título, introdução, desenvolvimento e conclusão) foram trabalhados de forma adequada, se a linguagem está impessoal, se foi usada a 3ª pessoa, o presente do indicativo e a variedade padrão.
- Analisem se a opinião expressa no editorial ficou clara e se os argumentos a sustentam de forma coerente. Observem as sugestões feitas pelos colegas da outra dupla, modifiquem o que for necessário e passem o texto a limpo.
- Sob a orientação do professor, organizem um "Painel de Editoriais" e o exponham na sala de aula. Conversem com o professor e selecionem, entre todos os editoriais, aqueles que poderão ser enviados para um jornal ou revista.

Unidade Especial I: A linguagem poética

Na crônica a seguir, Marina Colasanti emprega imagens e linguagem poética, ao nos relatar a importância do olhar. Leia a narrativa com atenção.

Quem tem olhos

Eu vinha andando na rua e via a mulher na janela. Uma mulher como as de antigamente. De cabeça branca e braços pálidos apoiados no peitoril. Sentada, olhava para fora. Uma mulher como as de antigamente, posta à janela, espiando o mundo.

Mas a janela não era ao nível da rua, como as de antigamente. Nem era de uma casa. Era acima da entrada do prédio, acima da garagem, acima do *playground*. Era lá no alto. E diante daquela janela a única coisa que havia para se ver era, do lado oposto da rua, a parede cega de um edifício.

Não havia árvores. Ou outras janelas. Somente a parede lisa e cinzenta, manchada de umidade. Alta, muito alta.

De onde estava, assim sentada, a mulher não podia ver a rua, o movimento da rua, as pessoas passando. Teria tido que debruçar-se, para vê-los. E não se debruçava.

Também não via o céu. Teria tido que esticar o pescoço e torcer a cabeça para vê-lo lá no alto, acima da parede cinzenta e do seu próprio edifício, faixa de céu estreita como uma passadeira. E a mulher mantinha-se composta, o olhar lançado para a frente.

Serena, a mulher olhava a parede cinzenta.

Não era como nas pequenas cidades onde ficar à janela é estar numa frisa ou camarote para ver e ser vista, é maneira astuciosa de estar na rua sem perder o recato da casa, de meter-se na vida alheia sem expor a própria. Não era uma forma barricada de participação. Ali ninguém falava com ela, ninguém a cumprimentava ou via — a não ser eu que parada na calçada a observava — e não havia nada para ela ver.

A mulher olhava para a parede cinzenta. E parecia estar bem.

E por um instante o bem-estar dela me doeu, porque acreditei que sorrisse em plena renúncia à vitalidade, que se mantivesse serena debaixo da canga de solidão e cimento que a cidade lhe impunha, tendo aberto mão de qualquer protesto. Desejei tirá-la dali ou dar-lhe outra vista. Depois, entendi.

A mulher olhava a parede cinzenta, mas diante dela não havia uma parede cinzenta. Havia um telão. Um telão imenso, imperturbável, onde histórias se passavam. Que ela própria projetava, mas das quais era devotada espectadora e eventual personagem. Suas fantasias, suas lembranças, seus desejos moviam-se sobre a parede que já não era cinzenta, que era o suporte do mundo, ao vivo e a cores. Só ela os via. Mas com que nitidez!

Bem diferente daquela cidadezinha da Dinamarca onde, em viagem, reparei que havia espelhos estrategicamente colocados nas janelas, permitindo que se visse a rua sem ter que abrir os vidros. Espelhos redondos, como retrovisores, onde às pessoas quase escondidas o mundo certamente apareceria pequeno e distorcido, enevoado pelos vidros e cortinas.

A mulher da parede não, era grandiosa. Uma dama em seu elevado posto de observação. Teria podido passar a vida ali, se apenas alguém lhe desse comida.

E vendo-a tão entretida diante do nada, ocorreu-me que muitas pessoas olham televisão exatamente como ela olhava a parede. Sem ver, vendo outra coisa. A família reunida na sala, aquela luz azulada banhando todos no mesmo tom lunar, imagens na tela pequena, e alguém em meio à família projetando por cima das imagens criadas em estúdio outras imagens, mais vívidas, pessoais, criadas no laboratório dos desejos. Ninguém na sala suspeita da sua fuga, ninguém a sabe ausente. Olhando para o mesmo ponto acreditam estar vendo todos a mesma coisa. E se tranquilizam com a falsa semelhança.

Olho da rua a mulher à janela e me alegro. Fechada num apartamento provavelmente pequeno, sem ninguém que lhe dê muita atenção, acima de uma rua estreita e sem árvores, diante de uma parede alta e cinzenta, ainda assim não está sozinha nem se entedia. Tira de si, como um ectoplasma, as imagens que o mundo teima em lhe negar, as imagens da vida. E delas se alimenta. Cria, embora ninguém — talvez nem ela — lhe reconheça a criação. E com seu olhar planta árvores, acende luzes, faz a festa.

Ectoplasma: aparição, fantasma; substância visível capaz de produzir a materialização do espírito.

Quem tem ouvidos ouça, disse o profeta. E, ele não disse mas digo eu, quem tem olhos veja.

COLASANTI, Marina. In: PINTO, Manuel da Costta (Org.). *Crônica brasileira contemporânea*: antologia de crônicas. São Paulo: Salamandra, 2005. p. 158-161.

1 O texto que você leu é uma **crônica reflexiva**.

a) Que características comuns a uma crônica estão presentes nesse texto?

b) Nessa crônica, que tipo de narrador conta os fatos? Em que pessoa a história é relatada? Justifique suas respostas.

c) Explique o efeito produzido pelo uso da 1ª pessoa na construção do texto.

2 Observe que nessa crônica a comparação é frequentemente empregada como um recurso para **expressar** as sensações e os sentimentos do narrador. Como se pode caracterizar a linguagem nessa crônica: ela é poética ou objetiva?

3 Do primeiro ao quarto parágrafos, a cronista descreve, em detalhes, a localização da personagem, **mostrando** quão distante ela vivia, "espiando o mundo".

a) Que sentimentos a narradora parece evocar, ao criar a imagem de uma idosa reclusa em um prédio tão alto?

b) Nesses parágrafos, é possível notar que não só o prédio alto tornava a mulher tão sozinha. O que a cronista também enfatiza como causa desse isolamento?

4 Nas crônicas literárias e **reflexivas**, em geral há o emprego de figuras de linguagem e de construções poéticas. Explique o significado das expressões destacadas nos trechos a seguir:

a) "[...] a única coisa que havia para se ver era, do lado oposto da rua, **a parede cega de um edifício**."

b) "Também não via o céu. [...] **faixa de céu estreita como uma passadeira**."

5 De acordo com o texto, a mulher vivia em uma cidade grande, onde existem muitos prédios altos e **paredes** cinzentas. Ao comentar a maneira de ser das pequenas cidades, explique o que a cronista quis dizer nesta frase: "Não era **uma forma barricada de participação.**" Situe-a no contexto.

6 No **desenvolvimento** do texto, percebe-se que a narradora se preocupa com o isolamento da protagonista.

a) A cronista parece reforçar a expressão destacada na frase "Uma mulher **como as de antigamente**", ao repeti-la, no início do texto. Por que ela usou esse recurso?

b) Interprete a linguagem poética deste trecho: "[...] acreditei que sorrisse **em plena renúncia à vitalidade**, que se mantivesse serena debaixo da **canga de solidão e cimento** que a cidade lhe impunha, tendo aberto mão de qualquer protesto".

c) Diante da atitude aparentemente passiva da mulher, a cronista se comove e, por um momento, pensa em ajudá-la. O que representaria "dar-lhe outra vista"?

7 Após longa **observação**, a cronista finalmente imagina uma explicação para o comportamento da mulher.

a) Na opinião dela, o que podia explicar o modo contemplativo e sempre calmo da mulher, olhando a parede cinzenta?

b) Com que objetivo a cronista relata sua viagem a uma pequena cidade da Dinamarca?

UNIDADE ESPECIAL I

8 A partir do quarto parágrafo, pode-se dizer que a cronista sugere, pelas reações da **protagonista**, que ela tinha um motivo para estar ali sentada à janela. Que frases nos fazem perceber que a mulher comportava-se de forma diferente do esperado?

9 A história da mulher à janela nos leva a outro fato semelhante, conforme sugere a cronista. Às vezes, certas pessoas assistem à televisão com familiares ou amigos, mas podem estar ali apenas fisicamente. Portanto, esse tipo de atitude pode ocorrer quando estamos sozinhos ou não. Explique por que acontece essa "fuga".

10 Nos parágrafos finais, a cronista se sente emocionada, depois de compreender a atitude da mulher sentada à janela.

a) De acordo com o texto, o que mais desperta admiração nela em relação à protagonista?

b) No desfecho, que ocorre no último parágrafo, o que a cronista nos aconselha?

Denotação e conotação

Vamos estudar a seguir a diferença de sentido entre **denotação** e **conotação**.

Na crônica "Quem tem olhos", você pôde ver o emprego tanto da linguagem objetiva ou denotativa quanto da linguagem subjetiva ou conotativa. **Denotação** é o uso da palavra em sentido objetivo ou literal (exemplo: voz **rouca**). **Conotação** é o emprego da palavra em sentido subjetivo ou figurado (exemplo: voz **aveludada**). Vamos dar sequência a este estudo, lendo um poema do poeta modernista Raul Bopp (1898-1984) e, em seguida, um trecho do romance *São Bernardo*, de Graciliano Ramos (1892-1953).

Texto 1

XXVI

Noite está bonita
Parece envidraçada

Dormem sororoquinhas na beira do rio
Árvores nuas tomam banho

Jacarés em férias
mastigam estrelas que se derretem dentro d'água

Entre toiceiras de macegas
passa uma suçuarana com sapatos de seda

Ventinho penteia as folhas de embaúba

A paisagem se desfia num pano de fundo

Cunhado Jabuti torceu caminho
— Dê lembranças à dona Jabota

Enquanto é noite
com todo esse céu espaçoso e tanta estrela
vamos andando machucando estradas mais pra diante

BOPP, Raul. *Cobra Norato*. Rio de Janeiro: José Olympio, 1998. p. 39. (Fragmento).

Sororoquinhas: peixes conhecidos também como sardas ou cavalas-pintadas.
Toiceiras (ou touceiras): conjunto de plantas da mesma espécie que formam um tufo espesso.
Macegas: ervas daninhas.
Suçuarana: onça-vermelha, puma.
Embaúba: árvore nativa de regiões tropicais.

1. Esse poema faz parte da obra *Cobra Norato*, que apresenta influência do folclore brasileiro. Observe o tipo de linguagem empregada na descrição das árvores.

   a) No verso "Árvores **nuas** tomam banho", o eu lírico utiliza a **linguagem figurada (subjetiva)** ou **conotativa**. Que significado o adjetivo *nuas* adquire nesse verso da segunda estrofe do poema?

   b) Agora considere esta frase: A luz do sol banhava os corpos nus. Observe que o mesmo adjetivo, agora no masculino, foi empregado em linguagem objetiva ou denotativa. Que significado o adjetivo *nus* tem nessa frase?

2. Pode-se dizer que em todas as estrofes ocorre o emprego da **conotação**, ou seja, a linguagem figurada, subjetiva está presente em todo o texto.

   a) Explique o sentido conotativo que pode ser identificado nos versos da primeira estrofe: "Noite está bonita / Parece envidraçada".

   b) Releia a terceira estrofe e observe o emprego das imagens. Em sua opinião, qual é o objetivo do eu lírico, ao utilizar a linguagem figurada?

3. Interprete a linguagem figurada destes versos:

   a) "passa uma suçuarana **com sapatos de seda**".

   b) "vamos andando **machucando estradas** mais pra diante".

4. No poema, alguns animais e elementos não vivos ganham características humanas, quando o eu lírico lhes atribui sentimentos, linguagem e ações comuns às pessoas. Em que versos ocorre esse emprego?

Leia a seguir um texto em prosa extraído do romance *São Bernardo*, de Graciliano Ramos. Nesta passagem, o protagonista Paulo Honório é tomado pelo ciúme, após ler uma carta escrita por Madalena, sua esposa. Desconfiado, ele julga ser traído e enfurecido sai à procura dela. Observe o emprego da linguagem denotativa.

Texto 2

[...]

Ia tão cego que bati com as ventas em Madalena, que saía da igreja.

— Meia-volta, gritei segurando-lhe um braço. Temos negócio.

— Ainda? perguntou Madalena.

E deixou-se levar para a escuridão da sacristia.

Acendi uma vela e, encostando-me à mesa carregada de santos, sobre o estrado onde padre Silvestre se paramenta em dias de missa:

— Que estava fazendo ali? Rezando? É capaz de dizer que estava rezando.

— Ainda? repetiu Madalena.

Esperei que ela me sacudisse desaforos, mas enganei-me: pôs-se a observar-me como se me quisesse comer com os olhos muito abertos. [...]

— A senhora escreveu uma carta.

O vento frio da serra entrava pela janela, mordia-me as orelhas, e eu sentia calor. A porta gemia, de quando em quando dava no batente pancadas coléricas, depois continuava a gemer. Aquilo me irritava, mas não me veio a ideia de fechá-la. Madalena estava como se não ouvisse nada. E eu, dirigindo-me a ela e a uma litografia pendurada à janela:

— Cuidam que isto vai ficar assim?

O pequeno mais velho do Marciano entrou nas pontas dos pés. Sem me voltar para ele, bradei:

— Vai-te embora.

O menino aproximou-se da janela.

— Vai-te embora, berrei de novo.

Provavelmente o meu aspecto lhe causou estranheza. Balbuciou:

— Fechar a igreja, seu Paulo.

Percebi que os meus modos eram desarrazoados e respondi com simulada brandura:

— Perfeitamente. Volta mais tarde, ainda é cedo.

[...]

RAMOS, Graciliano. *São Bernardo*. Rio de Janeiro: Record, 1999. p. 160-161. (Fragmento).

1 O emprego da **linguagem objetiva** ou **denotativa** mostra, de maneira evidente, o temperamento rude e grosseiro de Paulo Honório. O que nos sugere a frase "— Ainda?", repetida por Madalena?

____

____

____

2 Devido à agressividade com que a trata, Paulo Honório espera que Madalena, moça sensível e educada, reaja nervosa, mas estranha sua atitude. Como se explica o jeito calmo e resignado de Madalena?

____

____

____

____

3 Reescreva os trechos a seguir em linguagem denotativa.

a) "**Ia tão cego que bati com as ventas em Madalena**, que saía da igreja."

____

____

____

b) "Esperei que ela me **sacudisse desaforos**".

____

____

Na **linguagem conotativa**, a palavra assume um sentido figurado, incomum, subjetivo e, por isso, válido apenas no contexto em que é utilizado.

Na **linguagem denotativa**, a palavra assume seu sentido literal, mais comum.

Portanto:

> As palavras podem ser empregadas em **sentido objetivo** ou **subjetivo**. O emprego do **sentido objetivo** chama-se **denotação**. Quando a palavra é empregada em **sentido subjetivo** (ou **figurado**), ocorre a **conotação**. Nesse caso, muitas vezes, identifica-se a presença de **figuras de linguagem**.

Forma e conteúdo textuais

• Poesia e poema

Leia um dos sonetos do escritor carioca Vinicius de Moraes (1913-1980), que se tornou bem conhecido pelas composições musicais. Sua poesia não só fala de grandes paixões, mas também mostra preocupação com os problemas sociais.

Soneto do maior amor

Maior amor nem mais estranho existe
Que o meu, que não sossega a coisa amada
E quando a sente alegre, fica triste
E se a vê descontente, dá risada.

E que só fica em paz se lhe resiste
O amado coração, e que se agrada
Mais da eterna aventura em que persiste
Que de uma vida mal-aventurada.

Louco amor meu, que quando toca, fere
E quando fere vibra, mas prefere
Ferir a fenecer — e vive a esmo

Fiel à sua lei de cada instante
Desassombrado, doido, delirante
Numa paixão de tudo e de si mesmo.

Oxford, 1938

MORAES, Vinicius de. *Livro de sonetos*. São Paulo: Companhia das Letras, 1991. p. 27.

Fenecer: extinguir-se, murchar.
A esmo: sem direção.

O texto de Vinicius de Moraes é um poema, ou seja, um texto escrito em versos. **Verso** é cada linha poética. Os versos desse poema estão agrupados em quatro blocos denominados **estrofes**, separadas entre si por uma linha em branco.

O poema em estudo é um **soneto**, cuja estrutura apresenta dois **quartetos** ou **quadras** (estrofes de quatro versos) e dois **tercetos** (estrofes de três versos). Quase sempre, no último terceto, encontra-se a "chave de ouro" ou ideia essencial do soneto.

Os versos desse soneto apresentam **rimas** e **métrica**, isto é, todos eles têm o mesmo número de **sílabas** poéticas: são versos de dez sílabas, que se chamam **decassílabos**.

Resumindo parte dos conceitos estudados até aqui:

Poesia é a arte de trabalhar a linguagem, explorando a subjetividade, os sentidos figurados e os recursos sonoros e visuais das palavras. A expressão dos sentimentos é manifestada pelo **eu lírico**, ser imaginário criado pelo autor ou poeta. O conteúdo poético pode ser expresso em versos (poema) ou em prosa (prosa poética).

Poema é um gênero textual cujas composições são constituídas por versos, nos quais há a exploração da linguagem figurada, de imagens e de recursos sonoros (rima, métrica, aliteração, assonância e ritmo).

Versificação é a técnica de fazer versos e de estudar os elementos que os constituem. A versificação é regular, quando os versos apresentam o mesmo número de sílabas poéticas; caso contrário, a versificação é irregular.

Verso é cada linha de palavras que compõe o poema.

Estrofe ou **estância** é um grupo determinado de versos em um poema.

Estrofe

As estrofes são classificadas de acordo com o número de versos que apresentam: **monóstico** (um verso), **dístico** (dois versos), **terceto** (três versos), **quarteto** ou **quadra** (quatro versos), **quintilha** (cinco versos), **sexteto** ou **sextilha** (seis versos), **setilha** ou **sétima** (sete versos), **oitava** (oito versos), **nona** (nove versos) e **décima** (dez versos). Quando tem mais de dez versos, a estrofe recebe o nome de acordo com o número de versos: estrofe de 11 versos, de 12 versos, etc. Ao verso ou aos versos que se repetem no final de cada estrofe dá-se o nome de **estribilho**.

Verso

Considerando a **métrica** (número de sílabas poéticas) e o **ritmo**, os versos de um poema podem se classificar em **tradicionais** (ou **regulares**) ou **livres**.

Os versos **tradicionais** apresentam o mesmo número de sílabas poéticas (ou seja, têm a mesma extensão) e a mesma sequência rítmica, isto é, as sílabas tônicas aparecem a intervalos regulares dentro de cada verso. Os versos tradicionais são feitos com rima. Observe:

Que és terra, oh homem, e em terra hás de [torn**ar-te**,
hoje te avisa Deus por sua Ig**reja**,
de pó te faz o espelho, em que se v**eja**
a vil matéria de que quis form**ar-te**.

MATOS, Gregório. Moralidade sobre o dia de Quarta-Feira de Cinza. In: MOISÉS, Massaud (Org.). *A literatura brasileira através dos textos*. 21. ed. São Paulo: Cultrix, 1995. p. 50. (Fragmento).

Quanto à extensão, esses versos são **decassílabos**, isto é, têm dez sílabas poéticas. Em relação à sequência rítmica, têm pausas regulares: nos versos 1 e 3, a tonicidade cai nas sílabas 2, 6 e 10; nos versos 2 e 4, a tonicidade cai nas sílabas 4, 8 e 10.

Os **versos livres** não apresentam nem métrica nem sequência rítmica regulares. O poeta dispõe intuitiva ou livremente os versos na estrofe, de acordo com a concepção que estabeleceu para o poema. Eventualmente, esses versos podem apresentar rima. Os versos que não têm rima são chamados versos **brancos** ou **soltos**. Veja este exemplo:

Mãos de semeador...
Afeitas à sementeira do trabalho.
Minhas mãos raízes
procurando a terra.
Semeando sempre.
Jamais para elas
os júbilos da colheita.

CORALINA, Cora. *Meu livro de cordel*. São Paulo: Global, 1996. p. 58. (Fragmento).

Nesses versos, ocorre o chamado **encadeamento** ou ***enjambement*** – quando o sentido de um verso se completa no verso seguinte. Esse recurso pode ser usado tanto em versos livres como em versos tradicionais.

Métrica

O **metro** é a medida ou extensão do verso (linha poética). O número de **sílabas métricas** (ou **poéticas**) dos versos pode variar. O processo de contagem das sílabas métricas é denominado **escansão**; assim, **escandir** é contar as sílabas métricas ou poéticas dos versos.

De acordo com o número de sílabas métricas, o verso classifica-se em: **monossílabo** (uma sílaba), **dissílabo** (duas sílabas), **trissílabo** (três sílabas), **tetrassílabo** (quatro sílabas), **pentassílabo** ou **redondilha menor** (cinco sílabas), **hexassílabo** (seis sílabas), **heptassílabo** ou **redondilha maior** (sete sílabas), **octossílabo** (oito sílabas), **eneassílabo** (nove sílabas), **decassílabo** (dez sílabas), **hendecassílabo** (11 sílabas) e **dodecassílabo** ou **alexandrino** (12 sílabas). Os versos que apresentam mais de doze sílabas são denominados **bárbaros**.

É importante não confundir **sílaba gramatical** com **sílaba métrica**, cuja contagem é feita de acordo com a maneira como as sílabas são pronunciadas. Para escandir um verso, ou seja, contar suas sílabas métricas, deve-se observar o seguinte:

a) A vogal final de uma palavra e a vogal inicial da palavra seguinte formam uma só sílaba métrica se forem pronunciadas numa única emissão de voz. Não se unem vogais tônicas. Observe a diferença entre sílabas gramaticais e métricas:

1 2 3 4 5 6 7 8 9 10
Bus/que A/mor/no/vas/ar/tes,/no/vo en/ge/nho
(sílabas métricas)

1 2 3 4 5 6 7 8 9 10 11 12 13
Bus/que /A/mor/no/vas/ar/tes/no/vo/en/ge/nho
(sílabas gramaticais)

CAMÕES, Luís de. In: MOISÉS, Massaud (Sel.). *Lírica*: redondilhas e sonetos. Rio de Janeiro: Ediouro, s.d. p. 64. (Fragmento).

b) Contam-se as sílabas apenas até a última sílaba tônica do verso. Observe:

1 2 3 4 5 6 7 8 9 10
Que/não/se/ja i/mor/tal,/pos/to/que é/cha/ma

MORAES, Vinicius de. *Livro de sonetos*. São Paulo: Companhia das Letras, 1991. p. 55. (Fragmento).

c) Os ditongos crescentes formam, geralmente, uma só sílaba métrica. Veja o exemplo:

1 2 3 4 5 6 7 8 9 10
Se as/de/lí/cias/que a/vis/ta/não/con/se/gue,

1 2 3 4 5 6 7 8 9 10
Con/se/gue a/te/me/rá/ria/fan/ta/sia?

BOCAGE. *Sonetos e outros poemas*. São Paulo: FTD, 1994. p. 53. (Fragmento).

Rima

A **rima** é a semelhança de sons no final ou no meio de versos diferentes. Observe as rimas que ocorrem nos versos a seguir. Por convenção, elas são indicadas por letras do alfabeto; desse modo, usa-se a mesma letra se as rimas forem iguais.

Eu faço versos como quem ch**ora** (**a**)
De desalento... de desenc**anto**... (**b**)
Fecha o meu livro, se por ag**ora** (**a**)
Não tens motivo nenhum de pr**anto**. (**b**)

BANDEIRA, Manuel. *Meus poemas preferidos*. São Paulo: Ediouro, 2002. p. 36. (Fragmento).

Na estrofe apresentada, o primeiro verso rima com o terceiro, e o segundo verso rima com o quarto.

As **rimas** classificam-se quanto à **disposição nas estrofes**, quanto a seu **valor** (ou **qualidade**) e quanto à **posição da sílaba tônica**, recebendo nomes específicos, conforme as definições a seguir. Veja cada tipo de classificação.

1. Classificação das rimas quanto à disposição

Quanto à **disposição** nas estrofes, as rimas classificam-se em: **emparelhadas** (ou **paralelas**), **cruzadas** (ou **alternadas**), **interpoladas** (ou **intercaladas** ou **opostas**), **misturadas** e **encadeadas**.

a) **Emparelhadas** (ou **paralelas**), quando se sucedem duas a duas.

Não tinha a casa pint**ura**. (**a**)
O chão não tinha cult**ura**: (**a**)
Paredes nuas, ladr**ilho**, (**b**)
Tudo singelo, sem br**ilho**... (**b**)
[...]

DIAS, Gonçalves. No jardim! In: BUENO, Alexei (Org.). *Gonçalves Dias*: poesia e prosa completas. Rio de Janeiro: Nova Aguilar, 1998. p. 682. (Fragmento).

b) **Cruzadas** (ou **alternadas**), quando ocorrem em versos alternados.

O tempo cobre o chão de verde m**anto**, (**a**)
que já coberto foi de neve fr**ia**, (**b**)
e em mim converte em choro o doce c**anto**. (**a**)
E, afora este mudar-se cada d**ia**, (**b**)
outra mudança faz de mor esp**anto**: (**a**)
que não se muda já como so**ía**. (**b**)

CAMÕES, Luís de. Soneto 45. In: SALGADO JÚNIOR. Antônio (Org.). *Luís de Camões*: obra completa. Rio de Janeiro: Nova Aguilar, 2008. p. 284. (Fragmento).

Mor: maior.
Soía: costumava.

c) **Interpoladas** (ou **intercaladas** ou **opostas**), quando o primeiro verso rima com o quarto, e o segundo verso rima com o terceiro.

Ardor em coração firme nasc**ido**! (**a**)
Pranto por belos olhos derram**ado**! (**b**)
Incêndio em mares de água disfarç**ado**! (**b**)
Rio de neve em fogo convert**ido**! (**a**)

MATOS, Gregório. *Poesias selecionadas*. São Paulo: FTD, 1998. p. 49. (Fragmento).

d) **Misturadas**, quando vêm distribuídas livremente.

Criança po**bre** (**a**)
de pé no ch**ão** (**b**)
Suja, rasgada, despente**ada**. (**c**)
Desmazel**ada**. (**c**)
Criada à toa, de rold**ão**. (**b**)
Cria de case**bre**. (**a**)
Enxerto de galp**ão**. (**b**)
[...]

CORALINA, Cora. Dolor. *Meu livro de cordel*. 10. ed. São Paulo: Global, 2002. p. 50. (Fragmento).

e) **Encadeadas**, quando ocorrem entre o fim ou o meio do verso e o interior do verso seguinte.

[...]
No céu brilhante do po**ente** em fogo
Com auréola ard**ente** o sol dormia:
[...]

AZEVEDO, Álvares de. Crepúsculo do mar. In: BUENO, Alexei (Org.). *Álvares de Azevedo*: obra completa. Rio de Janeiro: Nova Aguilar, 2000. p. 147. (Fragmento).

2. Classificação das rimas quanto ao valor (ou qualidade)

As rimas se classificam quanto **ao valor** ou à **qualidade** em: **pobres, ricas, raras** e **preciosas.**

a) **Pobres**, quando são formadas por palavras da mesma classe gramatical.

Antes sem vós meus olhos se entrist**eçam**, (**verbo**)
que com qualquer cous'outra se contentem;
antes os esqueçais, que vos esqu**eçam**. (**verbo**)

CAMÕES, Luís de. Para tão longo amor tão curta a vida. *Sonetos e outras rimas*. São Paulo: FTD, 1998. p. 47. (Fragmento).

b) **Ricas**, quando são formadas por palavras de classes gramaticais diferentes.

Camarada, através dos grandes g**elos** (**substantivo**)
Imensuráveis. Nunca vi mais b**elos** (**adjetivo**)
Céus que esses sob que caminhas, só [...].

MORAES, Vinicius de. *Livro de sonetos*. São Paulo: Companhia das Letras, 1991. p. 83. (Fragmento).

c) **Raras**, quando são formadas por palavras para as quais haja poucas com rimas correspondentes.

E talvez entre impávidas fal**anges**
Testemunhas farei da minha morte
Remotas margens, que umedece o G**anges**.

BOCAGE. *Sonetos e outros poemas*. São Paulo: FTD, 1994. p. 74. (Fragmento).

d) **Preciosas**, quando são feitas de forma artificial, para forçar uma aproximação sonora.

Juntem-se vermelho
Rosa, azul e v**erde**
E quebrem o espelho
Roxo para v**er-te** [...].

MORAES, Vinicius de. *Livro de sonetos*. São Paulo: Companhia das Letras, 1991. p. 107. (Fragmento).

3. Classificação das rimas quanto à posição do acento tônico

De acordo com **a posição do acento tônico**, as rimas são classificadas em: **agudas, graves** e **esdrúxulas.**

a) **Agudas**, quando o acento tônico se localiza na última sílaba do verso.

O mundo quer-me mal porque ning**uém**
Tem asas como eu tenho! Porque D**eus**
Me fez nascer Princesa entre pleb**eus**
Numa torre de orgulho e de des**dém**.

ESPANCA, Florbela. *Sonetos*. Rio de Janeiro: Bertrand Brasil, 1998. p. 14. (Fragmento).

b) **Graves,** quando o acento tônico se localiza na penúltima sílaba do verso.

Dir-se-ia que naquele doce instante
Brincavam duas cândidas cri**an**ças...
A brisa, que agitava as folhas verdes,
Fazia-lhe ondear as negras tr**an**ças!

ALVES, Castro. *Espumas flutuantes*. São Paulo: FTD, 1979. p. 71. (Fragmento).

c) **Esdrúxulas,** quando o acento tônico localiza-se na antepenúltima sílaba do verso.

No ar lento fumam gomas aro**máticas**
Brilham as navetas, brilham as dal**máticas**.

CASTRO, Eugênio de. *Últimos versos*. Lisboa: Bertrand, 1938. (Fragmento).

• Prosa e prosa poética

Prosa

O texto em prosa é contínuo, com parágrafos bem marcados, emprega linguagem geralmente denotativa e apresenta conteúdo objetivo.

Leia a seguir o trecho de uma **crônica argumentativa** da escritora contemporânea Lya Luft, que desenvolve seu ponto de vista sobre um assunto polêmico.

Revogue-se

Relacionamentos se constroem ao longo dos anos de sua duração: os dois parceiros vão tramar consciente ou inconscientemente a teia que os vai envolver ou separar, o casulo onde vão abrigar ou sufocar seus filhos.

Amor não deveria ser prisão ou dever, mas crescimento e libertação. Porém se gostamos de alguma coisa ou de alguém, queremos que esteja sempre conosco. Perda e separação significam sofrimento, mas não o fim da vida nem o fim de todos os afetos.

Certa vez me entregaram um bilhete que dizia: "Se você ama alguém, deixe-o livre."

Poucas afirmações são tão difíceis de cumprir, poucas contêm tamanha sabedoria em relação aos amores, todos os amores: filhos, amigos, amantes. Amor é risco, viver é risco. Pois permitir, até querer que o outro cresça ao nosso lado, pode significar que crescerá afastando-se de nós.

Mas — essa é a força e a beleza do desafio de uma vida a dois — o outro, crescendo, pode-se abrir mais para nós, que participaremos dessa expansão. Instaura-se uma instigante parceria amorosa, na qual o tempo não servirá para desgaste mas para construção. É um processo de refinamento da cumplicidade que brilha em algumas relações mesmo depois de muitos anos, muitas perdas, e muitos difíceis recomeços — desde que haja sobre o que reconstruir.

Em contrapartida, alguém muito torturado me disse certa vez:

"Se você conhecesse o clima na casa de meus pais, entenderia por que eu sou tão doente."

Era realmente uma alma retorcida, novelo de mágoas. Sua confiança na vida fora solapada pelo que via em casa, sua crença nos afetos contaminada pelo que ali presenciava.

[...]

Hoje começamos a entender e admitir que relacionamentos mudam ou se desgastam, contratos afetivos se refazem, e a família, que não vai acabar, abre portas e janelas para novas maneiras de se relacionar mesmo depois que o casamento termina.

[...]

LUFT, Lya. *Pensar é transgredir*. Rio de Janeiro: Record, 2005. p. 145-146. (Fragmentos).

1 De acordo com o texto, a cronista aborda um tema bem atual, que interessa a todos nós, leitores.

a) Qual é o tema exposto logo no primeiro parágrafo dessa narrativa?

____

____

____

____

b) Segundo a introdução, esses relacionamentos podem ocorrer de formas diferentes. Explique por quê.

____

____

____

____

____

____

____

c) Por que a cronista se refere aos relacionamentos como uma "teia" ou um "casulo"?

2 Observe que, no segundo parágrafo, a cronista prossegue com argumentos que reforçam suas opiniões sobre o tema. Releia esta frase:

"Amor não deveria ser prisão ou dever, mas crescimento e libertação.".

a) Em que situação a cronista teria se baseado para definir o amor como crescimento e libertação? Exponha suas ideias.

b) Como a cronista caracteriza o amor, nesse parágrafo, quando o julga uma "prisão" ou "dever"?

c) Que mensagem a cronista nos transmite, mostrando uma posição positiva diante dos fatos abordados?

3 Pode-se dizer que a cronista considera que as pessoas, ao se envolverem em relacionamentos com liberdade para crescer, podem seguir caminhos diferentes. Que opinião ela apresenta para fundamentar seu ponto de vista?

4 Segundo a cronista, "a força e a beleza do desafio de uma vida a dois" está em permitir o crescimento do ser amado, mesmo ciente do risco de perdê-lo. De que modo esse comportamento pode contribuir para um melhor relacionamento?

5 No título do texto, a cronista empregou o verbo no imperativo: "Revogue-se". Qual é o sentido dessa forma verbal, tendo em vista as opiniões da autora sobre o tema?

6 Todo autor produz seu texto com determinado objetivo ou finalidade. Nesse caso, qual foi a intenção da cronista?

7 Para enfatizar seu ponto de vista, a cronista expõe outro tipo de relacionamento, em que a situação é oposta àquela já vista. Nesse caso, ela apresenta o conflito de uma pessoa, em razão dos desajustes no relacionamento familiar. Interprete as metáforas que simbolizam os sentimentos desse ser: "alma retorcida" e "novelo de mágoas". Situe-as no contexto.

____

____

____

8 Ao empregar palavras de sentidos opostos em seu discurso, a cronista descreve situações antagônicas, para definir a forma adequada de amar. Que palavras são essas e o que elas expressam nesse contexto?

____

____

____

____

____

____

____

9 No parágrafo final, a cronista parece chegar a uma conclusão sobre o assunto exposto. O que se pode depreender dos fatos apresentados pela autora, ao situá-los na época atual?

____

____

____

____

____

____

10 A **crônica argumentativa** é um gênero textual que apresenta o ponto de vista e as opiniões do autor sobre um determinado tema. Em que esfera de circulação se encontra esse tipo de texto?

____

____

____

11 Releia o poema "Soneto do maior amor", de Vinicius de Moraes, e compare-o a esse trecho da crônica "Revogue-se", quanto à **forma** e ao **conteúdo.**

____

____

____

____

____

____

____

____

____

____

Prosa poética

Na **crônica literária** a seguir, o escritor manauense Milton Hatoum empregou uma linguagem lírica ou poética, ao criar imagens e figuras retratando lembranças da infância. Leia o texto e observe o conteúdo mágico das palavras.

Margens secas da cidade

Era um canto matinal, não sei se antes ou depois dos galos, já nem sei quando, porque a infância é um mundo distante, transformado pelo tempo.

O homem era uma surpresa na luz da manhã, e a manhã, sim, era infância: terra nua, rio de horizonte sem fim. Carregava um tabuleiro pesado, o rosto dele mal aparecia no meio de frutas e galhos, frutas arrancadas das árvores de algum quintal ou terreno baldio, ou da floresta que nos cercava. Um homem-árvore, um ser da floresta.

Como era distante e tão próxima de nós, a floresta. Na minha memória, esse vendedor ambulante era um fauno de Manaus. Hoje eu o imagino como uma das figuras fantásticas de Arcimboldo: um caboclo equilibrando-se na rua de pedras, um pomar suspenso oscilando sobre a cabeça invisível, a voz trinando sons tremidos pelo vento que vinha do rio Negro. Os sons das palavras encantavam, me atraíam como a serpente que ergue a cabeça ao som de uma flauta. Na voz, nenhum travo de raiva ou desespero, apenas a melodia de um homem humilde que deseja viver e depende da voz para sobreviver. Eu ia até a sacada do sobrado da infância, vizinho ao armazém de secos e molhados Renascença, nossos vizinhos portugueses, e avistava o arbusto humano carregado de frutas e ouvia as palavras *taperebá, ingá, sorva, tucumã, graviola, jatobá, cupuaçu, bacaba*: palavras (sons) que nunca mais deixei de ouvir por onde andei e morei. Lembro que certa vez em Lima ele apareceu com o pomar no tabuleiro, e pensei nas voltas que havia dado para chegar à capital do Peru, talvez por Iquitos, e quando estendi a mão para apanhar uma fruta ele riu ou deve ter rido e curvou o corpo e me ofereceu o pomar inteiro. Então acordei. Fiquei pensando no homem-floresta em Lima. Vá saber o significado de um sonho.

Na realidade, na vida que chamamos realidade, o homem sempre aparecia quando eu regressava para Manaus, não sei se mais velho, mais acabado, ou mais corcunda, sei que a voz flauteava nomes de frutas e a mesma voz dizia "E aí, mano", me oferecendo cachos de pitombas, sem mesmo receber dinheiro, como se eu ainda fosse aquela criança na janela da casa da avenida Joaquim Nabuco 457, e ele um avô da natureza.

"Obrigado, seu..." Não sabia o nome dele, nada. A árvore móvel atravessava a cidade e creio que atravessou minha vida e o tempo, teimando em sobreviver com a cabeça vegetal e os pés de raízes aéreas, o corpo invisível, a cabeça escondida, as frutas caindo dos galhos e das folhas verdes, frutas que cheiravam a léguas de distância e davam água na boca aos astros, como se um punhado da Amazônia estivesse ali, concentrado com a força da umidade, a alegria solar e a beleza das formas e cores, passando, passeando entre carros, caminhões e ônibus até o dia em que ele, o homem-árvore, era a única natureza viva na cidade que se destruía ou se deixava destruir pela sanha imobiliária, pelo progresso que é apenas caricatura sinistra do progresso.

Como é possível perder a razão de ser?

Você não ouve mais o som flauteado, não vê mais a árvore da vida, não encontra o desejo nem os indícios da primeira manhã. Aquela árvore e seu tronco foram se atrofiando, a aspereza da cidade usurpou o indivíduo do nosso convívio, tudo se tornou enorme e disforme. O tempo nos consome com lentidão. O homem-árvore foi desfolhando, perdendo galhos, sua força vegetal arrefeceu, as frutas, antes polidas, perderam o brilho, alguma praga roeu o arbusto aéreo. O sol incendiou as manhãs frescas, ruas e calçadas, a floresta que nos cercava tornou-se um caos de casebres e palafitas, os pequenos caminhos de água secaram. Há dois anos vi o homem-árvore e agora o perdi de vista.

Por onde andam seus pés descalços, seu turbante de pano barato, sua voz de flauta doce? É inútil procurá-lo, pensei. Já não sinto o cheiro perfumado do sapoti, o sabor do jambo arroxeado, cuja semente algum português do Algarve trouxe da Índia e plantou no Amazonas. E, sem querer, um ato involuntário nos conduz ao coração da realidade. Fui me despedir do igarapé agora aterrado, as palafitas pobres substituídas por casas feias, fechadas, sem varanda, janelas pequenas. Andava por vielas de terra quando vi um tabuleiro no chão. Frutas miúdas, pálidas, espalhadas na madeira desgastada. Ele estava sentado ao lado de sua árvore desfolhada. O homem era só tronco, esquálido, sem voz, com um olhar resignado voltado para o chão. Escolhi uns tucumãs, peguei dois cachos de pitomba e dessa vez paguei.

Ainda se lembrava do menino que o olhava como quem olha um mágico? Recebeu o dinheiro, dobrou as notas e pôs no bolso da camisa. Esperei um aceno, um cumprimento qualquer, mas no olhar dele não havia nada. Triste e sem voz, parado no mormaço, sobrevivente que a morte espreita nas margens secas da minha cidade.

HATOUM, Milton. *Um solitário à espreita*: crônicas. São Paulo: Companhia de Bolso, 2013. p. 61-63.

1 O narrador introduz seu relato com a imagem de uma manhã cercada de sons e de vozes.

a) Interprete a metáfora, nesse primeiro parágrafo, quando ele compara a infância a "um mundo distante, transformado pelo tempo".

____

____

____

b) A quem se pode atribuir o "canto matinal" mencionado pelo narrador? Justifique sua resposta com base no texto.

____

____

____

____

____

____

2 No segundo parágrafo, o ambulante é caracterizado em detalhes, o que sugere sua presença marcante na infância do narrador.

a) Segundo a narrativa, qual era a característica mais destacada desse vendedor ambulante?

____

____

____

____

b) O vendedor parecia "um homem-árvore, um ser da floresta". Explique por quê.

____

____

____

____

c) Ainda nesse parágrafo, a manhã é comparada à infância: "terra nua, rio de horizonte sem fim". Interprete essa imagem.

____

____

____

____

____

3 Observe que a crônica se desenvolve com o emprego da linguagem conotativa ou poética.

a) No início do terceiro parágrafo, foi usada uma figura de linguagem, a **antítese** — destaque de uma ideia ou de um conceito por meio de palavras de sentido oposto.

Identifique-a e interprete o sentido expresso no contexto.

____

____

____

____

____

____

b) Ao se referir ao homem que foi um dos personagens da sua infância, o narrador utiliza várias imagens e figuras. Identifique as expressões usadas para fazer referência a ele e que ajudam a caracterizá-lo.

____

____

____

____

____

____

____

4 Segundo o texto, o vendedor ambulante chamava as pessoas, oferecendo as frutas típicas da região.

a) Que comparação sugere a influência da voz melodiosa do homem sobre o narrador, na infância? Identifique o trecho e interprete a imagem.

____

____

____

b) Explique por que o cronista levou pela vida afora a lembrança das palavras que nomeavam cada fruta.

5 No final do terceiro parágrafo, o narrador afirma ter acordado de um sonho e, a partir do parágrafo seguinte, volta à realidade dos fatos.

a) A presença do vendedor com suas frutas permaneceu na memória do narrador, para além da infância e do sonho. O que não mudou, apesar da passagem do tempo? Justifique sua resposta com base no texto.

b) Ao se referir ao vendedor como um "avô da natureza", o que o narrador quis dizer?

6 Observe que o quinto parágrafo apresenta um longo trecho descritivo em que o narrador caracteriza o homem-árvore sem utilizar o ponto final entre as orações. Em sua opinião, por que o cronista teria empregado esse recurso, tendo em vista o conteúdo do parágrafo?

7 Nesse mesmo parágrafo, o narrador cria várias imagens poéticas ou líricas para compor a figura vegetal do homem. Emprega três figuras de linguagem.

Metáfora: emprego de uma palavra fora de seu sentido próprio, podendo ter como base uma comparação subentendida.

Prosopopeia: atribuição de ações, sentimentos, qualidades e linguagem próprios do ser humano a seres inanimados ou irracionais.

Hipérbole: uso de uma expressão exagerada, com o objetivo de enfatizar uma ideia.

Identifique qual delas é empregada em cada caso a seguir.

a) "[...] teimando em sobreviver com a **cabeça vegetal** e os **pés de raízes aéreas** [...]."

b) "[...] frutas que **cheiravam a léguas de distância** e **davam água na boca aos astros** [...]."

c) "[...] única natureza viva na **cidade que se destruía ou se deixava destruir** pela sanha imobiliária [...]."

8 O cronista critica a devastação da Floresta Amazônica e expõe quem são os vilões: a sanha imobiliária e o progresso. Explique o que ele indaga nesta pergunta: "Como é possível perder a razão de ser?".

9 Segundo o texto, o homem-árvore era símbolo de uma época de abastança e harmonia com a natureza, mas passou a ser imagem da destruição. Identifique as figuras de linguagem a seguir e interprete-as.

a) "[...] a aspereza da cidade usurpou o indivíduo do nosso convívio, tudo se tornou enorme e disforme."

b) "O tempo nos consome com lentidão. O homem-árvore foi desfolhando, perdendo galhos, sua força vegetal arrefeceu, [...] alguma praga roeu o arbusto aéreo."

c) "O sol incendiou as manhãs frescas, ruas e calçadas, a floresta que nos cercava tornou-se um caos de casebres e palafitas [...]."

10 O narrador recorda o homem-árvore com sua voz melodiosa e o perfume das frutas de seu tabuleiro.

a) O que ele chama de "coração da realidade"?

b) Ao concluir a crônica, o narrador retorna à infância, quando via o homem-árvore como uma pessoa especial. Que sentimentos parecem restar em ambos?

11 Que recursos utilizados na crônica tornaram a linguagem conotativa ou subjetiva?

12 Na crônica em estudo, a narrativa apresenta um conteúdo lírico, que se desenvolve por meio da recriação da realidade. Qual é o fio narrativo ou o enredo dessa crônica?

13 Compare a crônica argumentativa de Lya Luft com a crônica literária de Milton Hatoum. Analise a linguagem utilizada em cada um dos textos, justificando sua resposta com exemplos.

Os dois textos em prosa estudados nesta seção são literários.

No trecho da crônica "Revogue-se", a linguagem não é tão marcadamente denotativa, é um pouco mais objetiva. Quase não há o emprego de figuras de linguagem ou conteúdo lírico, e os fatos são narrados em uma perspectiva mais objetiva.

Na crônica "Margens secas da cidade", a linguagem é predominantemente conotativa, pois é possível perceber o emprego de figuras de linguagem. Explora-se o conteúdo lírico e emotivo do enredo (amor, medo, mágoa, revolta, saudade, desesperança, etc.).

Pode-se concluir que os dois textos são exemplos de **prosa poética**, pois a subjetividade está mais presente em cada um deles do que a objetividade. Essa característica está expressa pelo emprego de comparações e figuras de linguagem.

Portanto:

Prosa é a forma de expressão linguística que tem como características principais: a apresentação do texto em linhas contínuas, organizadas em sequência, com parágrafos e pontuação; e a construção de um conteúdo objetivo.

Prosa poética é o texto em prosa que expressa a subjetividade do narrador ou dos personagens e apresenta características poéticas, tais como: o uso de linguagem subjetiva (figuras de linguagem) e a exploração de recursos sonoros (rima, ritmo, aliteração, etc.).

Oficina Trabalhando poesia, poema, prosa e prosa poética

1 Leia este fragmento de um poema de Casimiro de Abreu, poeta do nosso Romantismo.

IV

Minh'alma é triste como o grito agudo
Das arapongas no sertão deserto;
E como o nauta sobre o mar sanhudo,
Longe da praia que julgou tão perto!

[...]
De tanto fogo tinha a mente cheia!...
No afã da glória me atirei com ânsia...
E, perto ou longe, quis beijar a s'reia
Que em doce canto me atraiu na infância.

Ai! loucos sonhos de mancebo ardente!
Esp'ranças altas... Ei-las já tão rasas!...
— Pombo selvagem, quis voar contente...
Feriu-me a bala no bater das asas!

Dizem que há gozos no correr da vida...
Só eu não sei em que o prazer consiste!
— No amor, na glória, na mundana lida,
Foram-se as flores — a minh'alma é triste!

ABREU, Casimiro de. In: BARBOSA, Frederico (Org.). *Clássicos da poesia brasileira*. São Paulo: Klick, 1999. p. 122. (Fragmento).

Sanhudo: feroz, bravio.

a) Nesses versos, o eu lírico declara ser uma pessoa triste. O que ele mais lamenta em sua existência? Por quê?

b) Na primeira estrofe, a que o eu lírico se compara e por que ele se imagina dessa forma? Interprete a comparação.

c) De acordo com a segunda estrofe, como o eu lírico reagiu diante da vida?

d) Pode-se dizer que o eu lírico se arrependeu por ter sonhado tão intensamente. De que modo ele revela sua decepção, na terceira estrofe?

e) Na quarta estrofe, o eu lírico se mostra descrente e julga que a vida só não trouxe felicidade para ele. O que representam "as flores" que ele afirma terem partido?

f) Observe o emprego de figuras de linguagem no poema. Em que versos se encontram **antíteses**? Identifique-as.

g) Releia este verso: "Feriu-me a bala no bater das asas!". Interprete a linguagem figurada.

h) Faça a escansão ou a divisão métrica dos dois primeiros versos da segunda estrofe e classifique-os quanto ao número de sílabas.

i) Os versos do poema apresentam rimas em todas as estrofes. Identifique o tipo de rima da primeira estrofe quanto: à disposição nos versos, ao valor e ao acento tônico.

2 Leia a seguir o texto do escritor curitibano Bruno Zeni. Nascido em 1975, Zeni faz parte de um grupo de poetas contemporâneos.

Tudo escapa aqui dentro

Não sei se há remédio para esses dias em que tudo escapa. Dias assim, o peito é como um buraco negro que tudo atrai, com força descomunal! Um peito que dói, quente e pulsante. A garganta obstruída de expectativa frustrada. Não sei se há remendo, conserto, ajuste — se há o que dê jeito. Se. Não são dias de choro ou desespero, antes fossem. São de tensionamento e ansiedade. Experiência fendida — eu a vejo em sua conformação de fiapos de osso de fratura exposta.

ZENI, Bruno. *Boa companhia*: poesia. São Paulo: Companhia das Letras, 2005. p. 75.

a) Observe que o texto não foi desenvolvido em versos e não há rimas. Ele apresenta linhas contínuas, com a mesma extensão e parágrafo. Ainda assim, o conteúdo é lírico, já que o texto fala de sentimentos. Como se chama o texto com essas características?

b) De acordo com as ideias contidas no texto, responda: a que dias o eu lírico se refere, no início do parágrafo?

c) O que nos sugere o título "Tudo escapa aqui dentro"?

d) Por meio de linguagem figurada, o eu lírico tenta explicar sua reação nesses dias. Interprete esta comparação: "o peito é **como um buraco negro** que tudo atrai".

e) Ao falar de sua reação diante da "expectativa frustrada", o eu lírico apresenta uma opinião. Que opinião é essa?

f) Observe a imagem empregada pelo eu lírico, no final do texto, ao se referir à "experiência fendida". Comente-a.

g) Identifique os pronomes relativos e as palavras ou expressões que eles retomam, evitando a repetição. Observe como o texto fica mais coeso.

h) O texto em estudo foi escrito em 1ª pessoa. Além do verbo *sei*, que aparece duas vezes, que outras palavras confirmam o emprego da primeira pessoa? Por que ela é utilizada?

____

____

____

____

____

3 Leia a seguir um trecho da obra *Capitães da Areia*, de Jorge Amado. Nesse romance, o autor conta a história de um grupo de meninos abandonados que vivem nas ruas de Salvador, na Bahia. Nessa passagem do romance, os meninos têm contato com um carrossel mambembe que chega à cidade e voltam a agir como crianças.

O Sem-Pernas

[...]

Foi uma surpresa quase incrível quando naquela noite o Sem-Pernas chegou ao trapiche dizendo que ele e Volta Seca iam trabalhar uns dias num carrossel. Muitos não acreditaram, pensaram que fosse mais uma pilhéria do Sem-Pernas. [...] Volta Seca fazia que sim com a cabeça e por vezes dizia:

— Lampião já rodou nele. Lampião é meu padrim...

O Sem-Pernas convidou a todos para irem ver o carrossel na outra noite, quando o acabariam de armar. E saiu para encontrar Nhozinho França. [...]

Na outra noite foram todos com o Sem-Pernas e Volta Seca (estes tinham passado o dia fora, ajudando Nhozinho a armar o carrossel) ver o carrossel armado. E estavam parados diante dele, extasiados de beleza, as bocas abertas de admiração. O Sem-Pernas mostrava tudo. Volta Seca levava um por um para mostrar o cavalo que tinha sido cavalgado por seu padrinho Virgulino Ferreira Lampião. Eram quase cem crianças olhando o velho carrossel de Nhozinho França, que a estas horas estava encornado num pifão tremendo na Porta do Mar.

O Sem-Pernas mostrou a máquina (um pequeno motor que falhava muito) com um orgulho de proprietário. Volta Seca não se desprendia do cavalo onde rodara Lampião. O Sem-Pernas estava muito cuidadoso do carrossel e não deixava que eles o tocassem, que bulissem em nada.

Foi quando o Professor perguntou:

— Tu já sabe mover com as máquinas?

— Amanhã é que vou saber... — disse o Sem-Pernas, com um certo desgosto. — Amanhã seu Nhozinho vai me ensinar.

— Então amanhã, quando acabar a função, tu pode botar ele pra rodar só com a gente. Tu bota as coisas pra andar, a gente se aboleta.

Pedro Bala apoiou a ideia com entusiasmo. Os outros esperavam a resposta do Sem-Pernas, ansiosos. O Sem-Pernas disse que sim, e então muitos bateram palmas, outros gritaram. Foi quando Volta Seca deixou o cavalo onde montara Lampião e veio para eles:

— Quer ver uma coisa bonita?

Todos queriam. O sertanejo trepou no carrossel, deu corda na pianola e começou a música de uma valsa antiga. O rosto sombrio de Volta Seca se abria num sorriso. Espiava a pianola, espiava os meninos envoltos em alegria. Escutavam religiosamente aquela música que saía do bojo do carrossel na magia da noite da cidade da Bahia só para os ouvidos aventureiros e pobres dos Capitães da Areia. Todos estavam silenciosos. Um operário que vinha pela rua, vendo a aglomeração de meninos na praça, veio para o lado deles. E ficou também parado, escutando a velha música. Então a luz da lua se estendeu sobre todos, as estrelas brilharam ainda mais no céu, o mar ficou de todo manso (talvez que Iemanjá tivesse vindo também ouvir a música) e a cidade era como que um grande carrossel onde giravam em invisíveis cavalos os Capitães da Areia. Neste momento de música eles sentiram-se donos da cidade. E amaram-se uns aos outros, se sentiram irmãos porque eram todos eles sem carinho e sem conforto e agora tinham o carinho e conforto da música. [...]

AMADO, Jorge. *Capitães da Areia*. São Paulo: Companhia das Letras, 2009. p. 64-66. (Fragmento).

Trapiche: armazém de embarque e desembarque de mercadorias.
Pilhéria: gracejo, chiste.
Encornado: adormecido.
Pifão: bebedeira.
Se aboleta: se instala, se aloja.

a) O Sem-Pernas agia como espião do grupo. No dia em que se passa a cena, ia trabalhar, fazendo girar as rodas do carrossel. Em sua opinião, por que os colegas não acreditaram nessa notícia?

b) A reação dos meninos quando veem o carrossel armado é significativa. O que ela sugere sobre os garotos?

c) Um dos momentos de descontração da cena ocorre quando Volta Seca põe a pianola para tocar. Comente o comportamento desse menino, ao ouvir a música.

d) O Professor era o mais talentoso do grupo e gostava de ler e desenhar. Que tipo de variação linguística ele empregou no diálogo com o Sem-Pernas? Justifique sua resposta.

e) Ao relatar esse momento de descontração na vida dos meninos de rua, o narrador emprega a linguagem conotativa ou a linguagem denotativa? Justifique sua resposta.

f) Como se pode caracterizar esse texto quanto à forma e ao conteúdo? Justifique.

g) Em que passagem do texto a narrativa se aproxima da prosa poética? Justifique a resposta com exemplos do texto.

Produção de texto: poesia e prosa

1ª proposta — Produção de um poema baseado em outro

No poema a seguir, Mario Quintana nos fala de um amor que, de tanto ter sido sonhado, parece que chega a ter existido. Leia os versos, observe a interpretação do conteúdo poético e depois escreva o seu poema também.

Quem ama inventa

Quem ama inventa as coisas a que ama...
Talvez chegaste quando eu te sonhava.
Então de súbito acendeu-se a chama!
Era a brasa dormida que acordava...
E era um revoo sobre a ruinaria,
No ar atônito bimbalhavam sinos,
Tangidos por uns anjos peregrinos
Cujo dom é fazer ressurreições...
Um ritmo divino? Oh! Simplesmente
O palpitar de nossos corações
Batendo juntos e festivamente,
Ou sozinhos, num ritmo tristonho...
Oh! meu pobre, meu grande amor distante,
Nem sabes tu o bem que faz à gente
Haver sonhado... e ter vivido o sonho!

QUINTANA, Mario. *A cor do invisível*. São Paulo: Globo, 2005. p. 58.

- Agora escreva o seu poema de amor. Como o eu lírico, você deve inventar esse amor da forma como o imagina.
- Se quiser, faça o poema com rimas, podendo ser um soneto ou não.
- Empregue figuras de linguagem e imagens como nos poemas já estudados.
- Releia o texto e procure aperfeiçoá-lo, fazendo alterações.
- Troque o poema com um colega, e comentem a produção dos textos.
- Anote as sugestões feitas, refaça o que puder ficar melhor e passe o poema a limpo.

2ª proposta — Produção de um texto em prosa baseado em parte de uma crônica

O trecho a seguir faz parte de uma crônica de Moacyr Scliar, em que ele relata de forma objetiva e direta a preocupação dos pais, quando os filhos crescem e querem ter uma vida independente. Leia o início dessa crônica e depois escreva seu texto, também em prosa.

O dilema dos pais

Todos os pais têm em relação aos filhos — sobretudo filhos adolescentes — uma natural ambivalência. De um lado, querem vê-los autônomos, independentes, seguindo sua própria vida; de outro, querem mantê-los por perto o maior tempo possível. Casa sem filhos é uma coisa que desanima os casais; existe até um nome para isso, a síndrome do ninho vazio. A expressão foi criada nos Estados Unidos, onde faz parte da tradição familiar os filhos deixarem a casa dos pais quando entram na universidade. Vão para outra cidade, para outro estado, e começam uma vida totalmente diferente; frequentemente moram em uma república de estudantes, têm de cuidar da própria vida — em suma, tornam-se independentes.

Não é uma independência isenta de riscos. O consumo de álcool, e às vezes de drogas, é alto nessas repúblicas. Isto, associado à ausência, explica a ansiedade dos pais, sobretudo das mães — a síndrome do ninho vazio é mais frequente entre elas. Mesmo porque o afastamento dos filhos não raro coincide com a menopausa, que também é fonte de problemas.

SCLIAR, Moacyr. In: ZILBERMAN, Regina (Sel.). *Contos e crônicas para ler na escola*. Rio de Janeiro: Objetiva, 2011. p. 169. (Fragmento).

- Redija um texto em prosa abordando este assunto: o dilema dos pais quando o filho adolescente sai de casa, para morar sozinho ou numa república, tornando-se independente.
- Produza um texto em prosa, com a exposição de argumentos para discutir essa questão.
- Lembre-se de que o conteúdo deve ser objetivo.
- Empregue a variedade culta da língua e a 3ª pessoa verbal.
- Utilize os elementos de coesão ou conectores de forma adequada, para que suas ideias fiquem coesas e coerentes.
- Avalie seu texto em prosa e verifique se a estrutura está bem organizada.
- Troque seu texto com o de um colega e observe, no texto dele, a construção das ideias e a estrutura. Oriente-o, se necessário, na reformulação do texto; em especial, no emprego dos recursos argumentativos e no uso da linguagem.
- Faça o mesmo como o seu texto, reescrevendo o que for necessário. Releia a nova versão do texto e passe-o a limpo.
- Sob a orientação do professor, você e seus colegas poderão ler os textos produzidos, em voz alta, na sala de aula.

3ª proposta — Produção de um poema com base em um texto em prosa poética

Você vai ler trechos de uma prosa poética do escritor português José Saramago (1922-2010), que aborda a temática do tempo, para depois criar um poema.

Ninguém se banha duas vezes no mesmo rio

Estou deitado na margem. Dois barcos, presos a um tronco de salgueiro cortado em remotos tempos, oscilam ao jeito do vento, não da corrente, que é macia, vagarosa, quase invisível. A paisagem em frente, conheço-a. Por uma aberta entre as árvores, vejo as terras lisas da lezíria, ao fundo uma franja de vegetação verde-escura, e depois, inevitavelmente, o céu onde boiam nuvens que só não são brancas porque a tarde chega ao fim e há o tom de pérola que é o dia que se extingue. Entretanto, o rio corre. Mais propriamente se diria: anda, arrasta-se — mas não é costume.

[...]

Olho agora o rio que conheço tão bem. A cor das águas, a maneira como escorregam ao longo das margens, as espadanas verdes, as plataformas de limos onde encontram chão as rãs, onde as libélulas (também chamadas tira-olhos) pousam a extremidade das pequenas garras — este rio é qualquer coisa que me corre no sangue, a que estou preso desde sempre e para sempre. Naveguei nele, aprendi nele a nadar, conheço-lhe os fundões e as locas onde os barbos pairam imóveis. É mais do que um rio, é talvez um segredo.

E, contudo, estas águas já não são as minhas águas. O tempo flui nelas, arrasta-as e vai arrastando na corrente líquida, devagar, à velocidade (aqui, na terra) de sessenta segundos por minuto. Quantos minutos passaram já desde que me deitei na margem, sobre o feno seco e doirado? Quantos metros andou aquele tronco apodrecido que flutua? O sino ainda toca, a tarde teve agora um arrepio, as garças onde estão? Devagar, levanto-me, sacudo as palhas agarradas à roupa, calço-me. Apanho uma pedra, um seixo redondo e denso, lanço-o pelo ar, num gesto do passado. Cai no meio do rio, mergulha (não vejo, mas sei), atravessa as águas opacas, assenta no lodo do fundo, enterra-se um pouco. Mudou de sítio, talvez o inverno o arraste para mais longe, o restitua à margem donde o tirei. Talvez ali fique pra sempre.

Desço até à água, mergulho nela as mãos, e não as reconheço. Vêm-me da memória outras mãos mergulhadas noutro rio. As minhas mãos de há trinta anos, o rio antigo de águas que já se perderam no mar. Vejo passar o tempo. Tem a cor da água e vai carregado de detritos, de pétalas arrancadas de flores, de um toque vagaroso de sinos. Então uma ave cor de fogo passa como um relâmpago. O sino cala-se. E eu sacudo as mãos molhadas de tempo, levando-as até aos olhos — as minhas mãos de hoje, com que prendo a vida e a verdade desta hora.

SARAMAGO, José. *Deste mundo e do outro*. Lisboa: Caminho, 1985. (Fragmento).

Lezíria: planície de inundação de um rio; espécie de várzea.
Espadanas: ervas aquáticas.
Locas: grutas pequenas.
Barbos: espécie de peixe.
Seixo: cascalho.

- Redija um poema com versos livres ou sem rima, baseando se na narrativa de José Saramago. Descreva de forma poética o rio apresentado no texto.
- Desenvolva os versos usando a linguagem subjetiva ou figurada e conte como era o rio, o que ele sempre representou para você, em etapas diferentes de sua vida.
- Releia o texto, se necessário, e observe como o autor constrói a linguagem poética, descrevendo a passagem das águas do rio, que teria um significado especial para ele. Veja o emprego das figuras de linguagem, a presença de um narrador-personagem, que participa dos fatos e os relata em 1ª pessoa.
- Revele o valor sentimental dos momentos que passou à beira do rio, tendo-o como um amigo ou confidente. Compare o fluir das águas desse rio com a passagem do tempo, pois ambos mudam a cada momento e assim se renovam.
- Interprete a relação de sentido entre o título do texto de Saramago e o assunto desenvolvido. Se quiser, escolha outro título para o poema.
- Empregue figuras como a metáfora, a comparação, a antítese, a personificação e outras imagens poéticas.
- Troque o seu texto com um colega e veja as sugestões propostas por ele.
- Releia o texto e refaça os versos que não tenham ficado criativos. Modifique o que julgar inadequado e passe o poema a limpo.
- Sob a orientação do professor, leia-o para os colegas.

Declaração Universal dos Direitos Humanos

A Declaração Universal dos Direitos Humanos foi adotada e proclamada pela Assembleia Geral das Nações Unidas em 10 de dezembro de 1948. Foi elaborada por representantes de diferentes origens culturais e jurídicas de todas as regiões do mundo. Esse documento foi elaborado na tentativa de evitar que se repetissem os muitos horrores vistos ao longo das duas guerras mundiais que ocorreram no século XX.

Como esse é um documento extremamente importante e que ainda é pouco conhecido, propomos que você e seus colegas façam uma atividade sobre ele. Siga as orientações.

A leitura

1) O documento apresenta 30 artigos. Sob orientação do professor, reúna-se em grupo com alguns colegas.

2) Cada grupo ficará responsável por alguns dos artigos de tal modo que todos os artigos sejam designados para algum grupo.

3) Reunido com seu grupo, leiam os artigos designados para vocês. Conversem sobre eles para se certificarem de que todos tenham sido compreendidos pelo grupo. Caso tenham dúvida, conversem com o professor.

A pesquisa

4) Façam uma pesquisa para verificar situações no século XX e no presente que indiquem que esses direitos não foram e/ou não estão sendo respeitados. Reúnam o maior número possível de informações sobre essas situações. Façam um resumo a respeito delas.

A apresentação

5) Você e seus colegas apresentarão os artigos e o resultado da pesquisa para a classe. Se possível, utilizem imagens para ilustrar a apresentação.

ATENÇÃO: A apresentação não precisa ser feita somente sob a forma de um seminário. Pode ser feita sob a forma de uma peça de teatro ou de outra maneira combinada com o professor.

Conclusão

6) Encerradas as apresentações, sob orientação do professor, cada grupo deverá escrever um artigo de opinião sobre a Declaração Universal dos Direitos Humanos. Esses artigos deverão ser afixados no mural da classe ou da escola.

Declaração Universal dos Direitos Humanos

Preâmbulo

Considerando que o reconhecimento da dignidade inerente a todos os membros da família humana e de seus direitos iguais e inalienáveis é o fundamento da liberdade, da justiça e da paz no mundo,

Considerando que o desprezo e o desrespeito pelos direitos humanos resultaram em atos bárbaros que ultrajaram a consciência da humanidade e que o advento de um mundo em que mulheres e homens gozem de liberdade de palavra, de crença e da liberdade de viverem a salvo do temor e da necessidade foi proclamado como a mais alta aspiração do ser humano comum,

Considerando ser essencial que os direitos humanos sejam protegidos pelo império da lei, para que o ser humano não seja compelido, como último recurso, à rebelião contra a tirania e a opressão,

Considerando ser essencial promover o desenvolvimento de relações amistosas entre as nações,

Considerando que os povos das Nações Unidas reafirmaram, na Carta, sua fé nos direitos fundamentais do ser humano, na dignidade e no valor da pessoa humana e na igualdade de direitos do homem e da mulher e que decidiram promover o progresso social e melhores condições de vida em uma liberdade mais ampla,

Considerando que os Países-Membros se comprometeram a promover, em cooperação com as Nações Unidas, o respeito universal aos direitos e liberdades fundamentais do ser humano e a observância desses direitos e liberdades,

Considerando que uma compreensão comum desses direitos e liberdades é da mais alta importância para o pleno cumprimento desse compromisso,

Agora portanto a Assembleia Geral proclama a presente Declaração Universal dos Direitos Humanos como o ideal comum a ser atingido por todos os povos e todas as nações, com o objetivo de que cada indivíduo e cada órgão da sociedade tendo sempre em mente esta Declaração, esforce-se, por meio do ensino e da educação, por promover o respeito a esses direitos e liberdades, e, pela adoção de medidas progressivas de caráter nacional e internacional, por assegurar o seu reconhecimento e a sua observância universais e efetivos, tanto entre os povos dos próprios Países-Membros quanto entre os povos dos territórios sob sua jurisdição.

Artigo 1

Todos os seres humanos nascem livres e iguais em dignidade e direitos. São dotados de razão e consciência e devem agir em relação uns aos outros com espírito de fraternidade.

Artigo 2

1. Todo ser humano tem capacidade para gozar os direitos e as liberdades estabelecidos nesta Declaração, sem distinção de qualquer espécie, seja de raça, cor, sexo, língua, religião, opinião política ou de outra natureza, origem nacional ou social, riqueza, nascimento, ou qualquer outra condição.

2. Não será também feita nenhuma distinção fundada na condição política, jurídica ou internacional do país ou território a que pertença uma pessoa, quer se trate de um território independente, sob tutela, sem governo próprio, quer sujeito a qualquer outra limitação de soberania.

Artigo 3

Todo ser humano tem direito à vida, à liberdade e à segurança pessoal.

Artigo 4

Ninguém será mantido em escravidão ou servidão; a escravidão e o tráfico de escravos serão proibidos em todas as suas formas.

Artigo 5

Ninguém será submetido à tortura, nem a tratamento ou castigo cruel, desumano ou degradante.

Artigo 6

Todo ser humano tem o direito de ser, em todos os lugares, reconhecido como pessoa perante a lei.

Artigo 7

Todos são iguais perante a lei e têm direito, sem qualquer distinção, a igual proteção da lei. Todos têm direito a igual proteção contra qualquer discriminação que viole a presente Declaração e contra qualquer incitamento a tal discriminação.

Artigo 8

Todo ser humano tem direito a receber dos tribunais nacionais competentes remédio efetivo para os atos que violem os direitos fundamentais que lhe sejam reconhecidos pela constituição ou pela lei.

Artigo 9

Ninguém será arbitrariamente preso, detido ou exilado.

Artigo 10

Todo ser humano tem direito, em plena igualdade, a uma justa e pública audiência por parte de um tribunal independente e imparcial, para decidir seus direitos e deveres ou fundamento de qualquer acusação criminal contra ele.

Artigo 11

1. Todo ser humano acusado de um ato delituoso tem o direito de ser presumido inocente até que a sua culpabilidade tenha sido provada de acordo com a lei, em julgamento público no qual lhe tenham sido asseguradas todas as garantias necessárias à sua defesa.

2. Ninguém poderá ser culpado por qualquer ação ou omissão que, no momento, não constituíam delito perante o direito nacional ou internacional. Também não será imposta pena mais forte de que aquela que, no momento da prática, era aplicável ao ato delituoso.

Artigo 12

Ninguém será sujeito à interferência na sua vida privada, na sua família, no seu lar ou na sua correspondência, nem a ataque à sua honra e reputação. Todo ser humano tem direito à proteção da lei contra tais interferências ou ataques.

Artigo 13

1. Todo ser humano tem direito à liberdade de locomoção e residência dentro das fronteiras de cada Estado.

2. Todo ser humano tem o direito de deixar qualquer país, inclusive o próprio e a esse regressar.

Artigo 14

1. Todo ser humano, vítima de perseguição, tem o direito de procurar e de gozar asilo em outros países.

2. Esse direito não pode ser invocado em caso de perseguição legitimamente motivada por crimes de direito comum ou por atos contrários aos objetivos e princípios das Nações Unidas.

Artigo 15

1. Todo ser humano tem direito a uma nacionalidade.

2. Ninguém será arbitrariamente privado de sua nacionalidade, nem do direito de mudar de nacionalidade.

Artigo 16

1. Os homens e mulheres de maior idade, sem qualquer restrição de raça, nacionalidade ou religião, têm o direito de contrair matrimônio e fundar uma família. Gozam de iguais direitos em relação ao casamento, sua duração e sua dissolução.

2. O casamento não será válido senão com o livre e pleno consentimento dos nubentes.

3. A família é o núcleo natural e fundamental da sociedade e tem direito à proteção da sociedade e do Estado.

Artigo 17

1. Todo ser humano tem direito à propriedade, só ou em sociedade com outros.

2. Ninguém será arbitrariamente privado de sua propriedade.

Artigo 18

Todo ser humano tem direito à liberdade de pensamento, consciência e religião; esse direito inclui a liberdade de mudar de religião ou crença e a liberdade de manifestar essa religião ou crença pelo ensino, pela prática, pelo culto em público ou em particular.

Artigo 19

Todo ser humano tem direito à liberdade de opinião e expressão; esse direito inclui a liberdade de, sem interferência, ter opiniões e de procurar, receber e transmitir informações e ideias por quaisquer meios e independentemente de fronteiras.

Artigo 20

1. Todo ser humano tem direito à liberdade de reunião e associação pacífica.

2. Ninguém pode ser obrigado a fazer parte de uma associação.

Artigo 21

1. Todo ser humano tem o direito de tomar parte no governo de seu país diretamente ou por intermédio de representantes livremente escolhidos.

2. Todo ser humano tem igual direito de acesso ao serviço público do seu país.

3. A vontade do povo será a base da autoridade do governo; essa vontade será expressa em eleições periódicas e legítimas, por sufrágio universal, por voto secreto ou processo equivalente que assegure a liberdade de voto.

Artigo 22

Todo ser humano, como membro da sociedade, tem direito à segurança social, à realização pelo esforço nacional, pela cooperação internacional e de acordo com a organização e recursos de cada Estado, dos direitos econômicos, sociais e culturais indispensáveis à sua dignidade e ao livre desenvolvimento da sua personalidade.

Artigo 23

1. Todo ser humano tem direito ao trabalho, à livre escolha de emprego, a condições justas e favoráveis de trabalho e à proteção contra o desemprego.

2. Todo ser humano, sem qualquer distinção, tem direito a igual remuneração por igual trabalho.

3. Todo ser humano que trabalha tem direito a uma remuneração justa e satisfatória que lhe assegure, assim como à sua família, uma existência compatível com a dignidade humana e a que se acrescentarão, se necessário, outros meios de proteção social.

4. Todo ser humano tem direito a organizar sindicatos e a neles ingressar para proteção de seus interesses.

Artigo 24

Todo ser humano tem direito a repouso e lazer, inclusive a limitação razoável das horas de trabalho e a férias remuneradas periódicas.

FOTOSEARCH/GETTY IMAGES

Eleanor Roosevelt segura uma cópia da Declaração Universal dos Direitos Humanos.

Artigo 25

1. Todo ser humano tem direito a um padrão de vida capaz de assegurar a si e à sua família saúde, bem-estar, inclusive alimentação, vestuário, habitação, cuidados médicos e os serviços sociais indispensáveis e direito à segurança em caso de desemprego, doença invalidez, viuvez, velhice ou outros casos de perda dos meios de subsistência em circunstâncias fora de seu controle.

2. A maternidade e a infância têm direito a cuidados e assistência especiais. Todas as crianças, nascidas dentro ou fora do matrimônio, gozarão da mesma proteção social.

Artigo 26

1. Todo ser humano tem direito à instrução. A instrução será gratuita, pelo menos nos graus elementares e fundamentais. A instrução elementar será obrigatória. A instrução técnico-profissional será acessível a todos, bem como a instrução superior, esta baseada no mérito.

2. A instrução será orientada no sentido do pleno desenvolvimento da personalidade humana e do fortalecimento do respeito pelos direitos do ser humano e pelas liberdades fundamentais. A instrução promoverá a compreensão, a tolerância e a amizade entre todas as nações e grupos raciais ou religiosos e coadjuvará as atividades das Nações Unidas em prol da manutenção da paz.

3. Os pais têm prioridade de direito na escolha do gênero de instrução que será ministrada a seus filhos.

Artigo 27

1. Todo ser humano tem o direito de participar livremente da vida cultural da comunidade, de fruir as artes e de participar do progresso científico e de seus benefícios.

2. Todo ser humano tem direito à proteção dos interesses morais e materiais decorrentes de qualquer produção científica literária ou artística da qual seja autor.

Artigo 28

Todo ser humano tem direito a uma ordem social e internacional em que os direitos e liberdades estabelecidos na presente Declaração possam ser plenamente realizados.

Artigo 29

1. Todo ser humano tem deveres para com a comunidade, na qual o livre e pleno desenvolvimento de sua personalidade é possível.

2. No exercício de seus direitos e liberdades, todo ser humano estará sujeito apenas às limitações determinadas pela lei, exclusivamente com o fim de assegurar o devido reconhecimento e respeito dos direitos e liberdades de outrem e de satisfazer as justas exigências da moral, da ordem pública e do bem-estar de uma sociedade democrática.

3. Esses direitos e liberdades não podem, em hipótese alguma, ser exercidos contrariamente aos objetivos e princípios das Nações Unidas.

Artigo 30

Nenhuma disposição da presente Declaração poder ser interpretada como o reconhecimento a qualquer Estado, grupo ou pessoa, do direito de exercer qualquer atividade ou praticar qualquer ato destinado à destruição de quaisquer dos direitos e liberdades aqui estabelecidos.

Disponível em: <https: / / www.unicef.org / brazil / declaracao-universal-dos-direitos-humanos>. Acesso em: 8 maio 2019.

DURSUN AYDEMIR/ ANADOLU AGENGY/AFP

Crianças cantam na celebração do 70º aniversário da adoção da Declaração Universal dos Direitos Humanos, Bélgica, 2018.

Programe-se I

Filmes

REPRODUÇÃO

A chave de Sarah.
Direção de Gilles Paquet-Brenner. França – 2011. Drama e suspense.

REPRODUÇÃO

A chegada.
Direção de Denis Villeneuve. EUA – 2016. Ficção científica.

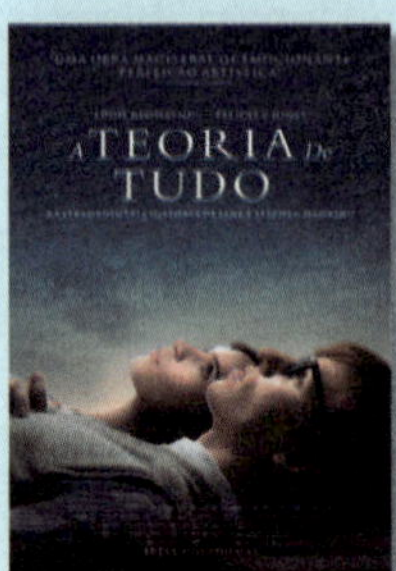

REPRODUÇÃO

A teoria de tudo.
Direção de James Marsh. Reino Unido – 2014. Drama e biografia.

REPRODUÇÃO

Crônicas de Natal.
Direção de Joe Johnston. EUA – 2019. Fantasia.

REPRODUÇÃO

Cartas para Julieta.
Direção de Gary Winick. EUA – 2010. Comédia romântica.

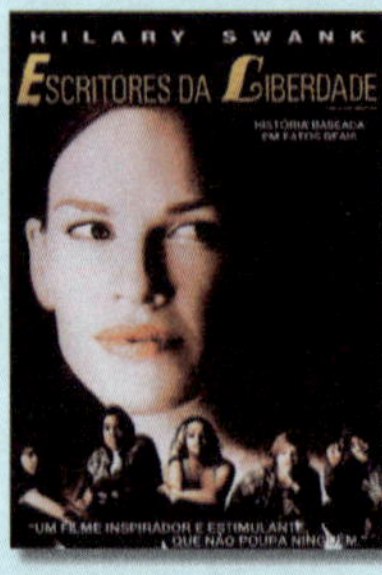

REPRODUÇÃO

Escritores da liberdade.
Direção de Richard LaGravenese. EUA – 2007. Comédia dramática.

REPRODUÇÃO

Meia-noite em Paris.
Direção de Woody Allen. EUA – 2011. Comédia romântica.

REPRODUÇÃO

O círculo.
Direção de James Ponsoldt. EUA/Emirados Árabes Unidos – 2017. Drama e suspense.

REPRODUÇÃO

O discurso do rei.
Direção de Tom Hooper. Reino Unido – 2010. Biografia.

Livros

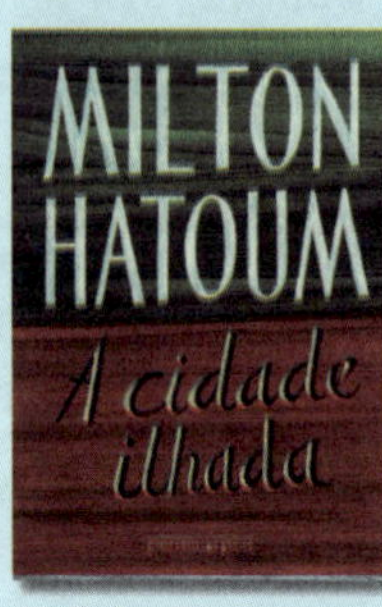

REPRODUÇÃO

A cidade ilhada.
Milton Hatoum. São Paulo: Companhia das Letras, 2009.

REPRODUÇÃO

A lição do amigo.
Carlos Drummond de Andrade e Mário de Andrade. São Paulo: Companhia das Letras, 2015.

REPRODUÇÃO

A língua de Eulália.
Marcos Bagno. São Paulo: Contexto, 2008.

REPRODUÇÃO

Boa companhia: crônicas.
Organização de Humberto Werneck. São Paulo: Companhia das Letras, 2005.

REPRODUÇÃO

Clarice Lispector – Clarice na cabeceira, crônicas.
Organização de Teresa Montero. Rio de Janeiro: Rocco, 2010.

REPRODUÇÃO

Estive em Lisboa e lembrei de você.
Luiz Ruffato. São Paulo: Companhia das Letras, 2009.

REPRODUÇÃO

O apanhador no campo de centeio.
J. D. Salinger. Rio de Janeiro: Editora do Autor, 1999.

REPRODUÇÃO

O homem que sabia javanês.
Lima Barreto. São Paulo: Atual, 2012.

REPRODUÇÃO

O mundo de Sofia.
Jostein Gaarder. São Paulo: Companhia das Letras, 1995.

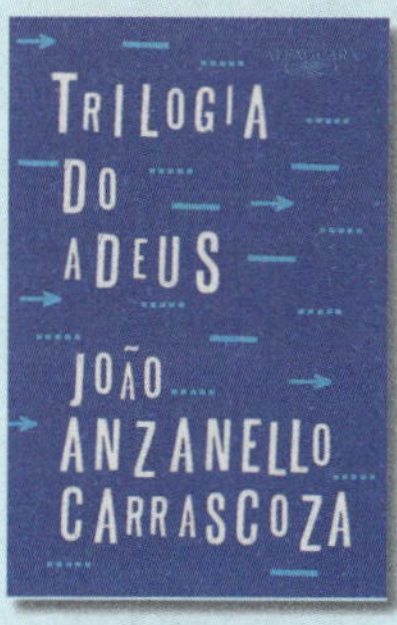

REPRODUÇÃO

Trilogia do adeus.
João Anzanello Carrascoza. São Paulo: Alfaguara, 2017.

REPRODUÇÃO

Vozes roubadas: diários de guerra.
Organização de Zlata Filipovic. São Paulo: Companhia das Letras, 2008.

Parte 2

Estudo de imagem

LEBRECHT HISTORY/BRIDGEMAN IMAGES/KEYSTONE BRASIL

Murasaki Shikibu escrevendo *Os contos de Gengi* no Templo de Ishiyama. Ilustração de um cartão-postal japonês.

1. *Genji Monogatari* ou *Os contos de Gengi*, escrita no século XI, é uma importante obra da literatura japonesa, considerada por alguns o romance mais antigo do Japão. Apresenta mais de 400 personagens que, apesar da extensão da obra, têm características e evolução consistentes. Trata da ascensão e queda de um rei. A pintura acima representa Murasaki Shikibu (c. 978-1014), possível autora dos 54 capítulos em que se divide essa obra. Que elementos aparecem na imagem?

2. Murasaki Shikibu fazia parte da corte da imperatriz japonesa na época. Que elementos da pintura sugerem essa condição?

3. Como é a luz nessa pintura?

4. O que é possível dizer sobre os tons usados na pintura?

5. As mesmas cores que aparecem nas roupas da escritora aparecem também nos objetos na estante. O que essa escolha sugere?

6. Alguns dos personagens comunicam-se nessa obra por meio de poemas. Considerando essa informação, você diria que nessa obra predomina a linguagem objetiva ou subjetiva?

7. Em *Os contos de Gengi* a história se passa ao longo de 70 anos. De que forma você imagina que o tempo influencie os personagens na narrativa?

8. Como você imagina que seria ler uma história escrita em um pergaminho, um suporte que você vai desenrolando à medida que lê? Você acha que isso teria um impacto em sua leitura ou na apreciação da história? Por quê?

Unidade V

Gêneros narrativos e relatos II

Leitura

A narrativa a seguir faz parte do primeiro capítulo de uma obra do escritor moçambicano Mia Couto, que utiliza uma linguagem subjetiva e mágica. O romance tem início quando o avô do estudante universitário Marianinho morre, e o neto tem de voltar à Ilha de Luar-do-Chão, após longos anos fora, para organizar as cerimônias do enterro. Leia o trecho selecionado.

NA VÉSPERA DO TEMPO

[...]

Meu Tio Abstinêncio está encostado na amurada, fato completo, escuro envergando escuridão. A gravata cinza semelha uma corda ao despendurão num poço que é o seu peito escavado. Rasando o convés do barco, as andorinhas parecem entregar-lhe secretos recados.

Abstinêncio é o mais velho dos tios. Daí a incumbência: ele é que tem que anunciar a morte de seu pai, Dito Mariano. Foi isso que fez ao invadir o meu quarto de estudante na residência universitária. Sua aparição me alertou: há anos que nada fazia Tio Abstinêncio sair de casa. Que fazia ali, após anos de reclusão? Suas palavras foram mais magras que ele, a estrita e não necessária notícia: o Avô morrendo. Eu que viesse, era o pedido exarado pelo velho Mariano. Abstinêncio me instruiu: rápido, fizesse a mala e embarcássemos no próximo barco para a nossa Ilha.

— *E meu pai?* — perguntei enquanto escolhia roupas.

— *Está na Ilha, esperando por nós.*

Depois, o Tio nada mais falou, afivelado em si. Nem se esboçou para me ajudar a empacotar os miúdos haveres.

Fomos, pela cidade, ele um pouco à frente, com seu andar empinado mas tropeçado de salamaleques. Sempre foi assim: ao mínimo pretexto, Abstinêncio se dobrava, fazendo vénia no torto e no direito. Não é respeito, não, explicava ele. É que em todo o lado, mesmo no invisível, há uma porta. Longe ou perto, não somos donos mas simples convidados. A vida, por respeito, requer constante licença.

Os outros familiares eram muito diferentes. Meu pai, por exemplo, tinha a alma à flor da pele. Já fora guerrilheiro, revolucionário, oposto à injustiça colonial. Mesmo internado na Ilha, nos meandros do rio Madzimi, meu velho Fulano Malta transpirava o coração em cada gesto. Já meu Tio Ultímio, o mais novo dos três, muito se dava a exibir, alteado e sonoro, pelas ruas da capital. Não frequentara mais

Fato: terno (traje masculino, em Portugal).

Exarado: lavrado, consignado, decretado.

Salamaleques: mesuras, cumprimentos, saudações cerimoniosas.

Vénia: saudação respeitosa, reverência, pedido de licença.

ROGÉRIO BORGES

a sua ilha natal, ocupado entre os poderes e seus corredores. Nenhum dos irmãos se dava, cada um em individual conformidade.

O Tio Abstinêncio, este que cruza o rio comigo, sempre assim se apresentou: magro e engomado, ocupado a trançar lembranças. Um certo dia, se exilou dentro de casa. Acreditaram ser arremesso de humores, coisa passatemporária. Mas era definitivo. Com o tempo acabaram estranhando a ausência. Visitaram-no. Sacudiram-no, ele nada.

— *Não quero sair nunca mais.*

— *Tem medo de quê?*

— *O mundo já não tem mais beleza.*

Como aqueles amantes que, depois de zanga, nunca mais se querem ver. Assim era o amuo do nosso tio. Que ele tinha tido caso com o mundo. E agora doía-lhe de mais a decadência desse rosto de quem amara. Os outros riram. O parente sofria de tardias poesias?

— *Você, Abstinêncio, é uma pessoa muito impessoal. Tem medo da vida ou do viver?*

— *Me deixem, irmãos: esta é a minha natureza.*

— *Ou, se calhar, o Mano Abstinêncio não recebeu foi suficiente natureza.*

E deixaram-no, só e único. Afinal, era escolha dele. Abstinêncio Mariano despendera a vida inteira na sombra da repartição. A penumbra adentrou-se nele como um bolor e acabou ficando saudoso de um tempo nunca havido, viúvo mesmo sem ter nunca casado. Houve noiva, dizia-se. Mas ela falecera em véspera. Nessa anteviuvez, Abstinêncio passou a envergar uma tarjeta de pano preto, guarnição de luto sobre a lapela. Todavia, do que se conta, sucedia o seguinte: a pequena tarja crescia durante as noites. Manhã seguinte, o paninho estava acrescido de tamanho, a pontos de toalha. E, no subsequente, um lençol já pendia do sombrio casaco. Parecia que a tristeza adubava os pesarosos panos. [...]

COUTO, Mia. *Um rio chamado tempo, uma casa chamada terra.* São Paulo: Companhia das Letras, 2003. p. 15-18. (Fragmento).

ROGÉRIO BORGES

Análise do texto

1 Nesse retorno à terra natal, Mariano percebe que não somente o enterro do avô se torna o motivo de sua volta, mas também as lembranças inesperadas do passado.

a) Mariano está a bordo de um barco com o Tio Abstinêncio, indo em direção à ilha, enquanto o observa. Que características do tio lhe chamam atenção?

____

____

b) De acordo com o segundo parágrafo, em que o protagonista explica a aparição do tio naquele momento, o que se pode deduzir do jeito de ser de Abstinêncio?

____

____

____

c) Em que frases dos dois primeiros parágrafos há o emprego de figuras de linguagem? Identifique-as.

2 Releia esta frase e interprete-a: "Fomos, pela cidade, ele um pouco à frente, com seu andar empinado mas tropeçado de salamaleques".

a) Como o tio explica seu comportamento ao sobrinho, ao dizer que essa atitude não significava respeito?

b) No sexto parágrafo, em que frases ocorre o emprego de antíteses?

3 Abstinêncio tinha um jeito estranho, mas, segundo Mariano, os demais parentes eram muito diferentes.

a) Releia esta frase: "Meu pai, por exemplo, **tinha a alma à flor da pele.**". Interprete a linguagem subjetiva, no contexto.

b) O que parece surpreender quanto ao temperamento do pai de Mariano, o velho Fulano Malta?

4 Além de viver na capital, o tio Ultímio tinha hábitos bem pessoais que contrastavam com o modo de ser dos outros dois irmãos. Valorizava o poder e preferia a vida na cidade, por onde circulava vaidoso e cheio de si. O que o autor conclui sobre os três irmãos?

5 De acordo com o texto, Abstinêncio demonstrava ser mais introvertido e, certo dia, chegou a se exilar dentro de casa.

a) O que você imagina que possa explicar esse comportamento dele?

____

____

b) Releia o seguinte trecho: "E agora doía-lhe de mais a decadência desse rosto de quem amara". A que rosto se faz referência? Justifique sua resposta.

____

____

6 Observe que há no texto o emprego de palavras e expressões que mantêm a coesão das frases, orações e períodos. Que sentido expressam as palavras destacadas nas frases a seguir?

a) "**Daí** a incumbência: ele é que tem que anunciar a morte de seu pai."

____

b) "**Depois**, o Tio nada mais falou, afivelado em si."

____

c) "**Um certo dia**, se exilou dentro de casa."

____

d) "**Assim** era o amuo do nosso tio."

____

7 Nas citações a seguir, verifique o termo, frase ou período a que a palavra destacada se refere, retomando-o, de acordo com a **coesão referencial**. Situe-a no contexto.

a) "Foi **isso** que fez ao invadir o meu quarto de estudante".

____

____

b) "**Sua** aparição me alertou".

____

c) "Visitaram-**no**. Sacudiram-**no**, **ele** nada."

____

____

8 Interprete o sentido das frases a seguir, de acordo com o contexto.

a) "O parente sofria de tardias poesias?"

b) "— *Você, Abstinêncio, é uma pessoa muito impessoal. Tem medo da vida ou do viver?*"

c) "— *Ou, se calhar, o Mano Abstinêncio não recebeu foi suficiente natureza.*"

9 Como se observa no texto, a solidão de Abstinêncio teve suas raízes desde muito cedo, quando se absteve do convívio com o mundo. Interprete a comparação presente neste trecho: "A penumbra adentrou-se nele **como um bolor** e acabou ficando saudoso de um tempo nunca havido".

10 Para ilustrar o modo recluso como Abstinêncio vivia, o narrador cria uma imagem fantasiosa da viuvez em que o tio se encerra após perder a noiva. Por que o narrador utiliza esse recurso? Identifique-o.

a) Identifique a **hipérbole** e a **personificação** empregadas no último parágrafo, explicando-as.

b) Como se pode observar, o narrador utiliza uma linguagem subjetiva na narrativa dos fatos, atraindo a atenção do leitor. De que modo isso ocorre no texto?

Capítulo 10 O conto

Gênero textual: conto

• Preparando

Leia o conto "As formigas", de Lygia Fagundes Telles, escritora paulista que faz parte da geração contemporânea e teve suas obras publicadas em diversos países.

AS FORMIGAS

Quando minha prima e eu descemos do táxi já era quase noite. Ficamos imóveis diante do velho sobrado de janelas ovaladas, iguais a dois olhos tristes, um deles vazado por uma pedrada. Descansei a mala no chão e apertei o braço da prima.

— É sinistro.

Ela me impeliu na direção da porta. Tínhamos outra escolha? Nenhuma pensão nas redondezas oferecia um preço melhor a duas pobres estudantes, com liberdade de usar o fogareiro no quarto, a dona nos avisara por telefone que podíamos fazer refeições ligeiras com a condição de não provocar incêndio. Subimos a escada velhíssima, cheirando a creolina.

— Pelo menos não vi sinal de barata — disse minha prima.

A dona era uma velha balofa, de peruca mais negra do que a asa da graúna. Vestia um desbotado pijama de seda japonesa e tinha as unhas aduncas recobertas por uma crosta de esmalte vermelho-escuro descascado nas pontas encardidas. Acendeu um charutinho.

— É você que estuda medicina? — perguntou, soprando a fumaça na minha direção.

— Estudo direito. Medicina é ela.

A mulher nos examinou com indiferença. Devia estar pensando em outra coisa quando soltou uma baforada tão densa que precisei desviar a cara. A saleta era escura, atulhada de móveis velhos, desparelhados. No sofá de palhinha furada no assento, duas almofadas que pareciam ter sido feitas com os restos de um antigo vestido, os bordados salpicados de vidrilho.

— Vou mostrar o quarto, fica no sótão — disse ela, em meio a um acesso de tosse. Fez um sinal para que a seguíssemos. — O inquilino antes de vocês também estudava medicina, tinha um caixotinho de ossos que esqueceu aqui, estava sempre mexendo neles.

Minha prima voltou-se:

— Um caixote de ossos?

A mulher não respondeu, concentrada no esforço de subir a estreita escada de caracol que ia dar no quarto. Acendeu a luz. O quarto não podia ser menor, com o teto em declive tão acentuado que nesse trecho teríamos que entrar de gatinhas. Duas camas, dois armários e uma cadeira de palhinha pintada de dourado. No ângulo onde o teto quase se encontrava com o assoalho, estava um caixotinho coberto com um pedaço de plástico.

ROGÉRIO BORGES

Minha prima largou a mala e pondo-se de joelhos puxou o caixotinho pela alça de corda. Levantou o plástico. Parecia fascinada.

— Mas que ossos tão miudinhos! São de criança?

— Ele disse que eram de adulto. De um anão.

— De um anão? É mesmo, a gente vê que já estão formados... Mas que maravilha, é raro à beça esqueleto de anão. E tão limpo, olha aí — admirou-se ela. Trouxe na ponta dos dedos um pequeno crânio de uma brancura de cal. — Tão perfeito, todos os dentinhos!

— Eu ia jogar tudo no lixo, mas se você se interessa pode ficar com ele. O banheiro é aqui ao lado, só vocês é que vão usar, tenho o meu lá embaixo. Banho quente, extra. Telefone, também. Café das sete às nove, deixo a mesa posta na cozinha com a garrafa térmica, fechem bem a garrafa — recomendou, coçando a cabeça. A peruca se deslocou ligeiramente. Soltou uma baforada final: — Não deixem a porta aberta senão meu gato foge.

Ficamos nos olhando e rindo enquanto ouvíamos o barulho dos seus chinelos de salto na escada. E a tosse encatarrada.

Esvaziei a mala, dependurei a blusa amarrotada num cabide que enfiei num vão da veneziana, prendi na parede, com durex, uma gravura de Grassmann e sentei meu urso de pelúcia em cima do travesseiro. Fiquei vendo minha prima subir na cadeira, desatarraxar a lâmpada fraquíssima que pendia de um fio solitário no meio do teto e no lugar atarraxar uma lâmpada de duzentas velas que tirou da sacola. O quarto ficou mais alegre. Em compensação, agora a gente podia ver que a roupa de cama não era tão alva assim, alva era a pequena tíbia que ela tirou de dentro do caixotinho. Examinou-a. Tirou uma vértebra e olhou pelo buraco tão reduzido como o aro de um anel. Guardou-as com a delicadeza com que se amontoam ovos numa caixa.

Grassmann: Marcello Grassmann (1925-2013), desenhista, artista plástico e gravurista brasileiro.

— Um anão. Raríssimo, entende? E acho que não falta nenhum ossinho, vou trazer as ligaduras, quero ver se no fim da semana começo a montar ele.

Abrimos uma lata de sardinha que comemos com pão, minha prima tinha sempre alguma lata escondida, costumava estudar até a madrugada e depois fazia sua ceia. Quando acabou o pão, abriu um pacote de bolacha Maria.

— De onde vem esse cheiro? — perguntei farejando. Fui até o caixotinho, voltei cheirei o assoalho. — Você não está sentindo um cheiro meio ardido?

— É de bolor. A casa inteira cheira assim — ela disse. E puxou o caixotinho para debaixo da cama.

No sonho, um anão louro de colete xadrez e cabelo repartido no meio entrou no quarto fumando charuto. Sentou-se na cama da minha prima, cruzou as perninhas e ali ficou muito sério, vendo-a dormir. Eu quis gritar, Tem um anão no quarto!, mas acordei antes. A luz estava acesa. Ajoelhada no chão, ainda vestida, minha prima olhava fixamente algum ponto do assoalho.

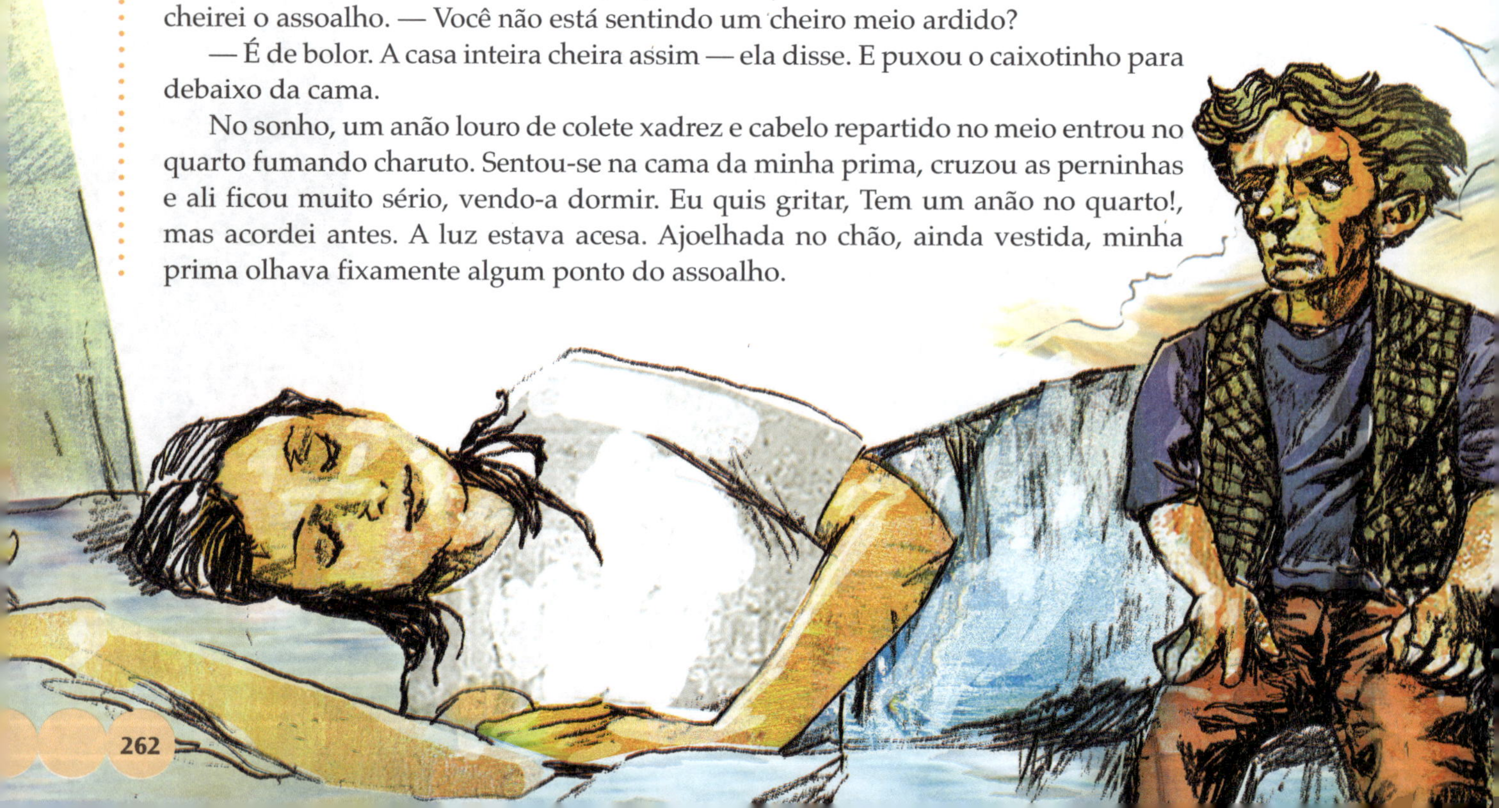

— Que é que você está fazendo aí? — perguntei.

— Essas formigas. Apareceram de repente, já enturmadas. Tão decididas, está vendo?

Levantei e dei com as formigas pequenas e ruivas que entravam em trilha espessa pela fresta debaixo da porta, atravessavam o quarto, subiam pela parede do caixotinho de ossos e desembocavam lá dentro, disciplinadas como um exército em marcha exemplar.

— São milhares, nunca vi tanta formiga assim. E não tem trilha de volta, só de ida — estranhei.

— Só de ida.

Contei-lhe meu pesadelo com o anão sentado em sua cama.

— Está debaixo dela — disse minha prima e puxou para fora o caixotinho. — Levantou o plástico. — Preto de formiga! Me dá o vidro de álcool.

— Deve ter sobrado alguma coisa aí nesses ossos e elas descobriram, formiga descobre tudo. Se eu fosse você, levava isso lá pra fora.

— Mas os ossos estão completamente limpos, eu já disse. Não ficou nem um fiapo de cartilagem, limpíssimos. Queria saber o que essas bandidas vêm fuçar aqui.

Respingou fartamente o álcool em todo o caixote. Em seguida, calçou os sapatos e, como uma equilibrista andando no fio de arame, foi pisando firme, um pé diante do outro na trilha de formigas. Foi e voltou duas vezes. Apagou o cigarro. Puxou a cadeira. E ficou olhando dentro do caixotinho.

— Esquisito. Muito esquisito.

— O quê?

— Me lembro que botei o crânio em cima da pilha, me lembro que até calcei ele com as omoplatas para não rolar. E agora ele está aí no chão do caixote, com uma omoplata de cada lado. Por acaso você mexeu aqui?

— Deus me livre, tenho nojo de osso! Ainda mais de anão.

Ela cobriu o caixotinho com o plástico, empurrou-o com o pé e levou o fogareiro para a mesa, era a hora do seu chá. No chão, a trilha de formigas mortas era agora uma fita escura que encolheu. Uma formiguinha que escapou da matança passou perto do meu pé, já ia esmagá-la quando vi que levava as mãos à cabeça, como uma pessoa desesperada. Deixei-a sumir numa fresta do assoalho.

Voltei a sonhar aflitivamente, mas dessa vez foi o antigo pesadelo com os exames, o professor fazendo uma pergunta atrás da outra e eu muda diante do único ponto que não tinha estudado. Às seis horas o despertador disparou veementemente. Travei a campanhia. Minha prima dormia com a cabeça coberta. No banheiro, olhei com atenção para as paredes, para o chão de cimento, à procura delas.

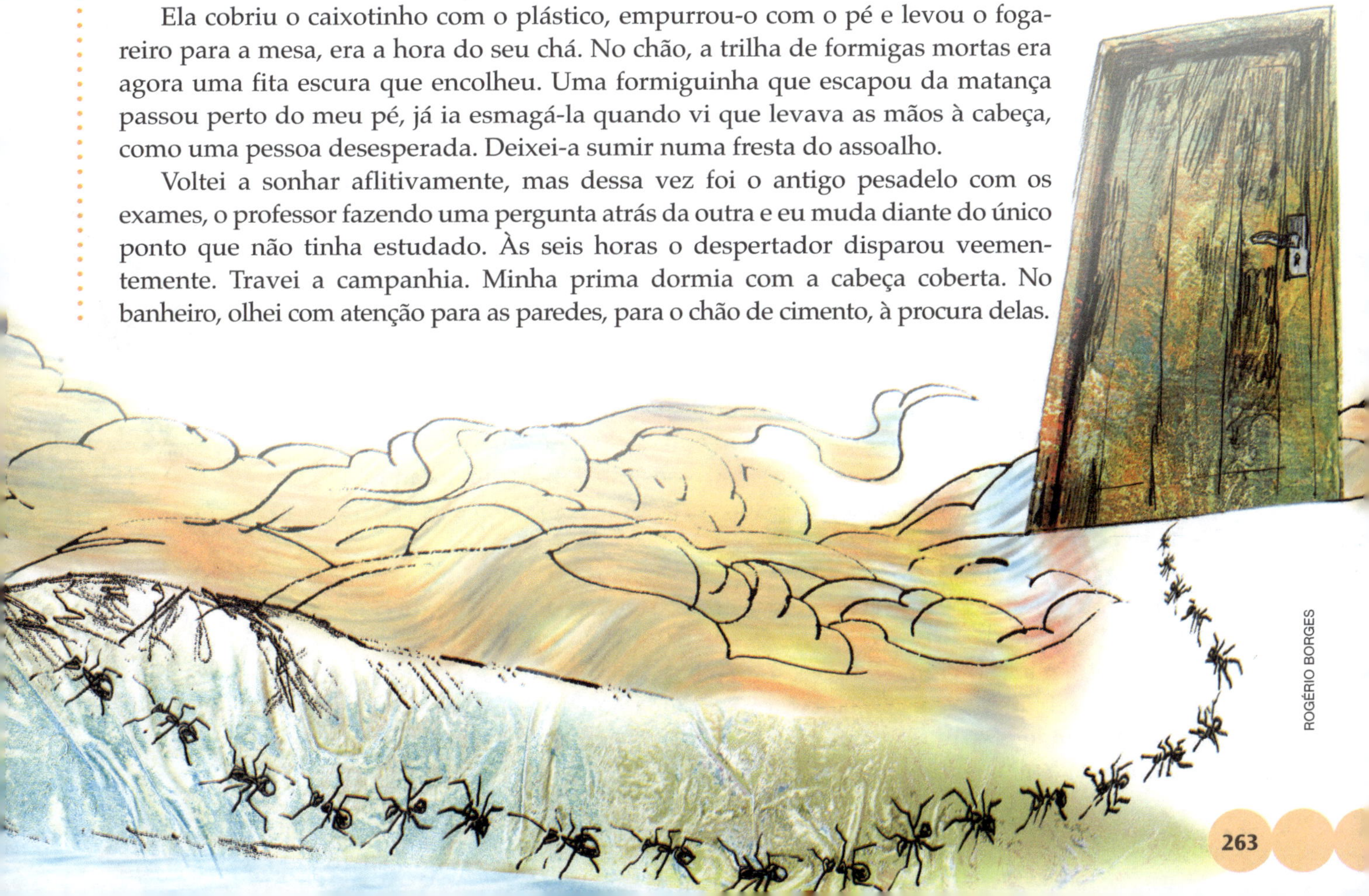

ROGÉRIO BORGES

Não vi nenhuma. Voltei pisando na ponta dos pés e então entreabri as folhas da veneziana. O cheiro suspeito da noite tinha desaparecido. Olhei para o chão: desaparecera também a trilha do exército massacrado. Espiei debaixo da cama e não vi o menor movimento de formigas no caixotinho coberto.

Quando cheguei por volta das sete da noite, minha prima já estava no quarto. Achei-a tão abatida que carreguei no sal da omelete, tinha a pressão baixa. Comemos num silêncio voraz. Então me lembrei.

— E as formigas?

— Até agora, nenhuma.

— Você varreu as mortas?

Ela ficou me olhando.

— Não varri nada, estava exausta. Não foi você que varreu?

— Eu?! Quando acordei, não tinha nem sinal de formiga nesse chão, estava certa que antes de deitar você juntou tudo... Mas então, quem?!

Ela apertou os olhos estrábicos, ficava estrábica quando se preocupava.

— Muito esquisito mesmo. Esquisitíssimo.

Fui buscar o tablete de chocolate e perto da porta senti de novo o cheiro, mas seria bolor? Não me parecia um cheiro assim inocente, quis chamar a atenção da minha prima para esse aspecto, mas ela estava tão deprimida que achei melhor ficar quieta. Espargi água-de-colônia Flor de Maçã por todo o quarto (e se ele cheirasse como um pomar?) e fui deitar cedo. Tive o segundo tipo de sonho, que competia nas repetições com o tal sonho da prova oral, nele eu marcava encontro com dois namorados ao mesmo tempo. E no mesmo lugar. Chegava o primeiro e minha aflição era levá-lo embora dali antes que chegasse o segundo. O segundo, desta vez, era o anão. Quando só restou o oco de silêncio e sombra, a voz da minha prima me fisgou e me trouxe para a superfície. Abri os olhos com esforço. Ela estava sentada na beira da minha cama, de pijama e completamente estrábica.

— Elas voltaram.

— Quem?

— As formigas. Só atacam de noite, antes da madrugada. Estão todas aí de novo.

A trilha da véspera, intensa, fechada, seguia o antigo percurso da porta até o caixotinho de ossos por onde subia na mesma formação até desformigar lá dentro. Sem caminho de volta.

— E os ossos?

Ela se enrolou no cobertor, estava tremendo.

— Aí é que está o mistério. Aconteceu uma coisa, não entendo mais nada! Acordei pra fazer pipi, devia ser umas três horas. Na volta, senti que no quarto tinha *algo* mais, está me entendendo? Olhei pro chão e vi a fila dura de formigas, você se lembra? Não tinha nenhuma quando chegamos. Fui ver o caixotinho, todas se trançando lá dentro, lógico, mas não foi isso o que quase me fez cair pra trás, tem uma coisa mais grave: é que os ossos estão mesmo mudando de posição, eu já desconfiava mas agora estou certa, pouco a pouco eles estão... Estão se organizando.

— Como, se organizando?

Ela ficou pensativa. Comecei a tremer de frio, peguei uma ponta do seu cobertor. Cobri meu urso com o lençol.

— Você lembra, o crânio entre as omoplatas, não deixei ele assim. Agora é a coluna vertebral que já está quase formada, uma vértebra atrás da outra, cada ossinho tomando o seu lugar, alguém do ramo está montando o esqueleto, mais um pouco e... Venha ver!

ROGÉRIO BORGES

— Credo, não quero ver nada. Estão colando o anão, é isso?

Ficamos olhando a trilha rapidíssima, tão apertada que nela não caberia sequer um grão de poeira. Pulei-a com o maior cuidado quando fui esquentar o chá. Uma formiguinha desgarrada (a mesma daquela noite?) sacudia a cabeça entre as mãos. Comecei a rir e tanto que se o chão não estivesse ocupado, rolaria por ali de tanto rir. Dormimos juntas na minha cama. Ela dormia ainda quando saí para a primeira aula. No chão, nem sombra de formiga, mortas e vivas desapareciam com a luz do dia.

Voltei tarde essa noite, um colega tinha se casado e teve festa. Vim animada, com vontade de cantar, passei da conta. Só na escada é que me lembrei: o anão. Minha prima arrastara a mesa para a porta e estudava com o bule fumegando no fogareiro.

— Hoje não vou dormir, quero ficar de vigia — ela avisou.

O assoalho ainda estava limpo. Me abracei ao urso.

— Estou com medo.

Ela foi buscar uma pílula para atenuar minha ressaca, me fez engolir a pílula com um gole de chá e ajudou a me despir.

— Fico vigiando, pode dormir sossegada. Por enquanto não apareceu nenhuma, não está na hora delas, é daqui a pouco que começa. Examinei com a lupa debaixo da porta, sabe que não consigo descobrir de onde brotam?

Tombei na cama, acho que nem respondi. No topo da escada o anão me agarrou pelos pulsos e rodopiou comigo até o quarto. Acorda, acorda! Demorei para reconhecer minha prima que me segurava pelos cotovelos. Estava lívida. E vesga.

— Voltaram — ela disse.

Apertei entre as mãos a cabeça dolorida.

— Estão aí?

Ela falava num tom miúdo, como se uma formiguinha falasse com sua voz.

— Acabei dormindo em cima da mesa, estava exausta. Quando acordei, a trilha já estava em plena movimentação. Então fui ver o caixotinho, aconteceu o que eu esperava...

— O que foi? Fala depressa, o que foi?

Ela firmou o olhar oblíquo no caixotinho debaixo da cama.

— Estão mesmo montando ele. E rapidamente, entende? O esqueleto já está inteiro, só falta o fêmur. E os ossinhos da mão esquerda, fazem isso num instante. Vamos embora daqui.

— Você está falando sério?

— Vamos embora, já arrumei as malas.

A mesa estava limpa e vazios os armários escancarados.

— Mas sair assim, de madrugada? Podemos sair assim?

— Imediatamente, melhor não esperar que a bruxa acorde. Vamos, levanta!

— E para onde a gente vai?

— Não interessa, depois a gente vê. Vamos, vista isto, temos que sair antes que o anão fique pronto.

Olhei de longe a trilha: nunca elas me pareceram tão rápidas. Calcei os sapatos, descolei a gravura da parede, enfiei o urso no bolso da japona e fomos arrastando as malas pelas escadas, mais intenso o cheiro que vinha do quarto, deixamos a porta aberta. Foi o gato que miou comprido ou foi um grito?

No céu, as últimas estrelas já empalideciam. Quando encarei a casa, só a janela vazada nos via, o outro olho era penumbra.

TELLES, Lygia Fagundes. *Seminário dos ratos*: contos. São Paulo: Companhia das Letras, 2009. p. 9-16.

ROGÉRIO BORGES

1 O **conto** é uma narrativa curta de ficção que se desenrola num universo próprio, parecido ou não com o nosso.

a) O universo em que se passa o conto "As formigas" é igual àquele em que vivemos? Por quê?

____

b) Em que momento do conto os fatos começam a se tornar improváveis, no mundo real?

____

____

2 O conto caracteriza-se pela narrativa condensada, pois apresenta um número reduzido de **personagens** e de **ações**, assim como **tempo** e **espaço** simplificados.

a) Quem são os personagens que participam dessa história?

____

____

b) Quais são as características principais dos personagens centrais do conto?

____

____

c) No conto, há sempre um protagonista ou personagem principal e, geralmente, um antagonista ou vilão, que interfere de forma negativa na vida do protagonista. Quem são os protagonistas e os antagonistas do conto?

____

____

d) Qual é o tempo verbal predominante nessa narrativa?

____

____

3 Como em toda narrativa, no conto há um **narrador** que conta a história.

a) Quem é o narrador do conto em estudo e em que pessoa ou **foco narrativo** a história se desenvolve? Justifique sua resposta.

____

____

____

b) Como na maioria das narrativas, o conto apresenta vários trechos descritivos. Identifique um deles.

4 O texto em estudo é um **conto fantástico**, pois os fatos narrados despertam no leitor perplexidade e dúvida entre uma explicação racional, diante do inusitado, e uma explicação com base no sobrenatural.

a) Nesse conto, os fatos inexplicáveis não começam a ocorrer subitamente, pois antes há indícios bem claros de que algo estranho acontecia. Identifique esses indícios.

b) Observe que, mesmo impressionadas com os acontecimentos, as jovens mantêm-se presas ao mundo real. No início, que explicação racional as jovens estudantes apresentam para o cheiro estranho e para o aparecimento das formigas?

c) Que fatos acontecem depois que as formigas são mortas e as jovens começam a imaginar que algo inusitado estava se passando?

5 O conto atinge, gradativamente, um plano irreal, em que as personagens buscam entender os fatos, mas se sentem incapazes de encontrar uma explicação lógica para eles.

a) Após o segundo surgimento das formigas à noite, a estudante de Medicina parece desorientada. Explique por quê.

b) Que frases ditas por ela, nessa passagem, sugerem que se tratava de algo sobrenatural?

6 Observe que o conto se desenvolve não só por meio da narração dos fatos feita por uma das protagonistas.

a) Que outro recurso é utilizado no conto para dar continuidade à história?

____

____

b) As formigas pareciam surgir do nada, o que deixava as jovens mais assustadas. Na terceira investida das formigas, o que acontece?

____

____

c) As jovens sempre reclamavam do cheiro que surgia à noite no quarto e desaparecia pela manhã. Em sua opinião, o que produzia esse cheiro?

____

____

d) A seu ver, por que a estudante de Medicina afirma que elas tinham que sair antes que o anão ficasse pronto?

____

____

7 Em geral, o conto apresenta em sua estrutura as seguintes partes: **situação inicial**, **conflito**, **clímax** e **desfecho**.

a) Qual é a **situação inicial** do conto em estudo?

____

____

b) Como se desenvolve a complicação ou o **conflito**?

____

____

____

c) Identifique o **clímax**, isto é, o ponto máximo de tensão da narrativa.

____

____

____

____

d) De que forma o conto apresenta um **desfecho** que ainda mantém o leitor imerso no mundo ficcional?

8 Na narrativa, o **espaço** é o elemento em que se desenvolve a ação. Ele pode influenciar o comportamento dos personagens ou ser alterado por eles. No conto em estudo, como o espaço contribui para a construção do clima da história?

9 O **tempo** na narrativa pode ser **cronológico** ou **psicológico**. O tempo cronológico apresenta os fatos em ordem linear ou natural, de acordo com o enredo, e pode ser medido em horas, meses, etc. Já o tempo psicológico apresenta os fatos em ordem não linear, em função da memória ou da imaginação do narrador ou do personagem.

a) O tempo da narrativa em estudo é cronológico ou psicológico? Justifique sua resposta com base no texto.

b) Como o narrador sugere que o tempo de duração da história é curto?

10 No texto, há o emprego de certas figuras de linguagem, como personificação (as formigas agem como se fossem pessoas) e comparação.

a) No início da narrativa, que personificação aparece e é retomada na conclusão? Interprete-a.

b) Interprete esta comparação, situando-a no contexto: "disciplinadas **como um exército em marcha exemplar**".

c) Observe o emprego do adjetivo *inocente* em sentido figurado, referindo-se ao cheiro do quarto, e interprete a frase: “Não me parecia um **cheiro assim inocente**”.

11 Na narrativa, os fatos acontecem devido a uma causa que acarreta sempre uma consequência, e a história se desenvolve assim, sucessivamente.

a) Nesse conto, qual é a causa inicial que gera um fato e sua consequência?

b) Que tipo de linguagem foi empregado no conto: a variedade padrão ou a variedade não padrão? Justifique com base no texto.

12 A narrativa literária não precisa ter **veracidade** (qualidade do que é verdadeiro), mas sim **verossimilhança**, ou seja, os fatos narrados precisam ser aceitáveis, dentro do contexto construído pela própria narrativa. Nesse caso, o conto em estudo é inverossímil, isto é, há algo incoerente dentro do universo em que a história se passa? Esclareça sua resposta.

• Sistematizando

O **conto** é uma narrativa ficcional curta, cujo enredo apresenta uma sequência de fatos que mantêm entre si uma relação de causa e efeito. Em geral, observam-se em sua estrutura os seguintes elementos: **situação inicial**, **conflito**, **clímax** e **desfecho**. O elemento principal do conto é o conflito, porque ele estabelece uma situação de desequilíbrio entre os fatos e personagens que compõem a história, despertando o interesse do leitor.

Dentre outras características, o conto se constitui de um número reduzido de personagens e ações, apresentando tempo e espaço simplificados. O tempo pode ser **cronológico**, quando os fatos acontecem em ordem natural ou linear, dentro de um intervalo que pode ser medido. No tempo **psicológico**, os fatos desenvolvem-se fora da ordem natural, ou seja, apresentam-se de forma não linear, de acordo com a vontade ou a memória do narrador ou do personagem.

No **conto fantástico**, há uma oposição, nem sempre totalmente clara, entre o mundo real do personagem e o mundo ficcional. Apesar disso, o leitor consegue entender de forma racional esses dois mundos, mantendo-se preso à realidade. Por isso, ele se surpreende diante de fatos estranhos e sobrenaturais, buscando uma explicação lógica para os acontecimentos. Muitas vezes, porém, pode acontecer de o leitor ficar perplexo e dividido entre uma justificativa real e outra, sobrenatural, assim como os personagens da história. No conto analisado, por exemplo, esse momento de dúvida não dura muito para os personagens, pois logo uma das protagonistas toma uma decisão e opta por se distanciar dos acontecimentos fantásticos e inexplicáveis, fugindo da casa de pensão sinistra. O desfecho do conto, no caso, fica aberto para a interpretação do leitor.

Portanto, pode-se dizer que:

> **Conto fantástico** é uma narrativa de ficção condensada em que ocorre uma oposição entre a realidade e a fantasia, representada por acontecimentos estranhos, mágicos, sobrenaturais ou inexplicáveis. O enredo apresenta um único conflito, com poucos personagens e ações, e o tempo e o espaço são reduzidos.

• Produção de texto: conto

1ª proposta — Desenvolvimento de um conto fantástico a partir de outro

Leia o início de dois contos e escolha um deles para desenvolver seu próprio conto fantástico.

Texto 1

PAZ E GUERRA

Eu estava atrasado para a guerra; tive de tomar um táxi. Uma contrariedade: com o recente aumento do preço da corrida, aquilo era uma despesa imprevista e inoportuna, um abalo em meu orçamento. Contudo, cheguei justo a tempo de marcar o ponto, evitando assim transtornos maiores. A fila junto ao relógio de ponto era grande: eu não era o único retardatário. Ali estava o Walter, meu colega de trincheira, resmungando: também ele tivera de tomar um táxi. Éramos vizinhos e tínhamos entrado na guerra quase ao mesmo tempo. Na segunda quinta-feira de cada mês tomávamos o ônibus na esquina de nossa rua, para participar nas ações bélicas.

Estou farto deste negócio, disse Walter. Eu também, respondi. Suspirando, batemos o ponto e nos dirigimos ao barracão da intendência, onde estava instalado, provisoriamente (mas isso há mais de quinze anos), o vestiário. Atrasados, hoje? — perguntou o rapazinho que tomava conta do vestiário. Não respondemos. Recebemos as chaves dos nossos armários. Rapidamente trocamos de roupa, vestindo nossos velhos uniformes de campanha; apanhamos os fuzis e a munição (vinte cartuchos) e nos dirigimos para a linha de combate.

O conflito bélico tinha como cenário um descampado nos arredores da cidade. O campo de batalha estava cercado por uma cerca de arame farpado com tabuletas: *Guerra, afaste-se*. Advertência desnecessária: pouca gente vinha ali, àquele local de bucólicas chácaras e sítios.

Nós, os soldados, ocupávamos uma trincheira de cerca de dois quilômetros de extensão. [...]

SCLIAR, Moacyr. *No restaurante submarino*: contos fantásticos. São Paulo: Boa Companhia, 2012. p. 40-41. (Fragmento).

ROGÉRIO BORGES

Texto 2

APARIÇÃO

Falava-se de sequestro a propósito de um processo recente. Era no fim de uma reunião íntima, à rua Grenelle, numa antiga mansão, e cada um tinha uma história para contar, um caso que afirmavam ser autêntico.

Então, o velho marquês de la Tour-Samuel, com oitenta e dois anos de idade, levantou-se e foi encostar-se à lareira. Falou com sua voz um pouco trêmula:

— Eu também conheço um fato estranho, tão estranho que foi a obsessão da minha vida. Já decorreram cinquenta e seis anos desde que me aconteceu esta aventura e não se passa um mês sem que a reviva em sonho. Ficou-me daquele dia uma marca, uma cicatriz do medo, compreendem? Sim, durante dez minutos fui vítima de um horrível pavor, e daí por diante uma espécie de terror permanente ficou na minha alma. Qualquer ruído inesperado me faz estremecer até o fundo do coração; e sinto uma vontade louca de fugir dos objetos que não distingo bem à noite. Enfim, a noite me dá medo.

Oh! Não teria feito semelhante confissão antes de ter atingido a idade que tenho. Agora posso dizer tudo. É permitido não ser corajoso diante dos perigos imaginários quando se tem oitenta e dois anos. Diante de perigos reais nunca recuei, minhas senhoras.

Esta história deixou-me tão perturbado, de uma forma tão profunda, misteriosa e terrível, que nunca ousei contá-la. Guardei-a no meu fundo mais íntimo, nesse fundo onde ocultamos os segredos dolorosos, os segredos vergonhosos, as fraquezas inconfessáveis que acompanham a nossa vida.

Vou contar-lhes a aventura tal como se passou, sem procurar explicá-la. É certo que pode ser explicada, a menos que eu tenha tido a minha hora de loucura. Mas não, não estive louco, e vou prová-lo. Podem imaginar o que quiserem. Eis os fatos puros e simples.

[...]

MAUPASSANT, Guy de. *Contos fantásticos*: O Horla & outras histórias. Porto Alegre: L&PM Pocket, 2008. p. 36-37. (Fragmento).

Siga estas orientações:

- Reúna-se com um colega e definam o conto ao qual vocês vão dar continuidade. Escolhido o conto, imaginem que o trecho lido é a **situação inicial**. Continuem a história, desenvolvendo o **conflito**, isto é, aquele acontecimento que vai ter grande impacto na ação dos personagens e gerar várias consequências.
- Lembrem-se de que vocês devem desenvolver o conto fantástico com base no conteúdo apresentado na situação inicial. Aproveitem as ideias ali presentes e, depois de desenvolver o conflito, criem o **clímax** e o **desfecho**. Se necessário, façam um rascunho de cada parte e discutam as ideias antes de desenvolvê-las.
- Sejam criativos, imaginando situações inusitadas que deixem o leitor perplexo e hesitante entre manter uma explicação racional dos fatos ou justificá-los com base no sobrenatural.
- O conto fantástico deve ter protagonista e antagonista, como toda narrativa. Não esqueçam que os personagens e as ações são poucos, e o tempo e o espaço, reduzidos. Narrem o desenrolar dos fatos e elaborem o desfecho, que pode apresentar a solução do conflito ou uma revelação.
- Empreguem os verbos no pretérito e na 3ª pessoa. Usem a variedade padrão da língua e alterem o título, se quiserem.

- Releiam o conto várias vezes e o reescrevam, alterando o que for necessário. Troquem então o texto com outra dupla.
- Observem se vocês deram continuidade à situação inicial do conto.
- Verifiquem se o texto é uma narrativa ficcional curta, se o número de personagens e ações é reduzido e se o tempo e o espaço são limitados.
- Confirmem se foi empregada a variedade padrão da língua e o pretérito na 3ª pessoa. Passem o texto a limpo e entreguem-no a seu professor, para uma avaliação final.
- Depois de receberem os contos com as sugestões do professor, as duplas vão passá-los a limpo em folhas do mesmo tamanho, a fim de montar um livro com o título *Coletânea de contos*, ou outro que escolherem.
- Juntem todas as folhas da classe, numerando-as em sequência. Façam um sumário, com o título dos contos e o número da página em que cada um se inicia. Confeccionem também uma capa, com o título escolhido para o livro. Se possível, mandem encadernar o volume; se não for possível, grampeiem as folhas todas juntas pela lateral.
- Antes de encaminhar o livro à biblioteca, os alunos que quiserem poderão levá-lo emprestado para casa; assim, também poderão ler as histórias dos colegas e mostrá-las a familiares e amigos.

2ª proposta — Desenvolvimento de um conto fantástico baseado em um trecho narrativo

Leia o trecho de uma narrativa que apresenta uma situação semelhante à de um conto fantástico. Aproveite as ideias para escrever seu conto de forma surpreendente e criativa. Se quiser, altere o título, de acordo com a história que você vai narrar.

AS ÁRVORES

A árvore deu novos botões no fim do dia, e de noite foi abrindo uma fortuna de pétalas, e de manhã elas secaram ao sol, caíram com a brisa. Ia passando uma mulher, viu uma nota, pisou em cima; aí botou as mãos nas cadeiras, como se sentisse a dor de lavar roupa todo santo dia, ou a dor de carregar filho enganchado na cintura, e assim, curvada de dor, tirou o pé de cima e viu que era a mais graúda das notas do país!

Então agachou para arrumar a sandália, catou a nota e enfiou depressa nos peitos, levantou e foi para casa andando reta sem olhar para os lados. Conforme ia chegando ia flutuando. Entrou em casa voando, passou o trinco e encostou as costas na porta, suspirando igual em novela de televisão; mas naquele tempo a televisão ainda não tinha chegado a Felicidade, encravada no meio dos morros: era preciso antenas tão altas que ninguém tinha tanto dinheiro.

Mas ali, suspirando atrás da porta e olhando os móveis de presente de casamento, séculos atrás, ela se prometeu que ia ter uma televisão, com uma antena tão alta como torre de petróleo. Guardou a nota debaixo da lata de farinha e saiu para contar ao marido, tão animada que pisou em outra nota e não viu; mas viu que a rua estava movimentada: um assanhamento de gente andando para lá e para cá como não se via há muito tempo.

Mas alguma coisa não estava certa: ninguém falava com ninguém, todo mundo de mãos nas costas e olho no chão, como se de repente amanhecessem filósofos e andassem pensando. Pensando nisso, ela também olhou o chão e achou outra nota. O coração quase saiu pela boca; agachou, catou, enfiou nos peitos e não foi atrás do marido, virou filósofa também.

[...]

PELLEGRINI, Domingos. *A árvore que dava dinheiro*. São Paulo: Ática, 1991. p. 25. (Fragmento).

Siga estas instruções.

- Reúna-se em dupla com um colega, ou escreva individualmente seu conto.
- Escreva a parte inicial do conto, levantando hipóteses sobre as causas de as árvores deixarem de ser árvores comuns e começarem a dar dinheiro.
- Acrescente o trecho lido ou parte dele. Imagine o que aconteceu com as pessoas que moravam na cidade chamada Felicidade, e também o que houve com o dinheiro e com as árvores de onde ele brotava. Explore o fantástico, com a ocorrência de fatos surpreendentes; em seguida, crie o clímax e depois um desfecho bem original.
- Empregue a 3ª pessoa, usando o narrador-observador, a variedade padrão da língua, e situe a história no passado, como na narrativa lida. No início, defina o tempo e o lugar em que se passam os fatos. Lembre-se de que deve haver um protagonista e um antagonista na história.
- Releia o conto antes de trocá-lo com outra dupla ou um colega. Observe se a linguagem, o narrador, o tempo e o lugar estão adequados, e se os fatos se desenvolvem numa sequência lógica.
- Verifique se a história é narrada no passado, se há um protagonista e um antagonista, se foi explorado o fantástico, e se o conto apresenta a estrutura de uma narrativa: situação inicial, conflito, clímax e desfecho.
- Passe o texto a limpo e, depois, conte sua história para os colegas, comparando a criatividade de cada um. A turma pode escolher dois contos para serem publicados no jornal da escola, ou enviá-los para um jornal de sua cidade. Peça orientação ao professor, se for o caso.

Figuras de linguagem I

No poema a seguir, o escritor paulista José Paulo Paes (1926-1998) emprega a conotação, utilizando figuras de linguagem para expressar seu mundo interior. Leia o texto com atenção.

CEIA

Pesca no fundo de ti mesmo o peixe mais luzente.
Raspa-lhe as escamas com cuidado: ainda sangram.
Põe-lhe uns grãos do sal que trouxeste das viagens
e umas gotas de todo o vinagre que tiveste de beber na vida.
Assa-o depois nas brasas que restem em meio a tanta cinza.

Serve-o aos teus convivas, mas com pão e vinho
do trigo que não segaste, da uva que não colheste
mas que de alguma forma foram pagos
em tempo ainda hábil
pelo teu muito suor e por um pouco do teu sangue.

Não te desculpes da modéstia da comida.
Ofereceste o que tinhas de melhor.
Podes agora dizer boa-noite, fechar a porta, apagar a luz
e ir dormir profundamente. Estamos quites
tu e eu, teu mais hipócrita leitor.

ROGÉRIO BORGES

PAES, José Paulo. *Poesia completa*. São Paulo: Companhia das Letras, 2008. p. 388.

Segaste: cortaste com a foice; ceifaste.

1. No texto, o eu lírico parece dialogar com o leitor, orientando-o no preparo de uma ceia. Observe a linguagem subjetiva ou **conotativa**, com a criação de **metáforas**, por meio do uso de comparações e palavras com novos sentidos. Explique o que simbolizam o "peixe mais luzente", "as escamas", "os grãos do sal", o "vinagre" e as "brasas" em meio às "cinzas". Interprete a primeira estrofe.

2. Ainda com o emprego da linguagem metafórica, o eu lírico continua suas instruções. Na segunda estrofe, após "pescar" e "assar o peixe", de que modo o leitor deve prosseguir com a ceia?

3. Releia este verso da segunda estrofe: "pelo teu muito **suor** e por um pouco do teu **sangue**". Ao usar as palavras *suor* e *sangue*, o eu lírico emprega a figura de linguagem chamada **metonímia**. Explique por quê.

4. Após a ceia, na última estrofe, por que o eu lírico procura valorizar a refeição servida (o sonho realizado)?

Chama-se **figura de linguagem** o recurso de expressão que consiste no emprego da linguagem em um contexto inesperado, seja no que diz respeito ao sentido, à posição ou à combinação das palavras. Essas figuras recebem nomes específicos, considerando suas características e aplicações. Por exemplo, nos versos em que as criaturas irracionais ou inanimadas agem como seres humanos, identifica-se a figura de linguagem chamada **personificação** ou **prosopopeia**, conforme se viu no poema de Raul Bopp, na Unidade especial I ("Árvores nuas tomam banho", "Ventinho penteia as folhas", "Jacarés em férias").

Há quatro tipos de figuras de linguagem: **figuras de palavras** ou **tropos**, **figuras de pensamento**, **figuras de construção**, também chamadas de **figuras de sintaxe**, e **figuras sonoras**. O quadro a seguir relaciona as principais figuras de linguagem.

Figuras de linguagem		
Tipos	**Caracterização**	**Figuras**
Figuras de palavras ou tropos	Transposição do sentido literal das palavras para o sentido figurado.	Comparação, metáfora, catacrese, metonímia (ou sinédoque), antonomásia (ou perífrase), sinestesia.
Figuras de pensamento	Introdução de uma ideia diferente daquela que a palavra apresenta.	Antítese, paradoxo (ou oximoro), eufemismo, ironia, hipérbole, personificação (ou prosopopeia), gradação, apóstrofe.
Figuras de construção ou de sintaxe	Mudança na estrutura da oração.	Hipérbato, elipse, zeugma, pleonasmo, polissíndeto, assíndeto, anacoluto, anáfora, silepse.
Figuras sonoras	Geração de efeitos sonoros.	Aliteração, assonância, onomatopeia, paronomásia.

• Figuras de palavras ou tropos

As **figuras de palavras** ou **tropos** consistem na mudança do sentido literal das palavras para seu sentido figurado. São figuras de palavras: a **comparação**, a **metáfora**, a **catacrese**, a **metonímia** (ou **sinédoque**), a **antonomásia** (ou **perífrase**) e a **sinestesia**.

Comparação

A comparação consiste em atribuir a um ser características de outro, em decorrência de alguma semelhança entre os dois elementos comparados. Em geral, a comparação é expressa por meio de uma conjunção comparativa (*como*, *tal qual*, *assim como*, etc.), disposta entre os dois elementos diferentes que estão sendo comparados.

Observe a ocorrência dessa figura de palavra nos textos a seguir.

O vento está dormindo na calçada,
O vento enovelou-se **como um cão**...
Dorme, ruazinha... Não há nada...

QUINTANA, Mario. *A rua dos cataventos*. 2. ed. São Paulo: Globo, 2005. p. 20. (Fragmento).

No segundo verso, ocorre a comparação do **vento** (formando-se em espirais ou círculos) com um **cão** (dormindo **como** se fosse um novelo enroscado numa posição circular).

E nesta estrofe:

Irmã Sóror Saudade me chamaste...
E na minh'alma **o nome** iluminou-se
Como um vitral ao sol, como se fosse
A luz do próprio sonho que sonhaste.

ESPANCA, Florbela. Sóror Saudade. *Sonetos*. Rio de Janeiro: Bertrand Brasil, 1998. p. 73. (Fragmento).

Nesses versos, o eu lírico compara a sensação do reconhecimento de um **nome** à iluminação de um **vitral** transparente pela luz do sol. Portanto, a proximidade entre os dois elementos (**nome** e **vitral**) ocorre pela semelhança ou pelas qualidades atribuídas a eles: ambos apresentam-se iluminados.

E ainda:

Não conheci esse **Cordovil**. Diziam que ele ignorava o cansaço e a preguiça, e trabalhava **que nem um cavalo** no calor úmido desta terra.

HATOUM, Milton. *Órfãos do Eldorado*. São Paulo: Companhia das Letras, 2008. p. 14. (Fragmento).

O personagem chamado **Cordovil** é comparado a um **cavalo** por trabalhar **como** ("que nem") esse animal.

> **Comparação** é a figura de palavra que, por meio de um termo comparativo explícito, estabelece uma relação de semelhança entre dois seres diferentes, aos quais se pode atribuir algo em comum.

Metáfora

Leia o trecho de um conto de Mia Couto e observe as metáforas em destaque:

> Há **um rio** que atravessa a casa. Esse rio, dizem, é **o tempo**. E **as lembranças** são **peixes nadando ao invés da corrente**. Acredito, sim, por educação. Mas não creio. **Minhas lembranças** são **aves**.
>
> COUTO, Mia. *O fio das missangas*. São Paulo: Companhia das Letras, 2009, p. 25. (Fragmento).

O narrador cria comparações subentendidas, pois a conjunção comparativa *como* não está expressa. Nesse caso, ele compara "o tempo" a "um rio"; ambos passam rapidamente e estão sempre mudando. E ainda: "as lembranças" são vistas como "peixes nadando ao invés da corrente", ou seja, elas nos fazem retornar ao passado. Já para o narrador, elas ("Minhas lembranças") são "aves", isto é, as lembranças voam, pois ele se sente livre para imaginar.

Leia também os versos a seguir.

> À noite quando durmo, esclarecendo
> **As trevas do meu sono**,
> Uma etérea visão vem assentar-se
> Junto ao meu leito aflito!
> [...]
> Acordo do meu sonho tormentoso,
> E choro o meu sonhar!
> E fecho os olhos, e de novo intento
> O sonho reatar.
>
> DIAS, Gonçalves. Delírio. In: BUENO, Alexei (Org.). *Gonçalves Dias*: poesia e prosa completas. Rio de Janeiro: Nova Aguilar, 1998. p. 148. (Fragmentos).

ROGÉRIO BORGES

Observe que, no verso "As trevas do meu sono", o eu lírico utiliza a palavra *trevas* não em seu sentido literal de escuridão, mas para remeter-se à intranquilidade de um sono conturbado. Por meio de uma comparação subentendida, ele transpõe o sentido original da palavra e lhe dá novo sentido. Temos, portanto, uma metáfora no segundo verso do poema.

Quanto ao emprego de uma palavra com outro sentido no contexto, observe este exemplo de metáfora:

> [...] E lutamos por ela dentro e fora de nós mesmos. Principalmente fora, que é preciso um peito **de ferro** para enfrentar essa luta na qual entra não só o fervor mas uma certa dose de cólera [...].
>
> TELLES, Lygia Fagundes. *A disciplina do amor*. São Paulo: Companhia das Letras, 2010. p. 50. (Fragmento).

No exemplo, há uma comparação implícita, pela qual se sugere que o peito deve ser duro ou resistente como o ferro, para enfrentar a luta. A figura de linguagem utilizada, nesse caso, também é uma metáfora.

> **Metáfora** é o emprego de uma palavra fora de seu sentido próprio, podendo ter como base uma comparação subentendida, em que o elemento comparativo (*como*, *tal qual*, *que nem*, etc.) está implícito, ou ser motivada por nosso conhecimento prévio, além da comparação.

Catacrese

A catacrese é a utilização de um termo fora de seu sentido literal, comum, por não haver uma palavra apropriada para expressar o que se pretende. Nesse caso, o uso da palavra já está incorporado à língua, para suprir a falta de um termo exato. Essa figura é, na verdade, uma metáfora de uso corrente.

Veja o emprego da catacrese nestes versos de José Paulo Paes:

> Ninguém coça as **costas** da cadeira.
> Ninguém chupa a **manga** da camisa.
> O piano jamais abana a **cauda**.
> Tem **asa**, porém não voa, a xícara.
>
> PAES, José Paulo. Inutilidades. *É isso ali*. Rio de Janeiro: Salamandra, 1984. (Fragmento).

A catacrese ocorre nas seguintes expressões: "**costas** da cadeira", "**manga** da camisa", "**cauda** do piano", "**asa** da xícara".

Veja outro exemplo do prosador e poeta moçambicano Mia Couto:

> Saí no **bico** do pé, quando senti minha mãe entrando. E me esgueirei pelo quintal, deitando passo na estrada de areia.
>
> COUTO, Mia. *O fio das missangas*. São Paulo: Companhia das Letras, 2009, p. 27. (Fragmento).

Nesse caso, há uma comparação implícita da ponta do pé com um bico, por uma relação de similaridade.

> **Catacrese** é uma metáfora de uso corrente, que consiste no emprego de um termo fora de seu sentido próprio, em situações nas quais há semelhança conceitual, por não existir uma palavra apropriada para expressar o que se pretende.

Metonímia

Diferentemente da metáfora — que aproxima dois elementos de universos distintos —, a **metonímia** (ou **sinédoque**) consiste na substituição de um termo por outro com o qual mantém uma relação de correspondência, em razão de ambos pertencerem ao mesmo meio, ambiente ou âmbito. Dessa forma, estabelece-se entre os dois termos uma relação de contiguidade, de inclusão, de interdependência ou de coexistência; por exemplo: continente × conteúdo, efeito × causa, todo × parte, etc.

Leia este trecho do conto "Missa do galo", de Machado de Assis, e observe os termos destacados:

> [...] Sentei-me à mesa que havia no centro da sala, e à luz de um candeeiro de querosene, enquanto **a casa dormia**, trepei ainda uma vez ao cavalo magro de D'Artagnan e fui-me às aventuras. Dentro em pouco estava completamente **ébrio de Dumas**. [...]
>
> ASSIS, Machado de. Missa do galo. In: COUTINHO, Afrânio (Org.). *Machado de Assis*: obra completa. Rio de Janeiro. Nova Aguilar, 1992. v. 2. p. 606. (Fragmento).

Na expressão "a casa dormia", observe que o narrador se refere às pessoas da casa, que já estavam dormindo. Portanto, ele substitui a palavra *pessoas* por *casa*, que pertencem ao mesmo âmbito, o familiar. Nesse caso, trata-se de relação em que se toma o lugar pelos seres que estão nesse lugar. Temos, então, um caso de metonímia.

Quando o narrador diz que estava "completamente ébrio de Dumas", isso significa que ele estava extasiado, encantado com a leitura do romance *Os três mosqueteiros*, do escritor Alexandre Dumas. Nesse caso, ocorre uma metonímia porque se substituiu o nome da obra (*Os três mosqueteiros*) pelo nome do autor (Dumas).

A metonímia ocorre nos seguintes casos, quando tomamos um termo por outro:

- o nome do autor, inventor ou criador pela obra:
  Escolheu **Drummond** em sua tese literária. (a obra de Drummond)
- o continente (aquilo que contém algo) pelo conteúdo:
  A criança gastou **todo o pote de moedas**. (todas as moedas do pote)
- o abstrato pelo concreto ou vice-versa:
  O tráfico deve ser combatido por todos. (os traficantes)
- o efeito pela causa ou vice-versa:
  No cais, o pescador mostra seu **suor** diário. (trabalho)
  A família viveu muito tempo do **trabalho** da mãe. (rendimento advindo do trabalho)
- a parte pelo todo:
  A crise econômica tirou o **teto** de muitas pessoas. (casa)
- a marca pelo produto:
  O operário custou a comprar sua **Brastemp**. (eletrodoméstico da marca Brastemp)
- o singular pelo plural:
  O **francês** e o **inglês** enfrentam o terrorismo. (franceses e ingleses)
- a matéria pelo objeto:
  O **couro** rolava nos campos de futebol. (a bola)
- o símbolo pela coisa ou ideia simbolizada:
  O sonho dos políticos é chegar ao **Palácio do Planalto**. (Presidência da República)

Metonímia é o emprego de um termo por outro, com base numa relação de contiguidade, inclusão, interdependência ou coexistência entre os dois.

Antonomásia

Observe os termos destacados nestas frases:

O **quarteto de Liverpool** cantou e encantou gerações. (Os Beatles)

A **Veneza brasileira** atrai muitos estrangeiros. (Recife)

Já se encontram passagens para viajar ao **Planeta Vermelho**. (Marte)

O nome do grupo (Os Beatles), o da cidade (Recife) e o do planeta (Marte) foram substituídos por denominações pelas quais eles também são conhecidos ou identificados. Os três casos constituem exemplos de **antonomásia** (ou **perífrase**).

Antonomásia é a substituição do nome de uma pessoa, entidade ou coisa por uma expressão que remete a uma característica ou fato notável pelo qual ela é conhecida.

Sinestesia

Leia este verso de Castro Alves, poeta da terceira geração romântica brasileira, observando a expressão destacada:

> Meu Deus! Como é sublime um **canto ardente**.

ALVES, Castro. O navio negreiro. *Poesias completas*. Rio de Janeiro: Ediouro, 2005. p. 234. (Col. Prestígio). (Fragmento).

Leia agora estes versos de Cruz e Sousa, poeta simbolista brasileiro, e observe os termos destacados.

> Indefiníveis **músicas** supremas,
> **harmonias da Cor e do Perfume**.

SOUSA, João da Cruz e. Antífona. In: AGUIAR, Flávio (Sel.). *Cruz e Sousa*. São Paulo: Global, 2001. p. 25. (Col. Melhores Poemas). (Fragmento).

No verso de Castro Alves, a expressão em destaque associa sensações causadas pelos sentidos da audição (**canto**) e do tato (**ardente**), produzindo forte sugestão. No caso dos versos de Cruz e Sousa, temos a associação dos sentidos da audição (**músicas** e **harmonias**), da visão (**Cor**) e do olfato (**Perfume**).

Sinestesia é a associação de palavras que combinam ou misturam, numa só impressão, sensações provocadas por sentidos diferentes.

Oficina Trabalhando as figuras de palavras

1 Leia as frases a seguir e identifique a figura de palavra predominante em cada item.

a) Olhei a janela e esperei que, como uma doença, a noite passasse.

COUTO, Mia. *O fio das missangas*. São Paulo: Companhia das Letras, 2009, p. 29. (Fragmento).

b) Para isso não é necessário ter agilidade, musculatura, pele de porcelana, olhar luminoso, mas que a alma tenha crescido, com galhos, folhas, raízes e quem queira possa se aninhar ali.

LUFT, Lya. *Múltipla escolha*. Rio de Janeiro: Record, 2010. p. 48. (Fragmento).

c) [...] e deposita uma primeira folha sobre o nosso rosto horizontal. Vem com ela um cheiro (ou sabor) acre de poeira, pois nessa fase da desintegração da consciência, paladar e olfato já se emaranharam numa percepção confusa [...].

ANDRADE, Carlos Drummond de. *Fala, amendoeira*. Rio de Janeiro: Record, 1987. p. 152. (Fragmento).

d) Gostava de colocar alguns dentes de alho, ao temperar a canjica de trigo.

e) Se uma ovelha perdida e já cobrada
Glória tal e prazer tão repentino
Vos deu, como afirmais na Sacra História [...].

MATOS, Gregório de. In: AYALA, Walmir (Sel.). *Antologia poética*. Rio de Janeiro: Ediouro, 1991. p. 20. (Fragmento).

2 Identifique as **metáforas** ocorrentes nos versos a seguir e interprete-as.

a) É a vaidade, Fábio, nesta vida,
Rosa que, da manhã lisonjeada,
Púrpuras mil, com ambição dourada,
Airosa rompe, arrasta presumida.

MATOS, Gregório de. Desenganos da vida humana metaforicamente. In: WISNIK, José Miguel (Sel.). *Poemas escolhidos*. São Paulo: Círculo do Livro/Cultrix, s.d. p. 303. (Fragmento).

____

____

b) Sentados à soleira, estátuas simples,
de chinelos e barba por fazer,
a alva cabeça movem lentamente [...]

ANDRADE, Carlos Drummond de. Tempo ao sol. *Menino antigo*. 2. ed. Rio de Janeiro: José Olympio, 1974. p. 65. (Fragmento).

____

____

c) [...] O tempo
é uma cadeira ao sol, e nada mais.

ANDRADE, Carlos Drummond de. Tempo ao sol. *Menino antigo*. 2. ed. Rio de Janeiro: José Olympio, 1974. p. 65. (Fragmento).

____

____

d) Fatias do mar dissolvem-se na areia
Parece que o espaço não tem fundo...
— De onde é que vem tanta água, compadre?

BOPP, Raul. *Cobra Norato*. Rio de Janeiro: José Olympio, 1998. p. 27. (Fragmento).

____

____

3 Nas estrofes a seguir, identifique aquela em que se encontra o emprego da sinestesia em determinado verso e justifique sua resposta.

a) Não desças os degraus do sonho
Para não despertar os monstros.

QUINTANA, Mario. *80 anos de poesia*. São Paulo: Globo, 1998, p. 163. (Fragmento).

b) Minh'alma é como a fronte sonhadora
Do louco bardo, que Ferrara chora...

ALVES, Castro. *Espumas flutuantes*. São Paulo: FTD, 1997. p. 39. (Fragmento).

c) Meu verso é sangue. [...]
Dói-me nas veias. Amargo e quente,
Cai, gota a gota, do coração.

BANDEIRA, Manuel. *Poesia completa e prosa*. Rio de Janeiro: Nova Aguilar, 1983. p. 119-120. (Fragmento).

4 Leia as estrofes a seguir, em que há uma figura de palavra destacada em cada item. Identifique onde a classificação está incorreta. Corrija-a e interprete a figura.

a) O bonde passa **cheio de pernas**:
pernas brancas pretas amarelas.
(Metonímia)

ANDRADE, Carlos Drummond de. *Alguma poesia*. Rio de Janeiro: Record, 2002. p. 15. (Fragmento).

b) — Quero contar-te uma história
Vamos passear naquelas **ilhas decotadas**?
Faz de conta que há luar.
(Catacrese)

BOPP, Raul. *Cobra Norato*. Rio de Janeiro: José Olympio, 1998. p. 3. (Fragmento).

c) Andei pelos **caminhos da Vida**.
Caminhei pelas **ruas do Destino** [...].
(Metáfora)

CORALINA, Cora. *Meu livro de cordel*. 10. ed. São Paulo: Global, 2002. p. 91. (Fragmento).

d) De repente do riso fez-se o pranto
Silencioso e branco **como a bruma** [...].
(Comparação)

MORAES, Vinicius de. *Antologia poética*. São Paulo: Companhia das Letras, 1992. p. 138. (Fragmento).

5 A seguir, leia algumas estrofes de um poema de João Cabral de Melo Neto, escritor recifense.

A MESA

O jornal dobrado
sobre a mesa simples;
a toalha limpa,
a louça branca

e fresca como o pão.

A laranja verde:
tua paisagem sempre,
teu ar livre, sol
de tuas praias; clara

e fresca como o pão.

ROGÉRIO BORGES

MELO NETO, João Cabral de. *Antologia poética*. Rio de Janeiro: José Olympio, 1979. p. 196. (Fragmento).

▶ Após a leitura, desenvolva outras estrofes para o poema. Redija os versos, criando metáforas, comparações e metonímias. Procure descrever essa mesa ao sol que, apesar de simples, apresenta muitos detalhes guardados na lembrança do eu lírico. Observe que as estrofes têm número de versos diferentes, e eles apresentam extensões variadas. Se quiser, mude o refrão. Releia seu poema várias vezes, alterando o que for necessário. Troque o texto com um colega e comentem os trabalhos. Guarde seu texto para outra atividade ao final desta unidade.

____

____

____

____

• Figuras de pensamento

As **figuras de pensamento** ocorrem quando são empregadas, intencionalmente, palavras ou expressões que suscitam significados ou ideias diferentes da acepção usual.

As principais figuras de pensamento são: a **antítese**, o **paradoxo** (ou **oximoro**), o **eufemismo**, a **ironia**, a **hipérbole**, a **personificação** (ou **prosopopeia**), a **gradação** e a **apóstrofe**.

Antítese

A **antítese** consiste no emprego de palavras ou expressões de sentidos opostos para caracterizar um mesmo elemento, que acabam por realçar o contraste de significados.

Observe os exemplos que ocorrem nestes textos:

Oh! Como se me **alonga**, de ano em ano
A peregrinação cansada minha!
Como se **encurta** e como ao fim caminha
[...]

ESB PROFESSIONAL/SHUTTERSTOCK

CAMÕES, Luís de. Soneto 57. In: SALGADO JÚNIOR, Antônio (Org.). *Luís de Camões*: obra completa. Rio de Janeiro: Nova Aguilar, 2008. p. 288. (Fragmento).

De vós me aparto, ó **Vida**! Em tal mudança
Sinto **vivo** da **morte** o sentimento.

ESB PROFESSIONAL/SHUTTERSTOCK

CAMÕES, Luís de. Soneto 22. In: SALGADO JÚNIOR, Antônio (Org.). *Luís de Camões*: obra completa. Rio de Janeiro: Nova Aguilar, 2008. p. 276. (Fragmento).

Não desejei senão estar ao **sol** ou à **chuva** —
[...]
Sentir **calor** e **frio** e vento,
E não ir mais longe.

ESB PROFESSIONAL/SHUTTERSTOCK

PESSOA, Fernando. Poemas inconjuntos. Poemas completos de Alberto Caeiro. In: GALHOZ, Maria Aliete (Org.). *Fernando Pessoa*: obra poética. Rio de Janeiro: Nova Aguilar, 1999. p. 236. (Fragmento).

Antítese é o destaque de uma ideia ou de um conceito por meio de palavras de sentido oposto. Em geral, seu objetivo é enfatizar a diferença entre os termos.

Paradoxo

O **paradoxo** (ou **oximoro**) é a aproximação de termos, conceitos ou pensamentos contraditórios, com ênfase mais intensa no contraste entre eles.

Veja estes exemplos:

Amor é um fogo que arde sem se ver;
É ferida que dói e não se sente;
É um contentamento descontente;
É dor que desatina sem doer;
[...]

CAMÕES, Luís de. Soneto 4. In: SALGADO JÚNIOR, Antônio (Org.). *Luís de Camões*: obra completa. Rio de Janeiro: Nova Aguilar, 2008. p. 270. (Fragmento).

> **Paradoxo** é uma antítese de maior intensidade, que reúne mais do que opõe as ideias contrastantes.

Eufemismo

O **eufemismo** consiste em suavizar a linguagem, evitando-se o emprego de palavras ou expressões consideradas desagradáveis pelo emissor e substituindo-as por outras menos contundentes.

Observe o uso desse recurso estilístico nos versos a seguir:

[...]
Era uma estrela divina
Que ao firmamento voou!

AZEVEDO, Álvares de. Anjinho. In: BUENO, Alexei (Org.). *Álvares de Azevedo*: obra completa. Rio de Janeiro: Nova Aguilar, 2000. p. 128. (Fragmento).

Alma minha gentil, que te partiste
Tão cedo desta vida, descontente,
Repousa lá no Céu eternamente
E viva eu cá na terra sempre triste.

CAMÕES, Luís de. Soneto 2. In: SALGADO JÚNIOR, Antônio (Org.). *Luís de Camões*: obra completa. Rio de Janeiro: Nova Aguilar, 2008. p. 269. (Fragmento).

Tirar Inês ao mundo determina,
Por lhe tirar o filho que tem preso,
Crendo co'o sangue só da morte indi[g]na
Matar do firme amor o fogo aceso.

CAMÕES, Luís de. Os lusíadas. Canto III. In: SALGADO JÚNIOR, Antônio (Org.). *Luís de Camões*: obra completa. Rio de Janeiro: Nova Aguilar, 2008. p. 86. (Fragmento).

Estrela: criança
Ao firmamento voou: morreu
Te partiste: morreste
Tirar Inês ao mundo: matar Inês

> **Eufemismo** é o emprego de palavras ou expressões suaves no lugar de outras consideradas desagradáveis ou chocantes.

Ironia

A **ironia** ocorre quando se diz o contrário do que se pensa, normalmente com intenção sarcástica.

Leia estes versos do poeta modernista português Fernando Pessoa:

Quem me dera ouvir de alguém a voz humana
Que confessasse não um pecado, mas uma infâmia;
Que contasse não uma violência, mas uma cobardia!

Não, **são todos o Ideal**, se os oiço e me falam.
Quem há neste largo mundo que me confesse que uma vez foi vil?
Ó príncipes, meus irmãos,

Arre, estou farto de semideuses!
Onde é que há gente no mundo?

PESSOA, Fernando. Poemas em linha reta. Poesias de Álvaro de Campos. In: GALHOZ, Maria Aliete (Org.). *Fernando Pessoa*: obra poética. Rio de Janeiro: Nova Aguilar, 1999. p. 419. (Fragmento).

Nos trechos destacados, o eu lírico insinua, de forma irônica, que há somente semideuses e seres perfeitos no mundo, já que não encontra quem confesse suas próprias vilanias.

Ironia é a figura de pensamento que consiste em afirmar o oposto do que se quer dizer, com intenção sarcástica.

Hipérbole

A **hipérbole** caracteriza-se pelo exagero da linguagem a fim de intensificar uma ideia. Observe o exemplo destacado nestes versos:

Farei que amor a todos avivente,
Pintando mil segredos delicados,
Brandas iras, suspiros magoados,
Temerosa ousadia e pena ausente.

CAMÕES, Luís de. Soneto 33. In: SALGADO JÚNIOR, Antônio (Org.). *Luís de Camões*: obra completa. Rio de Janeiro: Nova Aguilar, 2008. p. 280. (Fragmento).

Intencionalmente, o eu lírico exagera na quantidade de segredos que vai revelar.

Hipérbole é o uso de uma expressão exagerada com o objetivo de enfatizar uma ideia.

Personificação

Leia este parágrafo, em que o autor confere a elementos da natureza características humanas:

Num dia a chuva parava, **e o sol, vingando-se das nuvens escuras que lhe taparam o rosto pegando fogo**, brilhava em cima dos matos, como nunca. **As tanajuras aproveitavam a trégua para uma passeata por toda parte**. [...]

REGO, José Lins do. *Menino de engenho*. Rio de Janeiro: José Olympio, 2002. p. 130. (Fragmento).

Essa atribuição de qualidades e sentimentos humanos a seres irracionais e/ou inanimados constitui a **personificação** (ou **prosopopeia**).

Veja outros exemplos nesta estrofe de um poema da escritora goiana Cora Coralina:

O Pão chega pela manhã em nossa casa.
Traz um resto de madrugada.
Cheiro de forno aquecido, de levedo e de lenha queimada.
Traz as mãos rudes do trabalhador e a Paz dos campos cheios.
Vem numa veste pobre de papel. [...]

CORALINA, Cora. Pão-Paz. *Meu livro de cordel*. 10. ed. São Paulo: Global, 2002. p. 67. (Fragmento).

Observe que são atribuídas ao Pão ações inerentes às de uma pessoa: “chega pela manhã”, “traz um resto de madrugada”, “traz as mãos rudes do trabalhador” e “vem numa veste pobre”. Além disso, o substantivo comum *pão* é grafado com inicial maiúscula, como se fosse um nome próprio de pessoa.

> **Personificação** (ou **prosopopeia**) é a atribuição de ações, sentimentos, qualidades e linguagem próprios do ser humano a seres inanimados ou irracionais.

Gradação

A **gradação** ocorre quando se cria no texto uma sequência de ideias em progressão, tanto no sentido crescente como no decrescente.

Observe um exemplo neste trecho do romance *Quincas Borba*, de Machado de Assis:

> Herdeiro já era muito; mas universal... Esta palavra inchava as bochechas à herança. Herdeiro de tudo, nem uma colherinha menos. E quanto seria tudo? ia ele pensando. **Casas, apólices, ações, escravos, roupa, louça, alguns quadros**, que ele teria na Corte, porque era homem de muito gosto, tratava de coisas de arte com grande saber. [...]
>
> ASSIS, Machado de. In: COUTINHO, Afrânio (Org.). *Machado de Assis*: obra completa. Rio de Janeiro: Nova Aguilar, 1992. p. 654. (Fragmento).

Nesta passagem, o personagem Rubião imagina o que poderia herdar com a morte de Quincas Borba. Observe que a gradação destacada apresenta-se em sentido decrescente, segundo a escala de valores da época.

> **Gradação** é a organização de uma sequência de palavras ou expressões que exprimem a intensificação ou redução progressiva (crescente ou decrescente) de uma ideia.

Apóstrofe

Dá-se o nome de **apóstrofe** à invocação ou chamamento de alguém ou de alguma coisa. Na frase, esse termo ou expressão exerce sintaticamente a função de vocativo.

Observe o emprego dessa figura nos seguintes versos:

> **Ai, Nise amada!**... se este meu tormento,
> Se estes meus sentidíssimos gemidos,
> Lá no teu peito, lá nos teus ouvidos,
> Achar pudessem brando acolhimento...!
>
> COSTA, Cláudio Manuel da. Soneto XIX. In: LOPES, Edward. *Metamorfoses*: a poesia de Cláudio Manuel da Costa. São Paulo: Ed. Unesp, 1997. p. 127. (Fragmento).

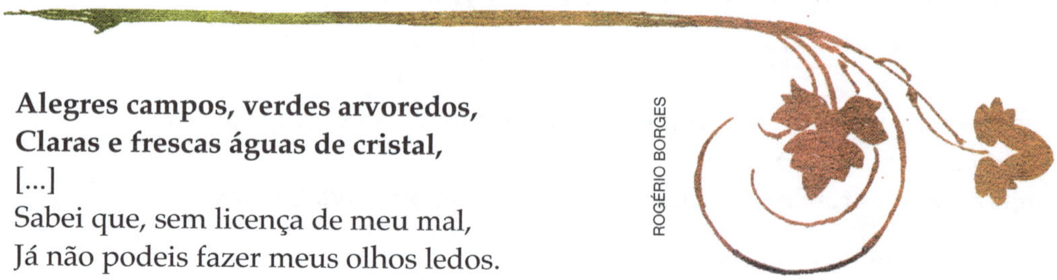

ROGÉRIO BORGES

> **Alegres campos, verdes arvoredos,**
> **Claras e frescas águas de cristal,**
> [...]
> Sabei que, sem licença de meu mal,
> Já não podeis fazer meus olhos ledos.
>
> CAMÕES, Luís de. Soneto 1. In: SALGADO JÚNIOR, Antônio (Org.). *Luís de Camões*: obra completa. Rio de Janeiro: Nova Aguilar, 2008. p. 269. (Fragmento).

> **Apóstrofe** é a invocação ou interpelação de alguém ou de alguma coisa personificada, real ou imaginária.

Oficina Trabalhando as figuras de pensamento

1 Leia as estrofes a seguir e observe as figuras destacadas, nesta ordem: a) Antítese; b) Personificação; c) Ironia; d) Hipérbole; e) Eufemismo. Explique o sentido dessas figuras em cada estrofe.

a) Nasce o Sol, e não dura mais que um **dia**,
Depois da **Luz** se segue a **noite** escura,
Em tristes **sombras** morre a formosura,
Em contínuas **tristezas** a **alegria**.

MATOS, Gregório de. *Poesias selecionadas*. São Paulo: FTD, 1998, p. 60. (Fragmento).

b) **Busque Amor novas artes, novo engenho,**
Para matar-me, e novas esquivanças;
Que não pode tirar-me as esperanças,
Que mal me tirará o que eu não tenho.

CAMÕES, Luís de. In: MOISÉS, Massaud (Sel.). *Lírica*: redondilhas e sonetos. Rio de Janeiro: Ediouro, s.d. p. 64. (Fragmento).

Engenho: estratagema, artifício, ardil.
Esquivanças: desdéns, esquisitices.

c) **Neste mundo é mais rico, o que mais rapa**:
Quem mais limpo se faz, tem mais carepa:
Com sua língua ao nobre o vil decepa:
O Velhaco maior sempre tem capa.

MATOS, Gregório de. *Poesias selecionadas*. São Paulo: FTD, 1998, p. 155. (Fragmento).

Rapa: rouba.
Carepa: caspa, sujeira.
Capa: proteção, cobertura.

d) Eu cantarei de amor tão docemente,
Por uns termos em si tão concertados,
Que dois mil acidentes namorados
Faça sentir ao peito o que não sente.

CAMÕES, Luís de. In: MOISÉS, Massaud (Sel.). *Lírica*: redondilhas e sonetos. Rio de Janeiro: Ediouro, s.d. p. 61. (Fragmento).

e) **E a matéria se veja acabar: adeus, composição**
Que um dia se chamou Carlos Drummond de Andrade.
Adeus, minha presença, meu olhar e minhas veias grossas,
Meus sulcos no travesseiro, minha sombra no muro [...].

ANDRADE, Carlos Drummond de. *A rosa do povo*. São Paulo: Companhia das Letras, 2012, p. 152. (Fragmento).

2 Identifique e destaque as figuras de pensamento dos versos a seguir.

a) E tanta vida que meu peito enchia
Morreu na minha triste mocidade!

AZEVEDO, Álvares de. Adeus, meus sonhos! *Lira dos vinte anos*. São Paulo: Paulus, 2005. (Fragmento).

b) [...] Um dia hei de ir embora
Adormecer no derradeiro sono.

BANDEIRA, Manuel. Soneto inglês n. 1. *Lira dos cinquent'anos*. São Paulo: Global, 2014. (Fragmento).

c) Cantam alegremente as águas límpidas do riacho.

d) Pó e cinzas, onde houve flor e encantos!
E noite, onde foi luz de primavera!

QUENTAL, Antero de. *Solemnia verba*. In: ABDALLA JÚNIOR, Benjamin (Sel.). *Antero de Quental*. São Paulo: Global, 2010. (Col. Melhores poemas) (Fragmento).

e) [...]
Noite de calma e vento, momento
De preces e de carnavais
Noite de amor
Noite de fogo e de paz

VELOSO, Caetano. Sete mil vezes. Intérprete: Caetano Veloso. In: VELOSO, Caetano. *Cores, nomes*. Rio de Janeiro: Philips Records, 1982. 1LP. Faixa 4. (Fragmento).

3 Identifique as figuras de palavras (metáfora e metonímia) e de pensamentos (eufemismo e apóstrofe), nos versos a seguir. Interprete as estrofes da letra **a**.

a) Foi por ti que num sonho de ventura
A flor da mocidade consumi,
E às primaveras digo adeus tão cedo
E na idade do amor envelheci!

Vinte anos! derramei-os gota a gota
Num abismo de dor e esquecimento...
De fogosas visões nutri meu peito...
Vinte anos!... não vivi um só momento!

AZEVEDO, Álvares de. Saudades. *Obra completa*. Rio de Janeiro: Nova Aguilar, 2000. p. 171-172. (Fragmento).

b) Estrela — na tempestade,
Rosa — nos ermos da vida;
Íris — do náufrago errante,
Ilusão — d'alma descrida,
Tu foste, mulher formosa!
Tu foste, ó filha do céu!...
[...]

ALVES, Castro. *Poesias completas*. Rio de Janeiro: Nova Aguilar, 1997. p. 138. (Fragmento).

c) Gelou-se no meu sangue moribundo
Essa gota final de que eu vivia!

AZEVEDO, Álvares de. *Obra completa*. Rio de Janeiro: Nova Aguilar, 2000. p. 139. (Fragmento).

Capítulo 11 O relato pessoal

Gênero textual: relato pessoal

Milton Hatoum já publicou várias obras. Algumas têm como cenário a cidade de Manaus, onde ele nasceu. Seu romance *Dois irmãos* tornou-se minissérie e, como outras de suas obras, obteve sucesso.

• Preparando

Leia um depoimento ou relato pessoal desse escritor contemporâneo.

"QUEIMEI MEU ROMANCE"

O escritor Milton Hatoum fala da produção de seu primeiro livro, que considera um fracasso

"Quem se esquece do primeiro amor e do primeiro grande fracasso? O primeiro amor é uma lembrança difusa, esfumada pelo tempo. Mas o grande fracasso, que foi também um erro involuntário, ainda está latente na minha memória.

Aconteceu em 1980, quando ganhei uma bolsa de estudos de uma instituição espanhola: um ótimo pretexto para quem desejava sair do Brasil e escrever textos de ficção. Em Madri, comecei a escrever um romance inspirado na minha experiência recente: a vida estudantil na Universidade de São Paulo (USP), na década de 1970.

GABRIELA BILÓ/ESTADÃO CONTEÚDO

O escritor Milton Hatoum concede entrevista para falar do livro *A noite da espera*.

De manhã, frequentava as aulas de língua e literatura espanholas; mas, como o valor da bolsa era mínimo, tentava ganhar pesetas com traduções de textos maçantes e aulas particulares de português. Nas noites de sábado, eu e uma amiga argentina formávamos um duo desafinado nas calçadas de bares e restaurantes em Lavapiés, Chueca e La Latina. Nas horas vagas, escrevia o romance que esboçara. Escrevia freneticamente, movido por uma espécie de transe ou por uma inspiração caudalosa. Em agosto daquele ano, me mudei para Barcelona, cidade onde sonhava morar.

Tive mais sorte na cidade catalã, onde arranjei um emprego mais ou menos estável e um lugar num apartamento de um prédio modernista no belo bairro de Gracia. Começava a escrever no final da tarde, com a pontualidade de uma febre. Em dezembro, terminei o manuscrito e comecei a revisá-lo. O título do romance vinha de um poema que eu escrevera naquela época: *Brasileiros perdidos por aí*.

Enquanto relia e revisava o texto, notei que lhe faltava alguma coisa. Depois, percebi que faltava quase tudo para ser um romance. Esse texto era uma crônica rasa sobre minha vida recente, um inventário de fatos e situações, povoado de personagens sem espessura, sem conflito interior. Além disso, não encontrara uma voz narrativa, a linguagem não traduzia uma verdade do narrador, que é a verdade das relações humanas. Faltava distanciamento temporal dos eventos, a distância que imprime ambiguidade à memória e se configura como uma vertente poderosa da imaginação.

Numa noite de inverno, peguei o romance já finalizado, um calhamaço de 245 páginas, e joguei-o sem hesitação na lareira. Uma amiga catalã, com quem dividia o apartamento, perguntou se estava louco e correu para salvar o manuscrito. Tarde demais: a papelada em chamas já esquentava a noite fria de Gracia. Depois, disse a ela que um manuscrito guardado era uma tentação para publicá-lo.

A ânsia subtrai a reflexão sobre o modo de narrar uma história convincente. Aos poucos, a ânsia e a frustração se dissiparam. E outras lembranças, fantasmas de um passado remoto, latejaram com força no meu pensamento. Ainda em Barcelona, comecei a escrever o texto que seria meu primeiro romance. Esse trabalho com a linguagem durou mais de quatro anos. Escrevia movido pela insegurança e por incertezas, como aconteceria na escrita de outros romances. Certamente há erros e falhas em tudo o que escrevi, mas são textos que me convenceram. Havia neles uma verdade íntima e latente, uma teia de conflitos vividos por narradores e personagens. E isso não me soava falso. O manuscrito que virou cinzas talvez um dia reapareça com outra linguagem. Mas aí terão passado mais de três décadas: o tempo propício para transformar o passado em ficção."

Época, n. 734, 11 jun. 2012, p. 94.

1 O **relato pessoal** é um gênero textual oral ou escrito em que são relatadas experiências que já foram ou estão sendo vividas pelo autor. Portanto, não é ficção.

a) Vimos, no texto, que o escritor amazonense Milton Hatoum revela fatos de sua vida pessoal, narrando-os em detalhes. No primeiro parágrafo, como se percebe que o primeiro fracasso literário marcou a vida dele?

____

____

b) A escolha do título, seguido de um subtítulo, conseguiu sintetizar o acontecimento principal desse relato. Por que o título é impactante?

____

____

2 A partir do segundo parágrafo, o escritor desenvolve o depoimento, e se observa que a vida do romancista segue outro caminho, ao ganhar uma bolsa de estudos em Madri, na Espanha. O que Hatoum passa a relatar durante essa época em que viveu fora do país e começou a escrever o primeiro romance?

____

____

____

____

____

3 É comum o relato pessoal apresentar indícios daquilo que o autor afirma. Por exemplo, pode haver o registro de datas, lugares, nomes, etc. Identifique, no texto, alguma passagem em que isso ocorre.

4 De acordo com o texto, o próprio autor considerou que seu primeiro manuscrito não era um romance e sim uma crônica. O que ele quis dizer ao defini-la como uma "crônica rasa" sobre a vida dele naquela época?

5 Ao fazer uma análise de seu primeiro trabalho literário, o escritor parece bem crítico. Releia o trecho a seguir, em que ele comenta os problemas de criação ou "defeitos" do manuscrito, e interprete-o: "um inventário de fatos e situações, povoado de personagens sem espessura, sem conflito interior. [...] não encontrara uma voz narrativa, a linguagem não traduzia uma verdade do narrador, que é a verdade das relações humanas".

6 Ainda no quinto parágrafo, outra falha apontada pelo autor, no manuscrito, teria sido a proximidade temporal com os fatos ocorridos, que eram bem recentes.

a) Segundo o texto, por que o passar do tempo poderia favorecer o trabalho literário do escritor?

b) Releia e explique o sentido dessa frase, no início do último parágrafo do texto: "A ânsia subtrai a reflexão sobre o modo de narrar uma história convincente".

7 A ansiedade de escrever rápido e a decepção pelo fracasso inicial desapareceram com o tempo, e o escritor encontrou o caminho e a forma adequada da criação literária.

a) Com base no texto, explique quais seriam as características do trabalho literário de Hatoum.

b) Por que o escritor defende esse modo de trabalhar a criação literária?

____

____

c) Em relação ao "primeiro fracasso", quais são os planos do escritor no futuro?

____

____

8 Observe a linguagem utilizada pelo escritor ao relatar passagens de sua vida.

a) Que tipo de linguagem foi empregada no depoimento, tendo em vista o protagonista da narrativa?

____

b) Pode-se dizer que há, no depoimento, fatos fictícios ou experiências reais? Justifique sua resposta.

____

____

____

c) Em que tempo e em qual pessoa verbal os fatos estão relatados? Esclareça sua resposta com base no texto.

____

____

____

• Sistematizando

Fotografias, **vídeos** e **textos**, entre outros meios, servem para registrar a história de um povo, um bairro, uma família ou qualquer outro grupo social. Muitos de nós, na verdade, já viveram experiências que podem interessar a outras pessoas e por isso merecem ser documentadas.

Quando alguém conta trechos de sua vida, a fim de preservar aquela lembrança e fazer com que ela sirva de fonte de consulta, ou mesmo de aprendizado, para outras pessoas, estamos diante de um **relato**.

Trata-se de um **gênero narrativo**, pois nele há personagens, enredo, espaço e tempo. Os fatos são reais e normalmente se referem à vida do narrador, que pode ser protagonista ou não. O relato costuma ser feito na 1ª pessoa, e os verbos podem estar no presente ou no passado. A linguagem varia conforme o perfil de quem faz o relato e de seus interlocutores.

Em certas situações, o relato é feito oralmente, tendo como público um ou mais ouvintes. O **relato oral** pode ser gravado (em áudio e/ou vídeo) e mais tarde transcrito e publicado em jornais, revistas, livros, *sites* etc. Alguns passam a ser importantes documentos históricos, pois constituem testemunhos de uma realidade nem sempre registrada por escrito.

Portanto:

> **Relato pessoal** é um gênero narrativo em que alguém conta fatos da própria vida. Sua função é registrar as experiências das pessoas, de maneira que sirvam como fonte de consulta ou aprendizado para outras.

• Produção de texto: relato pessoal

Escolha uma das propostas a seguir e organize um "Painel de relatos pessoais" com os colegas e o professor. Assim, todos vão conhecer as histórias vividas por vocês.

1ª proposta — Produção de relato pessoal baseado em um fato ou em outro relato

Leia partes do depoimento emocionante de um experiente alpinista que realizou grandes sonhos ao escalar o Everest.

RANGIZZZ/SHUTTERSTOCK

"SUBI DUAS VEZES AO PICO DO EVEREST"

O alpinista Rodrigo Raineri fala das lições que tirou de suas escaladas à montanha mais alta do planeta

"Nasci em Ibitinga, no interior de São Paulo, e sempre morei em sítio. Desde criança, era louco pela natureza e pelos esportes que a envolviam. Comecei a escalar em 1998, tive experiências em rocha e gelo. Ao contrário do que muitos pensam, o alpinismo não tem nada de aventura irresponsável. Existe uma logística enorme, com medição de riscos e anos de treinamento técnico, físico e mental. Fico temporadas num *spa* médico, onde faço horas de musculação e exercícios aeróbicos, tenho acompanhamento de fisioterapeutas e outros profissionais. Aproveito a geografia do entorno, na cidade de Lapa, no Paraná, para praticar trilhas e escaladas. E descanso a cabeça, algo fundamental para encarar um desafio desses.

Para nos aclimatarmos ao local, montamos acampamento dois meses antes. Conhecemos bem o terreno antes de subir etapa por etapa. Acima dos 8.000 metros de altitude, os pulmões ardem com a dificuldade de respirar, os ventos passam de 70 quilômetros por hora, e a sensação térmica pode chegar a 70 graus negativos fora da barraca.

Há imprevistos, como blocos de gelo que se desprendem da montanha e levam o que estiver no caminho. Em 2005, a poucos metros do pico do Everest, tive de desistir, porque os dedos do meu pé congelaram. Nesses casos, às vezes, é preciso amputar. Daquela vez, foi uma vitória ter enfrentado meus limites. Percebi que recuar, naquele momento, era o melhor a fazer. Depois, perdi meu parceiro Vitor Negreti para o Everest, amigo havia 18 anos. Ele morreu durante a escalada, depois de atingir o topo sem uso de oxigênio suplementar. Odiei aquela montanha por anos. Foi um longo aprendizado interno, até perceber que não adiantava atribuir a culpa a ela. Precisava superar a dor e não desistir de meus sonhos. Em 2008, estava lá de volta e alcancei o cume. [...]"

ARQUIVO PESSOAL RODRIGO RAINERI

Rodrigo Raineri no cume do Monte Everest em 2011.

ZIEMKIEWICZ, Natália. *Época*, 2 set. 2012, p. 124. (Fragmento).

Agora, leia as instruções a seguir e escolha uma das duas propostas para produzir o seu relato.

- Dê continuidade ao relato do alpinista, contando o que aconteceu quando ele chegou ao cume do Everest e desceu. E, depois, quando voltou uma segunda vez ao topo desse pico.
- Ou, então, se você não quiser dar continuidade ao relato do alpinista, recorra a algum acontecimento inesperado em sua vida. Tente se lembrar do que aconteceu, do que você sentiu, de como reagiu. Se preferir, anote em uma folha de papel todos os detalhes de que se lembrar.
- Relate os fatos desde o início: explique o que estava acontecendo antes do fato inesperado, em que lugar você estava e com quais pessoas. Relate o fato inesperado e suas consequências.
- Não se esqueça de incluir trechos descrevendo pessoas, lugares ou objetos. Situe os fatos no tempo e no espaço, empregando a 1ª pessoa; use uma linguagem adequada aos leitores, que poderão ser seus colegas da escola, além de professores, funcionários, amigos e familiares.
- Avalie o relato, fazendo uma revisão do texto. Observe se há o predomínio da 1ª pessoa e se a linguagem ficou adequada ao público a que se destina. Caso seja necessário, passe o texto a limpo, lembrando de identificá-lo com seu nome.

2ª proposta — Produção de relato pessoal de viagem

Siga estas instruções para produzir o seu relato pessoal.

- Lembre-se de uma viagem interessante que você tenha feito. Faça um rascunho: defina os fatos a serem relatados e as pessoas que serão mencionadas; situe o tempo e o lugar dos acontecimentos.
- No primeiro parágrafo, relate o início da viagem, dizendo para onde você viajou e se foi acompanhado de algum amigo ou parente. Conte também algo interessante que tenha acontecido antes ou durante o percurso. Fale da chegada ao lugar e do que viu inicialmente.
- Relate como era o local onde se hospedou, descreva as características e peculiaridades das pessoas locais e os passeios que você fez. Lembre-se de que nos relatos os pronomes devem estar na 1ª pessoa e os verbos, em geral, no tempo passado.
- A partir de determinado momento da história, introduza um acontecimento que tenha marcado essa experiência. Esse incidente pode ter alterado todo o curso da viagem. Conclua e dê um título sugestivo ao texto.
- Revise seu texto e altere o que não ficou adequado. Troque-o com um colega e avalie se a linguagem está adequada ao contexto e ao público.
- Leia as sugestões de seu colega e, se necessário, reescreva o texto, passando-o a limpo.

3ª proposta — Produção de relato pessoal de um fato surpreendente

Você já deve ter presenciado alguma situação que o deixou emocionado ou assustado. Talvez alguém já tenha lhe contado alguma história fantástica, ou você tenha lido uma notícia impressionante. Siga estas orientações e relate o fato ou a história que o surpreendeu.

- Tente se lembrar dos detalhes da história: anote tudo o que venha à sua memória e o ajude a desenvolver os fatos. Por exemplo: quem eram as pessoas envolvidas, o que elas faziam e, também, onde e quando se iniciou o fato.
- Faça um rascunho do enredo e das ideias a serem desenvolvidas em cada parágrafo. Ao relatar a história, você é o autor; por isso, empregue os verbos e pronomes na 1ª pessoa. Conte os fatos no passado e empregue a variedade padrão informal da língua.
- Você pode descrever as características das pessoas, dos lugares e objetos. É importante que você relate suas reações e, se havia mais pessoas presentes, contar como elas reagiram e o que foi feito após os acontecimentos. Conte como você participou dos fatos, por que ficou tão impressionado, o que mais marcou esse momento e como você se sentiu por um período, após essa experiência.
- Lembre-se de elaborar uma conclusão e de dar um título atraente para o relato. Avalie seu texto, de acordo com a 2ª proposta.

Figuras de linguagem II

• Figuras de construção ou de sintaxe

As **figuras de construção** ou de **sintaxe** caracterizam-se por apresentar determinadas mudanças na estrutura comum das orações.

Como já estudamos, os termos das orações em português obedecem a esta sequência na **ordem direta**: sujeito + verbo + complementos (verbais) + adjuntos adverbiais. Observe este exemplo:

sujeito complemento verbal (objeto direto)

Eu vi o meu semblante numa fonte [...].

verbo adjunto adverbial

GONZAGA, Tomás Antônio. Lira I. *Marília de Dirceu e Cartas chilenas*. São Paulo: Ática, 2001, p. 81. (Fragmento).

Sintaxe é a parte da gramática que estuda a ordem e as relações das palavras na frase e das frases no texto.

Na **ordem indireta**, a colocação dos termos na oração apresenta-se de forma diferente dessa sequência. Por exemplo:

Numa fonte, eu vi o meu semblante.
Eu vi, numa fonte, o meu semblante.
O meu semblante, numa fonte, eu vi.
Numa fonte, o meu semblante eu vi.

A essa inversão simples da ordem direta das palavras na frase damos o nome de **anástrofe**.

As figuras de construção ou de sintaxe se relacionam a mudanças na ordem direta, à concordância dos termos e a outras situações, como veremos a seguir. São exemplos dessas figuras: o **hipérbato**, a **elipse**, a **zeugma**, o **pleonasmo**, o **polissíndeto**, o **assíndeto**, o **anacoluto**, a **anáfora** e a **silepse**.

Hipérbato

O **hipérbato** é uma inversão mais complexa do que a anástrofe, pois a alteração na ordem dos termos da oração é mais acentuada.

Leia este fragmento do romance *Quincas Borba*, de Machado de Assis, e observe os exemplos de inversão simples destacados.

[...] No fim de dez minutos, a comadre não entendia nada, tão **desconcertados eram os fatos e os conceitos**; mais cinco minutos, entrou a sentir medo. Quando os minutos chegaram a vinte, pediu licença e foi a uma vizinha dizer que Rubião parecia ter virado o juízo. Voltou com ela e um irmão, que se demorou pouco tempo e saiu a espalhar a nova. **Vieram vindo outras pessoas**, às duas e às quatro, e, antes de uma hora, muita gente espiava da rua.

ASSIS, Machado de. Quincas Borba. In: COUTINHO, Afrânio (Org.). *Machado de Assis*: obra completa. Rio de Janeiro: Nova Aguilar, 1992. v. 2. p. 805. (Fragmento).

Na **ordem direta**, as orações destacadas ficariam assim:

Os fatos e os conceitos eram desconcertados.
Outras pessoas vieram vindo.

Veja este outro exemplo retirado de uma crônica de Rubem Alves.

Viveu, há muitos e muitos anos, num distante país, um homem agraciado pelos deuses com dons extraordinários. Ele tinha o poder de, pelo simples uso da palavra, operar transformações mágicas nas pessoas [...].

ALVES, Rubem. O rei, o guru e o burro. *Na morada das palavras*: crônicas. São Paulo: Papirus, 2005. p. 13. (Fragmento).

Observe que o sujeito da primeira oração ("um homem") foi colocado depois do verbo e dos adjuntos adverbiais. Na ordem direta, a oração seria escrita assim:

Um homem agraciado pelos deuses com dons extraordinários viveu num país distante, há muitos e muitos anos.

Na segunda oração, também há uma inversão dos termos, com a intercalação de um adjunto adverbial no meio da frase. Na ordem direta, a oração seria escrita assim:

Ele tinha o poder de operar transformações mágicas nas pessoas, pelo simples uso da palavra.

Agora, observe estes versos em que a inversão dos termos é mais acentuada:

Vendo o triste pastor que com enganos
Lhe fora assim negada a sua pastora,
Como se a não tivera merecida;
Começa de servir outros sete anos [...].

CAMÕES, Luís de. Soneto 88. In: SALGADO JÚNIOR, Antônio (Org.). *Luís de Camões*: obra completa. Rio de Janeiro: Nova Aguilar, 2008. p. 298. (Fragmento).

Na ordem direta, teríamos:

O triste pastor começa de servir outros sete anos, vendo que a sua pastora lhe fora negada assim com enganos, como se não a tivera merecida.

Veja outro exemplo:

De repente estala-me sobre os ouvidos
Como um clarim a meu lado,
O velho grito, mas agora irado, metálico.

PESSOA, Fernando. Ode marítima. In: GALHOZ, Maria Aliete (Org.). *Fernando Pessoa*: obra completa. Rio de Janeiro: Nova Aguilar, 1999. p. 324. (Fragmento).

Na ordem direta, ficaria assim:

O velho grito estala-me de repente sobre os ouvidos como um clarim a meu lado, mas agora irado, metálico.

Hipérbato é a inversão mais acentuada da ordem direta dos termos de uma oração.

Elipse

A **elipse** é a omissão de uma ou mais palavras da frase, sem que se comprometa o seu sentido. As palavras omitidas devem ser facilmente identificadas ou subentendidas no contexto.

Observe, a seguir, a elipse do pronome pessoal *ele* nos versos de Álvares de Azevedo. O contexto do poema permite identificar facilmente que esse pronome está sendo omitido.

> **[Ele]** Via o futuro em mágicos espelhos,
> Tua bela visão **o** enfeitiçava,
> **[Ele]** Sonhava adormecer nos teus joelhos...
> Tanto enlevo **[ele]** sonhava!
>
> AZEVEDO, Álvares de. Página rota. In: BUENO, Alexei (Org.). *Álvares de Azevedo*: obra completa. Rio de Janeiro: Nova Aguilar, 2000. p. 289. (Fragmento).

Elipse é a omissão de uma ou mais palavras na frase (facilmente identificadas ou subentendidas no contexto), cuja ausência não prejudica o sentido geral do enunciado.

Zeugma

A **zeugma** consiste na omissão de uma ou mais palavras já expressas anteriormente no enunciado, ficando a repetição dos termos facilmente subentendida no contexto. Observe, a seguir, a ocorrência de zeugma nos versos de Gonçalves Dias.

> Houve tempo em que os meus olhos
> **Gostavam** do sol brilhante,
> E **[gostavam]** do negro véu da noite,
> E **[gostavam]** da aurora cintilante.
>
> **Gostavam** da branca nuvem
> Em céu de azul espraiada,
> **[gostavam]** Do terno gemer da fonte
> Sobre pedras despenhada.
>
> DIAS, Gonçalves. Quadras da minha vida. In: BUENO, Alexei (Org.). *Gonçalves Dias*: poesia e prosa completa. Rio de Janeiro: Nova Aguilar, 1998. p. 193. (Fragmento).

No próximo exemplo, o sujeito da primeira oração é omitido na segunda, ficando facilmente subentendido.

> Em frente do meu leito, em negro quadro,
> **A minha amante** dorme. **[A minha amante]** É uma estampa
> De bela adormecida. [...]
>
> AZEVEDO, Álvares de. Ideias íntimas. Lira dos vinte anos. In: BUENO, Alexei (Org.). *Álvares de Azevedo*: obra completa. Rio de Janeiro: Nova Aguilar, 2000. p. 206. (Fragmento).

Zeugma é a supressão de palavras já expressas na frase e facilmente subentendidas no contexto.

Pleonasmo

O **pleonasmo** consiste no uso simultâneo de termos diferentes, porém com o mesmo sentido, para realçar uma ideia ou deixá-la mais clara. Trata-se de uma redundância de significado que tem o objetivo de dar mais expressividade ao texto.

Observe o exemplo que encontramos nestes versos:

[...]
E em seu louvor hei de espalhar meu canto
E **rir meu riso** e derramar meu pranto
Ao seu pesar ou seu contentamento.

MORAES, Vinicius de. Soneto de fidelidade. In: BUENO, Alexei (Org.). *Vinicius de Moraes*: poesia completa e prosa. Rio de Janeiro: Nova Aguilar, 1998. p. 831. (Fragmento). Os direitos relativos ao uso do poema de autoria de Vinicius de Moraes foram autorizados pela VM Empreendimentos Artísticos e Culturais Ltda., além de: © VM e © Cia. Das Letras (Editora Schwarcz).

Nesse caso, a expressão "meu riso" repete a ideia contida no verbo *rir* (do qual é objeto direto) e reforça seu sentido, funcionando como um termo de valor pleonástico.

Observe, neste outro exemplo, o pleonasmo pronominal presente nos versos do poeta português Fernando Pessoa.

Ah! Querem uma luz melhor que a do Sol!
Querem prados mais verdes do que estes!
Querem flores mais belas do que estas que vejo!
A mim este Sol, estes prados, estas flores contentam-**me**.

PESSOA, Fernando. Poemas inconjuntos. Poemas completos de Alberto Caeiro. In: GALHOZ, Maria Aliete (Org.). *Fernando Pessoa*: obra completa. Rio de Janeiro: Nova Aguilar, 1999. p. 244. (Fragmento).

Há casos, porém, em que a repetição é desnecessária, pois não realça o sentido da expressão; pelo contrário, cria uma situação denominada **pleonasmo vicioso**, resultado do desconhecimento ou esquecimento do significado de certas palavras, que caracteriza o chamado **vício de linguagem**. Veja alguns exemplos de pleonasmo vicioso:

O elevador subiu **para cima** com excesso de pessoas.
Os alunos entraram **para dentro** da sala rapidamente.
O quadrinista detém o **monopólio exclusivo** sobre essa personagem.

Pleonasmo é o emprego de palavras de significado redundante com o objetivo de realçar uma ideia ou deixá-la mais clara.

Polissíndeto

O **polissíndeto** ocorre quando há a repetição de um conectivo (geralmente a conjunção coordenativa aditiva *e*) entre termos ou orações, para enfatizar cada uma das ideias.

Observe este exemplo:

E a névoa **e** flores **e** o doce ar cheiroso
Do amanhecer na serra,
E o céu azul **e** o manto nebuloso
Do céu de minha terra [...].

AZEVEDO, Álvares de. Na minha terra. In: BUENO, Alexei (Org.). *Álvares de Azevedo*: obra completa. Rio de Janeiro: Nova Aguilar, 2000. p. 140. (Fragmento).

Polissíndeto é a repetição constante de uma conjunção coordenativa entre orações ou termos coordenados, utilizada como um recurso enfático.

Assíndeto

O **assíndeto** ocorre quando há a ausência de conectivo entre termos ou orações que deveriam vir ligados, de acordo com a gramática normativa, por conjunção coordenativa. Nesse caso, os termos ou as orações vêm geralmente separados por vírgula.

Observe um exemplo nestes versos:

[...]
Erguem os colos, voltam as cabeças,
[**e**] param o ledo canto:
move-se o tronco, [**e**] o vento se suspende [...].

GONZAGA, Tomás Antonio. Lira XI. Marília de Dirceu. In: RONCARI, Luiz. *Literatura brasileira*: dos primeiros cronistas aos últimos românticos. São Paulo: Edusp, 1995. p. 265. (Fragmento).

Segundo a gramática normativa, assim deveriam ser escritos os trechos em que há ausência de conectivo:

Erguem os olhos, voltam as cabeças **e** param o ledo canto: move-se o tronco, **e** o vento se suspende.

Assíndeto é a ausência de conectivo ligando termos ou orações, quando a gramática normativa o prescreve.

Anacoluto

O **anacoluto** ocorre quando há uma interrupção brusca da estrutura regular da oração e se introduz uma palavra ou expressão que fica solta, sem ligação sintática com os outros termos.

Observe a ocorrência dessa figura sintática nestas frases:

A velha hipocrisia, recordo-me hoje dela com vergonha.

CASTELO BRANCO, Camilo. *Um homem de brios*. Braga: Vercial, 2010. (Fragmento).

O homem, chamar-lhe mito não passa de anacoluto.

ANDRADE, Carlos Drummond de. Confissão. *As impurezas do branco*. São Paulo: Companhia das Letras, 2012. (Fragmento).

Anacoluto é a quebra da estrutura normal da oração pela introdução de uma palavra ou expressão sem ligação sintática com os demais termos.

Anáfora

A repetição de uma ou mais palavras para dar ênfase a uma ideia constitui a **anáfora**. Essa figura é muito comum em poemas, no início de versos.

Observe este exemplo:

Nem um minuto se passa,
Nem um inseto esvoaça,
Nem uma brisa perpassa
Sem uma lembrança aqui [...].

VARELA, Fagundes. Juvenília. In: TÁTI, Miécio; GUERRA, E. Carrera (Orgs.). *Poesias completas de L. N. Fagundes Varela*. São Paulo: Companhia Editora Nacional, 1988. v. 2. p. 25. (Fragmento).

Anáfora é a repetição enfática de uma ou mais palavras no início de frases sucessivas.

Silepse

Chama-se **silepse** a concordância de um termo com outro subentendido – e não com o que está explícito na oração. Há três tipos de silepse: de **gênero**, de **número** e de **pessoa**.

Observe os exemplos.

- **Silepse de gênero**

Vossa Excelência parece cansado devido à longa viagem.

Nesse caso, a concordância do adjetivo *cansado* é feita não com o pronome de tratamento *Vossa Excelência*, de forma feminina, mas com a pessoa a quem esse pronome se refere (alguém do sexo masculino).

- **Silepse de número**

O pessoal ficou apavorado e saíram correndo.

Nessa frase, o verbo *sair* concorda com a ideia de plural ("saíram") subentendida na palavra *pessoal*.

- **Silepse de pessoa**

Os brasileiros gostamos de futebol.

Nessa frase, o sujeito *brasileiros* levaria o verbo para a 3ª pessoa do plural (*gostam*), mas a concordância foi feita com a 1ª pessoa do plural ("gostamos"), indicando que a pessoa que fala se inclui no sujeito da oração (*nós, os brasileiros*).

Silepse é a concordância feita com a ideia que se quer transmitir, e não com os termos presentes na oração. Pode ser de **gênero**, de **número** e de **pessoa**.

Oficina — Trabalhando as figuras de construção ou de sintaxe

1 Leia as estrofes a seguir e observe os versos destacados.

Presa nos elos de uma só cadeia,
A multidão faminta cambaleia,
E chora e dança ali!

ALVES, Castro. O navio negreiro. *Poesias completas*. Rio de Janeiro: Ediouro, 2005. p. 237. (Col. Prestígio). (Fragmento).

Já hoje não caçam nas matas frondosas
A corça ligeira, o trombudo quati...
A morte pousava nas plumas da flecha,
No gume da maça, no arco Tupi!

DIAS, Gonçalves. Deprecação. In: BUENO, Alexei (Org.). *Gonçalves Dias*: poesia e prosa completas. Rio de Janeiro: Nova Aguilar, 1998. p. 114. (Fragmento).

a) Nos versos em negrito, há uma figura de sintaxe ou de construção, o **hipérbato**, que representa a inversão da ordem dos termos nas frases. Reescreva-as na ordem direta.

b) Que efeito se observa nessas estrofes, após a colocação dos termos na ordem direta?

c) No terceiro verso da primeira estrofe, ocorre o emprego do polissíndeto, que é a repetição da conjunção coordenativa aditiva: "**E** chora **e** dança ali!". Nesse caso, com que objetivo se empregou essa figura?

d) Essa repetição traz alguma mudança na construção do sentido do verso? Por quê?

2 Nas estrofes a seguir ocorre uma figura de construção. Trata-se do **pleonasmo**, que é o emprego de palavras com sentido redundante. Leia as estrofes.

A **mim me** tinha cabido um prêmio do Ministério. Eu tinha sido o melhor professor rural.

COUTO, Mia. *O fio das missangas*. São Paulo: Companhia das Letras, 2009. p. 125. (Fragmento).

Eu não sou, minha Nise, pegureiro,
que viva de guardar alheio gado;
nem sou pastor grosseiro,
dos **frios gelos** e do sol queimado [...].

GONZAGA, Tomás Antônio. *Marília de Dirceu*. São Paulo: Ática, 2001. p. 34. (Fragmento).

[**Pegureiro**: pastor.]

a) Na primeira estrofe, o uso do pleonasmo confere que sentido ao contexto poético?

b) Com que objetivo ocorre o emprego do pleonasmo "frios gelos", na segunda estrofe?

3 Leia as seguintes frases em que se empregou a **silepse**, figura de construção ou de sintaxe. Com que objetivo se usou essa figura nessas frases? Explique cada caso.

- Os Estados Unidos ordenaram que a frota americana ficasse em Guam e defendessem a ilha.
- Como Ministro do Supremo, Sua Excelência mostrou-se decidido nesse impasse.

- A plateia nos emocionamos com a música de Villa-Lobos e ficamos admirados com seu talento.

• Figuras sonoras

Esse tipo de figura de linguagem se caracteriza pela função de gerar efeitos sonoros específicos nas frases e nos versos. As **figuras sonoras** são mais bem identificadas quando lidas em voz alta. As principais figuras sonoras são: a **aliteração**, a **assonância**, a **onomatopeia** e a **paronomásia**.

Aliteração

A **aliteração** ocorre quando se repetem os mesmos fonemas consonantais em frases ou versos. Tem como objetivo realçar determinado som ou dar ritmo a um texto, podendo ocorrer no início ou no meio de palavras próximas.

Veja o emprego da aliteração nestes versos de Cruz e Sousa, em que se repetem os sons consonantais **v**, **t**, **s** e **z**.

Ó **v**elho **v**en**t**o **s**audo**s**o,
velho **v**en**t**o compa**ss**i**v**o
Ó **s**er **v**ulcânico e **v**i**v**o,
Taci**t**urno e tormen**t**o**s**o.

SOUSA, João da Cruz e. Sinfonias do ocaso. *Antologia poética*. Rio de Janeiro: Ediouro, s.d., p. 28. (Fragmento).

Aliteração é a repetição de fonemas consonantais para realçar determinado som ou dar ritmo à frase ou ao verso, com o objetivo de conferir maior expressividade ao texto.

Assonância

A **assonância** ocorre quando se repetem fonemas vocálicos em sílabas tônicas, criando um efeito sonoro semelhante ao produzido pela aliteração.

Observe a seguir os versos dos poetas Álvares de Azevedo e Cruz e Sousa.

Soluç**ou** o p**ei**to ard**en**te,
Sent**iu** que a alma dem**en**te
Lhe desmaiava a trem**er**:
Embriag**ou**-se de enl**ei**o,
No s**o**no daqu**e**le s**ei**o
Pens**ou** que **e**le **i**a morr**er**!

AZEVEDO, Álvares de. O poeta. In: BUENO, Alexei (Org.). *Álvares de Azevedo*: obra completa. Rio de Janeiro: Nova Aguilar, 2000. p. 135. (Fragmento).

Ó formas **a**lvas, br**a**ncas, Formas cl**a**ras
De lu**a**res, de neves, de neblinas!...
Ó formas v**a**gas, fluidas, cristalinas...
Incensos dos turíbulos das **a**ras...

SOUSA, João da Cruz e. Antífona. In: AGUIAR, Flávio (Sel.). *Cruz e Sousa*. São Paulo: Global, 2001. p. 25. (Col. Melhores poemas). (Fragmento).

Repare como, no primeiro exemplo, a repetição dos sons vocálicos **ê**, **ẽ**, **i**, **o** e **u** enfatiza a ideia de algo triste, sombrio e lamentoso, enquanto no segundo exemplo a repetição da vogal **a** (aberta) reforça a ideia de um ambiente luminoso.

Assonância é a repetição de fonemas vocálicos tônicos, com a finalidade de criar efeitos expressivos nos versos ou nas frases.

Onomatopeia

Dá-se o nome de **onomatopeia** à figura de linguagem construída com palavras cuja pronúncia imita ou representa certos sons ou ruídos.

Leia os exemplos a seguir e tente identificar as onomatopeias presentes.

a) Mais adiante uma pajelança

No escuro a um canto do rancho
Pajé assobia comprido *fiu... fiu*
Chamando o mato.

BOPP, Raul. *Cobra Norato*. Rio de Janeiro: José Olympio, 1998. p. 41. (Fragmento).

b) GARFIELD — JIM DAVIS

DAVIS, JIM. Garfield. *Folha de S.Paulo*, 11 abr. 2015.

Observe que, nos versos da letra **a**, a expressão "*fiu... fiu*" reproduz o som do assobio do personagem e, por isso, é uma onomatopeia. Na tirinha da letra **b**, a gargalhada é representada pelas onomatopeias "*ha! ha! ha! ha!*" e "*wah-ha! ha!*".

Onomatopeia é a palavra que imita certos sons ou ruídos.

Paronomásia

A **paronomásia** consiste na exploração de parônimos, isto é, de palavras semelhantes ou iguais na pronúncia, mas diferentes no significado e, às vezes, também na escrita.

Os **magnetes** atraem o ferro; os **magnatas** o ouro.

VIEIRA, Padre Antônio. *Os sermões*. São Paulo: Agir, 1986. (Col. Nossos clássicos). (Fragmento).

Paronomásia é a exploração dos parônimos com a finalidade de criar jogos de palavras e efeitos expressivos.

Oficina Trabalhando as figuras sonoras

1 Leia a seguinte estrofe em que ocorre o emprego de uma figura sonora.

[...]
Segue o **s**eco **s**em **s**acar que o caminho é **s**eco.
Sem **s**acar que o e**s**pinho é **s**eco
Sem **s**acar que **s**eco é o **S**er **S**ol
[...]

BROWN, Carlinhos. Segue o seco. Intérprete: Marisa Monte. In: MONTE, Marisa. *Verde, amarelo, anil, cor-de-rosa e carvão*. São Paulo: EMI Music Brasil, 1994. 1 CD. Faixa 4. (Fragmento).

a) Que figura sonora está destacada na estrofe em estudo? Por que ela foi empregada nesses versos?

____

____

b) Explique que efeito produz a repetição da mesma letra nos versos.

____

____

2 A figura de linguagem de cada estrofe a seguir está identificada. Explique o efeito produzido pelo emprego da figura destacada no contexto.

a) Como te enganas! meu amor é chama
Que se alimenta no voraz segredo,
E se te fujo é que te adoro louco...
És bela — **eu moço**; tens amor — **eu medo**!... (Zeugma)

ABREU, Casimiro de. Amor e medo. *Clássicos da poesia brasileira*. São Paulo: Klick, 1999. p. 112. (Col. Vestibular Estadão). (Fragmento).

____

____

____

b) Para a **tropa** do **trapo** vazo a **tripa**
E mais não digo, porque a Musa **topa**
Em **apa**, **epa**, **ipa**, **opa**, **upa**. (Aliteração/Paronomásia)

MATOS, Gregório de. *Poesias selecionadas*. São Paulo: FTD, 1998, p. 155. (Fragmento).

____

____

____

c) Meu coração é **um pórtico partido**
Dando excessivamente sobre o mar.
Vejo em minha alma as **velas vãs** passar
E cada vela passa num sentido. (Metáfora / Metonímia)

PESSOA, Fernando. *Obra poética*. Rio de Janeiro: Aguilar, 1999. p. 126. (Fragmento).

3 Leia as estrofes e identifique a figura de linguagem destacada em cada uma delas. Explique o sentido expresso pela figura empregada.

a) O **todo** sem a **parte** não é todo;
A **parte** sem o **todo** não é parte;
Mas se a **parte** o faz todo, sendo **parte**,
Não se diga que é **parte**, sendo **todo**.

MATOS, Gregório de. Soneto. In: WISNIK, José Miguel (Org.). *Gregório de Matos*: poemas escolhidos. São Paulo: Círculo do Livro / Cultrix, s.d. p. 289. (Fragmento).

b) **Mar** desarrumado
de horizontes elásticos
passou toda a noite com insônia
monologando e resmungando.
[...]

BOPP, Raul. *Cobra Norato*. Rio de Janeiro: José Olympio, 1998. p. 27. (Fragmento).

c) Ah! Não, não fez o céu, **gentil pastora**,
para glória de amor igual tesouro!
Graças, **Marília bela**,
graças à minha estrela!

GONZAGA, Tomás Antônio. *Marília de Dirceu e Cartas chilenas*. São Paulo: Ática, 2001. p. 82. (Fragmento).

d) Triste quem ama, cego quem se fia
Da feminina voz na vã promessa!
[...]
Do desengano o bálsamo lhe aplico,
e a teus laços, Amor, sem medo exponho
Dos benéficos céus o dom mais rico [...].

BOCAGE. *Sonetos e outros poemas*. São Paulo: FTD, 1994. p. 45. (Fragmento).

4 Identifique as figuras de palavra predominantes nestes textos:

a) Goza, goza da flor da mocidade,
Que o tempo troca, a toda a ligeireza,
E imprime a cada flor uma pisada.

Oh não aguardes que a madura idade,
Te converta essa flor, essa beleza,
Em terra, em cinza, em pó, em sombra, em nada.

MATOS, Gregório. *Poemas escolhidos*. São Paulo: Círculo do Livro/Cultrix, s.d. p. 301. (Fragmento).

b) [...] Voltou-se novamente para a distância: lá estava a cidade, massa negra na montanha verde sobre o mar, a cidade e os amigos, a alegria, a vida. [...]

AMADO, Jorge. *Os pastores da noite*. Rio de Janeiro: Record, 1977. p. 62. (Fragmento).

c) Os gritos friorentos das marrecas povoavam de terror o ronco medonho da cheia.

ÉLIS, Bernardo. *Caminhos dos Gerais*. Rio de Janeiro: Civilização Brasileira, 1975. (Fragmento).

d) O Poeta dos Escravos combateu a escravidão negra, denunciando-a em seus versos.

e) Ah! se trotassem os cavalos de motor...
Ah! se fosse de circo o macaco do carro...
[...]

PAES, José Paulo. Inutilidades. *É isso ali.*
Rio de Janeiro: Salamandra, 1984. (Fragmento).

f) A menina é boa de garfo, pois comeu dois pratos e pediu mais.

5 Observe as palavras destacadas e diferencie a **metáfora** da **metonímia**, na estrofe a seguir:

Te ver e não te querer
É improvável, é impossível.
[...]
É como não provar o **néctar** de um lindo do amor.
Depois que o **coração** detecta a mais **fina flor**.

ROSA, Samuel; ZANETTI, Lelo; AMARAL, Chico.
Te ver. Intérprete: Skank. In: SKANK. *Calango*.
Nova York: Chaos, 1994. 1 CD. Faixa 7. (Fragmento).

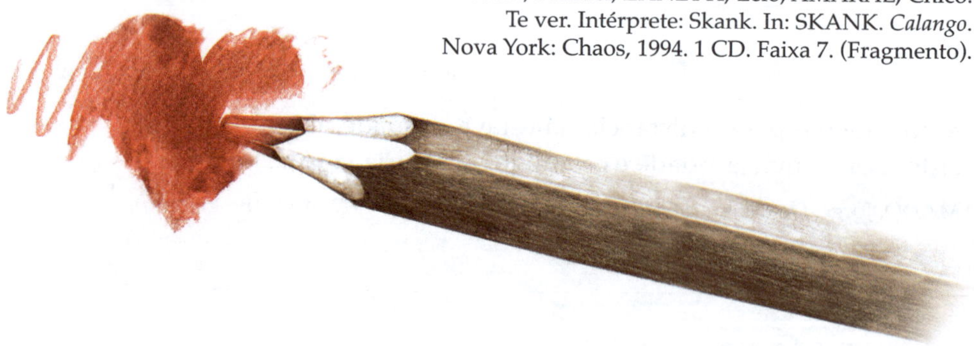

ROGÉRIO BORGES

Unidade

VI Gêneros expositivos II

Leitura

O texto a seguir apresenta ideias interessantes a respeito do comportamento de certas pessoas em relação à internet. Leia-o e reflita sobre as questões expostas.

QUE DIABO É ISSO?

Quanto mais usamos a internet, mais difícil fica perceber o quanto estamos imersos em sua cultura

Esses dias viajei para um lugar escondido no meio do mato. A ideia era me desconectar um pouco, ver o mundo lá fora sem a intermediação de uma tela ou de uma câmera, sem aquela pressão para compartilhar a experiência com outras pessoas. Um desejo básico de fugir um pouco do *overload* que a vida conectada nos impõe.

Já tinham me avisado que lá não pegava celular. Estava superbem resolvida com esse fato, porque li no *site* da pousada que ela oferecia "internet *wi-fi*". Hehehehe. Senti certo conforto ao saber que em um momento de desespero eu conseguiria acessar a ~rede mundial de computadores~. Pode me julgar. Mas, se conta algum ponto a meu favor, não fui a única a ir para o mato em busca de desconexão.

Primeiro pensei que o dono da pousada tinha feito de propósito: conhecendo o tipo de turista que procura seu estabelecimento, ele coloca a informação sobre o *wi-fi* só para fechar negócio. Depois o cara está preso lá no mato e não tem o que fazer senão se conformar com a conexão ruim.

Mas, após três dias dizendo "bom dia / boa tarde / boa noite" para todo mundo na cidade, entendi tudo. Quem mora em cidade grande passa a maior parte do tempo evitando contato com quem não conhece. Já reparou? No elevador, no metrô... era assim antes da *web*, mas os *smartphones* tornaram a tarefa mais fácil: em vez de ficar olhando para o chão, simplesmente cada um foca em sua telinha.

No começo eu ficava meio desconcertada quando alguém me cumprimentava. Cheguei até a brincar que a prática devia estar descrita em algum manual de comportamento da cidade que eu não havia lido. Depois curti e saí dizendo "olá" até para a samambaia. Percebi o quanto estava carente de conexão, mas não com a *web*, e sim com algo palpável. Adoro a *web*, mas é fato que, quanto mais "luz elétrica" ela se torna, mais difícil fica perceber o quanto estamos imersos em sua cultura.

É como aquela história que o escritor norte-americano David Foster Wallace contou em seu discurso de paraninfo "Isso é água":

"Dois peixinhos estão nadando juntos e cruzam com um peixe mais velho, nadando em sentido contrário. Ele os cumprimenta: 'Bom dia, meninos. Como está a água?'. Os peixinhos nadam mais um pouco, até que um deles olha para o outro e pergunta: 'Água? Que diabo é isso?'."

GRANJA, Bia. *Galileu*, jul. 2015, p. 27.

BPLANET/ISTOCK PHOTOS/GETTY IMAGES

Análise do texto

1 Observe que o título reproduz a frase final do texto, mas é o subtítulo que torna claro o tema desse artigo: o uso abusivo da internet. Em sua opinião, por que, cada vez mais, há pessoas que, como a articulista, tornam-se usuários compulsivos da rede, sem vida própria?

2 Na introdução do texto, a autora informa que tinha a intenção de se afastar um pouco da internet. Qual foi o resultado dessa experiência? Justifique sua resposta com base no texto.

- Em sua opinião, a que tipo de pressão a rede nos sujeita, quando passamos a conviver apenas em uma sociedade virtual, sem nenhuma vinculação concreta com as pessoas e o mundo real?

3 O tempo que as pessoas consomem em frente a uma tela de computador ou utilizando um celular vem preocupando neurologistas e psicólogos. Com base nos fatos, explique como a autora teria percebido o momento adequado para se desconectar do mundo digital, ainda que não fosse por muito tempo.

4 No desenvolvimento do texto, a partir do segundo parágrafo, a autora relata as experiências vividas na pousada, livre do comando incessante de controles digitais.

a) Nesse parágrafo, que fato comprova que ela já era uma usuária compulsiva da rede?

b) Que trecho desse parágrafo ilustra a compulsão da autora pela rede de computadores?

____

5 Ao dizer "Pode me julgar", a quem a autora se dirige e com que intenção?

____

____

____

6 De acordo com o texto, aos poucos, a autora foi percebendo que a dificuldade de conexão na pousada contribuiu para uma boa mudança de rumo na vida dela.

a) Em relação ao dono da pousada, no início, o que ela imaginava sobre o comportamento dele?

____

____

b) Explique por que a autora passou a entender melhor a conduta do dono da pousada, com o passar do tempo. O que aconteceu?

____

____

____

7 Segundo a autora, o convívio humano nas grandes cidades é diferente. A grande maioria das pessoas nem mesmo cumprimenta quem está a seu lado. Por que ela observa que esse hábito surgiu antes da *web*?

____

____

____

8 Ao experimentar uma outra realidade, a articulista procura se adaptar ao estilo espontâneo dos moradores da pequena cidade para onde viajou.

a) Interprete o sentido desta frase, no contexto: "Adoro a *web*, mas é fato que, quanto mais 'luz elétrica' ela se torna, mais difícil fica perceber o quanto estamos imersos em sua cultura".

____

____

b) Explique qual é a associação feita pela autora entre a *web* e a água, tendo em vista a história "Isso é água", mencionada no texto.

____

____

9 Observe que há, no texto, palavras e expressões que retomam outras, mencionadas anteriormente, evitando a repetição e mantendo a **coesão textual**. Indique as palavras ou expressões às quais elas se referem.

a) "Já tinham me avisado que **lá** não pegava celular."

____

____

b) "[...] **ele** coloca a informação sobre o *wi-fi* só para fechar negócio."

____

____

c) "[...] simplesmente cada um foca em **sua telinha**."

____

____

d) "**Ele os** cumprimenta: 'Bom dia, meninos. Como está a água?'".

____

____

10 Releia o trecho a seguir e observe, com atenção, o sentido que expressam as palavras destacadas. Em seguida, identifique a alternativa correta.

"A ideia era me desconectar um pouco, ver o mundo lá fora sem a intermediação de **uma** tela **ou** de uma câmera, **sem** aquela pressão **para** compartilhar a experiência **com** outras pessoas".

a) definição – retificação – explicação – direção – propósito
b) confirmação – dúvida – intenção – condição – esclarecimento
c) indefinição – alternância – carência – finalidade – concomitância
d) esclarecimento – condição – restrição – explicação – adição

11 No início do quarto parágrafo, observa-se o emprego da conjunção *mas*, que expressa ideia de oposição. Situe-a no contexto e explique por que a autora a utilizou.

____

____

____

12 O texto em estudo é desenvolvido em 1ª pessoa e se caracteriza por uma linguagem pessoal e subjetiva. Pode-se considerar essa linguagem também formal ou informal? Justifique sua resposta.

____

____

____

Capítulo 12

O relatório

Gênero textual: relatório

• Preparando

Leia os relatórios a seguir.

Texto 1

J. HELGASON/SHUTTERSTOCK

REPRODUÇÃO ASSEXUADA

Para: Professora de Química
De: Grupo 5
Assunto: Reprodução assexuada
Objeto: Registro de experiência para comprovação de reprodução assexuada
Referência: CANTO, Eduardo Leite do. *Ciências naturais*: aprendendo com o cotidiano. São Paulo: Moderna, 2011.
Experimento:

1º) Em 24 de abril de 2019, selecionamos uma batata com várias gemas.

2º) Cortamos pedaços dessa batata, com uma gema em cada um deles, e os enterramos separadamente em terra fértil e regada.

3º) Após algumas semanas, um pé de batata desenvolveu-se a partir de cada pedaço plantado.

Conclusão:

Constatamos a reprodução assexuada caracterizada por divisões celulares a partir de um único "indivíduo" e pela formação de descendentes geneticamente idênticos àquele que os originou.

12963734/ISTOCK PHOTOS/GETTY IMGES

Cientista toma nota de resultado químico em laboratório.

Texto 2

RELATÓRIO

De: Lucas Aguiar — Supervisor de vendas
Para: Newton Chaves — Gerente de vendas
Assunto: Relatório de visitas a pontos de venda
Data: 12 de fevereiro de 2019

Senhor Gerente:

Envio-lhe, anexo, mapa com os pontos de venda visitados e a avaliação do nosso atendimento. Embora cada revendedor seja uma realidade única, há alguns aspectos gerais que passo a destacar a seguir.

1. Atendimento do vendedor. Essa é a principal deficiência da nossa empresa. Falta qualificação aos nossos vendedores. Alguns compradores queixam-se do tratamento que recebem do nosso representante. E as visitas não são feitas obedecendo a cronograma rigoroso.

2. Nossos produtos. Nossos produtos são de boa qualidade e de grande aceitação pelos clientes que a eles têm acesso. O problema é exatamente o acesso. A exposição da nossa linha de artigos é deficiente, sobretudo nos médios e grandes supermercados. Ocupamos poucas frentes nas prateleiras e quase não temos pontas de gôndolas. Alguns itens, como o Achocolatado *Diet*, andam quase sumidos.

3. Recomendações:

- treinar e até, em alguns casos, substituir vendedores;
- intensificar as visitas dos supervisores;
- contratar mais degustadoras;
- conscientizar o pessoal de todos os níveis das ótimas chances que temos para crescer muitos pontos na participação das vendas do setor de alimentos enlatados.

Atenciosamente,

Lucas Aguiar — Supervisor de Vendas

J. HELGASON/SHUTTERSTOCK

• Sistematizando

Como você pôde observar nos exemplos apresentados, o **relatório** é um documento em que são registrados os resultados de uma experiência, um procedimento ou uma ocorrência. É usado tanto no setor público como no privado.

Veja alguns exemplos de situações em que pode ser utilizado:

- um gerente de banco pode apresentar a seu superior um relatório com o número de contas-correntes abertas e fechadas no mês, os empréstimos concedidos, as operações realizadas, etc.;
- um grupo de pesquisadores pode apresentar ao laboratório que os emprega um relatório com os resultados dos experimentos sobre um novo remédio;
- uma comissão de parlamentares designados para investigar uma denúncia de corrupção pode apresentar um relatório com suas conclusões.

Normalmente, o relatório apresenta as seguintes partes:

1. Título: deve ser objetivo e sintético.
2. De: designa o remetente.
3. Para: refere-se ao destinatário.
4. Assunto: identifica o objeto do trabalho.

5. Referências: indica as fontes de consulta.

6. Texto principal: apresenta o desenvolvimento do relatório.

7. Conclusões: resume e expõe resultados, constatações, sugestões.

Pode haver também um vocativo, no início, e local e data, no início ou no fim do texto. A assinatura e o cargo do remetente também podem ser colocados depois da conclusão. A linguagem deve ser clara, objetiva e concisa, seguindo, em geral, a variedade padrão formal. Para complementar o texto, é possível acrescentar gráficos, tabelas, quadros informativos, descrições, relatos de fatos ou dados numéricos.

Concluindo:

> **Relatório** é um gênero textual expositivo, cuja finalidade é apresentar os resultados de atividades variadas, como experiências, pesquisas, ocorrências, etc.

• Produção de texto: relatório

1ª proposta — Produção de um relatório de inspeção

Leia o relatório a seguir.

RELATÓRIO

Para: Coordenador da 2ª Coordenadoria Regional de Educação
De: Supervisor de Patrimônio
Assunto: Inspeção de cancha de esportes
Data: 6 de abril de 2019

Senhor Coordenador:

Estive inspecionando, conforme suas orientações, a cancha de esportes da Escola de Ensino Fundamental São Francisco de Assis, com o objetivo de averiguar a veracidade das denúncias de pais que apontaram falta de condições físicas do local.

Afirmaram os denunciantes que a cobertura ofereceria perigo às crianças e pessoas que normalmente circulam nas dependências do citado local. Foram apontados também problemas nos vestiários e sanitários, como falta de chuveiro e deficiência na ventilação e na iluminação.

Vistoriei o local demoradamente em todas as dependências e constatei o seguinte:

a) Cobertura — A cobertura do imóvel realmente não se encontra em boas condições. Há várias telhas com rachaduras. A água da chuva (estive no local em dia chuvoso) invade o ambiente em vários pontos e inclusive impede a prática de qualquer esporte ou de Educação Física em dias de chuva. Todavia, não constatei danos estruturais que possam representar risco à integridade física dos frequentadores. Recomendo a substituição das telhas danificadas, sob pena de se deteriorar o madeirame que suporta o telhado e, aí sim, haveria perigo até de queda da cobertura.

b) Sanitários — Nos banheiros e vestiários constatei falta de alguns chuveiros, lâmpadas queimadas e vidraças estilhaçadas. É urgente a substituição das lâmpadas queimadas, reposição dos chuveiros e substituição das vidraças por janelas basculantes, o que resolveria, inclusive, o problema da ventilação deficiente.

c) Pintura — Também se faz necessária pintura nova em todas as dependências do imóvel, pois o aspecto atual chega a ser deprimente.

d) Orçamento — O presente relatório segue às mãos de V. Sa. sem o orçamento relativo às reformas necessárias, como seria recomendável. Assim estou procedendo devido à veemência das reclamações, possibilitando, desta forma, que seja dada imediata satisfação aos denunciantes e à comunidade. O orçamento completo já está sendo elaborado. Vou encaminhá-lo assim que estiver concluído.

Atenciosamente,

Álvaro Barbosa — Supervisor de Patrimônio

Reúna-se com seu grupo e sigam as instruções.

- Examinem o edifício no qual funciona a escola em que estudam e verifiquem se há a necessidade de realizar consertos ou reformas (por exemplo: ampliação da cantina, construção de quadra de esportes, etc.).
- Com base no modelo apresentado, elaborem um relatório registrando o resultado da inspeção. Justifiquem com explicações — ou até mesmo com fotografias — as requisições de conserto ou as sugestões de reforma. Lembrem-se de adaptar os dados do cabeçalho. Vocês podem dirigir seu relatório ao diretor da escola ou a um supervisor.

2ª proposta — Produção de um relatório sobre uma experiência escolar

O grupo deve escolher democraticamente uma das seguintes opções ou sugerir uma nova alternativa para o trabalho de produção de um relatório sobre uma experiência escolar interessante:

- uma palestra importante organizada pela escola;
- uma experiência orientada pelo professor de Química ou de Física;
- um acontecimento escolar considerado significativo e que possa ser registrado;
- uma reunião na escola em que decisões relevantes foram tomadas.

Sigam estas instruções.

- Discutam as ideias, a estrutura do relatório e escrevam o texto.
- Empreguem a variedade padrão formal da língua e não se esqueçam de que o relatório deve apresentar uma linguagem objetiva, clara e concisa.
- Se necessário, acrescentem gráficos, tabelas, imagens ou outro texto complementar.
- Releiam o relatório e alterem o que for necessário. Avaliem se foram colocados o título, o remetente, o destinatário, o assunto e as referências; observem se o conteúdo do texto está completo e se há conclusão. Verifiquem se é necessário colocar o vocativo, o local e a data, e lembrem-se da assinatura dos remetentes.

Produção e estilo — Paralelismo sintático e semântico

Ao redigirmos um texto, às vezes podemos ter dificuldade para relacionar as ideias de forma coerente, a fim de que o leitor entenda o que desejamos comunicar. Recursos linguísticos como o **paralelismo sintático** e o **paralelismo semântico**, entre outros já estudados ao longo do livro, nos ajudam a evitar esse problema.

Leia os dois textos a seguir, que tratam desses conceitos, e observe como eles podem ajudar a elaborar um texto.

Texto 1

PARALELISMO SINTÁTICO TORNA TEXTO MAIS PRECISO

"Não, não se trata de defender mais intervenção do Estado na economia ou que o Estado volte a produzir aço...". O trecho, recentemente publicado na *Folha*, fere o princípio do paralelismo sintático, segundo o qual quaisquer elementos da frase coordenados entre si devem apresentar estrutura gramatical similar.

Para que a frase tivesse simetria, os núcleos do objeto direto do verbo "defender" teriam de ser de mesma natureza (ambos verbos ou ambos substantivos). Assim: "...não se trata de defender mais *intervenção* do Estado na economia ou a *volta* da produção estatal de aço...". Ou: "...não se trata de defender que o Estado *intervenha* mais na economia ou que *volte* a produzir aço...".

J. HELGASON/SHUTTERSTOCK

O princípio do paralelismo facilita a leitura do enunciado e proporciona clareza à expressão. Na maioria das vezes, é intuído pelo próprio falante. Há certas expressões — por exemplo, os pares correlativos "não só... mas também", "tanto... como", "seja... seja", "quer... quer", "antes... que" — que criam no leitor expectativa de uma construção simétrica ou paralela. Assim, dizemos: "Ele não só *trabalha* mas também *estuda*". Mas possivelmente não diríamos: "Ele não só trabalha mas também é estudante".

Um período como: "Trata-se de um argumento forte e que pode encerrar o debate..." rigorosamente fere o princípio do paralelismo sintático, pois o substantivo *argumento* é modificado pelo adjetivo *forte* e pela oração subordinada adjetiva *que pode encerrar o debate*... E a conjunção **e** deveria coordenar elementos de valor sintático idêntico (ou dois adjetivos, ou duas orações subordinadas adjetivas).

Eliminando-se a coordenação, o enunciado flui sem exigir a simetria. Assim: "Trata-se de um argumento forte, que pode encerrar o debate...".

Também seria possível empregar dois adjetivos: "Trata-se de um argumento *forte, capaz* de encerrar o debate...". Ou mesmo duas orações adjetivas: "Trata-se de um argumento *que é forte* e *que pode encerrar* o debate...".

[...]

J. HELGASON/SHUTTERSTOCK

CAMARGO, Thaís Nicoleti de. *Folha de S.Paulo*, 19 set. 2001. (Fragmento).

1 No texto em estudo, a autora cita a seguinte construção: "Não, não se trata de defender mais intervenção do Estado na economia ou que o Estado volte a produzir aço...".

a) Explique por que nesse trecho não se empregou o paralelismo sintático de forma adequada.

b) Como a autora corrigiu esse trecho, estabelecendo o paralelismo sintático?

2 Reescreva as frases a seguir de acordo com o princípio de paralelismo sintático.

a) Ele nos recomendou calma e que descansássemos.

b) O importante para a saúde é dormir bem e uma alimentação equilibrada.

Texto 2

MILOS LUZANIN/SHUTTERSTOCK

Falta de paralelismo sintático cria efeito de estilo

Em: "Ele hesitava *entre* ir ao cinema *ou* ir ao teatro", falta simetria no plano sintático. O uso da preposição *entre* pressupõe a existência de dois elementos de mesmo valor sintático ligados pela conjunção *e*. Como a conjunção *ou* indica alternativa, é possível ocorrer confusão num contexto como esse.

É preciso lembrar, entretanto, que a preposição *entre* delimita um intervalo *entre* dois pontos definidos. Daí o motivo de reger dois elementos ligados por *e*.

Mas, atenção. Embora claro do ponto de vista do paralelismo sintático, um enunciado como "A diferença *entre* os alunos e as carteiras disponíveis na sala é muito grande" contém um problema semântico. Alunos e carteiras não são elementos comparáveis entre si. A diferença a que se refere a sentença é numérica. Então, o ideal é dizer: "A diferença entre o *número* de alunos e o de carteiras é muito grande". Agora, sim, a informação ganhou precisão. Faltava na frase o que chamamos paralelismo semântico, ou seja, a simetria no plano das ideias.

Esse é o mesmo problema verificado em construções do tipo: "O time brasileiro vai enfrentar a França nas quartas-de-final". Ora, um time não pode enfrentar um país. Então, entre outras possibilidades: "O time brasileiro vai enfrentar a seleção da França" ou "O Brasil vai enfrentar a França".

Preservar o paralelismo semântico é tão importante quanto preservar o paralelismo sintático. Mas, na pena de um bom escritor, a quebra da simetria semântica pode resultar em curiosos efeitos de estilo. Não foi outra coisa o que fez Machado de Assis no conhecido trecho de *Memórias póstumas de Brás Cubas*, em que, irônica e amargamente, o narrador diz: "Marcela amou-me *durante 15 meses e 11 contos de réis*". No mesmo livro: "*antes cair das nuvens que de um terceiro andar*".

O uso desse artifício parece ser uma das marcas estilísticas do autor. [...]

CAMARGO, Thaís Nicoleti de. *Folha de S.Paulo*, 3 out. 2002. (Fragmento).

1. De acordo com o texto, não há simetria na construção sintática da frase: "Ele hesitava *entre* ir ao cinema *ou* ir ao teatro". Reescreva a frase corrigindo esse problema sintático.

2. Observe este exemplo do texto: "A diferença *entre* os alunos e as carteiras disponíveis na sala é muito grande". Escreva outra sugestão, diferente da frase sugerida pela autora, para que a informação fique simétrica no plano semântico ou das ideias.

3. Corrija as frases a seguir de acordo com o princípio do paralelismo semântico.

   a) O presidente brasileiro negociou novas propostas com os Estados Unidos.

   b) "Marcela amou-me durante 15 meses e 11 contos de réis." (Machado de Assis)

Capítulo 13

O seminário

Gênero textual: seminário

O **seminário** constitui um gênero oral expositivo em que os participantes transmitem conhecimentos relacionados a uma determinada área do conhecimento. O seminário tanto pode ser apresentado em grupo como individualmente. Caracteriza-se, em especial, por certa formalidade, pela exploração de várias fontes de informação, pela seleção dessas informações, de acordo com o tema. Com base na seleção das informações, produz-se um esquema, que auxilia na exposição oral.

• Preparando

Leia o texto de divulgação de um seminário sobre propostas para melhoria da mobilidade urbana na cidade de Belo Horizonte.

12º SEMINÁRIO MEIO AMBIENTE E CIDADANIA

O jornal *Hoje em Dia* promove a 12ª edição do **Seminário Meio Ambiente e Cidadania**, no próximo dia 30 de maio. O foco das discussões serão as propostas para a melhoria da mobilidade urbana. O jornalista e fundador do *site* Catraca Livre, Gilberto Dimenstein, é o conferencista convidado deste ano e falará sobre o tema "Cidades Sustentáveis, Criativas e Educadoras". O evento é aberto a toda a população. As inscrições são gratuitas e podem ser feitas no *site*: <www.seminariomeioambienteecidadania.com>.

"O objetivo é a busca de soluções para um dos problemas que mais aflige a população das grandes cidades: a ineficácia dos transportes coletivos, a explosão da frota de veículos e motos, o trânsito caótico, a poluição e a degradação da qualidade de vida", afirma Ricardo Galuppo, diretor de Jornalismo do *Hoje em Dia*.

A Pesquisa Origem Destino, da Secretaria de Estado Extraordinária da Gestão Metropolitana, indica que, entre 2002 e 2012, enquanto a população da Grande BH cresceu 10%, chegando a 4,9 milhões de habitantes, a frota de veículos praticamente duplicou, saltando de 1,09 para 2,45 milhões. Com isso, em apenas uma década, o transporte individual (30,8%) quase se equiparou ao coletivo (31,4%), saturando as ruas e avenidas, agravando a poluição do ar e aumentando a duração média diária dos deslocamentos, que saltaram de 42 para 62 minutos no transporte coletivo, e de 23 para 32 minutos no individual.

De modo geral, os dados mostram, portanto, que a divisão do espaço público nas cidades está se tornando cada vez mais desigual, respondendo o transporte individual/privado pela ocupação de nada menos do que 80% das vias públicas. E, como advertem os especialistas, se nada for feito com urgência, as cidades, sobretudo as metrópoles, ficarão inviáveis em muito pouco tempo, como, aliás, já vem ocorrendo.

Expansão do Metrô, implantação de BRTs, trens metropolitanos e ciclovias, e restrição do uso de carros. Estas são algumas das medidas defendidas pelos especialistas, engenheiros e gestores públicos para a equação do estrangulamento do trânsito, conforme pressupostos de acessibilidade e acesso igualitário no uso do espaço público, fixados na Política Nacional de Mobilidade Urbana. Entretanto, a efetividade dessas medidas está longe de ser alcançada, e esse será o tema de reflexão e debate durante a 12ª edição do Seminário Meio Ambiente e Cidadania.

SERVIÇO:

O quê: Seminário Meio Ambiente e Cidadania

Quando: 30 de maio de 2013, das 9h30 às 18h

Onde: Cine Theatro Brasil Vallourec — Rua dos Carijós, 258 — Centro — Belo Horizonte / MG

Inscrições: Gratuitas no *hot site* <www.seminariomeioambienteecidadania.com>, condicionadas à capacidade do espaço

PROGRAMAÇÃO:

9h — Credenciamento

9h30 — Abertura Oficial

10h — Mesa: (I) Mobilidade Urbana × Transporte de Massa

Sinopse: O problema da crescente (i)mobilidade urbana na raiz da degradação da qualidade de vida nas grandes cidades. O transporte público como solução e as respostas dos poderes públicos e dos especialistas.

Ramon Victor Cesar — presidente da BHTrans

Gustavo Medeiros — Agência de Desenvolvimento da Região Metropolitana de Belo Horizonte

João Luiz da Silva Dias — Instituto Mobilidade Sustentável – Rua Viva

11h — Mesa: Modais Alternativos, Cidades Saudáveis e Limpas

Sinopse: Vantagens — e entraves — dos meios alternativos de transporte frente à (i)mobilidade urbana. Pedalando ou caminhando: a vez e o lugar dos modais alternativos no sistema de transportes.

Guilherme Tampiere — Associação dos Ciclistas Urbanos de Belo Horizonte – BH em Ciclo

Marcelo Guimarães — Laboratório ADPTSE da Escola de Arquitetura da UFMG

14h — Conferência Magna: Cidades Sustentáveis, Criativas e Educadoras

Sinopse: O papel da educação e da criatividade para a construção de cidades sustentáveis e cidadãs. Exemplos, *cases* e práticas que fazem a diferença e apontam caminhos para o futuro sustentável das cidades.

Gilberto Dimenstein — jornalista e fundador do Catraca Livre

16h — Mesa: Cidades Humanas, Públicas e Cidadãs

Sinopse: O direito à cidade como base da qualidade de vida e das estratégias de mobilidade urbana. Caminhos novos para o planejamento das cidades como espaço privilegiado de convivência e exercício da cidadania.

Leonardo Barci Castriota — Escola de Arquitetura da UFMG
Madalena Garcia — especialista em transporte e planejamento urbano – Consultora na Arcadis-logos

Disponível em: <https://www.ideiasustentavel.com.br/12%C2%BA-seminario-meio-ambiente-e-cidadania/>. Acesso em: 7 maio 2019.

1 O texto expõe a preparação de um seminário que foi realizado poucos dias depois de sua publicação. Observe como ocorre a organização de cada etapa em que é desenvolvido tal evento. De acordo com o texto, um dos jornais de Belo Horizonte (onde aconteceu o encontro) patrocinou a exposição dos debates, que teve como discussão central a necessidade de melhores condições de mobilidade nos grandes centros. Que outras informações importantes estão expostas no primeiro parágrafo?

___

___

___

2 Segundo o texto, qual foi a principal finalidade na programação do seminário e as ideias debatidas em função desse objetivo?

___

___

___

___

3 No terceiro parágrafo, observe a apresentação dos resultados de uma pesquisa relacionados com o trânsito urbano. Com base nos dados obtidos, o que se pode concluir quanto às consequências do crescimento da frota de veículos em Belo Horizonte?

___

___

___

___

4 Dando sequência a essa ideia, que argumentações foram desenvolvidas para comprovar a falta de sustentabilidade da vida nas metrópoles?

___

___

___

___

5 Tendo em vista os problemas propostos para o debate de ideias, que solução defendida pelos especialistas você considera mais viável? Justifique sua resposta.

___

___

6 Pesquise e verifique de que modo megalópoles, como Nova York e outros grandes centros, conseguiram melhorar a mobilidade urbana.

7 Observe que, em seguida, o texto apresenta as informações principais sobre a realização do evento: **tema**, **data** e **horário**, **local**, **inscrição** e ***site***. No fim, está a **programação**, com um resumo dos assuntos a serem discutidos. Em sua opinião, a cidade em que você vive apresenta qualidade quanto à mobilidade urbana? De que modo isso acontece?

• Sistematizando

A finalidade do **seminário** é produzir uma reflexão sobre o assunto abordado. Entretanto, nem todos têm a mesma desenvoltura para fazer uma exposição ou apresentar argumentações em público, oralmente. Na realidade, um bom planejamento pode ajudar muito qualquer pessoa que necessite falar, até mesmo para uma plateia exigente.

Portanto, a produção de um texto de apoio pode tornar a experiência interessante, se ele for utilizado apenas como consulta e não para ser lido em voz alta para os presentes. Durante a apresentação, é preciso manter contato com o público por meio de gestos, olhares e expressões corporais.

É comum em uma exposição oral o uso de **elementos expressivos** próprios da língua falada: repetições, mudanças de entonação e **marcas de oralidade** (*não é?*, *bem*, *pois é*, *certo?*, etc.), porém, para transmitir uma boa imagem, o expositor deve evitar o uso de gírias e de formas populares.

Resumindo:

Seminário é a exposição oral argumentativa de um tema, com a apresentação de informações por um ou mais oradores. Em geral, após o seminário, a plateia pode fazer perguntas para mais esclarecimentos ou aprofundamento do tema. Se o tema do seminário for polêmico, em seguida pode haver um debate.

• Produção de texto: seminário

Agora vejamos como produzir um seminário.

Planejamento

Acompanhe os detalhes da produção.

- Escolha do **tema** e dos **componentes** do grupo, caso o trabalho seja coletivo.
- Definição do **público-alvo** de acordo com a faixa etária, o grau de interesse e os conhecimentos prévios sobre o assunto escolhido. Com base nesse perfil, definem-se ainda a **linguagem** e a **abordagem** do seminário.
- Seleção de **informações** obtidas com pesquisas em livros, jornais, revistas, vídeos e internet. A inclusão de **dados** estatísticos ou históricos, citações, exemplos, etc. é essencial.
- Produção de um **roteiro** escrito, com base nas anotações feitas durante a pesquisa. Nele devem constar os pontos mais importantes sobre o assunto, organizados em uma sequência: introdução, desenvolvimento e conclusão. Na divisão do trabalho,

deve-se atribuir uma parte da exposição a cada membro do grupo, no caso de trabalhos coletivos. Se necessário, esse roteiro pode ser consultado durante a apresentação, mas não deve ser lido em voz alta para a plateia.

- Decisão sobre o uso de **recursos audiovisuais** (retroprojetor, *slides*, *data show*, filmes, cartazes, microfones, etc.) e sobre o responsável por providenciar e manusear esses recursos.
- Redação e fotocópia de um **resumo** para distribuir ao público. O apoio oferecido pelo material escrito facilita o acompanhamento da exposição oral. Pode-se enriquecer o resumo com dicas de bibliografia ou de *sites* com conteúdos importantes sobre o tema.
- **Ensaio** da apresentação, com controle do tempo de cada participante. Se possível, gravar o ensaio para avaliação e aperfeiçoamento. Todos os equipamentos audiovisuais devem ser checados antes, para não haver surpresas desagradáveis de última hora.

Organização

A organização de um seminário inclui as seguintes etapas.

- Em primeiro lugar, estude o assunto a fundo, inclusive as partes do seminário que serão apresentadas por seus colegas. Afinal, você pode ajudá-los, acrescentando informações, ou ainda socorrê-los, caso se esqueçam de algo. Além disso, todos no grupo devem estar preparados para responder a qualquer pergunta feita pela plateia.
- Quando sentir que está dominando bem o tema, ensaie sua parte. Escutar a própria voz é um recurso que ajuda você a saber o que pode ser melhorado e também a verificar o tempo que levará a apresentação. Se for preciso, elimine os pontos menos relevantes.
- Treine quantas vezes for necessário; depois, peça a um colega que assista a seu seminário e lhe faça perguntas e críticas como se fosse o público. Você pode não perceber a velocidade e o tom de voz com que está falando, ou se está repetindo excessivamente uma mesma palavra ou expressão (por exemplo: *né?*), mas seu colega será capaz de indicar onde você deslizou. Se preferir, outra opção é gravar sua apresentação, ouvi-la e depois fazer uma autocrítica.
- Prepare-se também para as dúvidas do público: pense nas perguntas mais prováveis e em como respondê-las.

Exposição

São estes os passos para a apresentação de um seminário em grupo.

- **Início:** um dos membros do grupo cumprimenta o público e esclarece qual é o tema, por que ele foi escolhido, como será enfocado e o tempo da apresentação.
- **Desenvolvimento:** cada participante apresenta sua parte, obedecendo à sequência de ideias. É importante manter a coesão e a coerência; por isso, cada um deve retomar a fala do colega anterior e só então dar continuidade ao assunto.
- **Conclusão:** um dos apresentadores retorna à exposição inicial e, depois de rever as principais ideias apresentadas, resume o ponto de vista do grupo. Por fim, agradece a atenção e o interesse da plateia e abre espaço para perguntas ou comentários.

É importante que os participantes sejam atenciosos e simpáticos com o público, que utilizem a voz com clareza e boa dicção e, de preferência, fiquem de pé e de frente para a plateia.

1ª proposta — Produção de seminário com base em tema

Em grupo, organizem um seminário sobre um destes temas trabalhados em provas do ENEM, nos últimos anos.

- Viver em rede no século 21: os limites entre o público e o privado.
- Movimento imigratório para o Brasil no século 21.
- Publicidade infantil em questão no Brasil.
- A persistência da violência contra a mulher na sociedade brasileira.
- Caminhos para combater a intolerância religiosa no Brasil.

Sigam estas instruções.

- Uma vez definido o **tema** com seu grupo, vocês deverão pensar no **público-alvo** para o qual será apresentado o seminário.
- **Planeje** com o grupo as tarefas, que deverão ser divididas entre os componentes, numa sequência lógica e progressiva para que o desenvolvimento do assunto seja coerente.
- **Pesquise** o tema escolhido na internet, em livros, jornais, revistas, enciclopédias e vídeos. Converse também com professores e outras pessoas que possam informá-lo sobre o assunto.
- **Anote** o resultado da pesquisa e, se for o caso, reescreva seus textos, para que sejam expostos na apresentação. É importante lembrar que seu texto escrito também servirá de base para a exposição oral.
- **Reúna-se** novamente com o grupo para confrontar os resultados da pesquisa de cada um.
- Monte com os colegas o **texto final** do seminário.
- **Prepare** com o grupo a apresentação, com a definição de como será o seminário, a **introdução**, o **desenvolvimento** e a **conclusão**. Verifique a ideia essencial e as secundárias a serem abordadas, como serão apresentados alguns dados (por meio de gráficos, estatísticas, tabelas) e qual suporte será utilizado (cartazes, transparências, etc.). O seminário será mais motivador para o público se forem usados recursos audiovisuais na apresentação.
- **Elabore** com o grupo um esquema (roteiro) do seminário, com a indicação dos pontos mais importantes do conteúdo. Esses pontos serão destacados no início da apresentação.
- **Treine** o que você vai falar na exposição do seminário. Cada componente do grupo deve fazer a mesma coisa. Esse recurso ajuda você a saber o que deve ser melhorado durante a apresentação e o tempo que cada um utilizará.
- **Avalie e reescreva** seu texto, antes de expor o seminário para a classe. Depois, o apresente a outro grupo e peça sugestões. Os colegas podem fazer perguntas e críticas.
- O grupo pode não perceber certos problemas, como leitura ou fala não pausada, tom inadequado de voz ou repetição de certos termos. Os colegas poderão mostrar o que não está bem no trabalho apresentado, para que se ajustem o texto e a apresentação. Você e seu grupo poderão se preparar melhor para as prováveis perguntas do público.
- **Prepare-se.** Estude bem seu texto, para que a exposição seja clara, envolvente, e você mostre domínio do tema.
- **Apresente** o seminário. Durante a apresentação, se for preciso, consulte o esquema. Não se esqueça de utilizar o material de apoio para enfatizar os pontos principais do trabalho.
- **Reserve** um tempo para o público fazer perguntas e pedir esclarecimentos sobre o que possa não ter ficado claro. As perguntas podem ser feitas durante a apresentação ou após o término do seminário.
- Se quiser, grave a apresentação e, ao ouvi-la, faça uma autocrítica do trabalho, antes de marcar o dia da apresentação final.

2ª proposta — Produção de seminário sobre o futuro da água

Leia o texto de divulgação de um seminário sobre o uso da água na indústria.

CATHERINE ABUD SCOTTON

DIA MUNDIAL DA ÁGUA NA INDÚSTRIA

A Confederação Nacional da Indústria (CNI) realiza, em 28 de março, em Brasília, o Dia Mundial da Água na Indústria. O objetivo é sensibilizar tomadores de decisão para o desenvolvimento e a implementação de uma política pública de segurança hídrica que contemple: a universalização do saneamento no Brasil (MP 868/2018); e a conservação e utilização racional e integrada dos recursos hídricos por meio de tecnologias ambientalmente sustentáveis como o reúso e a dessalinização.

O Brasil conta com cerca de 12% da disponibilidade hídrica superficial de todo o planeta. A região Sudeste, no entanto, com uma densidade demográfica de 136,7 hab./km^2, possui apenas 1,7% desse total; enquanto a região Amazônica, com apenas 9,2% da população, concentra cerca de 80% de toda a água do país. Soma-se a isso o fato de que quase a metade da população nacional ainda não é atendida por sistemas de tratamento de esgoto, e aproximadamente 17% não conta com acesso à rede de abastecimento de água. Diante deste cenário, o desafio da segurança hídrica no país está mais relacionado à gestão do que à disponibilidade do recurso.

No evento, serão apresentados casos de sucesso do setor industrial para garantir a segurança hídrica em suas operações e as contribuições da indústria para a universalização do saneamento no Brasil. Representantes dos poderes Executivo e Legislativo também irão apresentar suas respectivas visões e ações relacionadas aos temas chaves do evento.

Dia Mundial da Água (22 de março) — Todos os anos a Organização das Nações Unidas escolhe um tema para reflexão no Dia Mundial da Água. O tema de 2019 é "Água para todos — não vamos deixar ninguém para trás". Consiste de uma declaração-chave que orienta a Agenda 2030 e, portanto, os Objetivos do Desenvolvimento Sustentável. A campanha procura informar aos políticos e aos tomadores de decisão, dentro e fora da comunidade de água, como melhorias na gestão dos recursos hídricos e acesso aos serviços de abastecimento de água e saneamento contribuem para erradicação da pobreza.

Disponível em: <https://www.portaldaindustria.com.br/cni/eventos/dia-mundial-da-agua-na-industria/>. Acesso em: 7 maio 2019.

Agora siga estas orientações.

- Reúna-se com seu grupo e, com base no texto lido e em pesquisas sobre o assunto, organizem um seminário para debater sobre a economia da água, não só na indústria.
- Releiam as orientações sobre o planejamento, a organização e a exposição de um seminário. Elaborem um roteiro escrito depois de realizada a pesquisa o tema escolhido.
- Planejem a organização do trabalho e dividam as tarefas entre os participantes do grupo. Lembrem-se de que o seminário é também argumentativo; portanto, posicionem-se criticamente quanto ao assunto. Façam um resumo para distribuir ao público. Ensaiem a exposição várias vezes e preparem-se para responder às perguntas dos colegas que vão compor a plateia.
- Avalie, reescreva e exponha seu texto, de acordo com as orientações finais da 1ª proposta.
- Feita a apresentação final, a classe comentará os trabalhos, sob a orientação do professor, justificando os comentários.

Produção e estilo — Informatividade

No texto a seguir, observe com atenção como o articulista utiliza as palavras com mais recursos, envolvendo o leitor.

PEQUENO INVENTÁRIO DOS MUROS INVISÍVEIS

"O que quer dizer 'desenhar'? Como se consegue desenhar? Essa ação consiste em abrir caminho através de um muro de ferro que parece se interpor entre o que se sente e o que é possível realizar. Como fazer para atravessar esse muro, se de nada adianta golpeá-lo com força? É preciso corroê-lo lenta e pacientemente com uma lima, ao menos na minha opinião."

Vincent van Gogh (1853-1890)

Se você disser que Van Gogh, além de um gênio da pintura, era um repositório ambulante de sintomas de esquizofrenia, eu é que não vou discordar. Mas, mesmo assim, mesmo com o furor alucinatório das palavras que ele escreveu há mais de um século, numa carta ao irmão, devo argumentar que ele estava certo e não poderia ser mais atual. A descrição que ele faz do "muro de ferro", o muro que é preciso corroer "pacientemente", é um retrato impressionante (e impressionista) das prisões que encarceram o pensamento político do nosso tempo. Há muros emparedando a imaginação — e não existe lima que dê conta de corroê-los, assim como não existem mais olhos capazes de vê-los.

É verdade que vivemos num mundo globalizado, como uns e outros gostam de festejar. É verdade que os aeroportos nos deixam ir de um lado para outro sem maiores obstáculos e que as distâncias geográficas deixaram de ser um problema. Os seres humanos vão para lá e para cá, tudo isso é verdade, mas não saem de suas armaduras de paredes espessas, não saem de seus escafandros imaginários, de suas prisões portáteis. Nem mesmo na internet os sujeitos se libertam de suas clausuras ideológicas.

JUAN ZACARIAS/PICTURE ALLIANCE/GETTY IMAGES

Muro que separa a favela de Pamplona do distrito de classe média e alta Santiago de Surco, em Lima, no Peru. No grafite do muro lê-se: "Deixem-nos viver sem muros".

Cada qual se aconchega dentro de seu casulo blindado, feito de ideias antigas, carcomidas e inflexíveis. Presos em seus fanatismos, os habitantes desse tal de "mundo contemporâneo" perambulam por aí entrincheirados em torno de si próprios. Perderam a capacidade de ouvir outros argumentos. Não sabem conversar. Estão condenados às próprias sombras, aos próprios fantasmas. Para os velozes viajantes do século XXI, nada é mais improvável do que um encontro.

Não existe sociedade em rede. O que existe são muralhas em rede. Umas poucas são visíveis e, por serem visíveis, ficam mais fáceis de entender. Comecemos por elas, pois as muralhas visíveis servem de modelo para as invisíveis, que são as mais opressoras.

Dos muros que pertencem ao pequeno grupo dos visíveis, o muro de Berlim foi o modelo mais trágico. De um dia para o outro, dividiu famílias ao meio e obrigou os parentes segregados a esperar décadas pela chance de se reverem. Em nossos dias, outro símbolo igualmente forte é o muro do México, cuja visibilidade vem sendo turbinada pela fanfarronice de Donald Trump. Há incontáveis outros muros visíveis, como as cercas eletrificadas dos condomínios fechados, as catracas vigiadas por seguranças armados e a desigualdade social. Todos esses são fáceis de ver e de entender.

Os mais intrigantes e preocupantes, porém, são os invisíveis. Por vezes, eles são mais cômicos do que trágicos.

[...]

Os muros invisíveis que realmente preocupam não são engraçados, mas brutais. Vêm segregando amigos, cindindo famílias, desmanchando amores e derretendo casamentos. Com a polarização do debate público, a política virou fanatismo religioso e, com sua lâmina estúpida, retalha os afetos, produzindo rupturas traumáticas e pequenos (ou grandes) desastres pessoais.

[...]

Ah, como seria bom se outros loucos como Vincent van Gogh estivessem por aqui. Ah, como faltam cores no nosso mundo de ideologias mortas, muradas e incomunicáveis. Como ficou difícil desenhar, imaginar e pensar. Ao menos na minha opinião.

BUCCI, Eugênio. *Época*, 31 jul. 2017, p. 18. (Fragmento).

1 A **informatividade** representa um dos elementos da textualidade, assim como a **coesão**, a **coerência** e a **concisão**. Ela constitui o emprego original da linguagem, com o uso das palavras e ideias de uma forma especial.

a) Explique de que modo o autor se mostrou criativo, atraindo o interesse do leitor logo no início do texto.

____

____

____

b) Observe que o pintor impressionista confere uma conotação bem criativa ao verbo *desenhar* no trecho mencionado. Por que desenhar seria "abrir caminho através de um muro de ferro que parece se interpor entre o que se sente e o que é possível realizar"? O que Van Gogh quis dizer nesse trecho?

____

____

c) Ainda nesse trecho, o pintor indaga ao irmão, seu interlocutor, de que forma ele poderia transpor o "muro" que o impedia de produzir sua arte. O próprio Van Gogh chega a que conclusão? Interprete a **linguagem conotativa**.

2 No primeiro parágrafo do texto, o articulista retoma as ideias da epígrafe, na qual se baseia para iniciar o artigo.

a) Como ele diz, Van Gogh foi brilhante como pintor, mas tinha problemas mentais. Explique por que o autor buscou inspiração nesse pintor para produzir o texto.

b) Releia este trecho: "mesmo com o **furor alucinatório das palavras** que ele escreveu há mais de um século". O que significa a expressão destacada, que está em linguagem conotativa?

c) De acordo com o texto, o autor admira a imagem descrita por Van Gogh como "muro de ferro", ou seja, algo que encarcera o pensamento e a imaginação do ser humano. Com que objetivo ele estabeleceu paralelos entre épocas diferentes?

3 O autor emprega palavras com ricas simbologias e significados especiais, o que torna a produção escrita mais relevante e original.

a) No segundo parágrafo, quais são as principais ideias desenvolvidas, tendo em vista o contexto?

b) Cite exemplos de expressões utilizadas pelo autor nesse mesmo parágrafo, que equivalem à expressão "muro de ferro", criada por Van Gogh.

4 Ao analisar o comportamento das pessoas, o articulista dá progressão a esse assunto com novas ideias.

a) Observe o modo como ele articula as palavras, no terceiro parágrafo, continuando a empregar a **linguagem figurada** ou **conotativa**. Que argumentos o autor utiliza nesse trecho?

b) Por que o articulista considera os seres humanos de hoje "velozes viajantes do século XXI" e sem possibilidade de "um encontro"?

5 Apesar de o autor abordar um tema que exige, em geral, o uso de uma linguagem objetiva, pode-se observar que a **linguagem subjetiva** ou **conotativa** foi trabalhada de forma especial nesse artigo. No início do quarto parágrafo, estão presentes as seguintes frases: "Não existe sociedade em rede. O que existe são muralhas em rede". Explique essa afirmação do autor.

6 A partir do quinto parágrafo, a distinção entre muros visíveis e muros invisíveis fica mais clara. Observe que o emprego da **linguagem objetiva** prevalece.

a) Dentre os muros visíveis são mencionados o muro de Berlim e o muro do México. Pesquise na internet, e converse com seus professores de História e de Geografia sobre esses dois muros visíveis e outros que possam existir, como o muro do Peru. Troque ideias com os colegas sobre o que causou a criação desses muros e quais foram as consequências.

b) No texto, o autor comenta a respeito de outros muros visíveis: "as cercas eletrificadas dos condomínios fechados, as catracas vigiadas por seguranças armados e a desigualdade social". Como são muros visíveis, eles incomodam e preocupam mais que os muros invisíveis? Exponha suas opiniões sobre o assunto.

7 Na visão do articulista, os muros invisíveis são "os mais intrigantes e preocupantes". Explique por quê. Exemplifique.

8 Observe que a presença de variações no emprego da linguagem e na exposição do conteúdo conferem mais **informatividade** ao texto. O autor sugere que um dos muros invisíveis mais perigosos hoje se encontra nas redes sociais. E os conflitos entre as pessoas nas redes acabam motivando a criação de outros muros invisíveis. Em sua opinião, em que situações esses muros podem surgir?

9 Na conclusão do texto, ocorre um retorno às ideias expostas no primeiro parágrafo, onde se encontra a tese desenvolvida no artigo.

a) Explique por que o articulista lamenta a inexistência de um Van Gogh em nossos dias.

b) Na opinião do autor, na época atual "ficou difícil desenhar, imaginar e pensar". Por que ele pensaria dessa forma, tendo em vista o conteúdo do texto?

A **informatividade** constitui um dos elementos da textualidade, assim como a coesão, a coerência e a concisão, que, juntas, contribuem para a produção de textos verbais ou não verbais com adequação, qualidade e relevância.

O texto de Eugênio Bucci apresenta um grau de relevância e de interesse bem alto, porque exige maior capacidade interpretativa dos interlocutores. Em geral, os textos literários são subjetivos e, por isso, podem conter simbologias e imagens que dificultam a assimilação rápida do conteúdo; ao contrário dos textos objetivos, que, quase sempre, são de compreensão imediata. Também a quebra da regularidade da língua e o emprego de construções particulares e não genéricas elevam o grau de informatividade do discurso.

Na verdade, quando existe maior previsibilidade na comunicação, ou seja, quando as argumentações e as ideias são superficiais ou utilizadas como lugares-comuns, há um **grau de informatividade menor**. Isso porque a ausência de novidades e de ocorrências imprevisíveis na produção do texto pode provocar desinteresse no leitor, que deseja ser surpreendido e não quer apenas rever o que já conhece. Portanto, um grau de informatividade baixo pode comprometer a qualidade e a relevância de um texto. Por outro lado, um **grau de informatividade maior** também pode ser um empecilho na comunicação, dificultando a compreensão do leitor, que não consegue apreender os sentidos implícitos do texto.

Em geral, os textos publicados em jornais e revistas e solicitados em exames e concursos trabalham com um **grau de informatividade médio**. Essa opção se aplica porque um discurso não tem a mesma relevância, o mesmo interesse ou a mesma informatividade para todos os interlocutores. Por isso, o **grau de informatividade** de um texto depende de vários fatores, como as condições sociais em que acontece a comunicação, as diferentes formas de interação entre as pessoas, os objetivos e as necessidades de interlocução.

Em resumo, o bom texto atrai a atenção do leitor de imediato ou pouco a pouco, dependendo de seu grau de imprevisibilidade e das novidades que ele apresenta em seu conteúdo. Dizer o óbvio e o irrelevante desmerece a produção de um texto e fere a competência do autor. Segundo um princípio textual: "É relevante aquilo que, uma vez não dito, faz falta". Para se produzir um bom texto, é necessário conhecimento do assunto ou do tema a ser abordado. Além da formação leitora já adquirida, a leitura de novos conteúdos e o debate sobre o tema favorecem a atividade de produção e podem ampliar a relevância e o grau de informatividade de um texto. Essa atividade assume especial importância quando o tema é mais profundo ou complexo e por isso requer um conhecimento específico maior.

Portanto:

Informatividade é o elemento da textualidade relacionado ao grau de novidade e de imprevisibilidade que a compreensão de um texto pode apresentar.

Oficina Trabalhando a informatividade

1 Leia a crônica a seguir, observando o emprego da linguagem e o conteúdo do texto.

SE CORRER O BICHO PEGA...

É fundamental cuidar do futuro de nosso ambiente, submetido a tantas e crescentes ameaças. Recentemente vimos a discussão sobre o fim das sacolinhas plásticas usadas nas compras em supermercados. O problema, a meu ver, é que sempre tratamos do que está mais à mão, do que traz visibilidade ao debate, mas nem sempre do que está no cerne da questão, do que traz resultados reais.

Tomamos cuidados com saquinhos de plástico que pesam menos de um grama, e usamos "recipientes descartáveis" muito mais pesados para tomar café, água ou chá. Usamos saquinhos para temperar nosso lanche, onde o tempero em si pesa menos que o saquinho (e provavelmente custa ainda menos). Há até situações em que se proibiram os saleiros de uso coletivo. E antes o leite e os refrigerantes vinham em garrafas de vidro retornáveis. Levávamos a garrafa vazia na próxima compra, sabendo que o vidro é muito fácil de reciclar.

Embalagens complexas, sofisticadas e com camadas de múltiplos materiais são muito menos recicláveis que vidro, papel ou plástico simples. É ainda mais complicado quando se trata de reciclar eletrônicos, que incluem pilhas, metal laminado, plásticos e tratamentos químicos complexos.

DZEJDI/SHUTTERSTOCK

Resíduos eletrônicos.

A migração que a internet trouxe — dos materiais (átomos) para os bits — acenou com a visão do "novo escritório" sem papel. Afinal, bits não precisam ser reciclados e a possibilidade de trabalhar de casa economiza tempo e meios de transporte. Estamos indo no caminho da conservação racional dos recursos naturais. Como reza o lema inscrito no brasão da USP, nossa maior universidade, "Sciencia Vinces"!

Mas — e sempre há esse "mas" — há o outro lado da questão. Se nossa interação é eletrônica, se usamos o banco sem papel, se compramos bens via comércio eletrônico, há porém o momento da metamorfose: os bits podem gerar, inocentemente e sem que o notemos, montanhas de átomos.

Reportagens recentes apontam que, por exemplo, na China o consumo de embalagens cresce 50% ao ano, tendo passado em 2015 de 20 bilhões de pacotes enviados pelo correio. Que um alemão gera em média mais de 200 quilos por ano em embalagens, sem qualquer sinal próximo de arrefecimento.

Pior, estamos em épocas de extinções não apenas materiais. O "bom senso", por exemplo, vê-se seriamente ameaçado. Sinais alarmantes de tempos de individualismo, hedonismo, busca imediata de satisfação — com o interesse da criatura sobrepondo-se ao da espécie.

Claro que a ciência pode ajudar. Usando Internet das Coisas podemos tentar rastrear o lixo, melhorar o reaproveitamento.

Sobretudo é importante olhar o panorama geral. Papel é facilmente reciclável e basta enterrá-lo para que vire adubo, plástico, não. Recobrimentos com metal para fins estéticos podem esgotar alguns materiais e não há modo fácil de recuperá-los do lixo. Isopor, materiais de proteção, plásticos bolhas, fitas adesivas misturadas aos dejetos são de muito lenta reassimilação pelo ambiente.

E se há algo não negociável, nem mesmo no comércio eletrônico, é a viabilidade da espécie humana.

GETSCHKO. Demi. *O Estado de S. Paulo*, 30 maio 2016, p. B9. Economia.

a) O texto é uma crônica argumentativa em que o autor expõe suas opiniões sobre determinados fatos do cotidiano presentes no noticiário. Qual é o tema abordado e como é feita a introdução?

____

____

____

____

b) Qual é o ponto de vista do cronista sobre a decisão de se acabar com o uso das sacolinhas de plástico, em defesa do meio ambiente?

____

____

____

c) Observe que o autor inicia o texto com uma argumentação e logo depois apresenta uma solução para o fato. Como ele dá sequência ou desenvolvimento no segundo parágrafo?

____

____

____

d) Ainda no segundo parágrafo, ocorre o emprego de **comparações**, quando o cronista usa como recurso a **exemplificação**. Identifique-as.

e) O autor comenta certos usos no passado que visavam proteger o meio ambiente, como a utilização de garrafas de vidro retornáveis. De que modo ele dá progressão ou continuidade a essa ideia?

f) No quarto e quinto parágrafos, o cronista mostra-se favorável à substituição de átomos (materiais) por *bits*, na internet. Por que ele parece mudar de ideia mais adiante?

g) Observe que, no sexto e sétimo parágrafos, o autor utiliza novamente a exemplificação para confirmar suas opiniões sobre a destruição do meio ambiente. Dessa vez, com que objetivo ele emprega tal recurso?

h) Apesar dos riscos, o cronista aponta formas de reciclagem mais modernas e novos caminhos para resolver o problema do lixo. No nono parágrafo, o que confirma a opinião inicial dele sobre as sacolinhas de plástico?

i) Após as argumentações finais, qual é o ponto de vista do autor resumido na conclusão do texto?

j) Quanto à **informatividade** do texto, pode-se dizer que ele apresenta informações novas e certo grau de imprevisibilidade? Justifique sua resposta.

k) Quanto ao conteúdo, o cronista conseguiu produzir um texto interessante, atraindo a atenção do leitor? Esclareça sua resposta.

2 O poema a seguir é de João Cabral de Melo Neto, poeta pernambucano que teve grande preocupação com a elaboração da linguagem. É o mais importante poeta da geração de 45. Leia o texto e observe o cuidado na articulação das palavras, na construção da forma e no conteúdo.

TECENDO A MANHÃ

1

Um galo sozinho não tece uma manhã:
ele precisará sempre de outros galos.
De um que apanhe esse grito que ele
e o lance a outro; de um outro galo
que apanhe o grito que um galo antes
e o lance a outro; e de outros galos
que com muitos outros galos se cruzem
os fios de sol de seus gritos de galo,
para que a manhã, desde uma teia tênue,
se vá tecendo, entre todos os galos.

2

E se encorpando em tela, entre todos,
se erguendo tenda, onde entrem todos,
se entretendendo para todos, no toldo
(a manhã) que plana livre de armação.
A manhã, toldo de um tecido tão aéreo
que, tecido, se eleva por si: luz balão

ROGÉRIO BORGES

MELO NETO, João Cabral de. *O melhor da Poesia Brasileira.* Rio de Janeiro: José Olympio, 2003. p. 52.

a) Observe que, no poema, ocorre a associação do trabalho da criação poética ao cantar dos galos. Com que objetivo o poeta relaciona essas duas situações?

b) No terceiro verso, o poeta deixa o substantivo *galo* e o verbo *lançar* subentendidos. Por isso, a frase está incompleta. Há outros versos em que o substantivo *galo* permanece oculto. Em que verso o verbo *lançar* também não está expresso?

c) Que sentido confere ao contexto do poema a incompletude desses versos?

d) Observe o grau de imprevisibilidade do poema na construção das ideias. Que efeito produz, no contexto, a reiteração de certas palavras como *galo*, *apanhe*, *grito*, *lance* e *outro*?

e) O autor confere uma conotação original às palavras, ricas em simbologias e expressividade. Quem os galos representam? Explique por quê.

f) Assim como o grito de um galo que é repetido, em sequência, por outros galos, também os "fios de sol" são tecidos e formam uma teia. O que simboliza a "teia tênue", mencionada no nono verso, já que o título sugere que o poema está "tecendo a manhã"?

g) Observe a escolha das palavras e a construção do poema. Que palavras dão a entender que o poeta vai tecendo o texto?

h) Além da repetição de palavras, o poeta emprega o verbo no gerúndio várias vezes (*tecendo*, *encorpando*, *erguendo* e o neologismo *entretendendo*). Que sentidos expressam esses verbos no texto?

i) O poeta diz que a "tenda" está erguida para todos. Então, o que pode significar, de forma objetiva, a manhã "que plana livre de armação"?

j) Como o poeta constrói a imagem da manhã se formando, desde o início até se abrir inteiramente?

k) O que se pode dizer do **grau de informatividade** do poema?

• Produção de texto: informatividade

Proposta — Continuação de reportagem com acréscimo de informações relevantes

Você vai ler trechos de uma reportagem sobre Alexander Fleming e a história da descoberta da penicilina, que se deu por acaso.

ERROS QUE DÃO CERTO

Livro mostra como até mesmo as mentes mais brilhantes já se enganaram — e que isso abriu portas para o desenvolvimento de suas áreas de atuação

Alexander Fleming, em foto de 1954.

ULLSTEIN BILD/ULLSTEIN BILD/GETTY IMAGES

A penicilina, o primeiro antibiótico da história, que levaria a um largo avanço na medicina, surgiu de um erro de procedimento. Depois do fim da I Guerra, o bacteriologista escocês Alexander Fleming (1881-1955), que durante o conflito atuara como médico militar, voltou para o seu antigo emprego, no Hospital St. Mary's, em Londres. Lá, passou a se dedicar à busca de fórmulas que ajudassem a aliviar mazelas que acometiam os soldados vindos do *front*. Em 1928, Fleming saiu de férias e, por puro descuido, esqueceu-se de descartar placas repletas de culturas de microrganismos. A atitude poderia ter resultado na repreensão de seus superiores; afinal, não era nada seguro deixar à mostra, apodrecendo, materiais biológicos nocivos. Ao regressar, o médico percebeu que uma das amostras, de bactérias do gênero *Staphylococcus*, estava tomada por um bolor. Mais do que isso: ao redor da colônia não havia mais bactérias. Foi assim que Fleming descobriu um fungo, o *Penicillium*, capaz de produzir substâncias bactericidas. Com ele, criou a penicilina. A invenção lhe renderia o Nobel de Medicina em 1945.

Como em qualquer outra atividade humana, o erro é um companheiro de incômoda fidelidade também dos cientistas, mesmo daqueles considerados, com justiça, o suprassumo em seu campo de atuação. Foram os erros, no entanto, que muitas vezes os levaram a importantes descobertas, como no caso de Fleming [...].

THOMAS, Jennifer Ann. *Veja*, 5 jul. 2017, p. 84. (Fragmento).

- Dê continuidade a essa reportagem, acrescentando outras informações relevantes sobre a descoberta e sobre Alexander Fleming. Pesquise antes de produzir seu texto.
- Empregue a linguagem formal, em 3ª pessoa, como no texto lido. Se quiser, use a subjetividade em alguns trechos, colocando construções em linguagem figurada.
- Observe o grau de informatividade empregado no uso da linguagem, do conteúdo e da forma. Exponha informações interessantes e conteúdos criativos. Utilize recursos argumentativos como a exemplificação ou a exposição de fatos, verifique as causas e consequências dos fatos narrados, empregue comparações e citações.
- Organize com os colegas um mural, na sala de aula, e exponham as reportagens para que todos possam avaliar a informatividade de cada texto. Alguns textos podem ser sorteados para leitura em voz alta na sala, seguida de comentários dos alunos.

Unidade

VII Gêneros argumentativos II

Leitura

Leia a seguir uma crônica de Danuza Leão, que desenvolve argumentações sobre a valorização do poder.

PHOTKA/SHUTTERSTOCK

O tal do poder

A gente lê os jornais, vê as notícias e se pergunta: por que será que as pessoas querem tanto o poder?

Existe quem pense que, com ele, vai conseguir mudar o mundo. Não que seja pouco — afinal, mudar o mundo é um grande projeto. Mas talvez exista alguma coisa a mais nesse desejo. Qual é, afinal, a grande graça do poder?

Quanto mais poderoso você é, menos consegue mandar em sua própria vida. Um ministro, cuja foto sai todos os dias nos jornais, não pode nem ir a um restaurante sem ser escoltado por seguranças. E isso é bom?

Poder e dinheiro são parecidos, mas o poder é melhor. Um milionário é poderoso? Em termos; ele pode ter tudo o que quer, mas seu poder é relativo. Aliás, o supremo poder é ser dono da sua própria vida, e esse poucos têm. Dá para ir à praia segunda-feira de manhã e fazer do dia o que bem quiser? Não, a não ser que você seja seu próprio patrão. E quando se é seu próprio patrão, aí mesmo é que não dá.

Um dia você se apaixona e é correspondido, e por acaso um homem apaixonado é dono de sua vida? Tem o direito de decidir o filme que gostaria de ver ou o restaurante onde prefere jantar? Quanto mais felizes no amor e mais sucesso na profissão, mais prisioneiros somos.

Mas o poder tem grandes vantagens, sim, e uma delas é que os poderosos não esperam por nada nem por ninguém. Parece pouca coisa? Pois não é.

Pense em quantos telefonemas você dá por dia e o tempo que espera para que eles — os poderosos — atendam. E a fila do elevador, que você tem que enfrentar galhardamente, em nome da civilidade, dos bons costumes e da democracia? Seja sincero: se você fosse o dono do mundo, não teria um elevador só para você, que não parasse em nenhum andar, para não ter que ouvir gente que fala no celular, ri, assobia e até cantarola num espaço tão pequeno? Ah, como deve ser bom ser o chefão de alguma coisa: de uma empresa, de um país, da máfia. Esses nunca esperam.

Quando eles saem o carro já chegou (o motorista foi avisado pelo celular), esperando com a porta aberta, e dependendo do tipo de poder, têm direito até a batedores abrindo o caminho no trânsito.

Por que um milionário compra um jatinho por milhões, se as primeiras classes são tão confortáveis? Porque sendo dono do seu próprio avião, é ele quem escolhe a hora em que quer decolar. Aliás, outra vantagem do poder: ter alguém que se lembra de carregar o celular, que sonho.

Quando um poderoso de verdade chega a qualquer lugar, alguém chega antes, para abrir as portas — em todos os sentidos. Parece pouco? Pois é por coisas aparentemente tão simples que existem até os golpes de Estado.

Mas a vida dos poderosos não é um mar de rosas, pois existem os jornalistas querendo saber se eles estão bem ou mal-humorados (e por que razão), e, se não descobrem, especulam e não dão sossego, dia e noite, querendo saber dos detalhes — e quanto mais íntimos esses detalhes, melhor. Mas eles gostam, e fazem qualquer papel para se agarrar ao tal do poder, seja ele de síndico ou de ministro.

Viver sem precisar esperar por nada nem por ninguém, não perder tempo, para ter mais tempo, todo o tempo do mundo, esse é o sonho supremo; e mais tempo para quê? Para trabalhar mais, ganhar mais dinheiro e ter mais poder.

Simples, não?

PHOTKA/SHUTTERSTOCK

LEÃO, Danuza. *Folha de S.Paulo*, 1º jan. 2012. Cotidiano. © Folhapress.

Análise do texto

1 Você acabou de ler uma **crônica reflexiva** ou **argumentativa**, que focaliza, de forma breve, em poucos parágrafos, um aspecto da vida moderna, apresentando reflexões e argumentações sobre o assunto abordado.

a) Esse texto se baseia em situações frequentes no noticiário jornalístico. Que assunto é apresentado?

b) Com que objetivo a cronista desenvolveu esse texto argumentativo?

2 No primeiro parágrafo, a cronista inicia a crônica com uma indagação à qual ela própria vai responder no desenvolvimento do texto.

a) Qual é o ponto de vista da autora sobre a luta das pessoas pelo poder?

b) Há quem julgue que o poder garante qualquer privilégio que se deseje obter. Qual é a opinião da autora da crônica sobre isso?

3 A cronista expõe a opinião de que dinheiro e poder são semelhantes, mas afirma que "poder é melhor".

a) Qual é sua opinião sobre esse argumento?

____

____

b) Explique, com base no texto, por que a autora apresenta esse ponto de vista.

____

____

4 Outro argumento da autora se refere ao que ela chama de "supremo poder".

a) De acordo com ela, por que as pessoas não são donas de si mesmas?

____

____

b) Explique por que o patrão também tem seu poder, mas isso não implica total liberdade de decisão.

____

____

c) Na crônica, a autora defende esta ideia: "Quanto mais felizes no amor e mais sucesso na profissão, mais prisioneiros somos". Você concorda com a afirmação? Justifique sua resposta.

____

____

5 A cronista emprega, em muitos momentos, o recurso da indagação para dar progressão a seus argumentos e expor novas ideias.

a) Além do privilégio de poder voar no horário que deseja, sem enfrentar filas no aeroporto, que outras vantagens tem o dono de um avião?

____

____

____

b) Que sentidos a expressão "abrir as portas" teria com referência a uma figura poderosa? Situe-a no contexto.

____

____

c) No décimo parágrafo, por que a cronista menciona os "golpes de Estado"?

6 Ainda no décimo parágrafo, a cronista expõe os problemas enfrentados por aqueles que detêm o poder. Por que, em sua opinião, os poderosos apreciam o assédio dos jornalistas, mesmo quando se mostram inconvenientes?

7 No final da crônica, há um retorno à ideia de espera e perda de tempo.

a) Nesse momento, a cronista faz uma nova pergunta: "[...] e mais tempo para quê?". O que você responderia, já que, de acordo com a autora, ter mais tempo para conquistar mais poder é o maior sonho das pessoas?

b) De que forma você entende a resposta da autora a essa pergunta e a frase de conclusão ("Simples, não?"), que reforçam os argumentos defendidos na crônica?

8 A linguagem empregada na **crônica argumentativa** é, em geral, a variedade padrão formal.

a) No texto, a autora usou esse tipo de linguagem ou usou outro? Justifique sua resposta.

b) Em relação às ideias e ao tema da crônica, houve um tratamento objetivo ou subjetivo, pessoal ou impessoal? Por quê?

Capítulo 14 Crônica argumentativa

Gênero textual: crônica argumentativa

• Preparando

A crônica a seguir apresenta opiniões do autor sobre o relacionamento entre pais e filhos. Leia o texto e defina seu ponto de vista sobre o tema.

PAIS SEM LIMITES

O avião estava cheio. Eu no fundão. Duas poltronas atrás de mim, uma criança começou a chorar. Abriu o berreiro. Ninguém disse uma palavra, fazer o que quando uma criança chora? A mãe, em vez de tentar acalmar o filho, reclamou em voz alta.

— Criança chora mesmo, e daí? Vocês ficam me olhando, mas o que posso fazer? Criança é assim: chora.

Tudo bem. Criança chora. Mas a gente ouve. Ninguém havia reclamado do incômodo em voz alta. Suponho que algumas pessoas tenham olhado para a mãe como se pedindo que fizesse alguma coisa. Em vez de acalmar o filho, ela brigou. Sinceramente, nem olhar a gente pode? E mais sinceramente ainda: como será a educação desse menino, se a mãe prefere reclamar com quem se sente incomodado com o choro, no lugar de acalmar o filho? Vai ter noção de limite? Ou se transformará num briguento, achando que tem direito a tudo? No caso dos aviões, eu acho que há uma irresponsabilidade enorme dos pais. Como podem expor um bebê de colo a viagens aéreas? Sim, existem os casos de extrema necessidade. Mas não são a maioria. Um bebê sente dor nos ouvidos, talvez até mais intensa que nós. Quando eu sinto, tento mascar chiclete, chupar bala, ou pelo menos, racionalmente, posso entender o que está acontecendo e suportar. Um bebê não. De repente, vem aquela dor horrível, ele não sabe o porquê. Chora. Grita. Os outros passageiros têm de suportar o barulho, ficam até com dor de cabeça. Mas um bebê é um bebê, e todos temos de entender. E os pais? Como obrigam a criança a suportar essa dor? E os passageiros os gritos? Eu já vim da Turquia certa vez, em uma viagem que durou o dia todo, com duas crianças pequenas logo atrás de mim. Classe executiva. Gritaram e choraram quase a viagem toda. E não têm razão? Como suportariam passar o dia todo sentados, cintos afivelados? Os pais eram pessoas simpáticas. Tinham ido a turismo. É certo deixar os filhos presos um dia inteiro? É justo enlouquecer os outros passageiros? Claro que criança tem o direito de viajar. Mas é preciso escolher o roteiro mais adequado.

Certa vez fui a uma pousada na serra carioca. Deliciosa. Um diretor de cinema, mais tarde, comentou:

— Eu ia sempre lá. Mas eu e minha mulher cometemos um crime. Tivemos uma filha. Na pousada não aceitam crianças.

É fato. Já existem hotéis e pousadas que não hospedam crianças. Muita gente acha um horror. Por outro lado, o problema não está nos pais? Em qualquer lugar onde os pais estejam com os filhos, agem como se eles tivessem direito a tudo.

Podem correr, gritar. Dá para ler um livro embaixo de uma árvore, no alto da serra, com crianças correndo e gritando? E com os pais apreciando a algazarra tranquilamente, sem se importar com os outros hóspedes?

Eu poderia citar outros exemplos. Visitas que chegam com filhos que pulam no sofá. Ou brincam com algum objeto de estimação. Que batem no prato e dizem que não gostam da comida, em restaurantes. (E com razão. Agora criança tem de apreciar sashimi quando quer hambúrguer?) O problema está nos pais.

Muitos foram reprimidos quando crianças. Antes era assim: podia, não podia. A educação tradicional impunha limites, às vezes de forma rígida. Eu mesmo acredito que o excesso de rigidez é péssimo. Por outro lado, essas crianças vão crescer, e terão de viver com normas. A vida é cheia de isso pode e aquilo não pode. O respeito ao outro implica entender os próprios limites. Senão é aquilo: todo mundo querendo furar fila, tirando vantagem. O fato é que muitos dos pais modernos, como a mulher que esbravejou no avião, acham que criança pode tudo. Já conversei com professoras, segundo as quais, hoje, boa parte dos pais delega a educação básica dos filhos à escola. Há casos, extremos, em que a professora tem de explicar a importância de escovar os dentes todos os dias. Não estou falando de famílias sem condições financeiras, no caso. Mas também de gente bem de vida, para quem é mais fácil não discutir deveres e obrigações com os filhos. Deixar rolar.

Mas um dia os filhos terão de aprender a viver em sociedade. Podem contar com a mãe ou o pai para chorar as pitangas se forem demitidos. Um ombro sempre é bom. Mas só terão empregos e oportunidades se souberem o que são limites, deveres, obrigações. A educação extremamente liberal é atraente. Principalmente, porque confortável para os pais. Mas fica a pergunta: se os pais não dão noção de limites, como os filhos um dia vão ter?

CARRASCO, Walcyr. *Época*, 14 set. 2015, p. 85.

1 O texto em estudo é uma **crônica argumentativa**, cuja produção quase sempre se dá com base em fatos do cotidiano seguidos de argumentações do cronista.

a) Observe que o cronista introduz a narrativa relatando uma situação comum. Trata-se de uma mãe com uma criança chorando, durante uma viagem de avião. Por que esse fato foi importante para o desenvolvimento do texto?

______

______

______

b) Ainda no primeiro parágrafo, o cronista contesta a reação da mãe da criança, que questiona os olhares dos passageiros. Em sua opinião, o cronista tinha razão ao criticar a atitude da mãe? Esclareça sua resposta.

______

______

______

2 No terceiro parágrafo, o cronista desenvolve sequências argumentativas, ao expor várias opiniões pessoais e buscar respostas para outras.

a) Observe, no texto, que o cronista se preocupa com o comportamento da mãe, ao ser agressiva com as pessoas, em vez de acalmar a criança. Em seguida, por que ele argumenta sobre os limites que os pais devem impor aos filhos?

b) Além disso, o cronista critica o fato de que certos pais viajam de avião por longas horas, com um bebê de colo. O que você pensa sobre isso? Converse com os colegas e exponha seu ponto de vista.

3 Em seguida, no mesmo parágrafo, logo após as indagações, o cronista emprega outro recurso argumentativo: a **exemplificação**.

a) Ao relatar uma longa viagem feita à Turquia, o cronista cita outro caso semelhante, ocorrido com ele e os pais de duas crianças. Também dessa vez, ele defende a reação das crianças e recrimina os pais. Você concorda com ele, quando diz que o roteiro da viagem precisa ser avaliado com bom senso pelos pais que levam crianças? Apresente suas opiniões.

b) Nos dois casos narrados, o que os fatos apresentam em comum? E o que o cronista visou destacar nesses relatos?

4 Também do quarto ao sexto parágrafos o cronista expõe outros exemplos para fundamentar bem suas argumentações.

a) De início, ele conta o relato de um casal que deixou de frequentar uma pousada depois do nascimento da filha, por lá ser proibido se hospedar com crianças. Segundo o cronista, esse tipo de restrição se deve ao modo como os pais estão educando os filhos, ou seja, com muita liberdade. Você concorda com essa opinião? Esclareça sua resposta.

b) Observe que o cronista se dirige ao leitor, como se pedindo sua opinião: "Por outro lado, o problema não está nos pais?". E, mais adiante, ele mesmo responde: "O problema está nos pais.". Que críticas ele faz aos pais, por não darem limites aos filhos?

c) Em que trecho o cronista é irônico, devido à atitude dos pais, e defende os filhos?

5 No oitavo parágrafo, o cronista se remete ao passado, comentando como os pais de hoje foram educados. Com que objetivo ele faz esse comentário?

a) Na opinião do cronista, antes os pais eram muito rígidos, mas hoje são bem liberais. Que considerações ele faz sobre isso?

b) De acordo com o texto, "boa parte dos pais delega a educação básica dos filhos à escola". Nesse caso, o que mais parece surpreender o cronista?

6 Na **conclusão**, o cronista torna a insistir em sua tese de que os filhos precisam de limites.

a) Que argumentos ele utiliza para persuadir os pais a educar bem os filhos, impondo normas a eles?

b) "A educação extremamente liberal é atraente. Principalmente, porque confortável para os pais". Explique o que o cronista quis dizer com essa declaração.

c) Responda à última pergunta do autor: "Mas fica a pergunta: se os pais não dão noção de limites, como os filhos um dia vão ter?".

____

____

7 O artigo de opinião apresenta, normalmente, uma linguagem formal. Na crônica argumentativa em estudo, que tipo de linguagem o cronista empregou? Justifique sua resposta com base no texto.

____

____

____

____

____

____

8 Observe que o cronista desenvolveu o texto em 1ª pessoa. Que diferença produz a argumentação em 1ª pessoa e não em 3ª?

____

____

____

____

• Sistematizando

Uma das características mais marcantes da crônica é o modo como os detalhes são observados pelo cronista, que pode narrar os acontecimentos sob diferentes aspectos, de forma pessoal e subjetiva ou de modo impessoal e objetivo. A temática característica do gênero, principalmente em sua versão argumentativa, costuma estar ligada a questões circunstanciais e do dia a dia. Por exemplo: uma polêmica provocada por uma notícia, uma reflexão a respeito de questões relacionadas ao sentido da vida, um aspecto em particular da rotina de uma pessoa, uma questão ética, etc.

Na crônica analisada neste capítulo, a argumentação foi feita por meio de perguntas do autor, criticando a falta de limites dos filhos, que não são orientados pelos pais. E também com base em exemplos do cotidiano, para fundamentar as argumentações empregadas pelo cronista.

Resumindo:

Crônica argumentativa é um gênero textual que apresenta fatos do cotidiano a partir do ponto de vista e das argumentações particulares do cronista, com a finalidade de fazer o leitor refletir sobre determinados temas.

• Produção de texto: crônica argumentativa

1ª proposta — Produção de crônica argumentativa sobre inteligência artificial

Leia a notícia a seguir, sobre o rápido desenvolvimento da inteligência artificial nos últimos anos, que teve como um dos grandes feitos a criação do robô ginoide Sophia.

RANGIZZZ/SHUTTERSTOCK

OS ROBÔS ESTÃO ENTRE NÓS

Longe da ficção científica, já é possível sentir a presença da inteligência artificial em nossa rotina

Após um período conhecido como o inverno da inteligência artificial (IA), compreendido entre a década de 80 e o início dos anos 2000, no qual houve modestos avanços na área, estamos agora no que já se considera uma primavera — pelo progresso rápido e contínuo dessa tecnologia nos últimos tempos. E 2017 entrará para a história como um marco dessa evolução; ainda mais se, em um futuro próximo, esses registros passarem a ser escritos por algum robô, que poderia alimentar de conhecimento um *site* como o da enciclopédia virtual Wikipedia. O que este ano teve de tão especial? A lista é longa. A seguir, alguns exemplos.

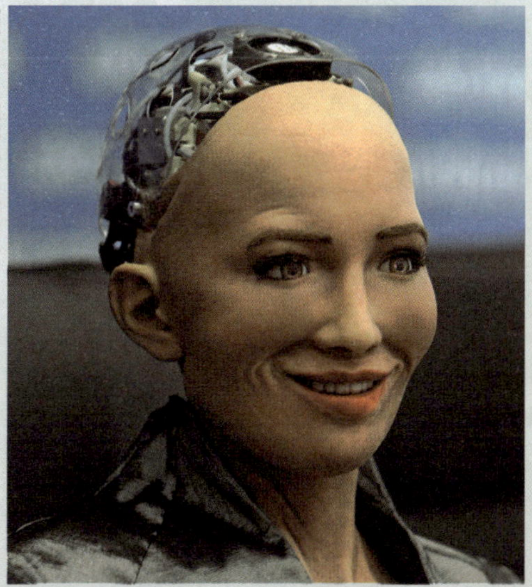

STR/NURPHOTO/GETTY IMAGES

A ginoide Sophia fala durante uma coletiva de imprensa em Kiev, na Ucrânia, em 11 de outubro de 2018.

Em maio, o *software* AlphaGo, desenvolvido pelo Google, derrotou o chinês Ke Jie, campeão mundial de go, o complexo e milenar jogo de tabuleiro e estratégia surgido na China. Três meses depois, os melhores competidores profissionais do *videogame Dota 2*, que se baseia em táticas militares realistas, também fracassaram diante de uma IA rival, criada por uma das tantas empresas de inovação do empreendedor sul-africano Elon Musk. Em outubro, programadores elaboraram uma inteligência artificial capaz de enganar o Captcha, um sistema de segurança tido até então como infalível justamente na tarefa de identificar se um interlocutor seria um ser humano ou uma mera máquina. No mesmo mês, outra notícia espantosa: Sophia, uma ginoide — o feminino de androide — desenvolvida em Hong Kong, tornou-se a primeira IA a ser considerada como cidadã, com direitos e deveres, de um país, a Arábia Saudita. Longe da ficção científica, já é possível sentir a presença da inteligência artificial em nossa rotina: ela está entre nós. E, como prenunciou, em 2016, o britânico Tim Berners-Lee, o criador dos códigos de computação que originaram a internet, "estamos continuamente examinando a lista de coisas que os robôs não podem fazer, anotando as tarefas agora possíveis e, um dia, chegaremos ao fim dessa lista".

THOMAS, Jennifer Ann. *Veja*, 27 dez. 2017, p. 107.

Com base nos fatos relatados na notícia apresentada e também em pesquisas sobre o tema, redija uma crônica argumentativa. Exponha suas opiniões sobre o progresso da tecnologia e o futuro da inteligência artificial, com seus prós e contras. Siga estas orientações.

- Como na notícia, empregue a linguagem formal, usando a 3ª pessoa e sendo objetivo em suas argumentações.
- Faça a introdução, apresentando sua tese com ideias bem claras. Desenvolva, em seguida, os parágrafos, usando como recursos perguntas e exemplificações. Organize sequências argumentativas articuladas, coerentes e bem fundamentadas.
- Empregue os conectores de coesão na construção dos períodos e parágrafos, mantendo argumentos convincentes. Exponha fatos novos e interessantes que levem o leitor a refletir sobre as ideias e opiniões a respeito do tema.
- Construa a conclusão apresentando uma proposta, argumentação ou um questionamento interessante.
- Troque seu texto com um colega e verifique se a tese ou o ponto de vista do colega está claro e objetivo, se foi empregada a variedade padrão da língua e a 3ª pessoa, se as argumentações estão persuasivas e a coesão, bem construída.
- Releia sua própria crônica e modifique o que for necessário, passando-a a limpo. Se for solicitado, leia o texto para os colegas e faça um debate com eles sobre o assunto.

2ª proposta — Produção de crônica argumentativa com base em notícia

Dentre os problemas que contribuem para o aumento da desigualdade entre as cidades brasileiras está a falta de saneamento básico e de água limpa. Leia a notícia a seguir e reflita sobre os fatos relatados. Forme seu ponto de vista a respeito do tema e escreva uma crônica argumentativa, apresentando suas opiniões pessoais sobre a situação, que impede inclusive o avanço do turismo na região em foco.

CIDADES DA AMAZÔNIA SOFREM COM FALTA DE SANEAMENTO E ÁGUA LIMPA

Em Manaus, só 10,4% das casas estão ligadas a redes de esgoto

Desiguais e insalubres, com baixos índices de acesso a saneamento e água tratada, as cidades da Amazônia sofrem há décadas com problemas básicos.

O diagnóstico duro foi unanimidade entre os participantes da discussão sobre urbanização, parte do seminário "O Futuro da Amazônia", realizado na segunda-feira na capital amazonense.

"Ninguém pensa que se passa sede na Amazônia, mas há cidades pequenas com poluição hídrica e sem saneamento básico, dependentes de água da chuva", afirmou a geógrafa Tatiana Schor, da Universidade Federal do Amazonas (Ufam).

Enfocando Manaus, o presidente do Conselho de Arquitetura e Urbanismo do Amazonas (CAU / AM), Jaime Kuck, disse que a cidade de 2,1 milhões de habitantes se espalhou demais, provocando falta de recursos para transporte e saneamento.

"O crescimento superficial de Manaus foi três vezes maior do que o populacional. Na década de 1960, tínhamos mais de cem habitantes por hectare. Hoje, temos menos de 40. Isso exigiu uma demanda por infraestrutura extraordinária, com alto custo", afirma Kuck.

Segundo um relatório do Instituto Trata Brasil de 2017, apenas 10,4% dos moradores da cidade têm acesso à rede de esgoto — em Porto Velho, capital de Rondônia, esse número cai para 3,71%.

De acordo com o instituto, a região Norte é a mais atrasada do país em relação ao saneamento. Sete das dez piores cidades nesse quesito estão localizadas na Amazônia, incluindo Manaus.

A disponibilidade de água tratada também é crítica na região: cinco das dez cidades com os piores indicadores estão ali. Em Ananindeua, segundo município mais populoso do Pará, com pouco mais de 500 mil habitantes, só 28,8% dos moradores têm acesso a água limpa.

ABECASSIS/A CRÍTICA/FOLHAPRESS

Moradias sem saneamento básico na Comunidade da Sharp, zona leste de Manaus (AM), em fevereiro de 2017.

Outra consequência desse crescimento descontrolado, segundo Kuck, é a criação de uma "ilha de calor" na cidade devido à diminuição de áreas verdes para a chegada do asfalto e do concreto.

Na avaliação do geógrafo Reinaldo Corrêa Costa, do Inpa (Instituto Nacional de Pesquisas da Amazônia), o resultado da histórica falta de planejamento de Manaus é uma cidade insalubre, com alta ocorrência de doenças como leptospirose e diarreia.

Mesmo do ponto de vista do turismo, as cidades do Norte podem evoluir muito. "Manaus está de costas para o rio, que é o seu maior atrativo", disse o empresário Guto Costa Filho.

Folha de S.Paulo, 3 dez. 2017.

Agora siga estas sugestões.

- Empregue a variedade padrão da língua e a 1ª pessoa, desenvolvendo a crônica em uma linguagem subjetiva. Nesse caso, você pode usar a linguagem figurativa, por exemplo, ao narrar a beleza natural da região Norte e, em especial, a do rio Amazonas. Se necessário, converse como o professor de Geografia e busque outras informações sobre o tema em livros e na internet.
- Lembre-se de que, na crônica argumentativa, você não precisa ser imparcial; portanto, revele ao leitor suas impressões a respeito do tema. Exponha seu ponto de vista, desenvolva suas ideias e argumentações sobre os fatos e depois faça uma conclusão, propondo soluções que possam contribuir para melhorar as condições atuais da região.
- Avalie o seu texto de acordo com as sugestões da 1ª proposta.

Produção e estilo — Coesão e argumentação

Como ocorre na crônica “Pais sem limites”, que você leu no início do capítulo, certas palavras e expressões são usadas no texto para unir termos, orações, períodos e parágrafos, estabelecendo relações lógicas entre esses elementos, que dão sustentação às argumentações da autora. Numa narrativa, por exemplo, essas palavras e expressões podem indicar a ordem dos fatos (“em seguida”, “logo depois”, “antes de”, etc.).

Um texto é produzido por meio da organização de palavras que se unem adequadamente umas às outras. Assim, os termos interligados formam orações, e as orações articuladas constituem períodos. Essa união ou ligação entre os elementos de um texto deve apresentar um sentido lógico, coerente, por isso é necessário observar sempre o uso do conectivo apropriado.

Quando os elementos coesivos são usados no interior das frases e entre elas de forma adequada, dizemos que o texto apresenta **coesão**. Se esses elementos de coesão ou ligação não forem bem empregados, um texto argumentativo, por exemplo, não apresentará noção de conjunto, ou ainda, sua linguagem se tornará ambígua e incoerente, impedindo que ele atinja seus objetivos junto ao leitor.

Palavras e locuções que ligam, conectam as ideias, como **conjunções**, **preposições**, **advérbios** e outras palavras ou **locuções de ligação**, são chamadas de **conectores**. Essas conexões ou ligações são responsáveis pela **coesão sequencial** e apresentam relações semânticas ou de sentido que expressam **causa**, **condição**, **oposição**, **tempo**, **finalidade**, etc.

Na crônica “Pais sem limites”, vimos alguns exemplos dessas relações, dentre as quais: relação de oposição (**mas**), de conformidade (**como**), de adição (**e**).

Além dos conectores, existem palavras (como certos **pronomes** e **advérbios**) que **remetem o leitor** a termos ou expressões mencionadas anteriormente. O recurso de coesão consiste também no uso dessas palavras, que se referem a um enunciado anterior e o substituem. No terceiro parágrafo da crônica citada, ocorre esse tipo de recurso, identificado como **coesão referencial** (ou **remissiva**), em que o pronome **ela** remete o leitor à palavra mãe, substituindo-a.

No artigo em estudo, todas essas relações contribuem para dar consistência às argumentações da autora, permitindo a exposição clara de seu ponto de vista, com o intuito de convencer o leitor a respeito das ideias apresentadas.

Portanto, pode-se concluir que:

> **Coesão textual** é a ligação estabelecida entre as partes de um texto por meio de **conectores** (conjunções, preposições, pronomes e advérbios). A **coesão sequencial** constrói o encadeamento das ideias em sequência, ao passo que a **coesão referencial** estabelece as remissões ou retomadas de palavras, frases ou parágrafos.

Oficina — Coesão e argumentação

- Leia o artigo a seguir e observe a construção dos argumentos nos parágrafos que se desenvolvem, às vezes, ligados pelos elementos de coesão.

J. HELGASON/SHUTTERSTOCK

O SENTIDO DA INFÂNCIA

Chegamos a um tempo em que é preciso ensinar adultos a olharem para nossas crianças para compreendê-las no que fazem e sentem, dar dicas a respeito do que elas podem fazer e do que ainda não podem, por falta de maturidade, mostrar que muitos comportamentos são absolutamente naturais nessa fase da vida. Aos poucos, perdemos a imagem social compartilhada da infância e, consequentemente, de como é uma criança.

Faz décadas que estudiosos têm alertado para o desaparecimento da infância como a conhecemos na modernidade. Uma das consequências da mudança do sentido da infância é o fato de muitos adultos não saberem mais conviver com a criança, não suportarem mais seus comportamentos tão típicos.

O que quer uma criança? Viver e experimentar tudo o que é possível para conhecer o mundo em que vive da sua maneira, e não apenas pelo olhar e compreensão do adulto.

Isso significa, por exemplo, que a criança fará aquilo que já lhe disseram inúmeras vezes para não fazer. É curiosidade, é vontade de entender, de checar, de pesquisar. É insistência, característica tão escassa em nosso tempo!

A mãe de um garoto de três anos cheio de vida — que a escola, por sinal, chama de "criança agitada" — contou que tem plantas em casa e que sempre explicou ao filho que planta é vida, que precisa ser cuidada para não morrer. Num belo dia, o menino arrancou da terra a maioria das plantas. "Por que ele fez isso se eu já conversei com ele tantas vezes sobre a importância de cuidar e não de destruir?", perguntou-me ela, decepcionada.

KADMY/GETTY IMAGES

Porque ele tem três anos e, provavelmente, quis ver por si mesmo o que significava aquilo que a mãe lhe dizia. Esse fato não é suficiente para afirmar que ele é uma criança teimosa, agressiva e com impulso destrutivo, como sugeriu a mãe. Tampouco permite dizer que é uma criança agitada. Ele tem fome de viver!

A criança se considera soberana naquilo que quer por um motivo simples: seus impulsos a controlam, e só com seu desenvolvimento é que poderá vir o aprendizado de que ela pode controlá-los. É por isso que uma criança pequena empurra, morde ou bate em outra que está com um objeto que ela quer no momento ou que a atrapalha.

Mas, pensando melhor, é possível que nossas crianças duvidem dessa possibilidade de aprender a conter impulsos que afetam os outros. É que elas estão totalmente expostas ao mundo adulto e percebem com clareza que estes não controlam seus impulsos destrutivos, não é?

Vi uma peça publicitária de um canal de filmes da televisão a cabo que mostra bem o tipo de relação que temos tido com as crianças. No primeiro tempo, o canal apresenta a vida da mãe nas férias dos filhos sem o canal: criança chorando, teimando, fazendo manha, berrando, etc., e a mãe desesperada. Depois, com a compra do canal, a criança se acalma e a mãe fica tranquila. Criança boa é criança quieta, que não dá trabalho, é isso?

Vamos aceitar: é prerrogativa da criança teimar, desobedecer, ser impulsiva, querer fazer o que não pode nem deve, reclamar, resistir, exigir, reivindicar, etc.

É dever dos adultos responsáveis fazer sua contenção, sua proteção — de perigos que ainda não reconhece e de si mesma —, cuidar de sua formação e jogar, diariamente, gotas de realidade nela.

J. HELGASON/SHUTTERSTOCK

SAYÃO, Rosely. *Folha de S.Paulo*, 19 jul. 2016, p. B6. Cotidiano.

1 Na introdução do texto, a autora parece se surpreender com os fatos que ela passa a expor.

a) Explique por que ela reage dessa forma, apresentando em seguida argumentações pessoais.

____

____

____

____

____

b) Qual é o tema abordado pela articulista, ao apresentar seu ponto de vista sobre a infância nos dias de hoje?

2 De acordo com o texto, pesquisadores já vêm alertando que a infância apresenta novas características em nossa época. As crianças assumem, muitas vezes, atitudes bem diversas daquelas de outros tempos.

a) Apesar desses estudos, os adultos continuaram a tratar as crianças como eram antes. O que esse modo de conduta acarretou?

b) Segundo a articulista, houve uma "mudança do sentido da infância", em função da convivência conturbada dos adultos com as crianças. O que ela quis dizer com essa expressão?

3 Observe que a autora inicia o terceiro parágrafo com uma interrogação, recurso argumentativo empregado no desenvolvimento das ideias.

a) O que se pode deduzir da resposta que a própria articulista nos apresenta?

b) No quarto parágrafo, a articulista dá continuidade às argumentações, mantendo a coesão das opiniões expostas. Que elemento de coesão é utilizado e como ele funciona?

4 Ainda no quarto parágrafo, a articulista acrescenta uma **exemplificação** para desenvolver uma nova argumentação. Que características próprias das crianças de hoje ela percebe e como ela reage diante dessas mudanças?

5 No quinto parágrafo, outra **exemplificação** dá sequência à formulação de argumentos que vão fundamentar o ponto de vista da articulista.

a) Observe que ela nomeia o que considera elementos positivos em um garoto de três anos: "cheio de vida", "criança agitada". Em seguida, relata o comportamento da criança. Qual é sua opinião sobre a atitude do pequeno?

b) No sexto parágrafo, a autora mantém a coesão dos argumentos ao ligar os parágrafos com um elemento de conexão. Identifique-o e explique o seu emprego.

6 Na opinião da articulista, a criança age de acordo com sua vontade e, para limitar seus impulsos, é necessário orientação por parte dos adultos.

a) Explique por que a autora apresenta, logo depois, uma contra-argumentação no oitavo parágrafo.

b) Que elemento de **coesão sequencial** une o sétimo e o oitavo parágrafos, e que sentido ele expressa no contexto?

7 A partir do nono parágrafo, a autora expõe a maneira como, em geral, os pais se relacionam com os filhos, ou os adultos com as crianças.

a) Ao utilizar como exemplo uma peça publicitária de um canal de filmes da televisão a cabo, qual foi o objetivo da articulista?

b) Releia a pergunta no final do nono parágrafo. Pode-se dizer que há uma crítica aos pais? Justifique sua resposta.

8 Nos parágrafos finais, a articulista aconselha os adultos a compreender as reações naturais das crianças.

a) Observe que, na conclusão, ela expõe de forma persuasiva argumentos bem pessoais. Que solução a autora considera mais adequada?

b) Releia este trecho final: "cuidar de sua formação **e jogar, diariamente, gotas de realidade nela**". Interprete a linguagem metafórica dentro do contexto.

9 A coesão garante a unidade de sentido entre as partes de um texto, interligando-as de forma coerente. Para que isso ocorra, são empregados os **elementos coesivos**, entre os quais se destacam as **conjunções**, certos **pronomes pessoais**, **possessivos**, **demonstrativos**, **indefinidos** e **relativos**, alguns **advérbios** e **preposições**. Explique o sentido expresso pelos elementos coesivos destacados nas frases a seguir, que estabelecem **coesões sequenciais** — entre orações e parágrafos. Situe-os no contexto.

a) "Faz décadas que estudiosos têm alertado para o desaparecimento da infância **como** a conhecemos na modernidade."

b) "Por que ele fez isso **se** eu já conversei com ele tantas vezes sobre a importância de cuidar e não de destruir?"

c) "É por isso que uma criança pequena empurra, morde **ou** bate em outra."

d) "Depois, com a compra do canal, a criança se acalma **e** a mãe fica tranquila."

10 Há palavras no texto que se referem a outros elementos já expressos e, ao substituí-los, evitam repetições. Elas também representam elementos de **coesão referencial**.

a) No primeiro parágrafo, que palavras retomam o substantivo *crianças*, substituindo-o e mantendo o texto coeso?

b) No trecho seguinte, extraído do sétimo parágrafo, indique a que palavras do texto os pronomes destacados se referem, funcionando como recurso de coesão: "seus impulsos **a** controlam, e só com **seu** desenvolvimento é que poderá vir o aprendizado de que **ela** pode controlá-**los**".

11 Certas conjunções funcionam como **elementos de coesão** que unem parágrafos, ao serem colocadas no início deles. Explique que sentido elas expressam em relação ao parágrafo anterior.

a) "**Porque** ele tem três anos e, provavelmente, quis ver por si mesmo o que significava aquilo que a mãe lhe dizia." (Início do sexto parágrafo)

b) "**Mas**, pensando melhor, é possível que nossas crianças duvidem dessa possibilidade de aprender a conter impulsos que afetam os outros." (Início do oitavo parágrafo)

12 Há elementos de coesão no texto que, além de ligar parágrafos, períodos ou orações, expressam determinados sentidos. Explique que sentido expressam as palavras ou expressões destacadas nas frases a seguir.

a) "dar dicas a respeito do que elas podem fazer e do que **ainda** não podem."

b) "Isso significa, **por exemplo**, que a criança fará aquilo que já disseram inúmeras vezes para não fazer."

c) "Porque ele tem três anos e, **provavelmente**, quis ver por si mesmo o que significava aquilo que a mãe lhe dizia."

d) "**Tampouco** permite dizer que é uma criança agitada. Ele tem fome de viver!"

e) "cuidar de sua formação e jogar, **diariamente**, gotas de realidade nela."

13 Apesar do emprego da variedade padrão da língua, observa-se, no texto, o uso de certas expressões próprias da linguagem coloquial. Identifique as frases em que isso ocorre.

Capítulo 15 Resenha crítica e crítica de *ombudsman*

Gênero textual: resenha crítica

• Preparando

Leia a resenha crítica a seguir.

CRÍTICA: QUADRINHOS

HQ CONTA HISTÓRIA DE PALMARES E MOSTRA CONFLITOS DA RESISTÊNCIA NEGRA

Lilia Schwarcz escreve sobre livro que será discutido no próximo encontro do Clube de Leitura Folha

[...]

Livros de histórias em quadrinhos costumam ser avaliados com um sinal de "menos". Seriam menos pesquisados, menos rigorosos, menos importantes que outras obras. Pois o trabalho de Marcelo D'Salete vem provar como esse tipo de comentário não passa de crítica pronta e requentada.

Autor dos excelentes *Noite Luz* (2008) e *Cumbe* (2014), ele agora premia os leitores com *Angola Janga*: uma história de Palmares. Ilustrador, professor e mestre em história da arte pela USP, Marcelo passou 11 anos pesquisando Palmares e seus vários personagens. O resultado é uma obra que mistura ficção com não ficção de maneira equilibrada e faz da imaginação um raio de possibilidade.

Angola Janga se debruça sobre a história do quilombo de Palmares, uma sociedade comunitária e guerreira que, dentre seus vários méritos, sobreviveu por quase cem anos e se impôs como forma alternativa de sociedade.

Com riqueza de detalhes, o livro descreve como escravizados e escravizadas reagiam ao seu cotidiano violento criando várias formas de resistência. Estas eram expressas nas fugas, nos assassinatos e nas insurreições, que, desde o século 16, deram origem a mocambos e quilombos espalhados por todo o território. *Mocambo* significava "esconderijo", enquanto *quilombo* era o termo utilizado em certas regiões do continente africano para designar um "acampamento fortificado".

A proliferação de mocambos e quilombos na paisagem brasileira criou formas concretas de oposição à ordem escravista, uma vez que eles estabeleciam vínculos fortes com as populações vizinhas, formando redes de informação e laços afetivos e comerciais.

Cada quilombo conta uma boa história. Mas é Palmares que resume a notável tradição de rebeldia escrava. Seu núcleo original surgiu a partir da fuga coletiva de 40 escravizados e escravizadas, que escaparam dos trabalhos forçados em um engenho de açúcar na então província de Pernambuco. E buscaram refúgio em um lugar rodeado por serras, que mais se parecia com uma fortaleza natural.

O espaço protegido ficava no alto da serra da Barriga, atual estado de Alagoas, e guardava mais uma especificidade: estava tomado por palmeiras. A árvore não ajudou apenas na construção das casas. De sua seiva, tirava-se um óleo nutritivo. Além do mais, seus galhos ajudavam a esconder a fortificação. Por essas e por outras, o nome do quilombo virou uma homenagem à planta, que, à sua maneira, acolheu os fugitivos.

Com o tempo, Palmares deixou de ser apenas um quilombo, transitório, para se transformar numa grande confederação composta por vários núcleos independentes, a despeito de se submeterem a regras comuns.

Dentre eles estavam os quilombos de Acotirene, cujo nome prestava homenagem à matriarca da confederação; o de Dambrabanga, nomeado a partir da alcunha de um dos maiores líderes militares do local; o de Zumbi, título máximo dado ao grande chefe local, uma vez que esse tinha poderes não só militares como também religiosos; o Aqualtune, nome da mãe de Zumbi; o de Andalaquituche, irmão de Zumbi; o de Subupira, espaço onde se instalava a força militar local; e, finalmente, a Cerca Real do Macaco, o maior dos núcleos e também o mais destacado.

Era por lá que atuava o comando geral de Palmares e onde se reuniam os líderes dos vários quilombos congregados para tomar decisões em tempos de paz (como impostos e regras de comércio e de convivência) e mesmo de guerra, contra as elites coloniais por vezes holandesas, por vezes portuguesas.

Página da HQ *Angola Janga*: uma história de Palmares, de Marcelo D'Salete. 2017.

Por fim, era também lá que residia a principal autoridade — Ganga Zumba, cuja expressão significa "Chefe Grande", aquele que tomava assento para presidir o conselho formado pelo conjunto dos líderes dos diversos quilombos.

A maior parte dos palmarinos originais era procedente da atual República Democrática do Congo e de Angola. E foram justamente esses primeiros moradores que deram ao local o nome de Angola Janga — a "pequena Angola". Esse é também o título do livro de D'Salete, que mostra como essa confederação de quilombos representava uma espécie de reinvenção da África na América portuguesa, com uma vida comunitária administrada por leis próprias, formas de governo, estrutura militar e princípios religiosos.

Já as autoridades coloniais logo reconheceram em Palmares um enclave. Não era para menos — em seu momento de pico, a confederação chegou a contar com 20 mil habitantes, sendo que, apenas na Cerca Real do Macaco, habitavam 6.000 pessoas, o que praticamente igualava a população que morava no Rio de Janeiro, nesse mesmo contexto, calculada em 7.000 almas.

O livro de D'Salete se centra, sobretudo, na máquina de guerra criada com o intuito de massacrar Palmares. Mas o leitor verá como a missão dos portugueses não foi fácil. A primeira expedição data de 1612; a última, de 1695.

E se D'Salete nos conta, com riqueza de detalhes, essa luta pela liberdade, outro grande mérito da obra é não apostar numa história só elevatória. São evidentes os momentos de ruptura interna, como em 1678, quando representantes portugueses e uma comitiva de rebeldes enviados por Ganga Zumba reuniram-se no Recife para fechar o tratado de paz proposto pelo governo.

O acordo previa devolver os cativos (os moradores que não tivessem nascido nos quilombos), trincando assim a confiança entre quilombolas e escravizados. Em troca, a Coroa garantia alforria, terras sob a forma de sesmarias e foro de vassalos para os palmarinos.

RAFAEL ARBEX/ESTADÃO CONTEÚDO

Marcelo D'Salete, professor, ilustrador e autor de histórias em quadrinhos, em novembro de 2017.

O acordo levou a graves consequências e acabou dividindo, também, Ganga Zumba e Zumbi. Além de gerar uma guerra interna, o pacto opôs as duas grandes lideranças, o que resultou na morte de Ganga Zumba por envenenamento e no assassinato de seus principais companheiros.

Mesmo assim a paz não reinou no local. Seguiram-se 15 anos de guerras, uma vez que as autoridades das colônias não se conformavam com a existência de um modelo mais igualitário e que, inclusive, começava a competir em acordos comerciais e nos tratados de paz com indígenas da região. A Cerca Real do Macaco foi a última a resistir. Junto com ela viriam a execução de Zumbi e a total destruição da confederação de quilombos dos Palmares.

O livro de Marcelo D'Salete narra essa verdadeira saga, incluindo personagens ficcionais e dando vida à nossa imaginação. Faz mais: apresenta um glossário com termos africanos e de época, um ensaio tão pessoal como esclarecedor e uma cronologia da guerra.

O apuro na investigação fica evidente, também, no estilo do artista: na caracterização das fazendas, dos quilombos, da natureza e dos armamentos; na linguagem compartilhada e na definição dos personagens. Destacam-se as expressões dos protagonistas, a complexidade dos rituais, a riqueza das indumentárias, os penteados, as escarificações e marcas no corpo.

Escarificações: conjuntos de leves incisões ou arranhaduras superficiais feitas na pele.

Se a história desse quilombo vem sendo vasculhada pela historiografia, essa é a primeira vez que, com tanto rigor e sem concessões, vemos surgir líderes que só nos era possível idear.

Angola Janga devolve aos brasileiros novos heróis e modelos de história. Palmares não vira apenas símbolo da luta das populações negras — representa uma nova interpretação do Brasil, que mostra a agência dos africanos e africanas, libertos e libertas, escravizados e escravizadas, suas conquistas e como jamais se acomodaram ao regime de privações que foram obrigados a enfrentar.

Palmares é um ícone para a construção de outras histórias e memórias do país. Com *Angola Janga* ele ganha, finalmente, imagem e imaginação.

Capa dura: 432 páginas
Editora: Veneta
Ano: 2017
Preço: R$ 65,63

SCHWARCZ, Lilia. *Folha de S.Paulo*, 23 ago. 2018. (Fragmento adaptado). Disponível em: <https://www1.folha.uol.com.br/ilustrissima/2018/08/hq-conta-historia-de-palmares-e-mostra-conflitos-da-resistencia-negra.shtml>. Acesso em: 13 maio 2019.

1 A **resenha crítica** é um gênero textual do tipo argumentativo que tem como objetivo orientar o leitor de um jornal ou revista na escolha de filmes, livros, *shows* musicais, peças teatrais, exposições e outros produtos culturais.

a) Nessa resenha, a crítica Lilia Schwarcz faz uma análise do livro *Angola Janga*: uma história de Palmares, de Marcelo D'Salete, que mostra a história do quilombo de Palmares em forma de HQ. No primeiro parágrafo, como a crítica introduz seus argumentos?

____

____

b) No segundo parágrafo, como a resenhista justifica a afirmação feita no primeiro?

____

____

____

2 Do terceiro ao décimo quarto parágrafos, a autora da resenha apresenta informações detalhadas da história do quilombo dos Palmares, entremeando-as com dois comentários específicos sobre o livro. Quais são os comentários feitos nesse longo trecho?

____

____

____

____

3 No décimo quinto parágrafo, a resenhista destaca o foco principal do livro. Identifique-o.

____

____

4 De acordo com o décimo sexto parágrafo da resenha, qual é outro grande mérito do livro, detalhado nos três parágrafos seguintes?

____

____

____

____

5 No vigésimo parágrafo, são enumerados outros elementos que enriquecem o livro. Que elementos são esses?

____

____

6 No parágrafo seguinte, é ressaltada uma qualidade do livro que, de certa forma, se contrapõe à presença de personagens ficcionais incluídos na narrativa.

a) Que qualidade é essa e de que forma ela se manifesta no texto?

b) Ainda nesse parágrafo, que outros elementos merecem destaque no trabalho do autor?

7 Nos três últimos parágrafos, a resenhista conclui sua crítica, reforçando, com outros argumentos, as qualidades do livro expostas no início. Que argumentos são esses?

8 Que tipo de variedade linguística foi empregado na resenha? Justifique sua resposta.

9 Observe, nas frases a seguir, o emprego dos elementos coesivos. Identifique o sentido deles no contexto.

a) "**Pois** o trabalho de Marcelo D'Salete vem provar como esse tipo de comentário não passa de crítica pronta e requentada."

b) "**Estas** eram expressas nas fugas, nos assassinatos e nas insurreições".

c) "**Mesmo assim** a paz não reinou no local."

• Sistematizando

O crítico ou resenhista deve apresentar para o público leitor opiniões pessoais ou juízos de valor sobre uma produção cultural. Nessa análise, ele desenvolve uma **caracterização** e uma **avaliação** dos aspectos positivos e negativos do produto ou da obra.

Por isso, a **resenha crítica** é um texto argumentativo, pois o autor precisa fundamentar bem suas opiniões para tornar seu ponto de vista convincente e persuadir o leitor.

Quanto ao **contexto de circulação**, é comum encontrar críticas de novos filmes, livros, CDs, DVDs, peças teatrais, *shows* e programas de televisão em revistas ou jornais de grande circulação. A internet também apresenta avaliações críticas, com o uso de recursos audiovisuais, em seções especiais e *blogs*.

A estrutura da resenha crítica pode ser iniciada pelo **gênero do texto** e pelo **assunto da obra** a ser analisada: "Crítica: Quadrinhos". Em seguida, há o **título** ("HQ conta história de Palmares e mostra conflitos da resistência negra") e o olho ou subtítulo ("Lilia Schwarcz escreve sobre livro que será discutido no próximo encontro do Clube de Leitura Folha"). O nome do autor da crítica pode vir no início ou no final do texto (Lilia Schwarcz).

A **introdução** apresenta as informações essenciais sobre o autor (podendo, em certos casos, apresentar informações sobre a própria obra a ser criticada). Às vezes, logo no início, o crítico expõe algumas opiniões pessoais sobre o autor e o produto a ser avaliado, ou discute o contexto em que a obra foi criada.

Nos parágrafos intermediários, ele desenvolve a crítica propriamente dita, expondo os aspectos positivos e/ou negativos da obra e os argumentos que confirmam suas opiniões.

Na **conclusão**, em geral há a recomendação do crítico para que o leitor conheça ou não a obra analisada.

Com relação à linguagem, ela varia de acordo com o público leitor. A crítica sobre o livro em questão foi publicada no jornal *Folha de S.Paulo*, de circulação nacional; portanto, é adequado o emprego da variedade padrão. No entanto, em encartes ou suplementos dedicados às crianças e aos jovens, por exemplo, há críticas redigidas em linguagem informal (ou coloquial), devido ao tipo de público a que se destinam.

Em resumo:

> **Resenha crítica** é um gênero textual argumentativo da esfera jornalística, cujo objetivo é apresentar as características ou informações essenciais de uma obra cultural, com opiniões e avaliações positivas e/ou negativas, para orientar o público leitor.

• Produção de texto: resenha crítica

Proposta — Produção de resenha crítica de livro

Você vai produzir agora a resenha crítica de um livro a sua escolha.

- Escolhido o livro, faça um cabeçalho com os dados sobre o autor e a obra; acrescente o nome do tradutor (caso se trate de obra estrangeira traduzida para o português), o nome da editora, o ano de publicação e o número de páginas do livro.
- Você pode começar a resenha crítica contando sua experiência pessoal na leitura da obra. Depois, resuma os fatos mais significativos, mas sem revelar todo o conteúdo da obra. É bom despertar curiosidade no público. Caso conheça outras obras do mesmo autor, fale sobre elas, comparando-as com o livro avaliado. Você também pode comparar essa obra com outras que tenha lido sobre temas semelhantes.
- Na conclusão, apresente suas opiniões de forma clara, recomendando ou não o livro e apontando seus aspectos positivos e/ou negativos.
- Releia seu texto e avalie a introdução. Em seguida, verifique se as informações estão completas, se o resumo apresenta os fatos mais importantes com críticas pertinentes, se seu ponto de vista sobre a obra ficou objetivo e claro, se a linguagem está adequada ao público-alvo.
- Passe o texto a limpo e, se quiser, leia-o para os colegas. Exponha-o no mural com os demais textos da classe, para que todos conheçam dados sobre a obra e se interessem pela leitura.

Gênero textual: crítica de *ombudsman*

O *ombudsman* constitui o representante dos interesses do leitor dentro de um jornal ou revista.

• Preparando

Leia o texto a seguir e observe as argumentações sobre o tema.

NOVA REGRA NA PRAÇA PÚBLICA DIGITAL

Folha *muda política de comentários no* site*, passa a exigir nome real do leitor e restringe seção a assinantes*

Pesquisadores norte-americanos fizeram uma experiência para tentar aferir o efeito do tom dos comentários sobre os leitores de jornais e revistas. Foi apresentado a leitores um artigo sobre nanotecnologia, tópico sobre o qual a maioria das pessoas sabe pouco e não tem prejulgamento, reportou a revista *Science*, em edição de 2013.

Metade dos pesquisados leu o artigo, acompanhado de comentários educados, civilizados e construtivos. Outra metade recebeu o mesmo texto, mas com comentários deseducados, grosseiros e ofensivos, com pontos de vista antagônicos.

Os leitores da segunda versão desenvolveram rapidamente afinidade para se filiarem a um dos lados em discussão. Aderiram com passionalidade a argumentos que leram. Esse comportamento afetou a maneira como compreenderam o texto original, escrito para ser compreensível, equilibrado e confiável.

A conclusão foi que os comentários desagradáveis polarizaram os leitores, levando-os a interpretar equivocadamente o artigo original.

A reação muda nos casos em que o texto trata de temas polêmicos como, por exemplo, as alterações climáticas, sobre os quais os leitores já têm posição preconcebida. O maior ou menor grau de civilidade dos comentários não tem efeito.

A *Folha* e a maioria dos *sites* noticiosos adotam medidas para moderar os comentários que publicam. Existem programas de computador que buscam palavras-chaves em comentários, bloqueando-os. Em alguns casos, a varredura eletrônica é acompanhada de análise de editores para filtrar comentários.

A tarefa não é fácil. A *Folha* recebe, em média, mais de 10 mil comentários por semana. Nos últimos dias, na seção de comentários da editoria Poder, havia aqueles que sugeriam a morte de um líder político e enxovalhavam parentes de outro. Um outro comentador burlou o programa da *Folha*, acrescentando à sua mensagem sinais gráficos que impediam que o computador reconhecesse que o texto xingava determinada pessoa pública.

Um leitor alertou a *ombudsman* sobre um que se identificava como "Dom Falafel Atsizan", ou seja, nazista de trás para frente. A *Folha* então excluiu-o de suas páginas.

A *Folha* está mudando a política de comentários no *site* do jornal. Deixa de aceitar comentaristas anônimos, passa a exigir identificação completa e restringe a seção de comentários a assinantes do jornal.

Leonardo Cruz, secretário-assistente da área digital da *Folha*, explica que a decisão busca elevar o nível dos debates na seção. "Hoje, por mais que tenhamos filtros automáticos e uma equipe de moderação, uma parte dos leitores consegue burlar as normas e publicar mensagens acusatórias, persecutórias, ameaçadoras, racistas ou discriminatórias."

Era urgente que o jornal regulasse de modo mais eficaz sua política de comentários. Concordo com o fim das mensagens anônimas e a exigência da identificação dos comentaristas. A restrição dos comentários aos assinantes, no entanto, me pareceu equivocada.

No Painel do Leitor, que sai na página A3 da versão impressa, exige-se apenas o nome completo e a cidade de origem para que se publique a manifestação. Por que, no *site*, onde é preciso preencher cadastro muito mais completo, informando até o CPF, o leitor não assinante é impedido de comentar os textos?

Questionei a Secretaria de Redação sobre o motivo de política tão restritiva, excluindo até assinantes do portal UOL, que têm acesso livre à versão digital do jornal. A explicação é que a "*Folha* decidiu prestigiar seus leitores mais fiéis, que ajudam financeiramente a empresa a fazer jornalismo de qualidade".

Não acho que faça diferença para o assinante ter exclusividade na seção de comentários. Ao contrário, é mais lógico acreditar que aquele que expressa opinião espera ser lido por um número maior de pessoas.

Dar voz a perfis mais variados e ampliar o leque de comentários civilizados para além dos assinantes enriquecem as páginas da *Folha*. Em última instância, essa abertura pode até atrair novos assinantes.

O *New York Times* publica *ranking* com os dez melhores comentários da semana, levando em conta critérios como popularidade, recomendações recebidas e a importância do texto comentado.

É um bom caminho. Tratar os comentários dos leitores com regras editoriais traçadas por seu quadro de jornalistas, permitindo valorizar e destacar aqueles de melhor qualidade. Deixando na lixeira eletrônica aqueles que fazem da seção um constrangedor momento de *telecatch*.

Os leitores que quiserem podem comentar esse artigo livremente neste domingo. As novas regras só começam a valer a partir da segunda-feira, dia 1º de agosto.

COSTA, Paula Cesarino. *Folha de S.Paulo*, 31 jul. 2016, p. A6. Poder.

1 É comum que certas redações de jornais e revistas mantenham um leitor crítico ou *ombudsman* na equipe, para analisar as críticas e sugestões dos leitores. Além disso, ele também expõe seu ponto de vista numa seção especial do jornal.

a) Segundo o texto apresentado, pesquisas realizadas por norte-americanos avaliaram a reação que os comentários de jornais e revistas provocam nos leitores. Por que eles buscaram um assunto menos conhecido nesse estudo?

b) Nesse caso, como o prejulgamento sobre um determinado tópico pode interferir nos comentários dos leitores?

2 No segundo, terceiro e quarto parágrafos, a autora relata como os leitores se posicionaram na pesquisa. Uma parte leu o artigo e o aprovou, com comentários positivos. Mas o outro grupo reagiu de forma diferente, com críticas agressivas. Como a autora avaliou o comportamento dos leitores do segundo grupo, que se uniram num entendimento mútuo?

___

___

___

3 De acordo com o artigo, os leitores deveriam avaliar o texto de forma racional, para não haver questionamentos indevidos. Diante dos fatos relatados, que efeito os comentários do grupo produziram nos leitores?

___

___

4 Nem sempre os comentários com pontos de vista equivocados causam consequências negativas e influenciam a interpretação dos leitores. Explique por quê.

___

___

5 A autora expõe para os leitores um fato importante, ao dizer que não só a *Folha*, mas também outros veículos de informação selecionam os comentários que chegam ao público. Por que há essa atenção especial, visando o bloqueio de certos tipos de comentários?

___

___

6 Tanto a varredura eletrônica como o cuidado de editores na seleção de comentários de leitores são medidas importantes? Por quê?

___

___

___

- A situação é tão grave que há, no texto, a denúncia de um leitor da *Folha* sobre a participação negativa de outro leitor. Quais são suas opiniões sobre as medidas tomadas pela direção do jornal? Converse com os colegas e exponha seu ponto de vista.

___

___

___

7. Como vimos, os problemas ocorridos na seção de comentários da *Folha* acarretaram mudanças no *site*. Tornou-se necessária a identificação completa dos assinantes, e somente eles passariam a ser comentaristas do jornal.

a) Apesar disso, a autora não acatou totalmente as restrições. A seu ver, a inclusão de comentaristas não assinantes no *site* da *Folha* é produtiva? Esclareça sua resposta.

b) Qual é o seu ponto de vista sobre a argumentação da *Folha*, em defesa das restrições feitas? Troque ideias com os colegas e desenvolva seus argumentos.

8. Observe as argumentações da *ombudsman*, ao comparar o nível de exigências dos leitores participantes do Painel do Leitor com os da seção de comentaristas da *Folha*. Segundo a autora, os não assinantes também devem ter a oportunidade de comentar textos da *Folha*. Que argumentos persuasivos ela utiliza para fundamentar essa tese?

9. Nos parágrafos finais, a autora apresenta outras opiniões pessoais, ao se referir à publicação de um *ranking* dos dez melhores comentários da semana.

a) Explique por que a *ombudsman* mencionou a publicação do jornal estadunidense *New York Times*.

b) Na conclusão, a autora sugere aos leitores que ajam como se fossem comentaristas da *Folha* e avaliem o artigo, expondo argumentações sobre o conteúdo. Agora, faça o mesmo e comente o texto como um leitor não assinante. Depois, troque o artigo com um colega e analise as argumentações e o ponto de vista dele.

c) Em sua opinião, a presença de um *ombudsman* em um jornal ou revista favorece os leitores? Por quê?

10 Em geral, textos desse gênero apresentam uma determinada variedade linguística.

a) Nesse artigo, empregou-se a variedade padrão ou a não padrão? Explique por quê.

____

b) Em que pessoa a jornalista desenvolveu suas argumentações e por quê?

____

____

____

____

• Sistematizando

Ombudsman é o leitor crítico de um jornal ou de uma revista. Ele tem a função de ler tudo o que é publicado pelo órgão em que trabalha e analisa as críticas e sugestões enviadas pelos leitores, para depois expor seu ponto de vista.

A palavra *ombudsman* surgiu na constituição sueca de 1809, referindo-se ao escritório ou delegado escolhido para investigar as reclamações dos cidadãos contra o governo e os funcionários públicos. Portanto, tratava-se de um representante dos cidadãos perante a autoridade pública.

Aos poucos, essa função difundiu-se para outros países. Mais tarde, já no século passado, ampliou-se para além do setor estatal e foi incorporada, com certas alterações, por empresas, universidades, jornais e outras instituições.

No Brasil, é comum o uso do termo *ouvidor*, com o sentido semelhante ao de *ombudsman*. Mas *ouvidor* se emprega mais no setor público, e *ombudsman* é próprio da área privada. Na realidade, nos dois casos, trata-se de um representante do cliente ou usuário de serviços e produtos de uma organização pública ou privada.

> **Crítica de *ombudsman*** é um gênero textual do tipo argumentativo que circula na esfera jornalística e é produzido com a intenção de destacar as falhas nas coberturas feitas por revistas e jornais, sejam elas apontadas ou não pelos leitores.

• Produção de texto: crítica de *ombudsman*

1ª proposta — Produção de crítica de *ombudsman* (individual)

Siga estas orientações.

- Imagine-se como *ombudsman* de um importante jornal de sua cidade ou região.
- Leia um ou mais exemplares recentes do jornal e analise as notícias publicadas. Anote possíveis correções que deveriam ser feitas nos textos. Amplie as informações com mais ideias sobre os assuntos apresentados. Depois, questione os erros cometidos na edição e defenda o leitor. Se quiser, faça também uma crítica positiva ao trabalho do jornal em relação a outras situações.
- Empregue a 3ª pessoa e a variedade padrão, numa linguagem impessoal e objetiva.
- Avalie o desenvolvimento e a análise crítica das correções, a linguagem, a pessoa e o tempo verbal empregados. Passe o texto a limpo e, se tiver oportunidade, leia-o para os colegas, anotando as observações deles para melhorar sua produção. Por fim, exponha-o no mural da classe.

2ª proposta — Produção de crítica de *ombudsman* (em grupo)

Leia as seguintes instruções.

- Reúnam-se em grupo e escolham um jornal ou revista. Cada componente vai providenciar um exemplar recente desse jornal ou revista e escreverá uma crítica sobre as matérias lidas.
- Se preferirem, elejam duas ou três seções do jornal ou revista e escrevam somente sobre elas, para terem uma visão mais coesa da linha dessas seções.
- Concluídas as produções individuais, leiam-nas e façam, juntos, o texto final, expondo as críticas do grupo.
- Escrevam a crítica numa linguagem objetiva, impessoal, clara, empregando a variedade padrão formal da língua. Escolham um título sugestivo para o texto final.
- Releiam a crítica produzida, avaliando se as ideias estão bem expostas e os argumentos, convincentes.
- Sob a orientação do professor, montem um painel com os textos e afixem-no na biblioteca da escola.

Produção e estilo — Subjetividade e objetividade na argumentação

Leia o texto a seguir, que aborda um problema atual e polêmico, comentado pela imprensa e nos meios sociais, e depois responda às questões propostas.

VOCÊ ANDA ESPALHANDO MENTIRAS POR AÍ?

Se existe uma reserva de verdade factual, ela se encontra nas redações profissionais

A expressão "*fake news*" (notícia falsa) está na moda. Só se fala disso. Programas de televisão aconselham os telespectadores a não embarcar nas fraudes que atulham as redes sociais. Nas escolas, os professores se dizem preocupadíssimos com o assunto e querem organizar seminários, palestras, *workshops* e por aí vai. Nas campanhas eleitorais da Europa, o clima é de alerta total contra as ameaças das *fake news*. Nos Estados Unidos, no ano passado, elas ajudaram na vitória de Donald Trump. Notícias escalafobéticas como "O Papa Francisco apoia Donald Trump" bombaram na rede. Na mesma época, pesquisas confiáveis mostraram que as informações fajutas se espalhavam com mais rapidez que os relatos verazes. A mentira, veja que coisa, dá mais "ibope" que a verdade.

Escalafobéticas: esquisitas, estranhas.

Em seguida, vieram os requintes de cinismo. Uma vez eleito, Donald Trump começou a tripudiar. Numa jogada pérfida, deu de acusar jornalistas, especialmente os do *New York Times*, de produzirem *fake news* contra ele. Haja falsidade. Todos sabemos que o que acontece é justamente o oposto: se existe uma reserva de verificação da verdade factual hoje, nos Estados Unidos, essa reserva se encontra nas redações profissionais que prezam a credibilidade. Que Trump agora queira posar de vítima das *fake news* chega a ser um escárnio, pois a vacina contra as invencionices não está na Casa Branca, mas na imprensa.

OLIVIER DOULIER - POOL/GETTY IMAGES

O presidente dos Estados Unidos, Donald Trump, fala na sede da Agência Central de Inteligência (CIA, na sigla em inglês), em Langley, Virgínia (EUA). Janeiro de 2017.

É com a imprensa que a sociedade pode contar para diferenciar o que é fato e o que é mentira. São jornalistas que checam os fatos e conseguem separar a mistificação demagógica dos dados objetivos. Você já sabe disso. Se observar bem, se recapitular com cuidado as mensagens que recebe pelas redes sociais, especialmente no celular, vai se lembrar das incontáveis engambelações que vão e vêm. Quantas vezes você não se deixou iludir por elas? Se puxar pela memória, vai se lembrar, também, de que, na hora de tirar a prova dos nove, de pôr os pingos nos "is", foram os jornalistas profissionais que entraram em ação.

Mesmo assim, mesmo com o trabalho da imprensa, as *fake news* prosperam e se agigantam. Por que será? Nesse ponto, surgem perguntas não muito agradáveis — vamos enfrentá-las. Se os jornalistas profissionais, dentro de redações independentes e sérias, trabalham para desmontar as *fake news*, quem é que vem trabalhando a favor delas? Serão apenas os políticos populistas, como Trump? Serão apenas as equipes clandestinas que forjam notícias inverídicas (ou até caluniosas) e depois ainda ganham dinheiro com as altas audiências que conseguem? Serão só eles os responsáveis? Será que as pessoas comuns, gente como eu e você, não exercem um papel decisivo na hora de espalhar a mentira?

Pense bem. Pense com calma. A mesma sociedade que é prejudicada pelas boatarias virtuais atua como agenciadora das boatarias. O mecanismo é perverso. Mais ou menos como o mosquito *Aedes aegypti*, que dissemina o vírus da zika sem ter a menor ideia do que faz, os cidadãos e as cidadãs atuam como distribuidores das *fake news* sem ter consciência do estrago que produzem. Em suma, nós também somos os agentes, os vetores.

Se ninguém retransmitisse mensagens suspeitas que recebe, as *fake news* não teriam virado a enfermidade grave que viraram. Isso mesmo. Quem redistribui as calúnias e as infâmias que circulam por aí são pessoas comuns e desavisadas, que trabalham de graça para que alguém, na surdina, ou ganhe dinheiro ou ganhe poder (como Trump). Os replicadores anônimos de *fake news* não ganham coisa alguma, são apenas escravos alegres e espevitados, movidos por preconceitos pulsionais (do tipo "eu sabia que esse fulano era um canalha") e por uma carência afetiva doentia ("os meus amigos vão me aplaudir por essa aqui e vão gostar ainda mais de mim").

Espevitados: assanhados, animados.

Fique de olho. Antes de tudo, fique de olho no seu próprio comportamento nas redes sociais. Não basta checar as origens das mensagens, embora isso ajude. Não basta conferir se elas foram produzidas por órgãos de imprensa conhecidos e responsáveis. Mais do que isso, é preciso verificar os impulsos que levam cada um de nós a propagar histórias que não sabemos de onde vêm.

Vai aí uma dica. Não redistribua nada de forma indiscriminada. Nada. Não trabalhe de graça para os falsificadores apócrifos. Não confie neles. Principalmente, não confie nos seus próprios sentimentos de ódio, de intolerância, de inveja (normalmente disfarçados de indignação cívica e ira metida a santa). Não retransmita o vírus que destrói reputações. Se você quer combater as *fake news*, combata o *Aedes aegypti* das redes sociais.

Apócrifos: clandestinos, inautênticos.

BUCCI, Eugênio. *Época*, 28 ago. 2017, p. 26. Disponível em: <https://epoca.globo.com/politica/eugenio-bucci/noticia/2017/08/voce-anda-espalhando-mentiras-por-ai.html>. Acesso em: 13 maio 2019.

1 O artigo em estudo expõe um tema bastante moderno: a disseminação de notícias falsas (*fake news*), principalmente nas redes sociais.

a) A propagação dessas notícias pode acontecer em função de diferentes fatores. Qual é o ponto de vista do articulista sobre o assunto?

b) Como se pôde observar, essa novidade acontece também em outros países. O que você sabe sobre o efeito das *fake news* nas últimas eleições nos Estados Unidos, na França e no Brasil? Pesquise, se necessário, e comente com os colegas os grandes riscos que certas mentiras, nas redes sociais, podem causar.

2 No segundo parágrafo, observe que o autor desenvolve argumentações bem pessoais, ao fundamentar sua tese inicial.

a) Que argumentos ele utilizou para defender suas opiniões sobre as *fake news*?

b) Releia esta frase e interprete-a: "a vacina contra as invencionices não está na Casa Branca, mas na imprensa".

3 O texto dissertativo-argumentativo, como o do artigo, pode ser desenvolvido em linguagem subjetiva e/ou linguagem objetiva.

a) O emprego da adjetivação, nos dois primeiros parágrafos, revela traços do subjetivismo. Identifique em que frases isso ocorre.

b) Há expressões e frases no texto que sugerem certo sentimento de repúdio e de queixa do autor diante dos fatos expostos. Situe esses trechos.

4 No terceiro parágrafo, o articulista dá sequência à ideia de que a sociedade se mantém confiante no trabalho da imprensa.

a) Mais de uma vez ele se dirige ao leitor, buscando uma empatia com ele, tratando-o por "você". Com que objetivo o articulista age dessa forma?

b) Às vezes, há o emprego de perguntas, como ocorre no terceiro e quarto parágrafos. Nesse caso, qual é a intenção do articulista?

5 Observe que o autor empregou no artigo tanto a linguagem subjetiva quanto a linguagem objetiva ou direta, ao expor suas opiniões e desenvolver argumentos convincentes.

a) De que modo o articulista empregou a linguagem objetiva no texto? Identifique frases em que isso ocorre.

b) O articulista usou a variedade padrão da língua ou a variedade não padrão? Justifique sua resposta com base no texto.

c) Apesar do uso predominante da variedade padrão da língua, pode-se dizer que há frases em que se encontram construções mais coloquiais? Esclareça sua resposta com base no texto.

6 Há trechos do artigo em que se percebe um tom mais subjetivo, com a utilização de verbos e pronomes em 1ª pessoa. Identifique os trechos e comente esse emprego.

7 De acordo com o quarto parágrafo, o autor reconhece que a imprensa combate as *fake news*, mas elas continuam a avançar. Por isso, ele convida o leitor a buscar respostas para o problema.

a) O que o autor conclui sobre esse fato?

b) Para reforçar esse argumento, no quinto parágrafo o autor compara as *fake news* ao mosquito *Aedes aegypti*. Que características comuns ele destaca entre os dois?

8 Segundo o articulista, se os cidadãos não reproduzissem as mensagens pouco confiáveis que recebem, as notícias falsas não teriam prosperado.

a) Como ele caracteriza as pessoas que persistem em divulgar qualquer tipo de mensagem?

b) No desenvolvimento do artigo, o autor faz várias recomendações ao leitor e emprega o modo imperativo: "Pense bem. Pense com calma."; "Fique de olho.". Explique por quê.

9 Na conclusão, o autor utiliza o imperativo negativo também para ensinar ao leitor como deve agir, para não reproduzir notícias falsas.

a) Explique o que ele quis dizer neste trecho final: "Não retransmita o vírus que destrói reputações. Se você quer combater as *fake news*, combata o *Aedes aegypti* das redes sociais.".

b) Neste trecho, o articulista utilizou a linguagem subjetiva ou objetiva? Por quê?

• Produção de texto: subjetividade e objetividade na argumentação

1ª proposta — Produção de texto argumentativo subjetivo

Leia a notícia abaixo e siga as orientações propostas.

DOCTOR BLACK/SHUTTERSTOCK

ROBÔ PODERÁ SUBSTITUIR FILHOS NO JAPÃO

Montadora de carros Toyota está de olho no promissor segmento de robôs de companhia

A montadora de carros Toyota revelou ontem um robô do tamanho da palma da mão. Chamado Kirobo Mini, foi desenvolvido para fazer companhia aos casais que optaram por não ter filhos. Trata-se de uma inovação com foco no Japão, país no qual a taxa de natalidade tem caído drasticamente nos últimos anos.

"Ele se movimenta um pouco e fizemos isso para imitar um bebê sentado, que ainda não desenvolveu totalmente a capacidade de se mexer", disse Fuminori Kataoka, engenheiro chefe do projeto. "Essa vulnerabilidade foi pensada para evocar uma conexão emocional." O robô pisca os olhos e fala com voz de bebê.

A companhia planeja vender o Kirobo Mini pelo equivalente a US$ 392 no Japão, a partir do próximo ano. O "robô-bebê" também tem uma espécie de berço projetado para ser encaixado no porta-copos do carro.

O pequeno robô inteligente terá a capacidade de se lembrar de atividades de que seus donos gostam e não gostam. Além disso, terão memória dos passeios que eles fizeram juntos, de acordo com a Toyota. Eles poderão ser conectados a sistemas de áudio de automóveis para tornar a interação mais interessante para os humanos.

Mercado em expansão. Com o novo robô, a Toyota entra no grupo de companhias que investem fortemente em robôs de companhia. Entre os mais famosos estão o Jibo, desenvolvido por especialistas em robótica do Massachusetts Institute of Technology (MIT), e o Paro, um robô terapêutico para ajudar idosos.

O Japão já é um dos líderes entre os países que mais usam robôs industriais. Ele tem a segunda maior concentração desses equipamentos — depois da Coreia do Sul —, com 314 robôs a cada 100 mil funcionários humanos, de acordo com dados da Federação Internacional de Robôs.

Agora, novas tecnologias, como inteligência artificial, vão ajudar os robôs a interagir com humanos. Isso deve ajudar a tornar esses equipamentos também populares em casas, escritórios, lojas e hospitais.

YOSHIKAZU TSUNO/GAMMA-RAPHO/GETTY IMAGES

"Robô-bebê" Kirobo Mini, da Toyota, em uma pré-apresentação para a imprensa em Tóquio. Setembro de 2016.

O Estado de S. Paulo, 04 out. 2016.

- Escreva um texto dissertativo-argumentativo expondo seu ponto de vista sobre o conteúdo da notícia lida.
- Empregue a 1ª pessoa e escreva de maneira subjetiva, defendendo suas ideias. Use argumentos convincentes, mencione exemplos (inclusive pessoais), faça comparações e expresse seus sentimentos, usando adjetivos bem emocionais.
- Apresente também contra-argumentos, caso você discorde de alguma opinião exposta no texto. No primeiro parágrafo, formule sua tese ou ideia principal; depois, desenvolva o texto, fundamentando a tese com argumentos que reforcem suas opiniões: a favor ou contra os fatos expostos.
- Na conclusão, apresente uma solução ou proposta que possa resolver o problema. Crie um título sugestivo para sua produção.
- Troque seu texto com um colega e avalie a posição do autor: se ele se colocou a favor ou contra o que foi noticiado. Verifique se a estrutura do texto está adequada, se foi usada a 1ª pessoa nos verbos e pronomes, assim como a linguagem culta e a subjetividade, com o emprego de adjetivos e argumentações bem embasadas e persuasivas.
- Releia seu texto, modifique o que for necessário e passe-o a limpo. Leia-o para os colegas e depois discutam o assunto, com a orientação do professor.

2ª proposta — Produção de texto argumentativo objetivo

Siga estas orientações.

- Releia o texto "Você anda espalhando mentiras por aí?". Escreva um texto dissertativo-argumentativo sobre o assunto, adotando uma postura objetiva. Você vai se posicionar diante do problema das *fake news*, que tem afetado a vida de muitas pessoas.
- Como seu texto deve ser objetivo, conduza a discussão por um ângulo genérico, impessoal, sem mencionar suas impressões ou experiências pessoais, da forma mais direta e imparcial possível. Quanto à linguagem, use a 3ª pessoa e evite a adjetivação excessiva.
- Faça a introdução, com a apresentação da tese, seguida do desenvolvimento e da conclusão. Use argumentos convincentes e coloque um título no texto.
- Observe as orientações de avaliação e de reescrita da proposta anterior e analise seu próprio texto. Leia-o para a classe e promova um debate sobre o assunto.

3ª proposta: Produção de texto argumentativo objetivo

Leia o texto a seguir e siga as orientações da proposta anterior.

Entre **400 e 800 milhões de profissionais** vão perder seus **empregos** até **2030** devido à automação, segundo um novo estudo da consultoria McKinsey. O estudo analisou 800 profissões em 46 países e constatou que até um terço dos trabalhos atuais poderá ser automatizado daqui a 13 anos.

[...]

Em termos de profissões, quem mais irá sofrer são os profissionais que ocupam funções como operadores de máquinas e funcionários do setor de alimentação. Também estão vulneráveis à automação, corretores imobiliários, assistentes jurídicos, contadores e profissionais de setores administrativos. Por outro lado, segundo a McKinsey, empregos que requerem interação humana, como médicos, advogados, professores e *bartenders*, têm menos chance de serem substituídos por robôs. Trabalhos especializados, mas com salários não muito altos, como jardineiros, encanadores e cuidadores, também estão menos vulneráveis.

Disponível em: <https://epocanegocios.globo.com/Economia/noticia/2017/11/robos-podem-roubar-800-milhoes-de-empregos-ate-2030.html>. Acesso em: 27 jun. 2019. (Fragmento).

Unidade VIII

Gêneros argumentativos III

Leitura

O texto a seguir apresenta argumentações sobre um tema polêmico, especialmente em nossos dias. Como determinar o término da adolescência? Leia-o e reflita sobre o assunto.

ADOLESCENTES ATÉ QUANDO?

A adolescência agora vai até os 25 anos — e não apenas até os 18, como era previsto. Essa é a nova orientação dada a psicólogos americanos. É como se a neurociência pudesse eximir a todos de responsabilidade por um fenômeno deste século: jovens demoram muito mais a amadurecer, sair de casa e ser independentes. As pesquisas revelam que "a maturidade emocional de um jovem, sua autoimagem e seu discernimento são afetados até que o córtex pré-frontal seja totalmente desenvolvido". E isso só acontece aos 25 anos.

Então o culpado é o córtex? Não é por falta de esforço dos filhos. Nem por superproteção dos pais. Tampouco é porque a competitividade exige mais estudos e especializações. Quanto mais eles se preparam, menos se sentem aptos a viver como gente grande. Por uma mistura de insegurança pessoal, liberdade e mordomia na casa dos pais, muitos jovens se paralisam, especialmente nas famílias de classe média para cima, no Brasil. Não é "qualquer trabalho" que os realizará. Criticam os pais. Acham que eles fizeram concessões demais à sobrevivência e à prole: "Quem mandou vocês darem tudo para mim?".

Antes, era diferente. Aos 18 anos, os cinquentões de hoje só pensavam em sair da casa dos pais. Era preciso ter um emprego, não necessariamente o dos sonhos. Bastava que o salário fosse suficiente para não depender de pai e mãe, alugar um quarto e sala, poder dormir com o namorado ou a namorada, chegar tarde em casa. Se o emprego se relacionasse aos estudos, que privilégio! Almejávamos múltiplos destinos, mas não havia tempo nem grana para experimentar primeiro e decidir depois. Ralávamos a alma para ascender rápido. Só soube agora que meu córtex pré-frontal não estava totalmente desenvolvido quando saí de casa aos 21 anos. Se me chamassem de adolescente, me sentiria ofendida.

"A ideia de que de repente, aos 18 anos, a pessoa já é adulta não é bem verdade", disse à BBC a psicóloga infantil Laverne Antrobus, da Clínica Tavistock, em Londres. "Minha experiência com jovens sugere que eles ainda precisam de muito apoio e ajuda além dessa idade." Diante da extrema condescendência com quem tem 18 ou 25 anos, penso em quem tem 60 ou 80. Não sei em que idade o ser humano pode prescindir de apoio ou ajuda. Dos pais, filhos, parceiros e amigos.

"Amadurecer é um termo complexo, e sabemos que não se limita à independência financeira", diz a psicanalista Eliane Mendlowicz. "Crescer, dar adeus à proteção dos pais, enfrentar um certo desamparo é uma tarefa árdua, mas vale a pena por seu efeito libertador." Mesmo assim, trintões e trintonas continuam na casa de papai e mamãe. "Frequentemente se apontam razões econômicas para esse fenômeno", diz o professor de sociologia Frank Furedi, da Universidade de Kent, na Inglaterra. "Mas houve também uma perda da aspiração por independência. Quando fui para a universidade, se fosse visto com meus pais, decretaria minha morte social."

Muitos pais financiam filhos casados. Não é raro que filhos divorciados voltem a morar com o pai ou com a mãe. São chamados de "filhos bumerangues". "Há também os pais que estimulam o comportamento infantil dos filhos para evitar o 'ninho vazio'", diz Eliane. Outros, que acreditavam ter criado o filho para ser independente, reagem com sentimentos que se alternam: resignação, preocupação, irritação e perplexidade. O que deu errado?

"Os pais desejam que seus filhos sejam lindos, magros, inteligentes, carismáticos, felizes, competentes, amados. E o que querem os jovens hoje? Buscam aflitos uma maneira de cumprir tantos ideais", diz a psicanalista Gisela Haddad. Para ela, essa geração precisa encarar um fato: "O futuro está em aberto, e tudo pode ser possível". Paradoxalmente, isso tem causado, segundo Gisela, pânicos, depressões, vícios em drogas.

Uma pesquisa com mais de 2 mil entrevistados entre 18 e 30 anos, em seis capitais do Brasil, mostrou que 70% não se sentem preparados para enfrentar o mercado de trabalho. Culpam a universidade por não oferecer aulas práticas e não orientar para o empreendedorismo. Sempre foi assim. A universidade nunca formou profissionais prontos.

A legislação tenta se adequar aos novos tempos. Em agosto, o Senado aprovou projeto que aumenta o limite de idade para dependentes no Imposto de Renda dos atuais 21 para 28 anos, ou mesmo 32, quando cursarem universidade ou escola técnica.

O córtex tem pouco a ver com isso. Como diz o psiquiatra Luiz Alberto Py, "o amadurecimento cortical é perfumaria, apenas um álibi". A adolescência é cultural, depende do país e da sociedade. O fenômeno fisiológico é a puberdade. "Crianças de rua não têm adolescência, só puberdade. Rapidamente se tornam adultos."

Prolongar a adolescência além dos 18 anos é prolongar a angústia. O jovem não é tão despreparado quanto teme. Nem tão brilhante quanto gostaria.

AQUINO, Ruth de. *Época*, n. 802, 7 out. 2013, p. 114.

Análise do texto

1 De acordo com o primeiro parágrafo, o período da adolescência se estendeu em nosso século. Antes, essa fase da vida findava aos 18 anos e, atualmente, segue até os 25 anos.

a) Explique por que os pesquisadores chegaram a essa conclusão, tendo em vista as mudanças no comportamento dos jovens nos últimos tempos.

b) Diante desse fato, qual foi a reação da articulista, ao mencionar certas previsões dos neurocientistas? Justifique sua resposta com base no primeiro parágrafo.

c) Nesse caso, qual é a **tese** ou ponto de vista exposto pela autora no primeiro parágrafo?

2 Além das argumentações, o texto apresenta ideias que visam promover o debate. Por isso, trata-se de um **artigo de opinião**.

a) No segundo parágrafo, de que modo se dá **progressão** ou continuidade às argumentações?

b) Quais das justificativas lhe parecem mais adequadas? Troque ideias com os colegas e exponha suas argumentações.

3 Segundo a articulista, os jovens da geração atual muitas vezes se empenham, mesmo quando os pais os superprotegem. Nesse caso, por que eles ainda se consideram despreparados para viver como adultos?

- Apesar dos estudos e títulos conquistados, os jovens parecem temer uma emancipação natural e necessária. Segundo o texto, alguns filhos criticam os pais, dizendo: "'Quem mandou vocês darem tudo para mim?'". Você acha que a crítica faz sentido? Justifique sua resposta.

4 No desenvolvimento do terceiro parágrafo, observe que a articulista retorna ao passado, para comparar a adolescência em épocas bem diversas.

a) Em que aspectos a adolescência atual e a dos cinquentões de hoje apresentam características opostas?

b) O que se destaca no comportamento da geração passada que sugere uma grande vontade de ser "gente grande" bem cedo?

5 Com o objetivo de reforçar suas argumentações, a articulista pode utilizar depoimentos de pesquisadores e de psicólogos, como ocorre no texto. De acordo com uma psicóloga londrina consultada, determinar quando uma pessoa se torna adulta é complexo. Que argumentos ela desenvolve para justificar essa afirmação?

6 No quinto parágrafo, uma psicanalista brasileira mencionada no artigo explica que o amadurecimento não acontece somente em função da independência financeira.

a) Você concorda com a psicanalista, quando ela diz que sair de casa e amadurecer são situações difíceis, mas podem gerar um sentimento de liberdade? Esclareça sua resposta.

b) Outras justificativas que tentam explicar o prolongamento da adolescência hoje seriam a questão econômica e o desinteresse por independência. Em sua opinião, essas razões procedem? Por quê?

c) No texto, um professor inglês de sociologia relembra o seguinte fato de sua vida de jovem: "Quando fui para a universidade, se fosse visto com meus pais, decretaria minha morte social.". Que relação esse fato apresenta com o conteúdo exposto?

7 Identifique a alternativa que não condiz com o conteúdo desenvolvido no artigo.

a) Os filhos recriminam os pais que foram por demais condescendentes com suas falhas e se preocuparam em prover-lhes materialmente.

b) Embora os jovens possam, muitas vezes, escolher o seu próprio futuro, nem sempre mostram discernimento para fazê-lo, pois se julgam inaptos.

c) Os jovens da geração atual precisam se preparar cada vez mais para atingir seus objetivos e estão dispostos a competir entre eles.

d) A segurança na casa dos pais não impediu que a geração passada logo enfrentasse os desafios e buscasse ter independência econômica.

e) Os adolescentes de hoje questionam a falta de estrutura nas faculdades para aqueles que desejam se preparar como empresários.

8 No sexto parágrafo, observe que os pais acabam adotando medidas menos comuns, diante da necessidade de amparar os filhos.

a) Segundo o texto, há pais que ajudam os filhos casados em seus compromissos financeiros e também os recebem de volta quando divorciados, ou querem mantê-los por perto, como crianças. Qual é seu ponto de vista em relação a esse comportamento dos pais? Exponha suas opiniões, depois de trocar ideias com os colegas.

___

___

___

b) Como adolescente, que argumentos você poderia expor aos pais que desejam felicidade e sucesso para os filhos? Converse com os colegas antes de responder.

___

___

___

9 Conforme outra psicanalista entrevistada, os pais querem filhos perfeitos, e estes procuram não decepcioná-los, mesmo sendo quase impossível impedir a frustração.

a) Observe que a **interrogação** é utilizada de novo, no final do sexto parágrafo e no meio do sétimo. Explique com que objetivo ocorre o emprego desse recurso.

___

___

b) Segundo o texto, essa mesma psicanalista apresenta uma argumentação crítica em relação ao comportamento dos adolescentes da atual geração. Que crítica é essa?

___

___

___

c) Ao mencionar o resultado da pesquisa realizada em algumas faculdades do país, a articulista utiliza a exemplificação como recurso, para enfatizar uma crítica pessoal. Comente essa crítica.

d) Em seguida, a articulista desenvolve outras argumentações sobre um projeto legislativo apresentado pelo Senado. O que visa esse projeto com a resolução divulgada?

10 Ao retomar a ideia inicial sobre o córtex pré-frontal, a articulista cita a frase de um psiquiatra brasileiro: "'o amadurecimento cortical é perfumaria, apenas um álibi'". O que ele quis dizer com essa afirmação?

a) Segundo o artigo: "A adolescência é cultural, depende do país e da sociedade.". Explique por quê.

b) Na conclusão, por que a articulista considera o aumento do período da adolescência uma "angústia"?

c) Como se pode interpretar as duas frases finais do artigo de opinião?

11 O artigo de opinião em estudo apresenta argumentações críticas contra o prolongamento da adolescência após os 18 anos.

a) Que tipo de variedade linguística foi empregada no texto? Justifique sua resposta com base em exemplos.

b) Em que pessoa e tempo verbais a articulista expôs suas opiniões sobre a adolescência prolongada e suas consequências? Justifique sua resposta.

12 Leia o trecho a seguir e identifique o sentido expresso pelos conectores em destaque, que estabelecem coesão entre orações e termos: "**Mas** houve **também** uma perda da aspiração **por** independência. **Quando** fui **para** a universidade, **se** fosse visto **com** meus pais, decretaria minha morte social.".

13 Observe os elementos que introduzem o segundo e o terceiro parágrafos, e explique como a articulista mantém a coesão entre os dois.

Capítulo 16

Gêneros que argumentam com imagens II

Gênero textual: campanha comunitária

• Preparando

Leia o texto a seguir, que fez parte de uma campanha comunitária de grande alcance social.

MINISTÉRIO PÚBLICO DO TRABALHO

Gol, n. 155, fev. 2015, p. 15.

1 A produção de um texto de **campanha comunitária** é uma iniciativa da sociedade civil (às vezes, em parceria com o setor público) para resolver diretamente um problema ou pressionar autoridades a fazê-lo.

a) No texto em estudo, quem são os responsáveis pela divulgação da campanha em defesa de nossas crianças?

b) Com que finalidade ou objetivo foi criada a campanha em estudo?

c) O que motivou a organização de uma campanha em defesa dessas crianças?

2 O **título** do texto de uma campanha apresenta, em geral, um conteúdo chamativo e intrigante. No título em questão, que mensagem se quis transmitir às pessoas?

3 Observe a utilização das cores e da foto nesse texto, e também as frases destacadas em letras maiores.

a) O que desperta nossa atenção, ao contemplar a foto e sua composição?

b) Além do título da campanha, há uma frase com letras expressivas, no canto inferior direito da foto: "Não compro". Que sentido ela apresenta no texto?

4 Abaixo da imagem, vê-se o **corpo** do texto da campanha, que resume as ideias principais sobre o assunto.

a) O texto de campanha comunitária visa convencer as pessoas a participar das ações propostas e, por isso, utiliza **argumentos**, ou seja, razões apresentadas para convencer alguém de determinado ponto de vista. Qual é o ponto de vista defendido pelo texto da campanha?

b) Em cada um dos três períodos que compõem o corpo do texto, quais são as **argumentações** mais convincentes?

5 O texto que apresenta argumentos e elementos persuasivos para convencer alguém sobre determinada opinião é chamado **texto argumentativo**.

a) Em geral, encontra-se nesse tipo de texto o emprego de verbos no imperativo. Identifique o uso desse recurso e o efeito que ele produz no contexto.

b) Explique por que há o predomínio de verbos no presente, tanto no título como no corpo do texto.

6 Na parte final do texto, do lado esquerdo e em cor vermelha, vê-se o **logotipo** do Ministério Público do Trabalho e o nome do setor relacionado às questões da infância.

a) O que poderia representar a imagem em vermelho desenhada no lado esquerdo do logotipo?

b) À direita do logotipo, se observa a seguinte frase: "Trabalho infantil não é legal.". Com que objetivo a campanha expõe esse argumento?

7 Que tipo de variedade linguística foi empregado no texto da campanha em estudo? Por que se fez essa opção?

- Qual é o seu ponto de vista sobre a organização de campanhas comunitárias como essa em questão? Exponha seus argumentos sobre o assunto, desenvolvendo uma linguagem persuasiva.

• Sistematizando

Os textos de **campanhas comunitárias** têm caráter **persuasivo**, como os anúncios publicitários, e também, muitas vezes, **instrucional**, pois orientam o leitor sobre como participar das iniciativas propostas. Normalmente, as atitudes estimuladas pelas campanhas vão beneficiar o próprio público-alvo e toda a comunidade.

Portanto:

> **Campanha comunitária** é uma situação comunicativa promovida pela sociedade civil organizada, na qual são usados textos verbais e não verbais em cartazes, anúncios, *outdoors* e similares, com o objetivo de persuadir e instruir o público a tomar uma atitude de interesse coletivo.

• Produção de texto: campanha comunitária

1ª proposta — Produção de texto para uma campanha contra o uso de celular na direção

A seguir, veja a imagem criada para uma campanha contra o uso do celular na direção.

DETRAN-SP/SECRETARIA DE PLANEJAMENTO E GESTÃO/GOVERNO DO ESTADO DE SÃO PAULO

- Observe bem a imagem: trata-se de uma foca que parece estar na direção de um veículo. O título da campanha é: "Não use o celular na direção". O *slogan* é: "Foca no trânsito".
- Organize-se com seu grupo e criem um texto persuasivo para essa campanha comunitária, em apoio aos responsáveis pela iniciativa. Incentivem os cidadãos a utilizar o celular em segurança e nunca ao dirigir.
- Criem outro *slogan* e outro título e determinem o público-alvo da campanha. Uma vez definidos esses elementos, criem um texto para divulgar a campanha. Imaginem que ele será publicado num jornal ou revista que o grupo vai escolher.
- Empreguem uma linguagem clara, objetiva e persuasiva, com argumentos convincentes. Usem o modo imperativo. A variedade linguística deve estar de acordo com o público a ser atingido.
- Preparem os argumentos, exponham a finalidade da campanha, as ideias e informações sobre o assunto, o resultado que se espera e o modo de participar.
- Coloquem o nome dos organizadores da campanha. Se quiserem, criem uma empresa ou entidade fictícia para ser a organizadora. Usem essa imagem ou, se preferirem, pesquisem e escolham outras.

- Troquem o texto com outro grupo e avaliem o título, o *slogan* e o logotipo elaborados para a campanha. Verifiquem se eles estão criativos e atraentes.
- Observem se o texto apresenta bons argumentos, se há o emprego adequado da variedade padrão ou não padrão e do modo imperativo. Vejam também se o texto está claro quanto aos objetivos da campanha e às informações transmitidas.
- Façam as modificações sugeridas para o texto de seu grupo, caso sejam necessárias, e passem-no a limpo. Numa folha de cartolina, colem a imagem selecionada e, se quiserem, também outras imagens de apoio. Se preferirem, façam o cartaz no computador e imprimam-no depois.
- Sob a orientação do professor, divulguem o texto da campanha junto com os colegas na escola e na comunidade de seu bairro.

2ª proposta — Produção de texto para uma campanha em defesa da educação inclusiva

Observe a imagem a seguir, leia o título da campanha e as informações relativas a seu lançamento.

RAIMUNDO NONATO PENHA SOARES/MINISTÉRIO PÚBLICO DO ESTADO DO MARANHÃO

MPMA LANÇA CAMPANHA EM DEFESA DA EDUCAÇÃO INCLUSIVA

O Ministério Público do Maranhão (MPMA) lança, na próxima segunda-feira, 14 de setembro, às 9h, no auditório da Procuradoria Geral de Justiça (Rua Oswaldo Cruz, 1396 — Canto da Fabril), a campanha "Educação Inclusiva: Direito de Todos".

Com o objetivo de promover a convivência com as diferenças e exigências legais da educação inclusiva no cotidiano escolar, a campanha é uma iniciativa conjunta da 2ª Promotoria de Justiça de Defesa da Educação e das Promotorias de Justiça da Pessoa com Deficiência de São Luís.

A campanha tem como público-alvo gestores de educação, associações, escolas públicas e particulares, além da sociedade civil. O lançamento terá a presença da procuradora-geral de justiça, Regina Lúcia de Almeida Rocha.

Também participarão da solenidade, além da titular da 2ª Promotoria de Justiça de Defesa da Educação, Maria Luciane Lisboa Belo; os titulares das 1ª e 2ª Promotorias de Justiça de Defesa dos Direitos da Pessoa com Deficiência, Ronald Pereira dos Santos e Marinete Ferreira Silva Avelar, respectivamente; os promotores Lindonjonson Gonçalves de Sousa, que responde pela 18ª Promotoria de Justiça de Substituição Plena da Capital, e Paulo Avelar, da 1ª Promotoria de Justiça de Defesa da Educação.

Disponível em: <https://www.mpma.mp.br/index.php/lista-de-noticia-gerais/10801-mpma-lanca-campanha-em-defesa>. Acesso em: 25 abr. 2019.

Agora siga estas orientações.

- Com base nas informações desse texto e de uma pesquisa sobre o assunto, você e seu grupo vão elaborar um texto de campanha comunitária em defesa da educação inclusiva. Vocês tanto podem ter como foco a necessidade de uma educação de qualidade para todos, nas escolas das redes pública e privada, como podem escolher outros temas. Por exemplo, a criação de um sistema de ensino que tenha como referência países onde a educação é sucesso, entre eles Finlândia, Alemanha, França, Coreia do Sul, Chile e outros.
- Você e seu grupo vão criar um nome, um *slogan* e um logotipo para a campanha que escolheram fazer.
- Redijam um texto argumentativo para a campanha comunitária. Pensem em argumentos para convencer o público e usem o modo imperativo. Para atrair a atenção do leitor e incentivá-lo a participar da campanha, tratem-no por "você".
- Imaginem que, assim como o exemplo apresentado, o texto será veiculado em jornal ou revista de grande circulação. Empreguem, portanto, a variedade padrão da língua.
- Se quiserem, além do logotipo, acrescentem outras imagens de apoio ao texto verbal. Exponham em que consiste a campanha e qual é sua finalidade. Não se esqueçam de mencionar quem são os organizadores da campanha.
- Troquem o texto com outro grupo e avaliem se o nome, o *slogan* e o logotipo elaborados para a campanha estão criativos e atraentes.
- Verifiquem se o texto apresenta bons argumentos, se emprega a variedade padrão e o modo imperativo. Vejam, também, se os objetivos da campanha e as informações sobre como participar dela estão claros.
- Façam as modificações sugeridas para o texto de seu grupo, caso sejam necessárias, e passem-no a limpo numa folha apropriada, com as imagens de apoio. Se preferirem, façam o trabalho no computador.
- Com a ajuda do professor, selecionem dois dos trabalhos realizados pela classe e exponham-nos na escola.

3ª proposta — Produção de texto de campanha comunitária com base em tema

Em um grupo, você vai criar o texto de uma campanha comunitária sobre um destes temas:

- Incentivo à doação de sangue.
- Combate à fome.
- Estímulo à leitura.
- Combate à violência.

Leiam estas sugestões:

- Definam o tema da campanha e o público-alvo.
- Pensem na melhor maneira de veicular a mensagem: um anúncio no jornal do bairro, um cartaz no mural da escola, um folheto, etc. Com base nessa informação, definam o tamanho e o formato do texto. Seja como for, ele deve combinar texto verbal e não verbal (imagem).
- Criem um título atraente e persuasivo. No texto, escrevam o objetivo da campanha, quais são as ideias ou informações sobre o assunto, que resultado se espera e como os interessados devem entrar em contato para participar.
- Também criem um logotipo (com slogan e desenho) bem expressivo para a campanha.
- Empreguem linguagem persuasiva, objetiva e clara, e usem o modo imperativo.
- Terminado o trabalho, avaliem se as instruções foram seguidas e passem tudo a limpo em uma folha de cartolina.
- Sob a orientação do professor e com os demais grupos, divulguem o texto da campanha na escola.

Capítulo 17

Charge e cartum

Gêneros textuais: charge e cartum

O efeito humorístico pode acontecer pela associação entre as linguagens verbal (palavra) e não verbal (imagens), ou apenas pelo emprego da imagem. O humor, muitas vezes, representa um recurso utilizado na construção do sentido, para relatar fatos cotidianos e acontecimentos de relevância mundial, com maior leveza. Dentre os gêneros textuais que trabalham o humor, destacam-se a charge, o cartum, a anedota, a história em quadrinhos e a crônica humorística.

• Preparando

Charge

Leia a **charge** a seguir e observe que a produção do humor visa não apenas o riso, mas também a crítica, fazendo o leitor refletir sobre os fatos.

ARIONAURO. *Arionauro Cartuns*, 17 jul. 2017. Disponível em: <http://www.arionaurocartuns.com.br/search?q=aluguel>. Acesso em: 2 maio 2019.

Nesse texto, o chargista utiliza tanto a linguagem verbal como a não verbal, e a interpretação das palavras e do desenho é igualmente importante. Além da criação do cômico, essa charge apresenta uma crítica social, ao denunciar a carência de nosso sistema habitacional, que não consegue atender à necessidade de moradia de cidadãos com menos recursos.

Observe que há dois personagens na charge, e é possível concluir pela fala daquele que pretende alugar a "moradia" que a negociação entre eles foi longa. Porém, o emissor não se deixa convencer pelo outro, que seria um morador de rua. A crítica está presente ainda nas referências à precariedade das habitações populares, à exigência imposta para a aquisição da casa própria e aos elevados preços dos aluguéis, em meio à crise atual. Conheça ainda outras características da charge.

• Sistematizando

A **charge** faz parte do material de opinião do chargista, aquele em que o autor expressa seu ponto de vista sobre determinado assunto. É apresentada em jornais e revistas e, em geral, localiza-se na página de editoriais, a página nobre.

A compreensão da crítica feita pelo chargista depende da cumplicidade estabelecida entre autor e leitor. Por isso, o leitor precisa ter um conhecimento prévio do assunto abordado e conhecer as circunstâncias, os personagens e os fatos retratados. Assim, para interpretar uma charge, é preciso não se esquecer do **contexto em que ela foi elaborada**.

Uma boa charge procura um assunto atual e busca ir direto aonde está centrado o interesse do público leitor. A mensagem contida na charge é eminentemente interpretativa e crítica, e pelo seu poder de síntese pode ter peso de um editorial.

A palavra originou-se do francês *charger*, que significa "carga" ou "exagero". Isso quer dizer que a charge é uma espécie de ilustração que exagera nos traços do caráter de alguém ou de algo, com o objetivo de provocar o riso. É comum a charge apresentar um conteúdo de crítica social ou política. Por meio de desenhos humorísticos, o chargista registra sua opinião sobre certos fatos do cotidiano, satirizando-os.

Esse gênero foi criado no início do século XIX, como forma de protesto, por críticos e opositores de determinados governos, que chegaram a ser perseguidos e presos por isso. Como representa um desenho satírico, tornou-se popular e continuou existindo ao longo dos tempos. É importante saber que a charge traz sempre uma crítica sobre acontecimentos recentes noticiados pelos jornais. Nesse caso, é necessário estar a par do contexto dos fatos para entender o texto.

A charge satiriza um fato específico, situado no tempo e no espaço. Seus personagens, quase sempre, são personalidades públicas, um político ou artista, por exemplo. E o chargista "vai à carga", atacando com ironia e mordacidade uma situação política ou social de interesse público.

Portanto:

Charge é um desenho humorístico, acompanhado ou não de texto verbal, que critica um fato ou acontecimento específico recente, atual. Em geral, aborda temas sociais, econômicos e, principalmente, políticos.

• Preparando

Cartum

Outro tipo de texto humorístico é o **cartum**. Espécie de anedota gráfica sobre o comportamento humano, o cartum pode usar apenas linguagem não verbal ou misturá-la com a verbal. Em geral, aborda situações atemporais e universais, isto é, que poderiam acontecer em qualquer tempo ou lugar. Leia o exemplo de cartum na página seguinte.

Observe que, no texto, o cartunista explorou somente a linguagem não verbal ou visual, ao retratar relógios suspensos no ar. Eles simbolizam o tempo e marcam todos a mesma hora. O personagem do cartum é um senhor de certa idade, que traz uma bengala ou cajado na mão direita e, na esquerda, uma redinha de caçar borboletas. Usa óculos e parece ter barba comprida.

© CAULOS

CAULOS. *Só dói quando eu respiro*. Porto Alegre: L&PM, 2001, p. 74.

Ao associar os relógios marcando a mesma hora e o senhor correndo para capturá-los com sua rede, no mesmo momento, o cartunista dá a entender que o personagem tenta deter a passagem do tempo. Como a temática abordada é atemporal, isto é, pode se situar em qualquer tempo e lugar, o texto representa um cartum e não uma charge. Isso porque a charge retrata um fato atual, que ocorre em nossa época.

• Sistematizando

O **cartum**, assim como a charge, é um gênero textual humorístico que satiriza comportamentos humanos ou questões sociais. O termo provém da palavra inglesa *cartoon*, que significa "esboço ou modelo desenhado em cartão".

Em geral, o cartum aborda situações que poderiam acontecer em qualquer tempo ou lugar, e os personagens representam, quase sempre, pessoas comuns e anônimas.

Há diferenças entre o cartum e a charge. O **cartum** é uma anedota gráfica cujo tema é universal, atemporal, compreendido por todos, independentemente do lugar e do tempo. A **charge** também é uma anedota gráfica, mas critica fatos e pessoas relacionados ao momento presente ou recente. Por isso, quando a charge é mais antiga, torna-se mais difícil compreendê-la, pois é necessário conhecer o contexto da época em que foi produzida. No caso do cartum, é possível entendê-lo em qualquer momento.

O cartum pode empregar somente a linguagem não verbal ou misturá-la com a verbal. Apresenta grande sutileza, por isso exige bastante apuro artístico.

Concluindo:

Cartum é um texto humorístico que usa a linguagem não verbal, combinada ou não com a verbal. Normalmente, retrata situações universais e atemporais, satirizando os costumes humanos.

Oficina Trabalhando charges e cartuns

1 Leia a charge a seguir e observe a imagem.

ARIONAURO. *Arionauro Cartuns*, 2 out. 2018. Disponível em: <http://www.arionaurocartuns.com.br/search/label/tr%C3%A2nsito>. Acesso em: 2 maio 2019.

a) Nessa charge, o autor utiliza tanto a linguagem verbal como a não verbal. Com que intenção ele produziu esse texto?

____

____

b) De acordo com a imagem, que outros problemas são expostos no desenho gráfico?

____

____

____

c) Que características o chargista destaca no personagem como motorista?

____

____

____

d) De que forma o autor conseguiu criar humor, mostrando uma cena trágica?

____

____

____

2 Leia o cartum de Quino.

QUINO. Disponível em: <http://cartum.wordpress.com/category/quino/>. Acesso em: 2 maio 2019.

a) No texto, o desenhista argentino Quino faz uma sátira ao comportamento humano. Narre os fatos apresentados no cartum.

____

____

____

b) Qual foi o objetivo do cartunista ao criar esse desenho?

____

____

c) Em que momento o autor conferiu humor ao texto? Por quê?

____

d) O cartunista explorou somente a linguagem visual ou não verbal no texto. A seu ver, o acréscimo de um texto verbal enriqueceria o trabalho? Justifique-se.

____

____

3 O texto a seguir aborda um assunto polêmico.

BENNET. *Folha de S.Paulo,* 29 set. 2016. Opinião. Disponível em: <https://fotografia.folha.uol.com.br/galerias/46285-charges-setembro-de-2016#foto-641477>. Acesso em: 2 maio 2019.

a) Pode-se dizer que é possível confundir essa charge com um cartum? Explique por quê.

b) Como já se observou, a charge é um texto crítico que expõe a opinião do autor sobre um tema político, econômico ou social. Na charge em estudo, que tipo de crítica o chargista apresenta? Qual é o conteúdo do texto?

c) Por que a reforma da Previdência se tornou um assunto tão debatido em nossa sociedade? Informe-se, se necessário.

d) De acordo com a charge, qual é a opinião do chargista sobre o assunto?

e) Que recursos o autor utilizou na produção do humor, tornando o texto criativo?

4 No texto a seguir, o autor usou as linguagens verbal e não verbal.

NANI. *Ruídos na comunicação,* 7 maio 2013. Disponível em: <http://www.nanihumor.com/2013/05/ruidos-na-comunicacao.html>. Acesso em: 2 maio 2019.

a) Qual é a cena apresentada no cartum?

b) Pode-se dizer que o garçom interpretou o pedido do cliente ao pé da letra? Por quê?

c) Essa cena foi retirada de um livro chamado *Ruídos* na *comunicação*. Que outras expressões podem levar a confusões como essa feita pelo garçom?

5 A charge a seguir apresenta uma crítica que é frequente. Leia o texto.

ARIONAURO. *Arionauro Cartuns,* 11 abr. 2016. Disponível em: <http://www.arionaurocartuns.com.br/search?q=caos+na+sa%C3%BAde+p%C3%BAblica>. Acesso em: 2 maio 2019.

a) A imagem sugere, com clareza, um problema que preocupa a todos que precisam do nosso sistema de saúde. O que o chargista denuncia em seu trabalho?

____

____

____

b) Qual é a crítica feita pelo autor, dentre as diversas irregularidades no sistema de saúde pública?

____

____

____

c) Com base no texto, o que se pode concluir em relação ao humor dessa charge?

____

____

____

6 Observe este cartum de Quino e o quadrinho que o sucede.

QUINO. Disponível em: <http://cartum.wordpress.com/category/quino/>. Acesso em: 2 maio 2019.

a) Os personagens do cartum estão num laboratório de química. O que aconteceu com o personagem da esquerda?

b) Veja agora os balões do quadrinho. Qual é a semelhança entre esses balões e o balão do cartum? E qual é a diferença?

c) Com base na comparação dos dois textos, explique o humor do cartum de Quino.

• Produção de texto: charge e cartum

1ª proposta — Produção de charges

Organizem-se em grupos, sigam as instruções e criem textos humorísticos. Observe esta charge de Arionauro, que faz crítica à poluição urbana, prejudicial ao meio ambiente e à saúde das pessoas.

© ARIONAURO

ARIONAURO. *Arionauro Cartuns*, 4 abr. 2016. Disponível em: <http://www.arionaurocartuns.com.br/search?q=praia>. Acesso em: 3 maio 2019.

- Para criar o texto, vocês podem se basear nessa ou em outras charges encontradas na internet. Lembrem-se de que o assunto deve ser um fato polêmico atual que mereça uma crítica social ou política.
- Vocês também podem pesquisar notícias e escolher uma delas para a criação da charge. Leiam jornais e revistas atuais ou pesquisem na internet notícias sobre pessoas ou fatos em destaque no momento, a respeito dos quais vocês poderão fazer uma crítica social ou política. Por exemplo, uma notícia sobre meio ambiente, tecnologia, futebol, política, turismo, propaganda, cinema, entre outros assuntos.
- Reescrevam o texto várias vezes até concluírem que o conteúdo humorístico ficou bom e que as charges ou as notícias escolhidas foram bem utilizadas como referência. Lembrem-se de que o texto deve ser curto.
- Em uma folha avulsa, desenhem os personagens da charge, o lugar e os balões com as falas. Pode haver um breve diálogo, se julgarem necessário. Seria interessante dar um título à charge, relacionando-o ao conteúdo.
- Antes da conclusão do trabalho, troquem o texto com os colegas de outro grupo. Alterem o que for preciso após as sugestões recebidas e finalizem o texto.
- Ao término da produção, organizem um "Painel de charges" com os textos e exponham o trabalho na biblioteca da escola ou na própria sala. Assim, todos poderão ler e conhecer os textos produzidos.

2ª proposta — Produção de cartum

- Criem o cartum em grupo. Para isso, vocês podem empregar somente a linguagem não verbal, ou combiná-la à linguagem verbal.
- O conteúdo e os personagens do cartum poderão ser, por exemplo, políticos e cidadãos, motoristas e celular, aeroporto e passageiros, crianças e seus pais, etc., ou então temas como a desigualdade social, a violência urbana ou a imigração no mundo. No cartum, o conteúdo não precisa se referir apenas ao momento presente, mas não se esqueçam de que o texto deve ser crítico e humorístico.
- Caso seja necessário, consultem outros exemplos de cartuns na internet e usem o conteúdo de um deles para a produção do próprio texto. Façam o desenho em uma folha avulsa e escrevam o texto verbal, se houver. Avaliem a produção de acordo com as sugestões da proposta anterior.

Produção e estilo — A linguagem persuasiva no texto

• Preparando

Leia o anúncio publicitário a seguir.

PLURAL

IstoÉ, n. 2492, 20 set. 2017.

1 Vimos como produzir um texto persuasivo, ao trabalhar o anúncio publicitário. Agora, vamos conhecer melhor outras características da linguagem persuasiva.

a) Com que objetivo o anunciante utilizou como imagem uma carteira de sala de aula, colocando-a no centro do texto?

b) Explique por que a imagem representa um elemento de persuasão importante.

2 Releia o título do anúncio, que se relaciona com a imagem: "Onde falta educação, sobra sonegação".

a) Observe que a frase expressa uma antítese, ao opor o sentido dos verbos *faltar* e *sobrar*. Pode-se dizer que, no contexto, *educação* se opõe a *sonegação*? Por quê?

b) Que mensagem o anunciante nos transmite por meio do título?

3 Segundo o texto do anúncio, a sonegação no setor de combustíveis constitui um exemplo de desvio de altos valores.

a) Com que finalidade o anunciante produziu esse texto, empregando a linguagem persuasiva?

b) Que elementos de persuasão foram utilizados no texto para influenciar o leitor e fazê-lo se posicionar?

4 O uso do modo imperativo também representa um recurso persuasivo, como se observa no anúncio em estudo. Em que frases do texto houve o emprego do imperativo, e que sentido ele expressa em cada frase?

5. Na parte inferior do anúncio, encontra-se um logotipo que representa o movimento pelo uso de combustível legal.

a) Que tipo de linguagem foi utilizada na composição desse logotipo e o que ele expressa?

b) Qual é o *slogan* desse anúncio publicitário e o que ele visa transmitir ao leitor?

6. Na parte inferior do anúncio, há o registro de várias entidades que participam da campanha, possivelmente com o apoio do Ministério da Educação (conforme registro no canto inferior direito do quadro: "Fonte: MEC 2016"). Explique o que contribuiu para que tantos órgãos se unissem na elaboração e divulgação desse anúncio publicitário.

7. Observe que outros elementos também foram usados para convencer o leitor a participar da iniciativa. Na lateral esquerda do quadro, que recursos também funcionam como formas de persuasão?

8. Os elementos de persuasão do anúncio são: o emprego de uma imagem significativa, a linguagem persuasiva e o uso de verbos no imperativo, além do convite para acesso ao vídeo do movimento e ao *site* com informações sobre o assunto. Explique por que a possibilidade de o leitor assistir ao vídeo e ter acesso ao *site* do movimento são elementos persuasivos.

• Sistematizando

Persuasão é a arte de conseguir influenciar as pessoas com suas ideias, tornando-as adeptas de seus conceitos. Por isso, é essencial escolher uma linguagem adequada à comunicação, de acordo com o público-alvo.

É preciso empregar os recursos expressivos da linguagem persuasiva, presentes em determinados gêneros textuais, como o anúncio publicitário, o manual de instruções, a receita culinária, os regulamentos, as regras de jogo, a campanha comunitária, entre outros. Como se pôde observar, nos textos publicitários, o principal objetivo é convencer o leitor a fazer (ou deixar de fazer) algo. Por exemplo, no anúncio analisado, o que se deseja é que as empresas das redes de abastecimento de combustíveis deixem de sonegar o imposto devido ao governo. Para isso, é necessário que os consumidores cobrem seus direitos, exigindo, por exemplo, a emissão da nota fiscal de compra do combustível, o que evita, entre outras coisas, o fornecimento de produtos ilegais ou adulterados.

Para alcançar tal objetivo, o anunciante concentra-se no interlocutor, apelando para sua sensibilidade ou suas emoções: "quanto mais sonegação, menos alunos nas escolas", "Todo mundo sai ganhando". Como vimos, é frequente o uso do modo imperativo, que exprime ordem, pedido, conselho ou incitação: "**Chega** de impunidade, **faça** sua parte!", "**Acesse** e **apoie** agora: www.combustivellegal.com.br".

Quando o enunciado visa o interlocutor, tentando influenciar seu comportamento, como ocorre no anúncio, é empregada a função **apelativa** da linguagem. No entanto, o texto apresenta também argumentações racionais, como os esclarecimentos sobre os danos causados à educação pela sonegação. Observe que a linguagem empregada pelo anunciante gera um efeito de atração e de persuasão, principalmente porque utiliza determinadas características voltadas ao interlocutor-alvo, no caso, o consumidor brasileiro.

Oficina Trabalhando a persuasão

1 O texto a seguir apresenta orientações sobre como manter o corpo saudável e em equilíbrio. Leia-o e depois responda às questões.

RECARREGUE A BATERIA

Não é raro, nesta época do ano, sentir que a energia está acabando. Confira cinco atitudes infalíveis para despertar seu corpo

Cuide do prato

Fracionar as refeições não é uma estratégia usada exclusivamente para perda de peso. Ela também ajuda a manter os níveis de açúcar, que geram energia para o corpo. Priorize alimentos com baixo índice glicêmico, como cereais ricos em fibras e carboidratos integrais, que não provocam picos de açúcar no sangue — estes dão energia instantânea, mas ela dura pouco.

Ajuste o sono

A qualidade é mais importante que a quantidade de horas dormidas. Para conquistá-la, além de tomar um banho relaxante antes de deitar, você pode usar aplicativos (como o *Sleep Better*) que monitoram os ciclos do seu sono durante a noite toda e, como um despertador inteligente, calculam a melhor hora para você acordar. [...]

Tome água

Um estudo publicado no *site* americano *Journal of Nutrition* mostrou que a desidratação pode provocar tristeza, dificuldade de foco e cansaço. Para saber se você está bebendo a quantidade certa de água, fique de olho na cor da urina: quanto mais clara ela estiver, melhor. Dica: gengibre misturado à água e chá-verde são potenciais energéticos.

Alivie a tensão

O *stress* também é um grande inimigo da disposição. Fazer pequenas pausas durante o dia para ligar para uma amiga e dar boas gargalhadas libera endorfina no cérebro e afasta a sensação de fadiga. "Dedique alguns minutos para alongamentos e meditações. O bem-estar é imediato", garante a *personal trainner* Cau Saad, de São Paulo.

Vá para a rua

É possível aumentar o nível de energia em 20% com atividades leves, como uma caminhada ou um passeio com o cachorro, mostraram pesquisadores da Universidade de Georgia, nos Estados Unidos. Se a prática for ao ar livre, melhor ainda: o déficit de vitamina D (produzida pelo corpo durante a exposição ao sol) também está associado à fadiga.

MORELLI, Fernanda. *Cláudia.com.br*, dez. 2016, p. 98.

a) O texto em questão funciona como um manual de instruções, e o título apresenta um sentido metafórico ou figurado. O que ele expressa?

___

___

b) Em seguida, de que modo a autora usa a linguagem persuasiva no subtítulo, para convencer o leitor a fazer o que ela propõe?

___

___

___

c) O que você observa quanto aos verbos empregados no título de cada item? Que sentido eles apresentam?

___

___

d) É comum também o emprego de verbos no modo infinitivo, com valor de imperativo. No início do primeiro item, substitua o verbo no infinitivo pelo imperativo e transforme a frase.

___

___

e) Em que frases, no primeiro item, a autora empregou a linguagem persuasiva, com o objetivo de convencer o leitor a seguir as instruções?

f) No segundo item, quais são as ações mais convincentes para se conseguir um sono de qualidade?

g) De acordo com o terceiro item, que problemas a desidratação por ingestão insuficiente de água pode causar à saúde?

h) Ainda no terceiro item, que verbos com sentido imperativo reforçam uma tomada de posição do leitor?

i) Outro vilão que age contra nossa saúde é o *stress*. Que medidas simples, mas bem recomendadas, parecem suficientes, no quarto item?

j) Na última "atitude infalível", o que as pesquisas recomendam para aumentar a energia?

2. Em geral, o que você faz e recomenda aos outros para recuperar a energia? Crie seu manual de instruções. Empregue frases persuasivas e use verbos no imperativo. Se quiser, faça antes uma pesquisa. Anote as principais recomendações e leia-as para os colegas.

Unidade Especial II: Gêneros digitais

Introdução

O Ensino Médio é um período importante de transformação e de consolidação da nossa identidade. É nele que iniciamos um processo de amadurecimento físico e psicológico que nos acompanhará durante o fim da adolescência e os primeiros anos da idade adulta. Boa parte dessas mudanças é decorrente de processos biológicos naturais do nosso próprio corpo. No entanto, outra parte considerável desse crescimento se dá pelas informações e conhecimentos que recebemos, geramos e compartilhamos sobre nós mesmos e sobre o mundo a nossa volta.

Tais informações e conhecimentos são elaborados e transmitidos como gêneros discursivos. Nesta seção, vamos refletir sobre a nossa identidade e sobre a nossa realidade usando alguns gêneros de texto escrito, de áudio e também de vídeo. Por meio desses gêneros, vamos levantar e tentar responder a algumas perguntas simples (ou nem tanto) como: "Quem sou?", "Onde estou?", "De onde vim?" e "Para onde estou indo?".

Eu e o mundo: videominutos

Vamos começar com duas propostas diferentes relacionadas ao mesmo gênero discursivo: o **videominuto**.

Como o próprio nome indica, o videominuto é uma produção audiovisual com a duração exata de 60 segundos geralmente focada em um tema específico. Ele pode expressar inúmeras intenções dependendo das escolhas de seu(s) autor(es): pode informar ou entreter; ser sério ou divertido; ter um tom leve ou pesado; criticar ou homenagear etc. Seu formato é muito próximo ao de anúncios publicitários e, embora sejam gêneros diferentes, não é raro nos depararmos com anúncios que sejam videominutos e vice-versa. No Brasil, esse gênero se tornou bastante conhecido graças ao Festival do Minuto, criado em 1991 pelo cineasta paulistano Marcelo Masagão.

MPIXTURE.COM/SHUTTERSTOCK

Aparelho celular preso a um suporte especial executa a gravação de um vídeo.

• Proposta de produção digital 1 — Videominuto: eu em um minuto

Na primeira proposta, seu objetivo será fazer uma apresentação de si mesmo em um videominuto. Simples, né? Até demais. Então, vamos tornar o desafio mais divertido: seu vídeo deve apresentar você ao público sem usar nenhuma palavra — falada ou escrita. E isso vale também para Libras.

É importante considerar que estamos falando de um gênero discursivo audiovisual. Por isso, pense bem nos elementos que você quer apresentar na tela. Em que espaço(s) você vai gravar? Em que momento(s) do dia? Você vai filmar alguém? Algum objeto? Haverá alguma ação? Pensar nessas questões será bem útil para a construção de sentidos do seu vídeo.

Como um exercício preparatório, pense nessas questões.

Para gravar seu videominuto, você não precisa de profundos conhecimentos sobre cinema e audiovisual nem equipamentos caros e complexos. Um simples celular com câmera deve ser o bastante para ajudá-lo na captação de sons e imagens. No entanto, a elaboração de um roteiro antes de começar a gravação é uma tarefa da qual você não pode abrir mão!

Roteiro

Imagine que você quer fazer um bolo. Certamente, você não vai abrir sua geladeira, pegar um pouco de cada item que encontrar, misturar tudo numa vasilha e colocá-la no forno por um tempo indeterminado numa temperatura aleatória. Não! Primeiro, você lê a receita do bolo; depois, separa os ingredientes específicos nas medidas indicadas; e, daí por diante, continua seguindo o passo a passo da receita.

Então, para fazer um bolo, você usa uma receita. Para fazer uma peça audiovisual, você usa um roteiro. A grande diferença é que, no roteiro, os ingredientes, os utensílios, o passo a passo, tudo isso é determinado por você. São suas ideias organizadas da sua maneira para expressar o seu ponto de vista sobre um assunto — que, neste caso, é você mesmo.

Você pode encontrar algumas dicas úteis para elaborar seu roteiro nos vídeos *Como fazer um roteiro de documentário* (<https://www.youtube.com/watch?v=lafP3i00UBk>), da Énois Agência de Jornalismo, e *Como escrever TV*: Irmão do Jorel (<https://www.youtube.com/watch?v=tCnZQhVz_ZM>), de Raoni Marqs.

• Proposta de produção digital 2 — Videominuto: geografia sentimental

No primeiro videominuto, você ofereceu ao público um olhar sobre si. Desta vez, você terá que apresentar sua perspectiva sobre um lugar importante para você. Escolha um espaço e mostre para as pessoas que lugar é esse e o que faz dele especial.

A boa notícia é que desta vez você poderá usar palavras no vídeo! No entanto, elas não podem ser faladas por você — nem por uma voz computadorizada ou digital. Então, você pode escolher se vai entrevistar alguém e usar esse depoimento no vídeo ou se vai elaborar um texto para que alguém o interprete. Nos dois casos, é importante pensar em como essas palavras representam o espaço escolhido e em como elas prendem a atenção do público.

Além disso, mais uma vez, o roteiro será uma ferramenta importante para a organização das suas ideias e a elaboração do vídeo como um todo.

Avaliação e apresentação

Com os dois videominutos prontos, você e seus colegas de classe podem organizar um Festival do Minuto na sua escola. Talvez vocês possam pedir aos professores e demais estudantes que votem no melhor vídeo e oferecer um prêmio para as melhores produções.

A vida resumida 1: biodata e *GIF* biográfico

Como um período de descoberta do eu e do mundo, a adolescência é uma fase importante para a consolidação da nossa subjetividade, isto é, para o amadurecimento da forma como olhamos para nós mesmos e para tudo a nossa volta. As propostas da seção anterior eram focadas na expressão da sua subjetividade. Nesta seção, porém, vamos trabalhar com um olhar mais objetivo por meio de gêneros textuais baseados em dados biográficos.

A **biodata** consiste em uma apresentação resumida em um parágrafo focado em dados biográficos de uma pessoa. Trata-se de um gênero muito usual em contextos acadêmicos e profissionais e, por isso, é comum identificá-la como um encadeamento de realizações em áreas específicas. Nesse sentido, é importante notar que uma pessoa pode ter inúmeras biodatas para diferentes contextos. Na orelha do romance *Leite derramado*, de Chico Buarque, a biodata do autor é a seguinte:

> Francisco Buarque de Hollanda nasceu no Rio de Janeiro, em 1944. Cantor e compositor, publicou as peças *Roda Viva* [1968], *Calabar* [1973], *Gota d'água* [1975] e *Ópera do malandro* [1979]; a novela *Fazenda modelo* [1974] e os romances *Estorvo* [1991], *Benjamim* [1995] e *Budapeste* [2003].

Perceba que, embora cite a atuação musical pela qual o artista ficou amplamente conhecido, essa biodata se concentra na produção literária de Chico Buarque, ignorando suas dezenas de álbuns. É seguro afirmar que, em outro contexto, a biodata dele seria mais focada em sua produção musical.

• Proposta de produção digital 3 — Biodata

Ao compor sua biodata, além do nome, da data e do local de nascimento, pense numa área de interesse para você e procure elencar os dados que tenham mais relação com ela. Pense, por exemplo, se você tem interesse em algum assunto dessa área, se já produziu algo e/ou participou de algum evento relacionado a ela.

Depois de elaborar sua biodata, junte-se em um trio com mais dois colegas de classe. Vocês devem compartilhar entre si suas biodatas e se preparar para as próximas propostas.

BioGIF

ANASTASIIA KOZUBENKO/SHUTTERSTOCK

Também conhecido como ***GIF* biográfico**, esse gênero consiste em uma sequência de imagens de uma pessoa acompanhadas por legendas curtas relacionadas a feitos ou características dela. Essa sequência é publicada no formato GIF (<https://pt.wikipedia.org/wiki/Graphics_Interchange_Format>) que dá nome ao gênero. Ele costuma ter um caráter cômico, criando humor a partir de uma relação inusitada entre imagem e legenda. No geral, o ***bioGIF*** é usado para expressar uma homenagem irreverente a uma personalidade de cultura *pop*. Embora ela não seja exatamente uma diva *pop*, o *bioGIF* da escritora Agatha Christie (<https://www.lpm-blog.com.br/?p=22958>) é um bom exemplo do gênero.

• Proposta de produção digital 4 — *BioGIF*

Depois de receber as biodatas de seus colegas, você vai começar a elaborar um *bioGIF*.

Para compor esses dois *GIFs* biográficos, além de imagens, você precisa ter informações sobre a vida de seus colegas. As biodatas são um ponto de partida, mas você vai precisar de mais do que isso. Então, use as biodatas como base e elabore pautas para entrevistá-los. Faça perguntas simples que expandam e aprofundem os dados já fornecidos sobre os interesses e as realizações deles. Tente agrupar uma boa quantidade de informações sobre as experiências que eles tiveram ao longo da vida, bem como seus gostos, *hobbies* e projetos para o futuro.

Tome o cuidado para não se perder durante a conversa. A elaboração da pauta deve ajudá-lo a organizar as perguntas que você quer fazer para cada colega. Pense que a entrevista deve ser uma experiência confortável para o entrevistador e para o entrevistado e procure fazer com que ela dure entre 20 e 40 minutos. Portanto, a sua pauta não deve ser muito extensa nem muito curta.

Se possível, grave a conversa em vídeo ou em áudio. Faça anotações do que considerar pertinente. Depois de feita a entrevista, analise as respostas e comece a listar as informações mais interessantes para usar no *bioGIF*. Considere que, em geral, os *GIFs* biográficos têm um ciclo que dura entre 30 e 40 segundos, sendo que cada imagem aparece durante um segundo. Então, a sua lista de informações extraídas da entrevista precisa dar conta de legendar esse grupo de 30 ou 40 imagens.

Por falar em imagens, é importante que você e seus colegas de grupo conversem sobre as imagens que gostariam que fossem usadas em seus respectivos *GIFs* biográficos. O humor e a irreverência são elementos comuns nesse gênero discursivo, mas isso não deve servir de desculpa para comportamentos desrespeitosos e ofensivos com nenhum dos participantes.

Além disso, tenha em mente que as imagens não precisam se resumir a fotos e *selfies* do biografado. Acrescentar desenhos, ilustrações e pinturas — desde que relevantes — pode ser uma boa solução para quebrar a monotonia da sequência de imagens.

Apresentação e avaliação

No final do trabalho, cada pessoa do seu trio deve ter dois *bioGIFs* sobre si feitos por pessoas diferentes. Nesse momento, analise os *GIFs* e reflita: quais são as semelhanças e diferenças entre eles? A que você acha que se deve essas diferenças? Eles são boas representações de você; por quê? Do que você mais gostou e do que menos gostou em cada um deles? Converse sobre essa experiência e essas questões com seus colegas de grupo e ouça o que eles também têm a dizer.

Por fim, expanda essa discussão. Você e os seus colegas de turma podem organizar uma roda de conversa para trocar ideias sobre esse trabalho enquanto fazem uma exposição dos *GIFs* biográficos e das biodatas.

Eu e o mundo 2: *playlist* e *playlist* comentada

Nesta seção, vamos apresentar duas propostas que retomam a ideia de olhar para si mesmo e de olhar para o mundo a sua volta, desta vez por meio de *playlists* musicais.

Como gênero textual, a ***playlist*** (ou "lista de reprodução" em português) não é algo novo, embora só muito recentemente, e graças à internet, o termo estrangeiro tenha se cristalizado na cultura nacional e mundial.

MERFIN/SHUTTERSTOCK

Desde meados do século passado, em especial após o fim da Segunda Guerra Mundial, com o surgimento da cultura *pop*, listas do tipo "As 10 melhores canções..." relacionadas a um artista, banda ou tema tornaram-se muito comuns tanto em registros pessoais, como cartas e diários, quanto em jornais e revistas voltados para o público geral. A partir da década de 1980, a popularização de sistemas de som caseiros e de fitas K7 levaram essas listas para um novo registro auditivo: as *mixtapes* (o termo é outro estrangeirismo que tem se popularizado recentemente). No final do século passado, era muito comum as pessoas gravarem em uma fita K7 diversas músicas de artistas diferentes extraídas de LPs, CDs, programas de rádio ou mesmo de outras fitas K7 (como aquelas que aparecem na franquia *Guardiões da galáxia*). Assim, essas listas e fitas com seleções pessoais de músicas podem ser consideradas uma versão analógica das *playlists*.

Para saber um pouco mais sobre essa cultura na era pré-internet, vale a pena conhecer *Alta fidelidade*. O romance escrito pelo inglês Nick Hornby foi publicado em 1995 (<https://www.companhiadasletras.com.br/titulos.php?busca=alta+fidelidade&x=0&y=0>) e adaptado para o cinema em 2000 (<https://www.imdb.com/title/tt0146882/>), tornando-se um clássico da cultura *pop*. A história gira em torno dos amores e desamores de Rob Fleming, um dono de loja de discos com mania de fazer *mixtapes* e listas de "*top* 5" para tudo na sua vida.

Por volta dos anos 2000, graças à popularização do MP3 (formato de arquivo digital de áudio), as *mixtapes* migraram das fitas K7 para a internet e os tocadores de MP3. Em pouco tempo, as *playlists* como as que conhecemos se expandiram pela internet em serviços de *streamming*, como Spotfy e Deezer, ou platafor-mas de conteúdo, como YouTube e Tumblr, e redes sociais. Hoje, além de músicas, o gênero *playlist* pode incluir vídeos. Além disso, embora possamos identificar em inúmeras *playlists* o mesmo aspecto caseiro e pessoal das antigas *mixtapes*, é notável que o gênero pode englobar também as intenções comerciais de empresas (como este exemplo: <https://www.mundodomarketing.com.br/ultimas-noticias/35357/melitta-disponibiliza-playlist-no-spotify-para-consumidores.html>).

Como derivada da *playlist*, temos a ***playlist* comentada**, um outro gênero textual em que cada item de uma *playlist* (de músicas, videoclipes, *trailers*, *games* etc.) é comentado pelo(s) autor(es) (que pode ou não ser o mesmo autor da *playlist* original).

Como exemplos, sugerimos duas *playlists* comentadas. A primeira, em vídeo, foi publicada pelo canal ONErpm na qual dois integrantes da banda Dona Cislene comentam uma *playlist* de *rock* nacional: <https://www.youtube.com/watch?v=SNqUaOGq-Yc>. A segunda *playlist* comentada é o episódio 105 do *podcast Dash*, no qual os participantes comentam a seleção que fizeram das melhores músicas de *videogames* publicados em 2018: <http://jogabilida.de/2019/02/dash-105/>.

• Proposta de produção digital 5 — *Playlist* 1: músicas que me representam

Para começar, você deve elaborar uma lista enumerando cinco músicas com as quais você mais se identifica, aquelas que representem quem você é. É uma tarefa simples: basta um lápis e um papel para escrever os nomes das músicas. Mas é preciso refletir um pouco e considerar algumas questões:

- Por que eu acho que essa música me representa?
- O que ela significa para mim?
- O que ela fala sobre mim?

Em seguida, você e um colega formarão uma dupla e gravarão um *podcast* com suas respectivas *playlists* comentadas.

O *podcast* que vocês produzirão será uma *playlist* comentada de 10 músicas. Antes de começarem a gravar, é importante que você e seu colega conheçam minimamente a lista que cada um fez. Além disso, a elaboração de um roteiro do *podcast* será útil para organizar toda a produção. Assim, vocês podem combinar entre si de que forma o conteúdo será apresentado, em qual ordem as músicas vão tocar, se os comentários sobre elas serão feitos antes ou depois (ou se serão feitos antes e depois) de elas serem tocadas.

É importante ter em mente que pode haver casos em que a música escolhida por um dos participantes não seja do gosto do outro. Isso é normal e até esperado.

Lembrem-se de que o objetivo deste *podcast* não é discutir gostos musicais, mas sim refletir sobre como as músicas selecionadas representam você e seu colega. Procurem desenvolver um diálogo aberto e tranquilo entre vocês, valorizem o momento de escutar um ao outro e respeitem os pontos de discordância.

Para gravar o *podcast*, vocês podem se organizar de diversas maneiras sem precisar de qualquer equipamento profissional. Podem se reunir dentro ou fora da escola, num espaço mais tranquilo, e gravarem a conversa usando o gravador do celular. Ainda com o uso do celular, outra possibilidade é a troca de mensagens de áudio por aplicativos de mensagens instantâneas. Vocês também podem usar esses programas para fazer uma videoconferência e gravarem apenas o áudio. Não há necessariamente uma maneira certa de gravar o *podcast*, o importante é ter cuidado para que a gravação seja feita com uma boa qualidade de áudio e que os ouvintes consigam entender com clareza tudo o que você e seu colega disserem.

Para que o produto final fique mais agradável para o público em geral, vocês podem considerar usar algum programa de edição de som para editar o *podcast*, acrescentar trilhas sonoras de fundo e cortar trechos que não ficaram muito bons e, claro, incluir as músicas das quais vocês estão falando. A edição pode ser muito útil para que o *podcast* não fique excessivamente longo e desinteressante para os ouvintes.

Por fim, vocês devem publicar o *podcast* da dupla em alguma plataforma de fácil acesso para os demais colegas de classe. Um *blog* ou algum outro tipo de plataforma que permita a publicação de comentários dos ouvintes pode ser útil para expandir as discussões de cada *podcast* e para que todos da turma possam se conhecer um pouco mais — ou acrescentar novas músicas a suas *playlists* pessoais.

• Proposta de produção digital 6 — *Playlist* 2: problemas do mundo

Agora que você sabe o que é e como fazer uma *playlist* e uma *playlist* comentada, esta segunda proposta será simples, mas nem tanto. :D

Você e seus colegas devem formar grupos de quatro ou cinco pessoas para elaborar uma *playlist* de cinco músicas que, na opinião de vocês, retratem alguma questão problemática do mundo em que vivemos. Vocês podem escolher uma questão social, ambiental, ética, histórica etc. O ponto central é que deve ser uma questão crítica relacionada à vida de vocês e sobre a qual vocês devem pensar e discutir em grupo antes de selecionarem as cinco músicas da *playlist*.

Fica a critério de cada grupo a definição de como vocês farão a seleção e a organização das músicas da *playlist*. O mais importante é que, no final do trabalho, a *playlist* comentada que vocês produzirem seja um reflexo, organizado e bem editado, de toda a discussão que vocês tiveram sobre a escolha do tema e a seleção das músicas. Nesse sentido, procurem sempre ter em mente perguntas como:

- Por que estamos falando desse problema?
- O que é esse problema?
- De que forma ele afeta nossas vidas?
- Qual é a relação desta música com esse problema?

Por falar em *playlist* comentada, é importante notar que, desta vez, ela deve ser apresentada no formato de vídeo. Isso mesmo! Além disso, como o foco deste trabalho reside nas reflexões desenvolvidas por você e seus colegas enquanto comentam as relações entre as músicas selecionadas e o problema escolhido por vocês, vamos fazer desta proposta um trabalho de produção intergênero, mesclando o gênero *playlist* comentada a outro gênero conhecido como vídeo ensaio.

Em linhas gerais, o **vídeo ensaio** é um gênero textual derivado de outro bem mais antigo: o ensaio. Em vídeo ou em texto, o ensaio apresenta e defende determinado ponto de vista sobre um tema sem ter a intenção de esgotar esse tema ou de abordá-lo com rigor formal e científico. Trata-se, então, de um gênero opinativo no qual o autor avalia uma questão, expondo e relacionando ideias, críticas, reflexões e impressões pessoais. A subjetividade característica do ensaio faz com que muitos o considerem um texto opinativo que mistura aspectos poéticos e argumentativos para debater e refletir sobre alguma questão.

Para entender um pouco melhor as origens e as características desse gênero, sugerimos dois vídeos:

- "O que é um vídeo ensaio?", do canal Entre-Planos (<https://www.youtube.com/watch?v=LUj4D-_tFoI>);
- "O que é video *essay*?", do canal Mimimidias (<https://www.youtube.com/watch?v=o5Jj6sNFxeM>).

Além disso, para usar como modelo e/ou inspiração de vídeos ensaios que falam sobre música, vale a pena assistir aos vídeos:

- "Donald Glover & David Bowie: onde fica a América?" (<https://www.youtube.com/watch?v=wIQMxOHB1uQ>);
- "Please Mr Postman: A caixa de pandora da Guerra Fria" (<https://www.youtube.com/watch?v=Qz8LArZ_CLM>), do canal Antídoto;

- "Gonzaguinha | Um homem também chora (guerreiro menino)" (<https://www.youtube.com/watch?v=4dc1X3NdBBg>);
- "Sobre a geração viciada em *playlist*" (<https://www.youtube.com/watch?v=hh0Zf9vSYJo>), do canal Quadro em Branco.

Com relação ao formato, o gênero vídeo ensaio oferece bastante liberdade para que vocês apresentem a *playlist* comentada de diversas maneiras. Vocês podem gravar vídeos de si mesmos conversando ou podem usar trechos de outros vídeos, desenhos ou fotografias (lembrem-se de citar as fontes dos materiais usados). Nesse sentido, o limite é dado pela imaginação de vocês. Mas lembrem-se de que todos os elementos usados no vídeo devem servir para expor de forma clara e coerente as ideias que vocês discutiram durante a elaboração da *playlist*.

Além disso, vale notar que os vídeos ensaios costumam ser breves, tendo, em geral, entre cinco e quinze minutos de duração. Por isso, mais uma vez, destacamos a importância da elaboração de um roteiro como uma ferramenta que ajudará vocês a organizarem a produção do conteúdo que deve ser desenvolvido.

Apresentação e avaliação

Depois que tudo estiver pronto e editado, vocês podem publicar o vídeo em alguma plataforma como o YouTube (<https://www.youtube.com/>) ou o Vimeo (<https://vimeo.com/pt-br/>). Vocês também podem organizar uma mostra dos vídeos para toda a escola.

Vida resumida 2: currículo e videocurrículo

VGSTOCKSTUDIO/SHUTTERSTOCK

Nesta seção, vamos voltar a trabalhar com textos baseados em dados biográficos. Agora, no entanto, vamos nos concentrar um pouco mais nos seus projetos pessoais para o futuro, pensando em quem você quer ser e o que pretende fazer.

O **currículo** é um gênero textual que apresenta de forma pontual e clara a síntese das habilidades e aptidões desenvolvidas por uma pessoa ao longo de seu desenvolvimento acadêmico e/ou profissional. O formato do currículo pode variar de acordo com o contexto (o currículo de uma engenheira agrônoma, por exemplo, pode valorizar informações e aspectos visuais diferentes daqueles destacados no currículo de um analista de sistema), mas, no geral, todos eles são encabeçados pelos dados pessoais (nome, telefone e *e-mail*), seguidos pela formação escolar e acadêmica e finalizando com a lista de experiências profissionais acompanhada por uma breve descrição das atividades executadas em cada uma.

Vale observar que, no caso de áreas relacionadas à comunicação, criação e artes em geral, o currículo costuma ser acompanhado por um portfólio, isto é, uma coletânea de trabalhos desenvolvidos pelo profissional.

Assim como o currículo impresso, o **videocurrículo** deve apresentar um resumo das suas habilidades e competências para exercer a função para a qual você está se candidatando.

• Proposta de produção digital 7: Currículo e videocurrículo

Nesta primeira proposta de produção, você deve elaborar um currículo. Mas ainda não estamos falando do seu currículo. Primeiro, pense em um trabalho, uma profissão ou uma área de atuação com a qual você se identifique. Em seguida, escolha uma personalidade renomada nesse campo. Pense em alguém que possa servir de modelo para você, que o inspire a fazer algo parecido com o que ele ou ela faz. Por fim, pesquise sobre a vida dessa pessoa e redija um perfil biográfico dela o mais detalhado possível.

Com base nesse perfil biográfico, você deve compor o currículo dessa personalidade.

Por fim, lembre-se de que o mais importante durante a elaboração deste trabalho é a seleção de dados e informações relevantes e a forma como eles serão organizados para a leitura de pessoas que talvez nunca tenham ouvido falar dessa personalidade.

Videocurrículo

Agora que você já redigiu um currículo, vamos desenvolver uma proposta semelhante em outra mídia, o vídeo. Desta vez, vamos nos focar em você. Mas, antes de gravar o vídeo, vamos fazer um exercício de imaginação e pensar em como você vai ser daqui a 10 anos. Escreva um perfil biográfico sobre como terá sido sua vida depois do Ensino Médio:

o que você fez? Onde estudou? Com o que trabalhou? Viajou para algum lugar? Mudou-se de cidade? O que aconteceu em sua vida pessoal nesses últimos 10 anos? O que você aprendeu com suas experiências vividas?

Com base nesse perfil, imagine-se no futuro gravando um videocurrículo para se candidatar a uma vaga que você almeja.

Atenção: é preciso muita atenção com algumas peculiaridades deste gênero. O formato em vídeo possibilita que você transmita múltiplas informações não apenas pela linguagem verbal (suas próprias palavras), mas também pela linguagem não verbal. Nesse caso, não apenas sua postura corporal, seus gestos e sua entonação de voz, mas diversos outros aspectos estéticos, como a roupa que você está usando e o local no qual você gravou o vídeo, bem como a qualidade de som e imagem contam muito.

Se achar necessário, procure dicas na internet sobre como apresentar um bom videocurrículo. Vale a pena assistir a esta reportagem do programa Meio Dia Paraná: < http://g1.globo.com/pr/parana/videos/t/todos-os-videos/v/video-curriculo-e-novidade-para-contatacoes-veja-dicas/7449585/>.

Por fim, você e seus colegas de classe podem montar um canal para publicar todos os videocurrículos desenvolvidos.

Diário de classe: *Wiki*

Nesta seção, apresentaremos apenas uma proposta de produção que, embora seja relativamente simples, depende de um trabalho contínuo e da colaboração de você e de todos seus colegas de classe. Vocês devem elaborar um diário de classe em *wiki*.

Como gênero textual, o ***wiki*** é caracterizado por ser um texto escrito de forma colaborativa por duas ou mais pessoas usando ferramentas de edição e publicação baseadas na World Wide Web. Você talvez deva imaginar que a Wikipedia (<https://pt.wikipedia.org/wiki/Wikip%C3%A9dia>) é um exemplo de *wiki*; no entanto, o mais acertado seria dizer que cada um de seus verbetes é um *wiki*, fazendo dessa enciclopédia *on-line* a maior coleção de *wikis* do mundo. Além disso, vale notar que o gênero se originou com o projeto WikiWikiWeb (<http://wiki.c2.com/>), fundado por Ward Cunningham em 1995, seis anos antes de Jimmy Wales e Larry Sanger fundarem a Wikipedia.

O diário em *wiki* desta proposta deve funcionar como um documento hipertextual amplo e complexo que, em linhas gerais, registre: quem são vocês (como grupo e como indivíduos); o que vocês fazem, fizeram e estão fazendo; e onde vocês fizeram ou estão fazendo essas ações. Para desenvolvê-lo, vocês podem escolher entre diversos *softwares* de edição e publicação, desde o MediaWiki (<https://www.mediawiki.org/wiki/MediaWiki>), da Wikimedia Foundation (organização responsável pela Wikipedia), até o SharePoint (<https://support.office.com/pt-br/article/criar-e-editar-um-wiki-dc64f9c2-d1a2-44b5-ac59-b9d535551a32>), da Microsoft, ou o Google Sites (<https://support.google.com/sites/answer/98081?hl=pt-BR&ref_topic=23216&rd=2&visit_id=636963715288053477-1659847885>), da Google, entre outros.

Independentemente da escolha da ferramenta, no entanto, o mais importante é a organização do método de trabalho que vocês devem seguir para criar o diário e mantê-lo atualizado. Para isso, sugerimos que vocês se dividam em grupos focados em três temas principais:

- Pessoas: o grupo fica responsável por redigir e atualizar as páginas ou documentos relacionados ao perfil de cada um dos integrantes da classe, bem como das pessoas com quem vocês se relacionam (os professores, por exemplo).
- Lugares: o grupo fica responsável pelos textos relacionados aos espaços geográficos em que vocês vivem (a escola, o bairro, a cidade etc.) e visitam (museus, parques, outras cidades etc.).
- Eventos: o grupo se responsabiliza por escrever sobre os acontecimentos relevantes relacionados ao grupo e aos seus integrantes (excursões, festas, provas e trabalhos, exposições, ações sociais etc.).

É importante também que vocês considerem a necessidade de revisar e atualizar os textos do diário. Para tanto, sugerimos que os integrantes de um grupo sejam responsáveis por revisar os textos de outro grupo. Dessa maneira, ficará mais fácil para que cada um de vocês visualize o trabalho como um todo.

Além disso, é essencial que vocês trabalhem a relação entre os textos de cada grupo por meio de *hiperlinks*. Pensem, por exemplo, na hipótese de o professor de História (grupo "pessoas") fazer uma excursão (grupo "eventos") a um museu (grupo "lugares") — veja como esses elementos distintos podem ser relacionados por meio de *links*.

Por fim, como estamos tratando de uma produção colaborativa em hipertexto, lembrem-se de enriquecer o diário com imagens, vídeos e áudios. Dessa forma, ele poderá servir também como um acervo para os trabalhos relacionados às outras propostas apresentadas aqui e às de outras disciplinas.

Slam

Você sabe o que é *slam*? Leia o artigo a seguir para conhecer um pouco mais esse gênero.

"SLAM" É VOZ DE IDENTIDADE E RESISTÊNCIA DOS POETAS CONTEMPORÂNEOS

Poesia falada criada nos anos 1980, em Chicago, chegou ao Brasil e reivindica cultura jovem, popular e negra

A poesia falada e apresentada para grandes plateias não é um fato novo, porém, a grande diferença é que hoje a poesia falada se apresenta para o povo, e não para uma elite — estamos falando da poesia *slam*. Essa palavra surgiu em Chicago, em 1984, e hoje a *poetry slam*, como é chamada, é uma competição de poesia falada que traz questões da atualidade para debate. *Slam* é uma expressão inglesa cujo significado se assemelha ao som de uma "batida" de porta ou janela, "algo próximo do nosso 'pá!' em língua portuguesa", explica Cynthia Agra de Brito Neves, em artigo recém-publicado na revista *Linha D'Água*. Nas apresentações de *slam* o poeta é performático e só conta com o recurso de sua voz e de seu corpo.

A *poetry slam*, também chamada "batalha das letras", tornou-se, além de um acontecimento poético, um movimento social, cultural e artístico no mundo todo, um novo fenômeno de poesia oral em que poetas da periferia abordam criticamente temas como racismo, violência, drogas, entre outros, despertando a plateia para a reflexão, tomada de consciência e atitude política em relação a esses temas. Os campeonatos de poesias passam por etapas ao longo do ano, de fevereiro a novembro, são compostos de três rodadas e o vencedor, escolhido por cinco jurados da plateia, é premiado com livros e participa do Campeonato Brasileiro de *Slam* (*Slam* Br). O poeta vencedor dessa etapa competirá na Copa do Mundo de *Slam*, realizada todo ano em dezembro, na França.

Os campeonatos de *slam* no Brasil foram introduzidos por Roberta Estrela D'Alva, a *slammer* (poetisa) brasileira mais conhecida pela mídia e que conquistou o terceiro lugar na Copa do Mundo de Poesia *Slam* 2011, em Paris. Outra presença expressiva no assunto é Emerson Alcalde, fundador do *Slam* da Guilhermina, entrevistado pela autora em maio deste ano na Faculdade de Filosofia, Letras e Ciências Humanas (FFLCH) da USP. Segundo ele, "promover a poesia oral, falar poesias, ler, escrever, promover batalhas de *performances* poéticas é transformar os *slams* em linguagem", e, pensando nisso, levou o *slam* às escolas, pois "poesia é educação".

Cynthia Agra de Brito salienta que os *slammers* querem ser "considerados escritores como quaisquer outros autores nacionais", pois essa literatura "marginal e periférica" rompe com a linguagem culta e incomoda quem apenas valoriza parâmetros tradicionais literários. O *slam* é um grito, atitude de "reexistência", termo criado com a fusão das palavras *existência* e *resistência*, de acordo com a professora Ana L. S. Souza. O artigo ressalta também a importância de se levar os *slams* para as escolas, na medida em que forma alunos leitores e escritores conscientes, dispostos a reivindicarem mudanças educacionais e sociais.

É fundamental o papel da escola na disseminação dos *slams*, pois por meio deles os alunos expressam "seus modos de existir" e suas reivindicações por "uma cultura jovem, popular, negra e pobre, de moradores da periferia, bem diferentes do gosto canônico, branco e de classe média". Ao recriarem a cultura oficialmente escolar letrada, esses alunos se tornam "agentes de letramentos de reexistência", e os *slams*, dessa maneira, são seus porta-vozes, pelos quais demonstram sua revolta, sua identidade e resistência. A autora finaliza afirmando que "é preciso resistir para existir. Poesia é reexistência", enfatizando o desafio com que se deparam as escolas diante dessa nova poesia contemporânea.

Cynthia Agra de Brito Neves é professora da Universidade Estadual de Campinas (Unicamp). Disponível em: <https://jornal.usp.br/ciencias/ciencias-humanas/slam-e-voz-de-identidade-e-resistencia-dos-poetas-contemporaneos/>. Acesso em: 11 jun. 2019.

Você talvez já tenha assistido a uma apresentação de *slam* ao vivo ou pela internet. Se não viu, sugerimos que entre no *site* a seguir e conheça um pouco mais sobre esse gênero: <https://www.nexojornal.com.br/expresso/2016/12/20/O-que-s%C3%A3o-slams-e-como-eles-est%C3%A3o-popularizando-a-poesia>. Acesso em: 11 jun. 2019.

Embora esse seja um gênero essencialmente oral, optamos por realizar esta oficina sobre ele para que você possa conhecer um pouco desse trabalho e também experimentar produzir versos para expressar suas ideias e sentimentos de uma forma diferente.

Leia a seguir um texto apresentado em abril de 2017, em uma competição de *slam*.

Tenho observado que é cada vez mais difícil
O ser humano se manter convicto de seus [ideais.
Habitamos uma terra fértil, cercada por vícios,
ganância e intolerância de quem a conduz.

Tenho lamentado tantas bombas, atentados,
golpes de estado, repressões policiais.
Jogos midiáticos atraem uma plateia de [memória falha,
suscetível à pior escolha sem nem fazer ideia [do que reproduz.

Eu procuro fincar minhas raízes
no que me parece estar submerso,
precisando imergir.
Tenho dentro do peito
esse terreno suspenso que briga com meus [receios,
e isso me faz progredir.
Inquietações me tocam, sei bem por que [brotam
e pensamentos soltos me obrigam a ter foco,
sem tronco no solo em que habito
e você quer agredir?

Então sigo, pacificamente violenta,
com munição vocabulária para que você [entenda,
pois sei quando a inteligência de uma mulher
fere seres inferiores que ainda não se [permitem evoluir.

Então trago no trato delicados sons,
que não causam estragos
ainda que ninguém os queira ouvir.
Os sentidos raros são os mais cobiçados,
abra sua percepção para o novo cenário
e não recuse o teu chamado, permita-se.

Sei que nesse estado fálico,
onde alimentar o ego é algo cíclico,
é preciso ter cuidado para não se deixar levar.
Enquanto usam de artifícios nocivos,
alimentando o próprio umbigo,
insisto e resisto com a minha denúncia lírica.

Oficina de Leitura II

Os disparos são dados, apontam para todos
[os lados,
num ímpeto desesperado de alguma alma
[tocar.
Crescemos em nossos quadrados,
usando como armaduras carros,
num fluxo desenfreado o capitalismo segue
[infectando,
como não se deixar contaminar?
Trocamos de celulares
assim como celebridades trocam seus pais.
Desperdiçamos água, alimento e energia
que poderiam salvar centenas de milhares;
extinguimos fauna, flora, nossos próprios
[hectares,
e substituímos por *iPhones*, aplicativos e
[*notebooks*.
Convivemos com pessoas sem conceito,
que não sabem diferenciar privilégio de
[direito.
Será que é tão difícil de entender?

Sejamos francos.
Quando uma gestante toma sua vez na fila
[do banco,
é porque em seu ventre ela carrega uma vida
e isso cansa o corpo.
Hoje venho deixar esse relato para lembrar
[que
nessa terra passei por discernimento,
nem que seja um pouco.
Segui fiel aos meus princípios,
com plena consciência do meu livre arbítrio,
somando forças com bons espíritos
para me guiar nesse caminho tortuoso.
Não ser humana estática,
indiferente ao que está imposto,
em doutrinas não me encaixo,
por isso a vida poética,
ainda que soem lunáticos esses meus versos
[soltos.

A métrica por vezes me visita,
mas nem sempre aqui habita.
Consoantes, vogais, verbos,
paroxítonas, proparoxítonas, fonemas,
substantivos, ditongos, antônimos, sinônimos,
[não, para!
Poema.

De que serve um padrão de escrita
se a mensagem que realmente quer ser dita
não se faz compreender?
Desculpa o desabafo,
e se estiver causando algum incômodo,
vocês nem precisam continuar aqui
para terminar de ouvir o que eu tenho a dizer.
Mas entendo que
quando minhas palavras geram algum
[desconforto
é porque realmente consegui atingir
quem tenta fugir do que tá tão evidente.
Ser silencioso não significa ser indiferente,
e cada um luta com a arma que lhe pareça
[mais eficaz.

Que esse recado fique ecoando nas mentes
[aqui presentes
e gere uma mudança interna
em cada alma enclausurada em pré-conceitos
antes que seja tarde demais.

Que a mãe Terra perdoe esses homens
que sabem o que fazem
e abençoe toda essa gente que pensa ser livre,
quando na verdade é o seu próprio capataz.

Mel Duarte.

Disponível em: <https://hotmovies.site/hotmovies/-EuoMcVbfEs/slam-resist%C3%AAncia-abril-mel-duarte-final>. Acesso em: 11 jun. 2019.

BRUNO POLETTI/FOLHAPRESS

Mel Duarte no Sarau de Abertura da Flip 2016.

JARDIEL CARVALHO/FOLHAPRESS

A poetisa Mídria durante o primeiro ZAP *Slam*, no Galpão do Folias, no centro de São Paulo, em 2019.

1. Reúna-se com alguns colegas, sob orientação do professor.

a) Leiam o poema. Conversem sobre o significado de cada estrofe e procurem identificar as opiniões apresentadas pela artista.

b) Reflitam sobre as ideias propostas pela artista e identifiquem ideias ou temas que pareçam importantes para vocês.

c) Procurem identificar a argumentação construída no poema: a introdução, o desenvolvimento e a conclusão.

2. Escrevam um poema para ser recitado como o que vocês leram.

a) Procurem tratar daquilo que realmente é importante para vocês, aquilo que incomoda, emociona, mobiliza.

b) Os versos podem ou não rimar e as estrofes não precisam ser do mesmo tamanho.

c) Procurem desenvolver a argumentação ao longo do poema. Podem pensar em uma estrutura com introdução, desenvolvimento e conclusão, como ela fez.

d) Revisem o poema, sempre imaginando como ele poderá ser lido, que entonação deverá ser dada a cada verso.

3. Escolham um ou mais integrantes do grupo para declamar o poema no dia combinado pelo professor.

a) No dia das apresentações, ouçam com atenção os poemas declamados pelos outros grupos.

b) Terminadas as apresentações, conversem com os colegas, sob orientação do professor, e expressem o que acharam dessa forma de apresentar as suas opiniões.

c) Se for possível, as apresentações podem ser feitas também para toda a comunidade escolar.

Filmes

REPRODUÇÃO

Blade Runner 2049.
Direção de Dennis Villeneuve.
EUA. 2017. Ficção científica.

IMAGEM FILMES

Contra o tempo.
Direção de Duncan Jones.
EUA. 2011. Ficção científica, ação e suspense.

REPRODUÇÃO

Crônica de uma morte anunciada.
Direção de Francesco Rosi.
França/Itália. 1988. Drama.

REPRODUÇÃO

O Hobbit – Uma jornada inesperada / A desolação de Smaug / A batalha dos cinco exércitos.
Direção de Peter Jackson.
Nova Zelândia/EUA. 2012-2014.
Épico, aventura e fantasia.

REPRODUÇÃO

Memórias do cárcere.
Direção de Nelson Pereira dos Santos.
Brasil. 1984. Drama biográfico.

REPRODUÇÃO

Spotlight – Segredos revelados.
Direção de Tom McCarthy.
EUA. 2015. Drama.

THE WALT DISNEY COMPANY (BRASIL)

Star Wars – Os últimos Jedi.
Direção de Rian Johnson.
EUA. 2017. Épico, aventura e ficção científica.

THE WALT DISNEY COMPANY (BRASIL)

Vingadores – Ultimato.
Direção de Joe e Anthony Russo.
EUA. 2019. Ação, fantasia e aventura.

Livros

REPRODUÇÃO

O Ateneu.
Raul Pompeia.
Cotia: Ateliê Editorial, 2017.

REPRODUÇÃO

Contos consagrados.
Machado de Assis.
Rio de Janeiro: Ediouro, 2001.

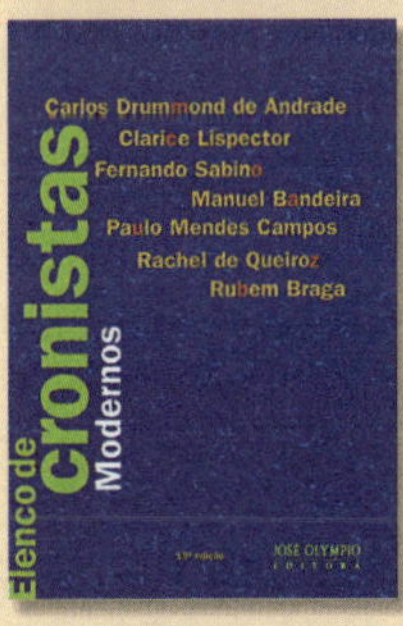

REPRODUÇÃO

Elenco de cronistas modernos.
Carlos Drummond de Andrade e outros.
Rio de Janeiro: José Olympio, 2013.

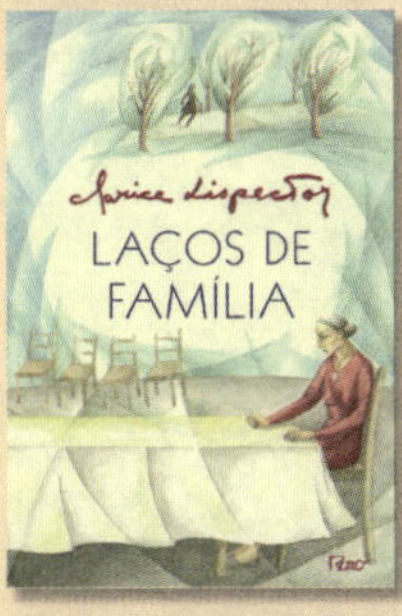

REPRODUÇÃO

Laços de família.
Clarice Lispector.
Rio de Janeiro: Rocco, 1998.

REPRODUÇÃO

Memórias do cárcere.
Graciliano Ramos. Rio de Janeiro: Record, 1994. v. 1-2.

REPRODUÇÃO

No restaurante submarino – Contos fantásticos.
Moacyr Scliar e outros.
São Paulo: Boa Companhia, 2012.

REPRODUÇÃO

Relato de um certo Oriente.
Milton Hatoum.
São Paulo: Companhia das Letras, 2008.

REPRODUÇÃO

Seminário dos ratos.
Lygia Fagundes Telles.
São Paulo: Companhia das Letras, 2009.

REPRODUÇÃO

O seminarista.
Bernardo Guimarães.
São Paulo: Martin Claret, 2011.

Parte 3

Unidade IX
Gêneros argumentativos e gêneros dissertativo-argumentativos I

Capítulo 18
Dissertar e argumentar

Capítulo 19
A estrutura do texto argumentativo

Capítulo 20
Recursos argumentativos

Unidade X
Gêneros argumentativos e gêneros dissertativo-argumentativos II

Capítulo 21
O debate e o ensaio

Capítulo 22
O manifesto e o abaixo-assinado

Capítulo 23
Cartas argumentativas I

Capítulo 24
Cartas argumentativas II

Unidade Especial III
Enem em foco

Oficina de Leitura III
Projeto de intervenção

Programe-se III

Estudo de imagem

MUSEU PUCHKIN, MOSCOU, RÚSSIA.

Nicolas-André Monsiau (1754-1837). *O debate entre Sócrates e Aspásia*. 1801.

1. O que a cena retratada representa?

____

____

2. Observe as expressões e os gestos das personagens. O que elas sugerem sobre o debate?

____

____

____

3. **Aspásia de Mileto** (470 a.C a 410 a.C) foi uma sofista grega que, segundo alguns historiadores, teve grande influência sobre Sócrates (469 a.C. a 399 a.C.), importante filósofo grego, representado sentado na pintura. Leia a seguir a definição do adjetivo **sofista** e relacione essa característica à cena apresentada.

Sofista: na antiga Grécia (séculos V a.C. e IV a.C.), mestre da retórica que tomava a si a tarefa de ensinar conhecimentos gerais, gramática e a arte da eloquência para os cidadãos gregos postulantes à participação ativa na vida política, tendo frequentemente acrescentado questionamentos polêmicos aos debates filosóficos da época.

4. A articulação das palavras em uma apresentação ou discussão requer do orador ou debatedor um domínio claro e coerente das ideias. O olhar dos homens reunidos de um lado da mesa parece mostrar que estão achando convincente a fala de Aspásia? Por quê?

5. Na criação dessa obra, o autor parece enfatizar a importância da troca de ideias entre as pessoas e, principalmente, a habilidade que alguns têm de influenciar a decisão ou o comportamento de outros.

a) Explique por que saber articular bem as palavras, em geral, é importante para que se consiga persuadir alguém de alguma coisa?

b) Em sua opinião, o que é necessário para garantir que a argumentação a respeito de um assunto seja convincente?

O autor e a obra

Nicolas-André Monsiau foi um pintor francês e um refinado ilustrador. Seu estilo se destacou entre o de outros pintores neoclassicistas. Realizou parte de seus estudos em Roma e Paris. Foi o primeiro entre os pintores especializados em cenas históricas a não reproduzir comemorações de batalhas. Foi também especialista em retratos.

Nicolas-André Monsiau. *Autorretrato*. 1827. Óleo sobre tela, 60 cm × 49 cm.

THE PICTURE ART COLLECTION/ALAMY STOCK PHOTO/FOTOARENA - MUSEU DOLOUVRE, PARIS

Unidade IX

Gêneros argumentativos e gêneros dissertativo--argumentativos I

Leitura

Leia a seguir a crônica argumentativa do escritor João Ubaldo Ribeiro (1941-2014). Observe como o autor nos mostra que a leitura pode ser não só objeto de prazer ou deleite, como também, especialmente, de transformação do ser humano.

NO TEMPO DO LIVRO

Ah, nem conto a vocês como era, fico com medo de acharem que estou mentindo. Mas sei que não estou, quando lembro o dia começando a se esgueirar por entre as frestas dos grandes janelões do casarão térreo em que morávamos, e eu, menino de oito ou nove anos, pulando afobado da cama, para mais uma vez me embarafustar pelo meio dos livros. Quase febril, ansioso como se o mundo fosse acabar daí a pouco, eu nem sabia com quem ia me encontrar e aonde viajaria, em nova manhã encantada. Não havia problemas para eu me embolar com os livros, porque eles não só estavam junto à minha cama, mas espalhados da cozinha ao banheiro, em estantes para mim altas como torres, algumas das quais tão pejadas que volta e meia estouravam, viravam cachoeiras de papel e vinham abaixo, dando a impressão de que as paredes e o chão se dissolviam em livros.

Problema havia na escolha, porque nenhum deles era proibido por meu pai, a não ser, como muito depois ele me contou, os que ele queria que eu lesse, me escondendo sem saber que tinha caído num ardil. Podia ser mais um volume da coleção de Tarzan que eu já tinha lido praticamente toda e não acabava nunca, porque repetia os favoritos. Não, talvez o *Dom Quixote*, em dois tomos imponentes que eu mal conseguia sopesar e cheio de palavras portentosas que eu não compreendia e não ousava me esclarecer com o velho, porque já conhecia a resposta.

— Dicionário, jumento bípede — respondia ele. — E copie o verbete para me mostrar depois.

— O que é verbete?

— Dicionário, miolo ralo. E copie esse também.

As gravuras de Gustave Doré que ilustravam as desditas do engenhoso fidalgo, em imagens cheias de sombras e figuras desconhecidas, me metiam medo mas eram irresistíveis e, mesmo sem entender direito o que aquele livro tremendo me contava, eu sempre voltava a ele e muitas vezes me pilhei devaneando em meio a um descampado e diante de cata-ventos, na companhia de um magrelo em seu cavalo ainda mais magro e de um gordo em seu burrico. Mas eu podia preferir ingressar na Legião Estrangeira, relendo *Beau Geste* ou *Beau Sabreur*, que me deixavam com sonhos de me alistar assim que completasse vinte anos, para ir viver entre os lendários tuaregues e conquistar o amor da mais linda princesa do deserto.

Ou podia ir para o Sítio do Picapau Amarelo. Quando Monteiro Lobato, ainda hoje, para mim, um dos maiores escritores de todos os tempos, em qualquer lugar, morreu e seu enterro foi mostrado pela revista *O Cruzeiro*, demorei muito para acreditar. O sítio continuou a existir, do mesmo jeito que o pó de pirlimpimpim, a viagem ao céu, o saci-pererê e toda a mágica que o grande Lobato criou. Tanto assim que peguei um caderno e comecei a escrever novas aventuras de Narizinho, Emília e Pedrinho, até que meu pai olhou minha produção, disse que estava mal escrita, me chamou de plagiário e me mandou ver no dicionário o que isso queria dizer. Desisti da empreitada, mas persisti em escrever, para desgosto do velho, que até morrer lamentou que eu não fosse tabelião, como ele com toda a razão queria.

FATCAMERA/E+/GETTY IMAGES

Os outros meninos do bairro podiam não morar num mar de livros como eu ou, ainda menos, ter um pai igual ao meu, mas não eram muito diferentes. Jogávamos bola (eu, hoje craque do passado, era fominha), brincávamos de médico com as meninas, fazíamos tudo o que as crianças daquela época podiam fazer, mas todo mundo gostava de ler, porque ler representava a liberdade e a fantasia. Comentávamos nossos heróis, organizávamos empréstimos de livros e gibis e mentíamos esplendidamente, em tertúlias em que acreditávamos nas histórias dos outros, contanto que acreditassem nas nossas — era tudo a verdade de nossas imaginações. A vã memória não distingue mais entre o que eu contava e os outros contavam, mas isso não tem importância. Todos nós, afinal, voávamos com Peter Pan e Sininho e alguns de nós namoraram com a Wendy. Não houve um que não tivesse enfrentado piratas, descido ao fundo do mar, ficado invulnerável a qualquer arma ou invisível à vontade, decifrado códigos secretos, falado todas as línguas e vencido todas as guerras e batalhas. Para isso, não tínhamos mais que os livros, não precisávamos de mais que eles.

Tertúlias: reuniões literárias.

Mas isso era naquele tempo. Hoje, como nos informam a toda hora, os livros estão mudando, aperfeiçoam-se cada vez mais. Para ler modernamente, dever-se-á usar um dos muitos leitores eletrônicos que já existem no mercado e que ainda vão surgir. Segundo uma notícia, um desses aparelhos possibilita que seu usuário (não é mais leitor, é usuário) interaja com as chamadas redes sociais na Internet. Suponho que se lê um pedacinho e se manda um comentário via Twitter. Também estarão disponíveis, em breve, livros com trilha sonora e com trechos narrados por voz. Os romances e peças virão com clipes dos cenários descritos pela narrativa, entrevistas com o autor, facilidade em substituir palavras difíceis por sinônimos acessíveis, interatividade com o usuário ("faça seu final, case Romeu com Julieta") — o céu é o limite. Acredito que, em relação a isso, vale uma comparação com o celular, o qual começou como telefone, mas hoje é máquina fotográfica, batedeira de bolos e ferro de passar e desconfio que está substituindo o(a) parceiro(a) sexual. Admirável livro novo, que faz uma maravilha atrás da outra e nem puxa pela imaginação, tudo já vem imaginado para você. Espero que, tão famosamente equipado, o usuário ainda encontre um tempinho para ler.

RIBEIRO, João Ubaldo. *O Estado de S. Paulo*, 9 maio 2010.

Análise do texto

1 Nessa crônica, o autor parece estabelecer um diálogo com os leitores.

a) Explique por que ele empregou a 1ª pessoa na narrativa.

b) Por que o cronista se sente receoso de que as pessoas não creiam nele?

2 Ao falar de seu convívio com os livros e de seu interesse pela leitura, o autor emprega frases como estas: “para mais uma vez me **embarafustar** pelo meio dos livros” e “para eu me **embolar** com os livros”. Como podemos interpretar, no contexto, o sentido dos verbos destacados?

3 A imaginação infantil era tão forte que o menino se sentia totalmente fora da realidade, sonhando com possíveis personagens e histórias fantásticas. Como o cronista nos deixa perceber que esse fato era frequente em sua infância?

4 A paixão do autor pelos livros se torna evidente pelo jeito como ele se relaciona com eles. Interprete a linguagem figurada ou subjetiva dos seguintes trechos:

a) “em estantes para mim **altas como torres**, algumas das quais tão pejadas que volta e meia **estouravam**, **viravam cachoeiras de papel** e vinham abaixo”.

b) “dando a impressão de que as paredes e o chão **se dissolviam em livros**”.

5 O cronista menciona também os livros da turma do Sítio do Picapau Amarelo, de Monteiro Lobato, autor brasileiro cuja obra infantil vem encantando sucessivas gerações de crianças. Explique por que o menino que ele era demorou a acreditar na morte do famoso escritor.

6 De acordo com o texto, a influência de Monteiro Lobato foi grande na vida do escritor João Ubaldo Ribeiro. Explique por quê.

7 Ao lembrar os amigos de infância, o autor revela um tempo bem diferente da realidade atual. Segundo ele, sua vontade de ler era maior que a dos outros meninos, mas todos apreciavam os livros e não só as brincadeiras comuns de toda criança da época. Por que a leitura os fascinava tanto?

8 A partir do último parágrafo, o cronista passa a se situar na realidade atual. Observe que até o tempo verbal se modifica: o uso do pretérito (passado) dá lugar ao presente.

a) O que se pode perceber, já no início desse parágrafo, quanto à reação do autor diante da produção dos novos livros? Esclareça sua resposta com base no texto.

b) Ao descrever as características e possibilidades dos novos livros, pode-se dizer que o autor se revela um aficionado da tecnologia?

9 A comparação que o cronista faz do livro digital com o celular nos permite entender o que provavelmente ele teme em relação ao futuro do livro.

a) No final do texto, como se pode explicar os argumentos do autor, que parece ansioso com as várias inovações dos aparelhos digitais?

b) Explique o que o cronista sugere nesta última frase do texto: "Espero que, tão famosamente equipado, o usuário ainda encontre um tempinho para ler".

Capítulo 18 Dissertar e argumentar

Dissertação e argumentação

A produção de um texto requer um modo de organização discursiva, que deve apresentar características próprias de um determinado gênero e tipo textual. As propostas de redação em vestibulares nem sempre são organizadas em torno da produção de um gênero, como foram organizadas as propostas de produção desta obra. É comum, em vestibulares, a proposta de redação exigir que o candidato produza textos em que predominem as sequências narrativas (em que há uma sucessão cronológica de ações), expositivas (em que é apresentado um assunto ou problema) ou argumentativas (em que é feita a análise de um assunto e a defesa de opinião a respeito do que foi analisado).

Para que fique mais clara a relação entre o que está sendo estudado neste livro e o que é pedido nos vestibulares, veremos a seguir algumas noções do texto dissertativo-argumentativo, que circula somente em esferas escolares e cuja produção poderá ser solicitada a você algumas vezes.

• Preparando

Leia o texto a seguir, observando o conteúdo e as características que determinam seu tipo de composição.

EDUCAÇÃO INFANTIL E DESEMPENHO

Existe grande interesse entre pesquisadores e gestores em entender como a educação infantil pode contribuir para melhorar o desempenho escolar. A literatura acadêmica mostra que a educação infantil pode gerar vários benefícios.

Por exemplo, pesquisas em neurociência mostram que o aprendizado é mais fácil na primeira infância que em estágios posteriores. A educação infantil também pode contribuir para o estímulo de certas características de comportamento e traços de personalidade, como sociabilidade, autoestima, persistência e motivação.

Vários estudos mostram que essas características melhoram o desempenho educacional. Além disso, reduzem a probabilidade de envolvimento com drogas e atividades criminosas.

Em razão dessas evidências, vários países têm elevado os investimentos na educação infantil e atribuído importância crescente a esse nível de ensino no sistema educacional.

No Brasil, várias mudanças na legislação foram efetuadas com essa finalidade desde a década de 1990. Nesse período, a educação infantil foi incorporada ao nível da educação básica e passou a contar com uma importante fonte de financiamento, com a criação do Fundeb, em 2007. Além disso, a emenda constitucional 59/2009 estabeleceu a obrigatoriedade do ensino para todas as crianças a partir de quatro anos.

KALI9/E+/GETTY IMAGES

Sala de aula de educação infantil.

Um estudo recente da Fundação Carlos Chagas mostrou, porém, que a qualidade da educação infantil no Brasil é muito baixa. A pesquisa avaliou a qualidade do ensino infantil em Belém, em Campo Grande, em Florianópolis, em Fortaleza, no Rio de Janeiro e em Teresina. Tanto na creche como na pré-escola, a média geral foi um pouco acima de 3, correspondente ao nível básico, em uma escala na qual o menor nível era inadequado (pontuação entre 1 e 3) e o nível máximo era excelente (8,5 a 10).

Entre as áreas avaliadas, as atividades desenvolvidas com as crianças tiveram a pior avaliação, sendo classificadas no nível inadequado. A estrutura do programa, que estabelece as rotinas diárias, também teve uma pontuação muito baixa.

Nesse contexto de baixa qualidade dos serviços prestados, é pouco provável que a expansão da oferta de educação infantil no Brasil tenha os efeitos desejados. Para que a educação infantil possa melhorar significativamente o desempenho escolar, é necessária uma combinação de características, como mostram várias pesquisas.

Primeiro, os professores devem receber treinamento intensivo e possuir formação específica para lecionar no segmento de educação infantil. Outra característica importante é um baixo número de crianças por professor, para permitir que os professores dediquem uma atenção diferenciada para cada criança. Além disso, é preciso que as atividades diárias sejam guiadas por uma estrutura curricular específica para essa faixa etária.

Finalmente, é muito importante que os pais sejam envolvidos na educação de seus filhos. Nesse sentido, a creche ou a pré-escola não devem ser vistas como um substituto da família, mas como uma ferramenta complementar na construção de um ambiente de aprendizado estimulante para as crianças.

Pelo fato de serem intensivos e se caracterizarem por turmas pequenas e professores com treinamento específico, os programas bem-sucedidos de educação de primeira infância em geral são mais caros que as alternativas tradicionais.

Portanto, será um grande desafio expandir o acesso à educação infantil no Brasil com o nível de qualidade necessário. Uma boa notícia é que vários estudos mostram que seus benefícios são muito superiores aos seus custos.

Além disso, a oferta de ensino infantil de qualidade tem se mostrado eficaz para melhorar o desempenho escolar de crianças criadas em ambientes socioeconômicos muito desfavoráveis. É um exemplo raro de uma política pública que pode ao mesmo tempo aumentar a eficiência e reduzir a desigualdade social. Não vai ser fácil, mas é um desafio que é muito importante enfrentar.

VELOSO, Fernando. *Folha de S.Paulo*, 26 jun. 2010. Mercado. © Folhapress.

1. Ao abordar como tema o problema da educação no Brasil, o autor apresenta opiniões pessoais sobre o assunto a partir do primeiro parágrafo.

a) Na **introdução**, de que forma ele expõe suas ideias relacionadas à educação?

____

____

b) Qual é o **ponto de vista** defendido pelo autor nos parágrafos seguintes?

____

____

2 Observe que o autor, o economista Fernando Veloso, após expor seu ponto de vista, passa ao **desenvolvimento**, empregando recursos argumentativos que reforçam suas opiniões.

a) No segundo parágrafo, como ele utiliza o recurso da **exemplificação** para defender suas ideias?

b) Como ele estabelece coesão entre os dois parágrafos iniciais do texto?

3 Segundo as pesquisas, há dois aspectos negativos mais visíveis sobre a qualidade da educação infantil: as atividades realizadas e a estrutura do programa são inadequadas.

a) No desenvolvimento da análise, o autor mostra o caminho para se atingir uma educação de qualidade na primeira infância. Em sua opinião, por que o professor dessa faixa etária deve ter uma formação específica?

b) Ainda com base em pesquisas, o autor expõe outras características que devem nortear o ensino infantil. Quais são elas?

c) Pode-se dizer que ele expõe uma crítica à atitude de certos pais em relação à pré-escola? Esclareça sua resposta.

4 No décimo primeiro parágrafo, o autor desenvolve suas opiniões a partir de uma **explicação**. Por que ele se dispõe a explicar que as medidas para melhorar a educação infantil são conhecidas e possíveis, mas dispendiosas?

5 Ao dar progressão às opiniões expostas antes, o autor apresenta um **argumento conclusivo**, no penúltimo parágrafo. Inicialmente, ele menciona os desafios a serem vencidos para a ampliação de um ensino infantil adequado. Explique por que ele afirma que esse investimento vai ser compensador.

6 Na **conclusão**, o autor acrescenta mais um fato que justifica a busca por uma melhor qualidade no ensino infantil.

a) Que argumentos ele expõe, no último parágrafo, também em defesa de suas opiniões?

b) No final do texto, ele retoma um argumento já mencionado no desenvolvimento. Explique que argumento seria esse e por que ele volta a essa ideia.

7 O emprego adequado dos **elementos de coesão** no texto dissertativo-argumentativo é importante para que sua estrutura permita melhor compreensão das ideias. Identifique o sentido expresso pelos elementos coesivos destacados nas frases a seguir.

a) "**Finalmente**, é muito importante que os pais sejam envolvidos na educação de seus filhos."

b) "**Pelo fato** de serem intensivos e se caracterizarem por turmas pequenas".

c) "**Portanto**, será um grande desafio expandir o acesso à educação infantil".

d) "**Além disso**, a oferta de ensino infantil de qualidade tem se mostrado eficaz".

8 O texto dissertativo-argumentativo apresenta **dados**, **fatos** e **testemunhos** para reforçar o ponto de vista do autor.

a) No texto em análise, quais são os dados mais relevantes que dão consistência às argumentações?

b) Que fatos foram mencionados para persuadir o leitor de que as ideias expostas são verdadeiras?

____

____

____

9 O texto dissertativo-argumentativo apresenta determinadas características.

a) Que tipo de linguagem foi empregado no texto em estudo? Por quê?

____

____

b) Qual é o tempo e a pessoa verbal predominantes no texto? Explique esse emprego.

____

____

10 No desenvolvimento de suas opiniões, o autor utiliza **recursos argumentativos**, como a **exemplificação**. De que forma ele emprega o recurso da **enumeração** no texto?

____

____

____

• Sistematizando

O texto em pauta é organizado basicamente em torno da defesa de um determinado ponto de vista. Nesse caso, trata-se da produção de um texto predominantemente **argumentativo**. Como ele se desenvolve com base na exposição e na análise de ideias, em que são avaliados diferentes aspectos associados a uma determinada questão, também é considerado **dissertativo**, mas pode ser ainda definido como **dissertativo-argumentativo**.

Argumentação

Argumentação é a apresentação de justificativas ou explicações que contribuam para a defesa de um ponto de vista. Por isso, a linguagem de um texto argumentativo visa informar e também convencer o leitor do ponto de vista do autor, como se pode observar no texto em estudo. Nesse texto, o autor desenvolveu raciocínios e argumentos para finalmente apresentar suas conclusões.

Dessa forma, é necessário que a argumentação seja convincente e bem fundamentada, com base em dados e informações, para que o texto ganhe consistência e credibilidade. Em um texto dissertativo-argumentativo, a apresentação de um ponto de vista mais claro requer o uso da linguagem formal, de vocabulário objetivo e de expressão impessoal, com construções sintáticas organizadas com base em um raciocínio lógico. O emprego dos elementos coesivos é essencial nesse tipo de texto, pois estabelece a relação de sentido entre suas partes, dando-lhe unidade argumentativa.

Na verdade, a capacidade de influir e de modificar o ponto de vista do interlocutor depende da ordem, da clareza e da força da argumentação. Se os argumentos são vazios ou fracos, ou estão mal encadeados, dificilmente o ponto de vista defendido terá respaldo ou aceitação.

Assim, a construção dos argumentos exige um bom conhecimento do assunto a ser abordado. É preciso ter conhecimento do que se passa no mundo. Lembre-se de que a avaliação de forma crítica de qualquer tipo de informação, como leituras, conversas e pesquisas que visem complementar e atualizar os conhecimentos, impede a aceitação passiva e, às vezes, equivocada de certas informações.

O texto dissertativo-argumentativo apresenta um "plano de trabalho", ou seja, uma estruturação preestabelecida. Constitui-se, em geral, de três partes: **introdução**, **desenvolvimento** e **conclusão**. Ao produzir um texto desse tipo, pode-se empregar vários recursos linguísticos com o objetivo de persuadir o interlocutor. Os tipos de argumentos existentes serão estudados mais adiante.

Portanto:

Texto dissertativo é aquele que se caracteriza pela exposição, análise ou explicação de ideias, dados e conceitos, de forma intencionalmente objetiva.

Texto dissertativo-argumentativo é aquele que, em geral, aborda um tema capaz de gerar polêmica. Assim, também se caracteriza pela análise, explicação, avaliação ou interpretação de ideias, porém com o objetivo de utilizá-las como argumentos para defender o ponto de vista do autor e dessa forma influenciar a maneira de pensar do leitor.

Oficina Trabalhando o texto dissertativo-argumentativo

Leia o texto argumentativo a seguir.

POR QUE ELES BEBEM E DIRIGEM?

A adoção de uma lei seca mais rigorosa no Estado de São Paulo não bastou. Os dados da Secretaria de Segurança Pública revelam uma redução de quase 20% de acidentes com mortes no trânsito nos primeiros meses de 2012 para 2013 no Estado depois da lei, mas, no mesmo período, dois acidentes impressionaram. Um deles amputou o braço de um jovem ciclista em plena Avenida Paulista, uma das principais artérias de São Paulo. O outro matou um garoto de 15 anos que andava de *skate* numa rua de Guarulhos, na Grande São Paulo. Ambos foram vítimas de motoristas alcoolizados. O convívio dos motoristas com ciclistas, motoqueiros, skatistas e pedestres nas ruas, cada vez mais estranguladas pelo trânsito nas médias e grandes cidades do país, se tornou insano. Quando a bebida entra nessa relação tensa, os efeitos são ainda mais catastróficos.

Várias propostas têm sido discutidas no mundo para reduzir a violência no trânsito. Em muitos países, ela é a principal causa de mortes entre os jovens. Entre as medidas, aumentar a carga tributária (e, por tabela, o preço das bebidas), diminuir os pontos de venda de álcool à noite, regulamentar a publicidade, fiscalizar com mais rigor e impor penas mais duras. Tudo isso parece causar um impacto inicial nos números. O grande desafio é aprimorar os resultados e torná-los permanentes.

Há questões estruturais importantes que devem, também, ser atacadas. Nas grandes cidades, transporte público de qualidade e barato, estendido madrugadas adentro, que garanta um meio tranquilo de o jovem chegar em casa, é um deles. Criar áreas seguras nas ruas (com ciclovias protegidas) também pode ser uma medida importante. Alguns países estudam a instalação de detectores de álcool (uma espécie de bafômetro pessoal) acoplados a caminhões, ônibus e até carros particulares. Para ligar o motor, o próprio carro exige um controle do consumo de bebida.

Além desses fatores, não se pode esquecer o comportamento. Mais que ensinar a guiar e a respeitar quem está nas ruas, a educação para o trânsito deveria passar pela percepção do risco envolvido no ato de guiar embriagado ou sob efeito de outras drogas. É aí que se esbarra numa das questões mais difíceis. Como sensibilizar o condutor do veículo, principalmente o jovem motorista, do risco que ele corre e, pior, que ele pode oferecer aos outros? Sem mexer nesse componente humano, de noção de responsabilidade e limite, será difícil solidificar as conquistas deste início de ano.

BOUER, Jairo. *Época*, p. 81, 1º abr. 2013.

1. Qual é a **tese** ou o **ponto de vista** exposto no primeiro parágrafo e defendido nos demais parágrafos?

2. Que **argumentos** o autor desenvolve logo na **introdução** em defesa de seu ponto de vista?

3. O **desenvolvimento** ocorre no segundo e terceiro parágrafos. Que opiniões o autor expõe no segundo parágrafo em relação à tese defendida?

4. No terceiro parágrafo, o autor apresenta ideias pessoais que podem reduzir a violência no trânsito.

   a) Por que ele propõe duas medidas estruturais nos grandes centros urbanos?

b) Com que objetivo o autor expõe as iniciativas de outros países para melhorar os problemas causados pelo trânsito, com a instalação de uma espécie de "bafômetro pessoal"?

5. Na **conclusão**, no quarto parágrafo, o autor apresenta outros mecanismos argumentativos, expondo opiniões ainda mais convincentes. De que modo ele argumenta sobre o problema do comportamento do motorista?

6. Observe que, no final do texto, o autor procura dialogar com o leitor. Nesse momento, ele usa a interrogação para prosseguir em seus argumentos. Como ele conclui seu ponto de vista?

7. Releia o texto, se necessário, e explique como o autor conseguiu manter a unidade no encadeamento das ideias.

8. Na conclusão, ele empregou um elemento coesivo, a locução "além de", que liga os dois parágrafos finais. Que sentido esse elemento confere ao contexto?

• Produção de texto: dissertação e argumentação

Proposta — Produção de um texto dissertativo-argumentativo

Nesta proposta, você vai produzir um texto dissertativo-argumentativo com quatro parágrafos. Antes, leia o texto a seguir, a respeito de uma notícia polêmica sobre um desfile em passarela de crianças à espera de adoção, que gerou muitas controvérsias no momento em que foi publicada.

CATHERINE ABUD SCOTTON

Desfile com crianças à espera de adoção causa polêmica

Várias entidades e pessoas nas redes sociais se manifestaram contra o evento, que teve apoio do Ministério Público da Infância de Cuiabá.

Parecia um desfile comum, com direito a maquiagem, fotos, passarela, mas não era. Os modelos, que subiram à passarela em um *shopping* de Cuiabá nesta terça-feira (21), eram 18 crianças e adolescentes que esperam por adoção.

O objetivo dos organizadores era divulgar a adoção tardia de crianças a partir dos 4 anos. Era a segunda edição do desfile, que teve apoio do Ministério Público da Infância de Cuiabá. Mas o evento causou polêmica, tanto entre entidades como nas redes sociais.

Será que essa exposição é prejudicial para as crianças? Qual seria a melhor opção para promover esse tipo de adoção?

Disponível em: <https://g1.globo.com/fantastico/noticia/2019/05/26/desfile-com-criancas-a-espera-de-adocao-causa-polemica.ghtml>. Acesso em: 27 maio 2019.

O tema abordado é polêmico. Siga estas orientações para produzir seu texto.

- Leia mais sobre o assunto, antes de iniciar o texto. Organize as informações relevantes, os dados e os testemunhos mais exatos, sustentados pela realidade dos fatos. Essa prática dá força argumentativa às ideias.
- Empregue a variedade padrão formal da língua, os verbos com predominância no presente do indicativo e a 3ª pessoa dos verbos e pronomes para garantir a impessoalidade exigida neste tipo de texto.
- Reflita bem sobre o assunto e planeje seu texto. Defina seu ponto de vista ou ideia principal, a ser exposta no primeiro parágrafo.
- No segundo e terceiro parágrafos, desenvolva os argumentos já esquematizados. Observe se estão bem embasados, ou seja, persuasivos, com ideias claras e coerentes.
- Empregue os elementos coesivos com adequação (preposições, conjunções, pronomes demonstrativos e relativos, etc.). Lembre-se de que a organização lógica e sequencial dos argumentos, assim como a coesão de termos, frases e parágrafos, caracterizam uma argumentação bem feita. Escolha vários argumentos sobre o assunto, mas lembre-se de que todos devem ser relacionados à ideia principal, para que possa defender seu ponto de vista.
- Releia o texto antes de construir o último parágrafo. Faça uma conclusão, retomando a ideia inicial apresentada no primeiro parágrafo, e apresente soluções que ajudem a resolver o problema enfocado. Não se esqueça do título.
- Antes de trocar seu texto com um colega, releia-o e modifique o que for necessário. Avalie, no texto do colega, a organização dos parágrafos de acordo com as orientações. Verifique se os argumentos são convincentes, se há unidade, coesão de sentidos e clareza no texto. Observe também se foi usada a linguagem formal, a 3ª pessoa e, de preferência, os verbos no presente do indicativo.
- Reescreva seu texto, alterando o que não ficou adequado. Organize, com o apoio do professor e dos colegas, um debate sobre o assunto. Dividam a sala em dois grupos: de um lado, ficam os que aprovam a resolução e, do outro, os que a desaprovam. Selecionem perguntas e argumentos com base nas ideias do texto produzido e acompanhem as orientações do professor para a realização do debate.

Produção e estilo — A progressão textual: progressão tópica

O texto argumentativo pode ser desenvolvido por meio de um recurso de textualização conhecido por **progressão textual**.

Um importante recurso da progressão textual é a **progressão tópica**, pois, na exposição de nossas ideias, sempre nos apoiamos em um **tema** ou **tópico discursivo** para desenvolver o texto. A progressão tópica, portanto, diz respeito à manutenção e ao desenvolvimento dos assuntos ou tópicos discursivos tratados ao longo do texto.

Concluindo:

> **Progressão tópica** é o recurso de textualização responsável pela manutenção e pelo desenvolvimento dos assuntos ou tópicos discursivos tratados ao longo do texto.

Oficina Progressão tópica

- Observe, no artigo a seguir, como Lya Luft desenvolve a argumentação, distribuindo o conteúdo de cada parágrafo em **subtópicos** que introduzem informações e argumentos novos, dando continuidade ao texto.

O QUE DEVEMOS AOS JOVENS

Fiquei surpresa quando uma entrevistadora disse que em meus textos falo dos jovens como arrogantes e mal-educados. Sinto muito: essa, mais uma vez, não sou eu. Lido com palavras a vida toda, foram uma de minhas primeiras paixões e ainda me seduzem pelo misto de comunicação e confusão que causam, como nesse caso, e por sua beleza, riqueza e ambiguidade.

Escrevo repetidamente sobre juventude e infância, família e educação, cuidado e negligência. Sobre nossa falha quanto à autoridade amorosa, interesse e atenção. Tenho refletido muito sobre quanto deve ser difícil para a juventude esta época em que nós, adultos e velhos, damos aos jovens tantos maus exemplos, correndo desvairadamente atrás de mitos bobos, desperdiçando nosso tempo com coisas desimportantes, negligenciando a família, exagerando nos compromissos, sempre caindo de cansaço e sem vontade ou paciência de escutar ou de falar.

[...] Tenho muita empatia com a juventude, exposta a tanto descalabro, cuidada muitas vezes por pais sem informação, força nem vontade de exercer a mais básica autoridade, sem a qual a família se desintegra e os jovens são abandonados à própria sorte num mundo nem sempre bondoso e acolhedor. Quem são, quem podem ser, os ídolos desses jovens, e que possibilidades lhes oferecemos? Então, refugiam-se na tribo, com atitudes tribais: o *piercing*, a tatuagem, a dança ao som de música tribal, na qual se sobrepõe a batida dos tantãs. Negativa? Censurável? Necessária para muitos, a tribo é onde se sentem acolhidos, abrigados, aceitos.

SLADIC/ISTOCK PHOTOS/GETTY IMAGES

Muitas famílias criam em casa um ambiente de confiança e afeto.

CAPÍTULO 18

Escola e família ou se declaram incapazes, ou estão assustadas, ou não se interessam mais como deveriam. Autoridades, homens públicos, supostos líderes, muitos deles a gente nem receberia em casa. O que resta? A solidão, a coragem, a audácia, o fervor, tirados do próprio desejo de sobrevivência e do otimismo que sobrar. Quero deixar claro que nem todos estão paralisados, pois muitas famílias saudáveis criam em casa um ambiente de confiança e afeto, de alegria. Muitas escolas conseguem impor a disciplina essencial para que qualquer organização ou procedimento funcione, e nem todos os políticos e governantes são corruptos. Mas quero também declarar que aqueles que o são já bastam para tirar o fervor e matar o otimismo de qualquer um.

Assim, não acho que todos os jovens sejam arrogantes, todas as crianças mal-educadas, todas as famílias disfuncionais. Um pouco da doce onipotência da juventude faz parte, pois os jovens precisam romper laços, transformar vínculos (não cuspir em cima deles) para se tornar adultos lançados a uma vida muito difícil, na qual reinam a competitividade, os modelos negativos, os problemas de mercado de trabalho, as universidades decadentes e uma sensação de bandalheira geral.

Tenho sete netos e netas. A idade deles vai de 6 a 21 anos. Todos são motivo de alegria e esperança, todos compensam, com seu jeito particular de ser, qualquer dedicação, esforço, parceria e amor da família. Não tenho nenhuma visão negativa da juventude, muito menos da infância. Acho, sim, que nós, os adultos, somos seus grandes devedores, pelo mundo que lhes estamos legando. Então, quando falo em dificuldades ou mazelas da juventude, é de nós que estou, melancolicamente, falando.

LUFT, Lya. *Veja*, p. 26, 16 dez. 2009. (Fragmento).

1 O **artigo de opinião** é um texto argumentativo, já estudado nesta obra, em que o articulista procura persuadir o leitor de um determinado ponto de vista.

a) O que poderia ter causado a interpretação equivocada, mencionada pela autora na introdução?

______

______

b) Qual é o ponto de vista da autora defendido nesse texto?

______

______

2 Do segundo ao quinto parágrafo, encontra-se o desenvolvimento dos argumentos, em que a autora usa a **progressão tópica**.

a) No segundo parágrafo, por que a autora diz que os adultos estão "atrás de mitos bobos"?

______

______

______

b) No terceiro parágrafo, a articulista empregou perguntas como recurso argumentativo para desenvolver suas opiniões. Explique de que forma essas perguntas levam o leitor a compreender que o comportamento dos adultos está equivocado.

3 A **paragrafação** pode determinar a sequência do conteúdo, mantendo a continuidade das ideias e a coerência do discurso. Como a autora mantém a **progressão tópica** entre o segundo e o terceiro parágrafos, dando coerência às ideias?

4 Com o objetivo de esclarecer melhor seu ponto de vista sobre o assunto, a autora desenvolveu comparações e explicações no quarto parágrafo.

a) Que imagem ela nos passa dos adultos em geral?

b) De que modo ela parece expressar sua solidariedade aos jovens no quinto parágrafo?

5 Na **progressão tópica**, pode haver continuidade ou descontinuidade na sequência do discurso. Nesse caso, o quarto e o quinto parágrafos do texto apresentam tópicos contínuos ou não? Justifique sua resposta.

6 Na **conclusão**, a autora retorna à ideia inicial e confirma o ponto de vista defendido no desenvolvimento. Como ela reforça a opinião de que os adultos estão em dívida com os jovens?

7 Como já vimos em outros textos argumentativos, para conferir maior impressão de objetividade à exposição de ideias, é comum o emprego da 3ª pessoa do singular.

a) Nesse artigo, em que pessoa foi construído o texto? Por quê? Transcreva alguns exemplos.

b) Além da linguagem subjetiva, observa-se no artigo algum trecho que revele emoção? Esclareça sua resposta.

c) Outros traços de subjetividade existentes no texto são o uso de adjetivos com alta carga opinativa e a tentativa da autora de dialogar de igual para igual com o leitor. Cite alguns exemplos.

d) As marcas de subjetividade que aparecem no texto comprometeram de alguma forma a consistência da argumentação apresentada pela autora? Por quê?

Capítulo 19 A estrutura do texto argumentativo

Estruturação do texto argumentativo

Nos textos argumentativos, cada **parágrafo** constitui uma unidade textual. Por isso, na produção de um texto argumentativo, é preciso planejar sua estruturação em parágrafos, organizando as ideias relativas ao tema a ser abordado.

• Preparando

Leia o texto argumentativo a seguir, que apresenta opiniões bem fundamentadas sobre as alterações climáticas.

MEDO DO FUTURO: AQUECIMENTO GLOBAL

Por que pessoas com alto nível de educação recusam-se a mudar de pensamento?

Acho que não sou o único que está preocupado com o futuro. Será que o mundo está mesmo perdendo o rumo?

[...]

A temporada dos furacões começou com estardalhaço, causando danos devastadores pelo mundo. No Japão, três tufões em seguida deixaram uma trilha de morte e destruição. Na Indonésia, a situação é absolutamente trágica.

Mesmo assim, muitos ainda se recusam a associar o aumento da intensidade dos furacões e tempestades ao aquecimento global, ignorando dados e pesquisas científicas de alta qualidade. Obviamente, líderes como Trump, que são apoiados pela indústria de combustíveis fósseis, são os primeiros a ignorar a ciência como um mero incômodo. Lembra-me a imagem do imperador romano Nero, enlouquecido, tocando harpa enquanto Roma queimava.

Tenho perguntado a amigos e colegas a razão da relutância de tantos em aceitar o óbvio. Por que pessoas com alto nível de educação, bem-informadas, quando se deparam com a correlação clara do aquecimento global e da poluição, ou quando presenciam o colapso potencial das instituições democráticas, recusam-se a mudar?

Claro, temos aqueles cujos interesses econômicos e privados agem como vendas para os olhos, especialmente os que investem em indústrias que contribuem para o aquecimento global manipulando o poder político com suas enormes contas bancárias.

Mesmo que não haja apenas uma resposta para isso, podemos dizer algumas coisas sobre essa apatia que afeta os que manipulam o poder e muitos outros. As pessoas só mudam sob pressão, seja ela real ou imaginária. Quanto maior a pressão, mais rápida a mudança. Historicamente, a mobilização social de larga escala só ocorre quando uma nação ou um grupo luta contra um inimigo comum.

Quando líderes políticos invocam o patriotismo, fazem isso com a intenção clara de unificar a população, que lutaria, assim, contra uma ameaça à nação, seja ela real ou inventada. Os EUA só começaram a participar da Segunda Guerra Mundial após os japoneses terem bombardeado o porto de Pearl Harbor, no Havaí, em 1941, ainda que a guerra já estivesse devastando a Europa desde 1939.

No caso da mudança climática e da correlata falta de mobilização social, o que falta é essa pressão que provoca mudanças. Muitas pessoas, incluindo as que entendem os princípios do aquecimento global como sendo provocado pelo excesso de poluição, encolhem os ombros, afirmando que isso é coisa para muito tempo no futuro. Por que fazer algo agora, certo? Para que proteger o uso e a qualidade da água, proteger o ambiente e as áreas litorâneas de baixo relevo, ou usar fontes de energia alternativas ou mais limpas? Para que essa pressa toda em mudar nosso estilo de vida?

Existem algumas cidades que estão tomando providências, e uma exemplar é Miami, nos EUA, cuja orla vem, já, sofrendo com o aumento do nível do mar. Obras estão elevando as ruas e avenidas, muralhas protetoras estão sendo construídas em áreas críticas, bombas e sistemas de drenagem estão sendo instalados. Por que em Miami? Porque na cidade já ocorreram diversos incidentes ligados a furacões e tempestades que são consequência do aquecimento global.

Quanto mais se espera, maiores serão os custos e maior será o número de mortos e feridos. O que Miami está fazendo deveria ser imitado por todas as cidades costeiras ameaçadas. O Rio de Janeiro é uma delas, e também Salvador, Recife, Fortaleza, Porto Alegre etc.

O aquecimento global é obviamente muito diferente das invasões nazistas durante a Segunda Guerra, mas a ameaça de uma grande catástrofe social é real. O problema, ao contrário de um inimigo bem definido durante uma guerra, é que, no aquecimento global, somos nossos próprios inimigos, e cada um de nós tem um papel na crise. A poluição global não enxerga fronteiras entre países ou diferenças culturais. A atmosfera, os oceanos, os rios, todos nós dividimos a culpa e arcamos com as consequências, mesmo que, obviamente, alguns tenham muito mais culpa do que outros.

O ponto é que o indivíduo raramente pensa no efeito cumulativo da ação de muitas pessoas: se eu jogo esse saco plástico no mar, é só um, não muda nada. E quando milhões de pessoas pensam do mesmo jeito e jogam sacos de plástico no mar? Veja o exemplo do Chile, proibindo sacos de plástico no país inteiro!

Se milhões devem escapar das regiões costeiras, para onde irão? E se 4 milhões de cariocas invadirem São Paulo? Quais seriam as perdas econômicas e ambientais? Quanto maior o envolvimento da mídia, mais cientistas participarão da iniciativa de educar a população sobre os riscos sociais do aquecimento global. E, com isso, espero, a pressão para uma mudança geral de perspectiva aumentará.

A questão é quanta pressão, quanta evidência, será necessária para promover uma mudança global da forma que precisamos sabendo que, para muitos, essas mudanças serão incômodas?

GLEISER, Marcelo. Disponível em: <https://www1.folha.uol.com.br/colunas/marcelogleiser/2018/10/medo-do-futuro-aquecimento-global.shtml>. Acesso em: 10 jun. 2019. (Fragmento).

Repórter de TV assiste à passagem do furacão Michael, em Panama City Beach, Flórida, EUA, em 10 de out. 2018.

THE WASHINGTON POST/ CONTRIBUTOR/GETTY IMAGES

1 A estrutura do texto argumentativo compõe-se de **introdução**, **desenvolvimento** e **conclusão**. Cada uma dessas partes pode ocupar um número variado de parágrafos e apresentar características diferentes. Tudo depende do tema tratado, da abordagem escolhida e dos recursos de quem escreve. No texto em estudo, o físico e astrônomo Marcelo Gleiser apresenta logo no início uma questão para poder desenvolver o texto. Que questão é essa?

a) Por que ele menciona a temporada de furacões como um fato que comprova a ideia que ele apresentou?

b) Ele comenta que o presidente dos Estados Unidos, Donald Trump, prefere ignorar a ciência. Segundo o texto, por que Trump faria isso?

2 O **desenvolvimento** (que vai do terceiro ao sétimo parágrafo) apresenta argumentos que fundamentam a tese ou ideia principal. No texto argumentativo, os tipos de parágrafos que desenvolvem os argumentos são variados, e o desenvolvimento pode ser feito por meio de **enumerações**, **relações de causa e consequência**, **comparações**, **contrastes**, **exemplificações**, **citações** e **testemunhos**, entre outros recursos.

a) Que outra causa para a existência do pensamento que tenta ignorar o aquecimento global é levantada pelo articulista?

b) Segundo ele, em que situações as pessoas costumam agir de forma diferente? Que exemplos ele usa para fortalecer seus argumentos?

3 O que as pessoas em geral pensam, segundo o texto, sobre a necessidade de combater o aquecimento global?

a) Que exemplo de boa prática de cuidados com o aquecimento global o articulista apresenta?

b) O articulista menciona que essas práticas deveriam ser realizadas também aqui no Brasil. Quais poderiam ser as consequências sociais de não serem tomadas medidas preventivas no Brasil?

4 O articulista dá o exemplo do Chile como uma boa prática de combate ao aquecimento global. O que foi realizado nesse país?

a) Como ele explica o efeito acumulativo que pode levar ao aquecimento global?

b) Qual seria a relação entre as pessoas não compreenderem a existência desse efeito e acreditarem que o aquecimento global é uma questão para o futuro?

c) E você, o que pensa sobre isso?

5 Para encerrar sua argumentação, o articulista apresenta outra questão.

a) Que questão é essa?

b) Que relação há entre essa questão e a do início do texto?

• Sistematizando

A estrutura de um texto argumentativo apresenta três partes principais: **introdução**, **desenvolvimento** e **conclusão**.

A **introdução** ocorre, em geral, no primeiro parágrafo e apresenta a **ideia principal** ou **tese** a ser defendida. É preciso deixar claro o ponto de vista do autor, bem como o assunto que será abordado e desdobrado nos parágrafos seguintes.

O **desenvolvimento** apresenta um ou mais parágrafos em que são expostos **argumentos**, ideias, informações e dados, quase sempre com o objetivo de convencer ou persuadir o interlocutor.

Observe que o autor do texto constrói sua argumentação propondo um questionamento sobre a atitude das pessoas e dos líderes de alguns países em relação ao aquecimento global. Em seguida, desenvolve algumas ideias para mostrar que muitas vezes essa atitude tem como base uma certa acomodação, tanto por parte daqueles que têm interesses econômicos em manter ações contrárias à sustentabilidade quanto daqueles que não percebem que são as ações de hoje que provocam o aquecimento global ou que preparam as cidades para lidar construtivamente com ele.

A **conclusão** é apresentada sob a forma de uma nova questão que propõe uma reflexão sobre como mudar a atitude comentada ao longo do texto.

Além da estruturação do texto, quem escreve deve sempre considerar os **objetivos** de sua produção e as características do leitor a quem ela é dirigida.

• Produção de texto: texto dissertativo-argumentativo

Leia as propostas a seguir e escolha uma delas para desenvolver seu texto argumentativo. Sua produção fará parte de uma exposição no mural da escola ou da classe. Assim, todos poderão ler os textos produzidos pelos colegas e trocar ideias sobre o assunto abordado.

1ª proposta — Produção de um texto dissertativo-argumentativo sobre a privacidade na internet

Leia o texto a seguir, que aborda o problema da falta de privacidade na rede.

O FIM DO FIM DA PRIVACIDADE

Nunca houve tantas formas de deixar a vida exposta na rede. Nem tanta gente incomodada com isso. Veja como essa nova realidade está mudando a internet.

Uma em cada 4 pessoas que usam a internet no mundo tem uma conta no Facebook. Esse meio bilhão de pessoas publica 14 milhões de fotos diariamente. Os 100 milhões de usuários do Twitter postam 2 bilhões de mensagens por mês. Dê um Google no nome de alguém e os *tweets* dele vão estar lá. Pesquisadores cunham termos bonitos como a "era da hipertransparência" para tentar falar que há xeretas e exibicionistas demais hoje.

E a maior rede social do planeta deu um passo grande rumo à tal hipertransparência: em maio, o Facebook mudou as regras sobre o quanto que estranhos podem saber da sua vida. "Estamos construindo uma internet onde o padrão é ser sociável", decretou Mark Zuckerberg, criador e presidente do *site*, ao anunciar as mudanças. Utopia sociológica à parte, interessa para ele que usuários de seu serviço possam ser encontrados com mais facilidade. Se você não está no Facebook e encontra aquele amor antigo do ginásio ali, tende a entrar para a rede social. E, quanto mais gente lá, mais Zuckerberg pode faturar com publicidade.

Às mudanças: de cara, elas parecem bem sutis. Antes, não dava para ver a foto de perfil ou a idade de uma pessoa pesquisada, por exemplo. Agora, a não ser que o usuário mude as configurações no braço, um resumo de sua ficha ficará exposto na internet. Não é pouca coisa. Pense em quem teve um término de relacionamento conturbado e quer manter distância de namorados maníacos; ou em um adolescente que mudou de escola por causa de *bullying* e corre o risco de que tudo comece de novo se os novos colegas descobrirem isso; em quem sofre de assédio moral no trabalho ou foi testemunha de um crime; em quem não quer que os pais descubram detalhes de sua vida sexual. Para todos eles, qualquer detalhe que o Facebook divulgue pode fazer uma grande diferença.

Redes sociais e a "era da hipertransparência".

Não fica nisso. Um dos maiores problemas é que a internet não "esquece" nada. E agora, que ela faz parte da vida de praticamente todo mundo há uma década, qualquer vacilo do passado pode causar um problema no presente. Fotos ousadas num *fotolog* de anos atrás vão complicar você na disputa por um emprego. Uma troca infeliz de *scraps* no Orkut, como uma discussão com um ex, podem estar ao alcance de qualquer um. As redes sociais baseadas em GPS, como a Foursquare, colocam mais pimenta nesse molho, já que elas mostram num mapa onde os usuários estão a cada momento. Em suma, nunca existiram tantas possibilidades de exposição pública. E sim: sempre vai ter alguém que você não esperava bisbilhotando você.

É natural. O desejo de cavucar a vida alheia existe desde sempre. "Na maior parte da história humana, as pessoas viveram em pequenas tribos onde todas as pessoas sabiam tudo o que todo mundo fazia. E de alguma forma estamos nos tornando uma vila global. Pode ser que descobriremos que a privacidade, no fim das contas, sempre foi uma anomalia", afirma o professor Thomas W. Malone, do Centro de Estudos de Inteligência Coletiva do MIT.

Seja como for, trata-se de uma anomalia de que todo mundo gosta. E por isso mesmo um movimento ganha cada vez mais força: há uma preocupação maior com a bisbilhotice. Na prática, está acontecendo o contrário do que Zuckerberg imagina. Estamos menos "sociais".

Hoje, a quantidade de dados que as pessoas deixam aberta na rede para todo mundo ver é, por cabeça, bem menor do que há 5, 6 anos. É raro encontrar quem deixe suas fotos escancaradas numa rede social. *Scraps* públicos no Orkut já são parte de um passado remoto...

Um estudo da Universidade da Califórnia mostra essa mudança: os entrevistados disseram tomar mais cuidado com o que postam *on-line* do que há 5 anos. Na mesma pesquisa, 88% dos jovens de 18 a 24 anos acreditavam que deveria existir uma lei que forçasse os *sites* a apagar informações pessoais depois de algum tempo.

Enquanto não chegam leis concretas, as pessoas reagem por conta própria. Trinta mil usuários cancelaram suas contas no Facebook no dia 31 de maio, para protestar contra aquela mudança na configuração de privacidade. Compare isso com a reação que as pessoas tiveram em 2006, quando o Orkut passou a identificar quem visitava o seu perfil. Não faltaram reações de indignação. "Qual é a graça se não dá mais para espionar a vida dos outros escondido?", perguntavam os usuários.

É difícil imaginar algo assim hoje. Aprendemos a nos comportar na rede como nos comportamos em público. Porque, cada vez mais, estamos mesmo.

BURGOS, Pedro. *Superinteressante*, jul. 2010, p. 23-24.

De acordo com a reportagem, as opiniões divergem sobre o fato de vivermos em uma era de "hipertransparência". Há quem não se incomode com a exposição pública, mas muitos usuários da rede estão preocupados e gostariam que houvesse leis para tornar a internet mais segura. Leia as orientações a seguir e redija um texto dissertativo-argumentativo, expondo e defendendo seu ponto de vista sobre o assunto.

- Releia o texto e selecione as melhores ideias, argumentos e informações. Faça uma pesquisa sobre o assunto, troque ideias sobre ele com outras pessoas e anote o que for importante, como dados, opiniões e argumentos. Faça uma avaliação crítica do material e das conversas que teve, para que sua argumentação fique bem fundamentada. Anote também suas ideias e opiniões relevantes.
- O objetivo desse tipo de texto é influenciar o interlocutor ou persuadi-lo a aceitar e adotar seu ponto de vista. Portanto, escolha uma das opiniões mais convincentes entre as que você anotou e faça a **introdução** do texto.
- Escreva uma ou mais frases contendo a **ideia principal** ou **tese** que será defendida nos parágrafos seguintes. Se desejar, acrescente alguma informação ou dado que reforce seu ponto de vista ainda no primeiro parágrafo.
- Redija o **desenvolvimento** a partir do segundo parágrafo. Se houver vários argumentos sobre o assunto, desenvolva-os de forma gradual e progressiva em mais parágrafos. Lembre-se de que a ideia principal norteia toda a argumentação; portanto, construa de forma clara e coesa os argumentos relacionados a ela. Para isso, empregue os elementos coesivos adequadamente, dando unidade de sentido a seu texto. Acrescente informações, dados e exemplos já anotados para fortalecer seu ponto de vista.
- Ao apresentar a **conclusão**, no parágrafo final do texto, você pode retomar a ideia principal, enfatizando-a, resumir de forma sucinta o que foi exposto ou confirmar seu ponto de vista.
- Empregue a variedade padrão da língua e a 3ª pessoa dos verbos e pronomes para dar impessoalidade ao texto; use, de preferência, o presente do indicativo. Lembre-se de que a linguagem deve ser objetiva. Crie um título atraente e instigante para seu texto.
- Avalie sua produção, relendo as orientações, modificando o que julgar necessário. Observe a construção de cada parte e veja se a ideia principal expõe com clareza sua tese sobre o assunto, se o desenvolvimento apresenta uma argumentação convincente, bem embasada, se a conclusão retoma a ideia principal ou se usou outro recurso. Verifique a coesão de sentido entre as partes do texto e se a linguagem ficou objetiva e impessoal. Observe o título. Passe o texto a limpo.
- Reúna-se com três colegas, troquem os textos e, após a leitura, ouçam as sugestões de cada um. Se considerar as observações importantes, faça as modificações em seu texto ao reescrevê-lo. Exponha-o no mural da classe.

2ª proposta — Produção de um texto dissertativo-argumentativo sobre as manifestações populares de maio de 2019 pela educação no Brasil

Nesta segunda proposta, observe a imagem e leia o texto a seguir, que aborda um fato importante. Trata-se das manifestações populares que ocorreram em todo o Brasil em 15 maio de 2019, contra o corte de verbas para a educação.

https://reinaldoazevedo.blogosfera.uol.com.br/

CATHERINE ABUD SCOTTON

Força de manifestações surpreende até os organizadores; lembrai-vos de 2013

[...] As jornadas de junho de 2013 ainda não foram devidamente estudadas, mas são muito eloquentes.

Naquele caso, a extrema esquerda, o Movimento Passe Livre, fez o primeiro chamamento. Protestos em Salvador e Florianópolis contra o aumento de passagens de ônibus haviam sido bem-sucedidos. Chegaram a São Paulo nos dias 6 e 7 de junho daquele ano. De novo, no dia 11; outro gigantesco no dia 13. Multiplicaram-se pelas capitais e grandes cidades, e as esquerdas claramente perderam o monopólio da pauta e da mobilização, que se estendeu 2014 afora, com protestos contra os gastos com a Copa. Querem ver o efeito?

No dia 31 de março de 2013, 65% achavam o governo Dilma "ótimo ou bom"; só 7% diziam ser "ruim ou péssimo"; para 27%, era regular. No dia 10 de junho, a aprovação ainda era considerável, embora em queda: 57% de ótimo e bom, contra 9% que diziam o oposto: ruim/péssimo. O regular saltava para 33%. Havia algo latente. Os protestos abriram as comportas da insatisfação. No dia 29 daquele mesmo junho, o índice de "ótimo e bom" do governo despencou 27 pontos e ficou em apenas 30%; o "ruim/péssimo" bateu nos 25%, e o regular caminhou para 43%. Foi o mais formidável evento de mudança de humor da opinião pública de que se tem notícia em tempo tão curto. Dilma começava a cair ali. Ali começava o *impeachment*.

EDUARDO ANIZELLI/FOLHAPRESS

Protesto na Avenida Paulista, em São Paulo, contra contingenciamento de verbas para a Educação.

Para registro histórico: tentando provar que liderava um governo que combatia a corrupção, Dilma promoveu a aprovação de dois textos legais: a chamada Lei Anticorrupção, a 12.846, que trata da punição às empresas flagradas em falcatruas — regula os acordos de leniência, por exemplo —, e a 12.850, de combate às organizações criminosas, mas sumamente importante não por isso: ali estão as regras — ou quase não regras — para as delações premiadas. Qualquer pessoa razoável que leia os dois textos encontra falhas clamorosas, que tornam o país e qualquer governo reféns do Ministério Público e dos organismos policiais. Tentando sobreviver, Dilma cavava a sua sepultura. Aí a Lava Jato fez o resto. Sem o vale-tudo das delações, aonde teria chegado?

Não custa lembrar que o governo petista, inicialmente, flertou com os movimentos de protesto. Não percebeu que dava tiro no próprio pé, coisa para a qual alertei muitas vezes. Não saber ler as ruas, dando respostas erradas, pode, sim, ser fatal a um governo. [...].

Bastava ao presidente atual repetir o que afirmou seu vice: "Protestos fazem parte da democracia desde que dentro da lei". E pronto! [...]

AZEVEDO, Reinaldo. *Uol*, 15 maio 2019. (Fragmento adaptado). Disponível em: <https://reinaldoazevedo.blogosfera.uol.com.br/2019/05/15/forca-de-manifestacoes-surpreende-ate-os-organizadores-lembrai-vos-de-2013/>. Acesso em: 16 maio 2019.

- Leia o texto e observe a imagem com atenção.
- Anote as informações, opiniões, dados, citações e exemplos mais importantes.
- Pesquise outros artigos sobre esse mesmo tema, em jornais, revistas e *sites* de notícias.
- Forme uma opinião com base na leitura dos textos e elabore uma tese. Com base na formulação dessa tese, planeje seu texto. Caso seja necessário, leia ainda mais sobre o assunto.
- Siga as orientações da 1ª proposta. Se desejar, ilustre seu trabalho com fotos ou desenhos e organize uma exposição na escola, com os colegas e o professor, mostrando ações que têm o objetivo de transformar o Brasil num país melhor para todos.

Recursos argumentativos

O **artigo de opinião** é um texto argumentativo que apresenta o ponto de vista do autor sobre um assunto polêmico.

• Preparando

No artigo a seguir, o autor expõe argumentos sobre um tema inesgotável: a felicidade. Leia-o.

SERÁ A FELICIDADE NECESSÁRIA?

Felicidade é uma palavra pesada. Alegria é leve, mas felicidade é pesada. Diante da pergunta "Você é feliz?", dois fardos são lançados às costas do inquirido. O primeiro é procurar uma definição para felicidade, o que equivale a rastrear uma escala que pode ir da simples satisfação de gozar de boa saúde até a conquista da bem-aventurança. O segundo é examinar-se, em busca de uma resposta. Nesse processo, depara-se com armadilhas. Caso se tenha ganhado um aumento no emprego no dia anterior, o mundo parecerá belo e justo; caso se esteja com dor de dente, parecerá feio e perverso. Mas a dor de dente vai passar,assim como a euforia pelo aumento de salário, e se há algo imprescindível, na difícil conceituação de felicidade, é o caráter de permanência. Uma resposta consequente exige colocar na balança a experiência passada, o estado presente e a expectativa futura. Dá trabalho, e a conclusão pode não ser clara.

Os pais de hoje costumam dizer que importante é que os filhos sejam felizes. É uma tendência que se impôs ao influxo das teses libertárias dos anos 1960.

É irrelevante que entrem na faculdade, que ganhem muito ou pouco dinheiro, que sejam bem-sucedidos na profissão. O que espero, eis a resposta correta, é que sejam felizes. Ora, felicidade é coisa grandiosa. É esperar, no mínimo, que o filho sinta prazer nas pequenas coisas da vida. Se não for suficiente, que consiga cumprir todos os desejos e ambições que venha a abrigar. Se ainda for pouco, que atinja o enlevo místico dos santos. Não dá para preencher caderno de encargos mais cruel para a pobre criança.

"É a felicidade necessária?" é a chamada de capa da última revista *New Yorker* (22 de março) para um artigo que, assinado por Elizabeth Kolbert, analisa livros recentes sobre o tema. No caso, a ênfase está nas pesquisas sobre felicidade (ou sobre "satisfação", como mais modestamente às vezes são chamadas) e no impacto que exercem, ou deveriam exercer, nas políticas públicas. Um dos livros analisados, de autoria do ex-presidente de Harvard, Derek Bok (*The Politics of Happiness: What Government Can Learn from the New Research on Well-Being*) [A política da felicidade: o que o governo pode aprender com a nova pesquisa sobre bem-estar], constata que nos últimos 35 anos o PIB *per capita* dos americanos aumentou de 17.000 dólares para 27.000, o tamanho médio das casas cresceu 50% e as famílias que possuem computador saltaram de zero para 70% do total. No entanto, a porcentagem dos que se consideram felizes não se moveu. Conclusão do autor, de lógica irrefutável e alcance revolucionário: se o crescimento econômico não contribui para aumentar a felicidade, "por que trabalhar tanto, arriscando desastres ambientais, para continuar dobrando e redobrando o PIB?".

Outro livro, de autoria de Carol Graham, da Universidade de Maryland (*Happiness Around the World: The Paradox of Happy Peasants and Miserable Millionaires*) [A felicidade ao redor do mundo: o paradoxo dos camponeses felizes e dos milionários infelizes], informa que os nigerianos, com seus 1.400 dólares de PIB *per capita*, atribuem-se grau de felicidade equivalente ao dos japoneses, com PIB *per capita* 25 vezes maior, e que os habitantes de Bangladesh se consideram duas vezes mais felizes que os da Rússia, quatro vezes mais ricos. Surpresa das surpresas, os afegãos atribuem-se bom nível de felicidade, e a felicidade é maior nas áreas dominadas pelo Talibã. Os dois livros vão na mesma direção das conclusões de um relatório, também citado no artigo da *New Yorker*, preparado para o governo francês por dois detentores do Nobel de Economia, Amartya Sen e Joseph Stiglitz. Como exemplo de que PIB e felicidade não caminham juntos, eles evocam os congestionamentos de trânsito, "que podem aumentar o PIB, em decorrência do aumento do uso da gasolina, mas não a qualidade de vida".

Embora embaladas com números e linguagem científica, tais conclusões apenas repisariam o pedestre conceito de que dinheiro não traz felicidade, não fosse que ambicionam influir na formulação das políticas públicas. O propósito é convidar os governantes a afinar seu foco, se têm em vista o bem-estar dos governados (e podem eles ter em vista algo mais relevante?). Derek Bok, o autor do primeiro dos livros, aconselha ao governo americano programas como estender o alcance do seguro-desemprego (as pesquisas apontam a perda de emprego como mais causadora de infelicidade do que o divórcio), facilitar o acesso a medicamentos contra a dor e a tratamentos da depressão e proporcionar atividades esportivas para as crianças. Bok desce ao mesmo nível terra a terra da mãe que trocasse o grandioso desejo de felicidade pelo de uma boa faculdade e um bom salário para o filho.

TOLEDO, Roberto Pompeu de. *Veja*, 24 mar. 2010, p. 142.

ROGÉRIO BORGES

1 O título do texto já sugere um recurso de argumentação empregado pelo articulista, que usa a **interrogação** para desenvolver suas opiniões.

a) Na **introdução**, que corresponde ao primeiro parágrafo, qual é a ideia principal ou tese defendida por ele?

b) No segundo e terceiro parágrafos do texto, que correspondem ao início do **desenvolvimento**, o autor critica os pais, quando dizem que o importante é a felicidade dos filhos. Explique por quê.

2 Dando continuidade ao desenvolvimento, o autor deixa claro, no quarto parágrafo, o que despertou seu interesse pelo tema abordado. Com base na leitura do artigo de uma americana, que analisa livros cujo tema é a felicidade, o que o autor pôde perceber?

3 Por meio da **progressão discursiva**, que expõe diferentes argumentos no desenvolvimento do tema, no quinto parágrafo, o autor fundamenta a tese defendida, apresentando ideias de outro livro.

a) Observe que ele emprega o recurso argumentativo da comparação ao apresentar o resultado das pesquisas sobre o PIB de alguns países. O que ele compara?

b) De que forma o resultado da comparação reforça as conclusões dos autores do livro e do próprio autor do artigo?

4 Ainda no quinto parágrafo, que finaliza o desenvolvimento, o articulista observa que os dois livros mencionados apresentam a mesma conclusão, assim como o relatório encomendado pelo governo francês a dois premiados com o Nobel de Economia. Explique por que os autores desse relatório parecem associar a felicidade à qualidade de vida, indo, em certa medida, na contramão do desenvolvimento econômico.

5 No sexto parágrafo, que corresponde à **conclusão**, o articulista apresenta soluções que poderiam melhorar a qualidade de vida, gerando mais felicidade. Releia o primeiro período da conclusão e explique o que o autor analisa de forma crítica.

____

____

____

6 Observe que, em seguida, o autor expõe a intenção dos pesquisadores e acrescenta, nos parênteses, uma interrogação que corresponde a uma opinião pessoal: a de que o foco dos governantes deve ser o bem-estar dos cidadãos.

a) Que medidas o autor Derek Bok considera eficazes para que as pessoas tenham mais bem-estar? Você concorda com ele? Exponha suas ideias.

____

____

____

b) Qual é a opinião do articulista sobre os conselhos de Derek Bok ao governo americano?

____

____

c) De acordo com a última frase do texto, como seria a mãe que agisse como Derek Bok?

____

____

7 A partir do primeiro parágrafo, em que está a ideia principal, o autor usa diferentes **recursos argumentativos** para desenvolver suas ideias e convencer o leitor.

a) No primeiro parágrafo, ele empregou dois recursos argumentativos que estão entre os itens a seguir. Quais são eles?

( ) exposição de dados e fatos
( ) alusão histórica
( ) comparação e contraste
( ) pergunta e enumeração

b) Entre os recursos argumentativos a seguir, quais foram usados no quarto e no quinto parágrafo?

( ) pergunta e exemplificação
( ) causas e consequências
( ) fatos ou informações
( ) citação ou testemunho

c) Na conclusão, o articulista empregou, como recursos argumentativos, uma crítica e uma explicação para o que foi dito. Identifique esses dois recursos e justifique sua resposta.

____

____

• Sistematizando

Para desenvolver uma argumentação capaz de persuadir o interlocutor, podemos empregar vários recursos. A organização das ideias na composição de um texto ocorre de acordo com esse objetivo. Em geral, cada parágrafo apresenta um argumento, mas pode haver dois argumentos em um mesmo parágrafo, como você já observou. Vejamos agora os **recursos argumentativos** mais utilizados.

Exposição de dados e fatos ou exemplificação

No texto "Será a felicidade necessária?", observamos a apresentação de dados que demonstram o aumento do PIB *per capita* dos americanos de 17.000 dólares para 27.000, nos últimos 35 anos, e a informação de que 70% das famílias passaram a ter computador. No início do texto "O fim do fim da privacidade", também há dados e exemplos que constituem recursos de argumentação: "Esse meio bilhão de pessoas publica 14 milhões de fotos diariamente. Os 100 milhões de usuários do Twitter postam 2 bilhões de mensagens por mês". Esses são alguns casos do emprego da exposição de dados e da exemplificação como forma de argumento.

Comparação

Nesse mesmo texto de Roberto Pompeu de Toledo, o grau de felicidade dos nigerianos é comparado ao dos japoneses, que é equivalente, apesar de o PIB *per capita* dos primeiros ser 25 vezes menor que o dos japoneses. Observa-se também a comparação entre os habitantes de Bangladesh e os da Rússia, cujo PIB *per capita* é quatro vezes maior, mas cujo povo é menos feliz.

O recurso argumentativo da comparação também foi usado no artigo "Força de manifestações surpreende até os organizadores; lembrai-vos de 2013". Nele, o autor compara as manifestações populares de 2019 pela educação no Brasil com os protestos de 2013, que marcaram o início da derrocada do governo de Dilma Rousseff.

Há muitas possibilidades de comparação em um texto; podem ser comparadas informações, duas ou mais situações, testemunhos, fatos, etc. É possível ainda definir e enumerar os contrastes em uma mesma situação, o que é também uma forma de comparação.

Causa e consequência

Fica claro, no texto "O fim do fim da privacidade", que a **causa** do desrespeito a esse direito está no fato de nunca terem existido tantas possibilidades de exposição pública, aliado ao desejo que muitas pessoas têm de bisbilhotar a vida alheia. Como **consequência**, está havendo uma mudança de comportamento dos usuários na rede. Eles começaram a agir como se estivessem em público, ou seja, de forma mais recatada.

Nos dois parágrafos do texto "Leis ambientais e direitos trabalhistas são vistos como obstáculos para o progresso", apresentados a seguir, veja como o autor explica a **causa** de alguns cidadãos chineses serem tratados de forma diferente e as **consequências** desse tratamento. Leia os parágrafos.

> **Como o sistema educacional, de saúde e previdenciário da China é montado sobre os registros de local de nascimento das pessoas** — os nascidos em Pequim usufruem de serviços baratos ou gratuitos somente na cidade —, **os trabalhadores migrantes ficam à margem dos benefícios sociais, tendo de pagar somas enormes por um amparo social que deveria ser gratuito ou, ao menos, barato**. Um sistema nada comunista.
>
> **A diferença no crescimento entre a costa leste e o interior está criando algo que não existia na China na época do comunismo: diferença de renda**

entre pobres e ricos e entre o campo e a cidade. Segundo estudo da Comissão Nacional de Desenvolvimento e Reforma, o Ministério do Planejamento chinês, a renda dos residentes nas grandes cidades chegou a 3,2 vezes a renda do campo em 2005, último dado disponível. A renda dos 10% mais ricos nas grandes cidades chinesas é 9,2 vezes maior que a renda dos 10% mais pobres. No campo, a renda dos 10% mais ricos é 7,3 vezes maior que a renda dos mais pobres. Ambos os índices eram menores em 2004.

Galileu. São Paulo, n. 205, p. 87, ago. 2008. (Fragmento).

Portanto, como os trabalhadores migrantes não nasceram na cidade em que trabalham (**causa**), não têm direito aos mesmos benefícios sociais dos ali nascidos (**consequência**). Da mesma forma, como a costa leste está crescendo mais do que o interior (**causa**), estão surgindo diferenças de renda entre pobres e ricos e entre o campo e a cidade (**consequência**).

Contraste

Leia um fragmento do texto "Pesquisa com animais tem de ser desmistificada".

[...] Em enquetes nos EUA, diz ele, cerca de 50% das pessoas dizem ser favoráveis ao uso de animais. **Informadas de que a prática é regulamentada pelo governo federal, a aprovação sobe para 95%**. Nos 5% restantes, estão os chamados "extremistas", que se opõem ao uso de animais sob qualquer condição. Conn conhece bem essa minoria: o Centro Nacional de Pesquisas com Primatas do Oregon é um dos principais alvos de ataques e protestos. Conn já foi ameaçado e teve de pedir proteção policial. Viu colegas abandonarem pesquisas por conta disso. Alguns tiveram suas casas pichadas e até incendiadas. [...]

ROBYN MACKENZIE/SHUTTERSTOCK

O Estado de S. Paulo, 21 ago. 2009. (Fragmento).

Observe que o desenvolvimento do texto baseia-se no **contraste**, representado pela mudança de opinião, de valores ou de comportamento das pessoas, depois que o governo federal regulamentou a pesquisa com animais. O índice dos favoráveis à prática subiu de 50% para 95%.

Alusão histórica

Leia a seguir os parágrafos de um editorial que trata de uma referência histórica importante. Atente à ideia principal da introdução, no primeiro parágrafo. Nos dois parágrafos seguintes, os argumentos se baseiam no fato de que, muitas décadas depois da promulgação da Declaração Universal dos Direitos Humanos, ainda ocorrem no mundo inteiro fatos que se contrapõem ao que esse documento estabelece.

Todos os seres humanos nascem livres e iguais em dignidade e direitos. Todo ser humano tem direito à vida, à liberdade e à segurança pessoal. Ninguém será submetido a tortura nem a tratamento ou castigo cruel, desumano ou degradante.

Sessenta anos depois de promulgada a Declaração Universal dos Direitos Humanos, frases como essas, retiradas de seus artigos iniciais, leem-se ainda com emoção. Há algo, em sua simplicidade solene e reta, que resiste a todo espírito de ceticismo, ironia ou desencanto.

Sem dúvida, não existe ponto nesse documento histórico que não seja cotidianamente desrespeitado na esmagadora maioria dos países do mundo. Da prisão de Guantánamo às favelas brasileiras, da China ao Irã, contam-se aos bilhões as vítimas da pobreza, da intolerância, do racismo, do terror e da tirania.

Folha de S.Paulo, 14 dez. 2008. (Fragmento).

Perguntas

O recurso de colocar uma ou mais perguntas no início do parágrafo facilita o desenvolvimento dos argumentos. Com ele, o interlocutor ou o leitor é envolvido no assunto abordado, pois o questionamento o leva a refletir antecipadamente sobre alguma dúvida. Observe.

> **Serão realmente universais os critérios, os ideais inscritos na Carta da ONU?** Na onda do relativismo, há quem se incline a questionar esse aspecto do documento. O que é válido para uma cultura não é necessariamente válido para qualquer outra, e a Declaração de 1948 resulta de uma circunstância histórica e de uma herança filosófica particular, a do Iluminismo ocidental.
>
> *Folha de S.Paulo*, 14 dez. 2008. (Fragmento).

Citação ou testemunho

Leia o parágrafo a seguir, extraído do texto "Na primeira infância", e observe como os argumentos ganham maior respaldo com a citação do prêmio atribuído ao economista americano, quando se fala de sua participação no seminário e da publicação de um livro sobre o assunto.

Em palestra na FGV, o economista americano James Heckman, Prêmio Nobel de 2000, relacionou essa ineficiência do ensino com a carência na oferta de educação pré-escolar. Em artigo para o livro *Educação Básica no Brasil* (Ed. Campus), Heckman, em companhia de três economistas brasileiros, havia mostrado que 93% da diferença cognitiva medida entre estudantes de diferentes origens sociais aos 13 anos de idade já estava presente aos 5 anos de idade.

ROBYN MACKENZIE/SHUTTERSTOCK

Folha de S.Paulo, 2 jan. 2010. (Fragmento).

• Produção de texto: recursos argumentativos

Escolha uma das propostas a seguir e desenvolva seu texto dissertativo-argumentativo de acordo com as orientações.

1ª proposta — Produção de um texto dissertativo-argumentativo baseado numa análise crítica

A análise crítica a seguir se refere, em especial, à presença de agências de publicidade em certas escolas. Segundo analistas, esse fato pode influenciar muito cedo os jovens, principalmente as crianças. Leia o texto e avalie os argumentos expostos pela autora.

PARA QUE SE EDUCA?

No ato de uma empresa de turismo usar escolas como mídias para divulgar viagens à Disney está em jogo, acima de tudo, uma concepção de educação. Para que educamos? Para o desenvolvimento? Para o crescimento? Para sermos bem-sucedidos no mercado de trabalho? Para a vaidade e o hedonismo? Para a cidadania e a dignidade? Ou a ênfase está na formação de consumidores?

Interessa aqui discutir não a educação que cada família dá a seu filho, mas a educação como processo amplo de formação dos indivíduos, socializados por influência de múltiplas matrizes culturais, que lhes transmitem valores, visões de mundo, saberes acumulados pela humanidade e percepções.

Na modernidade, as mídias e a publicidade despontam como matrizes que — com a família, a escola, os grupos de pares, os colegas de trabalho e outras instituições — são responsáveis pela formação das pessoas. Suas influências se dão num jogo de interdependência.

Nessa iniciativa, a escola se alinha ao discurso do consumismo que vemos hoje em dia, em especial na mídia dirigida a crianças. Quando a escola se entrega a esse projeto, fica comprometido o seu papel enquanto reduto de reflexão e o sentido da educação como processo de preparação para a vida.

A escola é o lugar do saber legítimo, que se crê oficialmente importante para ser passado. O problema é que, historicamente, esse saber é produto de disputas de poder nem sempre democráticas. E se, nos tempos modernos, um dos vetores de poder é a publicidade (o mercado), seria "natural" que ela estivesse na escola.

Mas, se o "clima pró-consumo" já existe em tantas outras instâncias, a escola deve reforçá-lo? Ceder ao apelo publicitário é empobrecer o sentido humano da educação. E esse sentido enxerga nas crianças outras possibilidades além de consumidores: leitores, produtores de conhecimento, investigadores, críticos, lúdicos, etc.

Hoje, todo espaço público, todo corpo pode virar um meio de divulgar uma marca. Na escola, a criança percebe aquele discurso como positivo e, mais grave, que tem o respaldo de pessoas em quem ela e os pais confiam. E tudo de maneira dócil. Por isso não nos causa incômodo. Mas deveria incomodar.

PRAZERES, Michelle. *Folha de S.Paulo*, 20 abr. 2010.
Cotidiano. © Folhapress.

Você observou que a autora expõe questões relacionadas à influência do consumismo e da publicidade na educação das crianças. Leia mais sobre o assunto e registre suas opiniões, para desenvolver seu texto.

- Pesquise na internet ou em revistas mais informações sobre a influência atual da publicidade e do consumismo na vida e na educação das crianças.
- Feita a pesquisa, anote as informações e os dados mais importantes sobre o tema.
- Leia novamente o texto apresentado e anote as opiniões mais relevantes.
- Defina seu **ponto de vista** sobre o assunto e desenvolva-o na **introdução**, expondo suas ideias e algum fato relacionado a elas.
- A partir da introdução, desenvolva o segundo parágrafo com **argumentos** baseados em informações e dados que reforcem seu ponto de vista. Acrescente também **exemplos**, usando os recursos argumentativos da **comparação** e do **contraste** entre os fatos.
- No terceiro e quarto parágrafos, o **desenvolvimento** deve apresentar as **causas** e **consequências** do que foi exposto antes.
- No quinto parágrafo, organize **perguntas** às quais você vai responder com **explicações** e argumentos convincentes. Se quiser, empregue o recurso da **citação** ou do **testemunho**.
- No sexto parágrafo, apresente a **conclusão**. Releia o que foi exposto e retome a ideia principal da introdução ou resuma o que foi dito e confirme o ponto de vista defendido.
- Escreva o texto em 3ª pessoa, empregue uma linguagem objetiva, impessoal, e a variedade padrão da língua. Lembre-se de que o uso adequado dos elementos coesivos (preposições, conjunções, advérbios, pronomes relativos e demonstrativos) é uma das formas essenciais de se garantir a unidade de sentido de um texto, assim como o planejamento dos parágrafos e a organização das ideias. Dê um título sugestivo ao trabalho.
- Troque seu texto com o de um colega, mas antes o releia e modifique o que julgar necessário.

- No texto do colega, avalie a construção dos parágrafos e se os argumentos foram desenvolvidos de acordo com a proposta. Verifique a coesão, a linguagem, o título e a força persuasiva dos argumentos empregados. Converse com o colega sobre as sugestões feitas; depois, passe o texto a limpo, alterando o que for preciso. Coloque o texto no mural da classe, para que outros colegas também o leiam.

2ª proposta — Produção de um texto dissertativo-argumentativo baseado numa reportagem

A prática do *bullying* tem ocorrido com mais frequência e não escolhe idade nem classe social. Por isso pais, professores e psicólogos se unem para entender o problema e encontrar uma solução para esse comportamento antissocial entre certos jovens. Leia o início de uma **reportagem** sobre o assunto e observe a imagem.

BULLYING, UM CRIME NAS ESCOLAS

Crianças e adolescentes isolam, insultam, agridem colegas e expõem uma realidade alarmante: pais e colégios não sabem como lidar com agressões que começam cada vez mais cedo

O termo é estranho, mas o significado é bem conhecido. A palavra *bullying* se refere às agressões e humilhações praticadas por um grupo de estudantes contra um colega, algo até comum no dia a dia escolar, mas que está longe de ser considerado normal. São xingamentos, ofensas, constrangimentos ou agressões físicas que geram angústia, sofrimento, e podem causar danos psicológicos imensuráveis nas vítimas. Essas agressões, que costumavam aparecer na adolescência, estão sendo detectadas entre crianças, cada vez mais cedo. Tanto nas escolas públicas quanto nas particulares, os altos muros que as separam do mundo externo, em vez de protegê-las dos perigos "de fora", muitas vezes alimentam atos ainda mais violentos cometidos do lado "de dentro", uma vez que os pais não costumam levar as ocorrências às delegacias.

RABELO, Carina. *IstoÉ*, 3 set. 2008, p. 56. (Fragmento). © Três Editorial Ltda.

ANGELA HAMPTON PICTURE LIBRARY/IP ARCHIVE/GLOW IMAGES

Bullying nas escolas: um problema cada vez mais preocupante.

Com base na relação feita entre a leitura do texto e da imagem, redija um texto dissertativo-argumentativo seguindo estas sugestões:

- Prepare a **introdução**, colocando uma declaração inicial sobre o assunto que deixe clara sua **tese** ou **ideia principal**.
- Construa o **desenvolvimento** com **argumentos** relacionados à tese defendida. Desenvolva parágrafos que apresentem argumentos com **dados**, **informações**, **comparações** e **citações** que expliquem o problema do *bullying* nas escolas.
- Faça a **conclusão**, resumindo o que foi exposto, e apresente uma ou mais soluções que envolvam ações e participação do governo e da população.
- Empregue a variedade padrão da língua, seja impessoal, use a 3ª pessoa dos verbos e pronomes e, de preferência, coloque o verbo no presente do indicativo. Escolha um título que desperte o interesse pela leitura do texto. Avalie-o e reescreva-o, de acordo com as orientações da 1ª proposta.

Capítulo 20 Recursos argumentativos

Argumentação e contra-argumentação

A organização de **argumentos** convincentes, bem fundamentados e estruturados com base em um raciocínio lógico pode enfraquecer os argumentos dos adversários e garantir a força argumentativa de suas opiniões.

• Preparando

Leia o texto a seguir, publicado no site *Politize!*, e faça o cotejo entre as argumentações favoráveis e contrárias em torno de uma questão polêmica: a reforma da Previdência Social.

REFORMA DA PREVIDÊNCIA SOCIAL: ARGUMENTOS CONTRA E A FAVOR

A **Reforma da Previdência Social** se tornou um dos temas mais debatidos atualmente — seja por aqueles que defendem a sua necessidade, ou por aqueles que a condenam. Ela foi apresentada como uma Proposta de Emenda à Constituição no governo Temer, mas não foi aprovada, e agora, no governo Bolsonaro, a PEC já foi entregue ao Congresso Nacional.

[...]

Mas afinal, por que fazer uma Reforma da Previdência Social? Nesse *post*, você confere os argumentos necessários para se posicionar diante desse assunto polêmico!

ARGUMENTOS A FAVOR DA REFORMA DA PREVIDÊNCIA SOCIAL

Confira a opinião daqueles que acreditam na necessidade de uma Reforma:

Déficit da Previdência Social

Segundo dados oficiais, houve crescimento significativo do rombo nas contas da previdência. Desde 1997, a previdência entrou em déficit, ou seja, passou a gastar mais do que arrecadava. Em **2013**, o **déficit da previdência** equivalia a **0,9% do PIB**; em **2016**, chegou a **2,4% do PIB**, o equivalente a R$ 149 bilhões. Esse **aumento forte e rápido** se explica pela **crise econômica deflagrada em 2015, que aumentou o desemprego, diminuindo o número de contribuintes**, até porque muitas pessoas passaram a trabalhar sem carteira assinada.

Em **2018**, o déficit continuou crescendo, já que o Regime Geral da Previdência Social (RGPS) gerou um **gasto de R$ 186,3 bilhões a mais do que foi arrecadado — o maior da história do país.** O RGPS é um braço do sistema previdenciário, que paga as aposentadorias dos trabalhadores urbanos e rurais e benefícios como auxílio doença e pensões por morte.

No entanto, nem todos concordam com as contas que dizem que a Previdência Social está em déficit. [...]

Envelhecimento da população brasileira

O Brasil aos poucos passa de um país de jovens para um de idosos. Conforme a expectativa de vida aumenta e a taxa vegetativa da população diminui, chegaremos em breve a um cenário de muitos trabalhadores inativos sustentados por poucos trabalhadores ativos. Por isso, uma Reforma da Previdência Social é vista como inevitável, assim como foi em **outros países em todo o mundo nas últimas décadas**.

Segundo o Instituto Brasileiro de Geografia e Estatística (IBGE), a razão de dependência no Brasil (que era de 11% em 2017) vai subir para 36% até 2050. Ou seja, para cada 100 adultos aptos a contribuir no mercado de trabalho, o país terá 36 idosos para pagar aposentadoria.

Brasileiros se aposentam cedo

A média de idade com que as pessoas se aposentam no Brasil é de **58 anos**, segundo o Ministério do Trabalho. Esse número é ainda menor entre os que se aposentam por tempo de contribuição: 56 anos para os homens e 53 anos para as mulheres. Vários países do mundo já adotam idade mínima de 60 anos ou mais.

Trabalhadores mais pobres já se aposentam por idade mínima

O governo atual defende que estabelecer a idade mínima como único critério para aposentadoria não é injusto, pelo contrário, é uma forma de acabar com o privilégio dos setores mais ricos, igualando-os aos mais pobres. Isso porque a parcela da população com menos renda já se aposenta por idade, pois não conseguem chegar ao mínimo de tempo de contribuição exigido atualmente.

ARGUMENTOS CONTRA A REFORMA DA PREVIDÊNCIA SOCIAL

Confira a opinião de quem acredita que a Reforma, especialmente **da forma em que foi entregue ao Congresso pelo governo Bolsonaro**, não é a melhor solução:

Idade mínima como única opção é injusta

Estabelecer como critério único para se aposentar a idade mínima desconsidera as diferentes expectativas de vida dentro do Brasil. Por exemplo, enquanto estados como São Paulo, Distrito Federal, Espírito Santo e Rio Grande do Sul registraram uma média de 77 anos de idade na expectativa de vida, em outros estados como Rondônia, Roraima, Alagoas, Piauí e Maranhão, a média é de 70 anos.

Nesse sentido, a idade mínima de 62 anos para mulheres e 65 anos para homens proposta pelo governo atual é muito alta e próxima da média de expectativa de vida de alguns estados.

ROGÉRIO BORGES

Prioriza os mais ricos

Como atualmente o nível de desemprego e de trabalhadores informais e terceirizados aumentou, fica mais difícil para essas pessoas, mais pobres, conseguirem se aposentar com um tempo de contribuição maior (de 20 anos), sobretudo as mulheres, que, por conta da dupla (ou tripla) jornada, passam muito tempo no mercado informal, ou até precisam parar de trabalhar por alguns anos para cuidar dos filhos. Atualmente, as mulheres que se aposentam com um salário mínimo têm, em média, apenas os 15 anos mínimos de contribuição.

Dessa forma, aqueles que se encontram nessas situações levariam mais tempo do que os com maior condição financeira, que tiveram um emprego formal a vida toda.

Igualar a idade mínima de homens e mulheres desconsidera a realidade de vida das mulheres brasileiras

Nas categorias de professores e de trabalhadores rurais, a proposta da Reforma da Previdência iguala as idades mínimas de homens e mulheres, desconsiderando um fator já mencionado: a dupla / tripla jornada, que acontece tanto com professoras, quanto (e especialmente) com as trabalhadoras rurais, já que ambas as classes não estão fora da realidade brasileira em que mulheres ganham menos e trabalham cerca de 7,5 horas a mais por semana do que os homens.

Valor do BPC menor que 1 salário mínimo colocaria milhares de idosos na miséria

A proposta atual prevê que o Benefício de Prestação Continuada (BPC), destinado a idosos que não têm direito à previdência ou com deficiência, seja de apenas 400 reais entre 60 e 69 anos, e somente com 70 anos o idoso receberia um salário mínimo. Segundo especialistas e opositores da Reforma, essa medida deixaria milhares de idosos na miséria, pois aqueles que recebem o benefício não têm condições de se sustentar sem o BPC.

Há alternativas para a Reforma da Previdência Social

Algumas pessoas sugerem alternativas à Reforma da Previdência Social, como por exemplo:

- Acabar com a política de desonerações fiscais (ou seja, passar a cobrar impostos de alguns órgãos e entidades que têm o benefício da isenção). Só em desoneração de folha de pagamento com a Previdência Social são 32 bilhões de reais por ano que o governo deixa de arrecadar.
- Cobrar as dívidas previdenciárias de grandes empresas e impedir a desvinculação de receitas destinadas a programas sociais e previdenciários. Um estudo da FGV calculou que o Brasil perde cerca de R$ 480 bilhões por ano de arrecadação em decorrência de sonegação fiscal.
- Revogar a Reforma Trabalhista de Temer, que estimula o trabalho informal e, portanto, reduz o número de pessoas que contribuem para a aposentadoria. **[...]**

MOYA, Isabela; BLUME, Bruno. *Politize!*, 27 fev. 2019. (Fragmento). Disponível em: <https: / / www.politize.com.br / reforma-da-previdencia-social-argumentos-contra-e-a-favor / >. Acesso em: 17 maio 2019.

1 O texto apresenta argumentações que visam convencer os leitores quanto à necessidade ou não de se aprovar a Reforma da Previdência Social.

a) Qual é a **tese** ou o **ponto de vista** defendido por quem é a favor e por quem é contra a Reforma da Previdência Social?

____

____

b) Releia as argumentações que são apresentadas de lado a lado. Explique por que a tese de quem defende a Reforma é rejeitada por quem é contrário.

____

____

2 A quantidade de argumentos favoráveis e a de argumentos desfavoráveis à Reforma da Previdência são equivalentes.

a) Quais são os argumentos apresentados por aqueles que defendem a Reforma da Previdência?

b) Quais são os contra-argumentos apresentados por quem se opõe à Reforma?

3 Observe que o confronto de ideias apresenta opiniões bem diferentes. Qual é o principal argumento levantado por quem é a favor da Reforma da Previdência Social? Explique com detalhes.

4 Que aspectos se destacam nos contra-argumentos apresentados por quem se opõe à Reforma da Previdência da forma como ela foi entregue ao Congresso? Justifique sua resposta com exemplos.

5 De acordo com o texto, algumas pessoas sugerem alternativas à Reforma da Previdência Social. Que alternativas seriam essas?

6 Em vista do que foi exposto no texto, qual é sua opinião sobre a Reforma da Previdência Social? Troque ideias com seus colegas, antes de responder. Justifique sua resposta com argumentos.

• Sistematizando

Muitas propostas de vestibular têm como tema um assunto polêmico. São apresentados os dois polos de uma polêmica ao candidato, que é orientado a tomar partido e elaborar um texto argumentativo apresentando e defendendo seu ponto de vista.

O texto estudado foi produzido para um *site* chamado *Politize!*. Nele, costumam ser apresentados pontos de vista opostos a respeito de um tema polêmico. O texto compila argumentos e contra-argumentos a respeito da Reforma da Previdência Social, que fundamentam pontos de vista contrários sobre o mesmo assunto. O texto foi apresentado aqui para que você possa compreender melhor como pode funcionar, em um texto argumentativo, a **contra-argumentação**.

Imagine, por exemplo, que, em uma proposta de vestibular, fosse apresentado o texto lido aqui e fosse solicitada a elaboração de um texto argumentativo empregando a contra-argumentação como recurso. Você teria de refutar os argumentos de um dos lados ou mesmo dos dois, caso não concordasse com o ponto de vista de nenhum deles.

Para fazer uma contra-argumentação, é necessário organizar um plano de trabalho que requer, inicialmente, uma pesquisa sobre o assunto. Por mais consistentes e coerentes que sejam os argumentos de alguém, eles podem ser contestados. Mesmo quando o texto apresenta argumentos considerados irrefutáveis, apoiados em exemplos, comparações, citações, estatísticas e outros dados, em geral é possível contestar uma ou outra ideia.

Assim, você tanto pode elaborar um texto apresentando contra-argumentos em relação a uma argumentação previamente apresentada quanto decidir usar como recurso a antecipação de possíveis objeções — os **contra-argumentos do leitor** — e rebatê-los em seu próprio texto.

Em resumo:

Argumentação é a apresentação de justificativas ou explicações que contribuam para a defesa de um ponto de vista.

Contra-argumentação é a contestação dos argumentos apresentados em um texto oral ou escrito, ou mesmo de opiniões que fazem parte do senso comum. Assim, ao elaborar um texto argumentativo, o autor pode usar a contra-argumentação como recurso, antecipando e neutralizando possíveis objeções a suas ideias.

• Produção de texto: argumentação e contra-argumentação

1ª proposta — Produção de texto argumentativo na 1ª pessoa do singular

Leia o debate a seguir, sobre a necessidade ou não de cercar os espaços públicos da cidade.

J. HELGASON/SHUTTERSTOCK

OS ESPAÇOS PÚBLICOS DA CIDADE PRECISAM SER CERCADOS?

SIM

Precisamos entender a realidade do País hoje, principalmente em relação a usuários de drogas. Também há a preocupação quanto ao uso de locais ermos para a prática de crimes, como os de violência sexual, principalmente à noite. É preciso proteger as pessoas da criminalidade e da violência urbana. Por isso, entendo a necessidade de cercar as praças com gradis e que elas fiquem fechadas no período noturno. Porque não há condições de a guarda municipal manter a segurança o tempo todo. A questão é de segurança pública. Eis a realidade que vivenciamos. Historicamente, observamos que o mesmo aconteceu, décadas atrás, na área privada. Nos anos 1950 e 1960, por exemplo, havia prédios construídos em São Paulo sem a necessidade de que fossem cercados. Com o passar dos anos, esses mesmos prédios passaram por reformas e ganharam muros. A referência é a segurança.

Jorge Lordello, especialista em segurança e pesquisador criminal.

NÃO

A principal característica de um edifício público é o livre acesso por parte da população, independentemente de características individuais, limitações ou renda. Um edifício público em uma praça pública é público ao quadrado. A definição de público é relativa ao povo, destinada ao povo, à coletividade. Uma praça pública é o melhor exemplo do chão público, da cidade onde somos cidadãos e encontramos nossos conterrâneos. Hoje é possível observar o crescente abandono do caráter público nos edifícios da cidade. Grades, muros e ocupações indevidas, como estacionamentos privativos, ocupam o que deveriam ser espaços de acesso público e parte integrante dos equipamentos que esses edifícios abrigam. É hora de repensar essa direção. O edifício da Biblioteca Municipal Mário de Andrade, na Praça Dom José Gaspar, com obra de restauro recém-concluída, seria uma ótima oportunidade para a cidade voltar a experimentar um desenho de espaço público livre de barreiras.

José Armênio de Brito Cruz, sócio da Piratininga Arquitetos Associados.

J. DURAN MACHFEE/FUTURA PRESS

Entrada principal da Biblioteca Municipal Mário de Andrade. 22 abr. 2016.

O Estado de S. Paulo, 21 fev. 2011.

Siga estas instruções.

- Escreva um texto argumentativo expondo seu ponto de vista a respeito das ideias apresentadas no debate "Os espaços públicos da cidade precisam ser cercados?".
- Empregue a 1ª pessoa e escreva de forma subjetiva. Use argumentos convincentes, inclua exemplos, faça comparações e expresse suas ideias com o uso de adjetivos.
- No desenvolvimento, empregue a progressão tópica para dar continuidade aos segmentos discursivos, com a exposição de outros argumentos sobre o mesmo tema.
- Se possível, contra-argumente, antecipando e refutando possíveis objeções a suas ideias. Não se esqueça de criar um título sugestivo para o texto.
- Troque seu texto com o de um colega e verifique a posição do autor: se ele se mostrou a favor ou contra o cercamento dos espaços públicos. Examine também se a estrutura do texto está adequada, se a linguagem é pessoal e subjetiva, se foi usada a 1ª pessoa dos verbos e pronomes, com a apresentação de argumentos bem embasados e persuasivos. Avalie se houve continuidade tópica na exposição de novas ideias.
- Releia seu texto, modifique o que for necessário e passe-o a limpo. Leia-o para os colegas e depois discutam o assunto, com a orientação do professor.

2ª proposta — Produção de texto argumentativo na 3ª pessoa do singular

Desenvolva um texto argumentativo com características objetivas. Leia o texto a seguir, que trata de como os jovens podem influenciar a opinião dos pais e de outros adultos para que eles se tornem mais comprometidos com a preservação do planeta.

https://emais.estadao.com.br/noticias...

Crianças influenciam diretamente opinião dos pais sobre aquecimento global, revela pesquisa

Estudo, publicado na 'Nature Climate Change', mostra que as meninas exercem maior influência nas famílias no quesito educação ambiental

Crianças, com idades entre 10 e 14 anos, influenciam diretamente a opinião de seus pais em relação às **mudanças climáticas** e aumentam a preocupação deles sobre o tema. O estudo, publicado na revista *Nature Climate Change*, foi realizado por cientistas sociais da Universidade Estadual da Carolina do Norte, nos Estados Unidos.

A pesquisa constatou também que as **meninas** são mais eficazes e exercem mais influência nas famílias do que os filhos. **Greta Thunberg**, uma jovem sueca de 16 anos, começou um movimento internacional de greves de estudantes contra as mudanças climáticas. A iniciativa fez com que Thunberg fosse indicada ao prêmio Nobel da Paz. "Percebi que ninguém estava fazendo nada para impedir que isso aconteça, então, eu precisava fazer alguma coisa", declarou a menina, que começou o movimento **Fridays For Future**, para pressionar os políticos a lutar contra as mudanças climáticas.

"Acredito que, conforme demonstrado na pesquisa, os filhos têm influência positiva sobre os pais quando são estimulados a desenvolverem pensamento crítico e ampliarem a sua consciência estudando sobre temas atuais e relevantes.

CATHERINE ABUD SCOTTON

https://emais.estadao.com.br/noticias...

CATHERINE ABUD SCOTTON

Como consequência disso, a convivência familiar vira ambiente para conversas construtivas, compartilhamento de inquietações e possíveis soluções conjuntas para o momento que vivemos hoje. Acredito muito que a construção de uma geração mais comprometida com os desafios que vivemos, como o aquecimento global, começa exatamente na transformação da relação das crianças com a natureza ainda na escola, consequentemente em casa, estimulando o desenvolvimento do pensamento crítico para que essas crianças assumam o protagonismo como agentes de mudança e influenciem seus pais", analisa a fundadora do projeto **Força Meninas**, Deborah de Mari. A pesquisadora nas áreas de Gênero, Liderança, Habilidades do Século 21 e o Futuro da Educação acompanha esse fenômeno em mais de 70 países.

Sobre o questionamento a respeito da existência do **aquecimento global** por parte de alguns grupos, Deborah de Mari acredita que o conhecimento, quando bem compartilhado, é capaz de gerar influência positiva e mudança de atitude. "De acordo com a pesquisa, pais conservadores foram os que mostraram a maior mudança de atitude e as filhas foram mais eficazes do que os filhos em mudar a opinião dos pais. Os resultados sugerem que as conversas entre gerações podem ser um ponto de partida efetivo no combate aos efeitos de um ambiente de aquecimento", afirma.

A alta frequência de notícias referentes às mudanças climáticas é suficiente para colocar o assunto em debate na família, na opinião da pesquisadora: "Graças a internet, temas como o aquecimento global viram pauta em todo o mundo e é possível que crianças e adolescentes compreendam a importância de agirem, assim como aconteceu no caso dos jovens da comunidade europeia. Esta ação leva a conversa para dentro de casa e consequentemente traz um ambiente propício à reflexão e mudança de atitude em atos simples, por exemplo, utilizar menos plástico, reciclar o lixo, comer menos carne etc."

Disponível em: <https://emais.estadao.com.br/noticias/comportamento,criancas-influenciam-diretamente-opiniao-dos-pais-sobre-aquecimento-global-revela-pesquisa,70002837597>. Acesso em: 27 maio 2019.

Siga estas instruções.

- Observe que o texto trata da influência de jovens na conscientização de gerações anteriores sobre o aquecimento global e outras questões relacionadas às mudanças climáticas. Você concorda que os filhos podem influenciar os pais dessa forma? Concorda que as meninas têm mais influência que os meninos? Por quê?
- Acompanhe a estrutura já conhecida e escreva sua tese ou ideia principal sobre o assunto. Empregue a 3ª pessoa, para ser impessoal e objetivo.
- Desenvolva seus argumentos, usando a progressão tópica. Para reforçá-los, pesquise e acrescente informações, dados, estatísticas, depoimentos, comparações e citações.
- Se possível, apresente contra-argumentos, refutando antecipadamente eventuais objeções a suas ideias.
- Na conclusão, apresente propostas ou soluções. Escolha um título adequado.
- Observe as orientações de avaliação e reescrita da proposta anterior e avalie seu texto. Baseando-se nas sugestões expostas na produção, troque ideias com os colegas sobre as interferências do clima na vida dos seres humanos. Se possível, realizem um debate mais amplo, sob a orientação do professor.

Argumentações implícitas: pressuposto e subentendido

• Preparando

Leia a crônica a seguir.

J. HELGASON/SHUTTERSTOCK

MEU AVÔ ENTROU NO *"FACE"*

OLLYY/SHUTTERSTOCK

O recado era simples, mas me causou surpresa e, ao mesmo tempo, emoção: "Meu estimado neto e xará. Agora, também faço parte do universo Facebook. Convido você a fazer parte do meu grupo de amizades e podermos melhorar nossa comunicação. Aceite a solicitação de amizade do seu avô Jayro. Um grande abraço".

O seu Jayro me "adotou" como neto do coração faz dois anos, assim que comecei a prosear neste espaço. Atualmente, somos bem mais que ligados pelo músculo cardíaco. Falamos sobre pressão alta, sobre o calor em pleno inverno, sobre a gaiola do passarinho que não viu sua cabeça. Finalmente, também somos "faceamigos".

Na rede social, também tenho várias "avós" que me dão conselhos, que "curtem" minhas fotos fazendo graça, que insistem com as amigas que meus rabiscos e garranchos de pensamentos são "imperdíveis".

Entendo aqueles que "odeiam essas coisas" de ficar se expondo na internet, mas o mundo virtual pode dar conforto, conhecimento, estimular o espírito crítico — e o de porco. Para mim, é certo que os avós podem dar menos a mão para a solidão quando navegam.

O bombardeio de postagem na invenção de Zuckerberg cria, sim, buracos de inutilidade e álbuns repletos de figuras bobas, de poesias ligadas a escolas pouco literárias e muito decadentes.

Mas, se os dizeres que estão ali causam euforia e melhoram o dia daqueles que se dedicam à leitura das "mensagens lindas", a chatice de ficar azucrinando a brincadeira digital fica fadada aos redutos saudosistas.

Pelo "*Face*" os avós conseguem acompanhar um pouco da rotina dos pequenos que têm agenda lotada — é natação às 12h, é aula de pilates no final da tarde, é *videogame* à noite. Crianças e adolescentes têm dias agitadíssimos e acabam ficando sem "tempo" para detalhes como a família.

Obviamente o revés desse turbilhão metido a informativo e imagético existe e as caneladas desse jogo podem doer um bocado nos menos avisados de que, hoje em dia, o duplo sentido das palavras é comum e as atitudes dos jovens são pouco comportadas.

Não é fácil para alguns mais velhos ver a foto da nova "tatoo" que a Carol acabou de fazer, pouco acima do cóccix. Também pode ser intragável aquele "scrap" do Cauê dizendo que bebeu "até morrer" na balada do Juca.

E, se acontecer de o netinho dar um "block" no perfil da vovó, poderá ser o primeiro pingo de um dilúvio que molhará lenços e lençóis, mas brincar com tecnologia envolve risco de estresse, de tentativa e erro para acertar o cursor no prumo que dará o clique perfeito.

Adorei ter meu avô sentimental no meio do meu grupo de amigos. Tenho muito a aprender com ele e a surpreender a ele. Lado a lado, a gente evolui e tropica junto. Querer apartar os mais velhos da incomensurável "era digital" é que me parece ideia de jerico.

MARQUES, Jairo. *Folha de S.Paulo*, 28 ago. 2012. Cotidiano. © Folhapress.

1 O cronista narra um fato relacionado a sua vida pessoal e ao cotidiano familiar.

a) Explique por que ele se diz surpreso e emocionado com o "recado" enviado pelo avô "sentimental", que o adotou como "neto do coração" quando os dois começaram a trocar mensagens pelas redes sociais.

b) Com que intenção o avô enviou o “recado” ao neto, sensibilizando-o?

c) No segundo parágrafo, o cronista esclarece como ocorreu esse contato do avô. Em sua opinião, por que o avô teria escolhido o autor para “prosear”?

2 Além do avô, o cronista afirma ter na rede social outras amizades, também mais velhas, que apreciam sua prosa. Como ele analisa a participação dessas pessoas em redes sociais?

3 O cronista questiona a qualidade do que é produzido nas redes sociais, mas, mesmo assim, entende que elas podem alegrar a vida de certas pessoas.

a) Que argumentos ele desenvolve para justificar essas opiniões?

b) Apesar de considerar a rede social um eficiente recurso na comunicação, o cronista expõe algumas situações que podem causar confusões entre os jovens e seus familiares mais idosos. Que situações seriam essas e por que poderiam causar confusão?

4 O cronista no final parece aprovar ou não a inclusão dos mais velhos nas redes sociais? Justifique sua resposta.

5 Observe as **marcas textuais** destacadas nas frases a seguir e explique o que se pode **pressupor** das ideias implícitas em cada uma.

a) "O recado era simples, **mas** me causou surpresa e, ao mesmo tempo, emoção".

b) "**Agora, também** faço parte do universo Facebook."

c) "**Finalmente, também** somos 'faceamigos'."

d) "**Obviamente** o revés desse turbilhão metido a informativo e energético existe".

e) "**Lado a lado**, a gente evolui e tropica junto."

f) "[...] **hoje em dia**, o duplo sentido das palavras é comum e as atitudes dos jovens são pouco comportadas."

6 Explique o que está **subentendido** nas frases a seguir, já que a ideia não é expressa, mas apenas sugerida.

a) "Atualmente, somos bem mais que ligados pelo músculo cardíaco."

b) "Falamos [...] sobre a gaiola do passarinho que não viu sua cabeça."

c) "[...] mas o mundo virtual pode dar conforto, conhecimento, estimular o espírito crítico — e o de porco."

• Sistematizando

Um texto pode apresentar dois tipos de mecanismos argumentativos: os **pressupostos** e os **subentendidos**. Ambos são recursos argumentativos implícitos em um texto.

Como se pode observar nos textos estudados neste livro, a maioria das informações textuais se apresenta de forma explícita ou clara. No entanto, há casos em que a intenção de quem escreve é manter parte dessas informações implícita. Diz-se então que as formas implícitas estão **pressupostas** ou **subentendidas**. Por isso, é necessária a leitura bem atenta do texto, para que se possa perceber o que ele esconde nas entrelinhas.

Em anúncios publicitários, por exemplo, é comum o emprego de conteúdos que sejam subentendidos: a intenção, nesse caso, é que certas informações fiquem implícitas, apenas sugeridas. Portanto, se todo o contexto não for devidamente compreendido, informações importantes poderão se perder, e o leitor estará sujeito a equívocos, devido à assimilação incompleta das ideias do texto. Outro problema é o leitor acatar o que está exposto sem compreender inteiramente o que leu.

Pressuposto

O **pressuposto** é a ideia que está implícita na frase, mas que pode ser depreendida a partir de **marcas** no texto. Leia este título de uma matéria jornalística.

CATHERINE ABUD SCOTTON

viagem.uol.com.br......

Entre os dez *resorts* mais requisitados do Brasil, cinco ainda têm vagas para o *Réveillon*

HELISSA GRUNDEMANN/SHUTTERSTOCK

Resort na Praia do Santinho, em Florianópolis, Santa Catarina.

Disponível em: <http://viagem.uol.com.br/ultnot/2006/12/15/ult2445u3741.jhtm>. Acesso em: 20 set. 2013.

Observe, no exemplo, que, se cinco dos dez *resorts* mais requisitados do Brasil "ainda" têm vagas para o *Réveillon*, pressupõe-se que os outros cinco já não têm vagas para a mesma data.

Nesta frase: "Todos os países participaram do encontro, **inclusive** a Rússia.", a palavra *inclusive* nos faz pressupor que a Rússia, em geral, não participa dos encontros.

Ou ainda: "O escritor J. D. Salinger tornou-se célebre, **apesar de** rejeitar a fama.". Nesse caso, o autor de *O apanhador no campo de centeio* rejeitou a fama, mas não pôde impedi-la.

Alguns termos podem funcionar como **marcadores de pressupostos**. Veja os exemplos a seguir.

- **Advérbios**: *Uma crise econômica instalou-se, **repentinamente**, nos Estados Unidos.* Pressupõe-se que uma crise econômica não era esperada ou cogitada naquele país.
- **Adjetivos** ou palavras semelhantes: *Meu irmão começou um **novo romance**.* Pode-se supor que o irmão já viveu vários romances, ou que até então tinha um romance antigo, ou que iniciou outro romance.
- **Verbos** que indicam mudança ou permanência de estado, como *continuar, permanecer, tornar-se, ficar, virar, passar (a), começar (a), principiar (a), transformar-se, converter-se, perder, ganhar*, etc.: *Vera **tornou-se** mais sociável.* Pressupõe-se que antes ela não era tão sociável, ou que melhorou sua capacidade de relacionamento social.
- **Verbos** que indicam um ponto de vista sobre o fato expresso por seu complemento, como *sentir, lamentar, lastimar*, etc.: *Pedro **lamentou** a partida de José.* O pressuposto é que José partiu.
- **Orações adjetivas:** *As empresas, **que poluem o meio ambiente**, estão comprometendo o futuro da humanidade.* Com a oração explicativa, que vem entre vírgulas, entende-se que todas as empresas poluem o meio ambiente. No entanto, sem a colocação das vírgulas, a oração se torna restritiva: *As empresas **que poluem o meio ambiente** estão comprometendo o futuro da humanidade.* Nesse caso, o sentido se modifica: somente algumas empresas comprometem o futuro da humanidade por poluir o meio ambiente.
- Algumas **conjunções**: *Ele está feliz, **apesar de** ter perdido uma fortuna.* As informações explícitas são: ele está feliz e perdeu uma fortuna. O que está implícito, pelo marcador de pressuposto "apesar de", é que, em geral, as pessoas que perdem fortunas não se sentem felizes.

Subentendido

O **subentendido** é a ideia que não está expressa, mas apenas contida e sugerida na frase. Portanto, são insinuações, não indicadas linguisticamente, cuja identificação depende de informações que estão **além das marcas do texto**.

Pode-se dizer que o subentendido possibilita que o emissor se esconda, fique protegido, enquanto apenas deixa subentendida a ideia, que é sugerida, mas não é dita.

Leia este trecho tirado de um artigo sobre fraudes científicas.

[...] Judson traça um panorama sombrio da pesquisa contemporânea. Há incentivos demais para obter resultados e publicar rápido. Jovens pesquisadores competitivos e supervisores lenientes, na sua avaliação, compõem a mistura corrosiva que solapa as fundações do edifício científico. [...]

ROBYN MACKENZIE/ SHUTTERSTOCK

LEITE, Marcelo. *Folha de S.Paulo*, 15 mar. 2009. (Fragmento). © Folhapress.

Observe que o articulista cita opiniões de um escritor sobre a pesquisa científica realizada atualmente. Com base nelas, pode-se subentender que hoje nem todos os pesquisadores merecem crédito, ou ainda, que há interesses escusos por trás de certas pesquisas e resultados científicos divulgados.

Portanto, o que se depreende das palavras do texto não está escrito explicitamente nele, mas apenas insinuado ou sugerido. Desse modo, o autor pode até negar essas afirmações, pois não se compromete no texto, **quando diz sem dizer**.

Oficina Trabalhando as argumentações implícitas

1 Leia este texto da revista *Galileu*.

CASA ASSASSINA

Um ano de acidentes domésticos nos EUA mata mais do que dez anos de desastres aéreos no mundo

Ficar em casa é mais arriscado do que voar de avião. Nos EUA, os acidentes domésticos matam em média 18 mil pessoas por ano, segundo a ONG Home Safety Council (Conselho de Segurança Doméstica, em português). Somados, os acidentes aéreos ocorridos em todo o planeta precisaram dos últimos dez anos para chegar a 12.209 mortes, de acordo com o Aircraft Crashes Record Office. Os pesquisadores que analisam os acidentes domésticos descobriram que uma casa pode ter tantas armadilhas quanto o sítio arqueológico de um filme de Indiana Jones. Os tapetes que ficam nos corredores, por exemplo, são responsáveis pela maioria das quedas, segundo o Ministério da Saúde. E a Sociedade Brasileira de Queimaduras informa que o fogão oferece mais de dez modos diferentes de provocar queimaduras ou explosões. Crianças são as principais vítimas, seguidas pelos idosos. Preste atenção nos números a seguir e, na próxima vez que enfrentar uma turbulência aérea a 37 mil pés, lembre que, estatisticamente, você está mais seguro do que ao preparar um café.

18 mil é o número médio de pessoas que morrem todo ano vítimas de acidentes domésticos só nos EUA.

166,2 mil quedas ocorreram em casa no ano de 2007 no Brasil (estimativa com base no cruzamento de dados das internações do SUS, fornecidas pelo Datasus, com amostragem feita pela Vigilância de Violências e Acidentes, do Ministério da Saúde, entre agosto e outubro de 2007).

6.114 pessoas morreram por quedas no Brasil em 2007 (inclui também alguns acidentes ocorridos fora de casa).

17 mil quedas de camas, berços e sofás em 2007 no Brasil.

Uma morte ocorre a cada 19.007 quedas domésticas nos EUA.

130 crianças e jovens (até 18 anos) morrem por dia vítimas de quedas no mundo.

480 crianças e jovens morrem por dia vítimas de afogamentos no mundo (inclui também alguns acidentes ocorridos fora de casa).

1/3 dos afogamentos nos EUA ocorrem em banheiras.

Uma morte ocorre a cada 6 afogamentos domésticos nos EUA.

RANGIZZZ/SHUTTERSTOCK

SALVADOR FILHO, Fausto. *Galileu*, ed. 212, mar. 2009, p. 22. (Fragmento adaptado).

a) Que informação do texto causa mais surpresa?

____

____

b) Além dos perigos existentes em casa, mencionados no texto, a que outros riscos domésticos estamos sujeitos?

____

____

c) Explique qual é o **pressuposto** ou a ideia implícita nas frases a seguir. Observe os elementos linguísticos empregados.

- "Ficar em casa é mais arriscado do que voar de avião."

- "Os tapetes que ficam nos corredores, por exemplo, são responsáveis pela maioria das quedas".

d) Observe o emprego das orações adjetivas, separadas ou não por vírgula, nas duas construções. Explique qual é o pressuposto em cada uma delas.

- "Os pesquisadores **que analisam os acidentes domésticos** descobriram que uma casa pode ter tantas armadilhas [...]".
- Os pesquisadores**, que analisam os acidentes domésticos,** descobriram que uma casa pode ter tantas armadilhas.

e) O que está **subentendido** nas frases a seguir?

- "[...] uma casa pode ter tantas armadilhas quanto o sítio arqueológico de um filme de Indiana Jones."

- "Crianças são as principais vítimas, seguidas pelos idosos."

2 (Unicamp-SP) Na tira a seguir, a lesma Flecha manifesta duas opiniões contraditórias, uma explícita e uma implícita (isto é, subentendida).

As Cobras — Luis Fernando Verissimo

a) Explicite a opinião que Flecha deixa implícita.

b) Segundo esse texto, em qual das duas opiniões Flecha realmente acredita?

____

____

3 Leia este anúncio publicitário.

FORNO DE MINAS

A Forno de Minas voltou a pertencer à família Mendonça, e o nosso pão de queijo voltou a ser o legítimo pão de queijo mineiro. Bom demais da conta. A receita original da Dona Dalva está à sua espera nos melhores pontos de venda.

a) Em geral, a publicidade trabalha com a linguagem verbal e a não verbal na produção de anúncios. Nesse texto, como essas duas linguagens foram exploradas?

____

b) O que está subentendido na frase de maior destaque ("Ele voltou.")?

____

c) Releia este enunciado: "A Forno de Minas voltou a pertencer à família Mendonça, e o nosso pão de queijo voltou a ser o legítimo pão de queijo mineiro". Qual é o pressuposto implícito, em especial, com a repetição do verbo *voltar*?

____

____

d) Na frase a seguir, explique como o adjetivo destacado funciona como marcador de pressuposto: "A receita original da Dona Dalva está à sua espera nos **melhores** pontos de venda".

____

____

Relatividade e tipos de argumento

Os vários gêneros textuais argumentativos tanto escritos quanto orais (crônica argumentativa, editorial, debate, seminário, etc.) empregam **argumentos** para defender ideias.

• Preparando

Agora, vamos estudar com mais detalhe esse instrumento de justificativa e convencimento, lendo os textos a seguir, que constituem um debate. Leia duas opiniões sobre a privatização de prisões no Brasil.

CATHERINE ABUD SCOTTON

A PRIVATIZAÇÃO DOS PRESÍDIOS É UMA SAÍDA PARA A CRISE CARCERÁRIA?

NÃO

Aprofundamento da barbárie

É impossível sair de uma prisão sem carregar a triste certeza de que os presos, em qualquer unidade do país, enfrentam uma situação de tortura sistemática.

Em celas superlotadas, por entre ratos e baratas, com falta de saneamento básico, comida azeda e um cotidiano de extrema violência, vivem hoje mais de 720 mil pessoas, alçando o Brasil à posição de terceiro país que mais encarcera no mundo.

A situação dos presídios, caracterizada pelo Supremo como "estado de coisas inconstitucional", deixa claro que o Estado brasileiro fez uma opção reiterada pela barbárie. E esse processo não se resolve por falsas soluções como a privatização.

Vale considerar que foi no solo de um presídio privatizado que assistimos a um dos massacres de 2017: no Compaj, no Amazonas, complexo gerido pela Umanizzare, foram registradas ao menos 56 mortes. E mais: entre 2013 e 2014, o complexo de Pedrinhas, no Maranhão, com a maior parte dos serviços privatizados, listou mais de 60 mortes. A unidade é conhecida internacionalmente por suas condições degradantes.

Mesmo com esse cenário, São Paulo e Rio de Janeiro anunciaram, no início do ano, a intenção de transferir a gestão de presídios a empresas. O governador paulista, João Doria (PDSB), toma os Estados Unidos como modelo.

No entanto, o exemplo norte-americano conta com episódios como o Departamento de Justiça informando, em 2016, que presídios federais privatizados não representaram redução de custos e registraram mais casos de agressões, contrabandos e rebeliões, além de um escândalo no qual a maior empresa do setor no país, a Corrections Corporation of America, admitiu a falsificação de documentos enviados ao governo sobre a gestão de unidades no estado de Idaho.

Fica a lição: a aposta no encarceramento em massa, por meio de prisões públicas ou privadas, é resposta que deve ser descartada.

[...]

Irmã Petra Pfaller. Disponível em: <https://www1.folha.uol.com.br/opiniao/2019/04/a-privatizacao-dos-presidios-e-uma-saida-para-a-crise-carceraria-nao.shtml>. Acesso em: 27 maio 2019. (Fragmento).

CATHERINE ABUD SCOTTON

A PRIVATIZAÇÃO DOS PRESÍDIOS É UMA SAÍDA PARA A CRISE CARCERÁRIA?

SIM

Mais vagas em menos tempo

As dificuldades enfrentadas nos sistemas prisionais exigem uma solução complexa e multidirecional. As concessões de unidades prisionais à iniciativa privada na modelagem de Parceria Público-Privada (PPP) ou no formato de cogestão despontam como uma alternativa eficaz para o sistema penitenciário. Em São Paulo, trata-se de uma possibilidade real para o alcance da meta definida para o setor pelo governador João Doria (PSDB): expansão e modernização do sistema penitenciário paulista. São várias as garantias de um incremento na prestação do serviço de custódia. Haverá desoneração dos cofres públicos, já que o estado não fará aporte de recursos na construção do presídio, permitindo ao governo destinar esses valores ao atendimento de outras necessidades da população. O investimento caberá ao concessionário e, por consequência, teremos construções mais rápidas, com mais vagas disponíveis em menos tempo. Ao particular recairá a responsabilidade por todos os atendimentos remetidos aos presos. Dessa forma, será possível dar celeridade, por exemplo, às intervenções de saúde com médicos, dentistas e psicólogos. O resultado se revelará importante também à população local, uma vez que encaminhamentos de presos doentes a unidades de saúde diminuirão. Além disso, a ressocialização será impulsionada por meio do binômio trabalho-educação, com a ampliação da oferta de postos destinados ao exercício de uma profissão, à capacitação profissional, à educação formal e à educação profissionalizante. Àqueles que insistem em afirmar ser mais caro manter um preso custodiado pelo particular, sugiro detida análise sobre todos os itens e valores que compõem o cálculo. O resultado vai surpreender.

[...]

Nivaldo Cesar Restivo. Disponível em: <https://www1.folha.uol.com.br/opiniao/2019/04/a-privatizacao-dos-presidios-e-uma-saida-para-a-crise-carceraria-sim.shtml>. Acesso em: 27 maio 2019. (Fragmento).

1 Qual é a opinião ou a tese dos que não concordam com a privatização?

2 A autora do texto que discorda da privatização é Coordenadora Nacional da Pastoral Carcerária. Que argumentos ela emprega para defender seu ponto de vista?

3 Troque ideias com os colegas e avalie os argumentos apresentados. Depois, responda às questões a seguir.

a) Os argumentos da Coordenadora Nacional da Pastoral Carcerária parecem convincentes? Esclareça sua resposta.

b) Você e seus colegas teriam algum contra-argumento para contestá-la?

4 Qual é a tese do texto favorável à privatização?

5 O autor do texto favorável à privatização é Secretário da Administração Penitenciária do estado de São Paulo e ex-comandante-geral da Polícia Militar.

a) Os argumentos apresentados por ele parecem convincentes para você e seus colegas?

b) Você e seus colegas teriam algum contra-argumento para contestá-lo?

6 Você tinha opinião formada sobre o assunto antes de ler esse texto? Os argumentos apresentados modificaram sua opinião? Justifique suas respostas.

• Sistematizando

Relatividade dos argumentos

Como é possível observar, o argumentador pode admitir a existência de ideias contrárias às suas (os **contra-argumentos**) e refutá-las, usando para isso seus próprios argumentos. Em vez de enfraquecer a argumentação, essa estratégia fortalece-a, pois demonstra que o argumentador não formou sua opinião de maneira precipitada, e sim levou em conta diferentes pontos de vista.

Antecipar os argumentos contrários à própria tese é um poderoso recurso argumentativo. Em outras palavras, antes que o leitor faça críticas ao texto, o próprio autor levanta as possíveis objeções a ele e, com isso, imprime mais credibilidade e amplitude a sua argumentação. A estratégia fica melhor ainda quando as críticas são refutadas.

No texto que se opõe à privatização dos presídios, por exemplo, a autora contesta o modelo praticado nos Estados Unidos e defendido pelo governador de São Paulo, argumentando que privatizar não representa necessariamente redução de custos e diminuição dos casos de violência. Para sustentar sua argumentação, ela cita episódios negativos ocorridos nos presídios privatizados norte-americanos.

Já no texto que defende a privatização dos presídios, o autor sugere aos que se opõem à ideia que façam uma análise cuidadosa dos custos de manutenção de um presidiário nos dois modelos em discussão, afirmando que a gestão particular é mais barata.

Observe, no entanto, que os argumentos são **raciocínios gerais** servindo a um **interesse específico**, portanto nunca são a expressão única e definitiva da verdade, mas apenas uma aproximação dela, em maior ou menor grau.

Mesmo os argumentos baseados em dados concretos são discutíveis. Por ter como base critérios diversos, as pessoas podem chegar a conclusões diferentes em relação à mesma questão.

Por isso é que, tanto ao elaborar como ao interpretar textos argumentativos, deve-se levar em conta essa **relatividade dos argumentos**. E, na medida do possível, usá-los com sensatez e boa-fé, a fim de aproximar-se ao máximo da verdade.

Tipos de argumento

A eficácia de um texto dissertativo-argumentativo depende da correta seleção e articulação de argumentos. Existem, basicamente, quatro tipos de argumentos a que se pode recorrer:

- **Argumento baseado no senso comum:** fundamenta-se em valores reconhecidamente partilhados pela maioria das pessoas em uma sociedade.
- **Argumento baseado em citação:** cita a opinião de uma autoridade no assunto em pauta.
- **Argumento baseado em evidências:** apresenta fatos (dados estatísticos, pesquisas, informações científicas, exemplos reais ou hipotéticos, etc.) que comprovem a tese.
- **Argumento baseado no raciocínio lógico:** estabelece relações lógicas entre as ideias; essas relações podem ser de causa e consequência, de analogia, de oposição, entre outras.

Os argumentos utilizados pelos dois debatedores, por exemplo, baseiam-se sobretudo em evidências (dados concretos e exemplos reais).

Oficina — Trabalhando a relatividade e os tipos de argumento

1 (Enem – adaptada) O debate em torno do uso da energia nuclear para produção de eletricidade permanece atual. Em um encontro internacional para a discussão desse tema, foram colocados os seguintes argumentos:

I. Uma grande vantagem das usinas nucleares é o fato de não contribuírem para o aumento do efeito estufa, uma vez que o urânio, utilizado como "combustível", não é queimado, mas sofre fissão.

II. Ainda que sejam raros os acidentes com usinas nucleares, seus efeitos podem ser tão graves que essa alternativa de geração de eletricidade não nos permite ficar tranquilos.

A respeito desses argumentos, pode-se afirmar que:

( ) O primeiro é válido e o segundo não é, uma vez que nunca ocorreram acidentes com usinas nucleares.

( ) O segundo é válido e o primeiro não é, pois de fato há queima de combustível na geração nuclear de eletricidade.

( ) O segundo é válido e o primeiro é irrelevante, pois nenhuma forma de gerar eletricidade produz gases do efeito estufa.

( ) Ambos são válidos para se compararem vantagens e riscos na opção por essa forma de geração de energia.

( ) Ambos são irrelevantes, pois a opção pela energia nuclear está se tornando uma necessidade inquestionável.

2 (Enem – adaptada) No dia 7 de outubro de 2001, Estados Unidos e Grã-Bretanha declararam guerra ao regime Talibã, no Afeganistão. Leia trechos das declarações do presidente dos Estados Unidos, George W. Bush, e de Osama Bin Laden, líder muçulmano, na ocasião.

J. HELGASON/SHUTTERSTOCK

GEORGE BUSH

Um comandante-chefe envia os filhos e filhas dos Estados Unidos à batalha em território estrangeiro somente depois de tomar o maior cuidado e depois de rezar muito. Pedimos-lhes que estejam preparados para o sacrifício das próprias vidas. A partir de 11 de setembro, uma geração inteira de jovens americanos teve uma nova percepção do valor da liberdade, do seu preço, do seu dever e do seu sacrifício. Que Deus continue a abençoar os Estados Unidos.

OSAMA BIN LADEN

Deus abençoou um grupo de vanguarda de muçulmanos, a linha de frente do Islã, para destruir os Estados Unidos. Um milhão de crianças foram mortas no Iraque, e para eles isso não é uma questão clara. Mas quando pouco mais de dez foram mortos em Nairóbi e Dar-es-Salaam, o Afeganistão e o Iraque foram bombardeados, e a hipocrisia ficou atrás da cabeça dos infiéis internacionais. Digo a eles que esses acontecimentos dividiram o mundo em dois campos, o campo dos fiéis e o campo dos infiéis. Que Deus nos proteja deles.

O Estado de S. Paulo, 8 out. 2001. (Adaptado).

Pode-se afirmar que:

( ) A justificativa das ações militares encontra sentido apenas nos argumentos de George W. Blush.

( ) A justificativa das ações militares encontra sentido apenas nos argumentos de Osama Bin Laden.

( ) Ambos se apoiam num discurso de fundo religioso para justificar o sacrifício e reivindicar a justiça.

( ) Ambos tentam associar a noção de justiça a valores de ordem política, dissociando-a de princípios religiosos.

( ) Ambos tentam separar a noção de justiça das justificativas de ordem religiosa, fundamentando-a numa estratégia militar.

3 Leia os textos a seguir e encontre exemplos de tipos de argumento. À medida que for lendo, sublinhe ou copie os argumentos. Isso vai ajudá-lo a responder às perguntas que se seguem aos textos.

Texto 1

J. HELGASON/SHUTTERSTOCK

O CÓDIGO DA BURRICE

Entre as besteiras que circulam por aí sobre *O Código Da Vinci*, a mais arrepiante é que a história do casamento de Jesus com Maria Madalena derruba um "dogma" da Igreja Católica. [...]

Jesus casou, e daí? Sugerir que, ao longo dos séculos, a Igreja Católica boicotou esse casamento é uma besteira que nem merece o nome de folclore religioso. E procurar descendentes do casal ao longo da história equivale à procura da mula sem cabeça e do saci-pererê.

Umberto Eco, que além de romancista é um ensaísta de peso, disse tudo quando foi questionado sobre *O Código Da Vinci*: uma burrice. Casado ou solteiro, Jesus, para seus crentes, será sempre a alegria dos homens. [...]

REPRODUÇÃO

Capa da primeira edição do livro *O Código Da Vinci*, de Dan Brown, 2004.

CONY, Carlos Heitor. *Folha de S.Paulo*, 25 maio 2006. (Fragmento).

Texto 2

DOCTOR BLACK/SHUTTERSTOCK

A CORRIDA PARA CLONAR SERES HUMANOS

[...] Os argumentos morais e religiosos contra a clonagem também evocam o que algumas pessoas disseram sobre a fertilização *in vitro* há 30 anos. Alguns dos primeiros críticos da fertilização acreditavam que ela ameaçava o próprio tecido da civilização: casamento, fidelidade, a essência da família; nosso senso de quem somos e para aonde vamos; o que significa ser humano, conectado, normal, aceitável; ideias sobre o amor e sexo; a disposição de se render ao mais maravilhoso e inescrutável dos mistérios. Se se permitisse que a fertilização *in vitro* prosseguisse, disseram alguns críticos, todos esses fios seriam desentrelaçados.

Agora podemos verificar que eles não se desentrelaçaram — ou, até o ponto em que isso aconteceu, não foi por causa desse método de fertilização. Mesmo assim, alguns dos mesmos argumentos éticos estão sendo apresentados hoje contra a clonagem.

A analogia é imperfeita, é claro, como é a maioria das analogias. A fertilização *in vitro* foi uma forma de dar à Mãe Natureza uma mão quando se tratava da concepção, enquanto a clonagem deixa a Mãe Natureza convencida do seu valor.

Na fertilização *in vitro*, a natureza é imitada, não subvertida. A única coisa que muda é o lugar onde o óvulo e o espermatozoide se juntam. Depois disso, as coisas seguem da forma normal. Já a clonagem é uma questão mais complicada. Ela deixa de fora todo o motivo da reprodução sexual — a mistura da herança de um pai e de uma mãe para formar uma nova vida, esplêndida e única.

Em 2002, após o nascimento de quase meio milhão de bebês de proveta normais e muito amados em todo o mundo, podemos ver a relativa inofensividade da fertilização *in vitro*. Mas não parecia inofensivo na década de 70, quando não sabíamos que a história teria um final feliz.

Realmente não sabemos, em 2002, qual será o final da história da clonagem humana — para os clones nem para o resto de nós. Mas da mesma forma como nossa atitude coletiva em relação à fertilização *in vitro* deu uma guinada de 180 graus depois que os primeiros bebês de proveta mostraram ser normais, talvez haja uma evolução análoga na nossa atitude em relação às tecnologias genéticas e reprodutivas que hoje parecem muito estranhas. Não apenas a clonagem, mas também a manipulação de nossos destinos genéticos pela alteração de nossas células para tornar nossos filhos mais altos ou mais bonitos, por exemplo, ou a troca de genes com outros animais.

Ao menos algumas das técnicas mais improváveis deste novo século podem eventualmente se transformar em lugar-comum, a ponto de não implicar uma necessidade aparente de deliberação ou debate. Em última análise, algumas destas invenções genéticas podem se tornar, como ocorreu com a fertilização *in vitro*, apenas uma parte da paisagem no estranho território dos genomas, genes e da geração.

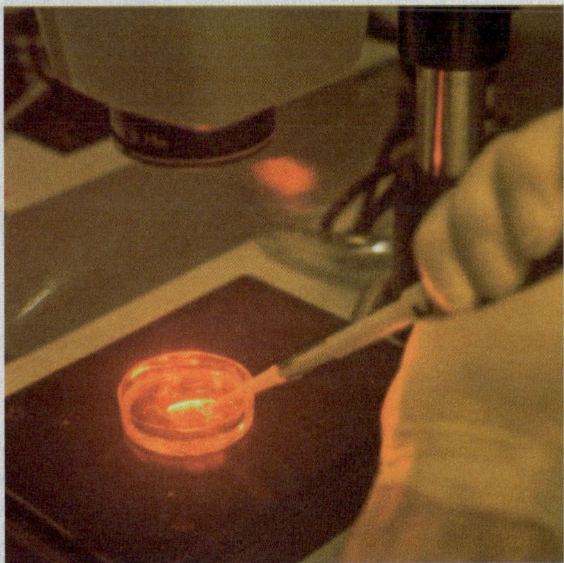

OWEN FRANKEN/CORBIS DOCUMENTARY/GETTY IMAGES

Técnica de fertilização *in vitro*.

HENIG, Robin Marantz. *O Estado de S. Paulo*, 22 dez. 2002. (Fragmento).

Texto 3

UNKAS PHOTO/SHUTTERSTOCK

FAVELOFOBIA, UM VENENO SOCIAL

[...]

A favelofobia é um veneno social. Poucas cidades tiveram tantas favelas removidas quanto o Rio de Janeiro e nenhuma cidade tem tantas favelas quanto o Rio de Janeiro. O Central Park de Nova York já teve quilombo, mas ele se acabou. Falta pouco para que o Leblon volte a ter o seu. Grandes favelas do Rio, como a Rocinha, o Dona Marta e o Alemão, surgiram há mais de 40 anos. Quem resolveu morar perto delas comprou um risco. Infelizmente, arriscou na cidade errada. Nos anos 90, não havia força humana capaz de fazer com que um bípede branco comprasse um apartamento no Central Park Norte, em Nova York. Sem soluções heroicas, pelo simples exercício do voto e pela administração dos poderes e obrigações do Estado, um terreno desse pedaço, vendido em 1996 por US$ 560 mil, acaba de ser comprado por US$ 5,5 milhões. Quem está sendo removido não são os favelados. São os não favelados. Esses dois pedaços do Brasil precisam descobrir uma forma de convivência sem a premissa da eliminação do outro. Parece sonho, mas é melhor que pesadelo.

ESTEFAN RADOVICZ/ESTADÃO CONTEÚDO

Vista da favela da Rocinha, no Rio de Janeiro, em 19 jan. 2004.

GASPARI, Elio. *O Estado de S. Paulo*, 12 out. 2005. (Fragmento).

a) O **texto 1** é uma crítica ao livro *O Código Da Vinci*, de Dan Brown. Qual é a opinião de Carlos Heitor Cony sobre esse livro?

___

b) Quais argumentos ele usa para sustentar sua opinião?

___

___

___

c) Cony usa, entre outros, um **argumento baseado em citação**. Por que citou a opinião de Umberto Eco?

___

d) Se a opinião citada fosse de uma pessoa não relacionada à literatura — por exemplo, de um jogador de futebol —, teria o mesmo efeito?

___

___

e) O **texto 2** faz considerações sobre a clonagem de seres humanos. Qual é o recurso usado pelo autor para expressar e defender suas ideias?

f) Segundo o texto, quais são as semelhanças e as diferenças entre fertilização *in vitro* e clonagem?

g) Como diz o articulista, a maioria das analogias é imperfeita; ainda assim, elas são bastante usadas em argumentação. Proponha analogias para os elementos a seguir.

- Um grupo de colegas reunidos para fazer uma pesquisa pode ser comparado a:
- Atualmente, as guerras entre povos de diferente religião podem ser comparadas a:
- A revolução na comunicação causada pela internet pode ser comparada a:

h) Tanto a **analogia** (semelhança entre fertilização *in vitro* e clonagem) quanto a **oposição** (diferenças entre as duas técnicas) são espécies de **argumentos baseados no raciocínio lógico**. Além desse tipo de argumento, o autor do texto 2 também usou um **argumento baseado em evidências**, isto é, em fatos, dados estatísticos, etc. Localize-o no texto.

i) Releia com atenção o **texto 3** e responda o que você entende por **favelofobia**.

j) Qual é a opinião central ou a tese do texto 3?

k) Para defender sua tese, o autor lança mão de vários tipos de argumentos, entre eles a **comparação**, ao confrontar o histórico das favelas cariocas com o do Central Park Norte, em Nova York. Qual é a semelhança entre as favelas e o bairro nova-iorquino?

l) Ainda segundo o texto, qual é a diferença entre as favelas cariocas e o Central Park Norte de Nova York?

m) Nessa comparação, vemos outro exemplo de argumento baseado em raciocínio lógico; no caso, em uma **relação de causa e consequência**. Segundo o texto, qual é a causa da valorização dos terrenos no Central Park Norte?

n) A comparação entre as favelas cariocas e o Central Park Norte lhe parece pertinente?

• Produção de texto: relatividade e tipos de argumento

Proposta — Produção de cartas argumentativas a um jornal

Em todos os textos lidos, você viu que não basta acumular uma série de argumentos quaisquer: eles precisam ser **pertinentes** e **válidos**. Uma **citação** só terá valor se for de alguém com certa autoridade no assunto. Um **exemplo** ou uma **analogia** só poderão ser usados se tiverem relação lógica com o que está sendo discutido.

Também é preciso tomar cuidado com a **exatidão** dos argumentos. Use apenas informações atualizadas, colhidas em fontes confiáveis.

Releia o artigo "A corrida para clonar seres humanos". Depois, forme uma dupla com um colega e sigam estas instruções.

- Imaginem que vocês vão escrever duas cartas ao jornal *O Estado de S. Paulo*, uma concordando com a tese do artigo — a de que a clonagem e outras manipulações genéticas provavelmente se tornarão tão comuns quanto as fertilizações *in vitro* são hoje — e outra discordando dela.
- Façam uma lista dos argumentos contra essa ideia e outra dos argumentos a favor.
- Lembrem-se de que os argumentos devem se referir especificamente à tese do artigo; não escrevam argumentos contra ou a favor da clonagem, por exemplo. Tentem usar os diferentes tipos de argumento estudados.
- Troquem as listas com outra dupla. Avaliem se os argumentos estão claros, se são pertinentes e se estão adequadamente distribuídos nas listas de contra e a favor. Observem as sugestões da outra dupla e, se o professor achar conveniente, desenvolvam as cartas.

Unidade X

Gêneros argumentativos e gêneros dissertativo-argumentativos II

Leitura

Leia o artigo a seguir, que aborda um tema polêmico.

super.abril.com.br/ciencia...

CATHERINE ABUD SCOTTON

CIENTISTAS DEVEM SER RESPONSABILIZADOS POR SEUS ATOS

Confiamos nos pesquisadores para nos alertarem sobre desastres naturais. Mas, se eles enviam a mensagem errada, devem pagar por isso.

Um julgamento iniciado em setembro na Itália vem gerando repúdio da comunidade científica mundial. Seis cientistas e um funcionário público são acusados de negligência ao avaliar os riscos de um terremoto que deixou 309 mortos e 1.500 feridos na cidade de L'Aquila, em 2009. Os 7 acusados integravam um conselho consultivo do governo e estão sendo processados por homicídio culposo. Segundo a promotoria, eles poderiam ter emitido um alerta adequado que salvaria muitas das vítimas.

Não acho que os cientistas cometeram um crime, então não deveriam ir para a cadeia. Mas acredito que eles atuaram de forma irresponsável ao não alertar a população sobre os riscos do terremoto. Assim, eles deveriam ser repreendidos por meio de ações de acordo com a lei italiana. Cientistas a serviço do governo que agem de maneira irresponsável devem pagar de alguma forma por seus erros — tal como acontece com um policial, por exemplo.

É por isso que eu me recusei a assinar uma carta aberta em apoio aos cientistas italianos. O texto, com mais de 5 mil membros da comunidade científica, afirma que eles estão sendo julgados por não preverem um terremoto — sendo que antecipar um evento assim é tecnicamente impossível. Ora, esse não é o ponto. Não se pode mesmo prever um terremoto. O problema foi a mensagem que os cientistas mandaram ao público. Nas semanas anteriores à tragédia, uma sequência de pequenos tremores atingiu a região de L'Aquila. A população ficou nervosa, e muita gente decidiu dormir fora de casa. É o que costuma fazer quem mora em áreas de risco quando a terra começa a tremer.

FRANCO ORIGLIA/GETTY IMAGES

Cidade de L'Aquila após terremoto ocorrido em 6 abr. 2009.

super.abril.com.br/ciencia...

CATHERINE ABUD SCOTTON

Os moradores receberam ainda a informação de um técnico (que não fazia parte do conselho do governo) de que o solo da região emitia altos níveis do gás radônio — o que pode ser indício de um grande tremor. Assim, quando as pessoas perguntaram ao governo o que estava acontecendo, o porta-voz do conselho de cientistas (o 7º acusado) disse que a situação sísmica era "normal" e que o panorama era até favorável. Essas palavras foram interpretadas pelas pessoas como "Não se preocupem, não haverá um grande terremoto". E o que elas fizeram? Voltaram para casa; centenas morreram ou se feriram. Os cientistas poderiam ter corrigido a declaração do porta-voz, mas nada fizeram.

Não podemos dizer que um terremoto vai ocorrer, mas tampouco podemos dizer que ele não vai ocorrer. A mensagem correta seria: "A informação que temos é incompleta. Talvez haja um terremoto, talvez não. Você pode dormir fora de casa se quiser. Se for ficar dentro, lembre-se: ao sentir vibrações, proteja-se debaixo de algo como uma cama, mesa ou o batente de uma porta. Armazene água e comida; provavelmente vai faltar eletricidade". Medidas assim salvam vidas. Crianças japonesas as aprendem desde os 3 anos. Mas nada disso foi dito em L'Aquila.

John Mutter é sismólogo do Lamont-Doherty Earth Observatory, da Universidade de Columbia, EUA.
MUTTER, John. *Superinteressante*, nov. 2011, p. 30. Disponível em: <https://super.abril.com.br/ciencia/cientistas-devem-ser-responsabilizados-por-seus-atos/>. Acesso em: 22 maio 2019.

Análise do texto

1. O artigo em análise é um texto argumentativo. Observe que o **título** e o **subtítulo** já definem o posicionamento do autor em relação aos cientistas que cometem falhas. Por que esses dois elementos, que compõem a estrutura do artigo, praticamente o resumem?

____

____

2. De acordo com a **introdução**, o terremoto ocorrido na cidade italiana de L'Aquila, em 2009, acabou levando a julgamento seis cientistas e um funcionário público.
   a) Explique por que houve uma reação da comunidade científica contra esse julgamento.

   ____

   ____

   b) O que obrigou os promotores a tomar uma medida tão difícil?

   ____

   ____

3. A partir do segundo parágrafo, após a exposição do fato ocorrido, o articulista começa a opinar sobre ele.
   a) Qual é o **ponto de vista** do autor em relação ao comportamento dos cientistas?

   ____

   ____

b) Que **argumentos** o autor utiliza em defesa dos cientistas?

4. O articulista John Mutter é sismólogo de um observatório na Universidade de Columbia, nos Estados Unidos. Mesmo defendendo os cientistas, o autor não quis assinar uma carta aberta isentando-os de culpa. Explique por quê.

5. A fim de fundamentar seu ponto de vista, o articulista apresenta vários fatos que justificam seu posicionamento. Que argumentos ele desenvolve no terceiro parágrafo em relação ao que aconteceu antes do terremoto?

6. Na **conclusão** do texto, no último parágrafo, o articulista ainda acrescenta opiniões a respeito do terremoto. Que ideias ele defende sobre a atitude que as pessoas devem tomar diante da possibilidade de um terremoto ou de algo similar?

7. Observe que, na introdução, quando o autor expôs o que aconteceu em L'Aquila, foi empregada a 3ª pessoa.

a) Em que pessoa ele apresentou seus argumentos sobre os fatos ocorridos? Exemplifique sua resposta.

b) Que tipo de linguagem ele utilizou? Essa escolha foi adequada? Por quê?

Capítulo 21

O debate e o ensaio

Gênero textual: debate

• Preparando

Os textos a seguir apresentam um debate sobre a liberação do trânsito de motos entre carros. Leia as argumentações dos debatedores, que desenvolveram opiniões contrárias.

Texto 1

J. HELGASON/SHUTTERSTOCK

A PERMISSÃO PARA MOTOS TRAFEGAREM ENTRE OS CARROS DEVE SER REVISTA?

SIM

PARE... E REPENSE

Demonizar o motociclista e impedi-lo de exercer sua atividade ocupacional nunca será nossa proposta. A preservação da vida é o maior objetivo de existirmos como humanos e, principalmente, como profissionais da medicina.

Os números que envolvem os motociclistas falam por si. Apesar de representarem apenas 27% do total da frota de veículos brasileiros, desde 2009 eles são as principais vítimas de acidentes fatais e não fatais do trânsito brasileiro.

Diariamente 34 motociclistas perdem suas vidas no nosso trânsito; interrompem de maneira abrupta seus sonhos e deixam órfãos à procura de respostas. A vulnerabilidade dos motociclistas é de tal nível que a letalidade dos acidentes em que se envolvem chega a ser 17 vezes maior que a dos que atingem ocupantes de automóvel.

Há no Brasil um incontável número de motociclistas, na sua grande maioria jovens, com sequelas definitivas secundárias ao seu deslocamento no trânsito. O crânio e os membros inferiores são os locais mais atingidos quando esses condutores se envolvem em colisões, atropelamentos e outros eventos adversos no trânsito.

A maior dificuldade de os motociclistas serem vistos na via por outros condutores, o comportamento e a forma de conduzir a motocicleta, tais como excesso de velocidade e ultrapassagens arriscadas, interferem decisivamente no índice de mortalidade. O deslocamento de motos nos chamados corredores, o espaço entre duas filas de veículos, é agravante nos acidentes, principalmente na velocidade em que se deslocam quando os outros veículos também estão em movimento.

A passagem por corredores entre os carros é a causa de cerca de 35% dos acidentes fatais com motocicletas em São Paulo, segundo levantamento realizado pela Companhia de Engenharia de Tráfego.

O artigo do Código de Trânsito Brasileiro que previa a proibição de motocicletas no corredor foi vetado em 1997. Apesar de não ser ilegal o uso do expediente, as motocicletas devem seguir as regras de circulação geral como todos os demais veículos. Desse modo, deixar de guardar distância de segurança, lateral ou frontal, de outro veículo seria interpretado como infração, e o usuário poderia ser multado — o que, na prática, não se observa hoje nas vias brasileiras. A vida, a integridade das pessoas, deve prevalecer, mesmo que a lei seja omissa.

O elevado risco de conduzir motocicleta deveria ser compensado com políticas específicas voltadas para a formação e treinamento de seus condutores, já que mais da metade deles, 55%, sofreu acidentes prévios, segundo pesquisa coordenada pelo Hospital das Clínicas da Faculdade de Medicina da USP.

Uma rigorosa legislação focada em ações concretas e sistemáticas de fiscalização, visando a coibir a condução perigosa e a incrementar os níveis de segurança dos motociclistas e também dos demais usuários da via, seria muito bem-vinda.

Analogamente ao que aconteceu com a obrigatoriedade do cinto de segurança e do uso do capacete, a proibição da circulação dos motoristas nos corredores é marcador de tendência e modificador de comportamento. Assim, pretende-se que a formulação de legislação específica possa também ser capaz de modificar o padrão atual de circulação.

A comodidade da entrega de documentos em poucos minutos ou a chegada do alimento, ainda quente, a nossos domicílios ou ao local de trabalho não podem justificar a perda de vidas humanas.

J. HELGASON/SHUTTERSTOCK

Flávio Emir Adura é vice-presidente da Abramet (Associação Brasileira de Medicina do Tráfego) **Aly Said Yassine** é diretor do Departamento de Inovação e Tecnologia da Abramet

Texto 2

NÃO

PROIBIR CORREDOR VAI MATAR MAIS GENTE

É pura ingenuidade achar que a proibição do tráfego de motocicletas no corredor vá salvar vidas. Qual setor econômico perde com o veículo de duas rodas como principal alternativa de mobilidade urbana?

Na ponta do lápis, o veículo de duas rodas tem menor custo de aquisição e de manutenção, consome menos combustível, polui menos o meio ambiente, ocupa pouco espaço na via pública e não fica parado em congestionamento.

Interessante que há mapeamento de acidentes e mortes no trânsito; todavia, nada se fala das causas. Qual a causa?

Após estudo, Nova Gales do Sul, na Austrália, legalizou o corredor. A Califórnia (EUA) também o fez após constatar, por meio de pesquisa da Universidade de Berkeley, que, dos 6.000 acidentes registrados entre outubro de 2012 e agosto de 2013, apenas 3% envolveram motocicletas no corredor; nos outros 97% houve abalroamento traseiro (com a motocicleta ora sendo atingida, ora atingindo outro veículo) ou a moto ficou entre dois automóveis, muitas vezes com esmagamento e morte do condutor.

Na Espanha, que se tornou exemplo por reduzir em 56% a mortalidade nas suas vias de tráfego entre 2005 e 2011, constatou-se em 2009, por meio de pesquisa, que a cada 10 acidentes entre automóveis e motocicletas, em 7 a culpa era do motorista do automóvel.

Antes de proibir o uso do corredor, que tal o poder público cumprir seu dever?

Película escura: o agente de trânsito não está equipado para verificar a transmitância luminosa, como determina a resolução 254/07 do Contran para dar cumprimento à resolução 253/07, que regulamenta o inciso III do artigo 111 do Código de Trânsito Brasileiro. O escurecimento do habitáculo elimina a visibilidade periférica do motorista, que deixa de enxergar motociclistas e ciclistas no corredor.

J. HELGASON/SHUTTERSTOCK

A película nos vidros traseiros prejudica ainda a visibilidade de outros condutores, dificultando antecipar uma frenagem, por exemplo, causando engavetamento. Recomendo a leitura do estudo "Contrast sensitivity", de Cynthia Owsley, do Departamento de Oftalmologia da Universidade do Alabama.

DANIEL CYMBALISTA/PULSAR IMAGENS

Motociclistas trafegam entre os veículos parados num congestionamento na Marginal Pinheiros, São Paulo, em dez. 2018. Ambulantes também circulam entre os carros.

Celular: deve-se criminalizar seu uso ao volante (de modo equiparável ao consumo de álcool), especialmente encorajado pela película escura. É crucial triangular os sinais do celular para saber se este era utilizado no momento do acidente.

Faixas de rolamento: em 2006, a avenida 23 de Maio, na cidade de São Paulo, teve a faixa de rolamento diminuída de 3,5 metros (padrão mundial) para 2,6 metros de largura, para a criação da quinta faixa. Resultado: aumento de acidentes com motocicletas.

Velocidade no corredor: é necessária a consciência de que deve ser moderada; com o trânsito totalmente parado, não deve ultrapassar 40 km/h, e com o trânsito em movimento não deve ser superior a 30% da mantida pelos outros veículos. Basta o condutor da motocicleta contar até três: se já ultrapassou o automóvel, é porque está rápido demais. A fiscalização é crucial e há tecnologia para detectar isso.

O veículo de duas rodas tem uma dinâmica muito diferente. O piloto precisa ter visibilidade; ficar atrás de um automóvel prejudica possíveis ações preventivas, como desviar de obstáculos.

É necessário regulamentar o corredor. Afirmo: proibir vai matar mais gente!

André Garcia é advogado, especialista em segurança de trânsito, jornalista, palestrante e autor do projeto Motociclismo com Segurança

J. HELGASON/SHUTTERSTOCK

Folha de S.Paulo, 21 out. 2017. Opinião.

1 O **debate** é um texto argumentativo oral, que pode ser transcrito. Este gênero de texto apresenta diferentes pontos de vista sobre um tema, quase sempre, polêmico. Nesse caso, compare as duas posições dos debatedores e identifique o ponto de vista ou a tese de cada um.

2. De acordo com os debatedores, no primeiro parágrafo do texto 1, que representa a **introdução**, a intenção deles não é atribuir culpa ao motociclista, mas proteger a vida das pessoas. Que argumentações eles utilizam para convencer o leitor do objetivo fundamental de ambos?

3. No quinto parágrafo do texto 1, os debatedores acrescentam novas argumentações reforçando a tese defendida. Apesar dos questionamentos em defesa dos motociclistas, eles expõem uma crítica à maneira como alguns agem. O que eles afirmam?

4. Observe que, na introdução do texto 2, o debatedor André Garcia rebate a tese apresentada por Flávio Emir Adura e Aly Said Yassine, no texto 1.

   a) De que forma ele apresenta uma **contra-argumentação**, visando persuadir o leitor a acatar seu ponto de vista?

   b) Para fundamentar essa tese, André Garcia expõe várias vantagens que o uso de motocicletas proporciona. Exponha as opiniões dele sobre o assunto.

5. Ainda no texto 2, observe que a interrogação é utilizada no final do terceiro parágrafo, como **recurso argumentativo**, para dar progressão às ideias.

   a) O debatedor questiona o fato de haver levantamentos de acidente no trânsito, em que não são reveladas as causas. Por que ele considera importante verificar a causa dos acidentes?

   b) Que argumentações o debatedor empregou, defendendo a necessidade da busca das causas dos acidentes?

6 De acordo com os debatedores do texto 1, os argumentos do oponente não se sustentam, ao afirmar que as causas dos acidentes não são avaliadas. Explique por quê.

a) Segundo o texto 1, as motos podem trafegar entre os corredores de carros por lei, mas os debatedores questionam o modo como os motociclistas dirigem. Converse com os colegas e exponha suas opiniões sobre o assunto.

b) Quais são as críticas dos debatedores sobre o funcionamento das regras de punição aos motociclistas infratores?

7 Flávio e Aly dão continuidade às ideias do texto 1, desenvolvendo outras argumentações a partir do oitavo parágrafo.

a) Que opiniões os debatedores defendem para proteger os motociclistas nas ruas dos grandes centros urbanos?

b) Para fundamentar a tese exposta nesse debate, que recursos os autores utilizam, no final do texto?

8 No texto 2, o debatedor André Garcia também questiona o fato de não haver políticas públicas que estabeleçam regras eficientes para os motociclistas. Além de se opor à proibição de motos circulando entre corredores de carros, que opiniões o debatedor expõe como contra-argumentação, a partir do sétimo parágrafo?

9 Após uma defesa bem construída, André expõe outro argumento, antes de concluir o debate.

a) Qual é o seu ponto de vista, quando ele argumenta que o motociclista perde muito a visibilidade, atrás de um carro, e que isso pode causar acidente? Exponha seus argumentos sobre a tese dos debatedores, conversando com os colegas.

b) Compare a **conclusão** de cada texto e explique como os debatedores apresentam suas ideias finais.

10 Quase sempre, no debate oral, observa-se a presença de um **mediador** ou **moderador** que incentiva e organiza a participação dos debatedores. Além disso, ele pode fazer perguntas aos debatedores, para enriquecer a discussão. No debate em questão, não há um moderador. Portanto, o que mantém as regras do debate?

11 Em geral, é função do moderador cumprimentar o público, expor o tema e apresentar os debatedores, na abertura do debate oral. Nesse debate escrito, quais são as partes que definem o tema e informam quem são os debatedores?

12 No debate, o tipo de linguagem pode variar segundo o nível cultural e a faixa etária dos debatedores.

a) No debate em estudo empregou-se a variedade padrão ou a não padrão da língua? Justifique sua resposta com base nos textos.

b) Em que tempo se conjugou a maioria dos verbos nos textos lidos? Justifique sua resposta.

____

____

____

• Sistematizando

Num debate, os debatedores podem expor livremente seu pensamento, desde que respeitem um conjunto de regras já formuladas.

Organização e apresentação do debate

O debate é organizado por um **moderador** ou **mediador**, cuja função é essencial para o sucesso da atividade. Veja como se estrutura um debate.

Apresentação: o moderador cumprimenta o público, expõe o tema, o motivo do debate e, conforme o caso, sintetiza a posição de cada debatedor.

Organização: cabe ao moderador estabelecer, com clareza, as regras do debate, após diálogo com os debatedores e possíveis sugestões do público. Essas regras estão relacionadas aos seguintes aspectos:

- determinação de quem são os debatedores, se é toda a plateia ou se serão apenas alguns participantes;
- acordo a respeito de quanto tempo durará o debate e do tempo de fala de cada debatedor;
- determinação de como o público poderá participar (erguendo o braço, ou mediante uma inscrição anterior);
- acordo sobre a possibilidade de réplica ou tréplica após um debatedor mencionar ideias contrárias às opiniões de outro, que já se manifestou (**réplica** é a contestação, argumento com que se rejeita outro argumento; **tréplica** é a resposta a uma réplica).

Controle das falas: o moderador controla o tempo de cada debatedor, estabelecendo sinais para indicar que esse tempo já se esgotou. Interrompe a fala de algum participante para concedê-la a outro debatedor; oferece a oportunidade de réplica ou tréplica, segundo as regras já estabelecidas; e resolve possíveis imprevistos.

Atuação do moderador: durante o debate, o moderador deverá ficar atento às falas dos debatedores, pois poderá fazer-lhes perguntas, para enriquecer a discussão e incentivá-la. Ele também tem o direito de se dirigir à plateia, para verificar se a exposição caminha bem.

Conclusão do debate: o moderador, ainda dentro do tempo determinado, conclui as atividades. Antes, revê as principais ideias trocadas e enfatiza o resultado positivo do debate. Em seguida, agradece o interesse e a participação de todos e despede-se.

O debate é comum entre políticos em época de eleições, mas há outras situações em que se pode realizá-lo. Programas de rádio e TV, jornais, revistas, universidades e instituições culturais, por exemplo, costumam promover eventos desse tipo.

Portanto, resumindo:

> **Debate** é um gênero textual do tipo argumentativo cujo objetivo é a apresentação de diferentes pontos de vista sobre determinado tema. Em geral, pertence à comunicação oral e conta, quase sempre, com a participação de um moderador, responsável por planejar e expor o debate, para a discussão das ideias.

• Produção de texto: debate

1ª proposta — Produção de debate oral

Leia o texto a seguir. Ele faz parte de uma reportagem em que foram apresentadas pesquisas e dados bem atuais sobre a diferença salarial, ainda existente entre homens e mulheres.

DIEZ ARTWORK/SHUTTERSTOCK

NO MUNDO, IGUALDADE DEVE DEMORAR 170 ANOS

Estudo anterior previa que lacuna econômica entre homens e mulheres no mundo acabaria em 118 anos

O panorama traçado no Relatório de Desigualdade Global de Gênero 2016 não mostra estagnação apenas no Brasil. Para os especialistas, no atual ritmo, o mundo terá uma paridade econômica entre os sexos apenas em 2186. Ou seja, em 170 anos.

Os estudiosos foram obrigados a recalcular suas projeções depois que identificaram que os avanços foram freados. Inicialmente, a estimativa era de que a lacuna econômica poderia ser fechada em 118 anos, ou seja, no ano de 2133. "No entanto, o progresso foi revertido desde então", alertou o relatório.

"O mundo está enfrentando um mau uso agudo de talento ao não agir mais rápido para enfrentar a oportunidade de se desenvolverem", alerta a entidade.

O Relatório de Desigualdade Global de Gênero 2016 também aponta para o fato de mulheres ao redor do mundo ganharem, em média, pouco mais da metade do que os homens ganham, "apesar de trabalharem, em média, mais horas, levando em consideração trabalho remunerado e não remunerado".

O número de mulheres em altos cargos também se mantém persistentemente baixo. De acordo com o levantamento, apenas quatro países no mundo têm número igual de mulheres e homens de legisladores, oficiais de alto escalão e gerentes.

Apesar dessa realidade, em 95 países, há tanto quanto, se não mais, mulheres com educação em nível universitário.

A entidade também revela que a desigualdade de gênero permanece grande na esfera política. Hoje, somente dois países alcançaram a paridade no parlamento entre homens e mulheres e apenas quatro alcançaram paridade em funções ministeriais. / **J.C.**

O Estado de S. Paulo, 26 out. 2016. Economia.

Planejamento e produção do debate

- Reúna-se com seu grupo para realizar um debate oral a respeito do seguinte tema: "A desigualdade salarial entre homens e mulheres é justa?". Sob a coordenação do professor, a classe vai eleger o moderador do debate. Eis alguns tópicos que podem ser considerados dentro do tema:
  - Com que objetivo foi criado o relatório que analisa a diferença salarial entre gêneros?
  - Como essa desigualdade teve início e por que ela existe ainda hoje?
  - Com o tempo, por que essa situação se agravou, prolongando-se?
  - Em geral, qual é a reação das mulheres frente a essa desigualdade?
  - Por que a maioria das mulheres não ocupa cargos mais elevados, apesar de estarem aptas a exercê-los?
  - Como se explica o preconceito em relação a mulheres em certas profissões?
  - Em países do primeiro mundo essa desigualdade ocorre da mesma forma?
  - De que modo a disparidade na remuneração entre gêneros pode se tornar menor, até haver uma igualdade?
- Informe-se a respeito e compare as situações. Esses tópicos vão orientar as perguntas do moderador.
- Para se preparar para o debate, troquem ideias em grupo sobre os tópicos definidos, tomando como base o texto lido.

- Escolham um dos membros para representar o grupo no debate. Ele ou ela fará uma síntese das ideias do grupo; se não houver consenso, apresentará brevemente o ponto de vista de cada um.
- No dia marcado para o debate, o moderador deve cumprimentar o público e, em seguida, apresentar o tema, os debatedores e as regras do debate. As regras devem deixar claro:
  - quanto tempo durará o debate e qual será o tempo de fala de cada debatedor (por exemplo, três minutos);
  - como deverá ser a participação do público, no caso os colegas (erguendo o braço ou mediante uma inscrição anterior);
  - se haverá a possibilidade de **réplica** e **tréplica**, após um debatedor mencionar ideias contrárias às opiniões de outro, que já se manifestou.

Num debate, a **réplica** é a objeção incisiva, por meio da qual se contesta ou se rejeita um argumento. A **tréplica**, por sua vez, é a resposta a uma réplica.

- Os argumentos devem ser apresentados com calma, clareza e segurança. Evitem gesticular exageradamente ou usar gírias e expressões coloquiais. Preparem bem seus argumentos sobre os tópicos predefinidos e tenham algumas anotações à mão, não para que sejam lidas, mas para que sirvam de apoio à memória. Sejam convincentes na exposição dos argumentos, visando persuadir seus interlocutores. Lembrem-se de que debater não é brigar, é saber expor livremente as ideias e ouvir com respeito as opiniões dos outros.
- Anotem resumidamente os argumentos dos outros debatedores, assim será mais fácil rebatê-los na hora da réplica ou tréplica. Se for possível, gravem ou filmem o debate para uma avaliação posterior.
- Concluídas todas as etapas do debate, o moderador encerrará o trabalho, agradecendo a presença dos participantes e da plateia.

Avaliação do debate

- Sob a coordenação do professor, avaliem o desempenho do moderador: se ele estimulou e favoreceu a reflexão sobre o tema e se manteve a discussão sob seu controle, exercendo com tranquilidade e competência sua função.
- Em seguida, avaliem:
  - se os participantes tiveram oportunidade de falar e de ouvir, se houve igualdade de condições e respeito durante o debate;
  - se a linguagem empregada foi adequada à situação;
  - se o tema proposto foi bem apresentado e discutido, com o aprofundamento das opiniões;
  - se a conclusão do debate levou a uma visão mais ampla e clara sobre o assunto;
  - se houve réplica e tréplica, e como isso ocorreu.
- Caso o debate tenha sido gravado ou filmado, a avaliação poderá ser feita com base nesse registro. Nesse caso, seria interessante observar especialmente os recursos que cada grupo empregou para dar consistência a sua argumentação.

2ª proposta — Produção de debate escrito

Como o debate, também o artigo de opinião é um gênero textual argumentativo que você já conhece. No texto a seguir, a articulista focaliza um tema bem polêmico ao expor opiniões de defensores de uma emenda que propõe penas mais severas para adolescentes que cometem crimes violentos. E há os que se opõem a que se apliquem punições como as aplicadas aos contraventores adultos. Leia o artigo e se posicione quanto ao tema.

A INTELIGÊNCIA CONTRA O CRIME

A proposta de punir adolescentes como adultos é ineficaz

Sempre que um crime chocante é noticiado no Brasil, as redes sociais se enchem de comentários que defendem punições mais severas, especialmente quando os envolvidos são adolescentes. Considerando os altos índices de violência, é compreensível que as pessoas se sintam inseguras e peçam às autoridades maior proteção. Mas quem acredita que a resposta é simplesmente punir de forma mais rígida equivoca-se. O que precisamos não é prender mais, por mais tempo. Precisamos ser mais inteligentes e pensar com cuidado quais estratégias para reduzir o crime realmente funcionam.

Neste mês, o Senado debate uma proposta que é muito severa, mas não muito inteligente. Mais uma vez, parlamentares discutem uma emenda constitucional para permitir que adolescentes de 16 e 17 anos sejam processados, julgados e condenados como adultos. Os defensores da proposta afirmam que eles seriam punidos como adultos apenas em casos "específicos e extraordinários", como homicídio, sequestro, estupro e reincidência em roubo qualificado. Na realidade, essa variedade de crimes abre portas para que a emenda seja aplicada de forma abrangente. Por exemplo, cerca de 40% dos adolescentes internados na Fundação Casa em São Paulo neste ano foram detidos por roubo qualificado.

A emenda parte de uma abordagem para os adolescentes em conflito com a lei que não é apenas ineficaz, é contraproducente. Estudos nos Estados Unidos mostram que adolescentes processados, julgados e punidos como adultos são mais propensos a reincidir no crime depois de livres. Esse é um dos motivos pelos quais muitos estados americanos têm promovido reformas para garantir que jovens menores de 18 anos sejam julgados em um sistema juvenil.

No Brasil, com a emenda, o Estatuto da Criança e do Adolescente (ECA) deixaria de ser aplicado aos adolescentes que os juízes decidissem processar como adultos. O ECA tem sido um modelo para a região. Ele estabeleceu um sistema de responsabilização para adolescentes em conflito com a lei, levando em consideração as realidades de seu desenvolvimento mental e emocional ainda em formação e enfatizando a possibilidade de ressocialização. De acordo com ele, adolescentes menores de 18 anos podem ser mantidos por até três anos em instituições socioeducativas a partir de um plano individual de atendimento. Os adolescentes são capazes de mudar e realmente o fazem, muito mais facilmente do que os adultos, quando recebem apoio adequado. Nem todos eles aproveitam essa oportunidade e se tornam cidadãos que respeitam a lei, mas a alternativa que a emenda propõe — negar-lhes a proteção do ECA — é receita para o desastre.

Os defensores da emenda afirmam que o sistema socioeducativo está falhando. Muitas pesquisas revelam sérios problemas nas suas unidades. Mas a solução real, que efetivamente incentivará a ressocialização, é investir no sistema que os próprios senadores ajudaram a construir para que ele possa funcionar como foi idealizado. Essa seria uma medida inteligente para reduzir o crime.

RANGIZZZ/SHUTTERSTOCK

CANINEU, Maria Lara. *Veja*, 4 out. 2017, p. 67.

- Organizem-se em grupos de quatro alunos para trocar ideias sobre as principais informações abordadas no texto. Anotem as observações mais importantes.
- Releiam o artigo "A inteligência contra o crime" e escrevam um debate sobre as opiniões e os argumentos de quem é a favor e dos que são contra uma punição mais drástica, em especial, de adolescentes mais agressivos.
- Coloquem um título, que pode ser também uma frase interrogativa ou não; escolham um trecho importante do artigo e escrevam-no após o título, em destaque.

- Em seguida, dividam o grupo em duas duplas de debatedores: uma, que vai argumentar a favor da proposta do governo, e a outra, que vai se posicionar contra a proposta. Observe que a articulista se mostra contra e apresenta argumentações que fundamentam bem seu ponto de vista.
- Escolham um título para cada texto e acrescentem os dados pessoais dos componentes de cada dupla.
- Façam um rascunho dos argumentos e contra-argumentos que vão apresentar em cada parágrafo. Lembrem-se de expor o ponto de vista da dupla na introdução de cada texto.
- Escrevam o desenvolvimento de forma coesa e clara, expondo suas opiniões sobre o assunto. Acrescentem exemplos, comparações, causas e consequências que fundamentem as opiniões apresentadas, tornando-as convincentes, sejam elas favoráveis ou contrárias às informações do artigo lido.
- Na conclusão, reforcem o ponto de vista exposto no início, colocando outros argumentos que comprovem suas opiniões. Empreguem a variedade padrão da língua e, de preferência, os verbos no presente.
- Releiam o texto e troquem-no com a outra dupla. Modifiquem o que não ficou adequado e passem os textos a limpo.
- Sob a coordenação do professor, organizem um debate oral sobre esse assunto, com base nos debates escritos e nas orientações sobre debate oral da 1ª proposta. Formem dois grupos com os colegas da classe: um grupo dos que são a favor da proposta do governo, e outro grupo dos que são contrários a ela. Não se esqueçam de que, em um debate, todos devem saber ouvir e respeitar as opiniões do outro.
- Ao terminar o trabalho oral, façam uma avaliação do debate, relendo as sugestões da 1ª proposta.

Gênero textual: ensaio

O **ensaio** é um gênero textual em que predomina o discurso expositivo-argumentativo, assim como o artigo de opinião.

• Preparando

Leia o texto a seguir e observe as argumentações do autor.

www1.folha.uol.com.br...

CATHERINE ABUD SCOTTON

SOBRE ÔNIBUS, METRÔ E ORDEM SOCIAL

Deseja-se democracia? Lute-se por um bom sistema de transporte coletivo.

Neste ano haverá eleições para prefeito. É uma oportunidade para pensar em certas coisas, e sobretudo nesta: que tipo de sociedade queremos? Um prefeito é algo mais do que um tapa-buracos, ou um rasgador de avenidas. É também um engenheiro social, embora nem sempre se deem conta disso. Tome-se o caso de um famoso prefeito — o barão Haussmann, que governou Paris na segunda metade do século passado. Haussmann rasgou avenidas — os chamados grandes bulevares — e abriu perspectivas. Modernizou a cidade. A Paris que se conhece hoje é ainda a Paris de Haussmann, bela, monumental e lógica.

Mas quem pensa que ele estava apenas transformando uma vila medieval numa capital para os tempos industriais engana-se. Escreveu o filósofo alemão Walter Benjamin: A verdadeira finalidade das obras de Haussmann era a de se proteger da eventualidade de uma guerra civil. Ele queria tornar impossível para sempre a construção de barricadas nas ruas de Paris. De resto esse era um segredo de polichinelo para os próprios contemporâneos do barão, que chamavam seu plano urbanístico de embelezamento estratégico.

www1.folha.uol.com.br...

Prefeito é uma coisa muito séria, tão séria que não pode ser levado ao pé da letra. Pensa-se que ele está apenas construindo uma ponte, ou um túnel, e na verdade está produzindo algo mais. Da mesma forma, um sistema de transporte coletivo não tem apenas uma função material, de unir um ponto da cidade a outro. Para além disso, os sistemas de ônibus, metrô, trem ou bonde estão a serviço de um certo tipo de sociedade, e em detrimento de outro.

Se o prefeito de uma grande cidade concentra o melhor de seus esforços na construção de obras que vão facilitar a circulação de veículos particulares, ele não está apenas cultivando um círculo vicioso, o de que quanto mais pistas houver, mais carros haverá, e quanto mais carros houver, mais pistas será necessário ter. Ele está também trabalhando, agora no plano social, e não mais na estrita esfera da circulação de veículos, em reforço do sistema de *apartheid* que caracteriza o Brasil.

Que é esse sistema de *apartheid*? Numa de suas expressões mais visíveis, é o abandono, por parte dos mais ricos, dos espaços públicos: a escola pública, o sistema de saúde público, mesmo a segurança pública. E o transporte público. Os ricos criam seus sistemas particulares. E o que é público fica reservado aos pobres, como se fosse uma benemerência do Estado, uma obra de caridade, não um serviço a retribuir pelos impostos pagos. O resultado não é apenas que os dois lados nunca se cruzam, pois um deles reservou-se um espaço exclusivo. É também que a escola pública, o hospital ou o transporte público ficam condenados a serviços de segunda classe, privados que foram das pressões de quem mais influência tem na sociedade. Se os ricos tivessem de usá-los, o padrão de exigência sobre eles seria outro.

Não há sociedade evoluída que não tenha resolvido o problema de seus serviços públicos. Escola, hospital, segurança — e transporte. Não se imagina a sociedade francesa sem o metrô de Paris. Nem a japonesa sem a combinação de trem e metrô que capilarmente percorre Tóquio e arredores. O transporte coletivo, nesses países e em vários outros — praticamente todos os países bem-sucedidos —, é usado por todos, os mais e os menos afortunados na escala social. Por isso, são um grande ponto de encontro, o lugar onde as sociedades se encontram consigo mesmas. É onde pulsa a vida urbana. Onde, sem a parede protetora do carro particular, convive-se com os colegas da fortuna (ou do infortúnio) de viver na mesma cidade. É onde as sociedades se conhecem e se reconhecem. Por isso, é uma expressão da democracia.

No Brasil, com uma ou outra exceção, as cidades são servidas por serviços de transporte de baixíssima qualidade. Que sociedade queremos? Uma sociedade integrada, tendendo à diminuição das diferenças sociais? Ou ao contrário uma que enfatize as diferenças, como tem sido até agora? Isso ainda não está claro, apesar dos progressos da consciência social brasileira. Aconselha-se de todo modo, em favor de um voto consciente, que cada um procure a resposta dentro de si e julgue por ela os candidatos a prefeito. Estará assim julgando não só a cal e o cimento das obras prometidas, mas o plano de engenharia social que se esconde por trás delas.

TOLEDO, Roberto Pompeu de. Disponível em: <http://www1.folha.uol.com.br/fol/ideias/ideias12.htm>. Acesso em: 24 maio 2019.

1 No texto, o ensaísta introduz alguns questionamentos fazendo inicialmente uma pergunta a seus interlocutores. Observe que o primeiro parágrafo apresenta apenas duas frases, mas elas concentram a tese ou as ideias centrais do texto. Que ideias são essas?

____

____

____

CATHERINE ABUD SCOTTON

2 O **ensaio** é um gênero em que se destacam, quase sempre, a exposição e a argumentação. Em geral, também apresenta **introdução**, **desenvolvimento** e **conclusão**.

a) No desenvolvimento, o ensaísta destaca a importância do voto consciente e define as características de um bom prefeito. Por que ele julga o prefeito um "engenheiro social"?

b) No texto, ele menciona o nome de um renomado prefeito francês, o barão Haussmann. O que popularizou o trabalho de Haussmann como prefeito?

3 No quarto parágrafo, o autor também enfatiza a função de prefeito e afirma que deve haver um objetivo maior em toda obra que ele realiza. Para ilustrar essa ideia, é mencionado como exemplo o sistema de transporte coletivo. Explique por quê.

4 De acordo com o quinto parágrafo, pode-se dizer que o autor:

a) elogia o prefeito que amplia espaços para veículos particulares.
b) acredita que a mobilidade urbana ganha com a construção de novas pistas.
c) critica o trabalho do prefeito por comprometer a integração social.
d) opõe-se à criação de um plano social para a rede particular.

5 A pergunta que inicia o sexto parágrafo constitui o assunto em torno do qual se desenvolvem as argumentações.

a) Dando **progressão** às ideias do parágrafo anterior, o autor explica o significado da palavra *apartheid*. Qual é a crítica feita aos mais abastados?

b) Que argumentações contra o sistema público também estão presentes no texto?

6 Ainda nesse parágrafo, é possível entender por que o autor questiona a atitude dos mais ricos, por não utilizarem o transporte público. De acordo com ele, quais são as consequências sociais do *apartheid* criado pelos ricos?

7 Segundo o autor do ensaio, a maioria dos países desenvolvidos apresenta serviços públicos de qualidade.

a) Como o ensaísta reforça seus argumentos, dando maior credibilidade às ideias expostas?

b) Nesse sétimo parágrafo, o autor afirma que o transporte público é utilizado por todos nos países evoluídos. Por que ele destaca esse fato?

c) Explique por que o autor considera tão importante a existência de um transporte público eficiente em nosso país.

8 Releia o trecho a seguir, observe a linguagem subjetiva ou figurada e interprete as ideias do autor. Situe o trecho no contexto.

"É onde pulsa a vida urbana. Onde, sem a parede protetora do carro particular, convive-se com os colegas da fortuna (ou do infortúnio) de viver na mesma cidade."

9 De acordo com o texto, o transporte coletivo "é uma expressão da democracia". Explique por quê.

10 Na conclusão, o ensaísta situa o problema do transporte público no Brasil.

a) Observe que o autor retoma seus questionamentos iniciais, tentando dialogar com o leitor. Com que objetivo ele utiliza esse recurso?

b) Segundo o jornalista, é necessário que o povo brasileiro participe mais das questões sociais ligadas ao país. O que ele propõe como solução para melhoria do transporte público?

• Sistematizando

O **ensaio** é um gênero textual expositivo-argumentativo. Pode se apresentar como um estudo, uma investigação ou uma reflexão sobre assuntos polêmicos; por isso, às vezes também funciona como mediador de conflitos.

Seu conteúdo é essencialmente crítico e interpretativo, e sua linguagem é bem elaborada, pois desenvolve quase sempre análises formais sobre o assunto em questão. O ensaísta expõe suas argumentações com lógica e racionalidade, mesmo quando emprega alguma subjetividade no texto. Apesar de haver diversidade em seu modo de apresentação, o ensaio sempre se caracteriza pelo rigor na argumentação ou na demonstração.

Um dos aspectos que diferenciam o ensaio da maioria dos outros gêneros argumentativos é a maior liberdade de expressão na exposição das opiniões. O ensaísta precisa ter, em geral, conhecimento cultural e maturidade intelectual para elaborar seu texto com criatividade. O ensaio pode provocar atitudes defensivas no leitor, conduzindo-o a uma reflexão sobre o assunto.

Além de se caracterizar pela maior liberdade, o ensaio não elimina radicalmente o aspecto subjetivo, como se tenta fazer na produção de um artigo. Em geral, o ensaio prioriza temas novos e atuais, deixando em segundo plano os assuntos comuns e tradicionais. O texto se desenvolve, quase sempre, com o verbo no presente do indicativo e na 3ª pessoa, mas às vezes há o uso da 1ª pessoa.

Concluindo:

> **Ensaio** é um gênero textual expositivo-argumentativo, que se caracteriza pelo rigor das argumentações e pela linguagem formal. Apresenta uma abordagem crítica e interpretativa de um assunto quase sempre polêmico.

• Produção de texto: ensaio

1ª proposta — Produção de ensaio sobre mobilidade urbana

Leia trechos de uma matéria a respeito do fórum sobre mobilidade urbana promovido pelo jornal *O Estado de S. Paulo*.

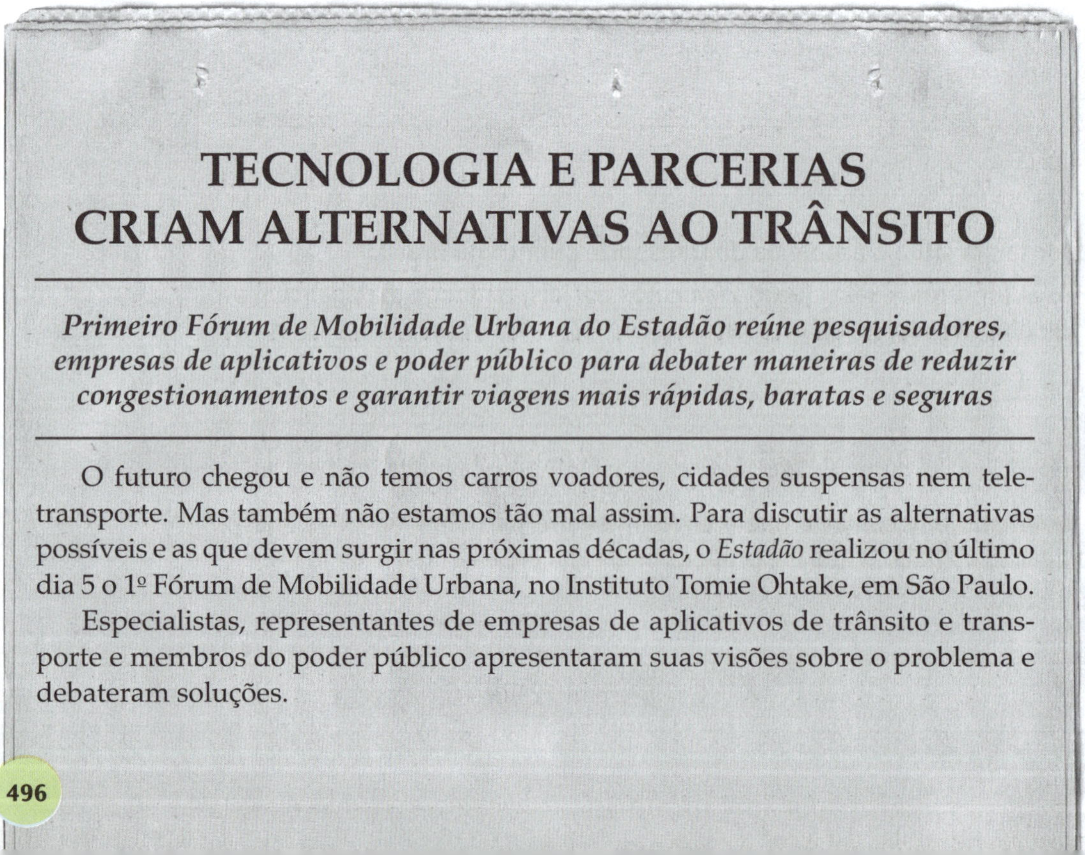

TECNOLOGIA E PARCERIAS CRIAM ALTERNATIVAS AO TRÂNSITO

Primeiro Fórum de Mobilidade Urbana do Estadão reúne pesquisadores, empresas de aplicativos e poder público para debater maneiras de reduzir congestionamentos e garantir viagens mais rápidas, baratas e seguras

O futuro chegou e não temos carros voadores, cidades suspensas nem teletransporte. Mas também não estamos tão mal assim. Para discutir as alternativas possíveis e as que devem surgir nas próximas décadas, o *Estadão* realizou no último dia 5 o 1º Fórum de Mobilidade Urbana, no Instituto Tomie Ohtake, em São Paulo.

Especialistas, representantes de empresas de aplicativos de trânsito e transporte e membros do poder público apresentaram suas visões sobre o problema e debateram soluções.

DOCTOR BLACK/SHUTTERSTOCK

Diretamente de Taipé, em Taiwan, o pesquisador do MIT (Instituto de Tecnologia de Massachusetts) Phil Tinn apresentou a criação de seu grupo de trabalho, um pequeno veículo autônomo movido por aplicativo. O modelo, já testado nas ruas dos Estados Unidos, é comandado por um computador de bordo e solicitado por aplicativo.

Para discutir como a tecnologia pode tornar deslocamentos mais eficientes e seguros, foi realizado o painel Tecnologia, Mobilidade e Segurança. [...]

[Os debatedores convidados] destacaram como a profusão de dados gerados pelos aplicativos têm contribuído para identificar problemas e tendências urbanas, melhorar o fluxo e facilitar a vida das pessoas. Falaram, ainda, da necessidade de repensar o papel do carro particular nas cidades, seja pelo uso compartilhado ou por sua substituição por outras formas de transporte.

Entre os principais desafios, estão os crescentes índices de atropelamentos e mortes no trânsito, o alto preço das fontes de energia limpa, a dificuldade em regulamentar os novos serviços e o enrosco ao definir tarifas e subsídios.

Já o painel Parcerias para Transformar os Transportes tratou da importância de coordenar ações de empresas, cidadãos e governos locais. [...]

Para encerrar o evento, o ministro das Cidades Alexandre Baldy destacou o peso do aumento da frota, estimulada pelos incentivos oferecidos pelo próprio governo federal, e a importância dos planos de mobilidade municipais.

DOCTOR BLACK/SHUTTERSTOCK

BARROS, Mariana. *O Estado de S. Paulo*, 11 dez. 2017. Caderno Especial. (Fragmento adaptado).

Agora, siga estas orientações.

- Inicialmente, pesquise em revistas e na internet notícias e estatísticas sobre as condições do trânsito nas grandes cidades brasileiras.
- Leia também sobre a influência da tecnologia na criação de veículos modernos e autônomos, guiados por aplicativos.
- Informe-se sobre a criação de ciclovias e sua utilização.
- Verifique como países mais desenvolvidos lidam com essa questão social. Anote as ideias e os argumentos mais interessantes. Selecione também citações e exemplos que apresentem opiniões bem elaboradas.
- Releia a seção "Sistematizando" e se baseie nas características apresentadas para produzir seu ensaio com criatividade e adequação.
- Redija-o em 3ª pessoa e use o verbo, de preferência, no presente. Faça a introdução, o desenvolvimento e a conclusão. Exponha seu ponto de vista sobre os problemas que geram acidentes no trânsito e as ações que podem ser tomadas para se evitarem consequências graves.
- Faça um rascunho, revise o texto e altere o que não estiver bem formulado.
- Avalie se a linguagem e a pessoa verbal estão adequadas ao gênero produzido. Escolha um título que sugira o ponto de vista desenvolvido no ensaio. Passe seu texto a limpo e modifique ainda o que julgar necessário.
- Reúna-se com seu grupo, sob a orientação do professor, e troquem ideias sobre o ponto de vista defendido nas produções.

2ª proposta — Produção de um ensaio sobre os limites da internet

O texto a seguir apresenta uma questão polêmica: a restrição que as operadoras de telefonia pretendem impor aos consumidores, forçando-os a baixar uma quantidade limitada de dados. Leia-o e depois se informe sobre o tema.

INTERNET LIMITADA

Ao restringirem rigidamente a quantidade de dados que se podem baixar, as operadoras de telefonia acabarão por prejudicar o consumidor — seja ele um cidadão, uma empresa ou uma escola

Na semana passada, a hashtag #ForaInternetLimitada estava no topo dos temas mais comentados nas redes sociais, atrás apenas talvez de #BelaRecatadaeDoLar. O *frisson* começou no último dia 15, quando a telefônica Vivo iniciou a venda de planos de internet fixa com franquia predeterminada de dados. O que isso significa? Caso o cliente contrate um com limite de 10 *gigabytes* (GB) por mês, por exemplo, quando ele ultrapassar esse teto, a operadora poderá cortar o acesso, diminuir a velocidade ou cobrar pelo consumo extra. Hoje, as operadoras recorrem, no máximo, ao corte de velocidade, como já faz a Net. A partir de agora, contudo, elas se reservam o direito de optar pela cobrança suplementar ou derrubar a internet do usuário. Depois do anúncio da Vivo, as concorrentes disseram que também vão aderir à estratégia, com a única exceção da Tim. Quando se descobriu que os tais 10 GB dariam acesso a apenas um punhado de filmes do Netflix, a *web*, como dita a gíria nascida no mundo virtual, "quebrou". Ou seja: entrou em polvorosa. Uma família de usuários com acesso intenso, que navegue por quatro horas e meia diariamente, demandaria 388 GB mensais — os planos mais caros da Vivo, de 200 reais, contemplam só 300 GB.

João Rezende, presidente da Anatel, órgão regulador do setor, justificou a decisão das operadoras dizendo que games e serviços de *streaming*, como o Netflix, "gastam um volume de banda muito grande" e, por isso, elas não teriam como manter o fluxo de dados. Lorota. Basta aumentar a capacidade, jogando ou não o custo para o consumidor. A Anatel, de todo modo, proibiu a adoção do modelo por noventa dias, prazo para que as operadoras oficializem providências, como alertas para indicar quando se aproxima o limite do plano e outras muletas.

O verdadeiro alvo das operadoras é o Netflix. O serviço é tido como responsável pela perda de 1 milhão de assinaturas das TVs a cabo brasileiras. E quem são os donos dos provedores de televisão por assinatura? A Vivo, a Net e as outras "teles". Os maiores prejudicados podem ser as escolas e as pequenas e grandes empresas, que dependem da internet para tarefas profissionais e, com isso, terão de gastar mais.

RANGIZZZ/SHUTTERSTOCK

THOMAS, Jennifer Ann. *Veja*, 27 abr. 2016, p. 74.

- Reúna-se com um colega e definam a pesquisa a ser feita na internet, em revistas e jornais. Anotem os fatos e as ideias principais. Leiam o material e discutam as ideias de cada texto.
- Definam o ponto de vista a ser adotado e as argumentações sobre o modo como as pessoas utilizam a internet e o efeito que esse uso produz na vida pessoal e social delas. Analisem o comportamento das operadoras de telefonia em relação aos usuários. Exponha suas opiniões e argumentos sobre os efeitos e as consequências, caso a internet se torne limitada. Vocês podem usar também contra-argumentações, se não concordarem com os argumentos do autor.
- Organizem o conteúdo de cada parte do ensaio e o desenvolvam em um rascunho, trocando ideias sobre o que aprenderam. Lembrem-se de que a linguagem deve ser formal e os verbos permanecem em geral no presente e na 3ª pessoa. Escolham um título criativo.
- Releiam o ensaio e verifiquem se a introdução apresenta o ponto de vista a ser defendido e se o desenvolvimento expõe argumentações coerentes e bem elaboradas, que mostrem um bom conhecimento sobre o tema abordado. Utilizem elementos coesivos adequados na construção de frases e parágrafos, dando coerência ao texto. Redijam a conclusão, expondo uma solução que possa conciliar a discussão sobre o uso excessivo da internet pelas pessoas, e uma possível restrição desse uso. Construam perguntas com questionamentos sobre essa polêmica, que motivem a reflexão e o debate.
- Troquem o texto com outra dupla e o avaliem de acordo com as sugestões da proposta anterior.

Capítulo 22

O manifesto e o abaixo-assinado

Gênero textual: manifesto

O **manifesto** é um gênero textual do tipo argumentativo, pois, com base em argumentos convincentes, um grupo de pessoas, entidades ou órgãos sociais questionam algum problema de interesse coletivo.

• Preparando

Leia o manifesto a seguir, assinado por importantes personalidades mundiais.

CATHERINE ABUD SCOTTON

Manifesto 2000 por uma Cultura de Paz e Não Violência

No ano 2000, 100 milhões de pessoas comprometem-se a criar um novo mundo, baseado na tolerância, na solidariedade e na não violência.

O Manifesto 2000 por uma Cultura de Paz e Não Violência foi esboçado por um grupo de laureados do Prêmio Nobel da Paz, que se encontraram em Paris para o 50º aniversário da Declaração Universal dos Direitos Humanos. Norman Borlaug, Adolfo Perez Esquivel, Michail Gorbatchev, Mairead Maguire, Rigoberta Menchu Tum, Shimon Peres, José Ramos Horata, Joseph Rotblat, David Trimble, Desmond Tutu, Elie Wiesel, Carlos F. Ximenes Belo, Nelson Mandela e o Dalai Lama foram os primeiros signatários do Manifesto 2000.

O Manifesto objetiva a promoção da conscientização e do compromisso individuais: não é nem um apelo nem uma petição dirigidos aos governos ou às autoridades superiores. O Manifesto afirma que é da responsabilidade de cada ser humano traduzir os valores, atitudes e padrões de comportamento que inspiram a Cultura de Paz em realidades da vida diária. Todos podem agir no espírito da Cultura de Paz dentro do contexto da própria família, do local de trabalho, do bairro, da cidade ou da região, tornando-se um mensageiro da tolerância, da solidariedade e do diálogo.

Assinando o Manifesto, todos comprometem-se a:

1. respeitar a vida;
2. rejeitar a violência;
3. ser generosos;
4. ouvir para compreender;
5. preservar o planeta;
6. redescobrir a solidariedade.

A Unesco, como o corpo das Nações Unidas coordenador da preparação do Ano Internacional da Cultura de Paz, é responsável pela distribuição do Manifesto 2000 pelo mundo afora, e está lançando um apelo a todas as organizações, associações e governos no sentido de cooperarem. As escolas, universidades e associações que trabalham em articulação com a Unesco no dia a dia, bem como junto a outras organizações das Nações Unidas, se mobilizarão para distribuir o Manifesto 2000; além disso, será necessário contar com a participação e o apoio de personalidades políticas, intelectuais e artísticas: prefeitos, membros de parlamento, jornalistas, músicos, diretores cinematográficos, cientistas e representantes de organizações religiosas e militares do mundo inteiro.

O objetivo é coletar 100 milhões de assinaturas até a convocação da Assembleia Geral do milênio em setembro do ano 2000.

[...]

O Ano 2000 deve ser um novo começo para todos nós. Juntos, podemos transformar a cultura de guerra e violência em uma Cultura de Paz e Não Violência. Essa evolução exige a participação de cada um de nós para dar aos jovens e às gerações futuras valores que os ajudem a forjar um mundo mais digno e harmonioso, um mundo de justiça, solidariedade, liberdade e prosperidade. A Cultura de Paz torna possível o desenvolvimento duradouro, a proteção do ambiente natural e a satisfação pessoal de cada ser humano.

[...]

Disponível em: <http://www.direitoshumanos.usp.br/index.php/Documentos-n%C3%A3o-Inseridos-nas-Delibera%C3%A7%C3%B5es-da-ONU/manifesto-em-defesa-da-paz-2000.html>. Acesso em: 20 maio 2013. (Fragmento).

1 O **manifesto** em estudo tem características importantes, que merecem destaque.

a) **Quem produziu** esse manifesto e **para quem** ele é dirigido?

b) Com que **objetivo** foi criado esse manifesto em prol da paz mundial?

2 Observe as argumentações apresentadas após o primeiro parágrafo. A intenção dos manifestantes é persuadir; por isso, os argumentos são bem fundamentados.

a) No segundo parágrafo, há uma série de argumentos bastante convincentes. Selecione alguns, resumindo-os.

b) Após esse parágrafo, há uma enumeração dos compromissos que devem ser assumidos por quem aderir ao manifesto. Em sua opinião, quais deles são menos cultivados hoje? Esclareça sua resposta.

3 No quarto parágrafo, os manifestantes apresentam as iniciativas que deverão ser tomadas, tendo em vista as ideias e opiniões expostas antes. Qual é o objetivo fixado no parágrafo seguinte?

4 O último parágrafo apresenta uma conclusão das ideias desenvolvidas. Como os manifestantes finalizam o texto?

5 A estrutura do manifesto não é bem definida. Como você observou no manifesto em estudo, pode haver um título e um subtítulo, com um resumo da proposta, a enumeração dos argumentos nos parágrafos iniciais e, finalmente, a conclusão. Que outros elementos se identificam nesse manifesto?

6 Quanto à linguagem empregada no manifesto, responda:

a) Por que o documento foi redigido de acordo com a variedade padrão da língua?

b) Qual é o tempo verbal predominante? Por quê?

7 Duas décadas depois da publicação do Manifesto 2000, quais foram, em sua opinião, os resultados em relação à paz e à não violência pelo mundo? Troque ideias com seus colegas antes de responder.

• Sistematizando

O **manifesto** permite ao cidadão participar mais ativamente das questões sociais, políticas e culturais de seu tempo. Esse gênero textual, argumentativo por excelência, serve para uma pessoa ou um grupo de pessoas declarar publicamente suas ideias. Por exemplo: um partido político pode escrever um manifesto expondo sua ideologia e seu programa de governo, uma organização não governamental pode publicar um manifesto expressando seu repúdio aos transgênicos, um grupo teatral pode propor um manifesto com uma nova maneira de fazer teatro.

Certos manifestos se tornaram famosos: o Manifesto Comunista (1848), texto-base do marxismo, e o Manifesto Futurista (1909), marco inicial da arte moderna, são dois exemplos clássicos. Em 1955, o Manifesto Russel-Einstein (redigido por Bertrand Russel, filósofo e matemático, e Albert Einstein, físico) também alcançou grande repercussão ao alertar sobre os perigos das armas atômicas.

A **estrutura** do manifesto é livre, mas, em geral, estão presentes os seguintes elementos: um **título** que sintetiza o pensamento apresentado; o **corpo do texto**, com exposição clara da posição do(s) autor(es) e dos argumentos que a justificam; **local**, **data** e **assinatura(s)** do(s) manifestante(s).

A linguagem do manifesto varia conforme o estilo dos manifestantes, o perfil dos interlocutores e o ambiente de divulgação. Quando é publicado em um jornal ou em outro meio de comunicação de grande circulação, o normal é usar a variedade padrão da língua e os verbos no presente do indicativo.

Concluindo:

Manifesto é um gênero textual argumentativo por meio do qual uma pessoa ou um grupo de pessoas expressa sua posição, concepção, decisão ou pensamento sobre determinado assunto de natureza social, política, cultural, etc.

• Produção de texto: manifesto

O manifesto é um dos gêneros textuais que servem para o cidadão reivindicar seus direitos ou denunciar um problema de interesse coletivo. Representa uma tomada de posição sobre alguma questão de importância coletiva. Leiam as propostas a seguir e sigam as orientações para a produção de manifestos.

1ª proposta — Produção de manifesto em defesa da educação

Reúna-se em grupo para redigir um "Manifesto em defesa de uma educação de qualidade". Esse documento poderá ser enviado a uma autoridade governamental pelo correio, a um editor de jornal ou revista, ou ainda lido em emissora de rádio ou de televisão. Se desejarem, produzam um folheto impresso e o distribuam na comunidade.

Antes de iniciar esta atividade, leiam dois textos cujo tema é a educação e anotem as ideias mais interessantes.

O ACESSO AO ENSINO PÚBLICO E A IMPORTÂNCIA DA EDUCAÇÃO

A educação se constitui como direito fundamental e essencial do ser humano, e diversos são os documentos que corroboram tal afirmação. A Lei de Diretrizes e Bases para a Educação Nacional afirma que "é direito de todo ser humano o acesso à educação básica", assim como a Declaração Universal dos Direitos Humanos, que estabelece que "toda pessoa tem direito à educação".

Apesar de estarmos em pleno século XXI, nos deparando com inúmeras inovações tecnológicas, [...] ainda convivemos com um grande problema que impede o pleno desenvolvimento do nosso país: a falta de investimento na área educacional, gerando a má qualidade da mesma.

De acordo com pesquisas realizadas pela Unesco, constatou-se que milhões de pessoas ainda não têm acesso à educação, sendo que "[...] mais de 100 milhões de crianças, das quais 60 milhões são meninas, não têm acesso ao ensino primário e [...] o analfabetismo funcional é um problema significativo em todos os países industrializados ou em desenvolvimento" (Unesco, 1998). É importante sabermos que uma nação que investe na educação contribui ativamente no crescimento econômico e no desenvolvimento social e cultural da sociedade e do país.

Ainda tomando por base pesquisas da Unesco, verifica-se que a educação é um fator diferencial, uma vez que através dela os indivíduos têm maiores chances de conseguir trabalhos qualificados, além de participação ativa na vida democrática, podendo, desta forma, ter pleno conhecimento dos seus direitos e deveres e usufruir dos mesmos.

Infelizmente vivemos numa profunda crise, principalmente no âmbito educacional, em que ainda grande parte da população não tem acesso ao ensino público de qualidade e os que o têm não adquirem conhecimentos considerados essenciais, por este apresentar insuficiências com relação a investimentos, má remuneração aos docentes que nele atuam e inexistência de comprometimento dos governantes com relação a esta causa.

SALES, Flávia. *Brasil Escola*, 2019. Política educacional. Disponível em: <https://educador.brasilescola.uol.com.br/politica-educacional/o-acesso-ao-ensino-publico-importancia-educacao.htm>. Acesso em: 20 maio 2019 (Fragmento).

QUAL É A IMPORTÂNCIA DA EDUCAÇÃO?

A Educação possui impacto em todas as áreas de nossa vida. Entenda o que o acesso a uma Educação de qualidade pode fazer também pelo Brasil.

A Educação é um direito fundamental que ajuda não só no desenvolvimento de um país, mas também de cada indivíduo. Sua importância vai além do aumento da renda individual ou das chances de se obter um emprego. [...]

Os impactos da Educação são extensos e profundos. Veja o que mais uma Educação de qualidade faz pelo indivíduo e pelo país:

1. Combate a pobreza

Quanto mais as pessoas estudarem, mais oportunidades terão no mercado de trabalho. Uma pessoa que concluiu uma pós-graduação tem 422% mais chances de conseguir um emprego do que quem não se alfabetizou. Quem estuda também ganha mais: o salário de um pós-graduado é 544% maior do que aquele recebido pelos analfabetos (Pesquisa "Você no Mercado de Trabalho", da FGV/Instituto Votorantim).

Esse impacto é perceptível em todos os níveis de escolaridade. Se todos os estudantes em países de renda baixa deixassem a escola sabendo ler, 71 milhões de pessoas poderiam sair da pobreza, segundo o relatório de Monitoramento Global de Educação para Todos, de 2011. O relatório também mostrou que cada ano extra de escolaridade aumenta a renda individual em até 10%.

2. Faz a economia crescer

Uma boa Educação melhora a economia de um país. "Quando olhamos para trás e comparamos o desempenho econômico de 50 países e um grande número de variáveis, o que salta aos olhos é o poder da educação", disse o nobel da Economia e professor da Universidade de Nova York, Paul Romer, em entrevista à revista *Exame*.

Os países que priorizaram o ensino de qualidade nas últimas décadas, como Coreia do Sul e Irlanda, registram um crescimento econômico acima da média. O relatório da Unesco mostrou que cada ano adicional de escolaridade aumenta a média anual do PIB em 0,37%. Com melhores empregos e maior renda, os indivíduos podem consumir mais e dependem menos de políticas públicas contra a pobreza. O aumento da taxa de emprego e do consumo também se traduz em mais impostos coletados pelo governo, o que resulta, em tese, em melhorias sociais.

3. Promove a saúde

Uma mãe que teve acesso à Educação de qualidade tem mais condições de cuidar da saúde de seus filhos, pois é mais sensível à importância da prevenção, da vacinação e de hábitos de higiene, além de saber como procurar tratamento quando necessário. O relatório da Unesco Monitoramento Global de Educação para Todos mostrou que uma criança cuja mãe sabe ler tem 50% mais chances de sobreviver depois dos cinco anos de idade.

Além de reduzir a mortalidade infantil e diminuir a taxa de fecundidade, a Educação também está relacionada a hábitos mais saudáveis. Indivíduos com maior nível de escolaridade também têm menos chances de serem obesos e de fumarem diariamente; essa relação permanece evidente independente de sexo, idade e renda.

4. Diminui a violência

Mais do que a pobreza em termos absolutos, é a desigualdade social um dos fatores relacionados à violência. Se a Educação é capaz de impactar na diminuição desta desigualdade, ela também contribui para uma sociedade menos violenta. Além disso, a Educação ajuda a superar a intolerância. O representante da ONU Nassir Abdulaziz Al-Nasser disse em entrevista ao portal Terra que "a Educação é fundamental para tratar da ignorância e desconfiança que estão no cerne do conflito humano. A Educação ajuda a superar estereótipos e intolerância, e a vencer a batalha contra a ignorância".

5. Garante o acesso a outros direitos

Está na Declaração Universal dos Direitos Humanos: é por meio do ensino e da educação que se promove o respeito aos direitos humanos e liberdades fundamentais. "A instrução promoverá a compreensão, a tolerância e a amizade entre todas as nações e grupos raciais ou religiosos." (Artigo XXVI).

[...]

6. Ajuda a proteger o meio ambiente

Quando forma cidadãos mais conscientes dos impactos de nossas atividades sobre a natureza, a Educação ajuda a preservar o meio ambiente, educando as pessoas para decisões sustentáveis, que satisfazem as necessidades presentes sem prejudicar as gerações futuras.

7. Aumenta a felicidade

As pessoas que estudam mais também se dizem mais felizes do que aqueles que não estudaram ou não puderam estudar. O estudo da OECD "Quais são os benefícios sociais da Educação?" mostrou que a satisfação pessoal entre as pessoas que estudaram até o nível superior é maior do que a satisfação das pessoas que pararam no Ensino Médio.

8. Fortalece a democracia e a cidadania

Além de formar cidadãos mais críticos e conscientes de seus direitos, a Educação também colabora para que a sociedade cumpra seus deveres cívicos. Entre os jovens, o nível de escolaridade também está relacionado à taxa da população que vota. O estudo da OECD "Quais são os benefícios sociais da Educação?" fez um levantamento em 27 países e mostrou que 80% dos jovens com ensino superior vão às urnas, enquanto o número entre aqueles que não têm formação superior cai para 54%. O estudo também concluiu que os adultos mais escolarizados também são mais engajados socialmente.

9. Ajuda a compreender o mundo

Uma boa Educação tem resultados abrangentes: contribui para o crescimento econômico do país e para a promoção da igualdade social, mas seu impacto também é decisivo na vida de cada um.

Apesar de, felizmente, as pesquisas mostrarem que a Educação já é uma prioridade para os brasileiros, ainda existe a ilusão de que estudar é apenas uma maneira de abrir portas para o mercado de trabalho. A Educação é muito mais que isso. [...]

A importância dos estudos é válida independente da classe social. Em uma família de classe média, o acesso a cultura, a viagens e outros elementos complementam aquilo que a escola oferece. Nas classes sociais mais baixas, que geralmente possuem menos acesso a informações e oportunidades, a escola deve ser ainda mais relevante. [...]

Instituto Vidas Raras, 2019. Disponível em: <http://www.vidasraras.org.br/site/politicas-publicas/424-qual-e-a-importancia-da-educacao>. Acesso em: 20 maio 2019. (Fragmento).

Faça uma pesquisa com os colegas e organizem o plano de trabalho.

- Troquem ideias e definam o ponto de vista a ser exposto.
- Escolham o destinatário do manifesto: ele se dirigirá a uma autoridade, a um órgão específico ou ao público em geral?
- Ao redigir o texto, exponham o ponto de vista de maneira clara e selecionem argumentos que o fundamentem. Separem os argumentos em tópicos ou os desenvolvam em parágrafos. Escolham um título que sintetize o pensamento do grupo.
- Completem o texto com o local, a data e as assinaturas. Empreguem a linguagem adequada a seu interlocutor e usem os verbos, de preferência, no presente do indicativo e na 1ª pessoa do plural.
- Concluído o texto, troquem o trabalho com outro grupo e peçam sugestões para melhorá-lo. Reescrevam o texto de acordo com as modificações que julgarem convenientes.
- Enviem o manifesto, conforme as orientações iniciais.

2ª proposta — Produção de manifestos sobre questões atuais

Em grupo, levantem algumas questões da atualidade que afetem o cotidiano de vocês e escolham um tema para um manifesto. Por exemplo:

- Manifesto pela melhoria da saúde pública.
- Manifesto por transportes públicos eficientes.
- Manifesto pela transparência no uso do dinheiro público.
- Manifesto pelo direito à moradia.
- Manifesto pelo combate à corrupção.
- Manifesto em apoio às manifestações de rua no Brasil.
- Manifesto por mais oportunidades de emprego para os jovens.
- Manifesto sobre o sistema de cotas nas universidades.
- Manifesto contra a impunidade no país.

- Lembrem-se de que devem se posicionar diante da questão, expondo argumentos que expliquem por que resolveram assumir tal postura.
- Escolhido o assunto, produzam um manifesto de acordo com as orientações da primeira proposta.
- Avaliem o texto e observem se há título, se o corpo do manifesto traz a posição do grupo sustentada por argumentos persuasivos, bem organizados, e se a conclusão foi bem redigida. Não se esqueçam de deixar claro quem são os autores do manifesto e a quem ele se dirige.
- Verifiquem se há também subtítulo, local, data e assinaturas. Se a linguagem está adequada aos interlocutores, se os verbos estão na 1ª pessoa do plural e no presente do indicativo. Passem o texto a limpo.
- Afixem os manifestos produzidos no mural da classe para que todos o leiam e depois os divulguem na comunidade, sob a orientação do professor.

Gênero textual: abaixo-assinado

Assim como a crônica argumentativa, o artigo de opinião, a carta do leitor, o manifesto, a carta aberta e a análise crítica, o **abaixo-assinado** também é um texto argumentativo.

• Preparando

Leia o exemplo a seguir e observe a argumentação dos autores.

CATHERINE ABUD SCOTTON

ABAIXO-ASSINADO: SOS BR-381

CHEGA DE MEDO, DOR E DESCASO: MEDO DE QUEM VAI, DOR DE QUEM FICA E DESCASO DAS AUTORIDADES

DESTINATÁRIO: MINISTRO DOS TRANSPORTES DO GOVERNO FEDERAL, BANCADA MINEIRA NO CONGRESSO FEDERAL (CÂMARA E SENADO FEDERAL) E GOVERNO ESTADUAL DE MINAS GERAIS.

Nós, abaixo-assinados, vimos expressar a nossa inquietação e a nossa angústia devidas pelo descaso das autoridades em relação às mortes acontecidas na BR-381, principalmente dentro do estado de Minas Gerais, onde há o maior trecho dessa rodovia.

Nossa preocupação é decorrência de diferentes elementos, que consideramos estarem sendo ignorados pelas autoridades "competentes". Entendemos ser nosso dever cobrar dos nossos representantes uma solução para esse problema. Entre esses elementos, podemos destacar:

- Há anos somos testemunhas das mortes na BR-381, conhecida e anunciada como "Rodovia da Morte". O número de vítimas ainda não foi suficiente para que as autoridades resolvessem esse problema recorrente. Quantas vidas terão de ser perdidas para que algo seja efetivamente feito?
- Em 2007, entre os meses de janeiro e março, 18 pessoas morreram na BR-381, entre Belo Horizonte e João Monlevade. No mesmo período, em 2008, 28 pessoas morreram. O balanço para o ano de 2007, retirado do *site* da Polícia Rodoviária Federal, indica 7.295 acidentes, com 292 vítimas fatais.
- O total de vítimas ocorrido na "Rodovia da Morte", em 2008, é, segundo balanço da Polícia Rodoviária Federal, de 277 pessoas, cujas mortes aconteceram no trecho mineiro, principalmente causadas por colisões frontais. No mesmo período, em toda a malha federal, dentro do estado de Minas Gerais, totalizando 7,5 mil km, 321 pessoas morreram dessa forma.

[...]

- Em 2008, houve promessa de um projeto para 100 km da BR-381, que previa um traçado alternativo entre Belo Horizonte e João Monlevade, que começaria no segundo semestre de 2009. Dizia-se que esse projeto foi estudado pela Secretaria de Transportes e Obras Públicas, com custo estimado em R$ 300 milhões. Estamos no segundo semestre de 2010 e, até agora, os problemas continuam.
- Ainda em 2008, previa-se o início da duplicação da rodovia, também para o segundo semestre de 2009, no trecho entre Belo Horizonte e Governador Valadares, passando por João Monlevade. A obra dizia totalizar 310 km, com custo estimado, para o Governo Federal, em cerca de R$ 2 bilhões. Estamos no segundo semestre de 2010 e, até agora, nada foi realizado.
- Em julho de 2009, a estatística da Polícia Rodoviária Federal apontava para pelo menos 69 feridos, em 23 ocorrências consideradas graves, nos 100 km entre Belo Horizonte e João Monlevade. Isso equivale à média de um desastre a cada oito dias.

CATHERINE ABUD SCOTTON

- A notícia de que a duplicação poderia ficar pronta em 2015 nos leva a acreditar, a partir dos balanços apresentados até hoje, que assistiremos à morte de cerca de 700 pessoas antes de a obra estar pronta.
- No trecho entre Belo Horizonte e Governador Valadares passam cerca de 30 mil veículos, dos quais 40% são provenientes do transporte da produção das indústrias do Vale do Aço, utilizando carretas e caminhões.
- Somente entre Belo Horizonte e João Monlevade, há cerca de 200 curvas e 13 pontes.
- Levantamento realizado pelo Instituto Cidades indicou a presença de 540 caminhões, sendo 120 do tipo caçamba (próprios para o transporte de minério), no trecho entre Belo Horizonte e Governador Valadares. Esse levantamento foi feito durante três horas, em um dia útil da semana.
- As características da estrada, aliadas ao montante de carretas e caminhões que trafegam por ela, tornam o trecho de alta periculosidade.
- Há indícios de obstáculos advindos de diferentes frentes, como os estudos sobre o impacto ambiental do empreendimento ou as diferentes ideias sobre a melhor forma de solucionar o problema da rodovia. Essas questões emperram as soluções.

[...]

- Há pelo menos 20 anos esta rodovia vem sendo utilizada por políticos como alvo de promessas para angariar votos, mas nada de concreto foi feito até o momento.

Todos os elementos elencados reforçam nossas angústias, face às quais solicitamos às autoridades federais e do estado de Minas Gerais a duplicação da BR-381, como solução aos problemas já diagnosticados. Essa rodovia já matou inúmeras pessoas, e é chegada a hora de dar segurança às pessoas que trafegam pela BR-381 e começar a salvar vidas.

Ao assinar esta petição, você garante o direito que a população em geral tem de apresentar um Projeto de Lei à Câmara dos Deputados. Para conseguir isso, é preciso apresentar adesão de pelo menos um por cento do eleitorado nacional, distribuído pelo menos por cinco Estados, com não menos de três décimos por cento dos eleitores de cada um deles.

Por essa razão, ao assinarem este abaixo-assinado, pediremos que indiquem alguns dados cadastrais que possam identificá-lo como brasileiro, como eleitor votante, e de qual Estado é cidadão.

A adesão da população pode ter força e salvar vidas! Seja um deles!

Obrigado!

EMMANUEL PINHEIRO/HOJE EM DIA/ ESTADÃO CONTEÚDO

Movimento intenso de veículos na BR-381, em Belo Horizonte, Minas Gerais, na saída para o feriado prolongado de Carnaval, em 3 mar. 2011.

Dados adicionais:

- Criado em 2010-08-03.
- 3.265 assinaturas.
- 25.494 visualizações.
- Autor: Benildes Coura Moreira dos Santos Maculan.
- Comunidade: Cidadãos preocupados em salvar as vidas dos que transitam diariamente, na rodovia BR-381, entre Belo Horizonte e as regiões do Vale do Aço, Vale do Rio Doce, Vale do Mucuri e Vale do Jequitinhonha. Cidadãos que tentam chegar a cidades como Caeté, Barão de Cocais, Itabira, Guanhães, São Gonçalo do Rio Abaixo, João Monlevade, Nova Era, São Domingos do Prata, Antônio Dias, Marliéria, Timóteo, Coronel Fabriciano, Ipatinga, Governador Valadares, Teófilo Otoni e região.
- Categoria: Transportes.
- *Site*: <http://rodoviabr381.blogspot.com/>.
- Endereço para divulgação: <http://www.abaixoassinado.org/abaixoassinados/6719>.

Disponível em: <http://www.abaixoassinado.org/abaixoassinados/6719>. Acesso em: 20 maio 2019. (Fragmento).

1 O **abaixo-assinado** é elaborado com o objetivo de solicitar algo ou defender os interesses de determinada coletividade.

a) A quem é endereçado o abaixo-assinado em estudo?

b) Qual é a reivindicação feita nele?

c) Em que tempo predominam as formas verbais nele empregadas? Justifique sua resposta.

d) O abaixo-assinado pode ser redigido em 1ª ou 3ª pessoa. Em que pessoa foi redigido o abaixo-assinado em estudo? Esclareça sua resposta.

2 Em geral, o abaixo-assinado apresenta em sua estrutura estes elementos: **vocativo**, a quem se dirige o documento, seguido normalmente de um pronome de tratamento; **corpo do texto**, que traz a exposição do problema, a reivindicação e os argumentos; e, ainda, **local**, **data** e **assinaturas**.

a) No abaixo-assinado em análise, não há vocativo, somente a indicação dos destinatários. Que vocativo poderia ser empregado tendo em vista o tratamento adequado a autoridades do governo?

b) Como foi publicado na internet, o documento tem um **título** e identifica os **destinatários** da reivindicação. Explique por quê.

c) Que tipo de variação linguística foi empregado nele? Explique por quê.

3 No **corpo do texto** do abaixo-assinado, identifique:

a) A **exposição do problema**

b) Os **argumentos**

c) A **reivindicação**

4 O abaixo-assinado tem como objetivo convencer o leitor de que a reivindicação é justa. Por isso, em geral, ele desenvolve uma série de **argumentos** no texto. Identifique passagens do abaixo-assinado em questão nas quais se observa uma linguagem mais persuasiva, com a intenção de envolver o leitor na iniciativa.

5 Na parte inferior do abaixo-assinado são colocados, geralmente o **local**, a **data** e as **assinaturas**. Que outros elementos se identificam nesse abaixo-assinado?

6 Nos últimos parágrafos do abaixo-assinado, o autor se dirige aos internautas, passando-lhes informações importantes, com o objetivo de conseguir uma adesão maior à iniciativa e, consequentemente, mais assinaturas. Como ele explora os argumentos nesse trecho do documento?

• Sistematizando

Segundo Sérgio Roberto Costa, em seu *Dicionário de gêneros textuais*, o **abaixo-assinado** é um "requerimento ou petição subscrito(a) por várias pessoas, ou seja, documento coletivo, de caráter público ou restrito, que torna manifesta a opinião de grupo e/ou comunidade, ou representa os interesses dos que o subscrevem. O conteúdo requerido vem no início do documento, como uma espécie de cabeçalho, geralmente curto e objetivo, seguido da data e das assinaturas, com ou sem registro de documento de identidade dos subscreventes, dependendo do caráter público ou restrito do abaixo-assinado".

Resumindo:

Abaixo-assinado é um gênero textual argumentativo por meio do qual um cidadão ou um grupo de cidadãos faz uma reivindicação de caráter coletivo a uma autoridade, utilizando como forma de pressão o maior número possível de assinaturas em apoio à causa.

• Produção de texto: abaixo-assinado

1ª proposta — Produção de abaixo-assinado contra a violência

Você e seus colegas de grupo vão escrever um abaixo-assinado para reivindicar medidas de combate à violência no Brasil. Pesquisem o assunto em jornais, revistas e na internet. Se necessário, conversem com os professores de História e de Geografia. O documento deverá ser enviado ao ministro da Justiça.

Leiam estas instruções:

- Se desejarem, coloquem um título no texto e, em seguida, o vocativo.
- Empreguem o pronome de tratamento adequado antes do nome do ministro da Justiça.
- Discutam as ideias e os argumentos a serem expostos e anotem as opiniões mais interessantes. Escrevam o corpo do texto: primeiro, a apresentação do problema; em seguida, a reivindicação; e, depois, os argumentos, que devem ser convincentes.
- Acrescentem, no final, o local, a data e as assinaturas. Se quiserem, coloquem outros dados e informações sobre o documento, como no abaixo-assinado lido.
- Empreguem a variedade padrão da língua; os verbos devem ficar na 1ª ou na 3ª pessoa e, de preferência, no presente do indicativo.
- Releiam o texto e alterem o que for necessário, tendo em vista as instruções iniciais.
- Troquem o texto com o de outro grupo e avaliem se a forma de tratamento ficou adequada ao interlocutor, se a estrutura do corpo do texto apresenta todos os elementos necessários e também se foram colocados o local, a data e as assinaturas.
- Verifiquem se foi usada a variedade padrão da língua, o tratamento adequado, a pessoa e o tempo verbal apropriados, e se os argumentos são convincentes.
- Releiam o documento, modifiquem o que for necessário e passem o texto a limpo. Conversem com o professor e decidam se somente um abaixo-assinado será enviado ou vários; combinem como fazê-lo.

2ª proposta — Produção de abaixo-assinado com base em reivindicação escolhida pelo grupo

Sigam estas orientações:

- Escrevam um abaixo-assinado com uma das reivindicações a seguir, que deve ser escolhida democraticamente pelo grupo:
  - compra de um maior número de computadores para a escola;
  - concessão de recursos para a aquisição de livros para a biblioteca;
  - construção de novas áreas de lazer na cidade;
  - incentivo ao esporte, principalmente para os jovens;
  - policiamento diário e ostensivo, que garanta a segurança dos cidadãos;
  - plantio de árvores em vários locais da cidade;
  - melhorias no ensino, com a participação dos governos federal e estadual.
- Escolhido o assunto, decidam a quem seria melhor enviar o documento. Empreguem, no vocativo, a forma de tratamento conveniente.
- Escrevam o corpo do texto: a apresentação do problema, a reivindicação e os argumentos, que devem ser persuasivos.
- Coloquem, por fim, o local, a data e as assinaturas. Cada participante deve se identificar com o nome completo e o número de um documento. Empreguem a 1ª ou a 3ª pessoa, os verbos, de preferência, no presente do indicativo e a variedade padrão da língua.
- Avaliem o documento com base nas orientações da proposta anterior.

Produção e estilo — Ambiguidade e repetição

• Preparando

Leia o texto a seguir.

O garçom pergunta a um sujeito que entra no bar:

— O senhor, o que toma?

Ele responde:

— Eu tomo uma boa vitamina pela manhã, remédio para combater minha dor nas costas e, aos sábados, um suco com os amigos.

— Acho que o senhor não me entendeu — diz o garçom —, o que eu perguntei é o que o senhor gostaria!

— Ah! bom! Eu gostaria de ser rico, de ter uma casa na praia, de viajar bastante...

— O que eu quero saber é o que o senhor quer para beber! — diz o garçom, já irritado.

— Ah, bom! Vamos ver... que é que você tem?

— Eu? Nada, não, só um pouco chateado porque o meu time perdeu, o salário daqui é muito baixo, estou me sentindo sozinho...

Seleções, jun. 2000. (Adaptado).

1 Observe que, no início do diálogo, a pergunta do garçom ao cliente é interpretada com um sentido diferente.

a) Explique o sentido que o garçom dá ao verbo *tomar*, no contexto.

____

____

b) Entretanto, que sentido o cliente atribui à pergunta do garçom?

____

____

2 Na tentativa de esclarecer o equívoco, o garçom continua o diálogo e refaz a pergunta, empregando o verbo *gostar*.

a) Explique o sentido que o garçom dá a esse verbo.

____

____

b) Que sentido o cliente atribui à segunda pergunta do garçom?

____

____

3 Em seguida, é o cliente quem indaga ao garçom o que ele tem para beber. O que ocorre então?

____

____

• Sistematizando

Ambiguidade

No texto em análise, o autor produziu humor empregando palavras com sentidos diferentes. A essa duplicidade de sentidos se dá o nome de **ambiguidade**. Foi por meio desse jogo de sentidos entre as palavras que se construiu a anedota apresentada. Trata-se, portanto, de um recurso de expressão usado com uma intenção definida, clara. Por esse motivo, a ambiguidade é explorada em textos humorísticos, como o do exemplo, e também em textos publicitários e poéticos.

Às vezes, porém, a ambiguidade constitui um problema ou uma falha na comunicação verbal, em decorrência do emprego inadequado de determinadas palavras na construção das ideias ou de um contexto pouco claro. Pode-se dizer, portanto, que há dois tipos de ambiguidade: a **polissêmica** e a **estrutural**.

No caso da **ambiguidade polissêmica** ou **semântica**, a duplicidade de sentido das palavras pode representar um problema, mas também pode ser usada como **recurso de construção**. Para se desfazer a ambiguidade, deve-se esclarecer melhor o contexto ou empregar uma palavra equivalente ao termo polissêmico. Por exemplo:

> O vendedor procurou a **caixa**, mas não a encontrou.

A **caixa** pode ser a embalagem ou a mulher que trabalha na caixa registradora. É possível eliminar a ambiguidade, esclarecendo o contexto desta forma:

> O vendedor procurou a **caixa de sapatos**, mas não a encontrou.

A **ambiguidade estrutural** apresenta causas diversas; por isso, os recursos utilizados para desfazer o sentido ambíguo variam de acordo com o **problema de construção**. Leia este exemplo, em que a ambiguidade ocorre devido a **elementos anafóricos**, ou seja, palavras que retomam outras no texto:

> O computador tornou-se um aliado do homem, mas **esse** nem sempre realiza todas as **suas** tarefas.

A frase ficou ambígua porque os elementos anafóricos (**esse** e **suas**) podem referir-se tanto ao computador quanto ao homem, isto é, um ou outro não realiza seu trabalho por completo; ou, ainda, o computador não realiza as tarefas do homem. Para que não ocorra ambiguidade, temos de reescrever a frase desta maneira:

> O computador, apesar de ser um aliado do homem, não consegue realizar todas as tarefas humanas.

A ambiguidade ocorre, normalmente, quando se faz uso inadequado da pontuação ou quando se empregam palavras que podem se referir a dois antecedentes.

Portanto:

> **Ambiguidade** é o emprego de palavras ou expressões que permitem mais de uma interpretação. Embora possa ser usada como recurso estilístico ou humorístico, é condenável quando atrapalha a transmissão da mensagem.

Repetição ou redundância

A **redundância** pode ser um recurso estilístico empregado para estabelecer, por exemplo, a coesão no texto. No entanto, há casos em que é necessário evitá-la; do contrário, a linguagem pode se tornar deselegante, inadequada e monótona.

Veja alguns casos em que a redundância pode constituir um problema textual.

- **Palavras próximas e idênticas:**

> O **povo** tem noção de seus **direitos**; por isso, os **direitos do povo** devem ser respeitados.

- **Repetições exageradas:**

> O **ministro** apresentou sua proposta de trabalho, mas o **ministro** não foi claro em várias questões e o **ministro** não aceitou argumentações.

Esse tipo de repetição pode não ser um defeito quando usado com uma intenção especial em textos humorísticos, publicitários, literários, etc., ou empregado com outro sentido.

Veja estes exemplos:

> A mulher bem **perfumada** não usa qualquer **perfume**; seu **perfume** tem a fragrância do campo, seu **perfume** é Aromas Silvestres.

> Há dois modos de **vida**: a **vida vivida** e a **vida** imaginada.

As repetições podem ser evitadas por meio da **substituição** da palavra por um termo equivalente, pela **alteração** na construção do texto ou pela **omissão** do vocábulo repetido.

Observe:

> **Os professores** exigiram o pagamento dos salários em atraso, mas o governador não **os** atendeu.

Concluindo:

> **Redundância** ou **repetição** é um recurso linguístico que pode ser empregado para dar mais coesão ou ênfase ao texto. Quando usado inadequadamente, porém, torna o discurso repetitivo e deselegante, sendo considerado um vício de linguagem.

Oficina Trabalhando a ambiguidade e a repetição

1 Reescreva as frases eliminando a ambiguidade.

a) A imprensa divulgou o resultado do inquérito que provocou a demissão do ministro dos Transportes, e esse fato abalou a opinião pública.

____

____

b) Ontem esperamos os professores e o autor do livro de Geografia para uma palestra, mas eles não compareceram.

____

____

c) Antes de viajar, deixei meu carro com um antigo sócio, que estava com sérios problemas.

____

____

2 Explique a ambiguidade que ocorre em cada uma das frases a seguir. Depois, reescreva as frases eliminando a imprecisão.

a) O médico examinou o paciente preocupado.

____

____

b) A diretora contratou a professora. Ela reside perto da escola.

c) Michelle telefonou para Rodrigo e o avisou que sua amiga ia chegar naquela semana.

3 Nas frases a seguir, grife as palavras desnecessárias, eliminando-as para evitar a repetição (redundância).

a) Atualmente, nos grandes centros urbanos, ocorre uma onda de violência que vem causando um pânico crescente entre as pessoas, nos dias de hoje.

b) É preciso coragem! Encare as dificuldades de frente.

c) Neste mês, ganhei um brinde grátis pela assinatura da revista.

d) Na volta das férias, tivemos uma surpresa inesperada: o caso das provas desaparecidas chegara a seu desenlace final.

e) Há poucos dias atrás estas evidências tão claras seriam aceitas como provas do atentado.

4 Empregue um sinônimo ou uma palavra equivalente dos termos destacados, evitando a repetição.

a) Os empregados queriam aumento, mas o empresário fez um acordo com **os empregados**.

b) As entregas foram feitas hoje cedo, e já houve reclamações quanto às **entregas**.

c) O passaporte estava com o prazo vencido, por isso o turista renovou o **passaporte**.

d) Naquela manhã, a comissão de engenharia fechou um excelente negócio, o que fez **a comissão** comemorar.

e) Alguns alunos entregaram as redações assim que terminaram **as redações**.

Capítulo 23

Cartas argumentativas I

Gênero textual: carta do leitor

Os leitores podem se manifestar sobre matérias publicadas na imprensa por meio de um gênero textual chamado **carta do leitor**. Essas cartas são reunidas em seções específicas dos jornais e das revistas.

• Preparando

Leia as cartas a seguir, escritas por leitores de um jornal.

PAINEL DO LEITOR

Texto 1

Violência

Pareceu-me vaga e facilmente fraudável a medida anunciada pelo governo paulista para conter a criminalidade. Os bônus semestrais, que seriam concedidos aos policiais que cumprissem metas estabelecidas pelo governo, seriam um incentivo para conter a violência. Porém, é relevante pontuar que poderá haver manipulação dos índices para a obtenção dos bônus, havendo diminuição apenas nos indicadores de violência. É preciso ver na prática a contenção da violência, e não em números, que seriam facilmente mascarados.

F. M. (Curitiba, PR)

Texto 2

Parabéns à *Folha* pela belíssima homenagem feita a Ruy Mesquita, diretor de *O Estado de S. Paulo* ("Poder", ontem). A *Folha* esqueceu eventuais divergências existentes entre os dois maiores jornais do país. Mostrou altivez, alto espírito de civilização, falou de um grande homem que será sempre lembrado com orgulho pelos brasileiros e, principalmente, pelos paulistas. Homem de princípios rígidos, culto, disciplinado e que muito colaborou para a liberdade democrática do Brasil. Oxalá nossos políticos se espelhassem nessa atitude bonita da *Folha*.

A. B. (São Paulo, SP)

Texto 3

Médicos estrangeiros

A complexidade das questões da medicina na atualidade não permite que só a mera presença do médico perto da população resolva o problema da saúde. Há que se ter exames complementares, formas de investigar as patologias, fluxo adequado de encaminhamento a centros mais especializados para se dar assistência de qualidade. Isso não ocorre aqui, e não se resolverá trazendo mais médicos. Não é à toa que altos salários não atraem profissionais.

Além da falta de recursos para conduzir, há a falta de segurança em postos de saúde. Quem é o estrangeiro que quer trabalhar nessas condições?

C. H., médico infectologista (Campinas, SP).

Texto 4

Estrangeirismos

Os textos de Ruy Castro ("Você é um 'foodie'?", Opinião, ontem) e de Antônio Prata ("Sem aspas na língua", Cotidiano, ontem) trazem duas visões sobre o mesmo tema: o uso de estrangeirismos. Ruy aponta o excesso dos termos em inglês, especialmente no mundo corporativo, e Prata argumenta que muitos deles já são consagrados pelo uso. Sem xenofobia, a língua é viva, mas "foodie" merece aspas.

C. R. (São Carlos, SP)

J. HELGASON/SHUTTERSTOCK

Folha de S.Paulo, 19 e 23 maio 2013. Opinião.

1 A **carta do leitor** é um gênero textual que permite a manifestação pública dos cidadãos em relação a matérias publicadas em jornais e revistas.

a) Qual foi o **objetivo** dos autores dessas cartas ao enviá-las ao jornal?

b) Qual é o **conteúdo** básico de cada uma das cartas enviadas?

c) Com que intenção, portanto, alguém produz uma carta do leitor?

2 Em geral, na carta do leitor predomina a argumentação. Nela, o leitor pode apresentar seus argumentos sobre assuntos abordados pelo jornal ou revista. Em sua opinião, ao escrever cartas a redações de jornais, revistas e outros órgãos da imprensa, o leitor exerce seu papel de cidadão? Esclareça sua resposta.

3. Quanto à **estrutura**, as cartas costumam apresentar **data**, **vocativo**, **assunto do texto**, **despedida** e **assinatura**. Nas cartas apresentadas, porém, não se observa essa estrutura. Explique por quê.

4. A carta do leitor apresenta, em geral, um **título** relacionado ao assunto da carta ou ao título da matéria que a motivou. Entre as cartas em estudo, três foram publicadas com título e apenas uma sem. Explique por que quase sempre se coloca um título nas cartas dos leitores.

5. A carta do leitor pode ser mais subjetiva ou mostrar certo distanciamento dos fatos por parte do autor.

a) Nas cartas em análise, de que forma os autores expõem o assunto? Justifique sua resposta.

b) Que tipo de variedade linguística foi empregado nas cartas em estudo?

• Sistematizando

A **carta do leitor** é um gênero argumentativo que hoje aparece com frequência em jornais e revistas. Por meio desse tipo de carta, é possível elogiar ou criticar determinada matéria publicada nos meios de comunicação e comentar a qualidade do texto, o conteúdo ou a postura da empresa jornalística diante do problema enfocado. Pode-se também enviar outras informações sobre o assunto, sugerir alterações no texto publicado, refutar argumentos. Há cartas que comentam a carta de outro leitor e, nesse caso, o autor da matéria ou alguém que esteja envolvido nela pode responder ao remetente.

Como todo texto argumentativo, a carta do leitor deve apresentar uma tese e argumentos que a sustentem. No caso das cartas em análise, os argumentos empregados pelos leitores visam expor as opiniões de cada um deles sobre os assuntos lidos, para confirmar as teses apresentadas.

Os jornais e as revistas de maior circulação reservam, em geral, uma seção para que os leitores participem de seu trabalho, opinando por meio de cartas. O interesse do público pelas publicações é bem significativo para a imprensa, pois são os leitores que avaliam a produção editorial. Com base na análise e nos comentários dos leitores, esse trabalho pode ser repensado e até alterado se necessário.

A estrutura da carta do leitor é semelhante à das cartas pessoais, pois pode apresentar data, vocativo, assunto (corpo do texto), despedida e assinatura. Contudo, a equipe de redação do jornal ou da revista às vezes adapta a carta do leitor ao estilo e ao espaço da seção, publicando apenas uma parte de seu conteúdo. Quando publicadas, as cartas são reunidas por assunto em um mesmo grupo e recebem um título.

Quanto à linguagem, elas variam de acordo com o perfil dos leitores das publicações. Se o público é jovem, a linguagem é mais descontraída ou informal; caso o público seja mais sério, a carta pode ser mais formal.

Resumindo:

Carta do leitor é um gênero textual argumentativo por meio do qual os leitores expressam sua opinião — favorável ou não — sobre assuntos publicados em jornais e revistas.

• Produção de texto: carta do leitor

1ª proposta — Produção de carta do leitor sobre um artigo político

Leia o artigo a seguir e escreva uma carta do leitor ao órgão de comunicação que o publicou.

POSSIBILIDADE DE USO DE ARMAS NUCLEARES É 'MAIOR DO QUE JÁ FOI HÁ GERAÇÕES', ALERTA ONU

A alta representante das Nações Unidas para Assuntos de Desarmamento alertou o Conselho de Segurança de que a ameaça de armas nucleares serem utilizadas é "maior do que já foi há gerações", à medida que existe "competição em vez de cooperação".

O alerta de Izumi Nakamitsu foi feito no início de abril (2), em encontro convocado em apoio ao Tratado de Não Proliferação de Armas Nucleares (TNP), antes da próxima conferência para revisar o acordo histórico, marcada para 2020.

O TNP, que entrou em vigor em 1970, é o único compromisso multilateral vinculante para desarmamento de Estados que oficialmente armazenam armas nucleares. Seu objetivo é prevenir a disseminação de armas nucleares e de tecnologias bélicas, promover cooperação no uso pacífico de energia nuclear e alcançar desarmamento nuclear, além de desarmamento geral.

Nakamitsu disse ao Conselho de Segurança na terça-feira (2) que o uso de armas nucleares, "seja intencionalmente, por acidente ou por cálculos errados", é uma das maiores ameaças internacionais à paz e à segurança. Além disso, "as possíveis consequências de uma guerra nuclear seriam globais e afetariam todos os Estados-membros".

O Tratado é amplamente reconhecido como "a base do regime internacional de não proliferação e é a base essencial do desarmamento nuclear. Seu papel como pilar de nossa segurança coletiva é igualmente um fato aceito", afirmou.

De sucesso em desarmamento a "retórica perigosa"

A chefe de desarmamento descreveu os dois pilares do TNP — desarmamento e não proliferação — como "dois lados da mesma moeda", acrescendo que "movimentos retrógrados em um lado irão resultar em movimentos retrógrados do outro".

Infelizmente, Nakamitsu foi capaz de citar diversos exemplos, incluindo o uso de "retórica perigosa" sobre uso de armas nucleares; uma dependência elevada de armas nucleares em doutrinas de segurança; e programas de modernização para tornar armas nucleares mais rápidas, mais furtivas e mais precisas.

A durabilidade do TNP, que durou quase meio século, não pode ser tomada como garantida, insistiu, acrescentando que atualmente não há nada para substituir o panorama de desarmamento e de controle de armas fundamental à era pós-Guerra Fria.

Com o Tratado sob crescente tensão, a Conferência de Revisão em 2020 será um momento decisivo. Segundo Nakamitsu, o encontro pode destacar divisões entre Estados e levantar dúvidas sobre disposição de buscar segurança coletiva para todos, ou gerar "uma oportunidade de ouro de conseguir ganhos práticos que irão garantir a viabilidade do Tratado em longo prazo".

Em comunicado divulgado após o encontro, o Conselho de Segurança reafirmou apoio de seus membros ao Tratado. Os membros também concordaram que a Conferência de Revisão será uma oportunidade para fortalecer o regime de não proliferação e desarmamento nuclear.

Programas nucleares do Irã e da Coreia do Norte

O diretor-geral da Agência Internacional de Energia Atômica (AIEA), Yukiya Amano, também falou ao Conselho, relembrando membros sobre o papel que a Agência desempenha na implementação do TNP; na criação de um cenário "propício à cooperação nuclear"; e auxiliando para que países em desenvolvimento usem energia nuclear para meios pacíficos.

No entanto, Amano disse que a AIEA enfrenta diversos desafios, incluindo o aumento acentuado na quantidade de material nuclear em circulação, no número de instalações nucleares sob salvaguarda da AIEA (o sistema de inspeção e verificação de uso pacífico de materiais nucleares) e a contínua pressão sobre o orçamento da agência.

Ele disse ao Conselho que monitorar os programas nucleares do Irã e da Coreia do Norte está entre os principais itens da agenda da organização.

Segundo Amano, o Irã está implementando seus compromissos sob o plano de ação apoiado pela ONU, cujo futuro foi colocado em dúvida por conta da decisão do governo dos Estados Unidos de deixar o acordo. Desde 2009, disse o diretor, "não houve indicativos confiáveis de atividades relevantes no Irã de desenvolvimento de um aparato nuclear explosivo".

A respeito da Coreia do Norte, Amano disse que o programa nuclear do país foi significativamente expandido ao longo da última década, realizando testes nucleares em cinco ocasiões distintas desde 2009, apesar da calmaria recente. Sem inspetores dentro do país, a AIEA monitora a situação usando ferramentas como informações de fontes abertas e imagens de satélites.

Nações Unidas Brasil, 11 abr. 2019.
Disponível em: <https://nacoesunidas.org/possibilidade-de-uso-de-armas-nucleares-e-maior-do-que-ja-foi-ha-geracoes-alerta-onu/>. Acesso em: 21 maio 2019.

TOOYKRUB/SHUTTERSTOCK

A escultura *O Bem derrota o Mal* representa São Jorge matando o dragão das armas. Exposta na sede da ONU em Nova York, a obra do artista georgiano Zurab Tsereteli foi doada pela então União Soviética por ocasião do aniversário de 45 anos da organização.

O texto focaliza o alerta da ONU sobre o risco maior do uso de armas nucleares, a despeito da existência do TNP (Tratado de Não Proliferação de Armas Nucleares), desde 1970. Siga estas orientações.

- Pesquise na internet e leia mais sobre o Tratado de Não Proliferação de Armas Nucleares.
- Depois, releia o artigo do jornal e escreva uma carta do leitor com base nas informações obtidas.
- Pense se você vai elogiar ou criticar a matéria, se pretende sugerir outras ideias importantes sobre o assunto, que não foram apresentadas, se vai concordar com algo ou com alguém citado no texto, ou se vai discordar.
- Redija a carta em 3ª pessoa, para que a linguagem se torne mais objetiva e impessoal. Empregue a variedade culta da língua.
- Elabore o corpo do texto, comentando a reportagem, e expresse argumentos bem fundamentados sobre o assunto. Deixe claro seu ponto de vista. Coloque no final uma despedida cortês e sua assinatura. Releia a carta e reformule o que não ficou adequado.
- Troque a carta com um colega e avalie se os dados do texto estão completos, se há uma opinião defendida com clareza e se ela apresenta o título da reportagem, o autor e a data da matéria à qual se refere. Verifique os argumentos, a linguagem e a pessoa empregados. Confira os termos da despedida e a assinatura.
- Passe sua carta a limpo e leia-a para os colegas. Sob orientação do professor, a classe fará um "Painel de cartas", que poderá ser exposto na biblioteca ou em outro local da escola.

2ª proposta — Produção de carta do leitor sobre uma reportagem

Leia uma reportagem que aborda o problema da dependência tecnológica.

DEPENDÊNCIA

"Angústia, ansiedade e perda de concentração são sintomas de abstinência em qualquer dependência. Não é diferente com a tecnologia", diz a pesquisadora russa Nada Kakabadse, da Faculdade de Administração de Northampton, na Inglaterra, especializada em dependência tecnológica. "A tecnologia deveria ser uma ferramenta. Virou uma sobrecarga", diz Kakabadse. "É a dependência da tecnologia portátil, que se leva consigo ao cinema, ao teatro, a um jantar e praticamente para a cama. Há jovens que passam 16 horas por dia no *videogame*. Eles não se exercitam, comem mal, estão ficando doentes", afirma. "A cultura do trabalho 24 horas por dia, sete dias por semana, também está ligada às novas possibilidades tecnológicas." Kakabadse acredita que nossa entrega à tecnologia terá consequência. "A capacidade de julgamento é afetada. A tomada de decisões fica comprometida", diz. "Em 20 anos, haverá leis restringindo o uso abusivo de eletrônicos, como ocorre com o tabaco e as drogas."

Essa previsão parece exagerada. Mas já há, hoje, gente preocupada com nossa dependência tecnológica. Como sabe qualquer pessoa que tenha celular com agenda eletrônica, a espécie humana está perdendo a capacidade de decorar telefones — até o da própria casa. "Talvez o único meio de evitar os efeitos nocivos da dependência tecnológica seja conservar habilidades que não dependam do computador", diz o historiador da tecnologia Edward Tenner, da Universidade Princeton, nos Estados Unidos. Ele prega o uso do telefone, de vez em quando, no lugar do *e-mail*, ou fazer cálculos com lápis e papel, em vez de usar a calculadora.

Há gente mais radical. Em Vauban, um subúrbio de Freiburg, na Alemanha, a maioria dos 5.500 moradores largou o automóvel. O subúrbio não tem vagas para estacionar. Os 30% de moradores que têm carro são obrigados a deixá-los numa garagem perto da estação de trem. Cada vaga custa US$ 40 mil. Para fazer viagens, os moradores alugam carros comunitários. O abandono do mundo sobre quatro rodas nem sempre é fácil. "Algumas pessoas se mudam para cá e desistem rápido — sentem falta do carro", diz Heidrun Walter, uma moradora. Vauban é a experiência mais avançada de um bairro "*car free*" na Europa. Trata-se de uma medida contra as emissões de poluentes que provocam o efeito estufa.

O mesmo motivo — tentar salvar o planeta do aquecimento global — inspirou um sacrifício ainda maior: desligar a geladeira. Foi o que fez a canadense Rachel Muston, representante de uma parcela ínfima, porém crescente, da população dos países ricos. "Estamos bem sem a geladeira", disse Rachel ao jornal *The New York Times*. "Quando estava ligada, comprávamos muita comida pronta." Hoje, Rachel vai mais ao mercado, compra quantidades menores e cozinha mais. Em outras palavras, gasta mais gasolina e descarta mais embalagens, o que torna discutível sua contribuição para conter o aquecimento global. Mas isso é outra história. O que chama a atenção, em pessoas como Rachel ou em subúrbios como Vauban, é a resistência à tecnologia, a tentativa de voltar a um estágio em que éramos mais "puros", talvez mais humanos. O mais célebre desses movimentos foi o dos ludistas, no início do século XIX. Inconformados com o desemprego trazido pelas máquinas da Revolução Industrial, eles pregavam (muitas vezes com uso da violência) a volta ao sistema artesanal.

"Acho que as pessoas antitecnologia subestimam a capacidade do cérebro de se adaptar a novos desafios", diz o neurocientista suíço Fred Mast, da Universidade de Lausanne. "Estudos mostram que o uso intensivo da tecnologia pode levar à melhora das habilidades cognitivas, pelo processamento de mais informações ao mesmo tempo." Talvez percamos algumas habilidades, mas ganharemos outras. E, provavelmente, nossa vida ficará mais fácil. A não ser quando houver uma pane na internet.

Época, 29 jul. 2009, p. 112.

ISLEMOUNT IMAGES/ALAMY/FOTOARENA

Labirinto: em Tóquio, as ruas não têm nome, e a numeração das casas não segue uma ordem. No passado, os taxistas memorizavam os endereços. Hoje, usam o GPS. E se ele quebrar?

- Escreva uma carta do leitor ao editor da revista. Tome uma posição diante do tema e organize seus argumentos, para a defesa de seu ponto de vista.
- Você pode criticar o fato ou a situação apresentada, pode elogiar alguma atitude que se relacione ao tema, pode também sugerir medidas que contribuam para a solução do problema.
- Escreva a carta de acordo com a estrutura padrão: coloque data, vocativo, desenvolva o corpo do texto e não se esqueça da despedida — que deve ser cordial — e da assinatura. Coloque também seu nome completo, *e-mail* e telefone.

- Empregue a variedade padrão da língua e os verbos, de preferência, no presente do indicativo. Use a 1ª ou 3ª pessoa, dependendo da abordagem escolhida, sendo mais pessoal ou impessoal.
- Avalie e reescreva seu texto, depois troque-o com o de um colega e faça sugestões quanto à estrutura da carta, aos argumentos, à linguagem e ao tratamento empregados.
- Releia a carta e altere o que for necessário de acordo com as sugestões; passe-a a limpo e exponha-a no mural da classe.

3ª proposta — Produção de carta do leitor sobre uma matéria de jornal ou revista

- Escolha um jornal ou uma revista que você ache interessante e selecione uma matéria que tenha chamado sua atenção.
- Imagine os comentários que você poderia fazer a respeito dessa matéria: você concorda com ela? Por quê?
- Escreva uma carta do leitor a respeito da matéria selecionada.
- Siga as orientações apresentadas nas propostas anteriores.

Gênero textual: carta aberta

A **carta aberta** manifesta a opinião ou o ponto de vista de uma ou mais pessoas, entidades, sindicatos e outros órgãos diante de uma questão de interesse coletivo.

• Preparando

Leia a carta aberta a seguir, escrita, em 2018, pelo presidente da Associação Brasileira de Municípios (ABM).

ABM DIVULGA CARTA ABERTA SOBRE PROGRAMA MAIS MÉDICOS

Carta aberta ao presidente eleito, Jair Bolsonaro, sobre a decisão do Ministério da Saúde Pública de Cuba de se retirar do programa Mais Médicos.

Brasília, 14 de novembro de 2018.

A Associação Brasileira de Municípios, entidade municipalista mais antiga do Brasil e da América Latina, vem requerer do presidente eleito, Jair Bolsonaro, ações imediatas para reverter a decisão do Ministério da Saúde Pública de Cuba em retirar-se do programa Mais Médicos.

O programa Mais Médicos foi criado em 2013 pela então presidente da República, Dilma Rousseff, e pelo então Ministro da Saúde, Alexandre Padilha, para atender a solicitação da ABM e dos municípios brasileiros que não conseguiam contratar médicos para o atendimento básico à população.

Desde então, entre médicos brasileiros e estrangeiros, entre eles muitos cubanos e cubanas, todos os municípios brasileiros puderam atender, muitas vezes pela primeira vez, toda sua população. Particularmente os cubanos têm atuado nas periferias das regiões metropolitanas, nos distritos indígenas, nas pequenas cidades e em regiões distantes dos grandes centros urbanos. São lugares, senhor presidente eleito, que viram, muitas vezes, pela primeira vez um médico. São municípios e regiões em que os médicos brasileiros dificilmente aceitavam ou aceitarão atender, mesmo a prefeitura pagando salários muito mais altos, com muitas dificuldades para fazê-lo.

Os seguintes dados de atendimento nesses cinco anos evidenciam claramente a importância da Organização Pan-Americana da Saúde (OPAS) e dos médicos cubanos para os municípios brasileiros:

- Mais de 700 municípios tiveram um médico pela primeira primeira vez graças ao programa;
- Em cerca de 1.100 municípios o programa Mais Médicos é responsável por 100% da cobertura da Atenção Básica;
- Temos cerca de 8.500 médicos cubanos hoje no programa Mais Médicos;
- 95% da população brasileira avalia positivamente o programa, segundo estudo da UFMG;
- Os médicos cubanos estão em 2.885 municípios do país, sendo a maioria do Norte do país, semiárido nordestino, cidades com baixo IDH, distritos indígenas, periferias das regiões metropolitanas e municípios afastados dos grandes centros urbanos de maneira geral;
- 1.575 municípios só possuem médicos cubanos do programa, sendo que 80% desses municípios são pequenos (menos de 20 mil habitantes) e localizados em regiões que foram oferecidas antes a médicos brasileiros, que não aceitaram trabalhar.

Nosso apelo é feito em nome dos prefeitos e prefeitas do Brasil, que querem atender bem a população, que se esforçam por garantir atendimento básico de saúde a seus munícipes e que tiveram, com o programa Mais Médicos, a possibilidade de garantir isso.

Em estudos, debates e visitas que a ABM realizou no ano de 2015 com municípios de todas as regiões do Brasil, através de projeto em parceria com o Ministério da Saúde e a OPAS, ficou muito evidente a satisfação da maioria dos gestores locais do país com a possibilidade oferecida pelo programa Mais Médicos de garantir atendimento básico a toda a população. Encaminhamos, em anexo, a revista publicada com os resultados desses estudos, debates e visitas.

ANDRÉ ÁVILA/AGÊNCIA RBS/FOLHAPRESS

Detalhe de jaleco com o logotipo do programa Mais Médicos para o Brasil.

Lembramos ainda que os profissionais que prestarem e forem aprovados pelo Revalida ganham o direito do exercício da medicina no Brasil e, por isso, deixam de ser obrigados a atender apenas no lugar designado pelo programa Mais Médicos, podendo, portanto, ir para qualquer grande centro urbano do país, onde estão a maioria dos médicos brasileiros.

Nesse sentido, vimos apelar ao presidente eleito que busque reverter a decisão anunciada hoje pelo Ministério da Saúde Pública de Cuba de terminar a parceria com a OPAS para envio de médicos ao Brasil.

Certos de contar com a sua atenção.

Atenciosamente,

Ary Vanazzi
Presidente da Associação Brasileira de Municípios (ABM)

VANAZZI, Ary. *ABM*, 14 nov. 2018. Disponível em: <https://abm.org.br/abm-divulga-carta-aberta-sobre-programa-mais-medicos/>. Acesso em: 21 maio 2019.

1 A **carta aberta** em análise é assinada por uma única pessoa, como representante de uma entidade, e endereçada ao presidente da República então recentemente eleito, Jair Bolsonaro.

a) Quem é o autor da carta e que entidade ele representa?

____

b) Qual é a solicitação apresentada pelo autor, logo no início da carta?

____

____

c) Qual é a finalidade da solicitação apresentada?

____

____

d) Com que objetivo o autor da carta teria decidido tornar pública sua opinião?

____

____

____

2 A carta aberta pode ter uma estrutura livre, mas costuma apresentar **título**, **introdução**, **desenvolvimento** e **conclusão**.

a) Sabendo que a **introdução** situa o problema, que parte ela ocupa no texto?

____

____

b) O **desenvolvimento** apresenta a análise da questão exposta com base em diferentes argumentos para a defesa do ponto de vista do autor. Indique o início e o final dessa parte do texto.

____

____

c) Na **conclusão** há, em geral, uma proposta para a solução do problema ou a confirmação do ponto de vista apresentado no início. Indique a localização da conclusão da carta e o modo como o autor conclui suas ideias.

____

____

____

____

3 Como a carta aberta é um texto argumentativo, o autor desenvolve argumentos que fundamentam seu **ponto de vista**.

a) Que argumentos ele emprega para convencer o presidente de que há necessidade de se reverter a decisão tomada pelo Ministério da Saúde Pública de Cuba?

b) O **recurso argumentativo** de **causa e consequência** foi utilizado para desenvolver que ideias?

c) Que outros recursos argumentativos podem ser observados no desenvolvimento?

4. Ainda com o objetivo de persuadir o presidente eleito, o remetente apresenta outros argumentos, nos três últimos parágrafos da carta que antecedem a conclusão. Identifique e relacione esses argumentos.

5. Na carta aberta, pode-se empregar a 1ª ou a 3ª pessoa.

a) Em que pessoa foi escrita essa carta? Justifique sua resposta.

b) Qual é o tempo verbal predominante? Dê exemplos.

c) Qual é a variedade linguística empregada? Cite um exemplo.

6 O autor consegue amarrar os argumentos, desenvolvendo-os por meio de um raciocínio lógico e com o emprego de elementos coesivos. Nas frases a seguir, identifique a relação de sentido indicada pelos conectores destacados, que ligam palavras, orações ou períodos.

a) "Lembramos **ainda** que os profissionais que prestarem e forem aprovados pelo Revalida ganham o direito do exercício da medicina no Brasil e, **por isso**, deixam de ser obrigados a atender **apenas** no lugar designado pelo programa Mais Médicos, podendo, **portanto**, ir para qualquer grande centro urbano do país, **onde** estão a maioria dos médicos brasileiros."

b) "**Desde então**, [...] todos os municípios brasileiros puderam atender, muitas vezes pela primeira vez, toda sua população."

c) "**Nesse sentido**, vimos apelar ao presidente eleito que busque reverter a decisão anunciada hoje".

• Sistematizando

A **carta aberta** faz parte dos gêneros argumentativos e denuncia um problema. Por isso, o autor tem como objetivo persuadir o interlocutor a tomar uma posição diante dos fatos expostos.

Apresenta estrutura livre, mas quase sempre suas partes estão definidas em:

- **título**, seguido da identificação do destinatário;
- **introdução**, em que se apresenta o ponto de vista do autor sobre o problema enfocado;
- **desenvolvimento**, em que se faz a análise do problema com base em argumentos que fundamentam o ponto de vista e as opiniões do autor;
- **conclusão**, que contém uma proposta, solução, solicitação ou, ainda, a confirmação ou síntese das ideias principais.

O objetivo da carta aberta, portanto, é persuadir o destinatário a modificar sua postura e tentar resolver o problema exposto. Em geral, emprega-se como linguagem a variedade padrão, devido ao contexto de circulação. Esse tipo de texto é publicado em jornais e revistas, apresentado em televisão e rádio, ou impresso em folhetos. A distância entre os interlocutores, que não têm convivência, também justifica o formalismo no tratamento. Pode-se redigir o texto na 1ª ou na 3ª pessoa do singular ou do plural, e o tempo verbal predominante é o presente do indicativo, porque o assunto abordado é, quase sempre, referente à época atual.

Em resumo:

Carta aberta é um gênero textual argumentativo utilizado por uma pessoa ou um grupo para manifestar publicamente uma opinião, defender-se de uma acusação pública ou fazer uma reivindicação. É veiculado, em geral, em órgãos da imprensa.

• Produção de texto: carta aberta

Com seu grupo, você vai produzir uma carta aberta. Ela pode ter como tema o assunto do texto a seguir ou um tema escolhido pelo grupo. Confira as orientações que estão depois do texto.

Proposta — Produção de carta aberta para jornal ou revista

Este artigo aborda a necessidade de que os jovens sejam orientados quanto aos perigos da exposição excessiva na internet.

RANGIZZZ/SHUTTERSTOCK

A JUVENTUDE ESTÁ NUA NA INTERNET

Uma pesquisa divulgada na última semana pela ONG Safernet, especializada em segurança na rede, revelou que 40% dos mais de 3 milhões de denúncias de crime feitas na internet no Brasil de 2006 a 2012 são casos de pornografia infantil. As outras causas de denúncia como incitação a crimes contra a vida, racismo, intolerância religiosa e homofobia nem chegam perto da exploração sexual das imagens das crianças. As queixas foram apuradas em canais *on-line* de instâncias como Polícia Federal, Ministério Público, Senado e da própria Safernet.

O dado revela uma preocupação crescente de pais e autoridades com a forma como os jovens estão usando a rede, com a noção que eles têm dos riscos de navegar e trocar informações e, também, com o modo como os criminosos "de plantão" estão de olho nesse espaço virtual.

JAMIE GRILL/THE IMAGE BANK/ GETTY IMAGES

Crianças usam computadores auxiliadas pela professora. A orientação aos jovens com relação ao uso do computador na internet e nas redes sociais é fundamental.

Outra pesquisa inédita sobre comportamento jovem feita pelo Portal Educacional, do Grupo Positivo, acaba de revelar resultados importantes. Na metodologia empregada em 2012, jovens estudantes de 13 a 17 anos criaram as perguntas respondidas por 4 mil alunos de escolas particulares de todo o país. Alguns dados: 28% dos jovens já encontraram na vida real pessoas que conheceram na rede, 20% tiveram envolvimento amoroso pela internet, 20% mandariam sua imagem para pessoas que conheceram na rede [...]. O estudo também revelou que a maioria dos pais desses jovens não controla o uso da rede e não sabe todo o conteúdo acessado.

Os resultados mostram um uso pesado da internet por parte dos jovens, sem muito controle dos pais e, ainda, sem a noção precisa dos riscos de se exibir, enviar fotos ou revelar informações íntimas. O pior é que, mesmo sabendo de alguns desses riscos, os jovens lidam mal com a exposição. Para muitos, aparecer na rede (independentemente de como isso acontece) é melhor do que sumir do mapa virtual. Ser "popular", nesse contexto, poderia compensar alguns riscos.

Será que eles imaginam o tamanho do impacto disso? Provavelmente, não. O anonimato da rede e a barreira da tela do computador parecem criar certo distanciamento do risco real. Enquanto o jovem navega com pouca proteção, pessoas hábeis e mal-intencionadas estão só esperando oportunidades para agir. Os resultados da Safernet não surpreendem. Eles revelam quanto é fundamental que essa questão seja bem trabalhada em casa, nas salas de aula e pelas autoridades.

BOUER, Jairo. *Época*, 12 nov. 2012, p. 124. (Fragmento).

Para a realização desta proposta, o grupo deve eleger um dos seguintes temas ou, como já dito, propor uma nova reivindicação que não conste na lista:

- medidas para reduzir a poluição, o acúmulo de lixo e o desperdício de materiais;
- educação como direito de todo cidadão;
- leis mais rígidas contra o tráfico de drogas, de armas e de animais silvestres;
- preservação da água no planeta;
- soluções que auxiliem no combate à violência.

Se o tema escolhido for o do texto, o destinatário da carta aberta será o público leitor de um jornal ou revista. Se for outro, o grupo deverá definir o destinatário e dar um título sugestivo à carta.

Siga estas instruções.

- Antes de iniciar a redação da carta, façam uma pesquisa sobre o assunto a ser abordado. Anotem as ideias e os argumentos mais importantes e discutam o plano de trabalho. Definam o problema que pretendem abordar e a solução que desejam apontar. Escolham o título e o subtítulo, que poderá ser a frase de um texto de conteúdo argumentativo que sirva de referência inicial para a produção.
- Com base na pesquisa, definam o ponto de vista a ser defendido e redijam a introdução, denunciando fatos relacionados ao tema. Empreguem a linguagem formal na variedade padrão, o verbo com predominância do presente do indicativo e, de preferência, a 1ª pessoa do singular ou do plural.
- Escolham argumentos convincentes que reforcem o ponto de vista no desenvolvimento da carta. Empreguem recursos argumentativos que facilitem a exposição das ideias, como comparações, perguntas, citações, exemplos, contrastes, etc.
- Usem também os elementos coesivos de forma adequada, para dar sequência lógica e articulada às argumentações. Redijam a conclusão, que pode apresentar propostas para resolver o problema ou uma solicitação de providências às autoridades competentes.
- Troquem a carta com outro grupo; avaliem se o ponto de vista ficou claro e se o título está atraente. Verifiquem se a introdução apresenta o problema, se o desenvolvimento contém argumentos persuasivos e se a conclusão aponta soluções.
- Observem se a linguagem está de acordo com o padrão formal e se os tempos verbais foram usados de maneira coerente. Não se esqueçam de verificar o destinatário da carta.
- Leiam as sugestões do outro grupo, alterem o que for necessário e passem o texto a limpo. Seria interessante a leitura dos textos em sala de aula para a escolha de uma carta aberta sobre cada tema abordado.
- Divulguem a carta aberta na comunidade e em outras escolas. Depois, enviem-na a seu destinatário específico.

Produção e estilo — Coesão referencial

O texto a seguir aborda o problema da anorexia entre pessoas do sexo masculino. Leia-o e depois responda à perguntas.

ELES TAMBÉM TÊM ANOREXIA

O barulho na imprensa induz muita gente a pensar que anorexia é "coisa de mulher". Além de os homens também estarem sujeitos à doença, o número de rapazes com o distúrbio teve um crescimento inédito. Para ter uma ideia do avanço da doença entre os homens, no primeiro semestre deste ano eles ocuparam mais da metade dos leitos do Ambulatório de Bulimia e Transtornos Alimentares (Ambulim) do Hospital das Clínicas de São Paulo. "Temos dez vagas para internação, e seis estavam com rapazes entre 18 e 28 anos.

Hoje as meninas são maioria, mas todos os garotos continuam fazendo o tratamento ambulatorial", diz o coordenador do grupo de meninos do Ambulim, Raphael Cangelli Filho. Além do número elevado de homens, também assustou a condição física com a qual eles chegaram, muito debilitados, segundo o psicólogo.

"Durante anos acreditou-se que a anorexia e a bulimia eram transtornos exclusivamente femininos. Por isso, os homens poderiam não estar sendo corretamente diagnosticados. É preciso acabar com a falsa crença de que são doenças de jovens ricas", diz a psicóloga Alexandra M. Araújo, da Academy for Eating Disorders, órgão internacional que estuda distúrbios alimentares.

A anorexia masculina, segundo os especialistas, é igual à feminina. E, como no caso delas, uma das grandes culpadas por seu crescimento entre os rapazes é a valorização excessiva do corpo.

"Os homens passaram a se preocupar mais com a aparência física. A mídia transmite diariamente mensagens que associam jovens magros e musculosos à ideia de beleza, sucesso e aceitação social", diz Alexandra. Para Cangelli, o que esses jovens têm em comum são dificuldades sociais, timidez excessiva e distorção da própria imagem.

LEONARDO WEN/FOLHAPRESS

Jovem anoréxico que ficou internado no Hospital das Clínicas de São Paulo em 2007.

A perda excessiva de peso traz consequências muito graves nos homens. "Eles apresentam sintomas relacionados à desnutrição, como desmaios frequentes, perda de memória e bradycardia [redução dos batimentos cardíacos]", diz Cangelli. Também causa a disfunção endócrina, que leva à diminuição da libido e disfunção sexual. De acordo com a psicóloga Alexandra, os rapazes podem sofrer também de osteopenia e osteoporose. "No caso dos adolescentes, ainda há um significativo atraso no crescimento, depressão, transtornos de ansiedade, aumento do risco de tentativa de suicídio e abuso de substâncias."

Para tratar a doença, o primeiro passo é acabar com o preconceito. Os critérios de diagnóstico são os mesmos, mas os homens parecem ter mais dificuldade em procurar ajuda. "Além disso, a maioria das equipes está mais preparada para acompanhar pacientes do sexo feminino", diz o coordenador do ambulatório da Unicamp. Feito o diagnóstico, é preciso ajuda especializada.

"É fundamental procurar um profissional da área de saúde para passar por um tratamento especializado, com uma equipe multidisciplinar. Ela deve ser composta por, pelo menos, um psiquiatra, um psicólogo e um nutricionista", diz Alexandra. E, quanto mais cedo a anorexia for diagnosticada, aumentam as chances de o tratamento dar certo.

MATTIUSSI, Luciana. *Galileu*, n. 198, jan. 2008, p. 17.

1. A preocupação com a aparência física afeta tanto homens como mulheres. Com base no primeiro parágrafo, responda:

   a) Como a autora inicia o assunto que será abordado?

   b) Qual é a ideia principal ou tese exposta na introdução e defendida no desenvolvimento do texto?

   c) Que recurso foi empregado para dar continuidade às ideias expostas na introdução? Por que se usou esse recurso?

2. Como já vimos, o emprego adequado dos elementos de coesão contribui para a construção de um texto com ideias bem encadeadas. Assim, também as **sequências nominais** utilizadas como formas referenciais constituem recursos importantes na **coesão referencial**.

   a) A partir da **coesão referencial** pode-se retomar uma palavra, uma frase, um período ou até mesmo um parágrafo do texto. Que formas nominais retomam as palavras *anorexia* e *homens* no primeiro parágrafo, evitando a repetição?

   b) A referenciação pode ocorrer também com o uso de **pronomes demonstrativos**, como *isto*, *isso*, *aquilo* e *o*, que muitas vezes remetem a um trecho anterior ou posterior do texto. No segundo parágrafo, como a locução conjuntiva "por isso" dá progressão às ideias do texto?

3. Como já foi estudado, é a **coesão** que garante a unidade de sentido entre as partes de um texto, para que os **argumentos** fiquem concentrados no mesmo ponto de vista inicial.

   a) Explique o sentido expresso pelos seguintes elementos coesivos, no primeiro parágrafo: *além de*, *para*, *e*, *com*, *hoje*, *mas*, *também*, *segundo*.

b) Como são classificados, na gramática, os elementos coesivos relacionados no item **a**?

c) Observa-se, ainda, no final do primeiro parágrafo, o emprego do pronome relativo *qual*, que retoma um termo e é também um elemento coesivo entre orações. Explique por quê.

4 No segundo parágrafo, inicia-se o **desenvolvimento** do texto, que se estende até o sexto parágrafo.

a) Que recurso argumentativo a autora utilizou no segundo parágrafo? Por quê?

b) Observe que, nos quatro parágrafos seguintes, a autora expõe argumentos pessoais e, depois, os reforça com declarações de especialistas. Que ideias a autora defende nesses parágrafos?

5 A **progressão** é um dos recursos que pode estabelecer a **continuidade de um texto**; o outro é a **repetição** ou **retroação**. Por meio da remissão contínua a elementos já expressos e da introdução de novas informações, ocorre a progressão das ideias, que é utilizada na construção de um texto. No terceiro parágrafo, a que termos se referem as **formas nominais** *delas* e *seu*?

6 A **coesão referencial**, importante recurso para a progressão, em seu processo de retomadas ou remissões a um mesmo referente, pode ser utilizada por meio de determinados elementos linguísticos. Na questão anterior, vimos exemplos de **formas nominais**, entre elas as de **valor pronominal**, que estabelecem uma relação com termos já expressos.

a) Além dos **pronomes pessoais**, **possessivos**, **demonstrativos**, **indefinidos**, **interrogativos** e **relativos**, também os **numerais** contribuem para a **coesão referencial**. De que modo o autor empregou numerais, no primeiro parágrafo, dando progressão às ideias?

b) Também certos **advérbios** e **locuções adverbiais** são empregados com o objetivo de dar **progressão** ao texto. Nos dois primeiros parágrafos, que advérbios ou locuções estabelecem a coesão referencial?

7 No desenvolvimento do texto, o emprego dos **elementos coesivos** mantém a **conexão** entre os argumentos nos parágrafos.

a) No segundo parágrafo, a palavra *que* funciona como elemento de coesão em três momentos. Explique como ocorre a coesão em cada caso.

b) Liste os **elementos coesivos** do terceiro ao sexto parágrafo que estabelecem conexões entre orações e parágrafos, expressando:

- acréscimo
- oposição
- comparação
- continuidade ou progressão
- inclusão
- conformidade
- finalidade

8 O sétimo parágrafo representa a **conclusão**, em que a autora enfatiza a necessidade de tratamento especializado para os rapazes com distúrbios alimentares.

a) De que modo ela tenta persuadi-los a buscar ajuda médica?

b) Do sétimo parágrafo, indique as duas locuções que funcionam como **elementos de coesão** e introduzem, respectivamente:

- um argumento que se encaminha para uma conclusão;
- um argumento que está sujeito a uma ação proporcional à outra.

Capítulo 24

Cartas argumentativas II

Gênero textual: carta de reclamação

• Preparando

Leia a carta de reclamação a seguir.

J. HELGASON/SHUTTERSTOCK

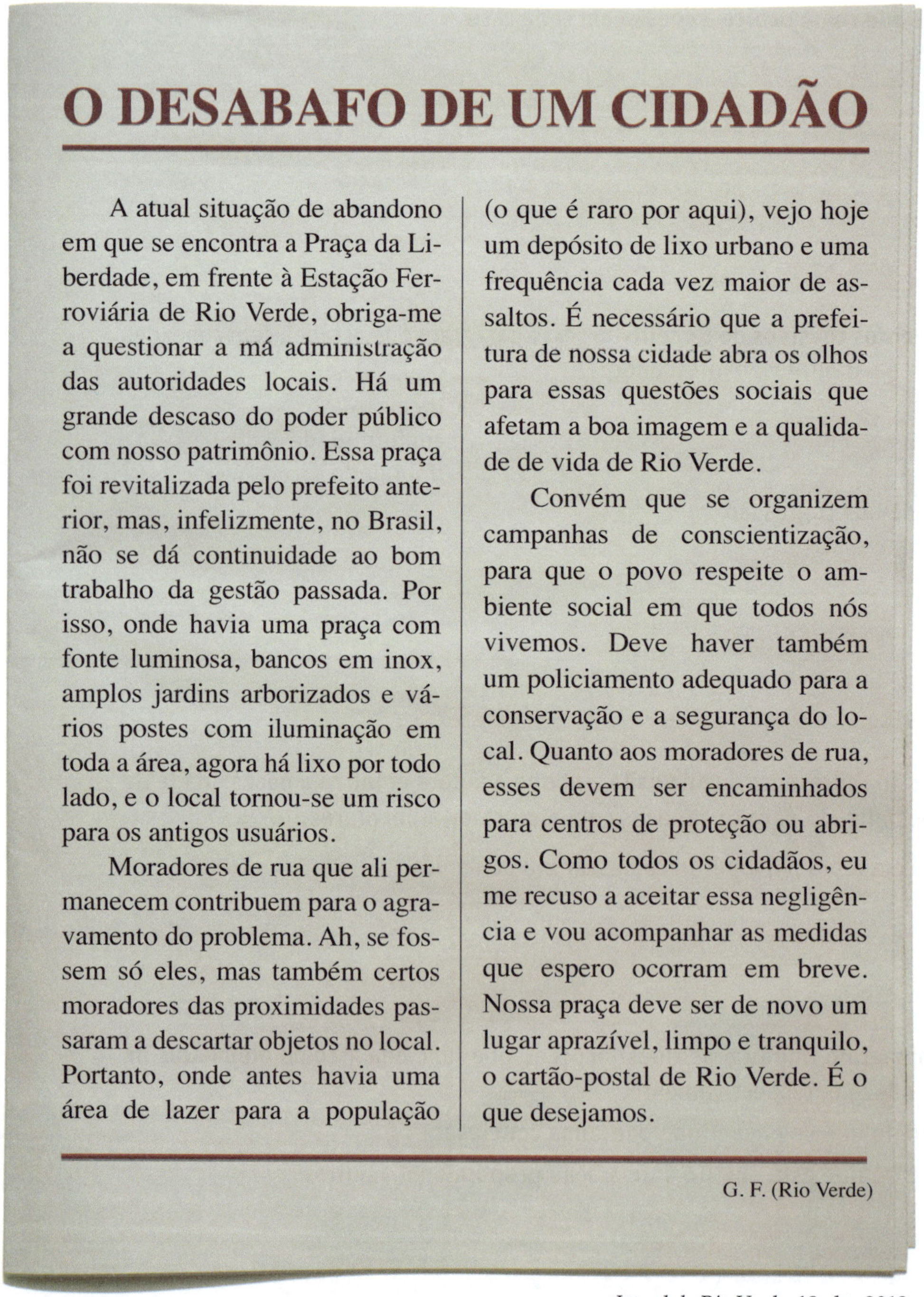

O DESABAFO DE UM CIDADÃO

A atual situação de abandono em que se encontra a Praça da Liberdade, em frente à Estação Ferroviária de Rio Verde, obriga-me a questionar a má administração das autoridades locais. Há um grande descaso do poder público com nosso patrimônio. Essa praça foi revitalizada pelo prefeito anterior, mas, infelizmente, no Brasil, não se dá continuidade ao bom trabalho da gestão passada. Por isso, onde havia uma praça com fonte luminosa, bancos em inox, amplos jardins arborizados e vários postes com iluminação em toda a área, agora há lixo por todo lado, e o local tornou-se um risco para os antigos usuários.

Moradores de rua que ali permanecem contribuem para o agravamento do problema. Ah, se fossem só eles, mas também certos moradores das proximidades passaram a descartar objetos no local. Portanto, onde antes havia uma área de lazer para a população (o que é raro por aqui), vejo hoje um depósito de lixo urbano e uma frequência cada vez maior de assaltos. É necessário que a prefeitura de nossa cidade abra os olhos para essas questões sociais que afetam a boa imagem e a qualidade de vida de Rio Verde.

Convém que se organizem campanhas de conscientização, para que o povo respeite o ambiente social em que todos nós vivemos. Deve haver também um policiamento adequado para a conservação e a segurança do local. Quanto aos moradores de rua, esses devem ser encaminhados para centros de proteção ou abrigos. Como todos os cidadãos, eu me recuso a aceitar essa negligência e vou acompanhar as medidas que espero ocorram em breve. Nossa praça deve ser de novo um lugar aprazível, limpo e tranquilo, o cartão-postal de Rio Verde. É o que desejamos.

G. F. (Rio Verde)

Jornal de Rio Verde, 18 abr. 2013.

1 A **carta de reclamação** é um texto argumentativo por meio do qual o emissor se posiciona a respeito de determinado tema. Qual é a intenção ou o objetivo dessa carta de reclamação?

2 Na **introdução** da carta, observa-se a apresentação de um problema, suas causas e consequências. Identifique o trecho.

3 Quais são os argumentos expostos no **desenvolvimento** da carta?

4 O que o reclamante declara na **conclusão** da carta?

5 Como é a linguagem da carta e em que pessoa o autor se expressou?

6 Na carta em questão, não há o registro de data, vocativo ou despedida, nem a identificação explícita do destinatário; apenas a assinatura do remetente e o local onde ele reside. Explique por que faltam esses dados.

Gênero textual: carta de solicitação

• Preparando

Leia agora uma carta de solicitação.

MAXYM/SHUTTERSTOCK

Positano, 21 de março de 2013.

À

Ilma. Sra. Vereadora da Câmara Municipal de Positano

Prezada Senhora Verônica Alves de Mendonça,

Como sua eleitora nas duas últimas eleições, venho lembrar-lhe alguns de seus compromissos com nossa população, assumidos durante sua campanha eleitoral. Após as últimas enchentes, que tiveram consequências desastrosas, muitos moradores ficaram sem casa. Portanto, seriam necessárias medidas urgentes para alojar esses cidadãos, que perderam seus pertences e estão desabrigados. Também solicito, em nome de todos, que se deem início às obras que vão resolver problemas como esse, para segurança de todos nós. Nossa cidade constitui um ponto turístico importante, e vivemos de certo modo em função dos visitantes, que todo ano retornam a Positano, atraídos por suas belezas naturais. Agora não podemos mais contar com essa renda, devido às atuais condições da cidade.

Insisto que V. S.ª dê continuidade ao bom trabalho desempenhado em seu primeiro mandato político, pois confiamos em seu interesse de resolver as questões sociais de nossa região. Entre eles, a criação de creches que permitam a colocação de crianças em locais seguros, enquanto as mães, sem recursos, possam trabalhar. E ainda peço que defenda uma proposta de saneamento básico em nossa cidade, principalmente nas áreas periféricas, que estão mais carentes.

Em vista desses fatos, sugiro que a senhora consiga a adesão de outros vereadores, para que possam juntos resolver essas questões, com a maior presteza. Conto com uma resposta positiva, pois todos os cidadãos conhecem sua atuação responsável no exercício de suas funções políticas.

Atenciosamente,

R. A. P.

1 Essa carta não foi publicada em um jornal ou revista. Que elementos da estrutura estão presentes nela e não estavam na anterior?

____

____

2 Que problema é mencionado na carta?

____

____

3 Qual é a reivindicação ou solicitação identificada na carta?

4 Em quais aspectos a carta em questão se assemelha a uma carta de reclamação? O que se pode concluir?

5 A quem é endereçada a carta de solicitação em estudo? Qual é a diferença dessa carta em relação à carta de reclamação já estudada?

6 O que se observa quanto à linguagem e ao tratamento empregados na carta de solicitação?

7 Explique por que há um tratamento mais respeitoso e distante na carta de solicitação.

8 O abaixo-assinado, estudado no capítulo 22, muitas vezes é confundido com a carta de solicitação. Explique a diferença entre esses dois gêneros textuais que apresentam aspectos semelhantes.

• Sistematizando

As **cartas argumentativas** podem ser classificadas em dois tipos básicos: carta de reclamação e carta de solicitação. Tanto um tipo como o outro têm a finalidade de persuadir o destinatário, cobrando uma solução para determinado problema.

Em geral, a carta argumentativa apresenta a seguinte estrutura:

- local e data;
- vocativo e identificação do destinatário;
- corpo do texto;
- expressão de despedida;
- assinatura e nome do remetente.

No corpo do texto, a exposição deve apresentar, de forma sucinta, o objeto da reclamação ou da solicitação e os argumentos que a fundamentam. Costuma-se juntar à carta uma cópia dos documentos que comprovem o que está sendo dito — por exemplo, uma nota fiscal.

O remetente pode incluir uma proposta para a solução do problema, solicitar um retorno por escrito, via *e-mail* ou carta, e fixar o prazo de resposta.

A linguagem deve ser clara, objetiva, polida, seguindo o padrão formal, geralmente na 1ª pessoa. Os verbos costumam ser empregados no presente do indicativo.

Portanto:

> **Carta argumentativa** é um gênero textual que tem por finalidade apresentar uma reclamação ou solicitação a uma pessoa ou autoridade competente, visando persuadi-la a tomar uma atitude para solucionar o problema exposto.

• Produção de texto: cartas argumentativas

Proposta — Produção de cartas argumentativas

Siga estas orientações.

- Forme um grupo com seus colegas e escrevam uma carta de reclamação e/ou de solicitação. Escolham uma das sugestões a seguir:
  - O problema do transporte coletivo nos grandes centros urbanos.
  - A falta de programas de assistência aos menores de rua.
  - A necessidade de criação de mais vagas nas escolas públicas.
  - A urgência na elaboração de políticas de segurança que ofereçam mais proteção à população de sua cidade.
- Escolhido o tema, pesquisem a respeito dele, anotando as ideias e informações mais importantes.
- Discutam as ideias registradas e definam quem será o destinatário da carta.
- No corpo do texto, decidam que tipo de tratamento será empregado, se haverá denúncia, reclamação e solicitação ou somente um desses recursos.
- Empreguem a variedade padrão formal da língua, com os verbos, de preferência, na 1ª pessoa e no presente do indicativo, desenvolvendo argumentos claros, que fundamentem o ponto de vista do grupo.
- Revisem o texto produzido, verificando se os pronomes de tratamento estão adequados aos interlocutores, se há assinatura dos remetentes, local e data, vocativo e expressão de despedida. Verifiquem também se a estrutura e o objetivo da carta estão bem definidos. Por fim, passem-na a limpo.
- Tirem uma cópia dela e organizem com os outros grupos um “Painel de cartas” na sala de aula. Conversem com o professor e avaliem a possibilidade de enviar a carta às autoridades competentes.

Produção e estilo — Sentidos do discurso

• Preparando

Leia este anúncio publicitário e observe atentamente a imagem.

REPRODUÇÃO/ANÚNCIO DE 2012/AGÊNCIA BRANCOZULU

Folha de S.Paulo, 9 abr. 2012. Especial.

> Compre seu Certificado Digital a partir de R$ 110,00 e entre na Era Certisign
>
> Mais de um milhão de empresas já acessam o Conectividade Digital ICP com os Certificados e-CNPJ e e-CPF Certisign. Com o e-CPF, além de assinar e autenticar documentos, você aproveita todas as facilidades para a emissão do seu imposto de renda, como o acesso às informações sobre fontes pagadoras, pendências junto à Receita, alterações e retificações de cadastros e muitas outras vantagens.
>
> E se a sua empresa precisar de mais de 15 certificados, peça nossas condições especiais através do comercial@certisign.com.br.

1 O texto em estudo, publicado em um encarte especial do jornal *Folha de S.Paulo*, é sobre o imposto de renda e apresenta ao leitor várias informações relacionadas a esse assunto.

a) Quem são os personagens sugeridos pelas imagens do anúncio? Justifique.

b) O que poderia representar a pilha de papéis sobre a mesa?

c) Em que lugar as figuras representadas no anúncio estariam reunidas e por quê?

2 Observe que o homem mais velho se inclina para enxergar melhor as anotações no papel sobre a mesa.

a) O que ele estaria procurando nessa folha de papel, enquanto os outros dois o esperam?

b) Por que o homem que carrega as pastas parece impaciente e estende uma das mãos em direção ao homem mais velho?

3 Agora observe o enunciado na lateral do texto: "Papelada acumulada é coisa do passado".

a) Como essa frase se relaciona com a imagem do anúncio?

b) Releia o texto na parte inferior do anúncio. Que relação há entre ele e o encarte especial sobre o imposto de renda no qual o anúncio foi publicado?

c) Explique o objetivo do anunciante ao escolher o período de entrega da declaração do imposto de renda para veicular essa mensagem publicitária.

• Sistematizando

A análise do anúncio nos permite perceber que o uso adequado das palavras na construção das ideias ou do discurso não basta para o perfeito entendimento de um texto. É necessário também conhecer o contexto discursivo em que ele foi escrito. Vimos, por exemplo, que imagem e texto estão interligados, e somente ao relacioná-los foi possível construir os sentidos da mensagem.

Além disso, o processo comunicativo depende de outros fatores para que ocorra a compreensão do discurso. Por isso, sempre se deve observar a situação em que o texto é criado: quem são os interlocutores (locutor e receptor); qual é o objetivo ou a intenção de quem escreve; em que momento histórico se deu a construção do texto; em que esfera de circulação e em que gênero e tipologia textuais o texto foi produzido.

Oficina — Trabalhando os sentidos do discurso

1 Leia esta tira.

HAGAR — CHRIS BROWNE

BROWNE, Chris. *Folha de S.Paulo*, 27 jan. 2013.

a) No texto, Hagar e o filho, Hamlet, dialogam. Há um locutor, Hamlet, que inicia o diálogo, e um receptor, Hagar. Explique a intenção do quadrinista ao colocar somente uma parte da resposta de Hagar no primeiro quadrinho.

b) Por que a resposta de Hagar apresenta conotação humorística?

c) Por que não ocorre interação verbal entre os interlocutores desse texto?

d) Qual é o gênero, a tipologia textual e a esfera de circulação desse texto?

2 O texto a seguir é um trecho de uma crônica da escritora contemporânea Danuza Leão. Leia-o com atenção.

RANGIZZZ/SHUTTERSTOCK

UM QUINTAL

Quando uma pessoa começa a melhorar de vida, pensa logo em comprar uma boa casa. E o que é uma boa casa? É preciso um jardim e uma piscina, imaginam os pais. Eles querem para as crianças uma infância saudável, com confortos que nunca tiveram, mas não pensam no principal: um quintal.

Um quintal não precisa ser grande, e o chão deve ser de terra batida. Nele deve haver algumas árvores que não pareçam ter sido plantadas, mas sempre existido. Um abacateiro e uma goiabeira, de goiaba vermelha, são fundamentais. No fundo, um galinheiro tosco, com uma porta quebrada, para que as três ou quatro galinhas possam correr quando alguém quiser pegá-las. Nenhum computador levará uma criança ao deslumbramento que ela terá ao encontrar um ovo e segurá-lo, ainda quentinho. É o mistério da vida nas mãos dela, mais absoluto e mais simples do que qualquer livro de filosofia.

[...]

Voltando: esse quintal deve ser meio abandonado, mas muito limpo; duas vezes por dia a empregada, cantando bem alto, dá uma varrida. É importante também que haja um tanque para lavar o pé de alguma criança quando ela pisar descalça numa porcaria, e um varal com pregadores de roupa de madeira. Nesse lugar, não vai ter horta nem pomar organizado. Em compensação, é bom que exista do outro lado do muro uma enorme mangueira para que se possa praticar o melhor crime do mundo: roubar as frutas do vizinho. Nos fundos de um quintal, deve haver também uma touceira de bananeiras, ou bambus e, claro, um adulto dizendo sempre para tomar cuidado, pois ali pode ter uma cobra. Não há infância que se preze sem medo de cobra.

Quando as goiabas começam a crescer, fica todo mundo de olho até a primeira delas estar no ponto para ser arrancada e mordida ali mesmo, sem lavar. E que sensação terrível quando se vê o bicho da goiaba se mexendo. Aí, sem que ninguém precise dizer nada, você começa a aprender que a vida é assim: ou se compra uma goiaba bonita, mas sem gosto, ou se espera com paciência ela amadurecer no pé até desfrutar o supremo prazer de dar aquela dentada — com direito a bicho e tudo.

Mas o tempo voa. De repente você se sente só, abre o caderno de telefones e percebe sua pouca afinidade com os nomes que estão lá, que tem vivido uma vida que não tem nada a ver e começa a procurar um sentido para as coisas. Não encontra resposta, claro, mas um dia está no trânsito, vê um terreno baldio, se lembra daquele quintal no qual não pensa há anos e percebe que essa é a lembrança mais importante e mais feliz de sua vida. E passa a olhar o mundo com a superioridade de quem tem um tesouro guardado dentro do peito, mas ninguém sabe.

LEÃO, Danuza. *Cláudia*, abr. 2010, p. 72. (Fragmento).

a) Observe que, no texto, as opiniões desenvolvidas são marcadas por um forte saudosismo. No primeiro parágrafo, como a autora introduziu suas ideias sobre o assunto abordado?

b) Que frase nesse parágrafo expressa a ideia contrária da autora em relação à dos pais? E qual é o elemento de coesão?

c) Grande parte do segundo parágrafo apresenta uma descrição de como seria o quintal. De acordo com as características descritas, como se pode definir o tipo de quintal preferido pela autora?

d) Ainda no segundo parágrafo, a autora deixa implícito seu objetivo, ao comentar a importância de um quintal na infância de qualquer criança. Explique por que ela faz um paralelo entre o encantamento de uma criança em contato com um computador e com um ovo saído há pouco de dentro de uma galinha.

e) Releia esta frase: "Não há infância que se preze sem medo de cobra". Por que essa experiência é importante na infância, de acordo com o texto?

f) De repente, no último parágrafo, a autora parece se assustar com a passagem do tempo. O que a leva a pensar no tempo e se surpreender?

g) De acordo com a conclusão do texto, quem passa a infância em uma casa com quintal cresce com uma visão diferente em relação à vida. A que "tesouro" a autora se refere no final do texto?

h) A crônica de Danuza Leão tem trechos líricos, poéticos, mas também do tipo argumentativo, porque o texto apresenta o ponto de vista e as opiniões da autora sobre determinado tema. Em que esfera de circulação se encontra esse gênero textual?

Unidade Especial III: Enem em foco

Oficinas com base em propostas de redação do Enem de diversos anos

OFICINA 1

• Proposta de redação

A partir da leitura dos textos motivadores e com base nos conhecimentos construídos ao longo de sua formação, redija um texto dissertativo-argumentativo em modalidade escrita formal da língua portuguesa sobre o tema **"Caminhos para combater o racismo no Brasil"**, apresentando proposta de intervenção que respeite os direitos humanos. Selecione, organize e relacione, de forma coerente e coesa, argumentos e fatos para defesa de seu ponto de vista.

• Textos motivadores

Texto 1

Ascendendo à condição de trabalhador livre, antes ou depois da abolição, o negro se via jungido a novas formas de exploração que, embora melhores que a escravidão, só lhe permitiam integrar-se na sociedade e no mundo cultural, que se tornaram seus, na condição de um subproletariado compelido ao exercício de seu antigo papel, que continuava sendo principalmente o de animal de serviço. [...] As taxas de analfabetismo, de criminalidade e de mortalidade dos negros são, por isso, as mais elevadas, refletindo o fracasso da sociedade brasileira em cumprir, na prática, seu ideal professado de uma democracia racial que integrasse o negro na condição de cidadão indiferenciado dos demais.

RIBEIRO, D. *O povo brasileiro*: a formação e o sentido do Brasil. São Paulo: Companhia das Letras, 1995. (Fragmento).

Texto 2

LEI Nº 7.716, DE 5 DE JANEIRO DE 1989

Define os crimes resultantes de preconceito de raça ou de cor.

Art. 1º — Serão punidos, na forma desta Lei, os crimes resultantes de discriminação ou preconceito de raça, cor, etnia, religião ou procedência nacional.

Disponível em: www.planalto.gov.br. Acesso em: 25 maio 2016. (Fragmento).

Texto 3

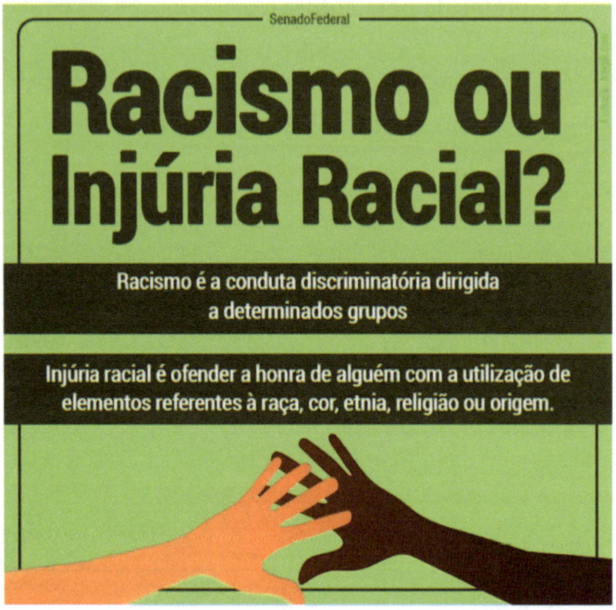

SENADO FEDERAL

Disponível em: www12.senado.leg.br. Acesso em: 25 maio 2016.

Texto 4

O que são ações afirmativas

Ações afirmativas são políticas públicas feitas pelo governo ou pela iniciativa privada com o objetivo de corrigir desigualdades raciais presentes na sociedade, acumuladas ao longo de anos.

Uma ação afirmativa busca oferecer igualdade de oportunidade a todos. As ações afirmativas podem ser de três tipos: com o objetivo de reverter a representação negativa; para promover igualdade de oportunidades; e para combater o preconceito e o racismo.

Em 2012, o Supremo Tribunal Federal (STF) decidiu por unanimidade que as ações afirmativas são constitucionais e políticas essenciais para a redução de desigualdades e discriminações existentes no país.

No Brasil, as ações afirmativas integram uma agenda de combate à herança histórica de escravidão, segregação racial e racismo contra a população negra.

Disponível em: www.seppir.gov.br. Acesso em: 25 maio 2016. (Fragmento).

• Orientações para produção e revisão do seu texto

Tenha sempre em mente o tema da redação: "**Caminhos para combater o racismo no Brasil**". As sugestões a seguir poderão ajudá-lo na produção do seu texto.

1ª ETAPA: Reflexão sobre o tema

Dedique um tempo para pensar sobre o tema da redação, antes de iniciar a leitura interpretativa dos textos motivadores e elaborar o seu texto.

a) Observe como foi feita a apresentação do tema. Por exemplo: em forma de pergunta; de maneira afirmativa ou negativa; se estabelece opções etc.

b) Sublinhe as palavras-chave do tema. Observe a relação entre essas palavras com base na estrutura do enunciado e identifique qual abordagem é esperada em sua redação.

c) Reflita sobre as palavras-chave do tema, explorando estas questões:

- Você já parou para pensar sobre o racismo? Considera esse assunto importante? Em qual aspecto?
- Já leu sobre o assunto, assistiu a filmes ou participou de debates que tratavam desse tema? Qual foi a abordagem? Alguma informação ou situação apresentada foi marcante para você?
- Onde o racismo se manifesta no Brasil? Quem o promove e de que forma ocorre?
- Você tem conhecimento de que ocorrem situações de racismo em outros países? Tem alguma informação de como essa questão é tratada nesses lugares?
- Na sua opinião, como o racismo pode ser combatido? Que propostas de combate ao racismo você conhece? Elas têm dado certo? Por quê?
- Qual é a sua posição sobre essa questão? Trata-se de um problema de relevância social ou causa controvérsia?
- Quais aspectos relacionados ao combate do racismo no Brasil você pensa abordar em sua redação?

2ª ETAPA: Leitura dos textos motivadores

Leia cada um dos textos, realizando os seguintes trabalhos:

a) verifique as dúvidas de vocabulário, observando se o significado de palavras ou expressões desconhecidas foi fornecido ou procurando entendê-lo com base no contexto;

b) considere a data, o título e a mídia de publicação;

c) procure lembrar se você tem alguma informação sobre o autor e sua importância;

d) identifique o gênero textual e relembre as características desse gênero.

Após a leitura, reflita sobre os motivos por que esses quatro textos foram escolhidos para compor o conjunto de textos motivadores para a elaboração da proposta de redação apresentada.

3ª ETAPA: O trabalho texto a texto

Nos textos motivadores sempre há informações, dados, elementos importantes para compreensão das ideias que intencionam expressar e que muito podem auxiliar na produção da redação com o tema proposto.

Texto I – "O povo brasileiro: a formação e o sentido do Brasil"

a) A análise da fonte dos textos (referência bibliográfica), muitas vezes, pode ajudar a compreender o tema da redação.

- Que relação você estabelece entre o título do livro *O povo brasileiro*: a formação e o sentido do Brasil, escrito pelo antropólogo brasileiro Darcy Ribeiro, e o tema proposto?

b) Releia este trecho do Texto I, observando os termos destacados:

"As taxas de analfabetismo, de criminalidade e de mortalidade dos negros são, **por isso**, as mais elevadas, refletindo o fracasso da sociedade brasileira em cumprir, **na prática**, seu ideal professado de uma democracia racial que integrasse o negro na condição de cidadão indiferenciado dos demais."

Sobre os termos destacados, responda:

- Que tipo de relação o elemento coesivo *por isso* estabelece entre a informação sobre as taxas de analfabetismo, criminalidade e mortalidade dos negros e as informações anteriores dadas no texto?
- O que o uso da expressão "na prática" destaca a respeito da atuação da sociedade brasileira na construção de uma democracia racial?

c) Como você deve ter observado, no texto é usada a expressão "democracia racial". O que você entende por democracia racial? Como ela se relaciona com o que diz a introdução do texto: "Ascendendo à condição de trabalhador livre, antes ou depois da abolição, o negro se via jungido a novas formas de exploração..."?

d) Com base em toda a reflexão feita por você, escreva uma frase que sintetize a ideia defendida por Darcy Ribeiro relacionada ao tema da redação.

e) Pense se você concorda ou não com o posicionamento de Darcy Ribeiro, estabelecendo uma relação entre o texto desse autor e o tema proposto. Registre a sua conclusão.

Texto II – "Lei nº 7.716"

a) Verifique a data de homologação da lei e transcreva o seu objetivo.

b) Escreva com suas palavras o que essa lei dispõe.

c) Reflita sobre o conteúdo dessa lei.

- Qual é a sua relação com o tema da redação?

d) Observe a trajetória histórica da data de homologação da lei e estabeleça uma relação com os dias atuais.

- Na sua opinião, essa lei tem sido cumprida de modo eficaz? Por quê?

e) Estabeleça uma relação entre as informações apresentadas no Texto I e o que dispõe a Lei nº 7.716. Anote suas conclusões.

Texto III – Cartaz "Racismo ou injúria racial"

a) Leia o texto, analisando seu conteúdo. Em seguida, responda:

- Qual é o objetivo do texto?
- Qual foi a estratégia usada para atingir esse objetivo?
- Quem é o emissor desse ato comunicativo?
- Qual é a relação desse texto com o tema da redação?

b) Reflita sobre o conteúdo do cartaz e, depois, anote suas conclusões:

- O que você acha da estratégia usada na construção da mensagem?
- Você considera essa estratégia eficiente? Por quê?

Texto IV – "O que são ações afirmativas"

a) Leia o texto, sublinhando o que você considera mais importante, mais significativo, aquilo que chama mais a sua atenção.

b) Escreva, usando suas palavras, o que são ações afirmativas e sua finalidade.

c) Usando palavras-chave, construa um esquema mostrando a relação desse texto com o tema e com os outros textos motivadores.

4ª ETAPA: Definição das ideias e dos argumentos

Espera-se que a leitura e a compreensão dos textos motivadores tenham ajudado você a identificar com clareza o tema da redação e a ampliar sua reflexão sobre o assunto. Faça, então, o que se propõe a seguir.

a) Organize em tópicos os elementos dos textos motivadores que tenham relação com o tema da proposta de redação.

b) Registre outros elementos que, na sua opinião, podem ser usados na construção do seu texto.

c) Com base em suas reflexões, defina o seu posicionamento diante do tema proposto. Escreva uma frase que sintetize a sua ideia, seu posicionamento.

d) Tendo sempre em mente o que pretende defender, liste os argumentos que você poderá usar para defender a sua ideia. Pense em fatos, exemplos, dados estatísticos, opiniões de especialistas que deem força à sua proposta.

e) Retome as ideias que surgiram na reflexão inicial (1ª etapa) e pense em como elas podem ajudá-lo a levantar os argumentos em defesa do seu posicionamento.

f) Tenha em mente o tema da redação, lembrando sempre de que o texto deve apresentar formas de combate ao racismo e não apenas falar sobre o racismo, seu conceito e modos de se manifestar.

g) Selecione os argumentos que julgar mais originais, interessantes e de maior força argumentativa.

h) Pense em formas de intervenção eficientes e selecione aquela que julgar mais interessante e original. Estabeleça uma conclusão quanto ao que você pretende.

i) Finalmente, faça um esquema do texto de sua redação, usando palavras-chave estabelecidas com base nos argumentos selecionados e na conclusão pretendida. Pense na organização do seu texto, isto é, como você apresentará as suas ideias, e defina possíveis estratégias a serem utilizadas no fluxo da redação.

5ª ETAPA: Produção do texto

Mãos à obra! A redação, como informa a proposta, deve ser do tipo dissertativo-argumentativo e pode ser feita na estrutura clássica desse tipo de texto:

a) **Introdução** – em que se apresenta o tema e a ideia, o ponto de vista, a tese que se pretende defender em relação ao tema.

b) **Desenvolvimento** – em que se expõem os dados, os argumentos, as informações em defesa da ideia apresentada na introdução.

c) **Conclusão** – em que se finaliza a proposta defendida em relação ao tema da redação. Não deve ser uma repetição, mas uma reafirmação da ideia que se defende.

Não se esqueça de que a linguagem do texto deve ser a norma culta, a língua formal, não cabendo gírias, abreviações e expressões populares, a não ser que sejam necessárias para contextualização.

Procure não ultrapassar as 30 linhas, limite estabelecido pelas provas do Enem. Cuide também para que a sua letra seja legível e não faça rasuras. Então, mãos à obra!

6ª ETAPA: Revisão do texto

Com calma e atenção, revise o seu texto, procurando observar e analisar os seguintes aspectos:

a) O texto apresenta a tese com clareza, com objetividade.

b) A sua organização demonstra unidade entre o ponto de vista e a conclusão.

c) A questão em discussão está devidamente contextualizada.

d) O posicionamento estabelecido está apoiado em argumentos consistentes (em relação ao tema) e originais. Verifique se não há fugas, tangenciamentos ou duplas interpretações.

e) Há informações adicionais, mostrando que o autor é conhecedor do assunto, ou a redação se limita a explorar o conteúdo dos textos motivadores.

f) Não ocorre cópia de trechos dos textos motivadores, mesmo que as informações tenham sido consideradas.

g) A conclusão traz uma proposta de intervenção que respeita os direitos humanos.

h) A organização dos parágrafos colabora para uma eficiente leitura do texto. Verifique se a relação entre eles está bem estruturada e se os períodos apresentam coesão.

i) Os períodos têm tamanhos que favorecem o seu entendimento, não apresentam ideias truncadas ou incompletas.

j) A linguagem atende às normas das variedades-padrão. Segue as convenções da escrita na morfossintaxe, ortografia, acentuação e pontuação.

k) Verifique se ocorrem repetições de termos que podem ser evitadas.

OFICINA 2

• Proposta de redação

Com base na leitura dos textos motivadores e nos conhecimentos construídos ao longo de sua formação, redija um texto dissertativo-argumentativo em modalidade escrita formal da língua portuguesa sobre o tema **"Caminhos para combater a intolerância religiosa no Brasil"**, apresentando proposta de intervenção que respeite os direitos humanos. Selecione, organize e relacione, de forma coerente e coesa, argumentos e fatos para defesa de seu ponto de vista.

• Textos motivadores

Texto 1

Em consonância com a Constituição da República Federativa do Brasil e com toda a legislação que assegura a liberdade de crença religiosa às pessoas, além de proteção e respeito às manifestações religiosas, a laicidade do Estado deve ser buscada, afastando a possibilidade de interferência de correntes religiosas em matérias sociais, políticas, culturais, etc.

Disponível em: www.mprj.mp.br. Acesso em: 21 maio 2016. (Fragmento).

Texto 2

O direito de criticar dogmas e encaminhamentos é assegurado como liberdade de expressão, mas atitudes agressivas, ofensas e tratamento diferenciado a alguém em função de crença ou de não ter religião são crimes inafiançáveis e imprescritíveis.

STECK. J. Intolerância religiosa é crime de ódio e fere a dignidade. *Jornal do Senado*. Acesso em: 21 maio 2016. (Fragmento).

Texto 3

CAPÍTULO I – Dos Crimes Contra o Sentimento Religioso

Ultraje a culto e impedimento ou perturbação de ato a ele relativo

Art. 208 – Escarnecer de alguém publicamente, por motivo de crença ou função religiosa; impedir ou perturbar cerimônia ou prática de culto religioso; vilipendiar publicamente ato ou objeto de culto religioso:

Pena – detenção, de um mês a um ano, ou multa.

Parágrafo único – Se há emprego de violência, a pena é aumentada de um terço, sem prejuízo da correspondente à violência.

BRASIL. *Código Penal*. Disponível em: www.planalto.gov.br. Acesso em: 21 maio 2016. (Fragmento).

Texto 4

EDITORIA DE ARTE/FOLHAPRESS

ANDERSON DE ANDRADE PIMENTEL

* Até jul. 2014

Fonte: Secretaria de Direitos Humanos da Presidência da República. Disponível em: www1.folha.uol.com.br. Acesso em: 31 maio 2016. (Adaptado).

• Orientações para produção e revisão do seu texto

Tenha sempre em mente o tema da redação: "**Caminhos para combater a intolerância religiosa no Brasil**". As sugestões a seguir poderão ajudá-lo na produção do seu texto.

1ª ETAPA: Reflexão sobre o tema

a) Faça um levantamento de seus conhecimentos sobre o assunto, antes de iniciar a leitura interpretativa dos textos motivadores e elaborar o seu texto. Para ajudar nesse levantamento e na reflexão, explore questões como estas:

- O que é intolerância religiosa?
- Há intolerância religiosa no Brasil?
- Quais comportamentos caracterizam a intolerância religiosa?
- Por que esses comportamentos de intolerância religiosa acontecem? Quem costuma apresentá-los?
- A mídia tem noticiado comportamentos de intolerância religiosa? Quais? Eles precisam ser combatidos?
- Você conhece alguma iniciativa que tem como objetivo combater a intolerância religiosa? Como os responsáveis por essa iniciativa atuam?
- Você tem conhecimento de ocorrência de intolerância religiosa em outros países? De que forma ela é combatida? Essa forma de combate poderia ser eficaz no Brasil?

b) Para finalizar essa etapa e tirar uma conclusão, responda:

- Qual é a sua opinião sobre a intolerância religiosa? Trata-se de uma questão relevante para a vida em sociedade? Por quê?
- Que caminhos você pensa em propor para combater a intolerância religiosa no Brasil?

2ª ETAPA: Leitura dos textos motivadores

Você não deve fazer uma leitura rápida; ela deve ser bem atenta, criteriosa, em busca de elementos, de informações, de ideias que possam ser úteis na construção de seu texto. Para isso, adote procedimentos que o levem a um nível aprofundado de leitura. A seguir são sugeridas algumas estratégias para uma leitura mais proveitosa de cada texto.

Texto I – "Em consonância com a Constituição"

a) Sublinhe as ideias principais do fragmento, identificando a relação entre as informações contidas nas orações que o formam. Analise a hierarquia das informações e seu papel na compreensão do parágrafo reproduzido.

b) Uma contribuição importante a ser extraída desse texto relaciona-se ao significado de *laicidade*. Releia o texto e observe o trecho em que o termo aparece: "a **laicidade** do Estado deve ser buscada, afastando a possibilidade de interferência de correntes religiosas em matérias sociais, políticas, culturais, etc.". É possível estabelecer o sentido do termo com base no próprio texto, considerando a oração "afastando a possibilidade de interferência de correntes religiosas em matérias sociais, políticas, culturais, etc.". Agora responda:

- O que vem a ser laicidade?
- Como um país consegue buscar sua laicidade?
- No Brasil, você acha que há interferência religiosa nos campos social, político, cultural, etc.? Que fatos exemplificam tal situação?
- No texto, a que outras matérias o termo "etc." pode estar se referindo?

c) Retome a parte inicial do texto: "Em consonância com a Constituição da República Federativa do Brasil e com toda a legislação que assegura a liberdade de crença religiosa às pessoas, além de proteção e respeito às manifestações religiosas [...]"

- Você sabe qual é a importância da Constituição de um país?
- Que informações relacionadas às crenças religiosas são destacadas nessa parte? Qual é a importância de serem apresentadas?
- Que relação pode ser estabelecida entre o trecho final – "a laicidade do Estado deve ser buscada, afastando a possibilidade de interferência de correntes religiosas em matérias sociais, políticas, culturais, etc." – e essa parte inicial?

Texto II – "Intolerância religiosa"

a) Considerar as referências de um texto (título, autor, mídia que o publicou, etc.) constitui uma das estratégias para o desenvolvimento da compreensão leitora. Retome o título do texto: "**Intolerância religiosa é crime de ódio e fere a dignidade**". Observe que ele agrupa duas afirmações:

- Intolerância religiosa é **crime de ódio**.
- Intolerância religiosa **fere a dignidade**.

b) Reflita sobre essas duas afirmações presentes no título. Estas perguntas podem ajudá-lo nessa reflexão:

- O que você entende como crime de ódio?
- Você concorda com a afirmação de que intolerância religiosa é crime de ódio? Por quê?
- O que significa "ferir a dignidade"? O título se refere à dignidade de quem?

c) Escreva com suas palavras uma frase que expresse o entendimento que você teve do título, ou construa um esquema mostrando esse entendimento.

d) Considere a fonte de onde foi extraído o texto: *Jornal do Senado*. Como você sabe, o Senado é uma importante instituição do governo do país.

- Você sabe qual é a função do Senado (Federal) no nosso país?
- No contexto em questão, qual é a relevância de o texto proposto para sua leitura ter essa fonte?

e) Agora, leia o fragmento para compreender o seu conteúdo e relacioná-lo com o tema da redação. Atente para o uso da conjunção *mas* na construção do período, ao associar uma segunda ideia à precedente.

- Qual é o valor semântico da conjunção *mas*?
- O que uma oração introduzida por essa conjunção expressa?
- Quais são as informações apresentadas no texto?
- Como você sintetizaria o conteúdo desse fragmento?
- Qual é seu posicionamento em relação a esse conteúdo? Quais são seus argumentos?

f) Por fim, relacione o conteúdo desse texto com o do Texto I. Analise se há uma conversa entre eles referente ao tema da redação; observe se há ampliação, confirmação, refutação ou oposição de ideias.

Texto III – "Dos Crimes Contra o Sentimento Religioso"

a) Identifique o gênero do texto do qual foi extraído esse fragmento, observando as características da linguagem e do formato. Reflita sobre a função que tem esse gênero textual e procure analisar por que o fragmento estaria fazendo parte dos textos motivadores da proposta de redação em questão.

b) Como se constata pela referência, o texto é um fragmento do Código Penal brasileiro. Leia detalhadamente o fragmento e responda:

- De que trata essa parte do *Código Penal*?
- Quais fatos são relacionados como crimes?
- Na sua opinião, essa lei funciona na prática? Por quê?
- Quais são os prós e contras dessa lei? Reflita sobre sua opinião e anote suas conclusões em forma de tópicos.
- O que você acha da pena proposta em caso do descumprimento da lei?

c) Reflita sobre caminhos alternativos para o combate às atitudes ofensivas ao sentimento religioso, à crença religiosa das pessoas.

- Seria possível combater essas atitudes sem a aplicação da lei? Quais seriam esses outros caminhos?
- Na sua opinião, essas novas saídas de combate deveriam substituir a lei ou ser desenvolvidas conjuntamente?

Texto IV – Gráfico "Intolerância religiosa no Brasil"

a) Busque entender as informações do gráfico: fiéis de qual religião são as maiores vítimas de intolerância religiosa e o número de denúncias feitas por religião.

b) Observe a fonte dos dados – Secretaria dos Direitos Humanos da Presidência da República – e os veículos de sua divulgação na internet – Uol e *Folha de S.Paulo*.

- Considerando a fonte e a mídia de circulação, o que se pode inferir dessas informações do gráfico? São importantes? São confiáveis? São significativas?

c) Como registra o gráfico, o número de denúncias de intolerância religiosa refere-se ao período de 2011 a 2014 (até julho). Atente para as informações, selecionando as que chamam mais sua atenção.

- Você tinha conhecimento dessa situação no Brasil?
- Seria importante as pessoas, os cidadãos brasileiros, terem conhecimento dessas informações? Por quê?
- Que relação você estabelece entre as informações do gráfico com os outros textos motivadores?

d) A análise das informações do gráfico permite ao leitor estabelecer algumas conclusões quanto ao assunto intolerância religiosa no Brasil.

- Com base nesse gráfico, o que você concluiria sobre a intolerância religiosa no Brasil?

3ª ETAPA: Definição das ideias e dos argumentos

Uma leitura eficiente dos textos motivadores ajuda bastante a compreender o tema da redação e a encontrar argumentos para fundamentar a tese que se pretende defender.

a) Faça um levantamento de suas ideias em relação ao tema da redação – "**Caminhos para combater a intolerância religiosa no Brasil**" – e selecione aquelas que você considera mais adequadas para um possível aproveitamento em seu texto.

b) Planeje o encaminhamento da sua redação, definindo os elementos que irão compor o texto. Por exemplo:

- Defina a sua tese e elabore uma frase que a expresse. Certifique-se de que a tese realmente está em conformidade com o tema.
- Estabeleça os passos para desenvolver o raciocínio do leitor, a fim de que ele consiga compreender o tema tal qual você o compreende.
- Pense em propostas de intervenção eficientes e selecione a(s) que julgar mais interessante(s) e original(ais).
- Selecione os argumentos mais relevantes e originais e anote-os em tópicos, para facilitar a escolha dos que serão mais adequados no desenvolvimento de sua proposta.
- Rascunhe a conclusão do seu texto, para evitar repetição de ideias e fechar de forma consistente e coerente a sua redação.

4ª ETAPA: Produção do texto

Mãos à obra! A redação, como informa a proposta, deve ser do tipo dissertativo-argumentativo e pode ser feita na estrutura clássica desse tipo de texto:

a) **Introdução** – em que se apresenta o tema e a ideia, o ponto de vista, a tese que se pretende defender em relação ao tema.

b) **Desenvolvimento** – em que se expõem os dados, os argumentos, as informações em defesa da ideia apresentada na introdução.

c) **Conclusão** – em que se finaliza a proposta defendida em relação ao tema da redação. Não deve ser uma repetição, mas uma reafirmação da ideia que se defende.

Não se esqueça de que a linguagem do texto deve ser a norma culta, a língua formal, não cabendo gírias, abreviações e expressões populares, a não ser que sejam necessárias para contextualização.

Procure não ultrapassar as 30 linhas, limite estabelecido pelas provas do Enem. Cuide também para que a sua letra seja legível e não faça rasuras.

5ª ETAPA: Revisão do texto

Com calma e atenção, você irá rever o seu texto, procurando observar e analisar os seguintes aspectos:

a) O texto apresenta a tese com clareza, com objetividade.

b) A organização textual demonstra unidade entre o ponto de vista e a conclusão apresentada.

c) A questão em discussão está devidamente contextualizada.

d) O posicionamento estabelecido está apoiado em argumentos consistentes (em relação ao tema) e originais. Verifique se não há fugas, tangenciamentos ou duplas interpretações.

e) Há informações adicionais, mostrando que o autor é conhecedor do assunto, ou a redação se limita a explorar o conteúdo dos textos motivadores.

f) Não ocorre cópia de trechos dos textos motivadores, mesmo que as informações tenham sido consideradas.

g) A conclusão traz uma proposta de intervenção que respeita os direitos humanos.

h) A organização dos parágrafos colabora para uma eficiente leitura do texto. Verifique se a relação entre eles está bem estruturada, se os períodos apresentam coesão.

i) Os períodos apresentam tamanhos que favorecem o seu entendimento, não apresentam ideias truncadas ou incompletas.

j) A linguagem atende às normas das variedades-padrão. Segue as convenções da escrita na morfossintaxe, ortografia, acentuação e pontuação.

k) Verifique se ocorrem repetições de termos que podem ser evitadas.

OFICINA 3

• Proposta de redação

Com base na leitura dos textos motivadores e nos conhecimentos construídos ao longo de sua formação, redija um texto dissertativo-argumentativo em norma culta escrita da língua portuguesa sobre o tema **"O trabalho na construção da dignidade humana"**, apresentando experiência ou proposta de ação social que respeite os direitos humanos. Selecione, organize e relacione, de forma coerente e coesa, argumentos e fatos para defesa de seu ponto de vista.

• Textos motivadores

Texto 1

O que é trabalho escravo

Escravidão contemporânea é o trabalho degradante que envolve cerceamento da liberdade

A assinatura da Lei Áurea, em 13 de maio de 1888, representou o fim do direito de propriedade de uma pessoa sobre a outra, acabando com a possibilidade de possuir legalmente um escravo no Brasil. No entanto, persistiram situações que mantêm o trabalhador sem possibilidade de se desligar de seus patrões. Há fazendeiros que, para realizar derrubadas de matas nativas para formação de pastos, produzir carvão para a indústria siderúrgica, preparar o solo para plantio de sementes, entre outras atividades agropecuárias, contratam mão de obra utilizando os contratadores de empreitada, os chamados "gatos". Eles aliciam os trabalhadores, servindo de fachada para que os fazendeiros não sejam responsabilizados pelo crime.

Trabalho escravo se configura pelo trabalho degradante aliado ao cerceamento da liberdade. Este segundo fator nem sempre é visível, uma vez que não mais se utilizam correntes para prender o homem à terra, mas sim ameaças físicas, terror psicológico ou mesmo as grandes distâncias que separam a propriedade da cidade mais próxima.

Disponível em: http://www.reporterbrasil.org.br. Acesso em: 2 set. 2010. (Fragmento).

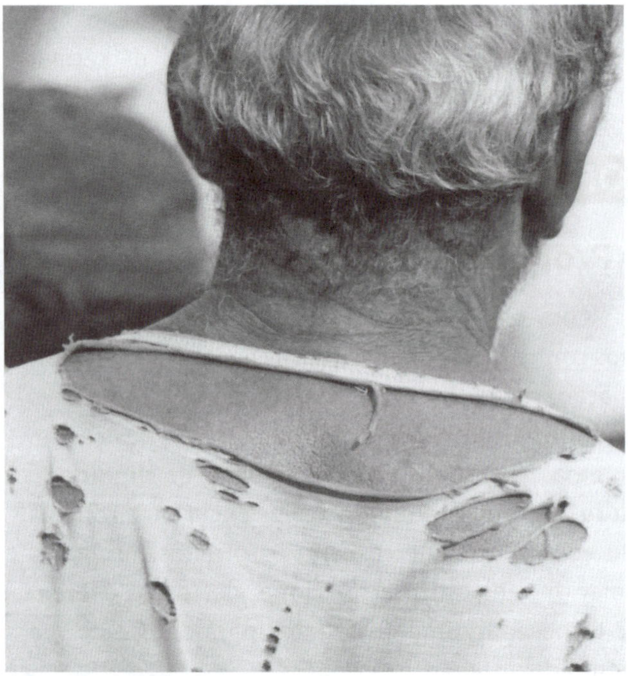

LEONARDO SAKAMOTO/REPÓRTER BRASIL

Texto 2

O futuro do trabalho

Esqueça os escritórios, os salários fixos e a aposentadoria. Em 2020, você trabalhará em casa, seu chefe terá menos de 30 anos e será uma mulher

Felizmente, nunca houve tantas ferramentas disponíveis para mudar o modo como trabalhamos e, consequentemente, como vivemos. E as transformações estão acontecendo. A crise despedaçou companhias gigantes tidas até então como modelos de administração. Em vez de grandes conglomerados, o futuro será povoado de empresas menores reunidas em torno de projetos em comum. Os próximos anos também vão consolidar mudanças que vêm acontecendo há algum tempo: a busca pela qualidade de vida, a preocupação com o meio ambiente, e a vontade de nos realizarmos como pessoas também em nossos trabalhos. "Falamos tanto em desperdício de recursos naturais e energia, mas e quanto ao desperdício de talentos?", diz o filósofo e ensaísta suíço Alain de Botton em seu novo livro *The Pleasures and Sorrows of Works* (Os prazeres e as dores do trabalho, ainda inédito no Brasil).

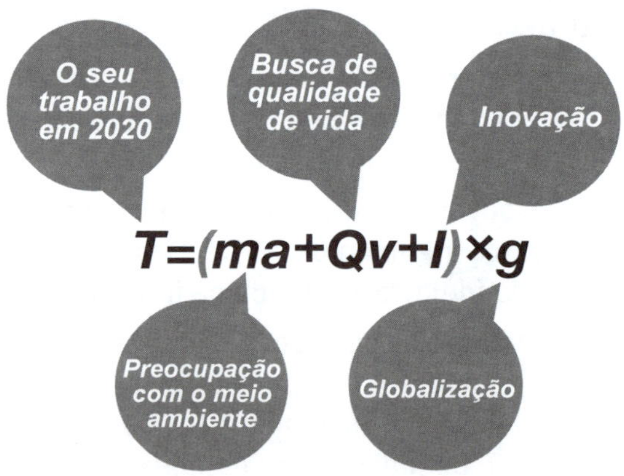

REPRODUÇÃO

Disponível em: http://revistagalileu.globo.com. Acesso em: 2 set. 2010. (Fragmento).

• Orientações para produção e revisão do seu texto

Tenha sempre em mente o tema da redação: **"O trabalho na construção da dignidade humana"**. As sugestões a seguir poderão ajudá-lo na produção do seu texto.

1ª ETAPA: Reflexão sobre o tema

a) Leia atentamente o texto que contextualiza a proposta e apresenta o tema da redação: **"O trabalho na construção da dignidade humana"**.

b) Sublinhe as palavras e expressões mais importantes da frase que informa o tema e dedique um tempo para refletir sobre elas. Essa reflexão prévia o ajudará a resgatar seus conhecimentos sobre o assunto.

c) Retome as ideias que você tem sobre o trabalho e analise como ele pode estar relacionado com a dignidade humana.

- O que você entende como dignidade humana?
- O que o trabalho proporciona ao ser humano?
- Como vivem as pessoas que não têm trabalho?
- Qualquer tipo de trabalho pode trazer dignidade às pessoas?

d) Na orientação para a escrita do texto, solicita-se que seja apresentada uma experiência ou proposta de ação social relacionada ao tema e que respeite os direitos humanos. Seguir essa instrução é fundamental para você não fugir do tema.

e) Procure se lembrar de documentários, filmes, leituras, aulas que tenham tratado do assunto ou que tenham abordado algo que poderá ajudá-lo a criar a sua proposta de ação social.

f) Tenha em mente o tipo de texto que é solicitado: **dissertativo-argumentativo**. Nesse sentido, é importante conhecer bem as características desse tipo de texto: a defesa de uma ideia relacionada ao tema; a apresentação de um raciocínio que fundamenta essa ideia por meio de argumentos, fatos, dados; e a conclusão, em que se frisa de forma contundente a proposta de intervenção apresentada.

2ª ETAPA: Leitura dos textos motivadores

Faça uma leitura atenta, criteriosa dos textos, pois eles podem conter elementos, informações e ideias úteis para a elaboração de seu texto. Adote procedimentos que o levem a um nível aprofundado de leitura. A seguir são sugeridas algumas estratégias para uma leitura mais proveitosa de cada texto.

Texto I – "O que é trabalho escravo"

a) Durante a leitura, caso encontre palavras ou expressões cujo significado lhe seja desconhecido ou lhe cause dúvidas, procure entendê-las pelo contexto.

b) Sublinhe no texto as afirmações, as colocações que você considerar importantes em relação ao tema da redação ("**O trabalho na construção da dignidade humana**").

c) O título do texto define o tipo de trabalho sobre o qual o texto irá tratar: o que é trabalho escravo. Procure relacioná-lo com o tema: trabalho escravo *versus* dignidade humana. Reflita:

- Esse tipo de trabalho contempla a construção da dignidade humana?

d) Releia a frase que forma o subtítulo: "Escravidão contemporânea é o trabalho degradante que envolve cerceamento da liberdade". Procure entender a(s) ideia(s) contida(s) nessa afirmação e relacione-a(s) com o título do texto. Considerando, então, esse subtítulo, responda e reflita sobre suas respostas, anotando suas conclusões em forma de tópicos que as sintetizam:

- O trabalho escravo continua existindo nos dias de hoje?
- O que você entende como trabalho degradante?
- Quais são as características atribuídas à escravidão?
- O que chama sua atenção na leitura desse subtítulo?
- Como você diria com suas palavras a afirmação contida no subtítulo?

e) Releia o primeiro parágrafo do texto, marcando o que chama mais sua atenção. Observe o encaminhamento feito pelo autor para conduzir o raciocínio do leitor, identificando as estratégias usadas. Extraia as informações que você considera relevantes em relação ao tema da redação.

- Como você organizaria em forma de esquema as ideias apresentadas nesse parágrafo?
- Qual é a função da afirmação introduzida pela locução conjuntiva *no entanto* no segundo período?
- Quem são os chamados "gatos" e como eles agem? A mando de quem?
- Você já tinha algum conhecimento a respeito das informações apresentadas nesse primeiro parágrafo do texto? Como você soube disso?

f) Leia agora o segundo parágrafo e procure compreender bem o que o autor do texto quer expressar. Anote suas considerações.

- Que características o trabalho escravo apresenta? Observe que são duas essas características e que uma se alia à outra.
- Essas características são sempre visíveis? Por quê?
- Quem mantém pessoas em trabalho escravo respeita a dignidade delas? Explique.
- Segundo o texto, o trabalho escravo ainda existe no mundo atual. Você acha que ele pode ser combatido? Como?

g) Procure registrar em tópicos as ideias que podem ajudá-lo na elaboração de seu texto, seja como apresentação de uma experiência, seja como uma proposta de ação social.

Texto II – "O futuro do trabalho"

a) A leitura dos textos motivadores deve buscar sempre a relação deles com o tema de redação e também deles entre si, como uma união de ideias que podem ser aproveitadas na elaboração do texto da redação.

b) Levante hipóteses sobre o porquê de ter sido apresentado esse texto com projeções futuristas a respeito das relações de trabalho. Considere o subtítulo: "Esqueça os escritórios, os salários fixos e a aposentadoria. Em 2020, você trabalhará em casa, seu chefe terá menos de 30 anos e será uma mulher".

- Quais dessas previsões sobre o futuro do trabalho chamam a sua atenção? Por quê?
- As relações de trabalho previstas no subtítulo do texto vão contribuir para a construção da dignidade humana? Qual é sua opinião? Anote seus argumentos a favor ou contra.

c) Considere o primeiro período: "Felizmente, nunca houve tantas ferramentas disponíveis para mudar o modo como trabalhamos e, consequentemente, como vivemos".

- Que ferramentas são essas de que trata o texto? A que campo do conhecimento humano elas estão relacionadas?
- Que transformações elas poderão operar em relação ao trabalho e, consequentemente, à vida das pessoas?
- Essa visão futurista do trabalho é apresentada no texto como positiva ou negativa? Que palavra do texto permite chegar a essa conclusão?

d) Continue a análise do texto a partir do segundo parágrafo. O autor afirma que as mudanças, que já vêm acontecendo há algum tempo, vão se consolidar, refletindo três importantes características.

- Quais são essas três características apontadas pelo texto?
- Qual dessas três características poderia resumir todas as mudanças previstas? Justifique sua resposta.
- Que indagação o texto apresenta ao transcrever uma afirmação do filósofo suíço Alain de Botton? O que ele quis dizer?

e) Observe o texto apresentado em forma de equação, usado para explicar o significado de trabalho nos anos 2020. Verifique quais são os elementos ou dados que foram usados na construção dessa fórmula do trabalho no futuro (que, na verdade, já não é mais futuro). Reflita sobre cada elemento e tire suas conclusões.

- O que o trabalho humano envolve segundo essa fórmula?
- Como você entende cada um dos elementos da fórmula?
- Como deve ser esse trabalhador que a equação pressupõe?
- Você concorda com a equação? Considera-a positiva? Por quê?

f) Relacione os dois textos motivadores e verifique se há algum contraponto entre eles, se há ideias que se complementam e se, juntos, constroem argumentos relacionados ao tema "**O trabalho na construção da dignidade humana**".

3ª ETAPA: Organização das ideias e dos argumentos

a) Com base nas leituras e nos conhecimentos que você tem sobre o assunto que envolve o tema da redação, defina se vai apresentar uma experiência ou proposta de ação social, lembrando-se sempre de que os direitos humanos devem ser respeitados.

b) Decidido o que você vai apresentar, defina o seu posicionamento sobre o assunto. Procure elaborar uma frase que aponte o ponto de vista, a tese que você pretende apresentar e defender em seu texto, verificando sua coerência em relação ao tema.

c) Levante os argumentos que pretende apresentar para sustentar a sua tese e conduzir o raciocínio do leitor, de forma que ele compreenda a sua proposta e analise a sua coerência. Anote-os em tópicos, considerando o percurso argumentativo que pretende adotar.

d) Pense na conclusão, que, sem repetir palavras, deve fechar o seu ponto de vista, a sua tese, que, como sempre deve ser lembrado, respeite os direitos humanos.

4ª ETAPA: Elaboração do texto

Mãos à obra! Procure não ultrapassar as 30 linhas de texto, que é o limite estabelecido pelas provas do Enem. Cuide também para que a sua letra seja legível e não faça rasuras.

E não se esqueça de que você deve usar a norma culta da língua, não cabendo gírias, abreviações e expressões populares, a não ser que sejam necessárias para contextualização.

Como você sabe, o texto deve ser do tipo dissertativo-argumentativo. Relembre o que você sabe sobre as características desse tipo de texto.

5ª ETAPA: Revisão do texto

Releia atenta e calmamente o seu texto, procurando observar e analisar os seguintes aspectos:

a) O texto apresenta com clareza, com objetividade, a sua tese.

b) A organização textual demonstra unidade de raciocínio entre o ponto de vista e a conclusão.

c) A proposta feita está contextualizada adequadamente.

d) O seu posicionamento está apoiado em argumentos consistentes, originais e, principalmente, relacionados com o tema. Verifique se não há fugas, tangenciamentos ou duplas interpretações.

e) Contém informações adicionais, mostrando que o autor conhece o assunto, ou o texto se limita a explorar o conteúdo dos textos motivadores.

f) Não ocorre cópia de trechos dos textos motivadores, mesmo que as informações tenham sido consideradas.

g) Apresenta experiência ou proposta de ação social condizente com a argumentação e com os direitos humanos.

h) A organização dos parágrafos colabora para uma eficiente leitura do texto. Verifique se a relação entre eles está bem estruturada, se os períodos apresentam coesão.

i) Os períodos apresentam tamanhos que favorecem o entendimento, não apresentam ideias truncadas ou incompletas.

j) Verifique se ocorrem repetições de termos que podem ser evitadas.

k) A linguagem atende às normas das variedades-padrão. Segue as convenções da escrita na morfossintaxe, ortografia, acentuação e pontuação.

l) O texto apresenta predominantemente as características do tipo de texto solicitado: dissertativo-argumentativo.

OFICINA 4

• Proposta de redação

Com base na leitura dos textos motivadores e nos conhecimentos construídos ao longo de sua formação, redija um texto dissertativo-argumentativo em norma-padrão da língua portuguesa sobre o tema **"Viver em rede no século XXI: os limites entre o público e o privado"**, apresentando proposta de conscientização social que respeite os direitos humanos. Selecione, organize e relacione, de forma coerente e coesa, argumentos e fatos para defesa de seu ponto de vista.

• Textos motivadores

Texto 1

Liberdade sem fio

A ONU acaba de declarar o acesso à rede um direito fundamental do ser humano – assim como saúde, moradia e educação. No mundo todo, pessoas começam a abrir seus sinais privados de *wi-fi*, organizações e governos se mobilizam para expandir a rede para espaços públicos e regiões onde ela ainda não chega, com acesso livre e gratuito.

ROSA, C.; SANTOS, P. *Galileu*, nº 240, jul. 2011. (Fragmento).

Texto 2

A internet tem ouvidos e memória

Uma pesquisa da consultoria Forrester Research revela que, nos Estados Unidos, a população já passou mais tempo conectada à internet do que em frente à televisão. Os hábitos estão mudando. No Brasil, as pessoas já gastam cerca de 20% de seu tempo *on-line* em redes sociais. A grande maioria dos internautas (72% de acordo com o Ibope Mídia) pretende criar, acessar e manter um perfil em rede. "Faz parte da própria socialização do indivíduo do século XXI estar numa rede social. Não estar equivale a não ter uma identidade ou um número de telefone no passado", acredita Alessandro Barbosa Lima, CEO da e.Life, empresa de monitoração e análise de mídias.

As redes sociais são ótimas para disseminar ideias, tornar alguém popular e também arruinar reputações. Um dos maiores desafios dos usuários de internet é saber ponderar o que se publica nela. Especialistas recomendam que não se deve publicar o que não se fala em público, pois a internet é um ambiente social e, ao contrário do que se pensa, a rede não acoberta anonimato, uma vez que mesmo quem se esconde atrás de um pseudônimo pode ser rastreado e identificado. Aqueles que, por impulso, se exaltam e cometem gafes podem pagar caro.

Disponível em: http://www.terra.com.br.
Acesso em: 30 jun. 2011. (Adaptado).

Texto 3

DAHMER. A. Disponível em: http://malvados.wordpress.com. Acesso em: 30 jun. 2011.

• Orientações para produção e revisão do seu texto

Tenha sempre em mente o tema da redação: **"Viver em rede no século XXI: os limites entre o público e o privado"**. As sugestões a seguir poderão ajudá-lo na produção do seu texto.

1ª ETAPA: Leitura da proposta

Leia atentamente o texto que introduz a proposta de redação, procurando compreender todas as instruções apresentadas ao estudante:

a) Redigir o texto articulando as informações dos textos motivadores com os próprios conhecimentos.

b) O texto a ser redigido é do tipo **dissertativo-argumentativo**. Nesse sentido, é fundamental que o candidato conheça as características desse tipo de texto, cuja estrutura clássica constitui-se de introdução, desenvolvimento e conclusão. É um texto em que se defende uma tese central, um ponto de vista em torno de um tema.

c) A linguagem usada deve seguir a **norma-padrão da língua portuguesa**.

d) O tema da redação é **"Viver em rede no século XXI: os limites entre o público e o privado"**. É preciso estar atento para a especificidade do tema: o estabelecimento dos limites para as postagens nas redes sociais, respeitando a privacidade das pessoas.

e) Em sua redação, o estudante deve apresentar uma **proposta de conscientização social que respeite os direitos humanos**. Isso exige que o participante conheça quais são os direitos humanos.

f) Para a construção do texto, a proposta orienta o candidato a selecionar, organizar e relacionar, de forma coerente e coesa, argumentos e fatos para a defesa de seu ponto de vista.

2ª ETAPA: Leitura dos textos motivadores

Durante a leitura dos textos motivadores, procure refletir sobre o tema, ampliando, reconsiderando, reforçando ou rejeitando ideias. Isso o ajudará a apresentar uma tese consistente.

Leia os textos motivadores com atenção, tendo sempre em mente o tema: **"Viver em rede no século XXI: os limites entre o público e o privado"**. Procure esclarecer, pelo contexto, as dúvidas de vocabulário.

3ª ETAPA: Reflexão sobre o tema

É importante fazer uma reflexão inicial sobre o tema, antes de partir para uma leitura aprofundada de cada texto.

a) Pense no significado de "viver em rede no século XXI". Atente para a referência ao século XXI e, mentalmente, crie um panorama de como se dão as relações sociais na atualidade. Levante os aspectos positivos e os negativos de se "viver em rede" no momento atual.

b) Atente que a proposta fala de uma situação geral, isto é, não centrada em um lugar específico. Dessa forma, é possível uma reflexão mais abrangente, não circunscrita ao Brasil ou à região onde se vive.

c) Procure lembrar se você assistiu a documentários, filmes, debates ou aulas em que esse tema tenha sido abordado e anote o que poderá ajudá-lo na produção do seu texto. Você poderá recolher ideias, fatos ou argumentos para a apresentação de sua proposta.

d) Reflita sobre o sentido da palavra *limites*, usada assim no plural na composição do tema: **"Viver em rede no século XXI: os limites entre o público e o privado"**. A proposta solicita que o candidato reflita sobre os limites da atuação das pessoas nas redes sociais digitais, considerando "o público" e "o privado".

- O que você entende por limite no contexto do tema da redação? Por que o termo aparece no plural?
- Na construção da frase-tema, o que é "o público" e "o privado"?
- As pessoas respeitam a privacidade umas das outras nas redes sociais? Por que você acha que isso ocorre?
- Você tem conhecimento de alguma regulamentação sobre as postagens nas redes sociais? O que você sabe sobre isso?
- Na sua opinião, deve haver limites entre o público e o privado nas redes sociais? Por quê?
- Você considera esse assunto importante para a sociedade? Como estabelecer os limites entre o público e o privado?

4ª ETAPA: O trabalho texto a texto

Nos textos motivadores sempre há informações, dados e ideias que podem auxiliar o candidato a elaborar a sua redação.

Texto I – "Liberdade sem fio"

a) Leia o texto e identifique o assunto de que trata. Reflita sobre o título e relacione-o com o conteúdo do texto e com a proposta. Mentalmente, procure explicar o efeito de sentido produzido com o uso da expressão "sem fio".

b) Considere o primeiro período: "A ONU acaba de declarar o acesso à rede um direito fundamental do ser humano – assim como saúde, moradia e educação".

- Qual é a importância dessa declaração da ONU?
- Que mudanças ela pode provocar nos diferentes países do mundo?

- Que relação você estabelece entre essa declaração e a expressão "viver em rede no século XXI", que compõe o tema da redação?

c) Releia o segundo período:

"No mundo todo, pessoas começam a abrir seus sinais privados de *wi-fi*, organizações e governos se mobilizam para expandir a rede para espaços públicos e regiões onde ela ainda não chega, com acesso livre e gratuito."

Relacione essas informações ao primeiro período e responda:

- Quais informações são apresentadas nesse segundo período?
- Como você relaciona essas informações à primeira parte do tema da redação: "Viver em rede no século XXI"?
- Que relação você estabelece entre as afirmações do segundo período e à segunda parte do tema: "limites entre o público e o privado"?
- O que você pensa a respeito da democratização da internet? O que você acha das ações mencionadas no texto?
- Como essas mudanças relacionadas à internet podem contribuir para o planejamento de sua redação?

d) Faça um esquema do conteúdo do texto com palavras-chave, incluindo as afirmações apresentadas e as reflexões feitas por você. Analise como esse conteúdo pode ajudá-lo a elaborar a sua redação.

Texto II – "A internet tem ouvidos e memória"

a) Inicie a exploração do texto analisando o título, que faz uma personificação da internet. Ao ler o texto, procure observar por que o autor fala da internet como se fosse uma pessoa.

b) No primeiro bloco de texto, atente para os dados estatísticos apresentados e reflita sobre eles, sobre a sua importância e sobre sua confiabilidade.

- Na sua opinião, o que esses dados revelam?
- Quais implicações trazem para a vida em sociedade?

c) Analise este outro conteúdo do primeiro bloco:

"'Faz parte da própria socialização do indivíduo do século XXI estar numa rede social. Não estar equivale a não ter uma identidade ou um número de telefone no passado', acredita Alessandro Barbosa Lima, CEO da e.Life, empresa de monitoração e análise de mídias."

Observe que as afirmações feitas no trecho são creditadas a um diretor-geral (CEO) da e.Life, empresa brasileira líder em sua área de atuação.

- Qual é a importância de serem apresentadas afirmações de um especialista em um texto?
- Que afirmações o diretor-geral da e.Life faz? Use palavras próprias para dar sua resposta.
- Você concorda com o que esse diretor-geral afirma? Você acrescentaria alguma coisa ao que ele disse?
- Com base nesse trecho, o que se pode inferir sobre a sociedade atual?

d) Vá agora para o segundo parágrafo, que trata de contradições encontradas nas redes sociais. Identifique quais são essas contradições e reflita:

- Qual é o seu posicionamento sobre essas contradições?
- Você tem conhecimento de situações concretas?
- Quais podem ser as causas das contradições? Anote-as.

e) Considere a afirmação final do fragmento: "Aqueles que, por impulso, se exaltam e cometem gafes podem pagar caro". Preste atenção na expressão "por impulso"; ela é bastante significativa. É preciso entender que o termo *gafe* aqui significa "ato desastrado", "ato inconveniente".

- O que significa para você a expressão "por impulso"?
- O que pode ocorrer quando se age dessa forma?
- Você tem conhecimento de alguma situação desse tipo? Relembre.
- Quem comete atos inconvenientes nas redes sociais deve pagar por isso? Por quê?

- Impor penas às pessoas que cometem atos inconvenientes nas redes sociais é uma boa solução? Por quê?
- Você tem alguma outra sugestão para punir quem age nas redes sociais de maneira inconveniente?

f) Relacione o conteúdo dos Textos I e II.

- Quais ideias dos textos se complementam? Quais são contraditórias?
- Quais dessas ideias podem ser úteis para a produção do seu texto?

Texto III – Tira "Malditas câmeras, somos monitorados [...]"

Leia a tira com atenção e tire suas conclusões.

- Como relacionar o que é ilustrado na tira com o tema proposto para a redação?
- O que você entende por "Sociedade de Controle"? Sabe de onde vem esse conceito? Procure entendê-lo considerando a situação apresentada na tira.
- Defina o seu posicionamento sobre isso. Pense nos prós e nos contras.

5ª ETAPA: Organização das ideias e produção do texto

As reflexões sobre o tema, a leitura dos textos motivadores e a compreensão de tudo que foi tratado devem ajudá-lo a entender bem o tema da redação e escrever o seu texto.

a) Mentalmente, retome tudo o que leu e as ideias que surgiram em relação ao tema da redação proposto: "**Viver em rede no século XXI: os limites entre o público e o privado**". Se você acha que pode ajudar, anote em tópicos o que pensa aproveitar de alguma forma.

b) Pense na atuação do poder público, das organizações sociais, da família e da escola em relação ao comportamento das pessoas nas redes sociais. Levante também suas próprias ideias sobre o assunto.

c) Defina a tese que você apresentará na sua proposta de conscientização social com base no tema "**Viver em rede no século XXI: os limites entre o público e o privado**". Analise bem a conclusão que você quer levar ao leitor do seu texto.

d) Levante os possíveis argumentos para sua proposta e selecione os mais relevantes e originais.

e) Faça um esquema de sua redação, anotando o percurso que irá adotar para apresentar e defender o seu posicionamento em relação à sua proposta de conscientização social. E mãos à obra! Redija seu texto dissertativo-argumentativo.

f) E mãos à obra! Não se esqueça de que o texto não deve ultrapassar 30 linhas, limite estabelecido pelas provas do Enem. Cuide também para que sua letra seja legível e não faça rasuras.

6ª ETAPA: Revisão do texto

Revise o seu texto, procurando observar e analisar os seguintes aspectos:

a) O texto apresenta a tese com clareza e objetividade.

b) A organização textual demonstra unidade entre o ponto de vista e a conclusão apresentada.

c) A questão em discussão está contextualizada devidamente.

d) O posicionamento estabelecido está apoiado em argumentos consistentes e originais. Verifique se não há fugas do assunto, tangenciamentos ou duplas interpretações.

e) Apresenta informações adicionais, mostrando que o autor é conhecedor do assunto, ou a redação se limita a explorar o conteúdo dos textos motivadores.

f) Não ocorre cópia de trechos dos textos motivadores, mesmo que as informações tenham sido consideradas.

g) A proposta de conscientização social é condizente com a minha argumentação e os direitos humanos.

h) A organização dos parágrafos colabora para uma eficiente leitura do texto. Verifique se a relação entre eles está bem estruturada, se os períodos apresentam coesão.

i) Os períodos apresentam tamanhos que favorecem o seu entendimento, não apresentam ideias truncadas ou incompletas.

j) A linguagem atende à modalidade escrita formal da língua portuguesa. Segue as convenções da escrita na morfossintaxe, ortografia, acentuação e pontuação.

k) Ocorrem repetições desnecessárias de palavras ou expressões. Faça as correções apropriadas.

Se você achar necessário fazer correções, passe a limpo a sua redação.

OFICINA 5

• Proposta de redação

Com base na leitura dos textos motivadores e nos conhecimentos construídos ao longo de sua formação, redija um texto dissertativo-argumentativo na modalidade escrita formal da língua portuguesa sobre o tema "**Efeitos da implantação da Lei Seca no Brasil**", apresentando proposta de intervenção, que respeite os direitos humanos. Selecione, organize e relacione, de forma coerente e coesa, argumentos e fatos para defesa de seu ponto de vista.

• Textos motivadores

Texto 1

Qual o objetivo da "Lei Seca ao volante"?

De acordo com a Associação Brasileira de Medicina do Trabalho (Abramet), a utilização de bebidas alcoólicas é responsável por 30% dos acidentes de trânsito. E metade das mortes, segundo o Ministério da Saúde, está relacionada ao uso do álcool por motoristas. Diante deste cenário preocupante, a Lei 11.705/2008 surgiu com uma enorme missão: alertar a sociedade para os perigos do álcool associado à direção.

Para estancar a tendência de crescimento de mortes no trânsito, era necessária uma ação enérgica. E coube ao Governo Federal o primeiro passo, desde a proposta da nova legislação à aquisição de milhares de etilômetros. Mas, para que todos ganhem, é indispensável a participação de estados, municípios e sociedade em geral. Porque, para atingir o bem comum, o desafio deve ser de todos.

Disponível em: www.dprf.gov.br. Acesso em: 20 jun. 2013.

Texto 2

COORDENAÇÃO DE COMUNICAÇÃO SOCIAL DA PRF (CCOM/PRF)

Disponível em: www.brasil.gov.br. Acesso em: 20 jun. 2013.

Texto 3

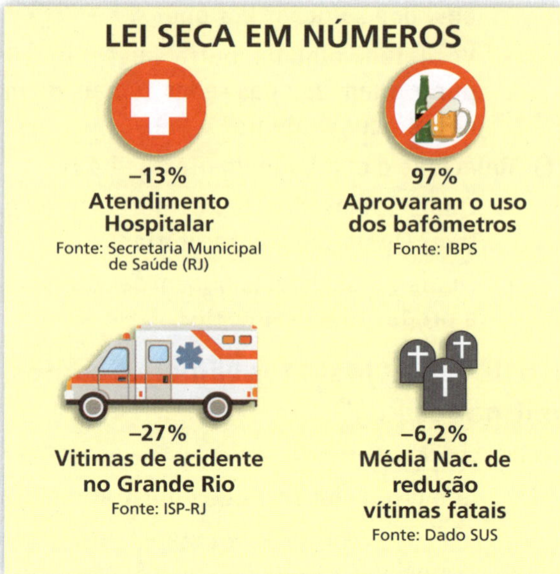

ANDERSON DE ANDRADE PIMENTEL

Disponível em: www.operacaoleisecar.rj.gov.br. Acesso em: 20 jun. 2013. (Adaptado).

Texto 4

Repulsão magnética a beber e dirigir

A lei da física que comprova que dois polos opostos se atraem em um campo magnético é um dos conceitos mais populares desse ramo do conhecimento. Tulipas de chope e bolachas de papelão não servem, em condições normais, como objetos de experimento para confirmar essa proposta. A ideia de uma agência de comunicação em Belo Horizonte foi bem simples. Ímãs foram inseridos em bolachas utilizadas para descansar os copos, de forma imperceptível para o consumidor. Em cada lado, há uma opção para o cliente: *dirigir* ou *chamar um táxi* depois de beber. Ao mesmo tempo, tulipas de chope também receberam pequenos pedaços de metal mascarados com uma pequena rodela de papel na base do copo. Durante um fim de semana, todas as bebidas servidas passaram a pregar uma peça no cliente. Ao tentar descansar seu copo com a opção *dirigir* virada para cima, os ímãs apresentavam a mesma polaridade e, portanto, causando repulsão, fazendo com que o descanso fugisse do copo; se estivesse virada mostrando o lado com o desenho de um táxi, ela rapidamente grudava na base do copo. A ideia surgiu da necessidade de passar a mensagem de uma forma leve e no exato momento do consumo.

Disponível em: www.operacaoleisecarj.rj.gov.br. Acesso em: 20 jun. 2013 (adaptado).

• Orientações para produção e revisão do seu texto

Tenha sempre em mente o tema da redação: "**Efeitos da implantação da Lei Seca no Brasil**". As sugestões a seguir poderão ajudá-lo na produção do seu texto.

1ª ETAPA: Reflexão sobre o tema

Leia atentamente o texto que apresenta a proposta da redação com o tema a ser desenvolvido: **"Efeitos da implantação da Lei Seca no Brasil"**. Sublinhe as informações importantes do texto e destaque as palavras-chave da frase que forma o tema. Uma leitura rápida pode levar a uma abordagem tangencial ou até mesmo à fuga do tema.

a) Observe que a redação deve focar nos **efeitos** da implantação da Lei Seca no Brasil; isso exige, portanto, que o estudante leve em consideração a necessidade de, em seu texto, tratar das **consequências** que a implantação da Lei Seca pode trazer a quem dirige alcoolizado no Brasil.

b) Faça um levantamento prévio de seus conhecimentos sobre o assunto. Resgate o que você sabe sobre a Lei Seca brasileira, procurando se lembrar de reportagens, debates ou aulas em que esse assunto foi abordado. Não esqueça, porém, que o tema propõe abordar os **efeitos** da implantação da Lei e não a sua implantação. Nesse sentido, a sua reflexão sobre o tema deve relacionar seus conhecimentos ao propósito indicado pela proposta da prova e ajudar a definir elementos que poderão compor a sua redação. Avalie o que você sabe:

- De que trata a Lei Seca?
- Quais são os seus objetivos?
- Você concorda com a Lei Seca? Por quê?
- Ela apresenta pontos positivos ou negativos? Exemplifique.
- Por que houve necessidade de ela ser implantada no Brasil?
- A implantação da Lei Seca é o melhor caminho para evitar os problemas causados pela associação álcool e direção?

2ª ETAPA: Leitura dos textos motivadores

Ao ler os textos motivadores, tenha em mente que o Brasil é o contexto do tema da redação. Isso, no entanto, não impede que você relacione situações de outros países com o contexto brasileiro.

Lembre-se também de que a prova do Enem pede que o candidato apresente uma proposta de intervenção que respeite os direitos humanos. Então, em sua leitura, busque ideias e selecione elementos que o ajudem a propor uma intervenção coerente e consistente.

Texto I – "Qual o objetivo da 'Lei Seca ao volante'?"

a) Leia atentamente o texto e sublinhe tudo o que você acha que poderá ajudá-lo a estabelecer a sua tese e a levantar elementos para construir a argumentação em defesa da sua ideia na forma de texto dissertativo-argumentativo, conforme solicita a proposta do Enem.

b) Analise as informações presentes no texto, avaliando a sua importância em relação ao tema da redação. Identifique também a fonte do texto, isto é, quem ou qual instituição o publicou. Dados e informações confiáveis agregam valor ao seu texto e dão sustentação à sua tese. O tipo de fonte é um elemento importante a ser considerado.

c) Reflita sobre o objetivo desse texto e avalie o porquê de ele ser o primeiro texto motivador da proposta de redação. Analise com atenção o conteúdo e levante o elemento-chave que explica a prioridade dessa leitura, relacionando-a com o tema "**Efeitos da implantação da Lei Seca no Brasil**".

d) Você pode analisar a construção do texto, observando a organização sequencial das ideias, para conduzir o raciocínio do leitor. Em seu texto, a apresentação das ideias deve ser feita com coesão e coerência, deixando claro o caminho que o leitor deverá perseguir para o entendimento da sua proposta de intervenção. Estas questões podem ajudá-lo:

- Qual é o objetivo do primeiro parágrafo?

- Com que finalidade é apresentada a taxa de acidentes de trânsito da Abramet?
- Qual é o objetivo do segundo parágrafo quanto ao conteúdo apresentado? Destaque a principal ideia que pode lhe interessar.
- Que estratégia foi usada para a conclusão desse segundo parágrafo?

e) Uma estratégia de leitura interessante é analisar os adjetivos usados no texto. Muitas vezes, eles dão uma pista sobre a abordagem pretendida ou o posicionamento defendido pelo autor. Observe, por exemplo, os adjetivos usados nestas expressões do texto motivador: "Diante deste cenário **preocupante**" (primeiro parágrafo) e "era necessária uma ação **enérgica**" (segundo parágrafo).

- Quais substantivos esses adjetivos estão caracterizando no texto?
- Com base nesses adjetivos, pode-se inferir o posicionamento do governo brasileiro em relação ao uso do álcool associado à direção. Qual é?
- O que você pensa sobre o uso do álcool associado à direção?

f) Sintetize em um parágrafo o conteúdo desse texto motivador, respondendo à pergunta que o intitula: "**Qual o objetivo da 'Lei Seca ao volante'?**".

g) Por fim, relacione o conteúdo do texto com o tema e, usando palavras-chave, construa um esquema destacando as informações principais.

Texto II – Publicidade: "Não deixe a bebida mudar o seu destino"

a) Observe com atenção os elementos verbais e os não verbais usados na composição dessa peça publicitária governamental.

b) Analise o contexto de produção dessa peça, pois os elementos da situação comunicativa em questão são fatores importantes para se levar em conta. Levante essas informações:

- Quem é o emissor dessa peça publicitária?
- Como você definiria o seu principal objetivo?
- A quem ela se destina, isto é, qual é o seu público-alvo?

c) Identifique o conteúdo da peça publicitária e a estratégia usada para atingir o público-alvo.

Texto III – Quadro "Lei Seca em números"

a) Analise com atenção os elementos verbais e não verbais usados na composição das informações que constam no quadro. Responda:

- Quais são os resultados da implantação da Lei Seca?
- Na sua opinião, esses resultados são positivos ou negativos? Explique.
- Qual (Quais) desses resultados chamam mais a sua atenção? Por quê?
- Observando os dados desse quadro, que conclusão você tira?

b) Selecione as informações ou os dados que julgar relevantes em relação ao tema da redação. Talvez eles possam ajudá-lo na produção de seu texto.

c) Pense se você tem algum contra-argumento para apresentar, tendo em vista as informações fornecidas pelo quadro. Anote-o.

d) Relacione o conteúdo desse texto com o conteúdo dos anteriores e com o tema da redação e registre as associações que podem ser importantes para o seu texto.

e) Como você deve apresentar, em sua redação sobre o tema "**Efeitos da implantação da Lei Seca no Brasil**", uma proposta de intervenção, reflita sobre a eficácia das campanhas governamentais em relação aos perigos do álcool associado à direção.

Texto IV – "Repulsão magnética a beber e dirigir"

a) Observe que o texto relata a experimentação de uma ideia relacionada ao consumo de álcool associado à direção.

- Como surgiu a ideia dessa experimentação?
- Qual lei deu origem a que surgisse essa ideia?
- Qual foi a experimentação? Como ela foi desenvolvida?
- Qual foi a intenção da realização do experimento?

b) Reflita sobre a inclusão desse texto na coletânea de textos motivadores.

- Que relação há entre o conteúdo desse texto e a proposta de intervenção estabelecida pela prova do Enem?

- Qual é a relação do assunto abordado com o tema da redação?
- Que importância teve para você a leitura desse texto?

3ª ETAPA: Definição das ideias e dos argumentos

Espera-se que a leitura e a compreensão dos textos motivadores tenham ajudado você a entender com clareza o tema da redação e a ampliar sua reflexão sobre o assunto. A seguir são sugeridas algumas ações para você definir suas ideias e levantar argumentos, tendo em vista a produção do seu texto.

a) Retome suas reflexões e as ideias fornecidas pelos textos motivadores. Pense sobre o funcionamento da lei, se ela está aplicada adequadamente e se as pessoas a estão apoiando. Avalie se os textos motivadores destacam a eficácia da Lei Seca. Reflita sobre a necessidade de a lei existir e elenque as dificuldades para sua implantação. Defina também o seu posicionamento.

b) Pense em sugestões que você poderia apresentar para que os dados em relação à luta contra a associação do álcool à direção sejam cada vez mais positivos. Ao refletir sobre isso, a elaboração de sua proposta de intervenção pode estar a caminho.

c) Faça um planejamento de sua redação, construindo um esquema com a indicação da tese (introdução), exposição de argumentos ou contra-argumentos (desenvolvimento) e confirmação da tese (conclusão). Use palavras-chave, acompanhadas ou não de frases que sintetizam o conteúdo desenvolvido em cada parte.

4ª ETAPA: Produção do texto

Mãos à obra! Procure não ultrapassar as 30 linhas de texto, que é o limite estabelecido pelas provas do Enem. Cuide também para que a sua letra seja legível e não faça rasuras.

Não se esqueça de que você deve usar a modalidade escrita formal (norma-padrão ou norma culta) da língua, não cabendo gírias, abreviações e expressões populares, a não ser que sejam necessárias para contextualização.

Como você já sabe, o texto deve ser do tipo dissertativo-argumentativo e deve respeitar os direitos humanos. Relembre o que você sabe sobre as características desse tipo de texto. Cuide da fluência do texto, observando a coerência e a coesão. Faça sua conclusão reiterando a sua tese de forma bem objetiva, mas sem repetir a tese. Evite escrever períodos longos.

5ª ETAPA: Revisão do texto

Releia atenta e calmamente o seu texto, procurando observar e revisar os seguintes aspectos:

a) O texto apresenta a tese com clareza e objetividade.

b) A organização do texto demonstra unidade entre o ponto de vista e a conclusão. A tese está devidamente contextualizada.

c) O posicionamento estabelecido em relação ao tema está apoiado em argumentos consistentes e originais. Verifique se não há fugas, tangenciamentos ou duplas interpretações.

d) Você se concentra em abordar **efeitos** da implantação da Lei Seca, isto é, o foco do seu texto se relaciona às consequências e não às causas da implantação da Lei.

e) O texto apresenta informações adicionais, mostrando que o autor é conhecedor do assunto, ou a redação se limita a explorar o conteúdo dos textos motivadores.

f) A redação não apresenta cópia de trechos dos textos motivadores.

g) O texto apresenta proposta de intervenção condizente com o tema e com os direitos humanos.

h) A organização dos parágrafos colabora para uma leitura eficiente do texto. Verifique se a relação entre eles está bem estruturada, se os períodos apresentam coesão.

i) Os períodos têm extensões que favorecem o seu entendimento, não apresentam ideias truncadas ou incompletas.

j) A linguagem atende à modalidade escrita formal da língua. Segue as convenções da escrita na morfossintaxe, ortografia, acentuação e pontuação.

k) Houve o cuidado de redigir o texto obedecendo às características do tipo dissertativo-argumentativo, pelo menos de forma predominante.

l) Verifique se ocorrem repetições de termos que podem ser evitadas.

OFICINA 6

• Proposta de redação

Com base na leitura dos textos motivadores seguintes e nos conhecimentos construídos ao longo de sua formação, redija um texto dissertativo-argumentativo em modalidade escrita formal da língua portuguesa sobre o tema **"A persistência da violência contra a mulher na sociedade brasileira"**, apresentando proposta de intervenção que respeite os direitos humanos. Selecione, organize e relacione, de forma coerente e coesa, argumentos e fatos para defesa de seu ponto de vista.

Texto 1

Nos 30 anos decorridos entre 1980 e 2010 foram assassinadas no país acima de 92 mil mulheres, 43,7 mil só na última década. O número de mortes nesse período passou de 1.353 para 4.465, que representa um aumento de 230%, mais que triplicando o quantitativo de mulheres vítimas de assassinato no país.

WALSELFISZ. J. J. *Mapa da Violência 2012*. Atualização: Homicídio de mulheres no Brasil. Disponível em: www.mapadaviolencia.org.br. Acesso em: 8 jun. 2015.

Texto 2

TIPO DE VIOLÊNCIA RELATADA

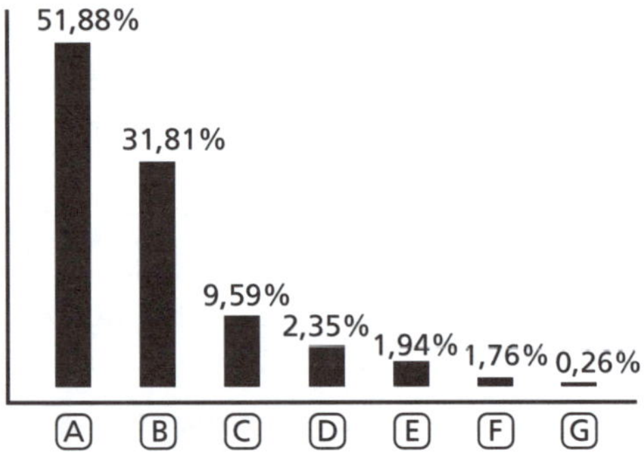

ANDERSON DE ANDRADE PIMENTEL

(A) Violência física
(B) Violência psicológica
(C) Violência moral
(D) Violência sexual
(E) Violência patrimonial
(F) Carcere privado
(G) Tráfico de pessoas

BRASIL. Secretaria de Políticas para as Mulheres. *Balanço 2014*. Central de Atendimento à Mulher: Disque 180. Brasília, 2015. Disponível em: www.spm.gov.br. Acesso em: 24 jun. 2015. (Adaptado).

Texto 3

INSTITUTO PATRÍCIA GALVÃO/CAMPANHA COMPROMISSO E ATITUDE PELA LEI MARIA DA PENHA

Disponível em: www.compromissoeatitude.org.br. Acesso em: 24 jun. 2015. (Adaptado).

Texto 4

REVISTA ISTO É 31/08/2011

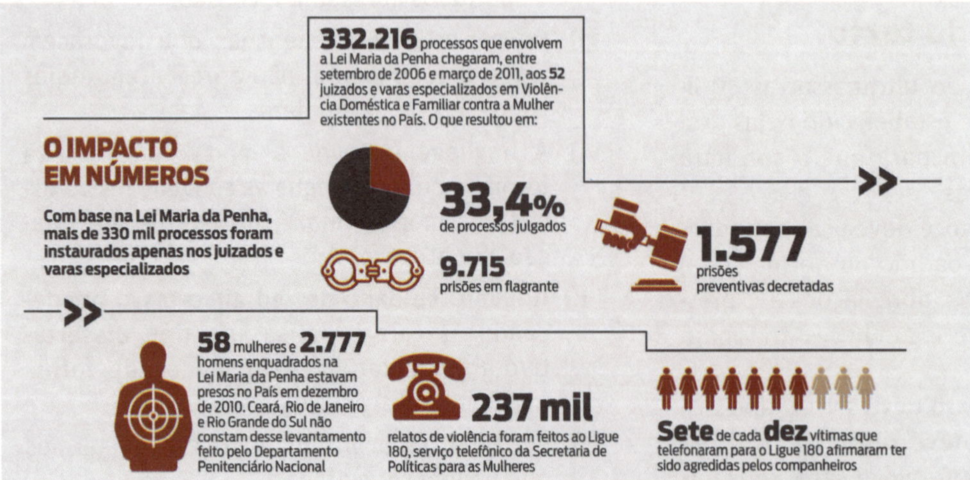

Fonte: Conselho Nacional de Justiça. Departamento Penitenciário Nacional e Secretaria de Políticas para as Mulheres.

Disponível em: www.istoe.com.br. Acesso em: 24 jun. 2015. (Adaptado).

• Orientações para produção e revisão do seu texto

Durante as atividades, tenha sempre em mente o tema da redação: "**A persistência da violência contra a mulher na sociedade brasileira**". As sugestões a seguir poderão ajudá-lo na produção do seu texto.

1ª ETAPA: Leitura da proposta

Leia com atenção a proposta da redação, procurando compreender todas as instruções apresentadas.

a) Sublinhe as instruções sobre o tipo de texto a ser redigido, a modalidade da linguagem a ser usada, o tema em discussão e o tipo de proposta que deve ser apresentada e sua condição fundamental.

b) Fixe bem o tema: "**A persistência da violência contra a mulher na sociedade brasileira**". A sua redação não pode fugir do assunto nem o abordar de maneira superficial.

c) Entenda bem o que significa "apresentar **uma proposta de intervenção que respeite os direitos humanos**".

d) Procure selecionar, organizar e relacionar, de forma coerente e coesa, argumentos e fatos para defesa do seu ponto de vista, da sua tese, redigindo um **texto dissertativo-argumentativo**.

2ª ETAPA: Reflexão sobre o tema

Dedique um tempo para pensar sobre o tema da redação, antes de fazer a leitura dos textos motivadores e elaborar o seu texto.

a) Analise a frase-tema, observando a sua estrutura e marcando as palavras-chave. É possível constatar que se trata de uma frase afirmativa que envolve três aspectos agregados: a **persistência** da violência contra a mulher, a **violência contra a mulher** e a **sociedade brasileira**, este último relacionado ao contexto em que ocorre a violência contra a mulher.

- O que você entende por persistência?
- Na proposição do tema, essa palavra tem uma conotação positiva ou negativa? Por quê?
- Ao ler o tema proposto, que pensamentos vieram à sua cabeça?

b) Faça um resgate de seus conhecimentos sobre o assunto, anotando tudo o que considera útil para um possível aproveitamento na composição da sua redação. Tente se lembrar de aulas, debates, documentários, reportagens que tenham tratado do assunto, relacione com o tema e anote as ideias que julgar relevantes.

- O que você considera um ato de violência?
- Por que as pessoas cometem atos de violência?
- Quais atos de violência contra a mulher são mais divulgados?
- Como a violência contra a mulher tem sido combatida no Brasil?
- Por que persiste na sociedade brasileira a violência contra a mulher?
- Quais são as consequências de a violência contra a mulher persistir?
- As ações promovidas para coibir a violência contra a mulher têm sido eficazes?
- Você chegou a pensar em alguma ideia para melhorar a situação de violência contra a mulher?

c) Procure entender o porquê de esse tema ter sido colocado para reflexão.

- Trata-se de uma questão importante para toda a sociedade?
- O problema da violência contra a mulher tem ou não solução? Por quê?
- Quem é responsável pela solução ou minoração desse problema?

d) Durante sua reflexão sobre o tema, caso tenha pensado em algum caminho para resolver ou atenuar essa situação, anote-o, pois poderá ser a sua proposta de intervenção.

3ª ETAPA: Leitura dos textos motivadores

Durante a leitura, tenha sempre em mente o tema da redação: "**A persistência da violência contra a mulher na sociedade brasileira**". Nos textos motivadores, sempre há informações, dados, elementos importantes que podem se tornar úteis na construção de sua proposta.

Texto I – "Mapa da violência 2012"

a) Sublinhe as ideias que você acha mais importantes, sempre relacionando o conteúdo do texto ao tema da redação.

b) Observe a fonte do texto e avalie a sua relevância quanto às informações que apresenta sobre o problema em questão. A fonte de um texto é um elemento significativo para a confiabilidade de seu conteúdo.

- A que conclusão você chega analisando os dados presentes nesse texto?

c) Relacione o conteúdo desse texto com o tema proposto. Procure entender o porquê de ele ter sido escolhido como texto motivador dessa proposta. Com suas palavras, escreva uma síntese do conteúdo desse texto.

d) O texto informa que, entre 1980 e 2010, houve um aumento absurdo de casos de assassinatos de mulheres no Brasil.

- Na sua opinião, o que explicaria esse aumento espantoso de casos de violência contra a mulher? Utilize palavras-chave para apontar os motivos.

Texto II – Gráfico "Tipo de violência relatada"

a) Observe a fonte de onde foi extraído esse gráfico; as informações e os dados são, portanto, confiáveis. Em seguida, observe as informações do gráfico, analise e reflita sobre o seu conteúdo.

- Quais tipos de violência contra as mulheres são apresentados?
- Você sabe caracterizar cada um dos tipos de violência relatados?
- Quais são os quatro tipos de maior impacto, de maior ocorrência? Qual deles é predominante?
- Que explicação você dá para a maior ocorrência desses tipos de violência?
- Você citaria outros casos não relatados no gráfico? Quais?
- Na sua opinião, quais fatores são responsáveis pela ocorrência de tantos atos de violência contra as mulheres?

b) Os dados do gráfico podem apontar o problema em que é preciso maior urgência de ação por parte da sociedade, por parte dos poderes públicos. Reflita sobre isso. Pense no que está sendo feito para coibir a violência contra as mulheres e por que essas ações não estão dando certo, já que os números indicam que a violência está aumentando.

- Que ideia passa pela sua cabeça para minorar tantos problemas de violência contra as mulheres em nossa sociedade? Registre-a, ela poderá se tornar a sua proposta de intervenção.
- Você conhece alguma situação dessa natureza veiculada pela mídia que possa dar origem à tese que você defenderia em seu texto?

Texto III – Peça publicitária "Feminicídio. Basta"

a) Leia o texto, observe a sua fonte e os elementos verbais e não verbais que o compõem. A mensagem do texto é bem objetiva: Basta de feminicídio. Mas é preciso ter claro o conceito de feminicídio, um termo que, infelizmente, tem-se ouvido com frequência em notícias veiculadas pela mídia.

- O que você sabe sobre esse assunto? O que é feminicídio? É a mesma coisa que homicídio?
- Você ouviu falar em ocorrências de feminicídio em outros países do mundo? Elas ocorrem com maior ou menor frequência do que no Brasil?

b) Reflita sobre os motivos que levam à ocorrência de muitos casos de feminicídio no Brasil. Anote os argumentos mais comuns usados pelos que cometem esse tipo de ato e questione-os quanto à sua validade.

- Há valores tradicionais usados para explicar o feminicídio? Quais?
- Qual é o seu posicionamento em relação aos valores tradicionais de determinada sociedade?
- O que pode ser feito para mudar um contexto que se apresenta desfavorável à mulher?

c) Analise a necessidade de haver campanhas de combate ao feminicídio. Procure se lembrar de campanhas já realizadas com esse foco. Pense nas estratégias a serem usadas na promoção dessas campanhas, no conteúdo de suas peças publicitárias. Estabeleça objetivos a serem atingidos.

- Na sua opinião, que tipo de campanha pode ser eficaz para minorar esse problema no âmbito social, familiar e individual?
- Além da promoção de campanhas, que outras ações, públicas ou pessoais, passa pela sua cabeça propor?

- Você conhece alguma ação realizada com êxito em outro país e que poderia ser aplicada também no Brasil?

d) Relacione tudo o que você refletiu até agora com o tema da proposta de redação – **"A persistência da violência contra a mulher na sociedade brasileira"**– e procure definir ou rascunhar uma proposta de intervenção para apresentar em sua redação.

Texto IV - Gráfico "O impacto em números"

a) Analise atenciosamente os dados apresentados no gráfico, que, como se lê no subtítulo, referem-se a processos instaurados com base na Lei Maria da Penha. Aqui é importante conhecer o que vem a ser a Lei Maria da Penha e o que ela determina.

b) Trace um panorama da questão da violência contra a mulher no Brasil com base nos dados do gráfico. Identifique os canais que dão suporte à mulher vítima de violência. Reflita sobre a atuação e eficácia desses canais. Selecione os dados que poderão ser úteis como argumentos.

4ª ETAPA: Organização das ideias e produção do texto

Faça um planejamento da sua redação, delineando o percurso argumentativo que pretende adotar.

a) Defina a sua tese e elabore a frase que a constitui. A tese expressa o que vai defender no texto.

b) Pense em como vai conduzir o raciocínio do leitor para que ele entenda o que você está propondo, reflita sobre os argumentos apresentados e associe a conclusão a todo o percurso feito.

c) Considere a reflexão que fez durante a leitura dos textos motivadores. Selecione os argumentos mais relevantes e originais. Anote-os em tópicos. Verifique a articulação desses argumentos e analise se todos contemplam o tema e a tese que você está propondo.

d) Cuide para que sua proposta de intervenção tenha um prognóstico de eficiência e que respeite os direitos humanos. Faça um esquema do seu texto, definindo a conclusão a que pretende chegar. Essa conclusão deve conter a sua proposta de intervenção e ela deve estar alinhada ao desenvolvimento do seu texto e à tese apresentada na introdução.

5ª ETAPA: Revisão do texto

Releia atenta e calmamente o seu texto, procurando observar e revisar os seguintes aspectos:

a) O texto apresenta a tese com clareza e objetividade.

b) A organização do texto demonstra unidade entre o ponto de vista e a conclusão. A tese está devidamente contextualizada.

c) O posicionamento estabelecido em relação ao tema está apoiado em argumentos consistentes e originais. Verifique se não há fugas, tangenciamentos ou duplas interpretações.

d) O foco do seu texto se relaciona à permanência de atos de violência contra a mulher e não simplesmente à existência de tal violência.

e) O texto apresenta informações adicionais, mostrando que o autor é conhecedor do assunto, ou a redação se limita a explorar o conteúdo dos textos motivadores.

f) Não ocorre cópia de trechos dos textos motivadores, mesmo que as informações tenham sido consideradas.

g) O texto apresenta proposta de intervenção condizente com o tema e com os direitos humanos.

h) A organização dos parágrafos colabora para uma leitura eficiente do texto. Verifique se a relação entre eles está bem estruturada e se os períodos apresentam coesão.

i) Os períodos têm extensões que favorecem o seu entendimento, não apresentam ideias truncadas ou incompletas.

j) A linguagem atende à modalidade escrita formal da língua. Segue as convenções da escrita na morfossintaxe, ortografia, acentuação e pontuação.

k) Houve o cuidado de redigir o texto obedecendo às características do tipo dissertativo-argumentativo, pelo menos de forma predominante.

l) Foram verificadas as ocorrências de repetições de termos que podem ser evitadas.

Projeto de intervenção

Esta **Oficina de leitura** tem como foco o trabalho com a habilidade EM13LP27, que compõe a Base Nacional Comum Curricular:

> "(EM13LP27) Engajar-se na busca de solução para problemas que envolvam a coletividade, denunciando o desrespeito a direitos, organizando e/ou participando de discussões, campanhas e debates, produzindo textos reivindicatórios, normativos, entre outras possibilidades, como forma de fomentar os princípios democráticos e uma atuação pautada pela ética da responsabilidade, pelo consumo consciente e pela consciência socioambiental."
>
> BRASIL. Ministério da Educação. *Base Nacional Comum Curricular*. 2018.

Neste ponto da sua jornada escolar, você já experimentou ler e produzir os mais diversos gêneros textuais em diferentes contextos. Nossa proposta agora é que você utilize esses conhecimentos para desenvolver um projeto de intervenção na comunidade em que vive. Como expresso na habilidade, desejamos que você se engaje na busca de soluções de problemas que incomodam a você, aos seus colegas, aos seus professores, à sua família. Não importa qual seja a questão: é a hora e a vez de falar sobre ela.

Leia a seguir sobre um projeto muito interessante realizado por um garoto de 13 anos aqui no Brasil.

Jovem de 13 anos lidera projeto para limpar afluente do Araguaia

Adolescente está à frente de movimento que deve transformar córrego em parque ecológico

Foi após um incêndio na chácara em que morava com a sua mãe na área rural de Araguatins, a 618 km de Palmas, que Rhenan Cauê, 13, descobriu a vocação e a preocupação com o ambiente. "Fiquei bastante emocionado em ver os animais saindo de dentro da floresta. A tristeza dentro dos olhos deles me transformou."

Natural de Conceição do Araguaia (PA), o jovem se aproximou da natureza justamente ao se mudar para o Tocantins. Seis anos após o episódio, já habitante da área urbana, precisou elaborar um projeto para concorrer como representante de sua escola na etapa regional da Conferência Infantojuvenil pelo Meio Ambiente.

Rhenan desenvolveu, então, uma proposta de revitalização e recuperação do córrego Brejinho, afluente do rio Araguaia. "Nas minhas pesquisas, observei que o córrego Brejinho fez bastante parte da vida dos moradores, corta a cidade e deságua no Araguaia, uma das principais bacias hidrográficas do Brasil."

A ação incluía um mutirão de limpeza das margens, uma audiência pública com autoridades e moradores e o plantio de mudas. Para concretizá-la, no entanto, era preciso conseguir apoiadores.

"Como a cidade é pequena, deu para ir de porta em porta, e consegui parceria com Corpo de Bombeiros, Polícia Civil, Polícia Ambiental, outras escolas, órgãos como a Naturatins [Fundação Natureza do Tocantins]."

Com esses parceiros, organizou uma carreata que convidou a população para o mutirão realizado na sequência. O próximo passo foi a audiência pública, que discutiu o andamento do projeto. "Com isso, conseguimos o isolamento da área para o plantio das mudas."

ANA CLÁUDIA BARBOSA DA SILVA

Rhenan Cauê, em Conceição do Araguaia, 2019.

Sua capacidade de mobilização e liderança, bem como sua iniciativa, chamaram a atenção durante a conferência, e Rhenan foi escolhido como delegado para representar sua escola na etapa estadual. Foi para Palmas concorrer com mais de 180 escolas e ficou entre os 12 escolhidos para ir a Sumaré, no interior de São Paulo, para uma jornada de aprendizado com Edgard Gouveia.

Gouveia é fundador do programa Guerreiros Sem Armas, que incentiva jovens a serem mobilizadores e articuladores. O empreendedor social da rede Ashoka também é a cabeça por trás da Oásis, uma metodologia de brincadeiras sociais que engaja os mais novos.

"Ele ensinou um modo de realizar tarefas importantes dos projetos de forma alegre, ou seja, lidar com problemas críticos da nossa sociedade, só que de forma divertida", conta Rhenan sobre os aprendizados com Gouveia.

Ao voltar para o Tocantins, sua trajetória de mobilizador ganhou ainda mais impulso. O empreendedor social lançou um projeto chamado Primavera X, como uma forma de dar sequência aos ensinamentos da conferência.

Essa iniciativa funciona como uma gincana, em que os jovens precisam realizar missões que mostrem suas habilidades como mobilizadores. Mais uma vez Rhenan se destacou, e Gouveia o indicou para o programa Jovens Transformadores da Ashoka.

A iniciativa da ONG identificou, no Brasil, dez adolescentes de 13 a 20 anos que lideram causas, projetos e ações que impactam positivamente a sociedade brasileira. O líder do programa no mundo, Yashveer Singh, disse à *Folha* que essa é a melhor idade para se trabalhar o desenvolvimento de seres humanos transformadores – identificados pela Ashoka como *changemakers*.

"O segundo desenvolvimento biológico da nossa mente e de nossas habilidades acontece entre 13 e 19 anos. Se alguém se tornar um transformador nessa idade, a chance de continuar sendo para o resto de suas vidas é muito alta", afirmou Singh.

Um desses jovens reconhecidos foi Rhenan. Além de conseguir mobilizar um município para a importância de manter limpas as margens do córrego que corta a cidade, o projeto sob sua liderança ganhou tal forma que deve transformar o Brejinho em um parque ecológico "para toda a população voltar a utilizar a beleza dele".

Do programa, ele espera aprimorar habilidades que já demonstrou possuir. "Quero me aperfeiçoar e aprender a ser como um mobilizador melhor porque a gente nunca é perfeito." E para construir um "mundo belo para as próximas gerações que virão", ele não tem dúvidas de quem deve tomar a frente. "Quem deve arrumar a bagunça que fizemos no meio ambiente somos nós mesmos."

PAMPLONA, Patrícia. Disponível em: <https://www1.folha.uol.com.br/empreendedorsocial/2019/07/jovem-de-13-anos-lidera-projeto-para-limpar-afluente-do-araguaia.shtml>. Acesso em: 12 jul. 2019.

Leia agora sobre adolescentes estadunidenses que estão lutando pelo fim da violência nas escolas.

O novo rosto do movimento antiarmas nos EUA

Após massacre em escola da Flórida, estudantes assumem liderança do ativismo contra as armas e exigem mudanças na legislação. Especialistas avaliam que a estratégia de focar no lobby armamentista é acertada.

Sempre que um massacre ocorre nos EUA, o mesmo ciclo se repete: os legisladores republicanos dedicam seus pensamentos e orações às vítimas, mas alertam que essa não é a melhor hora para se discutir leis mais severas.

Já a Associação Nacional do Rifle (NRA, na sigla em inglês), o poderoso lobby das armas do país, permanece em silêncio. Depois de alguns dias, ou algumas semanas, no máximo, o tema controle de armas vai desaparecendo da pauta, dando lugar a outros assuntos, sem que alguma ação significativa tenha sido tomada para evitar a próxima chacina.

Mas, para muitas pessoas que ouviram as poderosas e eloquentes palavras dos adolescentes que sobreviveram ao massacre que deixou 17 mortos na escola secundária Marjory Stoneman Douglas, em Parkland, na Flórida, a impressão é de que agora pode mesmo ser diferente.

A visível determinação desses jovens de não aceitar o *status quo*, as acusações de inação e cumplicidade feitas aos políticos e às gerações mais velhas e a simplicidade contundente do argumento principal deles, de que eles deveriam ser protegidos, tudo isso atingiu a televisão e as redes sociais, tornando impossível que não fossem ouvidos.

Adolescentes na liderança

"O que é diferente desta vez é que os adolescentes que sobreviveram ao ataque colocaram uma face humana nele, e eles estão abordando o assunto com a superioridade moral e a energia típicas dos jovens", avalia David Meyer, que estuda movimentos sociais na Universidade da Califórnia, em Irvine.

"Depois do massacre em Newtown, em 2012, organizações tradicionais estavam à frente dos protestos. Desta vez, elas estão apenas dando apoio aos jovens", diz Meyer. No massacre de Newtown de 2012, 20 alunos do primeiro ano e seis funcionários foram mortos na escola fundamental Sandy Hook.

"Depois de cada massacre, pessoas que querem o fim da violência se unem a grupos de ativismo", afirma Kathleen Roming, militante do grupo Moms Demand Action for Gun Sense in America (mães reivindicam ações pelo uso sensato de armas na América). "Mas este massacre é diferente, pois nunca vimos tamanha onda de entusiasmo entre jovens e estudantes que exigem mudanças", acrescenta.

[...]

Disponível em: <https://g1.globo.com/mundo/noticia/o-novo-rosto-do-movimento-antiarmas-nos-eua.ghtml>. Acesso em: 10 jul. 2019.

DON JUAN MOORE/GETTY IMAGES

Manifestação na Flórida, em fevereiro de 2018, pela revisão das leis relacionadas a armamentos.

Agora veja outra história incrível de intervenção social.

Conversamos com William Kamkwamba, o menino africano que construiu um moinho com lixo e dois livros de física

SPUTNIK IMAGES/EASYPIX BRASIL

O autor na Alemanha em 2019.

Conte-me um pouco sobre você, William. Quando você nasceu, onde foi, como é sua família?

Nasci em 5 de agosto de 1987 em Dowa, no Malauí. Moro com seis irmãs, meu pai e minha mãe. Em uma família de garotas, você pode imaginar os problemas por que

passei. Na escola, os garotos sempre implicavam comigo porque eu não tinha um irmão mais velho que me protegesse. De qualquer jeito, sobrevivi.

Como é sua vida na vila onde mora, como são as condições de água, eletricidade...?

Moro na vila de Wimbe. É um lugar pequeno com uma grande estrada empoeirada e algumas lojas. Chamamos de Centro de Comércio. Há o barbeiro, o soldador, vários armazéns que vendem roupas e uma loja Farmer's World, onde meu pai compra milho para plantar e fertilizante. Seguindo essa estrada, há a minha vizinhança, Masitala. A cidade grande mais próxima é Kasungu, com muitos habitantes, um grande supermercado e várias lojas. Para chegar até lá, tem que ir de carona, espremido por uma hora na caçamba de um caminhão. Só 2% da população rural do Malauí tem eletricidade e isso é um grande problema. E antes de eu conseguir perfurar um poço e providenciar água limpa para minha família, não havia água corrente por quase 100 km.

Em 2000, o Malauí passou por uma seca terrível. Foi por isso que você teve de deixar a escola em 2002?

Sim. Essa seca fez faltar alimento em todo o país. Ninguém conseguia plantar o suficiente para comer. As pessoas começaram a passar fome. Muitos moradores aqui perto de Wimbe morreram de inanição. Causou a morte de mais de 10 mil malauianos. Meus vizinhos e minha família fomos forçados a cavar o solo para achar raízes e cascas de banana, qualquer coisa para forrar o estômago. A taxa para minha escola era 80 dólares por ano. Por causa da situação, meu pai não conseguia pagar, tive que parar de estudar com 14 anos.

Como você se sentiu por estar fora da escola?

Era bem ruim. Se você não está estudando, quer dizer que vai ser fazendeiro. Eles não controlam a própria vida; dependem do sol, da chuva, do preço das sementes e do fertilizante. Quando saí da escola, olhei meu pai, aqueles campos ressecados e vi o resto de minha vida. Era um futuro que não podia aceitar.

Foi aí que você começou a frequentar uma biblioteca perto da sua casa?

Sim. Era um lugar bem pequeno dentro de minha escola primária, a uns dois km de casa. Eu geralmente caminhava, ou ia de bicicleta. A biblioteca tinha três estantes cheias de livros doados pelos EUA, Reino Unido, Zâmbia e Zimbábue. Fui com a esperança de estudar por conta própria, para ficar no mesmo nível dos amigos que continuaram na escola. Comecei a ler livros de ciência, e isso mudou minha vida.

Você construiu um moinho de vento a partir das explicações de um livro, sem nunca ter visto um. Como foi isso, e para que você queria um moinho?

No livro, "Explaining Physics", entendi como funcionavam motores e geradores. Não lia inglês muito bem. Usei diagramas e fotos para associar as palavras, e assim aprender física básica. O outro livro que li chamava-se "Using energy", tinha uma foto de um moinho de vento na capa. Dizia que moinhos podem bombear água e gerar eletricidade. Meu pai poderia irrigar a plantação, aumentar a colheita e nós nunca mais passaríamos fome! Por isso decidi construir um moinho. Não havia instruções, mas sabia que se um homem havia construído no livro, eu também conseguiria.

Como você fez para arranjar as peças? Quanto tempo levou?

Fui a um ferro-velho perto de casa e encontrei vários pedaços de metal e uns canos de plástico. Mas vi que não tinha todas as peças para uma bomba-d'água, então procurei fazer um moinho que gerasse eletricidade. Quando me viam carregando os ferros, as pessoas achavam que eu estava louco. [...]

Oficina de leitura III

[...] Mas não deixei que isso me incomodasse. Continuei. Meu primo, Geoffrey, e outro amigo, Gilbert, me ajudaram a construir. Ficou pronto em dois meses. Quando o vi funcionando, fiquei muito feliz. Finalmente as pessoas sabiam que eu não estava louco.

Quanta energia gerava o moinho?

O gerador do moinho era um dínamo de bicicleta, produzia 12 volts. Era suficiente para acender uma lâmpada. Mais tarde, meu primo achou uma bateria de carro na estrada. Demos uma carga nela, e conseguimos energia para manter quatro lâmpadas e dois rádios. As pessoas faziam fila para carregar seus celulares. Os celulares estão em todo o lugar na África porque são baratos. Há poucos lugares onde a eletricidade chega — geralmente nos arredores das empresas estatais de tabaco — e algumas lojas cobram para as pessoas carregarem os celulares. Comigo era grátis.

Depois que sua história se espalhou, você voltou a estudar. Como estão seus estudos?

Depois que eu fui à conferência do TED [organização sem fins lucrativos que promove conferências anuais para divulgar boas ideias] em Arusha, na Tanzânia, algumas pessoas se aproximaram e me ofereceram ajuda para voltar à escola. Primeiro frequentei um colégio cristão na capital. Agora estudo em Johannesburgo, na África do Sul, na African Leadership Academy, uma escola que pretende treinar a próxima geração de líderes do continente. Há 200 estudantes de 42 países diferentes da África.

Agora que você viu que seu moinho não só ajudou sua família, mas gerou esperança em cima de energia elétrica e renovável, quais são seus próximos planos?

Depois de fazer faculdade, talvez nos EUA, quero voltar ao Malauí e descobrir maneiras de produzir energia barata e renovável nas vilas. Quero construir bombas-d'água de baixo custo e que possam ser operadas facilmente. E também colocar um moinho de vento em cada cidade do Malauí. Quando a companhia estatal de telefones se recusou a atender às vilas, as empresas particulares de telefonia celular chegaram com torres e agora todos têm celulares. Nós simplesmente passamos por cima dessas companhias ineficientes. Espero fazer o mesmo com a energia no Malauí. Em vez de esperar o governo levar eletricidade até as vilas por linhas de força, vamos construir moinhos de vento e gerá-la nós mesmos.

SANTOS, Ricardo. Disponível em: <http://revistagalileu.globo.com/Revista/Galileu/0,,EDG87250-8489,00.htmL>. Acesso em: 11 jul. 2019.

Vocês podem também conhecer a atuação de outras pessoas que buscam a solução de problemas ao redor do mundo:

- Malala Yousafzai.
- Richard Turere.
- Greta Thunberg.
- Kelvin Doe.
- Emma González.
- Sérgio Vaz.
- Lia Diskin.
- Irena Sendler.
- Temple Grading.

Agora é a sua vez!

Essa é uma frase quase batida em livros didáticos, mas, neste caso, é um convite para que você e seus colegas mobilizem seus talentos para fazer do mundo um lugar melhor. Poderíamos sugerir aqui um projeto já pronto, mas, então, dificilmente contemplaríamos questões e problemas de várias comunidades e a proposta perderia o sentido. Com a ajuda do professor (e de outros professores que toparem participar deste projeto), siga com seus colegas as orientações a seguir.

Formação do grupo

- Sob a orientação do professor, reúna-se em grupo com alguns colegas. Como este é um projeto de intervenção, os grupos podem ser grandes, com 6 ou 8 alunos, porque haverá bastante trabalho a fazer.

- Definido o grupo, escolham um coordenador, que ficará responsável por verificar se as tarefas definidas pelo grupo estão sendo realizadas no tempo previsto e de informar ao grupo quando for necessário rever prazos e procedimentos.

Levantamento dos problemas a serem enfrentados

- Cada grupo deverá escolher três problemas com os quais gostaria de trabalhar. Em seguida, podem compartilhar a lista de problemas com os colegas de outros grupos. A ideia é que os grupos negociem para que cada um direcione suas ações para um problema diferente dos outros. Cada grupo deverá cuidar de um só problema.

Reflexão sobre o problema e soluções a serem buscadas

- Cada grupo deverá se reunir e refletir sobre o problema, as soluções que acham necessárias e as soluções que pretendem implementar. Alguns problemas podem ser solucionados de maneira bem imediata. Por exemplo: a escola precisa de pintura. A ação pode ser promover um dia de pintura na escola. Outros podem ser mais complexos: combater a violência no ambiente escolar ou nas redondezas. Nesse caso, pode ser necessário mobilizar professores, a direção, pais, buscar a ajuda de especialistas etc. O grupo deverá fazer o plano de ação e encontrar uma forma de apresentá-lo à comunidade e de propor o início da mudança.
- O tempo que cada grupo terá para realizar o plano dependerá do combinado com o professor.

Apresentação do plano de intervenção

- Em dia combinado com o professor, um representante do grupo deverá apresentar o plano de intervenção. Ele deve comunicar ao professor e à classe o problema em que o grupo estará focado e as ações que pretende implementar. Cada grupo entregará ao professor um cronograma com a previsão das ações.

Implementação do plano de intervenção

- Você e seus colegas terão um mês ou mais, conforme o combinado com o professor, para essa implementação. Ao final de cada semana, deverão apresentar ao professor um relatório das ações realizadas naquele período. Lembre-se de que devem tentar ao máximo cumprir o cronograma combinado com o professor.

Mas o que tudo isso tem a ver com as aulas de produção de texto?

Em cada etapa do projeto, vocês terão que se comunicar de alguma forma. E, para isso, produzirão textos orais e escritos dos mais diversos gêneros. Na hora de produzir, consultem os capítulos do livro, revejam as orientações e revisem os textos para garantir que vão se comunicar de forma clara, coerente e eficiente.

Etapa final

A etapa final não é o final do plano de intervenção porque, quanto mais eficiente ele for, mais tempo estará em execução na escola ou na comunidade. É apenas uma etapa marcada com o professor para que cada grupo apresente:

- o que realizou;
- o que funcionou e o que não funcionou no plano;
- o que está ocorrendo com a intervenção no momento em que ocorre esta etapa.

Essa apresentação pode ser feita na forma de um seminário, de um vídeo, de uma peça, de uma entrevista, como vocês preferirem.

Bora lá?

Bom trabalho! Que a intervenção de vocês seja de benefício para toda a comunidade!

Programe-se III

Filmes

REPRODUÇÃO

Assassinato no Expresso do Oriente.
Direção de Kenneth Branagh.
Reino Unido. 2017.
Drama e mistério policial.

REPRODUÇÃO

O caçador de pipas.
Direção de Marc Forster.
EUA. 2008. Drama.

REPRODUÇÃO

A Dama de Ferro.
Direção de Phyllida Lloyd.
Reino Unido/França. 2011.
Drama biográfico.

REPRODUÇÃO

Desconhecido.
Direção de Jaume Collet-Serra.
Alemanha/Reino Unido/França/
EUA/Japão. 2011.
Suspense e ação.

REPRODUÇÃO

A forma da água.
Direção de Guillermo del Toro.
EUA. 2017.
Fantasia, drama e romance.

REPRODUÇÃO

Invencível.
Direção de Angelina Jolie.
EUA. 2014. Guerra e drama biográfico.

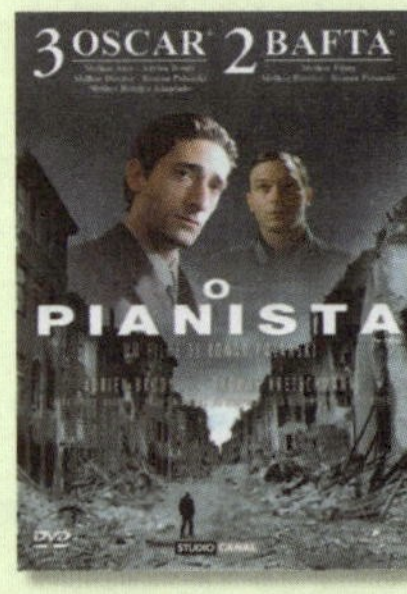

REPRODUÇÃO

O pianista.
Direção de Roman Polanski.
EUA. 2002. Drama.

REPRODUÇÃO

Protegendo o inimigo.
Direção de Daniel Espinosa.
EUA. 2012. Suspense e ação.

REPRODUÇÃO

O segredo dos seus olhos.
Direção de Juan José Campanella.
Espanha/Argentina. 2010.
Drama e policial.

REPRODUÇÃO

O último rei da Escócia.
Direção de Kevin Macdonald.
Reino Unido. 2006.
Drama histórico.

Livros

Chapadão do Bugre.
Mário Palmério.
São Paulo: Autêntica, 2019.

Esaú e Jacó.
Machado de Assis.
São Paulo: Vozes de Bolso, 2019.

Fogo morto.
José Lins do Rego.
Rio de Janeiro: José Olympio, 1995.

Infância.
Graciliano Ramos.
Rio de Janeiro: Record, 1993.

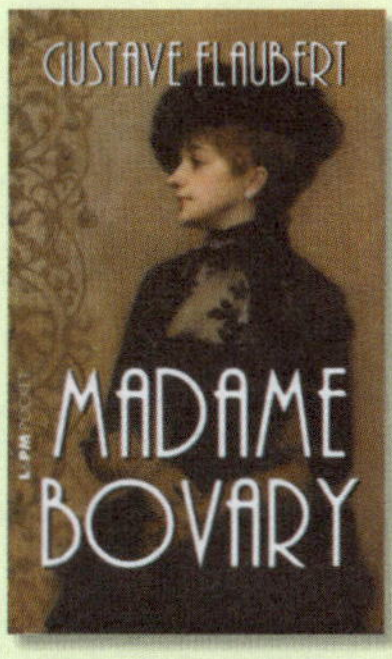

Madame Bovary.
Gustave Flaubert.
São Paulo: L&PM Pocket, 2003.

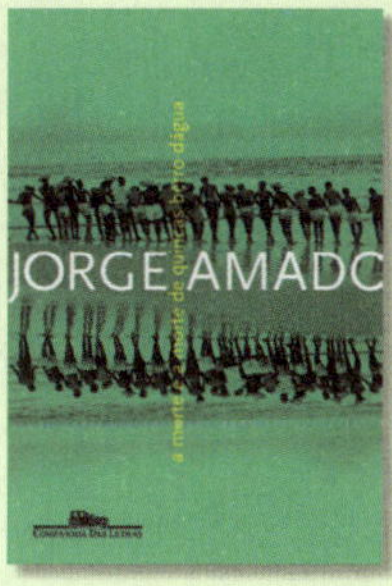

A morte e a morte de Quincas Berro D'Água.
Jorge Amado.
São Paulo: Companhia das letras, 2017.

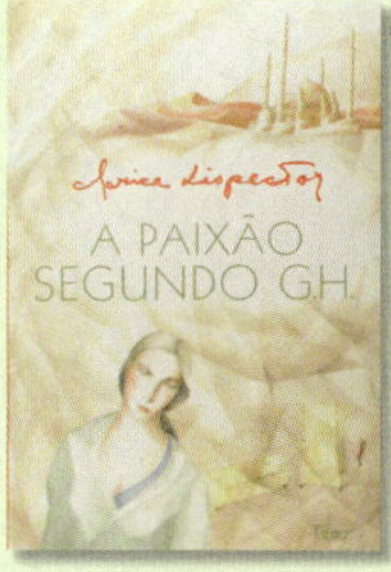

A paixão segundo G.H.
Clarice Lispector.
Rio de Janeiro: Rocco, 1998.

O rei da noite.
João Ubaldo Ribeiro.
Rio de Janeiro: Objetiva, 2008.

Triste fim de Policarpo Quaresma.
Lima Barreto.
Rio de Janeiro: Ediouro, 2000.

Venha ver o pôr do sol e outros contos.
Lygia Fagundes Telles.
São Paulo: Ática, 2007.

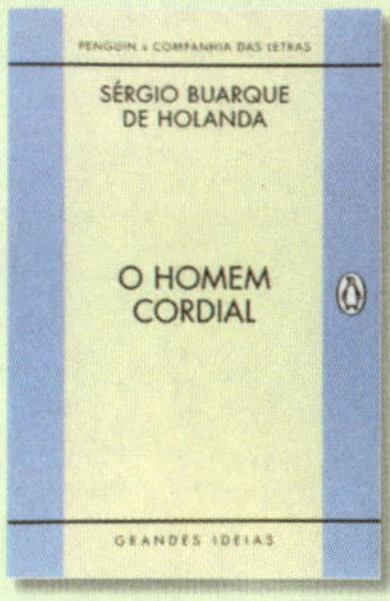

O homem cordial.
Sérgio Buarque de Holanda.
São Paulo: Penguin/Companhia das Letras, 2012.